새로 쓰는 **겹말 꾸러미** 사전

새로 쓰는 **겹말 꾸러미** 사전

제1판 제1쇄 발행일 2017년 10월 30일
제1판 제2쇄 발행일 2018년 11월 13일

글 _ 최종규
기획 _ 숲노래, 책도둑(박정훈, 박정식, 김민호)
디자인 _ 토가 김선태
펴낸이 _ 김은지
펴낸곳 _ 철수와영희
등록번호 _ 제319-2005-42호
주소 _ 서울시 마포구 월드컵로 65, 302호(망원동, 양경회관)
전화 _ (02)332-0815
팩스 _ (02)6091-0815
전자우편 _ chulsu815@hanmail.net

ISBN 979-11-88215-03-4 91710

철수와영희 출판사는 '어린이' 철수와 영희, '어른' 철수와 영희에게
도움 되는 책을 펴내기 위해 노력하고 있습니다.

새로 쓰는

겹말

새롭게 살려낸 한국말사전 ❷

꾸러미
사전

기획 **숲노래**
글 **최종규**

철수와영희

한국말사전
읽어 보셨나요?

예전에는 시나 소설을 쓰든 여느 글을 쓰든, '글을 쓰는' 일을 하려면 으레 책상맡에 사전을 놓고 바지런히 펼쳤어요. '글을 쓰는' 사람이라면 '글에 담는 낱말'을 모두 사전에서 찾아보면서 뜻하고 결을 헤아렸어요. 사전을 곁에 두지 않고서는 '글을 쓰는' 일을 할 수 없다고 여겼지요.

오늘날 글을 쓰는 분이 부쩍 늘지만, 사전을 곁에 두는 분은 뜻밖에 무척 적구나 싶어요. 작가나 기자나 전문가라는 이름이 아니어도 누구나 글을 마음껏 쓸 수 있는 멋진 오늘날입니다만, 막상 '글을 쓰'면서 사전을 찬찬히 살피는 손길은 매우 적구나 싶어요.

사전을 곁에 두느냐 안 두느냐는 매우 달라요. 아주 흔하게 쓰는 낱말이더라도 이 '흔한 낱말'을 사전을 뒤적여 다시 읽고서 새롭게 헤아리며 글을 쓰는 사람하고, '흔한 낱말'이니까 구태여 사전을 안 뒤적이고 그냥 글을 쓰는 사람하고는 똑같을 수 없어요.

손수 : 남의 힘을 빌리지 아니하고 제 손으로 직접
몸소 : 1. 직접 제 몸으로

우리 한국말사전을 보면 '손수·몸소'를 이처럼 풀이해요. 자, 이 뜻풀이를 보면서 어떤 느낌인가요? 두 낱말을 어떻게 달리 쓰는가를 환하게 알 만한가요? 또는 이 말풀이가 알맞거나 올바른지 헤아릴 수 있나요?

'손수·몸소' 뜻풀이를 보면 "제 손으로 직접"하고 "직접 제 몸으로"예요. 두 뜻풀이에 '직접'이라는 낱말이 끼었어요. '직접(直接)'은 "중간에 아무것도 개재시키

지 아니하고 바로"를 뜻한다고 해요. '손수' 뜻풀이를 다시 보면 앞자락에 "남의 힘을 빌리지 아니하고"라 나와요. 바로 이 "남의 힘을 빌리지 아니하고 = 중간에 아무것도 개재시키지 아니하고"입니다. 그러니까 한국말사전 뜻풀이가 겹말풀이라는 이야기예요.

> **제각기(-各其)** : 1. 저마다 각기 2. 저마다 따로따로

사람들은 '제각기'라는 말마디를 퍽 흔하거나 쉽게 씁니다. 아마 이 낱말을 한국말사전을 뒤적이며 뜻풀이를 새롭게 되새기려는 분은 거의 없지 싶어요. 그러면 다른 낱말을 몇 가지 더 살펴보겠습니다.

> **각기(各其)** : 1. 저마다의 사람이나 사물 2. 각각 저마다
>
> **저마다** : 1. 각각의 사람이나 사물마다 2. 각각의 사람이나 사물
>
> **각각(各各)** : 1. 사람이나 물건의 하나하나 2. 사람이나 물건의 하나하나마다. '따로따로'로 순화
>
> **따로따로** : 한데 섞이거나 함께 있지 않고 여럿이 다 각각 떨어져서

'제각기 = 저마다 각기'이거나 '제각기 = 저마다 따로따로'라 하는데, '저마다'하고 '각기'하고 '따로따로'라는 낱말을 더 찾아보면, 뜻풀이가 서로 겹치거나 되풀이되어요. 그야말로 뒤죽박죽입니다. '각기'를 '저마다·각각'을 써서 풀이하고, '저마다'는 '각각·−마다'를 써서 풀이하며, '각각'은 '따로따로'로 고쳐써야 한다고 나와요. 이러면서 '따로따로'는 '각각'으로 풀이하지요.

이런 한국말사전을 좀 들여다본다면 누군가 이렇게 말할 수 있어요. '여보시오, 글을 쓰려면 사전을 보라 했는데, 사전이 이렇게 엉망진창이라면, 사전을 보며 글을 쓰다가는 글이 아주 엉망진창이 되지 않겠소?' 참말 그렇습니다. 아주 흔하거나 쉽구나 싶은 낱말을 이렇게 뒤죽박죽이거나 엉망진창으로 풀이하는 한국말사전이니, 이런 사전을 곁에 두다가는 글쓰기가 뒤죽박죽이나 엉망진창이 될 만합니다.

그러나 이런 사전이더라도 곁에 둘 수 있어야지 싶어요. 이런 뒤죽박죽 사전을 다시 가만히 들여다보면 조금씩 실마리를 풀 수 있기도 하거든요. '제각기'라는 낱말은 안타깝게도 겹말 얼거리인 낱말인 줄 알 수 있고, '저마다'나 '따로따로'라는

한국말을 알맞게 쓰면 되는구나 하고 깨달을 수 있어요. '각기 · 각각'은 굳이 안 써도 될 만하다고 배울 수 있기도 해요.

우리가 한국말로 글을 쓰려 한다면 한국말사전을 곁에 두어야 합니다. 영어로 글을 쓰려 한다면 영어사전을 곁에 둘 테지요? 일본말로 글을 쓰려 한다면 일본말사전을 곁에 둘 테고요?

겹말풀이나 돌림풀이로 뒤죽박죽인 한국말사전인 터라, 이 대목을 눈여겨보면서 차근차근 가다듬지 못하면, 사전을 보든 안 보든 우리가 쓰는 글은 '겹말 굴레'에 쉬 갇힐 수 있어요. "독특한 개성"이나 "말이 없고 과묵"이나 "흔한 일상"이나 "제 손으로 직접" 같은 말마디는 모두 겹말입니다. 적어도 사전을 슬쩍 들추어 보았다면, 비록 사전이 엉망이라 하더라도, 이러한 겹말을 안 쓸 수 있어요. 한국말사전이 너무 엉망인 탓이 크기도 하지만, 우리 스스로 한국말사전을 너무 안 읽고 너무 못 읽기 때문에 자꾸 겹말을 쓰고 맙니다.

글을 쓰는 길에서 '겹말 굴레'에 갇히지 않을 수 있다면, 우리는 한결 아름다우면서 즐겁게 글맛을 누릴 만하다고 생각합니다. 글을 더 잘 쓰는 길이나, 글을 더 멋지게 쓰는 길까지는 아니더라도, '겹말 굴레'가 아니라 한다면, 우리가 쓰는 글은 수수한 멋이나 투박한 아름다움을 보여줄 수 있어요.

《새로 쓰는 겹말 꾸러미 사전》은 우리가 한국말로 글을 수수하면서도 멋스럽게, 또 투박하면서도 아름답게 쓸 수 있도록 돕는 징검돌이 되고자 합니다. 사전을 새로 읽고 겹말을 새로 읽으며 한국말을 새로 읽을 수 있기를 비는 마음입니다. 이러면서 말에 깃드는 넋을 새로 읽고, 말로 짓는 삶을 새로 읽으며, 말로 나누는 사랑을 새로 읽을 수 있으면 좋겠어요.

한국말사전 배움모임 '숲노래' 올림

'겹말'이란 무엇인가

"미리 예약했습니다"나 "박수를 칩니다"가 겹말인 줄 느낄 수 있을까요? "축구를 차다"나 "탁구를 치다"나 "테니스를 치다"가 겹말인 줄 알아차릴 수 있을까요? "붉게 충혈된 눈"이나 "들뜨고 흥분했네"가 겹말인 줄 생각할 수 있을까요?

　요즈음 "역전 앞" 같은 말을 쓰는 분은 거의 찾아볼 수 없습니다. 이런 겹말은 워낙 널리 이야기가 된 터라 퍽 쉽게 바로잡기도 하고 사람들 스스로 털어내기도 합니다. 그러나 무척 많은 겹말은 겹말인 줄 못 느끼면서 쓰입니다. 겹말인 줄 알면서도 그냥 쓰는 사람이 많습니다. 이때에 사회에서는 '관용구'라는 이름을 붙입니다. 문학을 하는 분은 '시적 허용'이나 '문학적 허용' 같은 이름을 붙입니다.

사람들이 널리 쓰면서 어떤 말이 굳어질 수 있습니다. 비록 틀리거나 잘못된 말씨라 하더라도 '관용구'나 '시적 허용'이 될 수 있을 테지요. 그러면 이때에 생각해 보아야 합니다. "악법도 법이니, 악법을 그대로 두면서 살면 되는가?" 하고 말이지요. 우리 사회 어른들은 관용구나 시적 허용을 마음껏 쓰더라도, 이런 관용구나 시적 허용을 어린이와 푸름이한테 물려줄 만한가를 생각해야지 싶습니다.

　어린이와 푸름이는 관용구나 시적 허용이 아닌, 즐거운 말을 배우고 물려받아야지 싶습니다. 우리 어른들은 관용구나 시적 허용이라는 굴레에 갇힌 채 '말을 새롭게 짓는 슬기로운 마음'을 내팽개친 지난날을 되새겨야지 싶어요. 이제는 관용구 핑계를 대거나 시적 허용이라며 둘러대지 말고, 즐겁게 쓰고 아름답게 쓰며 사랑스레 쓸 말을 우리 손으로 새롭게 짓는 길을 걸어갈 수 있어야지 싶습니다. 겹말은 벗어던지면서 새말을 짓고, 겹말이라는 굴레를 털면서 삶말이라고 하는 새로운 보금자리를 가꾸어야지 싶어요.

'겹말'이란 "뜻이 같은 낱말을 겹쳐서 쓰는 말"을 가리킵니다. '초가집'이나 '처갓집'이나 '외갓집' 같은 낱말이 겹말이요, '향내'나 '늘상'이나 '한밤중'이 겹말입니다. "도구와 연장을 쓴다"나 "느끼고 의식하다"라든지 "궁리하고 생각한다"나 "다른 대안"이나 "다시 반복하다"도 겹말이에요. "둥근 원"이라 하거나 "땅과 대지"라 말할 적에도 겹말이요, "똑바로 직진하다"나 "미리 예측하다"도 겹말입니다. '모래 사장'이나 '모양새'가 겹말이고, '본보기'와 '살아생전'이 겹말이에요. "서울로 상경한다"라든지 "부정적이고 나쁘다"라든지 "아름답고 화려한"이 겹말이요, '삼세번'이나 "삼시 세끼"나 '시시때때로'가 겹말이지요. '아침조회'나 '야밤'이나 "헌신적인 희생"이나 "함께 연대"가 겹말이고, '연거푸'와 '이따금씩'과 '하나둘씩'이 겹말이에요. "잘못이나 실수"가 겹말이고 "저녁 만찬"이 겹말이며 "참고 인내하다"가 겹말입니다. 이밖에도 겹말은 수없이 많습니다.

이들 겹말을 가만히 살펴보면 엇비슷한 얼거리를 찾아볼 수 있습니다. 우리가 미처 모르면서 쓰는 수많은 겹말은 으레 '한국말 + 한자말'이거나 '한자말 + 한국말'이기 일쑤예요. 뜻이 같은 두 낱말(하나는 한국말이고 하나는 한자말)을 그냥 뭉뚱그려서 쓰다가 얼결에 겹말이 나타나요.

　한자말을 쓰기에 잘못이 될 수 없습니다. 한자말을 아주 안 써야 한다고는 생각하지 않습니다. 다만 한 가지는 곰곰이 생각해 보아야지 싶어요. 우리가 한국사람으로서 한국말을 얼마나 찬찬히 익혀서 얼마나 슬기롭게 쓰는가를 생각할 줄 알아야지 싶어요. 한자말을 쓰든 한국말을 쓰든 그리 대수롭지 않습니다. 우리는 저마다 우리 마음을 알맞게 나타내고 즐겁게 펼치며 곱게 나눌 줄 알아야지 싶어요. 우리 생각을 제대로 드러내고 기쁘게 밝히며 사랑스레 가꿀 줄 알아야지 싶습니다.

"참견하고 끼어들지 마" 같은 겹말이라면 "참견하지 마"나 "끼어들지 마" 가운데 하나로 손볼 수 있으면 됩니다. "초록빛 녹음" 같은 겹말이라면 "초록 그림자"나 "푸른 그늘" 가운데 하나로 손볼 수 있으면 돼요. "지나가는 행인입니다" 같은 겹말이라면 "지나가는 사람입니다"나 "행인입니다" 가운데 하나로 손볼 수 있으면 되고, "요즘 나온 신곡"은 '신곡'이나 "요즘 나온 노래" 가운데 하나로 손볼 수 있으면 돼요.

말을 생각해 보아야 합니다. 우리가 저마다 쓰는 말이 얼마나 말다운 말인가를 생각해 보아야 합니다. 말을 새롭게 배워야 합니다. 고등학교를 마쳤다고 한국말을 잘 알지 않아요. 대학교 국어국문학과를 다녔기에 한국말을 똑똑히 알지 않아요. 서른 살이건 쉰 살이건 일흔 살이건 늘 새롭게 배운다는 마음으로 말을 살피고 가꿀 수 있어야지 싶어요. 남들이 쓰니까 따라서 쓰는 말이 아니라, 나 스스로 생각을 밝혀서 쓰는 말이 되어야지 싶습니다. 방송이나 인터넷이나 책에 나오는 말이니 그냥 써도 되지 않습니다. 방송이나 인터넷이나 책에도 잘못된 말이나 틀린 말이나 엉뚱한 말이 흔히 나와요. 아무리 "삼시 세끼"라는 말이 방송을 거쳐서 널리 퍼졌어도 우리 스스로 이런 겹말을 씩씩하고 즐거우며 재미나고 알맞게 가다듬으면서 슬기롭고 아름답게 새 한국말을 지어서 쓸 줄 알아야지 싶어요.

한국말을 지켜야 하기 때문에 한자말을 안 써야 하지 않습니다. 생각을 밝히는 그릇이나 씨앗 구실을 하기에 한국말을 한국말답게, 그러니까 말을 말답게 가꿀 뿐입니다. 한국말만 정갈하거나 깨끗하거나 말끔하게 지켜야 하지 않습니다. 한자말을 쓰든 영어를 쓰든, 꼭 쓸 말을 제대로 살펴서 제자리에 알맞게 쓸 노릇이라고 봅니다. 더 생각해 본다면, 한국말부터 한국말답게 제대로 쓸 수 있을 때에, 영어를 한국말로 옮기든 한국말을 영어로 옮기든 제대로 올바로 알맞게 해낼 수 있어요.

한국말을 제대로 모르는 채 영어를 잘하지 못해요. 한국말은 엉터리이면서 번역을 제대로 할 수 없어요. 한국말부터 제대로 알아야 영어를 제대로 해요. 한국말을 슬기롭게 다룰 수 있어야 번역을 슬기로우면서 아름답게 합니다. 그리고 한국사람으로서 한국말을 똑바로 알고 즐겁게 가꾸며 사랑스레 북돋을 줄 알아야 한국문학을 알뜰살뜰 일굴 테지요.

제대로 생각하지 않기에 겹말이 나타납니다. 깊이 살피거나 넓게 돌아보지 못하기에 겹말 굴레에서 벗어나지 못합니다. 한국말도 늘 새롭게 배우면서 우리 스스로 생각을 새롭게 가꿀 적에 즐거운 마음이 되는 줄 잊거나 놓치는 바람에 겹말에 그냥 휩쓸립니다.

"울울창창 우거진다"라든지 "이런 용도로 쓰인다"가 겹말인 줄 느끼지 못하는 분이 꽤 많습니다. "연하고 부드럽다"나 "헐뜯고 비난하다"가 겹말인지 모르는 분이 퍽 많습니다. "어디에나 지천으로"나 "큰 저택"이 겹말인지 모르는 분이 많고,

"한 사람의 인간"이 겹말인지 못 깨닫는 분이 참 많습니다.

'미니스커트'라는 영어가 패션용어이기 때문에 "짧은 미니스커트"는 겹말이 아니라고 여기는 분이 있어요. 이는 틀린 생각은 아닐 테지만, 왜 영어만 '패션용어'가 되어야 하는가를 생각할 수 있어야 합니다. '짧은치마'도 얼마든지 패션용어로 삼을 수 있고, 얼마나 짧은가를 놓고서 한국말로 슬기롭고 재미나며 아름답고 즐겁고 멋들어지게 '새로운 패션용어'를 짓는 생각을 가꿀 수 있어요. "짧은 미니스커트"라는 굴레를 홀가분하게 벗어던지고 '깡뚱치마'나 '짧은치마'나 '무릎치마'나 '허벅치마(허벅지치마)'나 '엉덩치마(엉덩이치마)'나 여러 가지 새로운 이름을 지을 만하고 앞으로도 새 이름은 얼마든지 마음껏 신바람나게 지을 수 있어요.

가만히 돌아봅니다. 한국사람이 한국말을 슬기롭게 못 쓰는 까닭은 한국사람 스스로 한국말로 생각하는 길을 잊거나 잃은 탓이라 할 텐데, 학교에서 안 가르치거나 교과서에 안 나온대서 한국말로 생각을 못하지는 않아요. 우리 스스로 한국말을 가꾸지 못했기에 겹말이 나타나고 엉뚱한 말을 엉뚱한 줄도 모르면서 쓰는구나 싶습니다.

한국사람이 한국말을 제대로 못 쓴다면 어떤 일이 생길까요? 외국사람이 한국말을 배우기 어렵겠지요. 새로 태어나는 한국 어린이가 한국말을 슬기롭고 재미나며 아름답게 배우기 어렵겠지요. 한국사람 스스로 한국말을 즐겁게 가꾸지 못한다면, 외국문학을 한국말로 옮길 적에도 어설픈 번역 말씨와 뜬금없는 일본 말씨가 자꾸 퍼질 수밖에 없습니다.

'사전에 나오는 말'이니 그냥저냥 쓸 만하지 않습니다. 사전에는 '한국말만 오르지' 않습니다. 사회에 퍼진 말이 바로 사전에 오릅니다. 사람들이 제대로 쓰든 제대로 못 쓰든, 그러니까 사람들이 틀리게 쓰든 엉뚱하게 쓰든, 사람들 스스로 바로잡지 못하거나 가다듬지 못한 낱말까지 사전에 올라요.

다시 말하자면, 우리가 스스로 '슬기롭게 생각하는 사람'으로 말살림을 지을 줄 안다면, 사전에 엉뚱하게 실린 잘못된 낱말을 말끔히 털어낼 수 있습니다. 그나저나 오늘날 한국말사전(국어사전)은 잘못된 풀이가 대단히 넘쳐요. 겹말풀이나 돌림풀이가 끔찍하도록 많습니다.

《새로 쓰는 겹말 꾸러미 사전》은 바로 이 대목까지 함께 짚으려 합니다. 숱한 한국말사전 가운데 대표라 할 만한 '국립국어원 표준국어대사전' 말풀이가 어느 만큼 엉뚱하거나 끔찍하도록 겹말풀이와 돌림풀이에 갇혔는가도 이 책에서 밝히려고 합니다. 그래서 국립국어원 표준국어대사전이 '한국말을 한국말답게 가꾸고 배우는 길에 아름다운 말벗'이 될 수 있도록 거듭날 수 있기를 바라는 마음을 함께 펼치려 합니다. 하루빨리 '잘못된 겹말풀이와 돌림풀이'를 걷어치우고 바로잡아서 '아름답고 즐겁게 가꾸는 말넋'으로 다시 태어나야 한다고 봅니다.

이 《새로 쓰는 겹말 꾸러미 사전》은 앞서 선보인 《새로 쓰는 비슷한말 꾸러미 사전》이 있기에 태어날 수 있습니다. 처음에는 '비슷한말'을 꾸러미로 엮어서 말뜻하고 말느낌을 제대로 가르고 살펴서 한국말을 즐겁게 새로 배우도록 돕는 길동무책이 되도록 하려는 뜻으로 썼어요. 《새로 쓰는 비슷한말 꾸러미 사전》을 써내기까지 스무 해 동안 자료를 모아서 다섯 해 동안 썼는데, 이렇게 자료를 모으는 동안 '사전 겹말풀이 + 돌림풀이'를 숱하게 보았고, 사람들이 '겹말로 잘못 쓰는 보기'를 끝도 없이 찾았습니다.

이러한 말풀이와 보기를 한데 모아서 "겹말 손질"을 해 보자는 이야기를 들려주고자 합니다. 이 사전을 읽어 주시는 분들은 '이런 말이 잘못이었구나' 하고 생각하시기보다는 '이렇게 겹말풀이나 돌림풀이에 갇힌 채 말하기보다는 새롭게 생각을 지으면서 말하는 살림을 가꾸어 즐겁게 말넋을 가꾸는 길을 찾아야겠구나' 하고 헤아려 주시기를 바랍니다.

글쓰기를 즐기실 적에, 글쓰기로 생각을 나타내실 적에, 한국말을 조금 더 살피고 헤아려 주시면 고맙겠습니다. 멋들어진 글쓰기가 되기보다는 생각과 마음을 즐거이 펼쳐서 이웃하고 어깨동무를 하는 사랑을 나누시는 길에 이 사전이 길동무가 될 수 있기를 빌어요.

잘잘못을 바로잡는 일도 뜻이 있습니다만, 이보다는 우리 넋을 가꾸는 바탕이 되는 말을 슬기롭게 사랑하고 가꾸어 삶을 새롭게 짓는 길을 걸을 때에 참으로 아름다우리라 봅니다. 고맙습니다.

이 책에서 다루는 겹말 1004가지는 '책'에서만 보기글을 뽑았습니다. 보기글이 여럿 나오는 책이 있을 텐데, 겹말이 드러난 보기글이 자주 나온다고 해서 그 책을 안 좋게 여기지 않습니다. 그럴 까닭도 없고요. 우리가 미처 못 느끼면서 쓰는 보기글이 이렇게 많구나 하고 느낄 수 있도록 일부러 보기글을 '책'에서 뽑았을 뿐입니다. 너그러이 헤아려 주시기를 빌어요. 이 사전에 실은 보기글이 나온 책을 쓰신 분들에게 거듭 고개 숙이며 말씀을 여쭙니다. 우리가 겹말인 줄 모르며 쓰는 말씨가 이렇게 있구나 하고 생각해 주시기를 바라요.

왜 겹말인가를 밝히려고 낱말 뜻풀이를 먼저 보여주는데, 낱말 뜻풀이는 모두 국립국어원《표준국어대사전》에서 따옵니다. 낱말 뜻풀이를 살피면 이 대목에서 이렇게 겹말이로구나 하고 알아채기 좋으리라 생각합니다. 그런데《표준국어대사전》뜻풀이조차 겹말풀로 나오기 일쑤이고, 돌림풀이가 되기 일쑤이기도 합니다.《표준국어대사전》을 비롯해서 한국에서 진작에 나온 다른 한국말사전에서도 이와 비슷한 겹말풀이하고 돌림풀이를 찾아볼 수 있습니다. 앞으로는 한국말사전 뜻풀이가 바로잡힐 수 있기를 바라는 마음입니다.

겹말이 자꾸 불거지는 까닭으로는 한국 사회가 똑같은 것을 가리킬 적에 '한국말'하고 '한자말'을 섞어서 쓰는 모습을 첫손으로 꼽을 만합니다. 한자말을 쓰는 일이 아주 큰 말썽이나 잘못이라고 생각하지는 않습니다. 그러나 꼭 안 써도 되거나 구태여 안 써도 되는 자리라면 한자말을 애써 안 써도 될 만하다고 생각해요. 겹말을 손질하거나 손보거나 고쳐쓰는 이야기를 하면서 "되도록 한자말을 줄이자"고 하는 이야기를 펼쳐 보았습니다. 우리가 말을 한결 쉽게 쓰기를 바라는 마음이고, 수수하고 쉬운 한국말을 홀가분하게 쓰다 보면 저절로 '겹말 굴레에서 벗어날' 수 있기 때문이기도 해요. 한마디로 간추리자면, "쉽게 쓰면 겹말이 안 나타난다"고

할 수 있어요. "어린이 눈높이에서 생각하고 시골사람 마음으로 살필 적에도 겹말은 안 나타난다"고 할 만합니다.

어느 모로 보면 비슷한 겹말 얼거리라 할 텐데, 사람들이 워낙 자주 잊거나 놓치는 겹말 얼거리인 탓에, '각·지나치다·혼자·시작·함께·다른·미리·느낌' 때문에 불거진 겹말 이야기는 따로 더 깊이 살피는 보기글을 모으기도 했습니다.

겹말이 불거지는 까닭으로 '겉치레 말을 쓰는' 탓을 들 수 있어요. 가볍게 말하지 않고 자꾸 치레하거나 꾸미려 하면서 그만 겹말이 되곤 합니다. 말을 하거나 글을 쓸 적에 겉치레나 꾸미기에는 마음을 조금 덜 써도 되리라 느껴요. 자꾸 치레하거나 꾸미려 하면서 말이나 글이 외려 더 보기 나빠질 수 있습니다. 겹말을 손질하거나 가다듬다 보면, 우리가 나누는 말이나 글은 한결 보기 좋게 거듭날 만하고, 말하기나 글쓰기도 훨씬 쉽게 달라지리라 봅니다.

겹말이 나온 보기글을 놓고, 처음에는 '겹말인 글월'만 손질해 보고, 나중에는 '겹말이 나온 글월을 통째'로 손질해 보았습니다. 겹말이 나타나지 않은 대목에서도 번역 말씨나 일본 말씨나 어려운 말씨나 얄궂은 말씨가 있으면 이를 차근차근 다듬어 보았어요. 이 책에서는 왜 어떻게 번역 말씨나 일본 말씨인가를 따로 밝히지 않으면서 보기글을 손질했어요. 번역 말씨나 일본 말씨 이야기는 《10대와 통하는 새롭게 살려낸 우리말》하고 《10대와 통하는 우리말 바로쓰기》라는 책에서 찬찬히 짚었으니, 이 대목을 더 살펴보고 싶으신 분들은 그 책을 더 읽어 주시면 고맙겠습니다.

● 차례

머리말
한국말사전 읽어 보셨나요? _ *4*

풀이말
'겹말'이란 무엇인가 _ *7*

미리읽기 _ *12*

ㄱ

● 가끔 간혹 _ *32*
● 가끔씩 _ *32*
● 가끔 종종 _ *33*
● 가난하고 곤궁한 _ *34*
● 가난한 농부와 빈농 _ *34*
● 가는 도중 _ *35*
● 가는 왕래 _ *36*
● 가늘고 약하다 _ *36*
● 가루분 _ *37*
● 가사일·가사 노동 _ *38*
● 가을추수 _ *38*
● -가의 집안 _ *39*
● 가장 최선의 길 _ *40*
● 가지고 소유하고 _ *41*
● 가지런히 정돈 _ *41*
● 가축똥 축분거름 _*42*
● 가치 값 _ *43*
● 각각 독립되어 _ *43*
● 각각의 환경마다 _ *44*
● 각 마다 _ *45*

● 각 별 _ *45*
● 각오와 다짐 _ *46*
● 간단하고 쉬운 _ *47*
● -간 동안 _ *48*
● 간헐적과 띄엄띄엄 _*49*
● 갈잎 낙엽 _ *50*
● 갈피를 못 잡고 우왕좌왕 _ *50*
● 감각 느끼기 _ *51*
● 감 느끼다 _ *52*
● 감정 느끼다 _ *53*
● 갑작스러운 게릴라성 호우 _ *54*
● 값싼 저가품 _ *54*
● 강변 둔치 _ *55*
● 같은 유형의 사람 _ *56*
● 같이 도매금으로 취급되는 _ *56*
● 같이 동침 _ *57*
● 개개인마다 _ *58*
● 개인의 주관에 따라 _ *59*
● 거구의 덩치 _ *59*
● 거나하게 취하다 _ *60*
● -거나 혹은 _ *61*
● 거듭거듭 반복해서 _ *62*
● 거룩하고 신성한 _ *62*
● -거리다·-대다 _ *63*
● 거의 대부분 _ *64*
● 거의 유사하다 _ *64*
● 거친 세파 _ *65*
● 거칠고 험난한 _ *66*
● 걱정할 게 없다고 안심 _ *66*
● 건어포 _ *67*
● 건조해서 마르게 하고 _ *68*
● 걷기와 도보 _ *68*
● 걸으며 하이킹 _ *69*

게우듯 토해내다 _ 70
게으르고 나태한 _ 70
겪은 경험 _ 71
겪은 고생담 _ 72
겪은 체험 _ 73
결국 따지고 보면 _ 73
경운으로 갈아엎는 _ 74
경제적으로 돈이 없다 _ 75
경청의 시간, 귀를 기울였다 _ 75
계속 유지 _ 76
계속 이어지다 _ 77
계속 중 _ 77
계절마다 제철 음식 _ 78
고개도 돌리지 않고 외면 _ 79
고기와 육류 _ 79
고뇌하고 괴로워하다 _ 80
고독 외로움 _ 80
고려해서 판단해야 _ 81
고르게 나누는 공정한 분배 _ 82
고맙습니다라는 감사 _ 83
고목나무 _ 84
고성의 외침 _ 84
고요하고 잠잠하다 _ 85
고요하고 적막한 _ 86
고요한 침묵 _ 86
고운 미인 _ 87
-고 있는 중 _ 87
고통 같은 괴로움 _ 89
고함 소리 _ 89
곧게 직선으로 _ 90
곧 직결되는 _ 91
곳곳에 산재해 _ 91
공간적 간격 _ 92

공감하며 느끼다 _ 93
공유하고 나누길 _ 93
과거의 유물 _ 94
과도한 남획 _ 95
과일이나 열매 _ 96
관계 맺다 _ 96
관념적 사고 _ 97
관찰하고 살펴보다 _ 98
교육하고 가르치고 _ 99
교훈을 가르치다 _ 100
굽고 만들다 _ 101
궁리 생각 _ 101
궁시렁 불평 _ 102
그동안의 근황 _ 103
그때그때마다 _ 103
그때 그 시절 _ 104
그때 당시 _ 104
그리고 구상 _ 105
그물망 _ 106
그저 무작정 _ 107
근거 없는 낭설 _ 107
근면하고 부지런한 _ 108
근사하고 좋다 _ 109
금년 새해 _ 109
기간 동안 _ 110
기대고 의지하다 _ 111
기분이 좋아지지 않는 마음 _ 112
기쁘다 행복하다 _ 112
기쁨과 환희 _ 113
길잡이와 가이드 _ 114
깊게 심호흡 _ 115
깊고 근원적 _ 116
깊숙이 각인 _ 116

15

- 깊은 사색 _ 117
- 깊은 심연 _ 118
- 깊이 숙고 _ 118
- 깔끔하면서도 위생적 _ 119
- 깡똥하게 짧은 _ 119
- 꼭 필요한 _ 120
- 꼼꼼하게 자세하게 _ 121
- 꽃을 헌화 _ 122
- 꽃 화환 _ 122
- 꾸밈없이 순정으로 _ 123
- 꿈과 희망 _ 124
- 끈과 스트랩 _ 125

ㄴ

- 나라 국가 _ 128
- 나라의 국민 _ 128
- 나란히 공존, 나란히 병행 _ 129
- 나란히 평행선 _ 130
- 나만 좋으면 그만인 이기적 _ 130
- 나목으로 섰던 나무 _ 131
- 나무가 우거진 산림 _ 132
- 나무의 수액 _ 132
- 나쁘고 악취미 _ 133
- 나의 못난 자격지심 _ 134
- 나이 연령 _ 134
- 나 자신 _ 135
- 낙숫물 _ 136
- 낙엽이 지다 _ 137
- 낙천적인 밝은 면 _ 138
- 날씨 기후 _ 138
- 날조한 가짜 _ 139
- 날카롭고 예민하다 _ 140
- 남다르고 별난 _ 140

- 남은 생존자 _ 141
- 남은 여생 _ 142
- 낭떠러지 절벽 _ 142
- 낯설고 생소하게 _ 143
- 낳고 산란 _ 144
- 내가 개인적으로 _ 144
- 내가 자초 _ 145
- 내성적 조용 낯가림 _ 146
- 냉랭한 한기 _ 146
- 너무 과소비 _ 147
- 너무 과하게 _ 148
- 너울과 큰 파도 _ 148
- 넉넉하고 부유한 _ 149
- 넋 영혼 _ 150
- 널리 확대되어 _ 150
- 널리 확산되어 _ 151
- 넓게 확장 _ 152
- 넓은 광장 _ 152
- 년 해 _ 153
- 노가다를 뛰는 일로 밤샘작업 _ 153
- 노래 성가 _ 154
- 노래의 가사 _ 155
- 녹색빛 _ 156
- 녹이는 용해제 _ 156
- 놀랍고 경이로운 _ 157
- 놀랍고 신비로운 _ 158
- 놀이 게임 _ 159
- 놀이를 하며 놀다 _ 159
- 농사지을 땅과 농지 _ 160
- 높은 고지대 _ 161
- 누군가가 _ 161
- 누르고 진압하다 _ 162
- 눈가리개 설안경 _ 163

- 눈부실 정도로 화려한 _ *164*
- 눈빛이 빛나고 _ *164*
- 눈썹의 미간 _ *165*
- 눈을 실명하다 _ *166*
- 뉘앙스 어투 _ *166*
- 느긋한 여유 _ *167*
- 느끼고 감지 _ *168*
- 느끼고 의식 _ *168*
- 느끼는 식감 _ *169*
- 느낌을 느끼며 _ *170*
- –는 와중 _ *170*
- –는 중 _ *171*
- –는지 여부 _ *172*
- 늘 만년 _ *173*
- 늘 변함없는 _ *174*
- 늘 볼 수 있는 일상적 _ *174*
- 늘상 _ *175*
- 늙은 노목 _ *176*
- 늙은 노인 _ *176*
- 능하다면 뛰어나다 _ *177*

ㄷ

- 다 그린 완성 _ *180*
- 다르게 변화 _ *180*
- 다르고 천차만별 _ *181*
- 다른 대안 _ *182*
- 다른 별도의 존재 _ *183*
- 다른 아이들과 다름없이 _ *183*
- 다른 여타의 _ *184*
- 다른 이질적 _ *185*
- 다른 차별되는 _ *185*
- 다른 차이점 _ *186*
- 다른 타기능 _ *187*
- 다른 타인 _ *187*
- 다름의 차이 _ *188*
- 다리 교 _ *189*
- 다리와 교량 _ *189*
- 다시 되돌려 준다 _ *190*
- 다시 되돌아가다 _ *191*
- 다시 되찾다 _ *192*
- 다시 반복 _ *192*
- 다시 재검토 _ *193*
- 다시 재등장 _ *193*
- 다시 재생 _ *194*
- 다채로운 총천연색 _ *195*
- 다혈질이라 욱하다 _ *195*
- 단단히 각오를 다지다 _ *196*
- 단단히 결심 _ *197*
- 단발머리 _ *198*
- 단어 표현 말 어휘 _ *199*
- 달고 깊은 잠을 곤하게 _ *200*
- 달리기 조깅 _ *200*
- 닭의 계란 _ *201*
- 당장 당면한 문제가 눈앞에 _ *202*
- 닿다 도착하다 _ *202*
- 대단히 거창하게 _ *203*
- 대량으로 많은 양 _ *204*
- 대부분 대부분 _ *204*
- 대화 얘기 _ *205*
- 더럽고 오염되고 _ *206*
- 더 이상 _ *206*
- 더 편애 _ *207*
- 덧붙인 추록 _ *208*
- –도 겸하다 _ *208*
- 도구와 연장 _ *209*
- –도 역시 _ *210*

● 독립해 나와 혼자 살고 _ *210*

● 독서하고 읽고 _ *211*

● 독특한 개성 _ *212*

● 돈 자금 _ *213*

● 돈 화폐 _ *214*

● 돌리고 순환시키는 _ *214*

● 돌풍이 심하다 _ *215*

● 동거하면서 함께 살다 _ *216*

● 동그란 원 _ *216*

● 동네 촌 _ *217*

● 동면이라는 겨울잠 _ *218*

● 동안의 기간 동안 _ *219*

● 동질감이라 같구나 _ *220*

● 동해바다 _ *220*

● 됐다 오케이 _ *221*

● 두꺼운 판지 _ *222*

● 두 손을 합장 _ *222*

● 뒤엎는 전복적 _ *223*

● 뒤죽박죽 횡설수설 _ *223*

● 들 등 _ *224*

● 들뜨고 흥분 _ *225*

● 들어가는 입구 _ *225*

● 디테일 섬세함 _ *226*

● 따뜻한 온기 _ *227*

● 따뜻한 정 _ *228*

● 따르고 순종하면서 _ *228*

● 따불과 두 배 _ *229*

● 따스한 온정 마음 _ *230*

● 땅과 대지 _ *230*

● 땅을 개간 _ *231*

● 때 묻지 않은 순수한 _ *232*

● 때와 시 _ *233*

● 때와 시기적 _ *233*

● 또다시 재차 _ *234*

● 또렷하게 선명한 _ *235*

● 똑같이 동등한 _ *235*

● 똑바로 직진 _ *236*

● 뛰어난 수작 _ *237*

● 뛰어넘는 점프 _ *237*

● 뜨겁고 열광적 _ *238*

● 뜨겁고 열정적 _ *238*

ㄹ

● 라이딩과 자전거 타기 _ *242*

● 리더십으로 이끄는 힘 _ *242*

● -리 -중인 상태 _ *243*

ㅁ

● -마다 다 제각각 _ *246*

● 마대 자루 _ *246*

● 마른풀 건초 _ *247*

● 마을은 폐촌이 됐고 _ *248*

● 마음가짐을 가지다 _ *248*

● 마음 신경 _ *249*

● 마음에 정신적 빚 _ *250*

● 마지막 순간 _ *250*

● 마지막 최후 _ *251*

● 만나는 소통의 시간 _ *252*

● 만남과 조우 _ *253*

● 만드는 가공식품 _ *253*

● 만들고 만들고 만들고 _ *254*

● 만들고 빚다 _ *255*

● 만들어져 있었다 _ *256*

● 말 언어 _ *257*

● 말없이 묵묵히 _ *258*

● 말이 없고 과묵 _ *259*

● 말하고 논하며 _ **259**
● 맑고 쾌청 _ **260**
● 맑고 투명 _ **261**
● 맘 엄마 _ **261**
● 맛 미 _ **262**
● 맛을 음미 _ **263**
● 망연자실 넋을 놓고 _ **263**
● 망자와 죽은 사람 _ **264**
● 맞추고 조정 _ **265**
● 맡은 임무, 맡은 소임 _ **266**
● 매년 여름철마다 _ **266**
● 매번 뉴스마다 _ **267**
● 매사 일 _ **268**
● 매 순간마다 _ **268**
● 맨손으로 자수성가 _ **269**
● 맵찬 삭풍 _ **270**
● 맹탕인 물 _ **270**
● 먹고 섭취하고 _ **271**
● 멀리 보는, 장기적인 안목 _ **272**
● 멋지고 근사한 _ **273**
● 모든 정치체에서 공히 _ **273**
● 모든 해충 총등장 _ **274**
● 모래사장 _ **274**
● 모습 면 _ **275**
● 모양새 _ **276**
● 모양 형 _ **277**
● 모인 미팅 _ **278**
● 모임과 회합 _ **278**
● 모진 세파 _ **279**
● 목격자와 본 사람 _ **280**
● 목전 눈앞 _ **280**
● 몸 바쳐 헌신했다 _ **281**
● 몸보신 _ **282**

● 몸으로 체득 _ **283**
● 몸으로 체화 _ **283**
● 몸체 _ **284**
● 몽상가는 꿈꾼다 _ **285**
● 무게 비중 _ **285**
● 무게 중량 _ **286**
● 무너지고 붕괴 _ **287**
● 무성하게 우거진 _ **287**
● 무성하고 빽빽한 _ **288**
● 무승부로 비기다 _ **289**
● 무언가가 _ **289**
● 무자비하게 학살 _ **290**
● 묵묵히 침묵하다 _ **291**
● 문을 열고 개소하고 _ **292**
● 묻는 질문 _ **293**
● 물결 파도 _ **293**
● 물결 파문 _ **294**
● 물기 있는 습한 곳 _ **295**
● 물 흐름이 있는 유수 지역 _ **295**
● 뭍 육지 _ **296**
● 미남은 잘생겼지 _ **297**
● 미리 귀띔 _ **297**
● 미리 먼저 선행 _ **298**
● 미리 사전 _ **299**
● 미리 언질 _ **299**
● 미리 예상 _ **300**
● 미리 예측 _ **301**
● 미소 웃음 _ **301**
● 미친 듯 폭주하여 달려가는 _ **302**
● 믿고 신뢰 _ **303**
● 믿는 신념 _ **303**
● 밀림 우림 _ **304**

ㅂ

- 바다 밑과 해저 _ 306
- 바닷가 해안도로 _ 306
- 바라던 꿈 _ 307
- 바라보는 시각 _ 308
- 바로 앞 정면 _ 308
- 바보 천치 _ 309
- 박수 치다 _ 310
- 박장대소를 하며 웃다 _ 310
- 반드시 필요한 _ 311
- 반복 되풀이 _ 312
- 발언하고 말하고 _ 312
- 밝고 명랑 _ 313
- 밝기 광도 _ 314
- 밤중 _ 314
- 밥과 음식 _ 315
- 방식 방법 _ 316
- 배고픈 허기 _ 317
- 배려의 마음 _ 317
- 백발이 성성하다 _ 318
- 백지장처럼 하얗게 _ 319
- 백지화하고 깨끗이 비워내서 _ 319
- 뱉고 토하다 _ 320
- 버릇 습관 _ 320
- 버림받은 유기견 _ 321
- 버섯 균을 식균 _ 322
- 벌초와 풀베기 _ 322
- 변하고 바뀌고 달라지고 _ 323
- 변화에 따라 바뀌었다 _ 324
- 별나고 색다른 _ 324
- 별다르다 _ 325
- 별다른 이견 _ 326
- 별반 다를 바 없다 _ 327

- 보고 관찰하고 _ 328
- 보는 관점 _ 329
- 보이지 않는 추상적 _ 329
- 본보기 _ 330
- 본 적 없는 미지의 _ 331
- 부끄럽거나 민망스럽거나 _ 332
- 부드럽고 유연하게 _ 332
- 부유물처럼 떠다니는 _ 333
- 부정적이고 나쁜 _ 333
- 부족하고 모자란 _ 334
- 부추겨서 조장하고 _ 335
- –부터 시작 _ 336
- 북쪽 방향 _ 337
- 분명 틀림없으나 _ 337
- 불과 화재 _ 338
- 불량 제품 유해 제품 _ 339
- 불량하다거나 나쁜 _ 339
- 불쌍해서 측은해 _ 340
- 불안이나 두려움 _ 341
- 불안하고 초조하다 _ 342
- 붉게 상기 _ 342
- 붉게 충혈 _ 343
- 붐 바람 _ 344
- 비해 상대적으로 _ 345
- 빈 공간 _ 345
- 빛 부채 _ 346
- 빛깔 색깔 채색 _ 347
- –빛 –색 _ 348
- 빼어난 절승 _ 349
- 뽐내기 위한 과시적 _ 349
- 뿌리는 근본 _ 350
- 뿌리를 내려 안착하다 _ 351

ㅅ

- 사교적 사귐 _ 354
- 사나운 폭풍우 _ 354
- 사람과 멤버 _ 355
- 사람과 인 _ 356
- 사람과 인간 _ 357
- 사람들의 집단적인 입맛 _ 357
- 사람의 인간 _ 358
- 사랑과 애정 _ 359
- 사랑과 연애 _ 359
- 사랑과 자비 _ 360
- 사랑 애 _ 360
- 사려 깊다 _ 361
- 사방 곳곳 _ 362
- 사소하고 하찮은 _ 363
- 사악하고 나쁘다 _ 364
- 사이의 간극 _ 364
- 삭제하듯 지우다 _ 365
- 산과 들에 야생 _ 366
- 산미와 맛 _ 366
- 산의 산기슭 _ 367
- 산포로 퍼진 _ 368
- 살다가 거주했습니다 _ 368
- 살아갈 여생 _ 369
- 살아생전 _ 370
- 살짝 미풍 _ 370
- 삶과 생활 _ 371
- 삶과 실천 _ 372
- 삶과 인생 _ 373
- 삶을 살다 _ 373
- 삼복염천 _ 374
- 삼세번 _ 375
- 삼시 세끼 _ 376

- 상호 간 _ 376
- 새로 신접살림 _ 377
- 새로운 변화 _ 378
- 새롭게 창출 _ 379
- 새롭고 신선하다 _ 379
- 새롭고 창조적 _ 380
- 새벽 여명 _ 381
- 색색깔 _ 381
- 생각 상상 _ 382
- 생각 아이디어 _ 383
- 생각 전하고 의사 표현 _ 384
- 생각하고 판단하는 _ 385
- 생각하는 상상력 _ 386
- 생을 살다 _ 386
- 생활방식으로 살면서 _ 387
- 서로 간 _ 387
- 서로 교환 _ 388
- 서로 상의 _ 389
- 서울로 상경 _ 390
- 서툴고 미숙하다 _ 390
- 선거로 뽑다 _ 391
- 선언하는 말 _ 391
- 선천적으로 타고난 _ 392
- 선호하는 기호 _ 393
- 설치해 놓다 _ 393
- 성 화 _ 394
- 세분화해서 나누다 _ 395
- 세상에서 벗어나 은둔 _ 395
- 세설 잔말 _ 396
- 소극적으로 움츠러들다 _ 397
- 소나무의 어린 묘 _ 397
- 소란스러운 소음 _ 398
- 소싯적 _ 399

소집하고 열다 _ **399**

소탈하고 솔직한 _ **400**

속요량으로 헤아려 _ **401**

손을 씻는 세숫물 _ **401**

수분과 물 _ **402**

수수하고 소박한 _ **402**

수작업으로 만든 _ **403**

수정하고 더하고 빼야 _ **404**

수풀로 우거진 숲 _ **405**

수확을 거두다 _ **405**

숙련된 솜씨 _ **406**

순간이 왔을 때 _ **407**

순순히 복종하다 _ **407**

술값 주점 _ **408**

숨겨진 비밀 _ **409**

숨은 은신처 _ **409**

숨은 행간 _ **410**

숲 삼림 _ **411**

쉬고 휴식하고 _ **412**

스스로를 돕고 자립하려고 _ **412**

스스로 자청 _ **413**

스테디셀러는 꾸준해 _ **414**

슬기와 지혜 _ **414**

습윤하고 추진 땅 _ **415**

시골을 벗어난 촌뜨기 _ **416**

시골 촌닭 _ **417**

시도 때도 없이 _ **417**

시도하다 _ **418**

시범적으로 한번 _ **419**

시스템의 구조 _ **419**

시시때때로 _ **420**

시원한 냉기 _ **421**

시의적절한 때 _ **421**

시인하고 받아들여 _ **422**

시작은 시작합니다 _ **423**

시작한 것이 시작입니다 _ **423**

시작한 시발점 _ **424**

시절인 시대 _ **425**

시즌과 계절 _ **425**

시합에서 졌을 때 _ **426**

신뢰성 및 신념 _ **427**

신음소리 _ **428**

신입자가 들어오면 _ **428**

실용적으로는 쓸 만할 _ **429**

실용적으로 유용한 _ **430**

실행하다 _ **430**

심심하고 무료한 _ **431**

심플하고 단순한 _ **432**

심호흡을 길게 하다 _ **433**

싸우고 투쟁하고 _ **433**

싹을 틔우고 발아 _ **434**

싹이 나서 새순 _ **435**

쓰고 사용 _ **435**

쓰라린 고통 _ **436**

쓰레기와 오물 _ **437**

씨로 심는 직파 _ **437**

씨를 채종 _ **438**

씨앗을 파종 _ **439**

-씩 규칙적으로 _ **439**

ㅇ

아기를 임신하다 _ **442**

아래로 낙하 _ **442**

아름다운 여성미 _ **443**

아름답고 화려한 _ **443**

아름답지 않으나 우아하고 _ **444**

아무 때나 수시로 _ 445

아직 시기상조 _ 445

아침조회 _ 446

아픔도 고통도 _ 447

악덕 기업인들이 나쁜 일을 _ 447

악수하고 손을 붙잡고 _ 448

악인과 나쁜 사람 _ 449

-안 -가 _ 450

안내할 가이드 _ 450

안목으로 보다 _ 451

알록달록 형형색색 _ 452

알맞은 적기 _ 452

암묵적인 침묵의 약속 _ 453

압사하거나 질식해서 죽는 _ 454

앞서간 선각자 _ 454

앞으로 펼쳐질 미래 _ 455

애정 담긴 연애 _ 456

애초에 시작한 일 _ 456

야밤 _ 457

야생 산딸기 _ 458

어깨에 견장 _ 458

어디에나 지천으로 _ 459

어떤 종류의 _ 460

어리고 미성숙 _ 460

어린 묘목 _ 461

어미 잃은 고아 _ 462

어질고 지혜로운 _ 462

어촌마을 _ 463

억누르고 억제하는 _ 464

언어를 잘 구사, 말을 잘해 _ 465

언제나 변함없이 항상 _ 465

얼굴은 소탈한 상 _ 466

얼굴 표정 _ 467

엄청난 대규모 _ 467

엄청난 폭설 _ 468

여명의 빛 _ 469

여운으로 남다 _ 469

여유 공간이 남아서 _ 470

역할을 맡다 _ 471

연거푸 _ 472

연기에 그스르느라 _ 473

연세와 나이 _ 473

연이어 _ 474

연타로 때리다 _ 475

연하고 부드럽다 _ 475

연하고 엷다 _ 476

열리고 개최 _ 477

열정적 정열적 _ 478

열 줄 _ 478

예전과 기존 _ 479

옛날부터 전해 내려온 전설 _ 480

오고 방문하고 _ 480

오류가 없는 무오류성 _ 481

오밤중 _ 482

온화함과 따뜻함 _ 482

올바르고 정확한 _ 483

옷 의류 _ 484

완두콩 _ 484

왜 하필 _ 485

외가댁·외갓집 _ 486

외부를 차단한 배타적 _ 487

요란한 소음 _ 488

요즘 나온 신곡 _ 488

욕심은 과욕 _ 489

용도로 쓰다 _ 489

용도 용처 _ 490

-용 사용 _ *491*

우리의 고유한 말 _ *491*

우울하고 슬프다 _ *492*

울울창창 우거진 _ *493*

울음소리로 울다 _ *494*

움직이고 행동하고 _ *494*

움트기 시작하는 싹 _ *495*

웃기는 희극영화 _ *496*

원폭에 피폭당하다 _ *496*

원하다 바라다 _ *497*

위조지폐 가짜 돈 _ *498*

위태하게 아슬아슬하게 _ *498*

위하거나 아끼다 _ *499*

유독 두드러져 _ *500*

유동하고 흐르는 _ *500*

유성 혹은 별똥별 _ *501*

유쾌하고 즐겁고 좋아 _ *502*

유쾌함 즐거움 _ *503*

유토피아 이상향 _ *503*

윤기가 반질반질 _ *504*

은근슬쩍 _ *505*

은밀한 수수께끼가 숨다 _ *506*

의미를 뜻하다 _ *507*

이동하고 가다 _ *507*

이디쉬어 이디쉬말 _ *508*

이따금씩 _ *509*

이런 타입의 _ *509*

이룩할 수 없던 꿈을 실현 _ *510*

이름 쓰는 서명 _ *511*

이름을 따서 명명된 _ *512*

이름이 호명되다 _ *512*

-이면서 동시에 _ *513*

-이므로 고로 _ *514*

이야기하고 거론 _ *514*

이어지는 연속 _ *515*

이어지는 일련의 _ *516*

이웃 간에 이간질 _ *516*

-이자 동시에 _ *517*

이제 막 본격적으로 _ *518*

이 치아 _ *519*

일 노동 _ *519*

일 사건 _ *520*

일상은 삶입니다 _ *521*

일상의 나날 _ *522*

일상의 삶 _ *522*

일을 작파 _ *523*

일일이 개인적으로 _ *524*

일 작업 _ *524*

일정한 간격으로 나란히 _ *525*

일찍 선행 _ *526*

읽고 독파하다 _ *526*

읽는 독법 _ *527*

임금 왕 _ *528*

입맛에 맞게 가미 _ *528*

입문에 발을 들이다 _ *529*

- 있다 _ *530*

ㅈ

자고로 예부터 _ *532*

자기네 본국 _ *532*

자기 손으로 직접 _ *533*

자기 스스로 _ *534*

자기 자신 _ *535*

자동차를 주차 _ *536*

자라고 성숙하다 _ *536*

자라며 성장통 _ *537*

자세히 살펴보다 _ **537**

자신이 직접 자청 _ **538**

자주 등장하는 단골 _ **539**

작게 축소된 _ **539**

작열하는 태양이 내리쬐는 _ **540**

작은 소녀 _ **541**

작은 소집단 _ **541**

작은 숙부 _ **542**

잘못되거나 오탈자 _ **543**

잘못 실수 _ **543**

잘못 알거나 오해 _ **544**

잘하는 장점 _ **545**

잠이 덜 깨 몽롱했는지 _ **545**

잠재 능력을 숨기는 _ **546**

장식하고 꾸미고 _ **547**

재미나고 흥미롭기 _ **547**

저급한 수준으로 낮추다 _ **548**

저녁 석양 _ **549**

저녁의 만찬 _ **549**

저렴하고 적게 들고 _ **550**

저마다 각양각색 _ **551**

저만 잘난 거만한 독불장군 _ **551**

저물어가는 저녁놀 _ **552**

적기에 파종, 제때에 뿌림 _ **553**

전기에 감전 _ **554**

전이되고 옮겨오고 _ **554**

전 지구적 _ **555**

젊고 혈기왕성 _ **556**

젊은 청년 _ **556**

점점 더 _ **557**

점차 꾸준히 _ **558**

점프와 도약 _ **558**

정의롭거나 올바르다 _ **559**

정장차림 _ **560**

정적과 고요 _ **560**

젖을 떼고 이유식 _ **561**

제가 안 내도 된다는 자괴감 _ **562**

제각기 _ **563**

제 손으로 직접 _ **564**

제자리 자기 자리 _ **564**

조명하고 비추다 _ **565**

조언과 도움 _ **566**

종이 판지 _ **567**

종자는 파종한 뒤 _ **567**

종자 씨앗 _ **568**

좋고 긍정적 _ **569**

주관적인 나의 느낌 _ **570**

주위를 둘러보다 _ **570**

주장과 목소리를 말한다 _ **571**

죽은 망자 _ **572**

죽은 시체 _ **573**

죽은 이유와 사인 _ **573**

줄곧 계속 _ **574**

즐거움을 만끽하다 _ **575**

즐겁고 행복한 _ **576**

증가 증대 늘어나다 _ **576**

지금 당면한 _ **577**

지금 막 _ **578**

지금의 현주소 _ **579**

지금 현재 _ **579**

지나가는 행인 _ **580**

지나치고 심하다 _ **581**

지나친 과대평가 _ **581**

지나친 과장 _ **582**

지나친 광신 _ **583**

지상의 대지 _ **583**

● 지속적으로 이어지다 _ **584**

● 지인과 아는 사람 _ **585**

● 지저분하고 더러운 _ **585**

● 지천으로 널려 있어 _ **586**

● 지켜 주고 보호해 주리라 _ **587**

● 지켜 주는 수호신 _ **588**

● 지키고 유지하다 _ **589**

● 지탱하는 버팀목 _ **589**

● 직감적으로 느낌이 _ **590**

● 직접 대면한 _ **591**

● 직접 몸으로 체험 _ **591**

● 진이 빠져 힘없이 _ **592**

● 진정 참일까 _ **593**

● 질투나 시기 _ **594**

● 집단 난민촌 _ **594**

● 집중적으로 몰려 있다 _ **595**

● 집 혹은 주택 _ **596**

● 짓고 건축하고 _ **596**

● 징수하고 걷고 _ **597**

● 짧은 단발 _ **597**

● 짧은 미니스커트 _ **598**

● 짧은 일별 _ **599**

● 쪽 면 _ **599**

● 쪽을 향해 _ **600**

● 찌개 국 탕 _ **601**

ㅊ

● 차가운 냉기 _ **604**

● 차를 운전 _ **604**

● 차에 승차 _ **605**

● 차이가 있어 별종 _ **605**

● 차이에 따른 차이 _ **606**

● 차츰차츰 조금씩 점점 _ **607**

● 착각하는 실수 _ **608**

● 착상이라고 생각 _ **608**

● 찬물 냉수 _ **609**

● 참견하고 끼어들고 _ **609**

● 참고 인내하라 _ **610**

● 창작하는 글쓰기 _ **611**

● 찾고 발견하고 _ **612**

● 채종한 씨앗 _ **612**

● 책 서 _ **613**

● 책을 쓰는 저술가 _ **614**

● 책의 저자 _ **614**

● 처음 맞는 전대미문 _ **615**

● 처음 시작했다 _ **615**

● 처음 잉태되다 _ **616**

● 처한 처지 _ **617**

● 척박하고 메마른 _ **618**

● 첫날을 시작 _ **618**

● 청결하고 깨끗해 _ **619**

● 청명하고 밝은 _ **619**

● 청빈하여 가난 _ **620**

● 체중 감량 _ **621**

● 체증으로 막히다 _ **621**

● 체험과 경험 _ **622**

● 쳇바퀴 무한반복 _ **623**

● 초가집 _ **624**

● 초록빛 녹음 _ **625**

● 초록은 녹색으로 _ **626**

● 초목 풀나무 _ **626**

● 초심자의 첫마음 _ **627**

● 초원과 들판 _ **628**

● 추가로 더 _ **628**

● 추운 한파 _ **629**

● 추운 혹한 _ **630**

축적되고 쌓여 _ 630

출현하고 나타나고 _ 631

측정하거나 재다 _ 632

친밀하게 가깝게 _ 632

친하거나 가까운 _ 633

친한 친구 _ 634

칠하다 그리다 _ 634

ㅋ

카메라와 사진기 _ 638

칼럼으로 연재한 글 _ 638

캣맘 길고양이 _ 639

코트와 외투 _ 640

크게 확대하다 _ 640

크고 웅장한 _ 641

크고 작은 광장 _ 642

크기와 규모 _ 642

크리에이티브한 창의성 새롭게 _ 643

큰길과 대로 _ 643

큰 대형 동물 _ 644

큰 소리로 고함을 _ 645

큰 스케일 _ 645

큰 저택 _ 646

클래스였던 특수 학급 _ 647

클럽과 모임 _ 647

ㅌ

타고난 능력이 생득적 _ 650

타이밍 적기 _ 650

탐독하고 읽다 _ 651

태양의 햇빛 _ 652

태어난 출생지 _ 653

태어날 때부터 천부적인 _ 653

태연하니 아무렇지도 않아 _ 654

테니스를 치고 _ 655

통찰 꿰뚫어보기 _ 655

퇴적물이 쌓이다 _ 656

투명하고 깨끗한 _ 657

툭하면 수시로 _ 657

트렌드 흐름 _ 658

특별한 맛인 별미 _ 658

특별히 따로 _ 659

특징이 눈에 띄다 _ 660

튼튼 건강 _ 661

틈과 간격 _ 661

ㅍ

파란 창공 _ 664

파문 지는 꽃물결 _ 664

파워와 힘 _ 665

판매하고 팔고 _ 666

판이하게 다르다 _ 666

팔 때의 매매가 _ 667

퍼지고 확산 _ 668

편달, 종아리 때리기 _ 669

편리하고 쉽게 _ 669

편백나무 신목 _ 670

편안히 안주 _ 671

편하고 쉽게 _ 671

평범하여 그저 그런 _ 672

평이하게 쉽게 _ 673

포대 자루 _ 673

포복을 해서 기어갔다 _ 674

폭넓다 _ 675

표류하고 길을 잃는 _ 675

표면에 있는 표토 _ 676

● 표정과 얼굴 _ *677*

● 푸른 녹음 _ *678*

● 푸른빛과 녹색으로 물든 _ *678*

● 풀꽃의 압화 _ *679*

● 풀은 초록색 _ *680*

● 풀이하고 해석하고 _ *681*

● 플러스가 가산 _ *681*

● 플러스로 금상첨화 _ *682*

● 피곤하고 고단한 _ *683*

● 피로한 엄마는 지친 목소리 _ *684*

● 피부색 살색 _ *684*

● 피상적이라서 외모의 철학을 _ *685*

● 필기하고 적고 _ *686*

● 필수품은 없어서는 안 돼 _ *687*

● 필요한 필수품 _ *688*

● 필요해서 있어야 돼 _ *689*

● 핑계 변명 _ *690*

ㅎ

● 하나둘씩 _ *692*

● 하나로 결합 _ *692*

● 하나로 단결 _ *693*

● 하나로 합치다 _ *694*

● 하나의 유일한 특징 _ *694*

● 하는 일마다 사사건건 _ *695*

● 하늘 공중 _ *696*

● 하늘 상공 _ *697*

● 하루 일과 _ *697*

● 하루 일상 _ *698*

● 하얀 백발 _ *699*

● 하얀 백조 _ *699*

● 하얀 백지 _ *700*

● 하천 강 _ *701*

● 학교에 등교 _ *701*

● 학대하고 괴롭히고 _ *702*

● 학습 가능한 배움 _ *703*

● 학회와 공부 모임 _ *704*

● 한가롭고 느긋한 _ *705*

● 한 가지 종류의 일 _ *705*

● 한꺼번에 병행 _ *706*

● 한도 끝도 없이 _ *707*

● 한밤중 _ *707*

● 한 사람의 개인 _ *708*

● 한쪽 면 _ *709*

● 한 측면 _ *709*

● 한턱내는 거창한 외식 _ *710*

● 할당이 주어진 _ *711*

● 함께 공감 _ *711*

● 함께 다니는 동행 _ *712*

● 함께 동봉 _ *713*

● 함께 동시대를 살고 _ *713*

● 함께 병행 _ *714*

● 함께 살고 있는 동석자 _ *715*

● 함께 살며 공존 _ *715*

● 함께 연대 _ *716*

● 함께 참여하는 _ *717*

● 함께하는 그룹 _ *718*

● 항간의 소문에 대해 말이 _ *718*

● 항상 늘 _ *719*

● 해가 지면 일몰을 _ *720*

● 해결은커녕 풀기 어려운 _ *721*

● 해결하기 위한 해결책 _ *721*

● 해변가 _ *722*

● 해안가 _ *723*

● 해저 깊이 성스러운 심연 _ *723*

● 햇볕을 받으며 양지바른 곳 _ *724*

◎ 행복하게 해피엔딩 _ *725*

◎ 행진하고 걸어가다 _ *726*

◎ 향긋한 향기 _ *727*

◎ 향기 냄새 _ *727*

◎ 향내 _ *728*

◎ 허공 하늘 _ *729*

◎ 허심탄회 솔직 털어놓다 _ *730*

◎ 허위에 차고 거짓투성이 _ *731*

◎ 헌신적인 희생 _ *732*

◎ 헐뜯고 비난 _ *732*

◎ 헤어지는 작별 인사 _ *733*

◎ 헤엄치고 수영하고 _ *734*

◎ 현명하고 슬기롭게 _ *734*

◎ 현명하고 지혜로운 _ *735*

◎ 혈혈단신 홀로 _ *736*

◎ 형식적인 겉모습 _ *736*

◎ 형체도 모습도 _ *737*

◎ 호기심 궁금함 _ *738*

◎ 호의적이고 좋은 _ *738*

◎ 호혜적인 상호의존 _ *739*

◎ 혹자는 누군가의 장난이라고 _ *740*

◎ 혼자 독립적으로 _ *740*

◎ 혼자 독방으로 _ *741*

◎ 혼자 독식 _ *742*

◎ 혼자 독야청청 _ *742*

◎ 혼자 독점 _ *743*

◎ 혼자 독차지 _ *743*

◎ 화제로 이야기, 화제로 대화 _ *744*

◎ 확고한 지지를 확보 _ *745*

◎ 확실히 사실이다 _ *746*

◎ 황혼 녘 _ *746*

◎ 회색빛 _ *747*

◎ 회색빛 잿더미 _ *748*

◎ 회화 그림 _ *749*

◎ 횡단보도 가로질러 _ *750*

◎ 횡단보도 건널목 _ *750*

◎ 훌륭한 사람 위인 _ *751*

◎ 흔한 일상 _ *752*

◎ 흙탕물 _ *752*

◎ 흠모하고 섬기는 _ *753*

◎ 흥미 끄는 매력적 _ *754*

◎ 흥미진진한 재미 _ *755*

◎ 흥분하고 달뜬 _ *756*

◎ 흥이 나고 신이 나겠지만 _ *756*

◎ 희미하고 어슴푸레한 _ *757*

◎ 힘과 권능 _ *758*

◎ 힘과 실력 _ *759*

◎ 힘든 고역 _ *759*

◎ 힘을 모아 협력 _ *760*

◎ 힘이 강력 _ *760*

◎ 힘주어 강조 _ *761*

◎ 힘차고 당당한 _ *762*

맺음말 _ *764*

가끔 간혹

:　　**간혹 背景을 삼을 때가 가끔 있으므로**

→　가끔 배경을 삼을 때가 있으므로

→　배경을 삼을 때가 가끔 있으므로

> ○ **간혹(間或) :** 어쩌다가 띄엄띄엄
> ○ **어쩌다가 :** 1. 뜻밖에 우연히 2. 이따금 또는 가끔가다가

'간혹'이라는 한자말은 '어쩌다가'를 가리키고, '어쩌다가'는 '이따금'이나 '가끔'을 가리켜요. 그러니 "간혹 … 가끔 있으므로"처럼 쓰면 겹말이에요. '간혹'은 털어내고 '가끔'만 남기면 됩니다.

•　**요컨대 背景이라 하는 것은 선택할 필요가 있으니 간혹 健築物이나 나무 等으로**
　　背景을 삼을 때가 가끔 있으므로

→　이른바 배경이라 하는 것은 골라야 하니 가끔 건축물이나 나무로 배경을 삼을 때가
　　있으므로

《사진학개론》 (신락균, 중앙대학교출판사, 1928/1977) 245쪽

가끔씩

:　　**가끔씩**

→　가끔

> ○ **가끔 :** 시간적·공간적 간격이 얼마쯤씩 있게
> ○ **-씩 :** '그 수량이나 크기로 나뉘거나 되풀이됨'의 뜻을 더하는 접미사

'가끔 + 씩'처럼 쓰면 겹말입니다. '가끔'이라는 낱말은 어떤 일이 "얼마쯤씩 떨어진 채 이어지는" 모습을 가리킵니다. '-씩'이라는 뒷가지를 다른 낱말에 붙일 적에도 이러한 모습을 나타냅니다. "비가 가끔 내리네"라든지 "비가 조금씩 내리네"처럼 써야 올바릅니다. "가끔씩 비 오는 날"이라든지 "가끔씩 웃는다"처럼 쓰면 겹말입니다. '가끔'만 써야 하는데, '가끔'하고 비슷한 '더러·어쩌다·문득'을 넣어 보면 '-씩'을 붙일 수 없는 줄 알아챌 만합니다. '더러씩·어쩌다씩·문득씩'처럼 얄궂게 말하는 사람은 아무도 없어요.

- **가끔씩 안부 전하듯 찾아오는 감기처럼**
- → 가끔 안부 알리듯 찾아오는 감기처럼
- → 더러 안부 알리듯 찾아오는 감기처럼
- → 어쩌다 안부 알리듯 찾아오는 감기처럼

《비의 목록》 (김희업, 창비, 2014) 24쪽

- **가끔씩 혼자라는 외로움을 느낀다**
- → 가끔 혼자라는 외로움을 느낀다
- → 때로는 혼자라는 외로움을 느낀다

《과학을 읽다》 (정인경, 여문책, 2016) 53쪽

- **가끔씩 술 광고를 보면**
- → 가끔 술 광고를 보면

《우리 음식의 언어》 (한성우, 어크로스, 2016) 70쪽

가끔 종종

: **가끔씩 깜짝 놀란다 … 종종 내 생각이**
- → 가끔 깜짝 놀란다 … 가끔 내 생각이
- → 가끔 깜짝 놀란다 … 더러 내 생각이
- → 가끔 깜짝 놀란다 … 때때로 내 생각이

> ○ **가끔** : 시간적·공간적 간격이 얼마쯤씩 있게
> ○ **-씩** : '그 수량이나 크기로 나뉘거나 되풀이됨'의 뜻을 더하는 접미사
> ○ **종종(種種)** : 1. 모양이나 성질이 다른 여러 가지 2. = 가끔

한자말 '종종'은 "= 가끔"이라고 합니다. 다시 말하자면 '가끔'으로 고쳐써야 알맞다 할 한자말 '종종'이에요. 그러니 '가끔'하고 '종종'을 잇달아 쓰는 보기글은 겹말 얼거리예요. 앞뒤 모두 '가끔'으로 적으면 돼요. 앞뒤에 다른 낱말을 써 보고 싶다면, '더러'나 '곧잘'이나 '때때로'나 '어쩌다·어쩌다가'나 '이따금'이나 '으레' 같은 낱말을 써 주면 됩니다.

- **가끔씩 깜짝 놀란다. 흰둥이들은 더할 나위 없이 잘 지내고 있는데 종종 내 생각이**
- → 가끔 깜짝 놀란다. 흰둥이들은 더할 나위 없이 잘 지내는데 가끔 내 생각이
- → 가끔 깜짝 놀란다. 흰둥이들은 더할 나위 없이 잘 지내는데 때때로 내 생각이

《개.똥.승.》 (진엽, 책공장더불어, 2016) 111쪽

가난하고 곤궁한

: **가난하고 곤궁한 사람들**

→ 가난한 사람들

→ 가난하고 딱한 사람들

> ○ **곤궁하다(困窮−)** : 1. 가난하여 살림이 구차하다 2. 처지가
> 이러지도 저러지도 못하게 난처하고 딱하다

한자말 '곤궁하다'는 '가난한' 모습을 가리켜요. "가난하고 곤궁한"처럼 쓰면 겹말
이에요. 이때에는 '가난한'으로 손보면 되는데, "가난하고 딱한"이나 "가난하고 불
쌍한"이나 "가난하고 가엾은"이나 "가난하고 안쓰러운"으로도 손볼 만합니다.

• **주위에는 가난하고 곤궁한 사람들이 많았는데, 한나는 그들 역시 돌봐 주었습니다**

→ 둘레에는 가난한 사람들이 많았는데, 한나는 그들도 돌봐 주었습니다

→ 둘레에는 가난하고 딱한 사람들이 많았는데, 한나는 그들도 돌봐 주었습니다

《사라진 나라》 (아스트리드 린드그렌/김경연 옮김, 풀빛, 2003) 46쪽

가난한 농부와 빈농

: **가난한 농부의 아들 ⋯ 그런 빈농의 아들에게**

→ 가난한 농부네 아들 ⋯ 그런 가난한 집 아들한테

> ○ **빈농(貧農)** : 1. 가난한 농가나
> 농민

가난한 사람이니 "가난한 사람"입니다. 농사짓는 사람이면서 가난하다면 "가난한
농사꾼"입니다. 이웃 가운데 가난한 사람이 있으면 "가난한 이웃"입니다. 보기글
을 살피면 "가난한 농부"라고 말하다가 '빈농'이라고도 말하는데, 이처럼 겹말을
쓰지 않아도 돼요. 앞뒤 모두 "가난한 농부"나 "가난한 집"으로 쓰면 넉넉합니다.

• 자신의 찻밭 가운데 아주 일부를 부치는 가난한 농부의 아들이라는 것을 안 뒤,
  그는 끓어오르는 노여움을 감출 수 없었다. 임장수는 그런 빈농의 아들에게 자신의
  아들이 밀려나는 것은 가문의 수치라고 생각했다

→　제 차밭 가운데 아주 작은 땅뙈기를 부치는 가난한 농부네 아들인 줄 안 뒤, 그는 끓어오르는 부아를 감출 수 없었다. 임장수는 그런 가난한 집 아들한테 제 아들이 밀려나면 집안에 부끄러운 노릇이라고 생각했다

《로빙화》(중자오정/김은신 옮김, 양철북, 2003) 125쪽

가는 도중

: **가는 도중에**

→　가다가

→　가는 길에

→　길을 가다가

→　길을 가는데

> ◦ **도중(途中)** : 1. 길을 가는 중간 2. 일이 계속되고 있는 과정이나 일의 중간

'도중'이라는 한자말은 "길을 가는 중간"을 뜻합니다. "가는 도중에"나 "길을 가는 도중에"처럼 적으면 겹말입니다. 한국말사전을 보면 "학교를 가는 도중에"나 "시청으로 가는 도중에" 같은 보기글이 나옵니다. 이 같은 글월은 "학교를 가는 길에"나 "학교를 가다가"로 손보고, "시청으로 가는 길에"나 "시청으로 가다가"로 손보아야 알맞습니다.

•　**가는 도중에 길가에 있는 늪지대에서 처절하게 울부짖는 소리가 들렸다**

→　가다가 길가에 있는 늪에서 애처롭게 울부짖는 소리가 들렸다

→　가는 길에 있는 늪에서 애타게 울부짖는 소리가 들렸다

《산티아고, 거룩한 바보들의 길》(리 호이나키/김병순 옮김, 달팽이, 2010) 360쪽

•　**오는 도중에 차가 물을 튀겼거든**

→　오다가 차가 물을 튀겼거든

→　오는 길에 차가 물을 튀겼거든

《일하지 않는 두 사람 4》(요시다 사토루/문기업 옮김, 대원씨아이, 2016) 65쪽

가는 왕래

: **우물로 가는 아낙네들의 왕래가 끊이지 않는다**

→ 우물로 가는 아낙네들이 끊이지 않는다

→ 우물을 오가는 아낙네들이 끊이지 않는다

→ 우물로 가는 아낙네들 발걸음이 끊이지 않는다

> ○ **가다** : 1. 한 곳에서 다른 곳으로 장소를 이동하다 4. 지금 있는 곳에서 어떠한 목적을 가지고 다른 곳으로 옮기다
> ○ **왕래(往來)** : 1. 가고 오고 함. '오감'으로 순화

"우물로 가는 왕래"라고 하니 '가다'하고 '왕래'가 겹치면서 어설픈 말씨입니다. 한자말 '왕래'는 '오감 · 오가다'로 고쳐쓸 낱말입니다. '왕래'는 '오가다'나 '드나들다'나 '다니다'로 고쳐써야 알맞을 텐데, 이 보기글에서는 '오가다' 한 마디만 쓰든지 '가다' 한 마디만 써야 말결이 살아요. "우물로 가는" 꼴을 쓰든 "우물을 오가는" 꼴을 써야지요. 또는 "우물로 가는 발걸음"처럼 써 볼 수 있습니다. 우물 쪽으로 간 사람은 그쪽에서 볼일을 마치고 이쪽으로 돌아올 테니, 이처럼 써 보아도 '오가는' 느낌을 넌지시 나타낼 수 있습니다.

• **머리에 항아리를 이고 우물로 가는 아낙네들의 왕래가 끊이지 않는다**

→ 머리에 항아리를 이고 우물로 가는 아낙네들 발걸음이 끊이지 않는다

→ 머리에 항아리를 이고 우물을 오가는 아낙네들이 끊이지 않는다

→ 머리에 항아리를 이고 우물로 가는 아낙네들이 끊이지 않는다

《가련하고 정다운 나라, 조선》 (조르주 뒤크로/최미경 옮김, 눈빛, 2001) 130쪽

가늘고 약하다

: **가늘고 약하게**

→ 가늘게

→ 가늘고 여리게

→ 가늘고 조용히

> ○ **가늘다** : 2. 소리의 울림이 보통에 미치지 못하고 약하다 4. 빛이나 연기 따위가 희미하고 약하다 7. 움직이는 정도가 아주 약하다
> ○ **약하다(弱-)** : 1. 힘의 정도가 작다

한국말사전을 살피면, '가늘다'라는 한국말을 풀이할 적에 외마디 한자말 '약하다'

를 씁니다. 소리가 보통에 미치지 못한다면 소리가 작다는 뜻이요, 빛이나 연기도 흐리거나 작다는 뜻이며, 움직임이나 몸짓도 작다는 뜻일 테지요. 이래저래 뜻이나 느낌을 헤아리면 "가늘고 약하게"는 겹말입니다. '가늘게'라고만 쓰면 될 텐데, 좀 힘주어 말하려 한다면 "가늘고 여리게"라든지 "가늘고 조용히"처럼 써 볼 만합니다.

• **그러한 소리 위로 눈이 가늘고 약하게 쉬이이 하며 가지에 내리는 소리가 난다**

→ 그러한 소리에다가 눈이 가늘게 쉬이이 하며 가지에 내리는 소리가 난다

→ 그러한 소리에 눈이 가늘고 여리게 쉬이이 하며 가지에 내리는 소리가 겹친다

《홀로 숲으로 가다》 (베른트 하인리히/정은석 옮김, 더숲, 2016) 285쪽

가루분

: **가루분**

→ 얼굴가루

→ 화장가루

→ 살갗가루

> ◦ **가루분(-粉)** : 가루 상태로 만든 분
> ◦ **분가루(粉-)** : 1. 화장품으로 쓰는 분의 가루 2. 분처럼 하얀 가루
> ◦ **분(粉)** : 1. 얼굴빛을 곱게 하기 위하여 얼굴에 바르는 화장품의 하나. 주로 밝은 살색이나 흰색의 가루로 되어 있으나 고체나 액체 형태로 된 것도 있다 2. = 가루
> ◦ **화장(化粧)** : 1. 화장품을 바르거나 문질러 얼굴을 곱게 꾸밈 2. 머리나 옷의 매무새를 매만져 맵시를 냄

'분(粉)'이라는 한자는 '가루'를 가리켜요. 그런데 이 '분(粉)'은 "가루로 된 화장품"도 가리킨다고 해요. 그러면 '분'이라든지 '화장분'이라 쓰면 되는데, 엉뚱하게 '가루분'이나 '분가루'라는 겹말로 이름을 쓰고 맙니다. 화장을 하려고 쓰는 가루를 가리킨다면 '화장가루'라 하면 됩니다. 얼굴에 바르려고 쓰는 가루라면 '얼굴가루'라 하면 돼요. 살갗에 바른다면 '살갗가루·살가루·살결가루' 같은 이름을 쓸 수 있습니다. 또는 '꾸밈가루'나 '하얀가루'나 '고운가루' 같은 이름을 생각해 볼 수 있어요.

• **원하시면 북극곰 털가죽을 가져다 드릴 수 있어요. 가루분은 마음에 드세요?**

→ 바라시면 북극곰 털가죽을 가져다 드릴 수 있어요. 얼굴가루는 마음에 드세요?

→ 바라시면 북극곰 털가죽을 가져다 드릴 수 있어요. 화장가루는 마음에 드세요?

《핑크트헨과 안톤》 (에리히 캐스트너/이희재 옮김, 시공주니어, 1995) 52쪽

가사일 · 가사 노동

: 가사일의 부담을

→ 집안일 짐을

→ 집안일을

→ 집일을

→ 집에서 할 일을

> ○ **가사일(家事-)** : → 가사(家事)
> ○ **가사(家事)** : 1. 살림살이에 관한 일 2. 한 집안의 사사로운 일
> ○ **집안일** : 살림을 꾸려 나가면서 하여야 하는 여러 가지 일

한자말 '가사'는 "집(家) + 일(事)" 얼거리입니다. '집일'을 가리켜 한자말로 '가사'로 적어요. 그러니 '가사일'처럼 쓰면 '집일 + 일' 꼴이 되어 겹말입니다. '가사 노동'처럼 쓰려 한다면 '가사'를 쓸 만할 텐데, '가사 노동'이라 하더라도 '노동(勞動)'이라는 한자말이 '일'을 가리켜요. '집일'이나 '집안일'로 손질해 줍니다.

• **남편이 가사일의 부담을 공평하게 나누려고 진지하게 노력하는 경우라고 해도**

→ 남편이 집안일 짐을 고루 나누려고 찬찬히 애쓴다고 해도

→ 남편이 집안일을 고르게 나누려고 찬찬히 힘쓴다고 해도

《여성의 우정에 관하여》 (메릴린 옐롬·테리사 도너번 브라운/정지인 옮김, 책과함께, 2016) 332쪽

• **모든 무급 활동은 가사 노동과 비슷한 구조를 띠게 된다**

→ 모든 무급 활동은 집안일과 비슷한 얼개이다

→ 모든 무급 활동은 집일과 비슷한 얼거리이다

《그림자 노동》 (이반 일리치/노승영 옮김, 사월의책, 2015) 29쪽

가을추수

: 봄부터 가을추수까지

→ 봄부터 가을걷이까지

→ 봄부터 가을까지

> ○ **가을 2** : 벼나 보리 따위의 농작물을 거두어들임
> ○ **가을걷이** : = 추수(秋收)
> ○ **추수(秋收)** : 가을에 익은 곡식을 거두어들임

'가을추수'는 겹말입니다. 더욱이 '가을'이라는 낱말은 두 가지로 써요. 첫째 '가을

1'은 네 철 가운데 하나를 가리켜요. '가을 2'는 '가을걷이'를 가리키지요. 시골에서는 '가실'이라고도 합니다. '가을 1'을 가리키면서 '가을추수'라 했어도 겹말이요, '가을 2'를 나타내면서 '가을추수'라 해도 겹말이에요. 한국말사전을 살피니 '가을걷이 = 추수'로 풀이합니다. 이 같은 말풀이는 알맞지 않습니다. '추수 = 가을걷이'처럼 다루어야 올바르지요.

- **봄부터 가을추수까지 밭일을 하고**
→ 봄부터 가을까지 밭일을 하고
→ 봄부터 가을걷이까지 밭일을 하고

《이응노—서울·파리·도쿄》 (이응노·박인경·도미야마/이원혜 옮김, 삼성미술문화재단, 1994) 53쪽

- **가을 추수가 끝난 뒤**
→ 가을걷이가 끝난 뒤
→ 가을 벼베기가 끝난 뒤

《지율 스님의 산막일지》 (지율, 사계절, 2017) 127쪽

−가의 집안

: **혼다가의 집안일을 돌봐 오고 있는**
→ 혼다 집안 일을 돌봐 오는
→ 혼다 집안에서 일을 돌봐 온
: **혼다가는 알아주는 집안에다**
→ 혼다 집안은 알아주는 곳인 데다
→ 혼다 집안은 알아주는 데다

- **−가(家)** : '가문'의 뜻을 더하는 접미사
- **집안** : 가족을 구성원으로 하여 살림을 꾸려 나가는 공동체. 또는 가까운 일가
- **가문(家門)** : 가족 또는 가까운 일가로 이루어진 공동체

한자 '−가(家)'를 붙여서 '가문'을 뜻한다고 해요. 한자말 '가문'은 한국말로 '집안'을 가리켜요. '−가/가문 = 집안'인 셈입니다. 보기글처럼 "혼다가의 집안일"이나 "혼다가는 알아주는 집안"이라 하면 겹말이에요. '−가'만 쓰든 '집안'만 쓰든 해야 알맞아요. '집안'으로 쓰면 알아보기에 한결 나을 테지요. 더 헤아려 본다면, 한국말 '−집'도 뒷가지로 삼아서 "한식구를 이루어 살림을 꾸려 나가는 모임"을 나타낼 적에 써 볼 수 있겠지요.

- **오래전부터 혼다가의 집안일을 돌봐 오고 있는 오이토**

→ 오래전부터 혼다 집안 일을 돌봐 오는 오이토

→ 예전부터 혼다 집안에서 일을 돌봐 온 오이토

《울지마 지로, 상》 (시모무라 고진/김욱 옮김, 양철북, 2016) 10쪽

- **혼다가는 근방에선 상당히 알아주는 집안에다 부자였기 때문에**

→ 혼다 집안은 둘레에서 퍽 알아주는 곳인 데다 부자였기 때문에

→ 혼다 집안은 이곳에서 꽤 알아주는 데다 잘살기 때문에

《울지마 지로, 상》 (시모무라 고진/김욱 옮김, 양철북, 2016) 15쪽

가장 최선의 길

: **가장 최선의 길을 선택했지만**

→ 가장 나은 길을 갔지만

→ 가장 좋은 길을 골랐지만

> ◦ **최선(最善)** : 1. 가장 좋고 훌륭함
> 2. 온 정성과 힘

"가장 좋은"이나 "가장 훌륭한"을 가리키는 한자말 '최선'이기에 "가장 최선의 길" 꼴로 쓰면 겹말입니다. 한자말 '최선'을 꼭 쓰고 싶다면 "최선인 길"로 손보고, 한국말로 쓰고 싶다면 "가장 좋은 길"이나 "가장 나은 길"로 손봅니다. "가장 괜찮은"이나 "가장 알맞은"이나 "가장 좋아 보이는"으로 손볼 수도 있어요.

- **엄마는 항상 가장 최선의 길을 선택했지만 그것이 꼭 최선의 결과로 이어지지는 않았다**

→ 엄마는 늘 가장 나은 길을 갔지만 이 길이 꼭 가장 나은 마무리로 이어지지는 않았다

→ 엄마는 늘 가장 좋은 길을 골랐지만 이 길이 꼭 가장 좋게 끝나지는 않았다

《부엌은 내게 사랑하는 법을 가르쳐 주었다》 (사샤 마틴/이은선 옮김, 북하우스, 2016) 220쪽

가지고 소유하고

: **소녀를 가지려 한다 … 그녀를 소유하고 싶어 한다**

→ 소녀를 가지려 한다 … 그 여자를 가지고 싶어 한다

→ 소녀를 가지려 한다 … 그 여자를 제 것으로 삼고 싶어 한다

> ◦ **소유하다(所有-)** : 가지고 있다

"가지고 있다"를 가리킨다는 '소유하다'이니, 이 글월처럼 "소녀를 가지려"처럼 쓰다가 "소유하고 싶어"처럼 쓸 적에는 겹말인 셈입니다. 앞뒤 모두 '가지다'를 쓰면 됩니다. 또는 뒤쪽을 "제 것으로 삼고"나 "옆에 두고"로 손볼 수 있습니다.

• **돈과 권력을 이용해서 수단과 방법을 가리지 않고 소녀를 가지려 한다. 여기서 '가진다'는 표현은 전혀 과장이 아니다. 실제로 그는 그녀를 소유하고 싶어 한다**

→ 돈과 권력으로 수단과 방법을 가리지 않고 소녀를 가지려 한다. 여기서 '가진다'는 말은 조금도 지나치지 않다. 참말로 그는 그 여자를 제 것으로 삼고 싶어 한다

《나쁜 감독, 김기덕 바이오그래피 1996~2009》 (마르타 쿠를랏/조영학 옮김, 가쎄, 2009) 26쪽

• **아프리카라고 알려진 대륙은 지구상의 다른 나라들이 갖고 있지 않은 어떤 것을 소유하고 있을까**

→ 아프리카라고 알려진 땅은 지구에서 다른 나라들이 가지지 않은 어떤 것이 있을까

→ 아프리카라고 알려진 곳은 지구에서 다른 나라들에 있지 않은 어떤 것이 있을까

→ 아프리카라고 알려진 땅은 지구에서 다른 나라들에 없는 어떤 것이 있을까

《오브 아프리카》 (월레 소잉카/왕은철 옮김, 삼천리, 2017) 5쪽

가지런히 정돈

: **가지런히 정돈되어 있었다**

→ 가지런히 있었다

→ 가지런히 놓였다

> ◦ **가지런히** : 여럿이 층이 나지 않고 고르게
> ◦ **정돈되다(整頓-)** : 어지럽게 흩어진 것을 규모 있게 고쳐 놓거나 가지런히 바로잡혀 정리되다

"가지런히 놓는다"고 할 적에 '정돈'이라는 한자말을 써요. 그러니 "가지런히 정돈

되어 있었다"라 하면 겹말입니다. 한자말 '정돈'을 쓰고 싶다면 '가지런히'를 덜어야 하고, 한국말 '가지런히'를 쓰려 한다면 "가지런히 있었다"나 "가지런히 놓였다"로 손질해 줍니다.

- 마리오의 앞에는 각종 잡지와 신문들이 가지런히 정돈되어 있었다
→ 마리오 앞에는 온갖 잡지와 신문 들이 가지런히 있었다
→ 마리오 앞에는 갖가지 잡지와 신문 들이 가지런히 놓였다

《뉴욕에 간 귀뚜라미 체스터》 (조지 셀던 톰프슨/김연수 옮김, 시공주니어, 1998) 11쪽

가축똥 축분거름

: 　**가축 똥으로 만든 축분거름**
→ 집짐승 똥으로 낸 거름
→ 짐승똥거름
→ 소똥거름 / 돼지똥거름 / 닭똥거름
→ 소거름 / 돼지거름 / 닭거름

> ○ **가축(家畜)** : 집에서 기르는 짐승
> ○ **축분** : x

"가축 똥"으로 거름을 낸다고 한다면 '가축똥거름'입니다. 굳이 '축분거름'이라는 말을 짓지 않아도 됩니다. 가축이 눈 똥이니 '가축똥'일 뿐이에요. 따로 한자말로 바꾸어야 하지 않아요. 그리고 '가축'은 '집짐승'을 가리키니 '집짐승똥거름'이라 할 수도 있어요. 따로 '소거름·소똥거름'처럼 어떤 집짐승 똥으로 거름을 삼는가를 밝힐 수 있고, '집짐승'에서 '집-'을 떼어 '짐승똥거름'처럼 써 볼 만해요.

- 시중에 파는 거름은 대개 가축 똥으로 만든 축분거름이다
→ 흔히 파는 거름은 거의 집짐승 똥으로 낸다
→ 흔히 파는 거름은 거의 소돼지 거름이다

《호미 한 자루 농법》 (안철환, 들녘, 2016) 58쪽

가치 값

: **까치수염 종류의 가치,**
   값으로 따질 필요는 없다

→ 까치수염 갈래 값어치,
   돈으로 따질 까닭은 없다

→ 까치수염 갈래는,
   값어치를 이루 따질 수 없다

> ○ **가치(價値)** : 사물이 지니고 있는 쓸모
> ○ **값어치** : 일정한 값에 해당하는 분량이나 가치
> ○ **값** : 1. 사고파는 물건에 일정하게 매겨진 액수
>   2. 물건을 사고팔 때 주고받는 돈 3. 어떤 사물의
>   중요성이나 의의 4. 노력이나 희생에 따른 대가
>   5. 어떤 것에 합당한 노릇이나 구실

한자말 '가치'는 한국말로는 '값어치'를 가리켜요. 한국말사전을 보면 '값어치'를 '가치'로 풀이하면서 돌림풀이가 되고 말아요. '값어치'는 '값 + 어치'이고, 값이 어느 만큼 되는가를 헤아릴 적에 써요. 그런데 '값어치'뿐 아니라 '값'도 사물이 어느 만큼 쓸모나 뜻이 있는가를 나타낼 적에 쓰지요. 보기글은 "까치수염 종류의 가치, 값으로 따질 필요는 없다" 꼴로 나오는데, '가치 = 값/값어치'인 터라 겹말 얼거리예요. 두 낱말을 잇달아 적지 말고 한 가지만 한 번 쓰면 돼요. 또는 "값어치, 돈으로 따질"처럼 손질해 볼 만해요.

• **사람의 정신세계를 여유롭게 하는 까치수염 종류의 가치, 값으로 따질 필요는 없다**

→ 사람들 마음을 넉넉하게 하는 까치수염 갈래 값어치, 돈으로 따질 까닭은 없다

→ 우리 마음을 넉넉하게 북돋우는 까치수염 갈래는, 값어치를 이루 따질 수 없다

《한국 식물 생태 보감 2》 (김종원, 자연과생태, 2016) 264쪽

각각 독립되어

: **각각 독립되어 있으며**

→ 따로따로 있으며

→ 저마다 홀로 있으며

→ 저마다 따로 있으며

> ○ **각각(各各)** : 사람이나 물건의 하나하나마다. '따로따로'로 순화
> ○ **따로따로** : 한데 섞이거나 함께 있지 않고 여럿이 다 각각
>   떨어져서
> ○ **독립적(獨立的)** : 남에게 의존하거나 예속되지 아니한

'독립적'은 남한테 기대거나 얽매이지 않는 모습을 가리켜요. '혼자' 있는 모습을 가리키지요. '각각'은 '따로따로'를 가리키고, '따로따로'는 저마다 떨어진 모습을 가리켜요. "저마다 혼자" 있는 모습이 '따로따로'이니 "각각 독립되어"처럼 쓰면 겹말이 되어요. 한국말사전을 보면 '각각'이라는 한자말을 '따로따로'로 고쳐쓰라고 나오면서도, 막상 '따로따로'를 풀이할 적에 '각각'이라는 한자말을 씁니다. 돌림풀이 얼거리이면서 잘못입니다.

- **각각 독립되어 있으며 이어지지 않을 것**
→ 저마다 따로 있으며 이어지지 않을 것
→ 따로따로 있으며 이어지지 않을 것

《수학 공부법》 (도라야 히라쿠/박미정 옮김, 에이케이커뮤니케이션즈, 2016) 30쪽

각각의 환경마다

: **각각의 환경마다**
→ 다 다른 환경마다
→ 모든 환경마다
→ 환경마다

> ◦ **각각(各各)** : 사람이나 물건의 하나하나마다.
> '따로따로'로 순화

'각각'은 '하나하나마다'를 가리키니 "각각의 환경마다"처럼 쓰면 겹말입니다. '-마다'가 겹으로 나오는 셈이지요. '각각의'를 "다 다른"이나 '모든'으로 손볼 수 있고, 아예 덜 수 있습니다. 또는 "지내는 환경마다"나 "살아가는 환경마다"처럼 손볼 만합니다.

- **각각의 환경마다 여성들의 우정이 띠는 외적 형식은 다양하지만**
→ 다 다른 환경마다 여성들 사이 우정이 띠는 겉모습은 다양하지만
→ 지내는 환경마다 여성들이 맺는 우정이 띠는 겉모습은 갖가지이지만

《여성의 우정에 관하여》 (메릴린 옐롬·테리사 도너번 브라운/정지인 옮김, 책과함께, 2016) 387~388쪽

- **각각의 물고기는 저마다의 이름을 가지고 있다**
→ 물고기는 저마다 제 이름이 있다

→ 물고기는 저마다 이름이 따로 있다

《우리 음식의 언어》 (한성우, 어크로스, 2016) 224쪽

각 마다

: **각 현마다**

→ 현마다

> ◦ **각(各)** : 낱낱의
> ◦ **−마다** : '낱낱이 모두'의 뜻을 나타내는 보조사

'각(各)'이라는 한자를 앞에 넣고서 뒤에 '−마다'라는 토씨를 붙이는 분이 무척 많습니다. 이런 말씨를 쓰는 분들은 두 낱말을 한자리에 놓으면 겹말이 되는 줄 모릅니다. 한자말 '각'을 넣고 싶다면 "각 현은"처럼 써야 올바릅니다. 한국말 '−마다'를 쓰려 한다면 "현마다"처럼 쓰면 돼요. 또는 "여러 현은 저마다"라든지 "현에서는 저마다"처럼 써 볼 만합니다. 조금만 마음을 기울이면 알맞고 올바르게 쓸 수 있습니다.

- **각 현마다 경매 시장을 열고 서로 왕래도 한다**
→ 현마다 경매 시장을 열고 서로 오가기도 한다
→ 여러 현은 저마다 경매 시장을 열고 서로 오가기도 한다
→ 현에서는 저마다 경매 시장을 열고 서로 오가기도 한다

《오키나와에서 헌책방을 열었습니다》 (우다 도모코/김민정 옮김, 효형출판, 2015) 134쪽

- **이런 식으로 각 나라마다 '특징'이 있는 것 같아**
→ 이렇게 나라마다 '특징'이 있는 듯해

《노란구미의 돈까스 취업 2》 (정구미, 거북이북스, 2008) 12쪽

각 별

: **各省別로 통하는 식권**

→ 성마다 쓰이는 식권

→ 성에서만 쓰는 밥표

→ 성에 따라 쓰는 밥표

→ 성마다 달리 쓰는 밥표

→ 성마다 따로 쓰는 밥표

○ **각(各)** : 낱낱의
○ **−별(別)** : '그것에 따른'의 뜻을 더하는 접미사

'각(各)'하고 '별(別)'을 함께 쓴 '각성별(各省別)'은 겹말입니다. "각 동네별로"나 "각 나라별로"처럼 쓸 적에도 겹말이지요. '각'이나 '−별' 같은 외마디 한자말을 꼭 쓰고 싶다면 "각 성"에나 "성별로"로 쓸 노릇이지요. "각 동네에"나 '동네별로'처럼 쓸수 있을 테고요. 그러나 '성마다'하고 '동네마다'로 손질해서 쓰면 될 노릇입니다. "성에 따라"나 "성마다 달리"나 "성마다 따로"처럼 손질할 수도 있어요.

• **중앙에서 발급하는 전국통용의 양표도 있고 各省別로 통하는 지방단위의 식권도 있었다**

→ 중앙에서 내주는 전국에서 쓰는 양표도 있고 성마다 쓰는 지방 단위 식권도 있었다

→ 중앙에서 주어 전국에서 쓰는 양표도 있고 성마다 따로 지방에서 쓰는 밥표도 있었다

《중공유학기》(굴강의인/김동규·최금선 옮김, 녹두, 1985) 110쪽

• **각 전시장별로 무엇이 있는지 알 수 있어서**

→ 전시장마다 무엇이 있는지 알 수 있어서

→ 전시장에 무엇이 있는지 알 수 있어서

《수다로 푸는 유쾌한 사회》(배성호, 책과함께어린이, 2016) 91쪽

각오와 다짐

: **각오와 다짐**

→ 다짐

→ 굳센 다짐

→ 굳세고 단단한 다짐

→ 굳세고 씩씩한 다짐

→ 굳세고 힘찬 다짐

○ **각오(覺悟)** : 1. 앞으로 해야 할 일이나 겪을 일에 대한 마음의 준비 2. 도리를 깨쳐 앎
○ **다짐** : 1. 이미 한 일이나 앞으로 할 일에 틀림이 없음을 단단히 강조하거나 확인함 2. 마음이나 뜻을 굳게 가다듬어 정함

→   굳세고 흔들림 없는 다짐

마음을 굳게 가다듬는 일을 놓고 '다짐'이라 하며, 이를 한자말로 '각오'로 나타내기도 합니다. 그러니 "각오와 다짐"처럼 쓰면 겹말입니다. '다짐'이라고만 하면 되어요. 힘주어 말하고 싶다면 "굳센 다짐"이나 "당찬 다짐"이나 "씩씩한 다짐"처럼 쓸 만합니다. 종교에서는 '서원(誓願)'을 "[가톨릭] 보다 선하고 훌륭하게 살겠다고 하느님에게 약속하는 행위 [불교] 원(願)을 세우고, 그것을 이루고자 맹세하는 일"이라는 뜻으로 쓴다는데, '서원'도 '다짐'이에요. 종교에서는 따로 '하늘다짐' 같은 낱말을 새로 지어 볼 만합니다.

- **보편적 진리의 길을 가려고 하는 주체적인 각오와 다짐, 사회적 각오와 다짐,**
  부처님 · 하느님을 향한 각오와 다짐을 하는 것이 서원입니다
→   보편 진리라는 길을 가려고 하는 당찬 다짐, 사회를 가꾸려는 다짐,
    부처님 · 하느님한테 나아가는 다짐을 하는 일이 서원입니다

《그물코 인생, 그물코 사랑》 (도법, 불광출판사, 2008) 89쪽

간단하고 쉬운

:   **간단하고 쉬운 일은**
→   만만하고 쉬운 일은
→   그렇게 쉬운 일은
→   쉬운 일은

> - **간단(簡單)** : 1. 단순하고 간략함 2. 간편하고 단출함 3. 단순하고 손쉬움
> - **단순(單純)** : 복잡하지 않고 간단함
> - **간략(簡略)** : 간단하고 짤막함
> - **간편(簡便)** : 간단하고 편리함
> - **편리(便利)** : 편하고 이로우며 이용하기 쉬움
> - **편하다(便-)** : 1. 몸이나 마음이 거북하거나 괴롭지 아니하여 좋다 2. 쉽고 편리하다
> - **단출하다** : 1. 식구나 구성원이 많지 않아서 홀가분하다 2. 일이나 차림차림이 간편하다

한자말 '간단'은 세 가지 뜻으로 쓴다고 합니다. 첫째 뜻은 "단순하고 간략"인데, '단순 = 간단'으로 뜻풀이가 돌아가고, '간략 = 간단 + 짤막'으로 뜻풀이가 돌아가요. 둘째 뜻은 "간편하고 단출"인데, '간편 = 간단 + 편리'라 해서 다시 '간단'으로

돌아가지요. '편리 = 편하고 쉬움'으로 풀이하는데 '편하다 = 좋다 + 쉽고 편리하다'로 풀이하기에 '편리하다 = 편하다 = 편리하다' 꼴이에요. 셋째 뜻인 "단순하고 손쉽다"에서 '단순'은 '간단'으로 풀이하는 돌림풀이였으니, 이모저모 모든 뜻풀이가 돌림풀이에다가 겹말풀이라고까지 할 수 있어요. 그런데 여러 가지 한자말이 뒤죽박죽 얽힌 뜻풀이 사이사이 "쓰기 좋다"나 '쉽다·손쉽다' 같은 말마디를 찾아볼 수 있어요. 간추려서 말해 본다면 '간단하다 = 쓰기 좋다 + 쉽다'라 할 만하고, "간단하고 쉬운 일"처럼 쓸 적에는 겹말이 됩니다. 그나저나 '간단 2' 말풀이는 "간편하고 단출함"인데, 한국말사전은 '단출하다'를 '간편하다'로 적어요. 참으로 엉망입니다.

- **하지만, 현실적으로 "도시여 안녕"을 외친다는 것이 말처럼 간단하고 쉬운 일은 아니다**
- → 그러나 막상 "도시여 잘 있어"를 외치기란 말처럼 만만하고 쉬운 일은 아니다
- → 그러나 정작 "도시여 잘 있으렴"을 외치기가 말처럼 쉬운 일은 아니다

《아파트에 미치다》 (전상인, 이숲, 2009) 29쪽

- **그것이 그렇게 간단치 않고 쉽지 않다는 데 문제가 있다**
- → 그것이 그렇게 가볍지 않고 쉽지 않다는 데 문제가 있다
- → 그것이 그렇게 가볍거나 쉽지 않으니 골칫거리이다
- → 그것이 그렇게 수월하지 않으니 말썽거리이다

《쌀은 주권이다》 (윤석원, 콩나물시루, 2016) 30쪽

−간 동안

:   **20년간 ⋯ 그동안**
→   20년 동안 ⋯ 그동안
→   스무 해를 ⋯ 그동안

> ◦ **−간(間)** : 1. '동안'의 뜻을 더하는 접미사 2. '장소'의 뜻을 더하는 접미사
> ◦ **동안** : 1. 어느 한때에서 다른 한때까지 시간의 길이 2. 두 사람 사이의 떨어진 촌수 3. 두 지점 사이의 거리

뒷가지로 쓰는 한자 '−간(間)'은 '동안'을 가리킵니다. 이 한자를 쓸 수도 있으나 말뜻처럼 '동안'이라고만 써도 넉넉합니다. 보기글에서는 앞뒤에 모두 '동안'을 쓸 수

있고, 앞쪽은 "스무 해를"로 손볼 수 있어요. 또는 "스무 해쯤"이나 "스무 해 즈음"이나 "스무 해 내내"로 손볼 만해요.

- **한 20년간 나는 노래를 부르지 않았어. 그동안 나는 내 목소리를 잠재웠지**
→ 한 스무 해를 나는 노래를 부르지 않았어. 그동안 나는 내 목소리를 잠재웠지
→ 스무 해쯤 나는 노래를 부르지 않았어. 그동안 나는 내 목소리를 잠재웠지

《벽 속의 편지》 (강은교, 창작과비평사, 1992) 47쪽

간헐적과 띄엄띄엄

: **간헐적으로 내린 비 … 띄엄띄엄 내린 비**
→ 드문드문 내린 비 … 띄엄띄엄 내린 비
→ 가끔 내린 비 … 띄엄띄엄 내린 비
→ 이따금 내린 비 … 띄엄띄엄 내린 비

- **간헐적(間歇的)** : 얼마 동안 시간 간격을 두고 되풀이하여 일어나는
- **띄엄띄엄** : 1. 붙어 있거나 가까이 있지 않고 조금 떨어져 있는 모양

사이를 두고 되풀이하는 모습을 가리켜 '띄엄띄엄'이라고도 하고 '드문드문'이라고도 합니다. 이를 한자말로 '간헐·간헐적'으로도 쓴다고 하니, '간헐적으로'라고도 하다가 '띄엄띄엄'이라고도 하면 겹말이에요. 그리고 '간헐·간헐적'은 그리 쉽게 쓸 만한 낱말이 아니라고 느낍니다. 앞뒤를 다르게 쓰고 싶다면 '가끔'이나 '이따금'을 넣거나, '더러'나 '때때로'를 넣을 수 있습니다.

- **밤새 폭우가 쏟아지더니 낮에는 간헐적으로 내렸다 … 아주 온화한 날씨다.
비가 종일 띄엄띄엄 내렸다**
→ 밤새 큰비가 쏟아지더니 낮에는 이따금 내렸다 … 아주 따스한 날씨다.
비가 내내 띄엄띄엄 내렸다
→ 밤새 큰비가 쏟아지더니 낮에는 내리다가 그치다가 했다 … 아주 따스한 날씨다.
비가 내내 띄엄띄엄 내렸다

《세상에서 가장 아름다운 자연일기》 (마가렛 쇼/이혜경 옮김, 해바라기, 2004) 82~83쪽

갈잎 낙엽

: **갈잎 낙엽을**

→ 갈잎을

→ 가랑잎을

→ 떡갈잎을

> ○ **갈잎** : 1. '가랑잎'의 준말 2. [식물] = 떡갈잎
> ○ **낙엽(落葉)** : 1. 나뭇잎이 떨어짐 2. 말라서 떨어진 나뭇잎. '진 잎'으로 순화
> ○ **가랑잎** : 활엽수의 마른 잎
> ○ **떡갈잎** : 떡갈나무의 잎
> ○ **활엽수(闊葉樹)** : [식물] 잎이 넓은 나무의 종류. 떡갈나무, 뽕나무, 상수리나무, 오동나무 따위가 있다

'갈잎'은 '가랑잎'이나 '떡갈잎'을 가리킨다고 해요. '낙엽'은 "진 잎"으로 고쳐쓸 낱말이에요. 잎을 긁어모은다고 하면 바닥에 떨어진 잎을 긁어모을 테고, 바닥에 진 잎은 으레 다 마른 잎, 곧 '가랑잎'입니다. 그리고 가랑잎은 떡갈잎이기 일쑤이니, "갈잎 낙엽"이라 하면 여러모로 아리송한 겹말이 되어요. '갈잎'이나 '가랑잎'이나 '떡갈잎' 가운데 하나만 골라서 써야 알맞습니다.

• 그분은 매일 새벽마다 일어나 지게를 지고 산에 올라갔다. 산에서 **갈잎 낙엽**을
  긁어모아 오는 게 일과의 시작이었다

→ 그분은 새벽에 일어나 날마다 지게를 지고 산에 올라갔다. 산에서 갈잎을 긁어모아
  오며 하루를 열었다

→ 그분은 새벽마다 지게를 지고 산에 올라갔다. 산에서 가랑잎을 긁어모아 오며
  하루를 열었다

《호미 한 자루 농법》(안철환, 들녘, 2016) 49쪽

갈피를 못 잡고 우왕좌왕

: **갈피를 못 잡고 우왕좌왕해야 하는**

→ 갈피를 못 잡고

→ 헤매면서

→ 이리저리 돌면서

> ○ **우왕좌왕(右往左往)** : 1. 이리저리 왔다 갔다 하며 일이나 나아가는 방향을 종잡지 못함
> 2. 이리저리 왔다 갔다 하며 일이나 나아가는 방향을 종잡지 못하는 모양

→　종잡지 못하면서

'우왕좌왕'은 이리저리 오가는 모습을 가리킵니다. 한국말사전 뜻풀이에도 나오는데 "종잡지 못하는" 모습을 가리키지요. 이는 바로 "갈피를 못 잡는" 모습이기도 합니다. 보기글처럼 "갈피를 못 잡고 우왕좌왕해야 하는"이라 하면 겹말이에요. "갈피를 못 잡고"라고만 하면 돼요. "이리저리 돌면서"나 "종잡지 못하면서"로 손볼 수 있고, '헤매면서'나 '떠돌면서'로 손볼 수 있어요.

• 　**갈피를 못 잡고 우왕좌왕해야 하는 어중간한 림보에 일평생 갇혀 지내는 것도 싫다**
→　갈피를 못 잡고 어설픈 림보에 죽을 때까지 갇혀 지내기도 싫다
→　헤매면서 두루뭉술한 림보에 내내 갇혀 지내기도 싫다

《나는 당당한 페미니스트로 살기로 했다》 (린디 웨스트/정혜윤 옮김, 세종서적, 2017) 119쪽

감각 느끼기

: 　**감각조차 느낄 수 없지만**
→　감각조차 없지만
→　느낌조차 없지만
→　아무것도 느낄 수 없지만
→　느낄 수 없지만

> • **감각(感覺)** : 1. 눈, 코, 귀, 혀, 살갗을 통하여 바깥의 어떤 자극을 알아차림 2. 사물에서 받는 인상이나 느낌
> • **인상(印象)** : 어떤 대상에 대하여 마음속에 새겨지는 느낌
> • **느끼다** : 1. 감각 기관을 통하여 어떤 자극을 깨닫다
> 　2. 마음속으로 어떤 감정 따위를 체험하고 맛보다
> 　3. 어떤 사실, 책임, 필요성 따위를 체험하여 깨닫다

한자말 '감각'은 "인상이나 느낌"을 가리킨다고 하는데, '인상'은 '느낌'을 가리킨다고 해요. 말풀이가 겹말풀이가 되는 셈입니다. 그러니 "감각조차 느낄 수 없지만"이라 하면 "느낌조차 느낄 수 없지만" 꼴이 되어 겹말이에요. 한자말을 쓰려 한다면 "감각조차 없지만"으로 손보고, 굳이 한자말을 안 써도 되겠다면 "느낌조차 없지만"이나 "느낄 수 없지만"으로 손봅니다.

• 　**온몸이 점점 마비되어 어떤 감각조차 느낄 수 없지만**
→　온몸이 차츰 굳어져서 어떤 감각조차 없지만
→　온몸이 차츰 굳어져서 어떤 것조차 느낄 수 없지만

→ 온몸이 차츰 굳어져서 아무것도 느낄 수 없지만

《과학을 읽다》 (정인경, 여문책, 2016) 225쪽

• **나의 영혼은 어렴풋하게나마 타자가 느끼는 감각들을 같이 느끼고 있었다**

→ 내 넋은 어렴풋하게나마 남이 느끼는 것을 같이 느꼈다

→ 내 넋은 어렴풋하게나마 남이 느끼듯이 느꼈다

《내 방 여행하는 법》 (그자비에 드 메스트르/장석훈 옮김, 유유, 2016) 161쪽

감 느끼다

:   **피로감을 느꼈습니다**

→ 피로를 느꼈습니다

→ 고단하다고 느꼈습니다

→ 고단했습니다

→ 지쳤습니다

> ○ **피로감(疲勞感)** : 정신이나 몸이 지쳐 힘든 느낌
> ○ **촉감(觸感)** : = 감촉
> ○ **감촉(感觸)** : 외부의 자극이 피부 감각을 통하여 전해지는 느낌
> ○ **안도감(安堵感)** : 안심이 되는 마음
> ○ **감(感)** : 느낌이나 생각

'피로감'이라는 한자말은 "지친 느낌"이나 "힘든 느낌"을 가리킨다고 해요. 그러니 "피로감을 느꼈습니다"처럼 적으면 "지친 '느낌'을 느꼈습니다"나 "힘든 '느낌'을 느꼈습니다"라고 밝히는 셈입니다. '피로감'이라는 한자말을 꼭 쓰고 싶다면 "피로감이 있었습니다" 꼴로 쓸 노릇인데, 이보다는 "고단하다고 느꼈습니다"나 "지쳤다고 느꼈습니다"나 "힘들다고 느꼈습니다"로 적을 때에 한결 낫습니다.

• **그는 심한 피로감을 느꼈습니다**

→ 그는 몹시 고단하다고 느꼈습니다

→ 그는 아주 힘들다고 느꼈습니다

→ 그는 매우 고달팠습니다

→ 그는 무척 지쳤습니다

《호비트의 모험 1》 (J.R.R.톨킨/최윤정 옮김, 창작과비평사, 1988) 158쪽

• **늙은 그루터기의 스펀지 같은 나무 촉감이 느껴져**

→ 늙은 그루터기 스펀지 같은 나뭇결을 느껴

→ 늙은 그루터기처럼 폭신한 나뭇결이라 느껴

《뉴욕에 간 귀뚜라미 체스터》 (조지 셀던 톰프슨/김연수 옮김, 시공주니어, 1998) 81쪽

- 이곳에 당도하면 언제나 느끼는 안도감이 있었다
- → 이곳에 닿으면 언제나 마음이 놓였다
- → 이곳에 오면 언제나 마음이 놓였다
- → 이곳에 오면 언제나 느긋한 마음이 되었다
- → 이곳에 오면 언제나 느긋했다

《블루 플라크, 스물세 번의 노크》 (송정임·김종관, 뿌리와이파리, 2015) 20쪽

감정 느끼다

: **감정을 느끼지 않는**
- → 감정을 받지 않는
- → 느낌을 받지 않는
- → 느끼지 않는

> ○ **감정(感情)** : 어떤 현상이나 일에 대하여 일어나는 마음이나 느끼는 기분
> ○ **기분(氣分)** : 1. 대상·환경 따위에 따라 마음에 절로 생기며 한동안 지속되는, 유쾌함이나 불쾌함 따위의 감정 2. 주위를 둘러싸고 있는 상황이나 분위기

한자말 '감정'은 "일어나는 마음"이나 "느끼는 기분"을 가리킨다고 하니, "감정을 느끼지 않는"이나 "감정을 느끼는"처럼 쓰면 겹말이에요. 한국말사전을 살피니 '감정 = 느끼는 기분'으로 풀이하면서 '기분 = 감정'으로 풀이하는군요. 돌림풀이입니다.

- **젊음을 유지하는 비결은 자신에게 어울리지 않는 감정을 절대 느끼지 않는 것이다**
- → 젊음을 지키는 길은 저한테 어울리지 않는 느낌을 조금도 받지 않는 것이다
- → 젊음을 지키려 한다면 나한테 어울리지 않는 느낌을 하나도 안 받으면 된다
- → 젊음을 지키려면 스스로 어울리지 않는 느낌을 터럭만큼도 안 받으면 된다

《오스카리아나》 (오스카 와일드/박명숙 옮김, 민음사, 2016) 205쪽

- **우리가 느끼는 감정을 기록하기 위해 사진을 찍는다**
- → 우리 느낌을 기록하려고 사진을 찍는다
- → 우리가 느끼는 삶을 담으려고 사진을 찍는다

《내가 제일 아끼는 사진》 (셔터 시스터스 엮음/윤영삼·김성순 옮김, 이봄, 2012) 13쪽

갑작스러운 게릴라성 호우

: **갑작스러운 게릴라성 호우네요**

→ 갑작스러운 큰비네요

→ 갑작스레 큰비가 오네요

→ 갑작스레 비가 많이 오네요

→ 소나기네요

→ 장대 같은 소나기네요

> • **갑작스럽다** : 미처 생각할 겨를이 없이 급하게 일어난 데가 있다
> • **게릴라(에 guerrilla)** : [군사] 1. = 유격대 2. 일정한 진지 없이 불규칙적으로 벌이는 유격전
> • **기습(奇襲)** : 1. 적이 생각지 않았던 때에, 갑자기 들이쳐 공격함
> • **호우(豪雨)** : 줄기차게 내리는 크고 많은 비. '큰비'로 순화
> • **집중호우(集中豪雨)** : [지리] 어느 한 지역에 집중적으로 내리는 비. '장대비'로 순화
> • **소나기** : 갑자기 세차게 쏟아지다가 곧 그치는 비

한때 '기습호우'나 '집중호우'라는 한자말로만 가리키던 큰비를 1990년대 끝무렵 언저리부터 "게릴라성 호우"라 일컫곤 합니다. 아무래도 '기습'이라는 한자말을 '게릴라'라는 외국말로 바꾼 이름이로구나 싶어요. '기습·게릴라' 모두 '갑작스러운' 느낌을 가리킵니다. "갑작스러운 게릴라성 호우"라 하면 겹말이에요. 그런데 '호우'는 '큰비'로 고쳐쓸 말이고, '집중호우'는 '장대비'로 고쳐쓸 말이라 합니다. 더 헤아리면 '소나기'나 '소낙비'라는 한국말이 있어요. "세찬 소나기"라든지 "모진 소나기"라든지 "장대 같은 소나기"처럼 나타낼 수 있지요. '갑작비'나 '갑작큰비'처럼 새말을 지어 볼 수 있어요. '장대소나기'라고도 해 볼 만할 테지요.

• **갑작스러운 게릴라성 호우네요. 이 빗줄기면 논이고 길이고 물에 다 잠겼겠지**

→ 갑작스러운 큰비네요. 이 빗줄기면 논이고 길이고 물에 다 잠겼겠지

→ 소나기네요. 이 빗줄기면 논이고 길이고 물에 다 잠겼겠지

《백귀야행 22》 (이마 이치코/한나리 옮김, 시공사, 2014) 55쪽

값싼 저가품

: **값이라도 싸야 해서 저가품을 사 안겼다**

→ 값이라도 싸야 해서 싼 것을 사 안겼다

→ 값이라도 싸야 해서 값싼 것을 사 안겼다

> ◦ **값싸다** : 1. 물건 따위의 값이 낮다 ≒ 금낮다
>   2. 가치나 보람이 적고 보잘것없다
> ◦ **저가품** : x
> ◦ **저가(低價)** : = 싼값

값이 싼 것이라면 '값싼것'이라고 해 볼 수 있습니다. '값싼것'이나 '싼것'은 아직 한국말사전에 오르지 않습니다만, 굳이 '저가품'이라는 한자말을 쓰지 않아도 돼요. 값이 싸니까 '값싸다'라 말하면 될 뿐, 이를 한자말로 '저가'라고 할 까닭은 없습니다. '싸다·값싸다'라는 낱말이 있고, 비슷한말로 '금낮다'하고 '눅다'가 있으니, 이런 여러 낱말을 알맞게 쓰면 좋겠습니다.

• **한 번 쓰고 버릴 거라면 값이라도 싸야 해서 주로 저가품을 사 안겼다**

→ 한 번 쓰고 버린다면 값이라도 싸야 해서 으레 싼 것을 사 안겼다

→ 한 번 쓰고 버린다면 값이라도 싸야 해서 늘 값싼 것을 사 안겼다

→ 한 번 쓰고 버린다면 값이라도 싸야 해서 자꾸 금낮은 것을 사 안겼다

《우리는 플라스틱 없이 살기로 했다》(산드라 크라우트바술/류동수 옮김, 양철북, 2016) 116쪽

강변 둔치

: **강변 둔치**

→ 둔치

→ 강가

→ 냇가

> ◦ **강변(江邊)** : = 강가
> ◦ **강가(江-)** : 강의 가장자리에 잇닿아 있는 땅
> ◦ **둔치** : 1. 물가의 언덕 2. 강, 호수 따위의 물이 있는 곳의 가장자리

'둔치'는 물가에 있는 언덕을 가리키거나 물이 있는 곳에서 가장자리를 가리킨다고 해요. 그러니 "강변 둔치"라고 하면 겹말입니다. '둔치'라고만 하거나 '강가'나 '냇가'로 손보아야 합니다.

• **해는 짧아져 강변 둔치에 어둑한 곳 많다고**

→ 해는 짧아져 냇가에 어둑한 곳 많다고

→ 해는 짧아져 둔치에 어둑한 곳 많다고

《부르면 제일 먼저 돌아보는》 (전영관, 실천문학사, 2016) 19쪽

같은 유형의 사람

: **히라오 씨 같은 유형의 사람**

→ 히라오 씨 같은 사람

→ 히라오 씨처럼 구는 사람

> • **같다** : 2. 다른 것과 비교하여 그것과 다르지
>   않다 3. 그런 부류에 속한다는 뜻을 나타내는 말
> • **유형(類型)** : 성질이나 특징 따위가 공통적인
>   것끼리 묶은 하나의 틀

'같다'는 '같은' 꼴로 쓰면서 "어느 갈래에 드는" 모습을 가리킵니다. 한자말 '유형'
도 이와 같은 자리에 써요. "− 같은 유형의"라고 하면 겹말이에요. '유형의'를 털어
내 줍니다. '같은'만 넣으면 되어요. "선생님 같은 유형의 사람"이라든지 "누나 같
은 유형의 사람"이라 하면 모두 겹말입니다. "선생님 같은 사람"이나 "누나 같은
사람"이라고만 하면 됩니다.

• **히라오 씨 같은 유형의 사람은 본 적이 없다**

→ 히라오 씨 같은 사람은 본 적이 없다

→ 히라오 씨처럼 구는 사람은 본 적이 없다

《하이타니 겐지로의 생각들》 (하이타니 겐지로/햇살과나무꾼 옮김, 양철북, 2016) 145쪽

같이 도매금으로 취급되는

: **그들과 같이 도매급으로 취급되는 게 싫어서**

→ 그들과 같이 다뤄지면 싫어서

→ 그들과 같이 묶으면 싫어서

→ 그들과 똑같이 여기면 싫어서

→ 그들과 같다고 보면 싫어서

> ◦ **같이** : 1. 둘 이상의 사람이나 사물이 함께 2. 어떤 상황이나 행동 따위와 다름이 없이
> ◦ **도매급** : x
> ◦ **도매금(都賣金)** : 1. = 도매가격 2. 각각의 차이에도 불구하고 여럿이 같은 무리로
>   취급받음을 비유적으로 이르는 말
> ◦ **도매(都賣)** : 물건을 낱개로 팔지 않고 모개로 팖

따로 다루지 않고 모개로 다룬다고 해서 '도매'라는 한자말을 씁니다. '도매금 = 모개값 = 도매값'입니다. '도매급'은 잘못 쓴 말씨이고, '도매금'으로 바로잡아야 하며, "같은 무리로 취급받음"을 뜻해요. "같이 도매금으로 취급되는"이라 하면 겹말입니다. '도매금'이라는 한자말을 쓰고 싶다면 "그들과 도매금이 되는 게 싫어서"로 손질해야 합니다. 이 한자말을 안 써도 되면 "그들과 같이 묶이는 게 싫어서"나 "그들과 같이 묶으면 싫어서"로 손질해 줍니다.

- **그릇된 행동을 하는 한국인들이 있을 때는 그들과 같이 도매급으로 취급되는 게 싫어서**
→ 그릇된 짓을 하는 한국사람이 있을 때는 그들과 같이 묶으면 싫어서
→ 그릇된 짓을 하는 한국사람이 있을 때는 그들과 똑같이 보면 싫어서

《남편이 일본인입니다만》(케이, 모요사, 2016) 22쪽

같이 동침

: **같이 동침하고**
→ 같이 자고
→ 같이 잠자고
→ 같이 잠자리에 들고
→ 잠자리를 같이하고

> ◦ **동침(同寢)** : 남녀가 잠자리를 같이함

잠자리를 같이한다고 해서 한자말로 '동침'인데, 이 낱말 앞에 '같이'를 넣으면 겹말이 됩니다. '함께'를 넣어도 겹말이에요. 한자말 '동침'을 꼭 쓰고 싶다면 "한창 동침하고"로 쓸 노릇이고, 구태여 이 한자말을 쓸 까닭이 없다고 생각한다면, "한창 같이 자고"로 손질합니다. 더 생각해 보면, '同(같이) + 寢(자다)'이라고 해서 '동

침'이라는 한자말을 짓듯이, '같이 + 자다'라고 해서 '같이자다'라는 새 낱말을 지을 수 있습니다. '함께 + 자다'라고 하여 '함께자다'라는 새 낱말을 빚어도 되지요. 또는 둘이 잔다고 해서 '둘잠' 같은 낱말을 지어 볼 만합니다.

- **한창 같이 동침하고 애를 가질 나이에**
→ 한창 같이 자고 애를 가질 나이에
→ 한창 같이 잠자리에 들고 애를 가질 나이에

《니사》 (마저리 쇼스탁/유나영 옮김, 삼인, 2008) 294쪽

개개인마다

: **개개인마다 견해가 다를 테고**
→ 사람마다 생각이 다를 테고
→ 저마다 생각이 다를 테고
→ 우리는 서로 생각이 다를 테고

> ○ **개인(個人)** : 국가나 사회, 단체 등을 구성하는 낱낱의 사람
> ○ **개개인(個個人)** : 한 사람 한 사람
> ○ **-마다** : '낱낱이 모두'의 뜻을 나타내는 보조사

'개개인마다'는 겹말입니다. '개개인'이라고만 쓰든지 '사람마다'나 '저마다'로 고쳐 쓸 노릇입니다. '개인마다'라고 하더라도 겹말 얼거리에 듭니다. '개인'은 "낱낱 사람"을 가리키고 '-마다'를 붙이면 "낱낱이 모두"를 나타내거든요. 보기글에서 '개인'이나 '개개인' 같은 한자말을 꼭 쓰고 싶다면 "개인에 따라 견해가 다를 테고"나 "개개인은 견해가 다를 테고"로 적을 수 있어요. '-마다'를 살리고 싶으면 '사람마다'나 '저마다'를 쓰면 돼요.

- **내 스타일과는 맞지 않지만 개개인마다 견해가 다를 테고**
→ 내 느낌하고는 맞지 않지만 저마다 생각이 다를 테고
→ 나하고는 맞지 않지만 사람마다 생각이 다를 테고
→ 나하고는 맞지 않지만 우리는 서로 생각이 다를 테고

《남편이 일본인입니다만》 (케이, 모요사, 2016) 180쪽

개인의 주관에 따라

: 개인의 주관에 따라

→ 저마다

→ 사람마다

- **개인(個人)** : 국가나 사회, 단체 등을 구성하는 낱낱의 사람
- **주관(主觀)** : 1. 자기만의 견해나 관점
- **자기(自己)** : 1. 그 사람 자신
- **자신(自身)** : 1. 그 사람의 몸 또는 바로 그 사람을 이르는 말

'개인'은 "한 사람"을 가리켜요. '주관'은 "한 사람 생각"을 나타내지요. "개인의 주관에 따라"라고 하면 겹말이에요. '개인'이나 '주관' 가운데 하나만 써야 올발라요. 이를테면 "개인에 따라"나 "주관에 따라"로 적어야지요. 조금 더 헤아리면 '저마다'나 '사람마다'로 손볼 만해요. 보기글은 "모두 달라요"나 "다 달라요"로도 손볼 만합니다.

- **어떤 상처가 덜 힘든지는 개인의 주관에 따라 달라요**
- → 어떤 생채기가 덜 힘든지는 저마다 달라요
- → 어떤 생채기가 덜 힘든지는 사람마다 달라요
- → 어떤 생채기가 덜 힘든지는 모두 달라요

《언니, 같이 가자!》 (안미선, 삼인, 2016) 97쪽

거구의 덩치

: 거구의 덩치와 어울리지 않게

→ 큰 덩치와 어울리지 않게

→ 커다란 덩치와 어울리지 않게

→ 큰 몸집과 어울리지 않게

- **거구(巨軀)** : 거대한 몸집
- **덩치** : = 몸집

'덩치'하고 '몸집'은 같은 말이라고 해요. '거구'는 "커다란 '몸집'"을 가리킨다고 합니다. "거구의 덩치"라 하면 "커다란 몸집의 몸집"인 꼴이니 겹말이에요. "커다란 몸집"이나 "커다란 덩치"라고만 적으면 됩니다. 더 헤아려 본다면, '큰몸·큰덩치'

도 새롭게 한 낱말로 삼아서 쓸 만하지 싶어요. '작은몸·작은덩치'도 새롭게 한 낱말로 써 볼 수 있고요.

- **1~4톤에 달하는 거구의 덩치와 어울리지 않게**
→ 1~4톤에 이르는 큰 덩치와 어울리지 않게
→ 1~4톤에 이르는 커다란 덩치와 어울리지 않게

《사향고양이의 눈물을 마시다》 (이형주, 책공장더불어, 2016) 52쪽

거나하게 취하다

:　**거나하게 취해 있었습니다**
→ 거나하게 마셨습니다
→ 거나했습니다
→ 거나해졌습니다

> ○ **거나하다** : 술 따위에 어지간히 취한 상태에 있다
> ○ **취하다(醉-)** : 1. 어떤 기운으로 정신이 흐려지고 몸을 제대로 가눌 수 없게 되다 2. 무엇에 마음이 쏠리어 넋을 빼앗기다 3. 사람이나 물건에 시달려 얼이 빠지다시피 되다

'거나하다'를 한국말사전에서 살피면 "어지간히 취한" 모습으로 풀이하면서, "거나하게 취한 얼굴"이나 "나는 거나하게 취했다"나 "술이 거나하게 취하다" 같은 보기글을 싣습니다. '취한' 모습을 '거나하다'로 가리킨다는데 "거나하게 취한"이라는 겹말 얼거리로 적은 보기글을 셋이나 싣어요. 술을 마셔서 넋이 나갈 듯 말 듯 하거나 해롱거리는 모습이 '거나하다'라면 "거나하게 마셨습니다"로 손질합니다. 또는 '거나했습니다'나 '거나해졌습니다'로 손질해요. 때로는 "거나해서 해롱거렸습니다"나 "거나해서 쓰러질 판이었습니다"로 손질해 봅니다. 한국말사전 뜻풀이도 손봐야지요. '거나하다 : 술을 마셔서 몸을 못 가누거나 넋이 나갈 만큼 어지럽거나 마음이 흐리다'쯤으로 말이지요. 이밖에 '거나하다'를 넘어서면 '곤드레만드레'나 '간잔지런하다'고 할 만한 모습이 됩니다.

- **그 전날 밤, 저는 선술집에서 거나하게 취해 있었습니다**
→ 그 전날 밤, 저는 선술집에서 거나하게 마셨습니다
→ 그 앞날 밤, 저는 선술집에서 거나했습니다

《솔로 이야기 4》 (타니카와 후미코/한나리 옮김, 대원씨아이, 2016) 139쪽

−거나 혹은

: **그림이 멋지거나 신선하거나 혹은 이야기가 독특하거나**
→ 그림이 멋지거나 새롭거나 이야기가 남다르거나
→ 그림이 멋지거나 싱그럽거나, 때로는 이야기가 남다르거나
→ 그림이 멋지거나 새롭거나, 아니면 이야기가 남다르거나

- **−거나 :** 1. 나열된 동작이나 상태, 대상들 중에서 어느 것이든 선택될 수 있음을 나타내는 연결
  어미 2. 실제로 일어날 수 있는 여러 가지 중에서 어느 것이 일어나도 뒤 절의 내용이 성립하는
  데 아무런 상관이 없음을 나타내는 연결 어미
- **혹은(或−) :** 1. 그렇지 아니하면. 또는 그것이 아니라면 2. 더러는
- **더러 :** 1. 전체 가운데 얼마쯤 2. 이따금 드물게

'−거나'라는 토씨로 여러 가지 이야기를 이을 적에는 그냥 이렇게 '−거나'만 쓰면
됩니다. 두어 가지든 열 가지든 '−거나' 하나로 이으면 돼요. '혹(或)·혹(或)은'을
사이에 넣어서 여러 가지 이야기를 잇기도 합니다. '혹·혹은'은 '또는'이나 '더러'를
가리키는데, 따로 어느 한 가지를 힘주어 밝히려는 뜻에서 이 말마디를 넣을 수 있
지만, 자칫 군더더기 말씨나 겹말이 될 수 있습니다. 왜냐하면 '−거나'를 붙이기만
해도 뜻이나 느낌을 넉넉히 나타내거든요. 다만 말을 길게 잇다가 한 번쯤 숨을 돌
리고 싶다면 '때로는'이나 '아니면'이나 '또는'을 넣을 수 있을 테지요.

- **그림이 멋지거나 신선하거나 혹은 이야기가 독특하거나 의미를 가지거나, 아이보다
  엄마가 이야기에 매혹되거나**
→ 그림이 멋지거나 새롭거나 이야기가 남다르거나 뜻이 있거나, 아이보다 엄마가
  이야기에 끌리거나
→ 그림이 멋지거나 싱그럽거나 이야기가 남다르거나 뜻이 있거나, 아이보다 엄마가
  이야기에 사로잡히거나

《0~7세 판타스틱 그림책 육아》 (박지현, 예담friend, 2016) 203쪽

거듭거듭 반복해서

: **거듭거듭 반복해서**

→ 거듭거듭

> ○ **반복(反復)** : 같은 일을 되풀이함
> ○ **거듭** : 어떤 일을 되풀이하여
> ○ **거듭거듭** : 어떤 일을 여러 번 되풀이하여

한자말 '반복'은 '거듭'하고 뜻이 같습니다. 그러니 "거듭거듭 반복해서"처럼 적으면 겹말이에요. 한자말을 쓰고 싶다면 '반복해서'만 쓸 노릇이요, 한국말을 쓰려 한다면 '거듭거듭'만 쓸 일입니다.

• **몇 번이고 거듭거듭 반복해서 읽으면서**

→ 몇 번이고 읽으면서

→ 몇 번이고 거듭거듭 읽으면서

→ 몇 번이고 되풀이해 읽으면서

《강상중과 함께 읽는 나쓰메 소세키》(강상중/김수희 옮김, 에이케이커뮤니케이션즈, 2016) 115쪽

거룩하고 신성한

: **거룩하고 신성한 느낌을**

→ 거룩한 느낌을

→ 거룩하고 대단하다는 느낌을

→ 거룩하고 높다는 느낌을

> ○ **거룩하다** : 뜻이 매우 높고 위대하다
> ○ **신성하다(神聖-)** : 매우 거룩하고 성스럽다
> ○ **성스럽다(聖-)** : 함부로 가까이할 수 없을 만큼 고결하다
> ○ **고결하다(高潔-)** : 성품이 고상하고 순결하다
> ○ **고상하다(高尙-)** : 품위나 몸가짐이 속되지 아니하고 훌륭하다
> ○ **순결하다(純潔-)** : 잡된 것이 섞이지 아니하고 깨끗하다
> ○ **위대하다(偉大-)** : 도량이나 능력, 업적 따위가 뛰어나고 훌륭하다

'신성하다'는 '거룩하다'를 가리킵니다. "거룩하고 신성한"처럼 쓰면 겹말입니다. 거룩하다면 '거룩하다' 한 마디면 넉넉합니다. 매우 거룩하다면 "매우 거룩하다"라 하거나 '거룩하디거룩하다'처럼 쓸 수 있어요. "거룩하고 대단하다"나 "거룩하고 높다"처럼 써 볼 수도 있습니다.

- 나아가서는 어떤 아름다움을 느끼게 한다고 본다. 거룩하고 신성한 느낌을
→ 나아가서는 어떤 아름다움을 느끼게 한다고 본다. 거룩하디거룩한 느낌을
→ 나아가서는 어떤 아름다움을 느끼게 한다고 본다. 거룩한 느낌을

《보살의 인생독본, 상》(무샤고오지 사네아쓰/이영자 옮김, 동국대학교부설역경원, 1981) 17쪽

−거리다 · −대다

: **찔끔찔끔거릴 수밖에**
→ 찔끔거릴 수밖에
→ 찔끔찔끔할 수밖에

> ○ **찔끔찔끔하다** : 1. 액체 따위가 자꾸 조금씩 새어 흐르거나
> 나왔다 그쳤다 하다 2. 비가 자꾸 아주 조금씩 내렸다 그쳤다
> 하다 3. 물건 따위를 자꾸 조금씩 흘리다 4. 돈이나 물건
> 따위를 조금씩 주거나 여러 번 나누어서 주다
> ○ **−거리다** : '그런 상태가 잇따라 계속됨'의 뜻을 더하고
> 동사를 만드는 접미사
> ○ **−대다** : = −거리다

'−거리다'나 '−대다'를 붙여서 어떤 모습이 잇따라 나타나는 이야기를 들려줍니다. 똑같은 낱말을 두 번 적으면서 어떤 모습이 잇따라 나타나는 이야기를 들려주기도 해요. 이를테면 '반짝거리다 · 반짝대다'로 반짝이는 모습이 잇따라 나타난다고 이야기해요. 그리고 '반짝반짝하다'처럼 같은 말을 두 번 적고서 '−하다'를 붙이지요. 같은 말을 두 번 적은 뒤에는 '−하다'를 붙이고, '반짝'처럼 하나만 적을 적에는 '−거리다'나 '−대다'를 붙여요. 보기글은 '찔끔찔끔거릴'로 나오기에 겹말입니다. '찔끔찔끔하다'나 '찔끔거리다'나 '찔끔대다'로 고쳐 줍니다.

- 둘 다 뜨거우니 필연적으로 찔끔찔끔거릴 수밖에
→ 둘 다 뜨거우니 어쩔 수 없이 찔끔거릴 수밖에
→ 둘 다 뜨거우니 하는 수 없이 찔끔찔끔할 수밖에

《와카코와 술 1》(신큐 치에/문기업 옮김, 에이케이커뮤니케이션즈, 2015) 117쪽

- 덩치 큰 팔공산이 단풍으로 꿈틀꿈틀대는 날
→ 덩치 큰 팔공산이 단풍으로 꿈틀꿈틀하는 날
→ 덩치 큰 팔공산이 단풍으로 꿈틀대는 날

《연옥의 봄》(황동규, 문학과지성사, 2016) 38쪽

거의 대부분

: **거의 대부분**

→ 거의 모두

→ 거의 다

> ○ **대부분(大部分)** : 1. 절반이 훨씬 넘어 전체량에 거의 가까운 정도의 수효나 분량

"거의 모두"를 가리키는 한자말 '대부분'이기에, "거의 대부분"처럼 쓰면 겹말이에요. 한자말을 쓰려 한다면 '대부분'만 쓸 노릇이고, 한국말을 쓰려 한다면 "거의 모두"나 "거의 다"라고 쓰면 됩니다.

• **여행하며 당시에 알려졌던 세계의 거의 대부분을 보았다**

→ 여행하며 그무렵 알려졌던 세계 가운데 거의 모두를 보았다

→ 여행하며 그때에 알려졌던 거의 모든 세계를 보았다

《아랍, 그곳에도 사람들이 살고 있다》 (팀 매킨토시 스미스/신해경 옮김, 봄날의책, 2016) 31쪽

• **하루 거의 대부분 '지금, 여기에' 있지 않는 나를 발견하게 됐다**

→ 하루를 거의 '오늘, 여기에' 있지 않은 나를 보게 됐다

→ 거의 모든 하루를 '오늘, 여기에' 있지 않은 나를 보았다

《배우는 삶 배우의 삶》 (배종옥, 마음산책, 2016) 93쪽

• **거의 대부분이 빠졌으니**

→ 거의 모두 빠졌으니

→ 거의 다 빠졌으니

《되찾은: 시간》 (박성민, 책읽는고양이, 2016) 239쪽

거의 유사하다

: **거의 유사해**

→ 거의 같아

→ 비슷해

→ 매우 비슷해

> ○ **거의** : 어느 한도에 매우 가까운 정도로
> ○ **유사하다(類似-)** : 서로 비슷하다
> ○ **비슷하다** : 두 개의 대상이 크기, 모양, 상태, 성질 따위가 똑같지는 아니하지만 전체적 또는 부분적으로 일치하는 점이 많은 상태에 있다

한자말 '유사하다'는 '비슷하다'를 가리킵니다. '비슷하다'는 서로 같지는 않으나 "거의 같다"고 하는 모습을 가리켜요. "거의 유사하다"라 하면 겹말이에요. "거의 비슷하다"라 해도 겹말입니다. 그냥 '비슷하다'라고만 하면 됩니다. '거의'를 쓰고 싶다면 "거의 같아"로 쓰면 돼요. 비슷한 모습을 힘주어 나타내고 싶다면 "매우 비슷해"나 "무척 비슷해"나 "대단히 비슷해" 꼴로 적으면 돼요.

- **스페인어와 포르투갈어는 거의 유사해**
→ 스페인말과 포르투갈말은 거의 같아
→ 에스파냐말과 포르투갈말은 매우 비슷해

《사랑과, 사랑을 둘러싼 것들》 (한강, 열림원, 2003) 17쪽

거친 세파

: **거친 세파에 시달린**
→ 거친 물살에 시달린
→ 거친 물결에 시달린

- **거칠다** : 인정이 메마르고 살기에 험악하다
- **세파(世波)** : 모질고 거센 세상의 어려움

"거친 세상"을 나타내는 한자말 '세파'예요. "거친 세파"라 하면 겹말이지요. '세파'라는 낱말을 꼭 쓰고 싶다면 '거친'을 뺀 '세파'만 쓸 노릇이고, '거친'이라는 낱말을 꼭 쓰고 싶다면 '세파'를 손질해서 "거친 세상"이나 "거친 사회"로 쓸 노릇입니다. 또는 "거친 물살"이나 "거친 물결"로 손볼 수 있어요.

- **거친 세파에 시달린 연약한 영혼**
→ 거친 물살에 시달린 가녀린 넋
→ 거친 물결에 시달린 여린 넋

《내가 제일 아끼는 사진》 (셔터 시스터스 엮음/윤영삼·김성순 옮김, 이봄, 2012) 27쪽

거칠고 험난한

: **거칠고 험난한 삶**

→ 거칠고 힘든 삶

→ 거칠고 괴로운 삶

> ○ **거칠다** : 1. 나무나 살결 따위가 결이 곱지 않고 험하다 7. 인정이 메마르고 살기에 험악하다 14. 육체적인 노동이 많아 힘들다
> ○ **험난하다(險難-)** : 1. 지세가 다니기에 위험하고 어렵다 2. 험하여 고생스럽다
> ○ **험하다(險-)** : 1. 땅의 형세가 발을 디디기 어려울 만큼 사납고 가파르다 3. 어떠한 상태나 움직이는 형세가 위태롭다 5. 먹거나 입는 것 따위가 거칠고 너절하다 6. 일 따위가 거칠고 힘에 겹다 7. 매우 비참하다

"험난한 삶"이라 할 적에는 "험하여 고생스러운 삶"을 가리킵니다. 이때에 '험하다'는 '거칠다'를 가리킵니다. 그러니 "거칠고 험난한 삶"이라 하면 겹말이에요. "거친 삶"이라고만 해도 되고, "거칠고 힘든 삶"으로 손질할 만합니다. "거칠고 고달픈 삶"이나 "거칠고 고단한 삶"이나 "거칠고 힘겨운 삶"으로 손볼 수 있습니다.

• **죽은 자는 거칠고 험난한 삶을 산 듯하다**

→ 죽은 이는 거칠고 힘든 삶을 보낸 듯하다

→ 죽은 사람은 거칠고 힘겹게 산 듯하다

《과학을 읽다》 (정인경, 여문책, 2016) 60쪽

걱정할 게 없다고 안심

: **크게 걱정할 게 없다고 안심시켰어요**

→ 크게 걱정할 게 없다고 말했어요

→ 마음 놓으라고 했어요

→ 부디 마음 놓으라 했어요

> ○ **걱정** : 1. 안심이 되지 않아 속을 태움
> ○ **안심(安心)** : 모든 걱정을 떨쳐 버리고 마음을 편히 가짐

"걱정할 게 없다고 안심시켰어요"는 겹말 얼거리입니다. 한국말사전 뜻풀이를 살짝 살피면 쉬 알 수 있기도 합니다. '안심'이 안 되는 마음을 '걱정'이라 하고, '걱정'을 떨친다고 해서 '안심'이라 한다지요. 돌림풀이로 말뜻이 맞물리는 '걱정·안심'

을 나란히 쓰니 얄궂어요. 두 낱말 가운데 하나만 쓰도록 손질해 줍니다. "걱정 말라고 했어요"나 "안심하라 했어요"로 손질하면 되고, "마음 놓으라고 했어요"로 손질할 수 있어요. 힘주어 말하고 싶다면 "부디 마음 놓으라 했어요"처럼 꾸밈말을 넣어 볼 만합니다.

- **엘세 아줌마는 코펜하겐의 아이들 모두 그렇게 자전거를 타고 다니니 크게 걱정할 게 없다고 안심시켰어요**
→ 엘세 아줌마는 코펜하겐 아이들 모두 그렇게 자전거를 타고 다니니 크게 걱정하지 말라고 했어요
→ 엘세 아줌마는 코펜하겐 아이들 모두 그렇게 자전거를 타고 다니니 마음 놓으라고 했어요

《내일》 (시릴 디옹·멜라니 로랑/권지현 옮김, 한울림어린이, 2017) 38쪽

건어포

: **건어포를**
→ 말린고기를
→ 말린물고기를

- 건어포 : x
- 건-(乾) : 1. '마른' 또는 '말린'의 뜻을 더하는 접두사
- 어포(魚脯) : 생선의 살을 얇게 저며 양념을 하여 말린 고기

'건어포'라는 낱말은 따로 한국말사전에 없습니다. '어포'라는 한자말이 "말린 고기"를 가리키기 때문입니다. '포(脯)'라는 한자가 "말린 것"을 나타내니, '어포'에다가 '건(乾)-'을 더 붙이려 하면 겹말이에요. 그냥 '어포'라고만 하면 됩니다. 또는 '말린고기·말린물고기'나 '말린양념고기·말린양념물고기'라는 낱말을 새롭게 지어서 쓸 수 있습니다.

- **건어포를 우물우물 깨물다가**
→ 말린고기를 우물우물 깨물다가
→ 말린물고기를 우물우물 깨물다가

《이연주 시전집 1953-1992》 (이연주, 최측의농간, 2016) 45쪽

건조해서 마르게 하고

: **건조한 겨울 날씨는 토양을 마르게 하고**
→ 마른 겨울 날씨는 흙을 마르게 하고
→ 마른 겨울 날씨로 흙이 마르고
→ 마른 겨울 날씨로 흙에서 물기가 사라지고

> ○ **건조하다(乾燥-)** : 1. 말라서 습기가 없다
>   2. 분위기, 정신, 표현, 환경 따위가 여유나 윤기
>   없이 딱딱하다
> ○ **습기(濕氣)** : 물기가 많아 젖은 듯한 기운
> ○ **물기(-氣)** : 축축한 물의 기운
> ○ **마르다** : 1. 물기가 다 날아가서 없어지다

한자말 '건조하다'는 "말라서 습기가 없다"를 뜻한다는데, '습기 = 물기'이니, "말라서 물기가 없다"인 셈입니다. '마르다'하고 뜻이 같아요. '건조한' 날씨 때문에 흙이 '마른다'고 하면 겹말 얼거리입니다. 앞뒤 모두 '마르다'를 쓰면 돼요. 날씨가 마르니 흙이 말라요. 날씨가 마르기 때문에 흙이 마르고 말지요.

• **춥고 건조한 겨울 날씨는 토양을 마르게 하고, 세찬 바람은 토양을 유실시킨다**
→ 춥고 마른 겨울 날씨는 흙을 마르게 하고, 세찬 바람은 흙을 쓸어낸다
→ 춥고 마른 겨울 날씨로 흙에서 물기가 사라지고, 세찬 바람으로 흙이 날아간다

《호미 한 자루 농법》(안철환, 들녘, 2016) 51쪽

걷기와 도보

: **걸어가야 합니다. 천천히 도보로 가면**
→ 걸어가야 합니다. 천천히 걸어가면
→ 걸어가야 합니다. 천천히 걸으면
→ 걸어가야 합니다. 천천히 거닐면
→ 걸어가야 합니다. 천천히 걷는 걸음으로는

> ○ **도보(徒步)** : 탈것을 타지 않고 걸어감.
>   '걷기', '걸음'으로 순화

한자말 '도보'는 '걷기'나 '걸음'으로 고쳐쓸 낱말이라고 합니다. 이 글월처럼 "걸어가야 합니다. 천천히 도보로 가면"처럼 쓰면 겹말이기도 하니, 뒤쪽을 '걸어가면'이나 '걸으면'이나 '거닐면'으로 손봅니다. 걸어서 가니까 말 그대로 '걸어간다'고 하지요.

- 겨울에는 눈 때문에 걸어가야 합니다. 천천히 도보로 가면 1시간 반 정도

→ 겨울에는 눈 때문에 걸어가야 합니다. 천천히 걸어가면 1시간 반 즈음

→ 겨울에는 눈 때문에 걸어가야 합니다. 천천히 걸으면 1시간 반쯤

《리틀 포레스트 1》 (이가라시 다이스케/김희정 옮김, 세미콜론, 2008) 13쪽

걸으며 하이킹

: **걸으며 하이킹을 하기 시작했습니다**

→ 걸으며 나들이를 했습니다

→ 걸으며 마실을 다녔습니다

→ 걸어다니곤 했습니다

→ 걸었습니다

> ○ **하이킹(hiking)** : 심신의 단련이나 관광 따위를 목적으로 걸어서 여행하는 일
> ○ **도보(徒步)** : 탈것을 타지 않고 걸어감. '걷기', '걸음'으로 순화

지난날에는 나들이나 마실을 다닐 적에 누구나 으레 걸었습니다. 굳이 '걷는나들이'나 '걷는마실' 같은 말을 하지 않았어요. '나들이'나 '마실'이라고 하면 으레 걸어서 갔기 때문입니다. 오늘날에는 영어로 '하이킹'을 이야기하고, 한자말로 '도보여행(徒步旅行)'을 이야기합니다. '하이킹·도보여행'은 "걷는 나들이"입니다. 그러니 "걸으며 하이킹을 하기"처럼 쓰면 겹말이지요. 한국말사전은 '도보(도보여행)'를 '걷기'나 '걸음'으로 고쳐쓰라고 밝힙니다. '하이킹' 같은 영어는 구태여 쓰지 않아도 되겠지요. 더 생각한다면 '걷기여행·걷는여행·걸음여행'이라든지 '걷는마실·걸음마실' 같은 낱말을 새롭게 지어서 써 볼 만합니다.

- 인적이 드문 원시림으로 가 숲속 길을 걸으며 하이킹을 하기 시작했습니다

→ 사람이 드문 깊은 숲으로 가 숲길을 걸었습니다

→ 사람이 드문 깊은 숲길을 걸었습니다

《숲과 연어가 내 아이를 키웠다》 (탁광일, 뿌리깊은나무, 2007) 6쪽

게우듯 토해내다

: **속을 게우듯 토해내고**

→ 게우고

→ 게워내고

→ 속을 비우고

→ 속을 털어내고

> ○ **게우다** : 1. 먹은 것을 삭이지 못하고 도로 입 밖으로 내어놓다.
> ≒ 토하다(吐−) 2. 부당하게 차지했던 남의 재물을 도로
> 내어놓다
> ○ **토하다(吐−)** : 1. = 게우다 2. 밖으로 내뿜다 3. 느낌이나
> 생각을 소리나 말로 힘 있게 드러내다

외마디 한자말 '토하다'는 '게우다'를 가리킨다고 해요. "게우듯 토해내다"라 하면 "게우듯 게워내다"인 셈이니 겹말입니다. '게우고'나 '게워내고'로 손보면 되고, 뜻을 헤아려서 "속을 비우고"로 손볼 수 있어요.

• **속을 게우듯 토해내고 흘려보낼 수 있으면 좋겠다**

→ 게우듯 흘려보낼 수 있으면 좋겠다

→ 게우고 흘려보낼 수 있으면 좋겠다

→ 속을 비우고 흘려보낼 수 있으면 좋겠다

《우리말 꽃이 피었습니다》 (오리여인, 시드페이퍼, 2016) 48쪽

게으르고 나태한

: **게으른 사람 ⋯ 나태하게 지내는 사람을 좋아하지 않는다**

→ 게으른 사람 ⋯ 게으르게 지내는 사람을 좋아하지 않는다

→ 게으른 사람 ⋯ 빈둥빈둥 지내는 사람을 좋아하지 않는다

> ○ **나태(懶怠)** : 행동, 성격
> 따위가 느리고 게으름

게으른 모습을 한자말로 '나태'로 나타내기도 합니다. 그러니 '게으르다'고 하다가 '나태하다'고 하면 겹말인 셈이지요. 앞이나 뒤 모두 '게으르다'로 쓰면 돼요. 또는 뒤쪽을 '느릿느릿'이나 '빈둥빈둥'으로 써 볼 수 있어요.

• **게으른 사람을 좋아하지 않는다. 음악한다는 핑계로 폼만 잡고, 나태하게 지내는**

사람을 좋아하지 않는다

→ 게으른 사람을 좋아하지 않는다. 음악 한다는 핑계로 겉멋만 잡고 게으르게 지내는
사람을 좋아하지 않는다

→ 게으른 사람을 좋아하지 않는다. 노래한다는 핑계로 겉멋만 잡고 빈둥빈둥 지내는
사람을 좋아하지 않는다

《올드보이 한대수》(한대수, 생각의나무, 2005) 150쪽

- **게으르고 무책임하고 사치와 낭비만 일삼던 둘째 놈은요, 형이 베풀어 준 도움
속에서 나태하게만 살더니**

→ 게으르고 아무렇게나 사치와 낭비만 일삼던 둘째 놈은요, 형이 베풀어 준 도움을
받으며 살더니

→ 아무렇게나 사치와 낭비만 일삼던 둘째 놈은요, 형이 베풀어 준 도움을 받으며
게으르게만 살더니

《놀부전》(고우영, 애니북스, 2008) 188쪽

겪은 경험

: **경험을 통해서 온몸으로 알 때에, 살면서 겪는 일에**

→ 온몸으로 겪으며 알 때에, 살면서 겪는 일에

→ 온몸으로 겪으면서 알 때에, 살면서 부딪히는 일에

→ 온몸으로 알 때에, 살면서 부대끼는 일에

> - **겪다** : 1. 어렵거나 경험될 만한
>   일을 당하여 치르다 2. 여러
>   사람을 청하여 음식을 차려
>   대접하다 3. 사람을 사귀어 지내다
> - **경험(經驗)** : 자신이 실제로 해
>   보거나 겪어 봄. 또는 거기서 얻은
>   지식이나 기능

한자말 '경험(經驗)'은 '겪음'을 뜻합니다. 한자말로는 '경험'이고, 한국말로는 '겪음'
입니다. 이 보기글을 살피면, 앞쪽에서는 한자말을 쓰고 뒤쪽에서는 한국말을 씁
니다. 글쓴이는 왜 이처럼 글을 썼을까요. 앞과 뒤에 다른 낱말을 넣고 싶을까요.
보기글을 찬찬히 보면, 앞쪽은 "온몸으로 알 때에"로 손질할 만합니다. 왜냐하면
온몸으로 안다고 할 적에는 "몸으로 알다"를 가리키고, 몸으로 아는 일이란, 몸으
로 부딪혀서 아는 일을 가리켜요. 그러면 몸으로 부딪혀서 아는 일이란 무엇일까
요? 바로 '겪다·겪음'입니다. 이 보기글은 앞쪽에서는 "내가 누구인지를 온몸으로

알 때에"로 손질하고, 뒤쪽에서는 "살면서 겪는 모든 일"로 두면 됩니다. 또는 앞쪽을 "내가 누구인지 몸소 겪으며 알 때에"로 손본 뒤, 뒤쪽은 "살면서 부딪히는 모든 일"로 손볼 만해요.

- **참된 당신이 누구인지를 경험을 통해서 온몸으로 알게 될 때 당신은 살면서 겪는 모든 일에 달관할 수 있다**
- → 참된 내가 누구인지를 온몸으로 알 때에, 나는 살면서 겪는 모든 일에 홀가분할 수 있다
- → 참된 내가 누구인지를 몸소 겪으며 알 때에, 나는 살면서 부딪히는 모든 일에 홀가분할 수 있다

《우주 리듬을 타라》 (디팩 초프라/이현주 옮김, 산티, 2013) 111쪽

- **아기의 죽음을 경험한 이들은 자신이 겪은 일이 매우 흔치 않은 일이며**
- → 아기 죽음을 겪은 이들은 스스로 겪은 일이 매우 흔치 않은 일이며
- → 아기 죽음을 겪은 이들은 이 일이 매우 흔치 않으며

《다시 아기를 기다리며》 (앤 더글러스·존 R.서스먼/황근하 옮김, 삼인, 2010) 39쪽

겪은 고생담

- : **우리가 겪은 고생담**
- → 우리 고생담
- → 우리가 겪은 고된 이야기
- → 우리가 고된 일을 겪은 이야기

> ∘ **고생(苦生)** : 어렵고 고된 일을 겪음

'고생'은 "고된 일을 겪음"을 가리키니, "겪은 고생담"처럼 쓰면 겹말입니다. '고생담'이라고만 쓰거나, "고된 일을 겪은 이야기"처럼 손질해 줍니다. '고생담'은 "고생 이야기"나 "고되었던 이야기"나 "고달팠던 이야기"로 손볼 수 있어요.

- **우리가 겪은 고생담을 들려주어야지**
- → 우리가 고된 일을 겪은 이야기를 들려주어야지

《아르슬란 전기 5》 (타나카 요시키·아라카와 히로무/서현아 옮김, 학산문화사, 2016) 187쪽

겪은 체험

: **몸소 겪은 체험으로서 사진 찍기**

→ 몸소 겪으며 사진 찍기

→ 몸소 겪은 일을 사진 찍기

→ 몸소 겪고 나서 사진 찍기

→ 몸소 겪은 뒤에 사진 찍기

○ **체험(體驗)** : 자기가 몸소 겪음. 또는 그런 경험
○ **겪다** : 1. 어렵거나 경험될 만한 일을 당하여 치르다
○ **경험(經驗)** : 자신이 실제로 해 보거나 겪어 봄. 또는 거기서 얻은 지식이나 기능

'체험'은 "몸소 겪는" 일을 가리켜요. "몸소 겪은 체험"처럼 쓰면 겹말입니다. 한국말사전을 살피면 '겪다'를 '경험'이라는 한자말로 풀이해요. '경험'은 다시 '겪다'라는 한국말로 풀이합니다. 돌림풀이예요.

• **자연과 마음 나누며 사진 찍기, 자연을 몸소 겪은 체험으로서 사진 찍기, 자기다운 사진으로 자아 찾아 찍기**

→ 자연과 마음 나누며 사진 찍기, 자연을 몸소 겪으며 사진 찍기, 나다운 사진으로 나를 찾아 찍기

《사진으로 생활하기》 (최광호, 소동, 2008) 65쪽

• **지금껏 겪어 보지 못한 신비로운 체험이었다**

→ 이제껏 겪어 보지 못한 놀라운 일이었다

→ 여태껏 겪어 보지 못한 놀라운 모습이었다

《하이타니 겐지로의 생각들》 (하이타니 겐지로/햇살과나무꾼 옮김, 양철북, 2016) 34쪽

결국 따지고 보면

: **결국 따지고 보면**

→ 따지고 보면

→ 그러니까

→ 끝내

→ 한마디로

○ **결국(結局)** : [명사] 1. 일이 마무리되는 마당이나 일의 결과가 그렇게 돌아감을 이르는 말 [부사] 일의 마무리에 이르러서. 또는 일의 결과가 그렇게 돌아가게
○ **따지다** : 2. 옳고 그른 것을 밝혀 가리다

'결국'은 마무리를 지으면서 말을 꺼낼 적에 씁니다. "따지고 보면"도 '결국'하고 같은 뜻으로 써요. 힘주어 말하려는 뜻에서 "결국 따지고 보면"이라 썼다고도 여길 만하지만, 겹말 얼거리이기도 합니다. '결국'이나 "따지고 보면" 가운데 하나만 쓰면 돼요. '결국'은 '그러니까'나 '끝내'나 '마침내'나 '한마디로'로 손볼 수 있어요.

- **결국 따지고 보면 너는 줄을 잘 서야 한다는 뜻으로 요약될 말로 훈계를 할 것이다**
→ 따지고 보면 너는 줄을 잘 서야 한다는 뜻으로 간추릴 말로 가르칠 것이다
→ 한마디로 너는 줄을 잘 서야 한다는 말로 가르칠 것이다

《우물에서 하늘 보기》 (황현산, 삼인, 2015) 101쪽

경운으로 갈아엎는

: **경운으로 갈아엎는 게 보통이지만**
→ 으레 갈아엎지만
→ 흔히 갈아엎지만

> ○ **경운(耕耘)** : 논밭을 갈고 김을 맴
> ○ **갈아엎다** : 땅을 갈아서 흙을 뒤집어엎다
> ○ **갈다** : 1. 쟁기나 트랙터 따위의 농기구나 농기계로 땅을 파서 뒤집다 2. 주로 밭작물의 씨앗을 심어 가꾸다

한자말 '경운'은 '갈다'나 '갈아엎다'를 나타냅니다. "경운으로 갈아엎는"으로 쓰면 겹말이에요. 보기글을 쓴 분은 '경운·무경운'이라는 한자말을 잇달아 씁니다. 한자말로 짝을 맞추다 보니 이 같은 겹말이 나왔구나 싶어요. 처음부터 쉽게 '갈다·안 갈다(갈아엎다·안 갈아엎다)'만 썼다면 겹말도 아니 되면서 쉽고 부드러운 말씨가 될 수 있을 테지요.

- **녹비작물을 이듬해 본 작물을 심기 전 경운으로 갈아엎는 게 보통이지만. 무경운 입장에서는 베어서 땅에 피복하거나**
→ 풋거름으로 삼을 풀을 이듬해 씨앗을 심기 앞서 으레 갈아엎지만, 갈지 않을 적에는 베어서 땅에 덮어씌우거나
→ 풋거름이 될 풀을 이듬해 곡식이나 남새를 심기 앞서 흔히 갈아엎지만, 안 갈 적에는 베어서 땅에 덮어 놓거나

《호미 한 자루 농법》 (안철환, 들녘, 2016) 50쪽

경제적으로 돈이 없다

: **경제적으로 돈이 없다고**

→ 경제가 어렵다고

→ 돈이 없다고

→ 나라에 돈이 없다고

○ **경제적(經濟的)** : 1. 인간의 생활에 필요한 재화나 용역을 생산, 분배, 소비하는 모든 활동에 관한 2. 돈이나 시간, 노력을 적게 들이는

'돈'을 따지는 경제일 텐데, "경제적으로 돈이 없다"는 겹말이에요. "경제가 어렵다"고 하거나 "돈이 없다"고 해야 올발라요. 어느 한 나라를 다루면서 이처럼 말하려 한다면 "나라에 돈이 없다고"나 "나라살림이 어렵다고"로 손볼 만합니다.

• **아름답고 풍요로운 문화와 환경을 가진 나라죠. 경제적으로 돈이 없다고 네팔을 가난한 나라라고 부르는 것은 잘못된 일이라고 생각해요**

→ 아름답고 넉넉한 문화와 터전인 나라죠. 돈이 없다고 네팔을 가난한 나라라고 한다면 잘못된 일이라고 생각해요

→ 아름답고 넉넉한 문화와 터전인 나라죠. 나라살림이 어렵다고 네팔을 가난하다고 한다면 잘못된 일이라고 생각해요

《희망을 여행하라》 (임영신·이혜영, 소나무, 2009) 145쪽

경청의 시간, 귀를 기울였다

: **경청의 시간을 가졌다 … 이야기들에 귀를 기울였다**

→ 귀를 기울였다 … 이야기들에 귀를 기울였다

→ 귀담아들었다 … 이야기들에 귀를 기울였다

○ **경청(傾聽)** : 귀를 기울여 들음
○ **귀담아듣다** : 주의하여 잘 듣다
○ **귀담다** : 마음에 단단히 새겨 두다

한자말 '경청'은 "귀를 기울여" 듣는 몸짓을 가리켜요. 보기글처럼 앞에서는 "경청의 시간"이라 하고, 곧바로 "귀를 기울였다"라 하면 겹말 얼거리예요. 앞뒤 모두 "귀를 기울였다"로 적어도 되고, 앞쪽은 '귀담아들었다'로 손보아도 됩니다. 또는 "가만히 들었다"나 "곰곰이 들었다"나 "조용히 들었다"로 손볼 수 있어요. '귀기울

이다'를 새롭게 한 낱말로 지어 볼 수도 있어요.

- **한 시간 넘게 경청의 시간을 가졌다. 그렇게 앉아 이상한 소리, 아니 숲이 우리에게 들려주고 싶은 이야기들에 귀를 기울였다**
→ 한 시간 넘게 귀담아들었다. 그렇게 앉아 낯선 소리, 아니 숲이 우리한테 들려주고 싶은 이야기에 귀를 기울였다
→ 한 시간 넘게 가만히 들었다. 그렇게 앉아 야릇한 소리, 아니 숲이 우리한테 들려주고 싶은 이야기에 귀를 기울였다

《홀로 숲으로 가다》 (베른트 하인리히/정은석 옮김, 더숲, 2016) 107쪽

계속 유지

: **계속 유지될 수 없을 것이다**
→ 그대로 이어질 수 없을 것이다
→ 그대로 있을 수 없다
→ 이어 나갈 수 없다

> • **계속(繼續)** : 1. 끊이지 않고 이어 나감 2. 끊어졌던 행위나 상태를 다시 이어 나감 3. 끊이지 않고 잇따라
> • **유지되다(維持−)** : 어떤 상태나 상황이 그대로 보존되거나 변함없이 계속되어 지탱되다

"계속 유지되다"가 겹말인 줄 느끼는 분이 얼마나 있을까요? '계속'은 끊이지 않고 잇따르는 모습을 가리키고, '유지되다'는 "그대로 있는다"거나 "변함없이 계속된다"고 하는 모습을 가리켜요. 그러니 "계속 유지될"은 "그대로 이어질"이나 "그대로 이어 나갈"로 손질합니다.

- **자연은 스스로 퇴비를 만든다. 그러지 않는다면 숲이 계속 유지될 수 없을 것이다**
→ 자연은 스스로 두엄을 마련한다. 그렇지 않는다면 숲이 그대로 있을 수 없다
→ 자연은 스스로 두엄을 낸다. 그렇지 않는다면 숲이 이대로 이어 나갈 수 없다

《캐시 호숫가 숲속의 생활》 (존 J.롤랜즈/홍한별 옮김, 갈라파고스, 2006) 44쪽

계속 이어지다

: **계속해서 이어지지 않으면**

→ 이어지지 않으면

→ 이어가지 않으면

→ 잇지 않으면

→ 잇따라 하지 않으면

> ∘ **계속(繼續)** : 1. 끊이지 않고 이어 나감
> 2. 끊어졌던 행위나 상태를 다시 이어 나감
> 3. 끊이지 않고 잇따라
> ∘ **이어지다** : 1. 끊어졌거나 본래 따로 있던 것이
> 서로 잇대어지다 2. 끊어지지 않고 계속되다

한자말 '계속'은 '잇는' 일을 가리켜요. "계속해서 이어지지"나 "계속 이어졌다"라 하면 겹말입니다. 한국말사전을 살피니 '계속'은 '잇다·잇따라'라는 낱말로 풀이하 는데, '이어지다'는 '계속'이라는 낱말로 풀이하네요. 돌림풀이입니다. 한국말사전 말풀이는 '계속 : → 잇다. 잇따라'처럼 다루면서 '잇다·잇따라·이어지다' 같은 낱 말 뜻풀이를 제대로 손질해 놓아야지 싶습니다.

• **글감에 대한 아이디어가 계속해서 이어지지 않으면**

→ 어떤 글감이 좋을는지 생각이 이어지지 않으면

→ 어떤 글을 쓸까 하는 생각을 잇지 않으면

《내 안에 잠든 작가의 재능을 깨워라》 (안성진, 가나북스, 2016) 57쪽

• **3월 5일 학생단의 시위 이후에도 독립운동은 계속 이어졌다**

→ 3월 5일 학생단 시위 뒤에도 독립운동은 이어졌다

→ 3월 5일 학생단 시위 뒤에도 독립운동을 이어갔다

《우리는 현재다》 (공현·전누리, 빨간소금, 2016) 18쪽

계속 중

: **머나먼 우주로 계속 항해 중이야**

→ 머나먼 우주로 꾸준히 나아가

→ 머나먼 우주로 끝없이 나아가

> ∘ **계속(繼續)** : 1. 끊이지 않고 이어 나감 2. 끊어졌던
> 행위나 상태를 다시 이어 나감 3. 끊이지 않고 잇따라
> ∘ **중(中)** : [의존명사] 2. 무엇을 하는 동안 3. 어떤 상태에
> 있는 동안 4. 어떤 시간의 한계를 넘지 않는 동안

이어 나간다고 할 적에 한자말 '계속'을 씁니다. 한자 '중(中)'도 이와 같은 뜻을 나타내고요. "계속 (무엇하는) 중"으로 쓰면 겹말이에요. 한자말을 쓰고 싶다면 '계속'이나 '중' 가운데 하나를 골라서 씁니다. 이를테면 "우주로 계속 항해야"나 "우주로 항해 중이야"로 적을 수 있어요. '계속'이나 '중'을 굳이 안 쓰고 싶다면 "우주로 꾸준히 나아가"나 "우주로 끝없이 나아가"나 "우주로 자꾸자꾸 나아가"나 "우주로 끊임없이 나아가"로 적어 볼 만합니다.

- **현재 파이오니아 10호는 태양계 밖으로 나가 머나면 우주로 계속 항해 중이야**
→ 이제 파이어니어 10호는 태양계 밖으로 나가 머나면 우주로 꾸준히 나아가
→ 이제 파이어니어 10호는 태양계 밖으로 나가 머나면 우주로 끝없이 나아가

《트윈 스피카 3》 (야기누마 고/김동욱 옮김, 세미콜론, 2013) 77쪽

계절마다 제철 음식

: **계절마다 제철 음식을**
→ 철마다 제철 밥을
→ 언제나 제철 밥을

> ◦ **계절(季節)** : 규칙적으로 되풀이되는 자연현상에 따라서 일 년을 구분한 것
> ◦ **철** : = 계절(季節)

봄 여름 가을 겨울을 아울러서 한국말로는 '철'이라 하고, 한자말로는 '계절'이라 합니다. 영어로는 '시즌'이라 하지요. 어떤 한국말사전을 보면 '계절'에만 말풀이를 달고, '철'에는 말풀이를 안 답니다. '季節'을 '계절'로 적을 수 있고, 'season'을 '시즌'으로 적을 수 있습니다. 그러나 '계절'이나 '시즌'은 외국말입니다. 외국말을 쓰고 싶다면 쓸 수 있습니다만, 아무 곳에나 외국말을 함부로 써도 될 만한가를 생각할 줄 알아야 합니다. 때와 날을 알맞게 살피기에 '제철'이고, 제철에 먹는 밥이라면 '제철밥' 같은 낱말을 새로 지을 수 있습니다. 철마다 알맞게 밥을 지어서 먹는다면, "철마다 제철 밥"을 먹거나, "언제나 제철 밥"을 먹는다고 할 만합니다.

- **옛날 엄마들은 대단하다고 입을 모았다. 계절마다 제철 음식을 궁리해서 만들었던 것이다**
→ 옛날 어머니들은 대단하다고 입을 모았다. 언제나 제철 밥을 생각해서 지으신 셈이다

《사는 게 뭐라고》 (사노 요코/이지수 옮김, 마음산책, 2015) 52쪽

고개도 돌리지 않고 외면

: **고개도 돌리지 않고 외면한다**

→ 외면한다

→ 고개도 돌리지 않는다

→ 쳐다보지도 않는다

> ○ **외면(外面)** : 1. 마주치기를 꺼리어 피하거나 얼굴을 돌림

얼굴을 돌린다고 해서 한자말로 '외면'이라고 해요. "고개도 돌리지 않고 외면한다"라 하면 겹말이지요. '얼굴'을 돌리든 '고개'를 돌리든 모두 마찬가지예요. '외면한다'나 "고개도 돌리지 않는다" 가운데 하나를 골라서 써야겠습니다. 또는 "쳐다보지도 않는다"나 "안 쳐다본다"로 써 볼 수 있어요.

• **그날 이후 선우는 산책을 갈 때마다 그쪽으로는 고개도 돌리지 않고 외면한다**

→ 그날 뒤 선우는 마실을 갈 때마다 그쪽으로는 고개도 안 돌린다

→ 그날부터 선우는 나들이를 갈 때마다 그쪽은 안 쳐다본다

《개.똥.승.》 (진엽, 책공장더불어, 2016) 72쪽

고기와 육류

: **고기를 멀리하고 육류 소비 문제를**

→ 고기를 멀리하고 고기 먹는 일을

→ 고기를 멀리하고 이 일을

> ○ **육류(肉類)** : 먹을 수 있는 짐승의 고기 종류

한자말 '육류'는 '고기'를 가리킵니다. 같은 말을 잇달아 써야 하는구나 싶어서 일부러 '고기·육류'를 섞어서 썼는지 모르나, 이렇게 하면 겹말입니다. 앞뒤 모두 '고기'라 하면 돼요. 또는 뒤쪽을 "이 밥차림을"이나 "이 일을"로 손볼 만합니다.

• **고기를 멀리하고 육류 소비 문제를 좀더 집중적으로 파고들기 시작했다**

→ 고기를 멀리하고 고기 먹는 일을 좀더 깊이 파고들었다

→ 고기를 멀리하고 이 대목을 좀더 깊이 파고들었다

《우리는 플라스틱 없이 살기로 했다》 (산드라 크라우트바슐/류동수 옮김, 양철북, 2016) 221쪽

고뇌하고 괴로워하다

: **고뇌하고 괴로워하는 걸**

→ 괴로워하는 모습을

→ 괴로워하기를

> ○ **고뇌하다(苦惱-)** : 괴로워하고 번뇌하다
> ○ **번뇌하다(煩惱-)** : 마음이 시달려서 괴로워하다
> ○ **괴로워하다** : 괴로움을 느끼다

한자말 '고뇌하다'는 "괴로워하고 번뇌하다"를 가리키니, "고뇌하고 괴로워하는"이라 하면 겹말입니다. 한자말 '번뇌하다'도 '괴로워하다'를 가리킨다고 해요. '고뇌하다 = 괴로워하고 괴로워하다'인 셈입니다. 여러모로 얄궂습니다. '고뇌·번뇌' 같은 한자말을 구태여 쓰기보다는 '괴로워하다' 한 마디를 쓰면 되고, '괴로워하다'를 꾸며 주는 말마디를 따로 적을 때에 한결 나으리라 느낍니다.

• **내가 아파하는 게 싫었고, 내가 고뇌하고 괴로워하는 걸 바라지 않았다**

→ 내가 아파하면 싫었고, 내가 괴로워하기를 바라지 않았다

→ 내가 아프면 싫었고, 내가 괴로워하는 모습을 바라지 않았다

《112일간의 엄마》 (시미즈 켄/신유희 옮김, 소담출판사, 2016) 159쪽

고독 외로움

: **고독을 느끼게 … 외로움을 느끼고**

→ 외로움을 느끼게 … 외로움을 느끼고

→ 쓸쓸함을 느끼게 … 외로움을 느끼고

→ 혼자라고 느끼게 … 외로움을 느끼고

> ○ **고독(孤獨)** : 1. 세상에 홀로 떨어져 있는 듯이 매우 외롭고 쓸쓸함
> ○ **외롭다** : 홀로 되거나 의지할 곳이 없어 쓸쓸하다
> ○ **쓸쓸하다** : 1. 외롭고 적적하다 2. 날씨가 으스스하고 음산하다
> ○ **적적하다(寂寂-)** : 1. 조용하고 쓸쓸하다

한자말 '고독'은 "외롭고 쓸쓸함"을 뜻한다고 하니, "고독을 느끼게"라 하다가 "외로움을 느끼고"라 하면 겹말 얼거리예요. 한국말사전은 '고독'을 "외롭고 쓸쓸함"으로 풀이하니 겹말풀이가 되기도 해요. 그리고 '외롭다'를 풀이하면서 '쓸쓸하다'를 쓰고, '쓸쓸하다'를 풀이하면서 '외롭다'를 쓰니, 이 대목에서는 돌림풀이가 되네요. 더군다나 '쓸쓸하다 = 외롭고 적적하다'로 풀이하는데 '적적하다 = 조용하고 쓸쓸하다'이니, 한국말사전은 '쓸쓸하다 = 외롭고 쓸쓸하다'로 적고 만 아주 얄궂은 겹말풀이입니다.

- **"갑자기 설명할 수 없는 고독을 느끼게 되었다."** 지구에서 40억 년 만에 자신에 대해 사색하는 특별한 생물종이 출현했다는 것이다. 깊은 밤 갈대밭에서 외로움을 느끼고 누군가를 그리워하고
→ "갑자기 말할 수 없이 외롭다고 느꼈다." 지구에서 40억 년 만에 스스로를 돌아보는 남다른 목숨이 태어났단다. 깊은 밤 갈대밭에서 외롭다고 느끼고 누군가를 그리워하고
→ "갑자기 말할 수 없이 쓸쓸하다고 느꼈다." 지구에서 40억 년 만에 스스로를 생각하는 남다른 목숨이 태어났단다. 깊은 밤 갈대밭에서 외롭다고 느끼고 누군가를 그리워하고

《과학을 읽다》 (정인경, 여문책, 2016) 53쪽

- **외롭지만 존재하는, 존재하기에 고독한**
→ 외롭지만 사는, 살기에 외로운
→ 외롭지만 여기 있는, 여기 있기에 외로운

《그옥》 (이정자, 문학의전당, 2016) 24쪽

고려해서 판단해야

: **고려해서 판단해야**
→ 헤아려야
→ 생각해야
→ 살펴야

- **고려(考慮)** : 생각하고 헤아려 봄
- **판단(判斷)** : 사물을 인식하여 논리나 기준 등에 따라 판정을 내림
- **판정(判定)** : 판별하여 결정함
- **판별(判別)** : 옳고 그름이나 좋고 나쁨을 판단하여 구별함
- **생각** : 1. 사람이 머리를 써서 사물을 헤아리고 판단하는 작용
- **헤아리다** : 3. 짐작하여 가늠하거나 미루어 생각하다

'생각하다 + 헤아리다'를 한자말로 '고려하다'라고 하는데, '생각하다'는 '헤아리다 + 판단하다'라 하고, '헤아리다'는 '짐작하다 + 가늠하다 + 미루다 + 생각하다'라고 해요. 여기에 '판단하다'는 '판정하다'로 풀이하는데, '판정'은 '판별'을 거쳐 다시 '판단하다'로 돌아가요. 한국말사전 말풀이가 아주 뒤엉킵니다. 이를 간추리자면 '고려하다'이든 '판단하다'이든 '생각하다'나 '헤아리다'를 가리키는 셈입니다. "고려해서 판단해야"라 하면 겹말이에요. '헤아려야'나 '생각해야'로 손질해 줍니다.

- **그 개인을 함께 고려해서 판단해야 한다고 믿습니다**
- → 그 사람을 함께 헤아려야 한다고 믿습니다
- → 그 사람을 함께 생각해야 한다고 믿습니다
- → 그 사람을 함께 살펴야 한다고 믿습니다

《냇물아 흘러흘러 어디로 가니》(신영복, 돌베개, 2017) 37쪽

고르게 나누는 공정한 분배

: **고르게 나누는 것, 즉 공정한 분배는**
→ 고르게 나누기는
→ 고른 나눔은
→ 고르게 나누는 살림은

> ○ **고르다** : 1. 여럿이 다 높낮이, 크기, 양 따위의 차이가 없이 한결같다 2. 상태가 정상적으로 순조롭다
> ○ **나누다** : 4. 몫을 분배하다 5. 음식 따위를 함께 먹거나 갈라 먹다 7. 즐거움이나 고통, 고생 따위를 함께하다
> ○ **공정하다(公正–)** : 공평하고 올바르다
> ○ **공평하다(公平–)** : 어느 쪽으로도 치우치지 않고 고르다
> ○ **분배(分配)** : 1. = 배분(配分) 2. [경제] 생산 과정에 참여한 개개인이 생산물을 사회적 법칙에 따라서 나누는 일
> ○ **배분(配分)** : 몫몫이 별러 나눔

"고르게 나누는"이라고 말해 놓고 한자말로 "공정한 분배"로 바꾸어서 말하지 않아도 됩니다. "공정한 분배"라고 해야 꼭 사회나 정치나 경제에서 쓰는 말이 되지 않아요. 한국말사전을 살피면 '분배 = 배분'으로 풀이하면서 '분배' 한 가지만 경제 낱말인 듯 다루는데, 이는 알맞지 않아요. '나눔' 같은 낱말을 경제 낱말로 쓰면 돼요. "고른 나눔"이나 "고르게 나누기"를 전문 낱말로 삼을 수 있어요. '공정하다'는 '공평하다'로 이어지고, 두 한자말은 '고르다'로 다시 이어집니다. 쉽고 수수하게

쓰지 않으면 겹말이 자꾸 불거집니다.

- **고르게 나누는 것, 즉 공정한 분배는 경제 성장에도 도움이 된다는 이야기를 했습니다**
→ 고르게 나누기는 경제가 발돋움하는 길에도 도움이 된다는 이야기를 했습니다
→ 고르게 나누는 살림은 경제에도 도움이 된다는 이야기를 했습니다
→ 고르게 나누며 살면 나라살림에도 도움이 된다는 이야기를 했습니다

《위! 아래!》 (이월곡, 분홍고래, 2016) 89쪽

고맙습니다라는 감사

: **'고맙습니다'라는 감사를 실어**
→ '고맙습니다'라는 뜻을 실어
→ '고맙습니다'라는 마음을 실어
→ '고맙습니다'라는 느낌을 실어

> ◦ **고맙다** : 남이 베풀어 준 호의나 도움 따위에 대하여 마음이 흐뭇하고 즐겁다
> ◦ **감사(感謝)** : 1. 고마움을 나타내는 인사
> 2. 고맙게 여김

'고마움'을 나타낸다고 할 적에 한자말로 '감사(感謝)'를 쓴다고 합니다. 그러니 "고맙습니다라는 감사를 실어"처럼 쓰면 겹말이에요. "고맙습니다라는 고마움을 실어"인 셈이니까요. '고마움'을 가리키는 '감사'이니 굳이 이 같은 한자말은 안 써도 됩니다. "감사 편지"는 "고마움 편지"나 "고맙다는 글월"로 손볼 만하고, "감사를 올리다"는 "고마움을 올리다"로 손볼 만해요. '추수감사절' 같은 이름이라면 '가을 기쁨날'이나 '가을기쁨잔치'로 손보면서 새로운 이름을 써 볼 수 있습니다.

- **H는 자기가 먼저 세상을 떠난다는 사실을 분명하게 인식하고, 그 생각을 원망도 분노도 아닌 '고맙습니다'라는 감사를 실어 전달한 것이다**
→ ㅎ은 제가 먼저 세상을 떠나는 줄 또렷하게 알고, 그 생각을 미움도 짜증도 아닌 '고맙습니다'라는 마음을 실어 들려주었다
→ ㅎ은 제가 먼저 죽는 줄 또렷하게 알고, 이 생각을 미움도 짜증도 아닌 '고맙습니다'라는 마음을 실어서 밝혔다

《고맙구나, 네가 내 아이라서…》 (스즈키 히데코/김자경 옮김, 제이북, 2003) 35쪽

고목나무

: **고목나무에**

→ 큰 나무에

→ 커다란 나무에

→ 죽은 나무에

→ 말라서 죽은 나무에

> ○ **고목나무(古木-)** : = 고목(古木)
> ○ **고목(古木)** : 주로 키가 큰 나무로, 여러 해 자라 더 크지 않을 정도로 오래된 나무. '교목', '큰 나무'로 순화
> ○ **고목나무(枯木-)** : = 고목(枯木)
> ○ **고목(枯木)** : 말라서 죽어 버린 나무. '죽은 나무'로 순화

'고목나무'는 겹말입니다. 그러나 한국말사전은 이를 바로잡지 못합니다. 잘못 쓰는 말마디라면 잘못 쓴다고 밝혀 주어야 할 텐데요. '고목'은 두 가지가 있다고 해요. 어떤 한자를 쓰느냐에 따라 다르다지요. 그런데 이는 한자로 적어 놓지 않으면 알 길이 없습니다. 다시 말하자면 한국말로 쉽게 고치지 않는다면 '고목'이 무엇인지 제대로 알 수 없어요. "큰 나무(古木)"나 "죽은 나무(枯木)"로 고쳐써야 한다는 '고목'이라면, '큰나무'나 '죽은나무·마른나무(말라죽은나무)'처럼 새로운 낱말을 빚을 만합니다. '큰나무'나 '죽은나무'로 적으면 헷갈릴 일도 겹말이 나타날 일도 없습니다.

• **고목나무에 육신 결박하고**

→ 커다란 나무에 몸을 묶고

→ 말라 죽은 나무에 몸을 묶고

《이연주 시전집》 (이연주, 최측의농간, 2016) 68쪽

고성의 외침

: **고성의 외침**

→ 외침

→ 외치는 말

→ 큰 소리

→ 높은 목소리

> ○ **고성(高聲)** : 크고 높은 목소리
> ○ **외치다** : 남의 주의를 끌거나 다른 사람에게 어떤 행동을 하도록 하기 위하여 큰 소리를 지르다

크게 소리를 지르기에 '외치다'라고 해요. 이 보기글에서는 '외침'이라고만 써야 알맞습니다. 또는 "높은 목소리"라고만 써야지요. "목소리를 크게 내다"처럼 써도 어울립니다.

- **고성의 외침이 점점 커졌다**
→ 외치는 소리가 자꾸 커졌다
→ 외치는 소리가 차츰 커졌다
→ 높은 목소리가 더욱 커졌다

《좋은 인생 실험실》 (웬디 제하나라 트레메인/황근하 옮김, 샨티, 2016) 65쪽

고요하고 잠잠하다

: **어찌나 고요하고 잠잠한지**
→ 어찌나 고요한지
→ 어찌나 조용한지

> ◦ **고요하다** : 1. 조용하고 잠잠하다 2. 움직임이나 흔들림이 없이 잔잔하다
> ◦ **잠잠하다(潛潛–)** : 1. 분위기나 활동 따위가 소란하지 않고 조용하다
> ◦ **조용하다** : 1. 아무런 소리도 들리지 않고 고요하다 2. 말이나 행동, 성격 따위가 수선스럽지 않고 매우 얌전하다

"고요하고 잠잠한지"는 겹말입니다. '고요한지'라고만 쓰면 됩니다. 힘주어 말하고 싶으면 "고요하고 또 고요한지"나 '고요하디고요한지'처럼 써 볼 수 있어요. 한국말사전을 살피면 '고요하다 = 조용하고 잠잠하다'로 풀이하고, '잠잠하다 = 조용하다'로 풀이하며, '조용하다 = 고요하다'로 풀이하니, 돌림풀이에 겹말풀이가 되기까지 합니다. 참 얄궂어요. 이런 말풀이로는 한국말을 배울 수 없어요.

- **집 안이 어찌나 고요하고 잠잠한지 나밖에 없나 싶을 정도였다**
→ 집 안이 어찌나 고요한지 나밖에 없나 싶었다
→ 집 안이 어찌나 조용한지 나밖에 없나 싶었다

《부엌은 내게 사랑하는 법을 가르쳐 주었다》 (사샤 마틴/이은선 옮김, 북하우스, 2016) 152쪽

고요하고 적막한

: **고요하고 적막하다 못해**

→ 고요하다 못해

→ 고요하디고요하다 못해

→ 무척 고요하다 못해

> ◦ **고요하다** : 1. 조용하고 잠잠하다
> ◦ **적막하다(寂寞-)** : 1. 고요하고 쓸쓸하다

한자말 '적막하다'는 '고요하다'를 가리켜요. "고요하고 적막하다"처럼 쓰면 겹말이에요. '고요하다' 한 마디만 쓰면 될 텐데, 힘주어 말하려 한다면 "무척 고요하다"나 "매우 고요하다"처럼 쓸 수 있어요. 또는 '고요하디고요하다'처럼 쓸 수 있습니다.

• **쥐 죽은 듯 고요하고 적막하다 못해 텅 빈 느낌이야**

→ 쥐 죽은 듯 고요하다 못해 텅 빈 느낌이야

《찰리와 거대한 유리 엘리베이터》 (로알드 달/지혜연 옮김, 시공주니어, 2000) 202쪽

고요한 침묵

: **고요한 침묵 속에**

→ 고요한 곳에

→ 고요히

→ 아무 소리 안 내고

> ◦ **고요하다** : 1. 조용하고 잠잠하다 2. 움직임이나 흔들림이 없이 잔잔하다
> ◦ **침묵(沈默)** : 1. 아무 말도 없이 잠잠히 있음 2. 정적(靜寂)이 흐름
> ◦ **잠잠하다(潛潛-)** : 1. 분위기나 활동 따위가 소란하지 않고 조용하다 2. 말 없이 가만히 있다
> ◦ **정적(靜寂)** : 고요하여 괴괴함

'잠잠히' 있거나 '정적'이 흐를 적에 한자말 '침묵'을 쓴다는데, '잠잠·정적'은 '고요'를 가리켜요. "고요한 침묵"이라 하면 "고요한 고요"라고 한 셈이니 겹말입니다. 그냥 '고요' 한 마디만 쓰면 됩니다. 아니면 "아무 소리 안 내고"처럼 아예 새롭게 적어 볼 만합니다.

• **고요한 침묵 속에 멈춰 서서 귀를 기울였다**

→ 고요한 곳에 멈춰 서서 귀를 기울였다

→ 고요히 멈춰 서서 귀를 기울였다

《홀로 숲으로 가다》 (베른트 하인리히/정은석 옮김, 더숲, 2016) 180쪽

고운 미인

: **얼굴이 고운 미인이며**

→ 얼굴이 고운 사람이며

→ 얼굴이 고우며

> ◦ **곱다** : 모양, 생김새, 행동거지 따위가 산뜻하고 아름답다
> ◦ **아름답다** : 보이는 대상이나 음향, 목소리 따위가 균형과 조화를 이루어 눈과 귀에 즐거움과 만족을 줄 만하다
> ◦ **미인(美人)** : 아름다운 사람

한국말사전에서 '곱다'를 찾아보면 '아름답다'로 풀이해요. 돌림풀이예요. 이런 돌림풀이로는 '곱다'와 '아름답다'가 어떻게 다른가를 헤아릴 수 없어요. '곱다'는 보거나 듣거나 느끼기에 좋다고 할 적에 쓰는 낱말이고, '아름답다'는 보거나 듣거나 느끼기에 좋으면서 즐겁다고 할 적에 쓰는 낱말이에요. 한국말사전은 돌림풀이를 바로잡아야지 싶습니다. 아무튼 '미인'은 "아름다운 사람"이나 "고운 사람"을 가리키지요. 그러니 "고운 미인"처럼 쓰면 겹말입니다. '미인'이라고만 하거나 "고운 사람"으로 손질해 줍니다.

• **평생 농사만 지은 시골사람 같지 않게 얼굴이 고운 미인이며**

→ 평생 농사만 지은 시골사람 같지 않게 얼굴이 고운 사람이며

→ 이제껏 농사만 지은 시골사람 같지 않게 얼굴이 고우며

《낮은 산이 낫다》 (남난희, 학고재, 2004) 135쪽

-고 있는 중

: **돌아다니고 있던 중이죠**

→ 돌아다녔습죠

→ 돌아다녔지요

→ 돌아다니던 참입죠
→ 돌아다니던 판입죠

> • **-던** : 앞말이 관형어 구실을 하게 하고 어떤 일이 과거에 완료되지 않고 중단되었다는 미완(未完)의 의미를 나타내는 어미
> • **-는** : 이야기하는 시점에서 볼 때 사건이나 행위가 현재 일어남을 나타내는 어미
> • **있다** : [보조동사] 2. 앞말이 뜻하는 행동이 계속 진행되고 있거나 그 행동의 결과가 지속됨을 나타내는 말
> • **중(中)** : [의존명사] 2. 무엇을 하는 동안 3. 어떤 상태에 있는 동안 4. 어떤 시간의 한계를 넘지 않는 동안

'있다'하고 '중(中)'을 나란히 붙이는 "있는 중"이나 "있던 중"은 겹말입니다. 둘 모두 '어떤 일이 그대로 이루어지는 모습이나 몸짓'을 나타내는 말마디예요. "먹고 있는 중"이나 "자고 있는 중"이나 "가고 있는 중" 같은 말씨는 모두 겹말이에요. '있다'를 덜어 "먹는 중"이나 "자는 중"이나 "가는 중"이라고 해도 '-는'이라는 씨끝하고 '중(中)'이라는 말마디가 겹말이에요. 더욱이 한국말은 여느 말씨로 어떤 일이 그대로 이루어지거나 어떤 일을 그대로 하는 모습이나 몸짓을 가리키기에, "먹고 있다"나 "자고 있다"나 "가고 있다"라 할 적에도 겹말이랍니다. 단출하게 '먹는다'나 '잔다'나 '간다'라고만 해야 올바릅니다. 보기글에서는 '-는'이 아닌 '-던'에다가 '중(中)'을 붙이니 때매김이 엇갈려요. "돌아다니고 있던"을 '돌아다니던'으로 손본 뒤에 '중(中)'을 '참'이나 '판'으로 고칠 수 있습니다. 가볍게 "찾아 돌아다녔습죠"나 "찾아 돌아다녔지요"로 손질해도 되고요.

* **몇 달 동안을 정신을 찾아 돌아다니고 있던 중입죠**
→ 몇 달 동안을 정신을 찾아 돌아다녔습죠
→ 몇 달 동안을 마음을 찾아 돌아다녔지요
→ 몇 달 동안을 마음을 찾아 돌아다니던 참입죠

《겁없는 허수아비의 모험》 (필립 풀먼/양원경 옮김, 비룡소, 2009) 39쪽

* **며칠째 싸움을 하고 있는 중이었다**
→ 며칠째 싸움을 하신다
→ 며칠째 싸우신다

《산동네 공부방》 (최수연, 책으로여는세상, 2009) 101쪽

* **찾고 있는 중인데, 일단 하나 찾은 것은**
→ 찾는데, 먼저 하나 찾은 것은
→ 한창 찾는데, 먼저 하나 찾은 것은

《행복의 민낯》 (하이힐과 고무장갑, 샨티, 2013) 62쪽

고통 같은 괴로움

:   거의 고통과도 같은 괴로움이다

→   거의 미칠 듯이 괴롭다

→   거의 죽을 듯이 괴롭다

→   거의 숨이 막히도록 괴롭다

> ◦ **고통(苦痛)** : 몸이나 마음의 괴로움과 아픔
> ◦ **괴롭다** : 몸이나 마음이 편하지 않고 고통스럽다

한자말 '고통'은 '괴로움'을 가리킨다고 합니다. 한국말사전에서 '괴롭다'를 찾아보면 '고통스럽다'로 풀이합니다. 돌림풀이예요. "고통과도 같은 괴로움"처럼 쓰면 "괴로움과도 같은 괴로움"이나 "고통과도 같은 고통"이라 말하는 셈입니다. 겹말이에요. "괴로움과도 같다"로 손보든지 "몹시 괴롭다"나 "미칠 듯이 괴롭다"나 "괴로워 미칠 듯하다"처럼 손보아야지 싶습니다.

•   파티 참석이나 사진 촬영도 거의 고통과도 같은 괴로움이다

→   잔치에 가거나 사진을 찍혀도 거의 괴로워 미칠 듯하다

→   잔치 자리나 사진 찍기도 아주 괴롭기 짝이 없다

→   잔치 자리나 사진 찍기도 매우 괴로워서 힘들다

《사람으로부터 편안해지는 법》 (소노 아야코/오경순 옮김, 리수, 2005) 30쪽

고함 소리

:   고함 소리가

→   고함이

→   외치는 소리가

→   부르짖는 소리가

> ◦ **고함(高喊)** : 크게 부르짖거나 외치는 소리

"외치는 소리"를 가리키는 '고함'이니 "고함 소리"처럼 쓰면 겹말이에요. 한자말 '고함'만 쓰든지, "외치는 소리"나 "부르짖는 소리"로 손질해야 알맞아요. '외치다'는 소리를 크게 내는 모습을 가리키니 "커다란 소리·큰소리"로 손볼 수 있고, '부

르짖다'는 크게 떠드는 모습을 가리키니 "떠드는 소리 · 시끌벅적한 소리"로 손볼 수도 있어요. 한국말사전을 살피니 "고함 소리가 들려왔다" 같은 겹말을 보기글로 실어요. 한자말을 쓰려 한다면 '고함'만 쓸 노릇이고, "외침말이 너무 커서"나 "너무 외쳐서"나 "너무 외쳐대서"로 손볼 수 있습니다.

- **임금님은 늪 나라 사람들의 고함 소리가 바람 소리에 묻혀 버린 다음에야 고삐를 늦추었지요**
→ 임금님은 늪 나라 사람들이 부르짖는 소리가 바람 소리에 묻혀 버린 다음에야 고삐를 늦추었지요
→ 임금님은 늪 나라 사람들이 외치는 소리가 바람 소리에 묻혀 버린 다음에야 고삐를 늦추었지요

《작은 책방》 (엘리너 파전/햇살과나무꾼 옮김, 길벗어린이, 1997) 117쪽

- **고함 소리가 너무 커서 귀가 찢어질 것 같다**
→ 외침말이 너무 커서 귀가 찢어질 듯하다
→ 너무 외쳐서 귀가 찢어질 듯하다

《벼랑에 선 사람들》 (제정임·단비뉴스취재팀, 오월의봄, 2012) 51쪽

곧게 직선으로

:   **곧게 직선으로 뻗어 있다**
→ 곧게 뻗었다
→ 곧게 있다
→ 곧다

> ○ **곧다** : 1. 굽거나 비뚤어지지 아니하고 똑바르다 2. 마음이나 뜻이 흔들림 없이 바르다
> ○ **직선(直線)** : 1. 꺾이거나 굽은 데가 없는 곧은 선 2. [수학] 두 점 사이를 가장 짧게 연결한 선

'직선'은 "곧은 선"을 가리킵니다. "곧게 직선으로 뻗어"처럼 쓰면 겹말입니다. 한자말로 쓰려 한다면 "직선으로 뻗어"로 손보고, 한국말로 쓰려 한다면 "곧게 뻗어"로 손봅니다. 더 생각해 본다면 '직선'이라는 한자말만 학문 낱말로 다루는데, '곧은선'이나 '곧은금·곧은줄'도 얼마든지 학문 낱말로 쓸 만합니다. '곧은-'을 앞가지로 삼아서 새 낱말을 지을 수 있어요.

- 어떤 둑은 정면이 둥그렇게 휘어져 있고, 어떤 것은 곧게 직선으로 뻗어 있다
→ 어떤 둑은 앞이 둥그렇고, 어떤 둑은 곧게 뻗었다
→ 어떤 둑은 앞이 둥그렇고, 어떤 둑은 곧다

《캐시 호숫가 숲속의 생활》 (존 J. 롤랜즈/홍한별 옮김, 갈라파고스, 2006) 148쪽

곧 직결되는

: **곧 안전과 직결되는 문제**
→ 안전과 직결되는 문제
→ 곧 안전과 이어지는 문제
→ 안전과 바로 이어지는 문제

> ° **곧** : 1. 때를 넘기지 아니하고 지체 없이 2. 시간적으로 머지않아 3. 바꾸어 말하면 4. 다름 아닌 바로
> ° **직결(直結)** : 사이에 다른 사물이 개입하지 아니하고 직접 연결됨
> ° **직접(直接)** : 1. 중간에 제삼자나 매개물이 없이 바로 연결되는 관계 2. 중간에 아무것도 개재시키지 아니하고 바로

'직결'은 "직접 연결됨"을 가리키고, '직접'은 '바로'를 가리키지요. "곧 직결되는"처럼 쓸 적에는 겹말입니다. 한자말을 쓰려 한다면 '직결되는'만 쓰든지 "직접 연결되는"으로 손보고, 한자말을 털려 한다면 "곧 이어지는"이나 "바로 이어지는"이나 "곧바로 이어지는"처럼 손봅니다.

- 산에서 자전거를 탈 때 기술은 곧 안전과 직결되는 문제다
→ 산에서 자전거를 탈 때 기술은 곧 안전과 이어지는 문제다
→ 산에서 자전거를 탈 때 기술은 바로 안전과 이어지는 문제다

《김세환의 행복한 자전거》 (김세환, 헤르메스미디어, 2007) 154쪽

곳곳에 산재해

: **곳곳에 산재해**
→ 곳곳에 흩어져
→ 곳곳에 떨어져

> ° **곳곳** : 여러 곳 또는 이곳저곳
> ° **산재(散在)** : 여기저기 흩어져 있음
> ° **여기저기** : 여러 장소를 통틀어 이르는 말

한자말 '산재'는 "여기저기 흩어짐"을 가리켜요. "곳곳에 산재해"처럼 쓰면 겹말이에요. '산재해'라고만 쓰거나, "곳곳에 흩어져"로 손질해야 올발라요. 또는 "곳곳에 떨어져"나 "곳곳에 있어"로 써 볼 만해요.

- **독립된 수녀원들까지 곳곳에 산재해 있었다**
→ 독립된 수녀원들까지 곳곳에 있었다
→ 독립된 수녀원들까지 곳곳에 따로따로 있었다

《여성의 우정에 관하여》 (메릴린 옐롬·테리사 도너번 브라운/정지인 옮김, 책과함께, 2016) 64~65쪽

공간적 간격

: **공간적 간격으로 떨어뜨려 놓아야만**
→ 공간을 떨어뜨려 놓아야만
→ 사이를 떨어뜨려 놓아야만
→ 서로 떨어뜨려 놓아야만

> ◦ **공간적(空間的)** : 공간에 관계되거나 공간의 성질을 띤
> ◦ **공간(空間)** : 1. 아무것도 없는 빈 곳 2. 물리적으로나 심리적으로 널리 퍼져 있는 범위
> ◦ **간격(間隔)** : 1. 공간적으로 벌어진 사이

한자말 '간격'은 "공간적으로 벌어진 사이"를 가리킨다고 해요. '사이'로 고쳐쓸 만하겠지요. 그런데 '간격'은 "공간적으로 벌어진 사이"를 가리킨다면 "공간적 간격으로 떨어뜨려"처럼 쓰면 무엇을 말하는 셈일까요? "공간적 공간적으로 벌어진 사이로 떨어뜨려" 같은 얼거리인 겹말은 무엇을 나타낸다고 할 만할까요? 이 보기글에서는 한자말을 쓰고 싶다면 "공간을 떨어뜨려"나 "간격을 떨어뜨려"로 손보고, 한자말을 안 써도 넉넉하다면 "사이를 떨어뜨려"나 "서로 떨어뜨려"로 손볼 만합니다.

- **반드시 공간적 간격으로 떨어뜨려 놓아야만 하는 것은 아님을 실험을 준비하는 과학자들이 너무 잘 알고 있기 때문이다**
→ 반드시 사이를 떨어뜨려 놓아야만 하지는 않다고 실험을 준비하는 과학자들이 너무 잘 알기 때문이다
→ 반드시 서로 떨어뜨려 놓아야만 하지는 않은 줄 실험을 준비하는 과학자들이 너무

잘 알기 때문이다

《양자우연성》 (니콜라스 지생/이해웅·이순칠 옮김, 승산, 2015) 177쪽

공감하며 느끼다

: **직접 체험하고 공감하며 한국을 가까이 느끼려고 노력한다**

→ 함께해서 몸소 겪고 느끼며 한국을 가까이하려고 애쓴다

→ 몸소 겪으며 한국을 가까이 느끼려고 애쓴다

○ **공감(共感) :** 남의 감정, 의견, 주장 따위에 대하여 자기도 그렇다고 느낌

○ **느끼다 :** 1. 감각 기관을 통하여 어떤 자극을 깨닫다 2. 마음속으로 어떤 감정 따위를 체험하고 맛보다 3. 어떤 사실, 책임, 필요성 따위를 체험하여 깨닫다

"공감하며 가까이 느끼려고"라 하면 겹말입니다. '공감'이라는 한자말은 나도 그렇다고 '느끼는' 일을 가리키거든요. "함께 느끼며 가까이하려고"로 손보거나 '공감'을 그대로 살리면서 "공감하며 가까이하려고"로 적어 볼 수 있습니다. 보기글을 살피면 "직접 체험하고"라는 말마디도 있는데, '체험(體驗)'은 "자기가 몸소 겪음"을 뜻하기에 겹말입니다. "스스로 겪고"나 "몸소 겪고"로 고쳐써야 올발라요.

• **무슨 일이 있어도 참가해서 직접 체험하고 공감하며 한국을 가까이 느끼려고 노력한다**

→ 무슨 일이 있어도 함께해서 몸소 겪고 느끼며 한국을 가까이하려고 애쓴다

→ 무슨 일이 있어도 찾아가서 몸소 겪으며 한국을 가까이 느끼려고 애쓴다

《남편이 일본인입니다만》 (케이, 모요사, 2016) 19쪽

공유하고 나누길

: **꿈을 공유하고 신념을 나누길**

→ 꿈을 나누고 믿음을 나누길

→ 꿈과 믿음을 나누길

→ 꿈과 믿음을 함께길

→ 꿈을 함께하고 믿음을 나누길

> ◦ **공유(共有)** : 두 사람 이상이 한 물건을 공동으로 소유함
> ◦ **공동(共同)** : 둘 이상의 사람이나 단체가 함께 일을 하거나, 같은 자격으로 관계를 가짐
> ◦ **나누다** : 3. 즐거움이나 고통, 고생 따위를 함께하다

"공동으로 소유하다"를 가리키는 '공유'입니다. '공동으로'는 '함께'나 '같은'을 가리켜요. "공동으로 소유하다"는 "함께 가지다"나 '함께하다·같이하다'를 나타내지요. 그러니 "꿈을 공유하고 신념을 나눈다"처럼 쓰면 겹말이에요. '나누다'는 '함께하다'를 나타내기도 하거든요. "꿈을 나누고 신념을 나눈다"처럼 앞뒤에 똑같이 '나누다'를 쓸 수도 있으나 "꿈과 신념을 나누다"처럼 손볼 수 있고, "꿈을 함께하고 신념을 나누다"처럼 써 볼 수 있습니다. 더 생각해 보면 '함께 + 하다'로 '함께하다'라는 낱말을 쓰듯이 '함께 + 갖다'로 '함께갖다' 같은 낱말도 써 볼 만해요. '함께쓰다·같이쓰다'나 '함께먹다·같이먹다'나 '함께보다·같이보다' 같은 낱말도 즐겁게 써 볼 만합니다.

• **같은 인간으로서 꿈을 공유하고 신념을 나누길 바라는 것입니다**

→ 같은 사람으로서 꿈을 함께하고 믿음을 나누길 바랍니다

→ 같은 사람으로서 꿈과 믿음을 나누길 바랍니다

《아톰의 슬픔》 (데즈카 오사무/하연수 옮김, 문학동네, 2009) 55쪽

과거의 유물

: **과거의 유물이 되었습니다**

→ 옛 모습이 되었습니다

→ 지나간 일이 되었습니다

→ 낡은 것이 되었습니다

→ 아스라한 것이 되었습니다

> ◦ **과거(過去)** : 1. 이미 지나간 때 2. 지나간 일이나 생활
> ◦ **유물(遺物)** : 1. 선대의 인류가 후대에 남긴 물건 2. = 유품 3. 예전에 통용되던 제도나 이념 따위가 이미 그 효력을 잃어 쓸모가 없어졌음을 비유적으로 이르는 말

'유물'이란 '옛' 사람이 남긴 것을 가리켜요. '예·옛날'을 한자말로 옮기면 '과거'이지요. 곧 '유물 = 옛것 = 과거의 것'이라는 얼거리예요. "과거의 유물"이라 하면 겹

말입니다. 한자말을 쓰려 한다면 '과거'나 '유물' 가운데 하나만 골라서 씁니다. 한자말을 안 써도 넉넉하다면 "옛 모습"이나 "낡은 것"이나 "아스라한 이야기"로 손질할 수 있어요.

- **이제 드라마에서나 볼 수 있는 과거의 유물이 되었습니다**
→ 이제 연속극에서나 볼 수 있는 옛 모습이 되었습니다
→ 이제 연속극에서나 볼 수 있는 지나간 일이 되었습니다
→ 이제 연속극에서나 볼 수 있는 아스라한 것이 되었습니다

《나는 어떤 삶을 살아야 할까?》(홍세화와 여섯 사람, 철수와영희, 2016) 127쪽

과도한 남획

: 과도한 남획은 줄어들었어
→ 함부로 잡는 일은 줄어들었어
→ 마구 잡는 일은 줄어들었어
→ 지나치게 잡는 일은 줄어들었어

- **과도(過度)** : 정도에 지나침
- **남획(濫獲)** : 짐승이나 물고기 따위를 마구 잡음
- **지나치다** : 3. 일정한 한도를 넘어 정도가 심하다
- **마구** : 1. 몹시 세차게. 또는 아주 심하게 2. 아무렇게나 함부로
- **심하다(甚-)** : 정도가 지나치다

'과도한'은 '지나친'을 뜻하고, '남획'은 "마구 잡음"을 뜻해요. "과도한 남획"이라 하면 "지나치게 마구 잡음"을 나타내는데, 이는 "지나치게 지나치게 잡음" 꼴이기에 겹말입니다. 보기글은 말뜻을 알맞게 풀어서 "함부로 잡는"이나 "마구 잡는"이나 "지나치게 잡는"으로 손질해 줍니다. 더 헤아려 본다면, '남획'이라는 한자말은 '마구잡이'로 고쳐쓸 만해요.

- **최근 모피를 얻기 위한 과도한 남획은 줄어들었어**
→ 이제 털가죽을 얻으려고 함부로 잡는 일은 줄어들었어
→ 요새 털가죽을 얻자며 마구 잡는 일은 줄어들었어

《야생 동물은 왜 사라졌을까?》(이주희, 철수와영희, 2017) 44쪽

과일이나 열매

: 과일이나 열매

→ 과일이나 남새

→ 열매

→ 온갖 열매

→ 나무 열매나 풀 열매

> ◦ **과일** : 나무 따위를 가꾸어 얻는, 사람이 먹을 수 있는 열매
> ◦ **열매** : 식물이 수정한 후 씨방이 자라서 생기는 것

열매 가운데 나무에서 얻는 것을 따로 '과일'이라 합니다. 과일도 열매예요. "과일이나 열매"처럼 쓰면 겹말입니다. 둘 가운데 하나를 알맞게 쓰거나 "온갖 열매"나 "갖은 열매"로 손질해 줍니다. 또는 "과일이나 남새"라든지 "나무 열매나 풀 열매"로 손질할 수 있습니다.

• **이제 과일이나 열매 같은 먹을거리를 얻기가 어려워졌고**

→ 이제 과일이나 남새 같은 먹을거리를 얻기가 어려워졌고

→ 이제 열매 같은 먹을거리를 얻기가 어려워졌고

《과학을 읽다》 (정인경, 여문책, 2016) 44쪽

관계 맺다

: 혼인 관계는 맺지 않았던

→ 혼인은 하지 않았던

→ 혼인은 맺지 않았던

→ 혼인 사이는 아니었던

> ◦ **관계(關係)** : 1. 둘 이상의 사람, 사물, 현상 따위가 서로 관련을 맺거나 관련이 있음 2. 어떤 방면이나 영역에 관련을 맺고 있음 3. 남녀 간에 성교(性交)를 맺음을 완곡하게 이르는 말 4. 어떤 일에 참견을 하거나 주의를 기울임
> ◦ **관련(關聯/關連)** : 둘 이상의 사람, 사물, 현상 따위가 서로 관계를 맺어 매여 있음
> ◦ **맺다** : 1. 물방울이나 땀방울 따위가 생겨나 매달리다 2. 열매나 꽃망울 따위가 생겨나거나 그것을 이루다 3. 끄나풀, 실, 노끈 따위를 얽어 매듭을 만들다 4. 하던 일을 끝내다 5. 관계나 인연 따위를 이루거나 만들다

한국말사전에서 '관계'라는 한자말을 찾아보면 "관계를 맺다" 같은 보기글이 나옵니다. "관계를 맺다"는 겹말이지만 이 말씨가 제법 널리 퍼졌습니다. 그냥 "관계를 맺다"처럼 쓰기도 하지만, "혼인 관계를 맺다"나 "부부 관계를 맺다"나 "친구 관계를 맺다"나 "이웃 관계를 맺다" 꼴로 쓰임새가 늘어납니다. '관계' 말풀이에서 엿볼 수 있듯이 '관계하다 = 관련을 맺다'인데, 다시 '관련'이라는 한자말을 찾아보면 '관련하다 = 관계를 맺다'로 풀이해요. 돌림풀이입니다. 게다가 '맺다'라는 한국말은 "관계를 이루거나 만들다"로 풀이하니 아주 엉망진창 돌림풀이에다가 겹말풀이입니다. '관계·관련'이라는 한자말을 쓸 만한가 쓸 만하지 않은가를 따지기 앞서, "관계를 맺다"에서 '관계'는 털어낼 만합니다. "혼인을 맺다"나 "부부로 맺다"나 "친구로 맺다"나 "이웃으로 맺다"처럼 쓰면 돼요. 또 "혼인을 하다"나 "부부가 되다"나 "친구로 사귀다"나 "이웃으로 지내다"처럼 쓸 만합니다.

- **혼인 관계는 맺지 않았던 걸까**
→ 혼인하지는 않았던 걸까
→ 혼인 사이는 아니었던 셈일까
→ 혼인은 하지 않았던 셈일까

《은빛 숟가락 6》 (오자와 마리/노미영 옮김, 삼양출판사, 2014) 185쪽

- **내가 나를 소중하게 대해야 다른 사람과 관계도 잘 맺게 돼요**
→ 내가 나를 살뜰히 마주해야 다른 사람과 잘 지내요
→ 내가 나를 사랑으로 마주해야 다른 사람과 잘 사귀어요

《나는 어떤 삶을 살아야 할까?》 (홍세화와 여섯 사람, 철수와영희, 2016) 170쪽

관념적 사고

: **관념적 사고**
→ 생각뿐인 생각
→ 머리로만 하는 생각
→ 허울뿐인 생각
→ 겉바른 생각
→ 겉발린 생각

- **관념적(觀念的)** : 관념에만 사로잡혀 있는
- **관념(觀念)** : 1. 어떤 일에 대한 견해나 생각 2. 현실에 의하지 않는 추상적이고 공상적인 생각
- **사고(思考)** : 생각하고 궁리함
- **견해(見解)** : 어떤 사물이나 현상에 대한 자기의 의견이나 생각
- **궁리(窮理)** : 2. 마음속으로 이리저리 따져 깊이 생각함
- **의견(意見)** : 어떤 대상에 대하여 가지는 생각

"관념적 사고"라고 할 적에는 "생각뿐인 생각"이라는 뜻입니다. 이처럼 쓰면 차라리 나을 수 있습니다. 생각만 할 뿐인 생각이니, 머리로만 하는 생각인 셈이요, 허울뿐인 생각이거나 붕 뜬 생각이곤 해요. 입에 발리듯이 '겉발린' 생각일 수 있고, 겉으로만 바르구나 싶은 '겉바른' 생각일 수 있어요. 한국말사전에서 한자말 '관념'이나 '사고'를 찾아보면 모두 '생각'으로 풀이하면서 다른 한자말을 곁들이는데, 이 한자말 저 한자말 모두 '생각'으로 돌아갑니다. 마치 '관념 · 사고 · 견해 · 궁리 · 의견' 모두 같은 말이라고 할까요. 어느 모로 보면 "관념적 사고" 같은 겹말은 "갇힌 생각"에서 나오는 "머리로만 지은" 말씨일 수 있습니다.

- **그러한 관념적 사고와 정서를 과감하게 버리기로 작정한다**
- → 그렇게 머리로만 짓는 생각을 당차게 버리기로 다짐한다
- → 그렇게 생각뿐인 생각과 마음은 딱 잘라서 버리기로 한다
- → 그렇게 붕 뜬 생각과 마음은 잘라내어 버리기로 한다
- → 그렇게 허울뿐인 생각과 마음은 몽땅 버리기로 한다
- → 그렇게 갇힌 생각과 마음은 몽땅 버리기로 한다

《냇물아 흘러흘러 어디로 가니》 (신영복, 돌베개, 2017) 129쪽

관찰하고 살펴보다

: **자세히 관찰해야 합니다 … 아름다운 모습을 살펴봅시다**
- → 꼼꼼히 살펴야 합니다 … 아름다운 모습을 살펴봅시다
- → 찬찬히 보아야 합니다 … 아름다운 모습을 살펴봅시다
- → 잘 들여다보아야 합니다 … 아름다운 모습을 살펴봅시다

> ◦ **관찰하다(觀察-)** : 사물이나 현상을 주의하여 자세히 살펴보다
> ◦ **살펴보다** : 1. 두루두루 자세히 보다

한자말 '관찰하다'는 "자세히 살펴보다"를 가리킨다는데, '살펴보다'는 "자세히 보다"를 가리킨다고 해요. 돌림풀이입니다. 가만히 헤아리면 '관찰하다 = 살펴보다'라 할 수 있어요. 보기글은 "관찰해야 합니다"라 하고는 곧바로 "아름다운 모습을 살펴봅시다"라 하면서 겹말이 됩니다. 앞뒤 모두 '살펴보다'를 쓰면 되고, 앞쪽은

'살피다'나 '보다'나 '들여다보다'로 적어 볼 수 있어요.

- **무엇이든 표현하기에 앞서 자세히 관찰해야 합니다. 신사임당의 눈에 비친 풀과 벌레의 아름다운 모습을 살펴봅시다**
→ 무엇이든 그리기에 앞서 꼼꼼히 살펴야 합니다. 신사임당 눈에 비친 아름다운 풀과 벌레를 살펴봅시다
→ 무엇이든 나타내기에 앞서 찬찬히 들여다봐야 합니다. 신사임당 눈에 비친 풀과 벌레가 얼마나 아름다운가를 살펴봅시다
→ 무엇이든 그리기에 앞서 가만히 살펴봐야 합니다. 신사임당 눈에 비친 아름다운 풀과 벌레를 함께 봅시다
→ 무엇이든 나타내기에 앞서 깊이 바라보아야 합니다. 신사임당 눈에 비친 아름다운 풀과 벌레를 찬찬히 봅시다

《풀과 벌레를 즐겨 그린 화가 신사임당》 (조용진, 나무숲, 2000) 3쪽

교육하고 가르치고

: **교육시켜야 한다. 가르치고 또 가르쳐야**
→ 가르쳐야 한다. 가르치고 또 가르쳐야

> ○ **교육(敎育)** : 지식과 기술 따위를 가르치며 인격을 길러 줌

'교육'을 한다고 할 적에는 '가르침'니다. "교육시켜야 한다. 가르치고 또 가르쳐야"처럼 쓰면 겹말이에요. '가르치다'라는 낱말만 쓰면 돼요. 학문이나 행정을 다루는 자리에서는 으레 '교육'을 씁니다만, 앞으로 학문이나 행정에서도 '가르침'이라는 낱말을 쓸 수 있기를 바랍니다.

- **유일한 위안거리는 교육이다. 살인은 옳지 못한 행위라는 것을 교육시켜야 한다. 황금률을 가르치고 또 가르쳐야 한다**
→ 하나 있는 위안거리는 가르침이다. 사람을 죽이는 짓은 옳지 못하다고 가르쳐야 한다. 황금률을 가르치고 또 가르쳐야 한다
→ 위안거리는 오직 가르침이다. 사람을 죽이는 짓은 옳지 못하다고 가르쳐야 한다. 황금률을 가르치고 또 가르쳐야 한다

《국가는 폭력이다》 (레프 톨스토이/조윤정 옮김, 달팽이, 2008) 72, 74쪽

- 그 전에 일본에서 산수를 가르칠 때는 서당 등에서 읽기, 쓰기, 주판으로 나누어 따로따로 교육했다
→ 예전에 일본에서 산수를 가르칠 때는 서당 같은 곳에서 읽기, 쓰기, 주판으로 나누어 따로따로 가르쳤다

《수학 공부법》(도라야 히라쿠/박미정 옮김, 에이케이커뮤니케이션즈, 2016) 14쪽

교훈을 가르치다

: **교훈을 가르쳐 주는 책**
→ 가르침이 있는 책
→ 말씀을 가르쳐 주는 책
→ 가르쳐 주는 책

> ○ **교훈(敎訓) :** 앞으로의 행동이나 생활에 지침이 될 만한 것을 가르침

가르친다고 하기에 한자말로 '교훈'입니다. "교훈을 가르쳐"처럼 쓰면 "가르침을 가르쳐" 꼴이 되니 겹말이에요. 한자말을 쓰고 싶다면 "교훈이 있는"이나 "교훈이 담긴"이나 "교훈을 얻는"으로 씁니다. 쉽게 손질해서 쓰고 싶다면 "가르침이 있는"이나 "가르침이 담긴"이나 "가르침을 얻는"으로 쓸 만하고, "가르쳐 주는 책"으로 손볼 수 있어요.

- **성경은 '너희도 이렇게 살아라' 하는 교훈을 가르쳐 주는 책인 것이다**
→ 성경은 '너희도 이렇게 살아라' 하는 말씀을 가르쳐 주는 책인 셈이다
→ 성경은 '너희도 이렇게 살아라' 하고 가르쳐 주는 책이다

《노동자의 어머니, 이소선 평전》(민종덕, 돌베개, 2016) 239쪽

- **우리에게 가르쳐 준 교훈은**
→ 우리한테 가르쳐 준 것은
→ 우리한테 베푼 가르침은

《사라진 고대 문명의 수수께끼》(필립 코펜스/이종인 옮김, 책과함께, 2014) 69쪽

굽고 만들다

: **케이크를 구웠다 ⋯ 빵을 만들었고**

→ 케이크를 구웠다 ⋯ 빵을 구웠고

→ 케이크를 구웠다 ⋯ 빵을 했고

→ 케이크를 구웠다 ⋯ 빵을 마련했고

> ◦ **굽다** : 1. 불에 익히다
> ◦ **만들다** : 1. 노력이나 기술 따위를 들여
> 목적하는 사물을 이루다

케이크나 빵이나 과자를 손수 마련할 적에는 '굽다'라는 낱말을 씁니다. 케이크를 굽고, 빵을 구우며, 과자를 굽습니다. 케이크나 빵이나 과자는 '만들'지 않아요. 보기글은 '굽다'라는 낱말을 잇달아 쓰고 싶지 않아 다른 낱말을 쓰려고 했구나 싶기도 하지만, 다른 낱말을 쓰려면 '하다'나 '마련하다'를 쓰면 돼요. 무엇보다도 그냥 '굽다'라는 낱말을 찬찬히 쓰면 넉넉합니다.

• **금방 케이크를 구웠다. 마리아와 킴은 빵을 만들었고**

→ 금방 케이크를 구웠다. 마리아와 킴은 빵을 구웠고

→ 금방 케이크를 구웠다. 마리아와 킴은 빵을 했고

《홀로 숲으로 가다》 (베른트 하인리히/정은석 옮김, 더숲, 2016) 250쪽

궁리 생각

: **곰곰이 궁리했다. 가장 먼저 떠오른 생각은**

→ 곰곰이 생각했다. 가장 먼저 떠오른 생각은

→ 곰곰이 헤아렸다. 가장 먼저 떠오른 생각은

> ◦ **궁리하다(窮理−)** : 1. 사물의 이치를
> 깊이 연구하다 2. 마음속으로 이리저리
> 따져 깊이 생각하다

'곰곰이'는 "깊이 생각하는 모습"을 가리켜요. 한자말 '궁리'가 "깊이 생각하는" 일을 나타낸다면 "곰곰이 궁리했다"라는 말부터 겹말인데, '궁리 = 생각'이니, 보기글처럼 "궁리했다. 가장 먼저 떠오른 생각" 같은 얼거리도 겹말입니다. 앞뒤 모두 '생각'이라고 하면 돼요. 앞뒤에 다른 낱말을 넣고 싶다면 앞쪽은 "곰곰이 헤아렸다"나 "곰곰이 살폈다"나 "곰곰이 짚어 보았다"나 "곰곰이 돌아보았다"를 써 볼 만합니다.

- 곰곰이 궁리했다. 가장 먼저 떠오른 생각은 발루와 바기라한테 자기가 가는 길을 알려주는 것이었다

→ 곰곰이 생각했다. 가장 먼저 떠오른 생각은 발루와 바기라한테 제가 가는 길을 알려주는 것이었다

→ 곰곰이 돌아봤다. 가장 먼저 발루와 바기라한테 제가 가는 길을 알려주자는 생각이 떠올랐다

《정글 이야기》 (러드야드 키플링/햇살과나무꾼 옮김, 시공주니어, 2005) 61쪽

- "그런 무서운 궁리는 안 해요." "내가 무슨 생각을 하는지 아나 보군."

→ "그런 무서운 생각은 안 해요." "내가 무슨 생각을 하는지 아나 보군."

→ "그런 무서운 속셈은 없어요." "내가 무슨 생각을 하는지 아나 보군."

《우주소년 아톰 18》 (테즈카 오사무/박정오 옮김, 학산문화사, 2002) 120쪽

궁시렁 불평

: **궁시렁궁시렁 불평하고**

→ 궁시렁궁시렁하고

→ 구시렁거리고

→ 궁시렁궁시렁 투덜대고

> - **궁시렁** : x
> - **구시렁거리다** : 못마땅하여 군소리를 듣기 싫도록 자꾸 하다
> - **불평(不平)** : 마음에 들지 아니하여 못마땅하게 여김. 또는 못마땅한 것을 말이나 행동으로 드러냄

'궁시렁'은 한국말사전에 없으나 사람들이 꽤 널리 씁니다. 표준말은 '구시렁'입니다. 아무튼 '궁시렁·구시렁'하고 한자말 '불평'은 뜻이 같습니다. 두 낱말을 잇달아 쓰면 겹말이에요. 다만 일부러 두 낱말을 잇달아 쓸 수 있을 테지요. 못마땅하다는 느낌을 힘주어 말하고 싶을 수 있어요. 이때에는 "궁시렁궁시렁 투덜대고"처럼 적어 볼 만합니다. 그런데 '궁시렁(구시렁)'을 잇달아 붙인 '궁시렁궁시렁'은 '궁시렁(구시렁)'을 힘주어서 쓰는 말씨이니 아무래도 "궁시렁궁시렁하고(구시렁구시렁하고)"로 적을 때가 알맞다고 느낍니다.

- **나는 여전히 궁시렁궁시렁 불평하고**

→ 나는 아직 궁시렁궁시렁하고

→ 나는 아직 궁시렁거리는 말을 하고

→ 나는 아직 궁시렁궁시렁 투덜대고

《기쁨의 정원》 (조병준, 샨티, 2016) 15쪽

그동안의 근황

: **그동안의 근황도**

→ 그동안 어떻게 지냈는지도

→ 그동안 어찌 살았는지도

→ 그동안 어떠했는지도

> ○ **그동안** : 앞에서 이미 이야기한 만큼의 시간적 길이.
>   또는 다시 만나거나 연락하기 이전의 일정한 기간 동안
> ○ **근황(近況)** : 요즈음의 상황
> ○ **요즈음** : 바로 얼마 전부터 이제까지의 무렵

"요즈음의 상황"을 뜻하는 '근황'인데, '요즈음'은 "얼마 앞서부터 이제까지"를 가리켜요. '그동안'은 바로 이러한 때를 가리키기에 "그동안의 근황도"라 하면 겹말이에요. '근황'만 쓰든지 "그동안 어떻게 지냈는지도"로 손질해 줍니다. "그동안 상황도"나 "그동안 소식도"처럼 손볼 수 있고, "그동안 어떠했는지도"나 "그동안 잘 살았는지도"로 손볼 수 있어요.

• **선물도 주고 그동안의 근황도 듣고 싶어서 만나기로 했다**

→ 선물도 주고 그동안 어찌 살았는지도 듣고 싶어서 만나기로 했다

→ 선물도 주고 그동안 어떠했는지도 듣고 싶어서 만나기로 했다

《남편이 일본인입니다만》 (케이, 모요사, 2016) 178쪽

그때그때마다

: **그때그때마다**

→ 그때그때

→ 그때마다

> ○ **그때그때** : 1. 일이 벌어지거나 기회가 주어지는 때 2. 일이 벌어지거나 기회가 주어지는 때마다

'그때그때'처럼 '그때'를 붙여서 쓰면 '-마다'를 나타냅니다. 그러니 '그때그때마다'

는 겹말이지요. '그때마다'로 손질하거나 '그때그때'로 손질해 줍니다.

- **대화 중에 상대방의 반응을 살펴 가며 그때그때마다 분위기에 어울리는**
→ 얘기를 하며 상대방 반응을 살펴 가며 그때그때 분위기에 어울리는
→ 이야기하며 맞은편 반응을 살펴 가며 그때마다 분위기에 어울리는

《오스카리아나》 (오스카 와일드/박명숙 옮김, 민음사, 2016) 11쪽

그때 그 시절

: **그때 그 시절**
→ 그때
→ 그때 그곳

> ° **시절(時節) :** 1. 일정한 시기나 때 2. = 계절(季節)
> 3. 철에 따르는 날씨 4. 세상의 형편

"그 시절"은 '그때'를 가리킵니다. "그때 그 시절"은 같은 말마디를 되풀이한 얼거리예요. 겹말이지요. 오늘날 적잖은 분들이 "그때 그 시절"을 입버릇처럼 쉽게 쓰지만 "그때 그 시절이 그립다"가 아니라 "그때가 그립다"처럼 써야 올발라요. "그때 그 시절에는 그랬지"가 아니라 "그때에는 그랬지"처럼 써야 알맞아요. 더 헤아려 본다면, 지난 어느 한때를 떠올리는 자리에서는 "그때 그곳이 그립다"라든지 "그때 그곳에서는 그랬지"처럼 쓸 때에 어울립니다.

- **장학사 나리 맞이에 여념 없었던 그때 그 시절 장학사는 언제나**
→ 장학사 나리 맞이에 바빴던 그때 그무렵 장학사는 언제나
→ 장학사 나리 맞이에 쩔쩔매던 그때 장학사는 언제나

《나는 런던에서 사람 책을 읽는다》 (김수정, 달, 2009) 65쪽

그때 당시

: **그때 당시에**

→   그때에

→   그무렵에

→   그즈음에

한자말 '당시'는 '그때'를 뜻합니다. 그러니 "그때 당시"처럼 쓰면 겹말이 되지요. '그때'라고만 적어야 옳습니다. '그무렵'이나 '그즈음' 같은 말을 써 볼 수도 있습니다.

• **그때 당시에 발간한 신문지를 이용했다**

→   그때 나온 신문종이를 썼다

→   그무렵에 나온 신문종이를 썼다

《하루 한 식물》 (마키노 도미타로/안은미 옮김, 한빛비즈, 2016) 14쪽

그리고 구상

:   **머릿속으로 그려 보며 구상을 했을**

→   머릿속으로 그려 보았을

→   머릿속으로 헤아려 보았을

→   머릿속으로 생각해 보았을

◦ **그리다** : 1. 연필, 붓 따위로 어떤 사물의 모양을 그와 닮게 선이나 색으로 나타내다 2. 생각, 현상 따위를 말이나 글, 음악 등으로 나타내다 3. 어떤 모양을 일정하게 나타내거나 어떤 표정을 짓다 4. 상상하거나 회상하다
◦ **구상(構想)** : 1. 앞으로 이루려는 일에 대하여 그 일의 내용이나 규모, 실현 방법 따위를 어떻게 정할 것인지 이리저리 생각함 2. 예술 작품을 창작할 때, 작품의 골자가 될 내용이나 표현 형식 따위에 대하여 생각을 정리함

어떤 일을 하기 앞서 미리 "머릿속으로 그린다"고 합니다. 머릿속으로 그리고 나서 일을 해야 한결 제대로 할 수 있다고 여기기 때문입니다. 이처럼 "머릿속으로 그리는" 일을 두고 한자말로는 '구상'이라고도 하지요. "머릿속으로 그려 보며 구상을 했을"처럼 쓰면 겹말이 되어요. "머릿속으로 그려 보며"만 쓰든지 "구상을 했을"만 써야 올바릅니다.

- **어떻게 석기를 만들 것인지 머릿속으로 그려 보며 구상을 했을 것이다**
→ 어떻게 석기를 만드는지 머릿속으로 그려 보았을 것이다
→ 어떻게 석기를 만드는지 머릿속으로 그려 보았으리라

《과학을 읽다》 (정인경, 여문책, 2016) 34쪽

그물망

: **그물망**
→ 그물

> ◦ **그물망(-網)** : 그물코 같은 구멍이 있는 망
> ◦ **망(網)** : 그물처럼 만들어 가려 두거나 치거나 하는 물건을 통틀어 이르는 말

'그물망'을 한 낱말로 삼아서 쓰는 사람이 많을 뿐 아니라, 한국말사전에 이 낱말이 올림말로 나옵니다. 그렇지만 '그물망'은 엉터리로 쓰는 겹말입니다. 왜 그러한가 하면, '망(網)'이라는 한자가 '그물'을 뜻하기 때문입니다. '그물망'이라고 적으며한 낱말로 쓰면 '그물그물'을 말하는 셈입니다. 제대로 쓰려면 '수사망(搜査網)'처럼써야 합니다. 그리고 '수사망'은 '수사그물'을 가리키지요. 개수대 구멍을 막으면서물만 빠져나가도록 하는 것이라면 '그물마개'나 '그물덮개'나 '그물뚜껑'이라 해야옳습니다. 울타리로 세우는 쇠그물이라면 '그물울타리'나 '울타리그물'이나 '그물울'이나 '울그물'이라 해야 알맞아요.

- **여러 행위들이 얽혀 있는 죄의 그물망은 멀리까지 펼쳐져 있다**
→ 여러 몸짓이 얽힌 죄는 멀리까지 그물이 펼쳐졌다

《과거의 죄》 (베른하르트 슐링크/권상희 옮김, 시공사, 2015) 25쪽

- **그물망 사고를 하게 된 이유**
→ 그물 같은 생각을 한 까닭
→ 그물처럼 생각을 한 까닭

《땅이 의사에게 가르쳐 준 것》 (대프니 밀러/이현정 옮김, 시금치, 2015) 32쪽

그저 무작정

: **그저 좋아서 무작정 쓴 글**

→ 그저 좋아서 쓴 글

→ 그저 좋아서 줄줄이 쓴 글

→ 그저 좋아서 신나게 쓴 글

→ 그저 좋아서 찬찬히 쓴 글

- **그저** : 2. 다른 일은 하지 않고 그냥 4. 어쨌든지 무조건 5. 특별한 목적이나 이유 없이
- **그냥** : 2. 그런 모양으로 줄곧 3. 아무런 대가나 조건 또는 의미 따위가 없이
- **무작정**(無酌定) : 1. 얼마라든지 혹은 어떻게 하리라고 미리 정한 것이 없음 2. 좋고 나쁨을 가림이 없음

미리 생각해 두지 않고서 어떤 일을 할 적에 한자말로 '무작정'이라고 해요. 이럴 때에 한국말로는 '그냥·그저'를 써요. "그저 좋아서 무작정"이라고 하면 겹말입니다. 둘 가운데 하나만 써야 알맞습니다. 힘주어 말하고 싶다면 "그저 좋아서 신나게"라든지 "그저 좋아서 하나씩"이라든지 "그저 좋아서 즐겁게"처럼 써 볼 만합니다.

- **그저 그림책이 좋아서 무작정 써 내려 간 글**

→ 그저 그림책이 좋아서 써 내려간 글

→ 그저 그림책이 좋아서 즐겁게 써 내려간 글

→ 그저 그림책이 좋아서 줄줄이 써 내려간 글

《포근하게 그림책처럼》 (제님씨, 헤르츠나인, 2017) 4쪽

근거 없는 낭설

: **근거 없는 낭설이다**

→ 근거 없는 말이다

→ 낭설이다

→ 터무니없는 말이다

→ 말이 안 되는 소리이다

- **근거**(根據) : 근본이 되는 거점
- **근본**(根本) : 사물의 본질이나 본바탕
- **낭설**(浪說) : 터무니없는 헛소문
- **터무니없다** : 허황하여 전혀 근거가 없다
- **헛소문**(-所聞) : 근거 없이 떠도는 소문
- **허황하다**(虛荒-) : 헛되고 황당하며 미덥지 못하다
- **황당하다**(荒唐-) : 말이나 행동 따위가 참되지 않고 터무니없다
- **헛되다**(虛-) : 허황하여 믿을 수가 없다

'낭설'이라는 한자말은 "터무니없는 헛소문"을 뜻한다고 하는데, '터무니없다'라는 한국말은 "허황하여 근거가 없다"를 뜻한다고 하니, "근거 없는 낭설"이라고 적으면 "근거 없는 + 근거 없는 헛소문"이 되는데, '헛소문'은 "근거 없이 떠도는 소문"을 가리킨다고 하니, "근거 없는 낭설"은 다시 "근거 없는 + 근거 없는 + 근거 없는 소문" 꼴이 되고 맙니다. 한자말을 쓰든 안 쓰든 이 보기글에서는 "근거 없는 말이다"라고만 하든지 "낭설이다"라고만 해야 올바릅니다. 아니면 "터무니없는 말이다"라고 해야겠지요. '터무니없다'라는 한국말을 더 살피면 '허황'이라는 한자말로 풀이하는데, '허황 = 헛되다 + 황당 + 미덥지 못함'이라 하고, '황당 = 참되지 않음 + 터무니없음'이라 하며, '헛되다 = 허황 + 믿을 수 없음'이라 하니까, '허황 = 허황'으로 풀이하는 셈이요, '터무니없다 = 터무니없다'로 풀이하는 셈이기도 합니다. 한국말사전 말풀이는 아주 오락가락입니다.

- **19세기에 지도 제작을 국가기밀로 간주하여 통제했다는 것은 근거 없는 낭설이다**
→ 19세기에 지도 그리기를 국가기밀로 여겨 막았다는 말은 터무니없다
→ 19세기에 지도를 국가기밀로 여겨 아무나 못 그렸다는 말은 믿을 수 없다

《한국사 상식 바로잡기》(박은봉, 책과함께, 2007) 169쪽

근면하고 부지런한

: **근면해. 정말 부지런한 아이야**
→ 부지런해. 참말 부지런한 아이야
→ 살뜰해. 참말 부지런한 아이야
→ 참해. 매우 부지런한 아이야

> ○ **근면(勤勉)** : 부지런히 일하며 힘씀
> ○ **부지런하다** : 어떤 일을 꾸물거리거나 미루지 않고 꾸준하게 열심히 하는 태도가 있다

'부지런히' 일한다고 할 적에 한자말 '근면'을 씁니다. 보기글처럼 "근면해. 정말 부지런한 아이야"라 하면 겹말이에요. 앞뒤 모두 '부지런'이라는 한국말을 쓰면 돼요. 부지런한 모습을 보이니 "부지런한 아이"라고 할 테지요. 앞쪽에는 좀 다른 낱말을 써 보고 싶다면 '살뜰하다'나 '참하다'나 '참되다' 같은 낱말을 써 볼 수 있어요.

- **전혀 달라! 근면해. 정말 부지런한 아이야**
- → 아주 달라! 부지런해. 참말 부지런한 아이야
- → 아주 달라! 참해. 더없이 부지런한 아이야

《경계의 린네 14》 (타카하시 루미코/서현아 옮김, 학산문화사, 2014) 145쪽

근사하고 좋다

: **근사하고 좋은**
→ 좋은
→ 그럴듯한

> ◦ **근사하다(近似−)** : 1. 거의 같다 2. 그럴듯하게 괜찮다
> ◦ **그럴듯하다** : 1. 제법 그렇다고 여길 만하다 2. 제법 훌륭하다
> ◦ **괜찮다** : 1. 별로 나쁘지 않고 보통 이상이다 2. 탈이나 문제, 걱정이 되거나 꺼릴 것이 없다
> ◦ **좋다** : 대상의 성질이나 내용 따위가 보통 이상의 수준이어서 만족할 만하다

한자말 ‘근사하다’는 “그럴듯하게 괜찮다”를 가리키는데, ‘그럴듯하다’는 “제법 훌륭하다”를 가리키고, ‘괜찮다’는 “보통 이상이다”를 가리켜요. ‘좋다’는 “보통 이상”이기에 마음에 드는 모습을 가리켜요. 뜻풀이를 더 살피면 ‘괜찮다 = 나쁘지 않다’인데 ‘나쁘지 않다 = 좋다’예요. “근사하고 좋은”이라고 하면 겹말인 얼거리입니다. 두 낱말 가운데 하나만 쓸 노릇이에요.

- **근사하고 좋은 말 같다**
- → 좋은 말 같다
- → 그럴듯한 말 같다
- → 듣기 좋은 말 같다

《루카 루카》 (구드룬 멥스/김경연 옮김, 풀빛, 2002) 53쪽

금년 새해

: **금년 새해**
→ 올해

→ 새해

> ◦ **금년(今年)** : = 올해
> ◦ **올해** : 지금 지나가고 있는 이 해
> ◦ **새해** : 새로 시작되는 해
> ◦ **올** : = 올해

한자말 '금년'은 '올해'로 고쳐쓸 낱말입니다. 보기글은 "올해 새해"라 한 셈인데, '해'라는 낱말이 잇달아 나오지요. 겹말입니다. '올해'라고만 하거나 '새해'라고만 하면 되어요. 올해나 새해는 모두 바로 여기에서 흐르는 해를 나타냅니다. 짤막하게 '올'만 써 볼 수도 있습니다.

* **금년 새해 벽두부터 정부는**
→ 새해 첫머리부터 정부는
→ 올해 꼭두머리부터 정부는
→ 올 꼭두머리부터 정부는

《쌀은 주권이다》 (윤석원, 콩나물시루, 2016) 258쪽

기간 동안

: **이 기간 동안**

→ 이동안

> ◦ **기간(其間)** : 어느 때부터 다른 어느 때까지의 동안
> ◦ **기간(期間)** : 어느 일정한 시기부터 다른 어느 일정한 시기까지의 사이
> ◦ **사이** : 1. 한 곳에서 다른 곳까지, 또는 한 물체에서 다른 물체까지의 거리나 공간
> 2. 한때로부터 다른 때까지의 동안 3. 어떤 일에 들이는 시간적인 여유나 겨를
> 4. 서로 맺은 관계. 또는 사귀는 정분
> ◦ **동안** : 1. 어느 한때에서 다른 한때까지 시간의 길이

한자말 '기간(其間)'은 '동안'을 가리켜요. 한국말사전 뜻풀이도 이와 같습니다. 다른 한자말 '기간(期間)'도 이와 매한가지입니다. 두 한자말은 모두 '동안'하고 뜻이 같습니다. 다만 '기간(期間)'은 "접수 기간"이나 "계약 기간" 같은 자리에서는 "접수 날짜"나 "계약 날짜"로 손볼 만합니다. "오랜 기간"은 "오랫동안"으로 손보면 되지요. 그러니 "이 기간 동안"은 겹말입니다. '이동안'으로 바로잡을 노릇입니다. 한국말사전을 살피면 '그동안'만 한 낱말로 다루고, '이 동안'처럼 띄어서 적으라고 나오는데, '이동안'처럼 붙여서 한 낱말로 삼아야 올바르다고 느낍니다.

- 이 기간 동안 그는 줄곧 아라비아에만 머물렀던 것으로 보인다
→ 이동안 그는 줄곧 아라비아에만 머물렀다고 본다

《사도 바오로》 (E.P.샌더스/전경훈 옮김, 뿌리와이파리, 2016) 25쪽

- **오랜 기간 동안 전쟁을 겪은 이후**
→ 오랫동안 전쟁을 겪은 뒤
→ 오래도록 전쟁을 겪은 뒤

《페르세폴리스 2》 (마르잔 사트라피/최주현 옮김, 새만화책, 2008) 170쪽

- **이 기간 동안 우리는 실천할 수 있는 한**
→ 이동안 우리는 실천할 수 있다면
→ 이사이 우리는 할 수 있는 대로

《우리는 플라스틱 없이 살기로 했다》 (산드라 크라우트바슐/류동수 옮김, 양철북, 2016) 59쪽

기대고 의지하다

: **기대고 의지할**
→ 기대고 살
→ 기댈

> ◦ **의지하다(依支-)** : 1. 다른 것에 몸을 기대다 2. 다른 것에 마음을 기대어 도움을 받다

한자말 '의지하다'는 '기대다'를 가리킵니다. 그러니 "기대고 의지할"처럼 쓰면 같은 말을 되풀이한 셈이지요. 짧게 '기댈'이라고만 쓰면 됩니다. "기대고 살"이나 "기대고 지낼"처럼 꾸밈말을 붙일 수 있고요.

- **우리는 누군가에게 기대고 의지할 수밖에 없는 존재이다**
→ 우리는 누구한테 기댈 수밖에 없는 사람이다
→ 우리는 누구한테 기대며 살 수밖에 없는 숨결이다

《다른 길》 (박노해, 느린걸음, 2014) 43쪽

- **자꾸 의지하는 태도만 키워 내보내면 앞으로도 어디든 기대고 싶어지잖아요**
→ 자꾸 기대는 몸짓만 키워 내보내면 앞으로도 어디든 기대고 싶어지잖아요
→ 자꾸 기대는 버릇만 키워 내보내면 앞으로도 어디든 기대고 싶어지잖아요

《언니, 같이 가자!》 (안미선, 삶인, 2016) 118쪽

기분이 좋아지지 않는 마음

: **기분이 좋아지지 않는 마음**

→ 좋아지지 않는 마음

→ 좋아지지 않는 느낌

> ○ **기분(氣分)** : 1. 대상·환경 따위에 따라 마음에 절로 생기며 한동안 지속되는, 유쾌함이나 불쾌함 따위의 감정 2. 주위를 둘러싸고 있는 상황이나 분위기
> ○ **감정(感情)** : 어떤 현상이나 일에 대하여 일어나는 마음이나 느끼는 기분
> ○ **마음** : 2. 사람이 다른 사람이나 사물에 대하여 감정이나 의지, 생각 따위를 느끼거나 일으키는 작용이나 태도 3. 사람의 생각, 감정, 기억 따위가 생기거나 자리 잡는 공간이나 위치 6. 이성이나 타인에 대한 사랑이나 호의(好意)의 감정
> ○ **느낌** : 몸의 감각이나 마음으로 깨달아 아는 기운이나 감정

한자말 '기분'은 "마음에 생기는 여러 가지 감정"을 가리킨다고 해요. 그런데 한국말사전은 '감정'을 "마음이나 느끼는 기분"이라 풀이하고, '느낌'은 '감정'으로 풀이합니다. 뒤죽박죽입니다. 곰곰이 따지면 '기분·감정'이라는 한자말을 쓰기 앞서 '마음·느낌'을 알맞게 나누어서 썼을 텐데, 이제는 이 네 낱말이 이래저래 뒤섞이고 말았구나 싶어요. 보기글은 "기분이 좋아지지 않는 마음"이라 하면서 겹말입니다. 이 글월에서는 앞쪽 '기분'을 털어내 줍니다. "좋아지지 않는 마음"이라고만 하면 돼요. 또는 "좋아지지 않는 느낌"이라고 할 수 있습니다.

• **새로 산 옷을 입어도 기분이 좋아지지 않는 마음**

→ 새로 산 옷을 입어도 좋아지지 않는 마음

→ 새로 산 옷을 입어도 좋아지지 않는 느낌

《아홉 살 마음 사전》 (박성우, 창비, 2017) 67쪽

기쁘다 행복하다

: **기쁘게 해 줄 거야 … 정말 행복했답니다**

→ 기쁘게 해 줄 테야 … 참말 기뻤답니다

→ 기쁘게 해 줄 생각이야 … 참말 좋았답니다

→ 기쁘게 해 줄래 ··· 참말 흐뭇했답니다

> ◦ **기쁘다** : 욕구가 충족되어 마음이 흐뭇하고 흡족하다
> ◦ **흡족하다(洽足−)** : 조금도 모자람이 없을 정도로 넉넉하여 만족하다
> ◦ **만족하다(滿足−)** : 1. 마음에 흡족하다 2. 모자람이 없이 충분하고 넉넉하다
> ◦ **행복하다(幸福−)** : 생활에서 충분한 만족과 기쁨을 느끼어 흐뭇하다

동무를 기쁘게 해 주고 싶은 고슴도치라면, 동무한테뿐 아니라 스스로 기쁜 살림을 지으리라 생각해요. 보기글을 살피면 '기쁘다'하고 '행복하다'가 섞여서 나와요. 하나는 한국말이고 다른 하나는 한자말일 뿐, 두 낱말에 담긴 뜻은 비슷해요. '행복'은 "기쁨을 느끼어 흐뭇하다"고 하지요? 그런데 '기쁘다'는 "흐뭇하고 흡족하다"를 가리킨다지요? '흡족'은 '만족'으로 풀이하고, '만족'은 다시 '흡족'으로 풀이하는 한국말사전인데, 이래저래 살피면 '넉넉하다'라는 말마디를 얻을 만해요. 마음이 넉넉해지면서 환해진다고 할 적에 '기쁘다·행복하다'를 쓰는구나 하고 알아챌 수 있어요.

- **"나는 내 가시로 친구들을 도와주고 기쁘게 해 줄 거야." 고슴도치는 정말 행복했답니다**
→ **"나는 내 가시로 동무들을 도와주고 기쁘게 해 줄 테야." 고슴도치는 참말 기뻤답니다**
→ **"나는 내 가시로 동무들을 도와주고 기쁘게 해 줄래." 고슴도치는 참말 흐뭇했답니다**
《내가 소중하대요》 (엘베 포르티스 데 이에로니미스/이승수 옮김, 크레용하우스, 2008) 29쪽
- **장미색과 흰색은 기쁨과 행복을 나타낸다**
→ **장밋빛과 흰빛은 기쁨을 나타낸다**
→ **장밋빛과 흰빛은 기쁨과 즐거움을 나타낸다**
《내 방 여행하는 법》 (그자비에 드 메스트르/장석훈 옮김, 유유, 2016) 50쪽

기쁨과 환희

: **기쁨과 마찬가지로 환희에 넘쳐**
→ 기쁨이 넘치고 넘쳐

> ◦ **환희(歡喜)** : 매우 기뻐함. 또는 큰 기쁨

→ 기쁨에 넘쳐

큰 기쁨을 가리킨다는 '환희'이니, "기쁨과 마찬가지로 환희에 넘쳐"라 하면 겹말입니다. 이때에는 "기쁨에 넘쳐"라든지 "기쁨이 넘치고 넘쳐"로 손볼 만합니다. 또는 "기쁨이 넘치고 벅차고 물결쳤다"처럼 손볼 수 있을 테지요. 아니면 "기쁨과 마찬가지로 밝은 웃음이 넘쳐"라든지 "기쁨과 마찬가지로 환한 사랑이 넘쳐"처럼 손질할 수 있어요.

- 빛신을 경배하는 찬가를 낭송해 온 기쁨과 마찬가지로 환희에 넘쳐 있었다
→ 빛신을 섬기는 노래를 불러 온 기쁨이 넘치고 넘쳤다
→ 빛신을 섬기는 노래를 불러 온 기쁨이 넘쳤다

《꼬마 신관 타론》 (피터 디킨슨/기애란 옮김, 중원문화, 1990) 248쪽

길잡이와 가이드

: **길잡이가 있어 … 이 가이드는**
→ 길잡이가 있어 … 이 길잡이는
→ 길잡이가 있어 … 이 길라잡이는

> ○ **길잡이** : 1. 길을 인도해 주는 사람이나 사물 2. 나아갈 방향이나 목적을 실현하도록 이끌어 주는 지침을 비유적으로 이르는 말
> ○ **길라잡이** : = 길잡이
> ○ **가이드(guide)** : 1. 관광 따위를 안내하는 사람 2. = 가이드북(guidebook)

길을 이끌어 주기에 '길잡이'입니다. '길라잡이'라고도 합니다. '길잡이·길라잡이' 같은 한국말이 있으니 굳이 '가이드' 같은 영어를 쓰지 않아도 돼요. 보기글은 책으로 여행할 적에 도와주는 길잡이를 다루니, 이때에는 '길동무'나 '길벗' 같은 낱말을 써 보아도 어울릴 만합니다.

- 책을 통한 사고 여행은 책이라는 길잡이가 있어 한결 쉬워지고 풍요로워진다. 그런데 이 가이드의 길 안내는
→ 책으로 생각하는 여행은 책이라는 길잡이가 있어 한결 쉬워지고 넉넉해진다. 그런데 이 길잡이가 이끄는 곳은

→ 책으로 생각하는 여행은 책이라는 길잡이가 있어 한결 쉽고 넉넉하다. 그런데 이
길동무가 길을 알려줄 때는

《책 사용법》(정은숙, 마음산책, 2010) 31쪽

깊게 심호흡

: **깊게 심호흡을 했다**

→ 깊게 숨을 쉬었다

→ 깊게 숨을 마셨다

→ 숨을 들이켰다

→ 한숨을 쉬었다

> ○ **심호흡(深呼吸)** : 의식적으로 허파 속에 공기가 많이
> 드나들도록 숨 쉬는 방법

한자말 '심호흡'은 '깊다(深) + 숨(呼吸)'으로 엮은 낱말입니다. 얼개 그대로 "깊은 숨"을 가리키는 '심호흡'입니다. 한국말로 하자면 "깊은 숨"이니까, "깊은 심호흡"처럼 적은 보기글은 겹말이 되고 맙니다. 한국말사전을 보면, "심호흡을 한 번 크게 내뱉고" 같은 보기글이 있는데, 이때에도 겹말이 되고 말아요. 깊이 쉬든 크게 쉬든 모두 같은 말이기 때문입니다. "숨을 한 번 크게 내뱉고"로 바로잡아야 합니다. 가만히 따지면, 굳이 한자를 빌려 '심호흡'처럼 쓰기보다는, '깊은숨'이나 '큰숨'이나 '한숨'처럼 한국말로 쓰면 됩니다.

• **에바는 깊게 심호흡을 했다**

→ 에바는 깊게 숨을 쉬었다

→ 에바는 깊게 숨을 마셨다

→ 에바는 숨을 들이켰다

→ 에바는 한숨을 쉬었다

《씁쓸한 초콜릿》(미리암 프레슬러/정지현 옮김, 낭기열라, 2006) 67쪽

깊고 근원적

: 어떤 생태학자보다 깊고 근원적이라는 것을

→ 어떤 생태학자보다 깊고 그윽한 줄을

→ 어떤 생태학자보다 깊고 너른 줄을

→ 어떤 생태학자보다 깊고 아름다운 줄을

> • **근원적(根源的)** : 사물이 비롯되는 근본이나 원인이 되는
> • **근본(根本)** : 1. 초목의 뿌리 2. 사물의 본질이나 본바탕
> • **본질(本質)** : 1. 본디부터 가지고 있는 사물 자체의 성질이나 모습 2. 사물이나 현상을 성립시키는 근본적인 성질
> • **본바탕(本-)** : 근본이 되는 본디의 바탕
> • **근본적(根本的)** : 근본을 이루거나 근본이 되는

무엇이 이루어지는 밑뿌리를 가리키는 한자말 '근원'입니다. 어떤 밑뿌리라면 밑에 있는 뿌리요, 밑은 '깊은' 데가 될 테니, "깊고 근원적"이라고 하면 겹말이 되어요. 한국말사전을 살피면 '근원적'은 "근본이 되는"을 가리킨다고 하는데, '근본 = 본질/본바탕 = 근본적인 성질/근본이 되는 바탕 = 근본이 되는'으로 빙글빙글 돕니다. 돌림풀이예요. '근원'이든 '근본'이든 '뿌리'나 '바탕'을 나타낼 뿐입니다.

• **필자는 그들의 생태사상이 어떤 생태학자보다 깊고 근원적이라는 것을 시간이 흐를수록 더 잘 알게 되었다**

→ 나는 그들이 편 생태사상이 어떤 생태학자보다 깊다는 대목을 시간이 흐를수록 더 잘 알 수 있었다

《달려라 냇물아》 (최성각, 녹색평론사, 2007) 223쪽

깊숙이 각인

: 기억에 깊숙이 각인되었다

→ 기억에 깊숙이 남았다

→ 머릿속에 새겨졌다

→ 마음에 파고들었다

> • **각인되다(刻印-)** : 머릿속에 새겨 넣듯 깊이 기억되다
> • **새기다** : 1. 글씨나 형상을 파다 2. 잊지 아니하도록 마음속에 깊이 기억하다

'새겨' 넣듯 "깊이 기억되다"를 가리키는 한자말 '각인되다'라고 하니, "깊숙이 각인되었다"라 하면 겹말인데, 말풀이도 겹말이에요. '새기다'는 "깊이 기억하다"를 뜻한다고 하니까요. 보기글에서는 "사람들한테 각인되었다"로 손보거나 "사람들 머릿속에 새겨졌다"로 손보아야지 싶습니다. '깊숙이'라는 낱말을 살리고 싶다면 "마음에 깊숙이 남았다"로 손볼 만합니다.

- **석면은 대표적인 유해 먼지로 인식되어 사람들 기억에 깊숙이 각인되었다**
- → 석면은 손꼽히는 나쁜 먼지로 알려지며 사람들 머릿속에 새겨졌다
- → 석면은 손꼽히는 나쁜 먼지로 알려지며 사람들 마음에 깊숙이 남았다

《먼지 보고서》 (옌스 죈트겐·크누트 푈스케 엮음/강정민 옮김, 자연과생태, 2012) 25쪽

깊은 사색

: **깊은 사색에 빠져**

→ 깊은 생각에 빠져

→ 생각에 깊이 빠져

◦ **사색(思索)** : 어떤 것에 대하여 깊이 생각하고 이치를 따짐

깊이 생각한다고 해서 한자말로 '사색'을 쓰니, "깊은 사색"이라 하면 겹말입니다. 한자말을 쓰고 싶다면 '사색'만 쓸 노릇이고, 누구나 쉽게 알아듣도록 말하려 한다면 "깊은 생각"으로 손보면 돼요. 더 헤아려 보면, '깊은생각'을 아예 새롭게 한 낱말로 삼을 수 있습니다. '깊은생각·좋은생각·너른생각·숨은생각·멋진생각·기쁜생각'처럼 즐겁게 새 낱말을 지어 볼 만해요.

- **아이들이 깊은 사색에 빠져 있다는 것을 알 수 있었다**
- → 아이들이 생각에 깊이 빠진 줄 알 수 있었다
- → 아이들이 깊은 생각에 빠진 줄 알 수 있었다

《하이타니 겐지로의 생각들》 (하이타니 겐지로/햇살과나무꾼 옮김, 양철북, 2016) 103쪽

- **가끔은 게으름을 피우고 싶고, 깊은 사색에 빠질 때가 있다**
- → 가끔은 게으름을 피우고 싶고, 깊은 생각에 빠질 때가 있다
- → 가끔은 게으름을 피우고 싶고, 생각에 깊이 빠질 때가 있다

《개.똥.승.》 (진엽, 책공장더불어, 2016) 181쪽

깊은 심연

: **깊은 층, 심연의 물질**
→ 깊은 층, 깊은 곳 물질
→ 깊은 층, 그곳에 있는 물질

> ∘ **심연(深淵)** : 1. 깊은 못 2. 좀처럼 빠져나오기 힘든 구렁을 비유적으로 이르는 말 3. 뛰어넘을 수 없는 깊은 간격을 비유적으로 이르는 말

"깊은 못"을 한자말로 '심연'이라 한다는데, 한국말로 '깊은못'처럼 쓸 수 있습니다. 이와 맞서서 '얕은못'처럼 쓸 만해요. "깊은 못"을 나타내면서 이러한 뜻대로 빗대는 자리에 쓰는 '심연'이니, "깊은 층, 심연의 물질"처럼 쓰면 겹말입니다. "깊은 곳 물질"이나 "깊은 곳에 있는 물질"처럼 손볼 수 있고, "깊은 층, 그곳에 있는 물질"이나 "깊은 층, 그곳 물질"로 손볼 만합니다.

• **지하 가장 저 깊은 층, 심연의 물질에 도달하고**
→ 땅밑 저 가장 깊은 층, 그곳 물질에 다다르고
→ 땅밑 저 가장 깊은 켜, 그 깊은 곳 물질에 닿고

《모두의 노래》 (파블로 네루다/고혜선 옮김, 문학과지성사, 2016) 207쪽

깊이 숙고

: **깊이 숙고해 볼**
→ 깊이 생각해 볼
→ 깊이 헤아려 볼
→ 곰곰 돌아볼

> ∘ **숙고(熟考)** : 곰곰 잘 생각함
> ∘ **곰곰** : 여러모로 깊이 생각하는 모양

한자말 '숙고'는 "곰곰 생각"하는 일을 가리킨다고 해요. '곰곰'은 '깊이' 생각하는 모습을 가리키지요. "깊이 숙고"처럼 쓸 적에는 겹말이에요. "숙고해 볼"으로만 쓰든지 "깊이 생각해 볼"처럼 손질해야 올바릅니다. 또는 "곰곰 생각해 볼"처럼 쓸 수 있어요.

- **그래도 그의 생각은 깊이 숙고해 볼 가치가 있다**
→ 그래도 그 사람 생각은 깊이 생각해 볼 값어치가 있다
→ 그래도 그 생각은 깊이 돌아볼 값어치가 있다

《여성의 우정에 관하여》 (메릴린 옐롬·테리사 도너번 브라운/정지인 옮김, 책과함께, 2016) 44쪽

깔끔하면서도 위생적

: **깔끔하면서도 위생적으로**
→ 깔끔하면서도 잘
→ 깔끔하게 잘

> • **깔끔하다** : 1. 생김새 따위가 매끈하고 깨끗하다
> 2. 솜씨가 야물고 알뜰하다
> • **위생적(衛生的)** : 건강에 유익하도록 조건을 갖춘

'위생적'은 "건강에 도움이 되도록" 하는 모습을 가리킨다고 해요. 건강, 곧 몸에 도움이 된다면 '깨끗하'겠지요. 깨끗하지 않은 모습, 이른바 지저분하거나 더러운 모습이라면 몸에 도움이 안 될 테고요. 이리하여 "깔끔하면서 위생적"이라고 하면 겹말이에요. '깔끔하면서'라고만 쓰거나 '깨끗하면서'라고 쓰면 됩니다. 또는 "깔끔하면서 잘"이나 "깔끔하면서 알맞게"로 손볼 만합니다.

- **옛날에 비해 깔끔하면서도 위생적으로 처리하고 있는 것 같아**
→ 옛날과 견줘 깔끔하면서도 잘 다루는 듯해
→ 옛날보다 깔끔하게 잘 다루는구나 싶어

《짚신 신고 도롱이 입고 동네 한 바퀴》 (정인수, 분홍고래, 2016) 113쪽

깡뚱하게 짧은

: **깡뚱하게 짧은 비옷**
→ 깡뚱한 비옷
→ 짧은 비옷

> • **깡뚱하다** : 입은 옷이, 아랫도리나 속옷이 드러날 정도로 짧다. '강동하다'보다 아주 센 느낌을 준다

"길다랗게 긴"처럼 말하는 사람은 없습니다. '길다랗다'라 하든지 '길다'라 할 뿐입니다. '깡뚱하다'는 '짧은' 모습을 가리키기에 "깡뚱하게 짧은"처럼 쓰면 겹말이에요. 이때에는 '깡뚱하다'나 '짧다' 가운데 한 낱말만 골라서 써야 알맞습니다.

- **가넷은 깡뚱하게 짧은 비옷을 입고 제이의 장화를 신고 있었는데**
- → 가넷은 깡뚱한 비옷을 입고 제이 장화를 신었는데
- → 가넷은 짧은 비옷을 입고 제이 장화를 신었는데

《마법 골무가 가져온 여름 이야기》 (엘리자베스 엔라이트/햇살과나무꾼 옮김, 비룡소, 2000) 27쪽

꼭 필요한

: **꼭 필요한 것은?**
→ 꼭 있어야 하는 것은?
→ 반드시 있을 것은?
→ 필요한 것은?

> ◦ **꼭** : 1. 어떤 일이 있어도 틀림없이 2. 조금도 어김없이 3. 아주 잘 4. 매우 흡족하게 5. 아주 비슷하게
> ◦ **필요(必要)** : 반드시 요구되는 바가 있음
> ◦ **반드시** : 틀림없이 꼭

한자말 '필요'는 "반드시 요구되는 바가 있음"을 가리킨다고 해요. '반드시'는 "틀림없이 꼭"을 가리킨다지요. "꼭 필요한"처럼 쓰면 겹말입니다. 한자말을 쓰려 한다면 '필요한'이라고만 쓸 노릇이고, 한자말을 안 쓰려 한다면 "꼭 있어야 하는"으로 손보면 돼요. 한국말사전은 '반드시 = 틀림없이 꼭'으로 풀이하고, '꼭 = 틀림없이'로 풀이합니다. 돌림풀이요 겹말풀이입니다.

- **맛있는 막걸리가 되기 위해 꼭 필요한 것은?**
- → 맛있는 막걸리가 되려면 꼭 있어야 하는 것은?
- → 맛있는 막걸리가 되려면 반드시 있어야 할 것은?

《시금털털 막걸리》 (김용안·홍선주, 미래엔, 2016) 8쪽

- **"통일은 꼭 필요하다."라는 문구라도 하나 정도는 붙여 놔야**
- → "통일은 꼭 이루어야 한다."라는 글이라도 하나쯤은 붙여 놔야
- → "통일을 꼭 이루자."라는 글이라도 하나쯤은 붙여 놔야

《통일교육 어떻게 할까?》 (김현희와 다섯 사람, 철수와영희, 2016) 45쪽

꼼꼼하게 자세하게

: **꼼꼼하게 살펴보았어요 … 자세하게 나와 있었어요**

→ 꼼꼼하게 살펴보았어요 … 꼼꼼하게 나왔어요

→ 꼼꼼하게 살펴보았어요 … 찬찬히 나왔어요

→ 꼼꼼하게 살펴보았어요 … 잘 나왔어요

- **꼼꼼하다** : 빈틈이 없이 차분하고 조심스럽다
- **자세하다(仔細-/子細-)** : 1. 사소한 부분까지 아주 구체적이고 분명하다 2. 성질 따위가 꼼꼼하고 세심하다
- **구체적(具體的)** : 실제적이고 세밀한 부분까지 담고 있는
- **세심하다(細心-)** : 작은 일에도 꼼꼼하게 주의를 기울여 빈틈이 없다

빈틈이 없도록 마음을 쓸 적에 '꼼꼼하다'고 해요. 한자말 '자세하다'는 '꼼꼼하다'를 가리켜요. 한국말사전은 '자세하다 = 꼼꼼하고 세심하다'로 풀이하는데, '세심하다 = 꼼꼼하게 주의를 기울여 빈틈이 없다'로 풀이하기도 하면서 겹말풀이에 돌림풀이입니다. 대단히 얄궂지요. 보기글에서는 앞뒤 모두 '꼼꼼하다'를 쓰면 되고, 한쪽에서는 '찬찬히'나 '잘'이나 '빈틈없이'를 넣어 볼 수 있습니다.

- **책을 꼼꼼하게 살펴보았어요. 책에는 100배 나무가 있는 곳이 자세하게 나와 있었어요**

→ 책을 꼼꼼하게 살펴보았어요. 책에는 100배 나무가 있는 곳이 꼼꼼하게 나왔어요.

→ 책을 꼼꼼하게 살펴보았어요. 책에는 100배 나무가 있는 곳이 잘 나왔어요.

《도니조아 아저씨의 돈 버는 방법》 (타카도노 호코/고향옥 옮김, 내인생의책, 2013) 4쪽

- **여러 방향에서 꼼꼼히 뜯어보았기에 자세히 보고할 수 있었다**

→ 여러 곳에서 꼼꼼히 뜯어보았기에 낱낱이 말할 수 있었다

→ 여러 곳에서 꼼꼼히 뜯어보았기에 하나하나 말할 수 있었다

《하이디》 (요한나 슈피리/한미희 옮김, 비룡소, 2003) 84쪽

꽃을 헌화

:　　**난초라도 헌화해야 한다**

→　난초라도 바쳐야 한다

→　난초라도 드려야 한다

◦ 헌화(獻花) : 주로 신전이나 영전에 꽃을 바침

'헌화'라는 한자말보다는 '꽃바치기'라는 한국말을 쓰자고 하는 분이 꾸준히 늘어납니다. 말 그대로이기 때문입니다. 꽃을 바치는 일을 하니 '꽃바침'이나 '꽃바치기'라 하지요. "꽃을 헌화하다"도 겹말이지만, "난초를 헌화하다"나 "국화를 헌화하다"도 겹말입니다. "난초를 바치다"나 "국화를 바치다"처럼 말해야 올바릅니다. '바치다' 말고도 '올리다'나 '드리다'를 쓸 만합니다. 수수한 자리에서는 '보내다'나 '주다'를 쓰면 됩니다.

•　　**협의회에 대한 고마움의 표시로 난초라도 헌화해야 한다는 생각입니다**

→　협의회가 고마워서 난초라도 바쳐야 한다는 생각입니다

→　협의회가 고맙기에 난초라도 드려야 한다는 생각입니다

→　협의회가 고마운 나머지 난초라도 올려야 한다는 생각입니다

→　협의회가 고맙다는 뜻으로 난초라도 보내야 한다는 생각입니다

《전쟁터로 간 책들》(몰리 굽틸 매닝/이종인 옮김, 책과함께, 2016) 138쪽

꽃 화환

:　　**꽃 화환을 맨**

→　꽃고리를 맨

→　꽃목걸이를 한

→　꽃꾸러미를 두른

◦ 화환(花環) : 생화나 조화를 모아 고리같이 둥글게 만든 물건
◦ 생화(生花) : 살아 있는 화초에서 꺾은 진짜 꽃
◦ 조화(造花) : 종이, 천, 비닐 따위를 재료로 하여 인공적으로 만든 꽃

꽃으로 고리를 엮는다든지 곱게 꾸미는 것을 놓고 '화환'이라 하니, "꽃 화환"이라 하면 겹말입니다. '꽃고리' 같은 낱말을 새롭게 지을 만하고, '꽃목걸이'라는 이름

을 써 볼 수 있어요. '꽃꾸러미'라든지 '꽃띠'라고도 해 볼 만합니다.

- **목에 꽃 화환을 맨 나의 회색 소는 아주 예쁘게 보였다**
→ 목에 꽃고리를 맨 내 잿빛 소는 아주 예쁘게 보였다
→ 목에 꽃목걸이를 두른 내 잿빛 소는 아주 예쁘게 보였다

《파리아의 미소》 (비람마·조시안·장 뤽 라신느/박정석 옮김, 달팽이, 2004) 159쪽

꾸밈없이 순정으로

: **꾸밈없이 살라 순정으로 살라**
→ 꾸밈없이 살라
→ 꾸밈없이 살라 착하게 살라
→ 꾸밈없이 살라 곱게 살라
→ 꾸밈없이 살라 밝게 살라

- **순정(純情)** : 순수한 감정이나 애정
- **순수(純粹)** : 1. 전혀 다른 것이 섞이지 아니함 2. 사사로운 욕심이나 못된 생각이 없음
- **꾸밈없다** : 가식이 없이 참되고 순수하다

'순정'은 '순수'한 모습을 가리킨다 하고, '꾸밈없다'도 '순수'한 모습을 가리킨답니다. "꾸밈없이 살라 순정으로 살라"처럼 쓰면 겹말입니다. '순수'는 "다른 것이 섞이지 않은" 모습을 가리킨다고 해요. 이는 '티없다'나 '맑다'나 '깨끗하다'로 나타낼 만합니다.

- **가을바람에 가녀린 몸 살랑대며 세상살이에 어지러운 나에게 꾸밈없이 살라 순정으로 살라 합니다**
→ 가을바람이 가녀린 몸 살랑대며 세상살이에 어지러운 나한테 꾸밈없이 살라 곱게 살라 합니다

《자연이 예술을 품다, 숲속 그늘 자리》 (이태수, 고인돌, 2008) 68쪽

꿈과 희망

: **꿈과 희망을**
→ 꿈과 사랑을
→ 꿈과 빛을
→ 꿈을
→ 푸른 꿈을

> ◦ **꿈** : 실현하고 싶은 희망이나 이상
> ◦ **희망(希望)** : 앞일에 대하여 어떤 기대를 가지고 바람

'기대(期待/企待)'를 가지고 바란다고 하는 '희망'이라 합니다. '기대'는 "어떤 일이 이루어지기를 바라고 기다림"을 가리켜요. '희망 = 이루어지기를 바라고 기다리면서 바람' 꼴입니다. 한국말사전 말풀이가 겹말입니다. '꿈'을 살펴보면 "실현하고 싶은 희망"으로 풀이하니 '꿈 = 희망'인 셈인데, '실현(實現)'을 살펴보면 "꿈, 기대 따위를 실제로 이룸. '실제 이루어짐'으로 순화"로 풀이해요. 곧 '꿈 = 이루어졌으면 하는 희망'인 셈입니다. 두 낱말 뜻풀이를 다시 보면 '희망 = 이루어지기를 바람'이요, '꿈 = 이루어졌으면 하는 희망'입니다. 뜻은 같되 하나는 한국말이고 다른 하나는 한자말입니다. 이를 제대로 살피지 못한 탓에 "꿈과 희망"처럼 말하는 분이 많습니다.

• **어린이들에게 꿈과 희망을 주고 싶다는 계몽의 요구를 간직하고 있었겠지만**
→ 어린이한테 푸른 꿈을 보여주면서 깨우치려는 뜻이었겠지만
→ 어린이한테 꿈과 사랑을 베풀면서 깨우치려는 뜻이었겠지만

《우리 동화 이야기》 (이재복, 우리교육, 2004) 110쪽

• **어린이들에게 꿈과 희망을 주기 위해 김구 선생님의 어린 시절 이야기를 소개한 것이라고 해**
→ 어린이들한테 꿈을 주려고 김구 선생님이 어릴 적 이야기를 들려주었다고 해
→ 어린이들한테 꿈이 되도록 김구 선생님이 어릴 적 이야기를 들려준다고 해

《수다로 푸는 유쾌한 사회》 (배성호, 책과함께어린이, 2016) 42쪽

끈과 스트랩

: **끈이 아니라 스트랩이야**

→ 그냥 끈이 아니라 기타 끈이야

- 끈 : 물건을 매거나 꿰거나 하는 데 쓰는 가늘고 긴 물건.
  노, 줄, 실, 헝겊 오리, 가죽 오리 따위가 있다
- **스트랩** : x
- strap : (가죽·천 등으로 된) 끈·줄·띠

한국말사전에는 '스트랩'이라는 낱말이 없습니다. 마땅하지요. '스트랩'은 영어 'strap'을 한글로 적었을 뿐이니까요. 보기글을 보면 "'끈'이 아니라 '스트랩'"이라고 나옵니다. 악기인 기타를 목에 걸도록 해 주는 '끈'이니 "기타 끈"이나 "기타 목끈"이라 하면 될 텐데, 굳이 '스트랩'이라는 영어를 쓰려 합니다. 가만히 보면 요즈음에는 신발끈도 '끈'이 아닌 '스트랩'이라 하는 이가 있어요. 묶든 조이든 끈은 '끈'이요, 묶지 않고 조이는 구실만 하는 끈을 따로 가리키고 싶다면 '조임끈'이라는 말을 새로 지어서 쓰면 돼요. 사진기에 달린 끈도 '스트랩'이라 하는 이가 있습니다. 끈을 '끈'이라 하지 않으니 말이 뒤죽박죽이 되고 맙니다.

- "자, 끈!" "끈이 아니라 스트랩이야."
- → "자, 끈!" "그냥 끈이 아니라 기타 끈이야."
- → "자, 끈!" "그냥 끈이 아니라 기타 목끈이야."

《은빛 숟가락 11》 (오자와 마리/노미영 옮김, 삼양출판사, 2016) 146쪽

나라 국가

: **나우루 같은 나라에서는 국가가 부유하다면**

→ 나우루 같은 나라에서는 나라가 넉넉하다면

→ 나우루 같은 나라에서는 나라살림이 넉넉하다면

→ 나우루 같은 곳에서는 나라가 잘산다면

> ○ **나라** : 1. = 국가(國家) 2. 그 단어가
> 나타내는 사물의 세상이나 세계를
> 이르는 말
> ○ **국가(國家)** : 일정한 영토와 거기에
> 사는 사람들로 구성되고, 주권(主權)에
> 의한 하나의 통치 조직을 가지고 있는
> 사회 집단

'나라'하고 '국가'는 뜻이 같은 낱말이에요. 한국말로는 '나라'이고 한자말로는 '국가'예요. 어느 낱말을 쓰든 한 가지를 가리킬 텐데, 이 글월처럼 잇달아 '나라·국가'가 나와야 한다면, 앞쪽은 '곳'으로 적고 뒤쪽은 '나라'로 적을 만해요. 또는 앞쪽은 '나라'로 적고 뒤쪽은 '나라살림'으로 적을 수 있습니다.

• **나우루 같은 나라에서는 국가가 부유하다면 그 국민도 부유하다**

→ 나우루 같은 나라에서는 나라살림이 넉넉하다면 사람들도 넉넉하다

→ 나우루 같은 곳에서는 나라가 잘산다면 사람들도 잘산다

《나우루공화국의 비극》 (뤽 폴리에/안수연 옮김, 에코리브르, 2010) 50쪽

• **나라, 겨레, 국가 같은 추상적인 관념으로 포장하여**

→ 나라, 겨레 같은 추상 관념으로 씌워서

→ 나라, 겨레 같은 어렴풋한 말로 덧씌워서

《적을 삐라로 묻어라》 (이임하, 철수와영희, 2012) 290쪽

나라의 국민

: **그 나라의 국민이 되는**

→ 그곳 국민이 되는

→ 그 나라 사람이 되는

> ○ **국민(國民)** : 국가를 구성하는 사람. 또는
> 그 나라의 국적을 가진 사람

'국민'은 어느 한 나라에서 사는 사람을 가리키니, "그 나라의 국민이 되는"이라 하면 겹말입니다. 한자말을 쓰려 한다면 "그곳 국민이 되는"으로 손보고, 한자말을 안 쓰려 한다면 "그 나라 사람이 되는"으로 손봅니다. '국민'은 '국민학교'라는 이름에서 볼 수 있듯이 일제강점기에 얄궂게 들어온 일본 한자말입니다. 학교에서는 '국민'을 털어냈는데, 다른 자리에서는 좀처럼 '국민'이라는 얄궂은 한자말을 못 덜곤 합니다. 부디 다른 모든 자리에서도 '국민'이라는 일제강점기 제국주의 한자말을 떨칠 수 있기를 빕니다.

- 사람의 경우에는 다른 나라의 국적을 얻어 그 나라의 국민이 되는 것을 뜻하고
→ 사람은 다른 나라 국적을 얻어 그 나라 사람이 되는 일을 뜻하고

《우리 음식의 언어》 (한성우, 어크로스, 2016) 260쪽

나란히 공존, 나란히 병행

: **나란히 공존한다**
→ 나란히 있다 / 함께 있다
: **나란히 병행한다**
→ 나란히 달린다 / 나란히 간다

> ○ **공존(共存)** : 두 가지 이상의 사물이나 현상이 함께 존재함
> ○ **병행(並行)** : 둘 이상의 사물이 나란히 감

한자말 '공존'은 "함께 있음"을 뜻하고, '병행'은 "나란히 감"을 뜻합니다. '나란히'는 둘이 넘는 숫자로 '함께' 있는 모습을 가리킵니다. "나란히 공존"이나 "나란히 병행"은 겹말입니다. "나란히 있다"나 "함께 있다"로 손질하고, "나란히 달린다"나 "함께 움직인다"나 "나란히 간다"로 손질해야 올바르지요.

- 인간의 상승과 추락은 언어의 모든 어휘 속에 나란히 공존한다
→ 사람이 오르내리는 삶은 말을 이루는 모든 낱말과 함께 있다
→ 사람이 오르내리는 삶은 말을 이루는 모든 낱말과 늘 함께 있다

《인간과 말》 (막스 피카르트/배수아 옮김, 봄날의책, 2013) 24쪽

- 모든 앞선 것과 나중 것은 사랑 안에서 나란히 병행한다
→ 모든 앞선 것과 나중 것은 사랑 안에서 나란히 움직인다

→ 모든 앞선 것과 나중 것은 사랑으로 함께 움직인다

《인간과 말》 (막스 피카르트/배수아 옮김, 봄날의책, 2013) 38쪽

나란히 평행선

: **사진과 나란히 평행선을 달린다**

→ 사진과 나란히 달린다

→ 사진과 나란한 금으로 달린다

→ 사진과 나란히 있다

> ○ **평행선(平行線)** : 같은 평면 위에 있는 둘 이상의 평행한 직선
> ○ **평행(平行)** : 나란히 감

"나란히 평행선을 달린다"처럼 쓰는 글이 겹말인 줄 미처 못 깨닫는 사람이 제법 있습니다. 왜 그러한가 하면 '평행선'이 무엇을 가리키는지 모르기 때문입니다. '평행선'은 "평행한 선"을 뜻합니다. 한자말 '평행(平行)'은 "나란히 감"을 뜻합니다. '평행선'을 한국말로 옮기면 "나란한 금"입니다. 이 보기글에서는 "나란한 금으로 달린다"라든지 "나란히 달린다"로 손질해야 합니다. 그런데 "이 글은 사진과 나란한 금으로 달린다"라고 하니까 어쩐지 어설픕니다. "이 글은 사진과 나란히 달린다"라 하더라도 어설프기는 매한가지입니다. 이 글월은 더 손질해야 합니다. "이 글은 사진과 나란히 있다"라든지 "이 글은 사진과 함께 있다"쯤으로 고쳐써야지 싶습니다.

• **이런 독백을 읽을거리로 내놓고 있는데, 이것은 사진과 나란히 평행선을 달린다**

→ 이런 혼잣말을 읽을거리로 내놓는데, 이 글은 사진과 나란히 있다

《방랑》 (레몽 드파르동/정진국 옮김, 포토넷, 2015) 38쪽

나만 좋으면 그만인 이기적

: **내 아이만 좋으면 그만이라는 이기적인 애정**

→ 내 아이만 좋으면 그만이라는 마음

→   내 아이만 좋으면 그만이라는 속좁은 사랑

→   내 아이만 좋으면 그만이라는 어리석은 사랑

→   내 아이만 좋으면 그만이라는 눈먼 사랑

> ○ **이기적(利己的)** : 자기 자신의
> 이익만을 꾀하는

오직 나 한 사람을 생각한다고 해서 '이기적'이라고 하는 '−적'붙이 말을 씁니다. 보기글처럼 "내 아이만 좋으면 그만이라는 이기적 애정"이라 하면 겹말 얼거리예요. 이때에는 '이기적'을 덜고 "내 아이만 좋으면 그만이라는 사랑"으로 손보면 됩니다. '내 아이만 좋으면 그만'이라는 뜻이나 느낌을 한껏 살리거나 북돋우려 한다면 "속좁은 사랑"이나 "눈먼 사랑"이나 "철없는 사랑"처럼 꾸밈말을 넣어 볼 만해요.

• **내 아이만 좋으면 그만이라는 이기적인 애정에서 버릇없게 하면**

→   내 아이만 좋으면 그만이라는 마음에서 버릇없게 하면

→   내 아이만 좋으면 그만이라는 속좁은 사랑으로 버릇없게 하면

→   내 아이만 좋으면 그만이라는 눈먼 사랑으로 버릇없게 하면

《이런 사람이 되기를》(일본 가톨릭 아동국 엮음/이선구 옮김, 성바오로출판사, 1972) 120쪽

나목으로 섰던 나무

:   **나목(裸木)으로 섰던 나무들도**

→   벌거숭이로 섰던 나무도

→   앙상히 섰던 나무도

→   빈 가지로 섰던 나무도

> ○ **나목(裸木)** : 잎이 지고 가지만
> 앙상히 남은 나무

'나목'은 "앙상한 나무"를 가리키니, "나목(裸木)으로 섰던 나무들"이라 하면 겹말이에요. 보기글은 '나목'에 한자를 붙이기도 하는데, 이렇게 군더더기를 붙이기보다는 말뜻을 찬찬히 헤아려서 '앙상히'로 손보면 쉽고 환한 말씨가 될 만해요. "벌거숭이로 섰던 나무"나 "빈 가지로 섰던 나무"로 손볼 수도 있어요.

• **겨우내 나목(裸木)으로 섰던 나무들도 새로운 잎으로 모습을 가꾸기 시작합니다**

→   겨우내 벌거숭이로 섰던 나무도 새로운 잎으로 모습을 가꿉니다

→ 겨우내 앙상히 섰던 나무도 새로운 잎으로 모습을 가꿉니다

《냇물아 흘러흘러 어디로 가니》 (신영복, 돌베개, 2017) 219쪽

나무가 우거진 산림

: **나무가 우거진 산림**

→ 나무가 우거진 곳

→ 숲

→ 깊은 숲

> ∘ **산림(山林)** : 1. 산과 숲. 또는 산에 있는 숲
> ∘ **우거지다** : 풀, 나무 따위가 자라서 무성해지다
> ∘ **수풀** : 1. 나무들이 무성하게 우거지거나 꽉 들어찬 것
>   2. 풀, 나무, 덩굴 따위가 한데 엉킨 것
> ∘ **숲** : '수풀'의 준말

나무가 우거진 곳을 '숲'이라 하고, 숲하고 산을 아우르거나 산에 있는 숲을 '산림'이라 하기에, "나무가 우거진 산림"이라 하면 겹말이에요. 한자말 '산림'을 쓰고 싶다면 "산림에 살았기 때문에"라고만 적어야 알맞습니다. "나무가 우거진"이라는 말씨를 살리려 한다면 "나무가 우거진 곳에 살았기 때문에"나 "숲에 살았기 때문에"로 손질하고요.

• **호랑이가 잘 가지 않는 나무가 우거진 산림에 살았기 때문에**

→ 범이 잘 가지 않는 나무가 우거진 곳에 살았기 때문에

→ 범이 잘 가지 않는 숲에 살았기 때문에

《야생 동물은 왜 사라졌을까?》 (이주희, 철수와영희, 2017) 19쪽

나무의 수액

: **나무의 수액을 빨아 먹으며**

→ 수액을 빨아 먹으며

→ 나뭇진을 빨아 먹으며

→ 나무줄기에서 물을 빨아 먹으며

> ∘ **수액(樹液)** : 1. 땅속에서 나무의 줄기를 통하여 잎으로 올라가는 액 2. = 나뭇진
> ∘ **나뭇진(-津)** : 소나무나 전나무 따위의 나무에서 분비하는 점도가 높은 액
> ∘ **액(液)** : 1. 물이나 기름처럼 유동하는 물질
> ∘ **진(津)** : 1. 풀이나 나무의 껍질 따위에서 분비되는 끈끈한 물질

나무줄기에서 흐르는 물을 '나뭇진'이라 하고, 이를 한자말로 '수액'이라 합니다. "나무의 수액"이라 하면 겹말입니다. '수액'을 헤아려 보면 '나무 + 물'인 터라 '나뭇진'보다는 '나뭇물'이라고 해야 알맞지 싶어요. 끈끈한 물을 따로 가리키려 하면 '나뭇풀'이라 할 수 있고요.

- **매미는 찌르는 주둥이로 나무의 수액을 빨아 먹으며**
→ 매미는 찌르는 주둥이로 나뭇물을 빨아 먹으며
→ 매미는 찌르는 주둥이로 나무줄기에서 물을 빨아 먹으며

《한국 매미 도감》 (김선주·송재형, 자연과생태, 2017) 8쪽

나쁘고 악취미

: **기분 나쁜 걸 집안에 들이다니 악취미야**
→ 기분 나쁜 걸 집안에 들이다니 나쁜 취미야
→ 으스스한 걸 집안에 들이다니 짓궂어

> ◦ **나쁘다** : 1. 좋지 아니하다
> ◦ **악취미(惡趣味)** : 1. 좋지 못한 취미

기분이 '나쁜' 것을 집안에 들인다면 참 '나쁘다'고 할 만하겠지요. 나쁜 것을 들이니 나쁘지요. 한자말 '악취미'는 "좋지 못한 취미"를 뜻한다는데, '좋지 못하다 = 나쁘다'이기에, '악취미 = 나쁜 취미'인 셈입니다. 나쁘기에 '나쁘다'라 하면 될 텐데 '악(惡)'이라는 한자를 굳이 붙여서 '악취미'라 하니, 보기글은 겹말 얼거리입니다. 앞뒤로 '나쁘다'를 잇달아 쓰고 싶지 않다면, 뒤쪽은 '짓궂다'나 '얄궂다'나 '고약하다'를 넣을 만합니다.

- **그런 기분 나쁜 걸 집안에 들이다니 악취미야**
→ 그런 기분 나쁜 걸 집안에 들이다니 참 나빠
→ 그런 으스스한 걸 집안에 들이다니 짓궂어
→ 그런 으스스한 걸 집안에 들이다니 고약해

《백귀야행 2》 (이마 이치코/강경원 옮김, 시공사, 1999) 135쪽

나의 못난 자격지심

: **나의 못난 자격지심을**

→ 내 못난 모습을

→ 모자란 내 마음을

> ○ **못나다** : 1. 얼굴이 잘나거나 예쁘지 않다 2. 능력이 모자라거나
>   어리석다
> ○ **자격지심(自激之心)** : 자기가 한 일에 대하여 스스로 미흡하게
>   여기는 마음
> ○ **미흡하다(未洽-)** : 아직 흡족하지 못하거나 만족스럽지 아니하다
> ○ **흡족하다(洽足-)** : 조금도 모자람이 없을 정도로 넉넉하여
>   만족하다
> ○ **만족하다(滿足-)** : 1. 마음에 흡족하다 2. 모자람이 없이 충분하고
>   넉넉하다

'자격지심'은 "나를 스스로 모자라게 여기는 마음"을 가리킵니다. 한국말사전 뜻풀이를 살피면 '자격지심 = 미흡하게 여기는 마음'인데, '미흡 = 흡족하지 못함 + 만족스럽지 않음'이요, '흡족 = 모자람이 없음 + 넉넉 + 만족'이고, '만족 = 흡족함 + 모자람이 없음 + 충분 + 넉넉'이에요. 여러 한자말이 돌림풀이와 겹말풀이로 이어져요. 이를 간추리자면 '미흡 = 모자람'이요, '흡족·만족 = 넉넉함'이에요. 보기글에서는 "내 자격지심"으로 적더라도 '자격지심'이라는 한자말에 '나(자기)'라는 뜻이 담기니 겹말이에요. '자격지심'을 꼭 쓰고 싶다면 '내'를 덜어야 합니다. 그리고 "내 못난"이라는 말마디를 앞에 넣으려 한다면 '자격지심'을 털어야 알맞습니다. "내 못난 모습"이나 "내 모자란 모습"이나 "못난 내 마음"이나 "모자란 내 마음"으로 손질해 줍니다.

• **이 책으로 나의 못난 자격지심을 한 알 덜어낸 것 같아 무엇보다도 스스로 기쁘고**

→ 이 책으로 내 못난 모습을 한 알 덜어낸 듯해 무엇보다도 스스로 기쁘고

→ 이 책으로 모자란 내 마음을 한 알 덜어낸 듯해 무엇보다도 스스로 기쁘고

《우리말 꽃이 피었습니다》 (오리여인, 시드페이퍼, 2016) 279쪽

나이 연령

: **이 '나잇값' 즉 연령대에 대한 기대치는**

→　이 '나잇값'에 바라는 마음은

→　이 '나잇값'을 바라보는 눈길은

<table>
<tr><td>◦ 나잇값 : 나이에 어울리는 말과 행동을 낮잡아 이르는 말</td></tr>
<tr><td>◦ 나이 : 사람이나 동·식물 따위가 세상에 나서 살아온 햇수</td></tr>
<tr><td>◦ 연령대 : x</td></tr>
<tr><td>◦ 연령(年齡) : = 나이</td></tr>
</table>

한자말 '연령'은 '나이'를 가리켜요. 보기글처럼 '나잇값'이라 적은 다음에 '연령대'라는 한자말을 구태여 덧붙이는 겹말 얼거리로 쓰지 않아도 돼요. 나이를 말할 적에는 '나이'라고 하면 됩니다. '연령대'라는 한자말은 따로 한국말사전에 없는데 '年齡帶'로 적는다고 합니다. 영어 'age group'을 한국말로 옮기면서 영어사전에 '연령대'를 적었기에 이 말마디가 퍼지는구나 싶은데, '나이대'처럼 적어도 되고, 자리를 살펴서 "나이 무렵"이나 "나이 때"나 "나이 둘레"나 "나이 언저리"로 적을 만하지 싶어요.

- **이 '나잇값' 즉 연령대에 대한 기대치는 시대별로 변해 왔어요**

→　이 '나잇값' 곧 나이에 바라는 마음은 시대마다 바뀌어 왔어요

→　이 '나잇값'에 바라는 마음은 시대마다 바뀌어 왔어요

→　이 '나잇값'을 바라보는 눈길은 시대마다 달라져 왔어요

《한홍구의 청소년 역사 특강》 (한홍구, 철수와영희, 2016) 136쪽

나 자신

:　**나는 나 자신에게 묻고 있다**

→　나는 나한테 묻는다

→　나는 바로 나한테 묻는다

→　나는 스스로 묻는다

<table>
<tr><td>◦ 나 : 1. 말하는 이가 대등한 관계에 있는 사람이나 아랫사람을
상대하여 자기를 가리키는 일인칭 대명사 2. 남이 아닌 자기 자신
3. [철학] = 자아(自我)</td></tr>
<tr><td>◦ 자신(自身) : 1. 그 사람의 몸 또는 바로 그 사람을 이르는 말 2.
다름이 아니고 앞에서 가리킨 바로 그 사람임을 강조하여 이르는 말</td></tr>
<tr><td>◦ 자기(自己) : 1. 그 사람 자신 2. [철학] = 자아(自我) 3. 앞에서 이미
말하였거나 나온 바 있는 사람을 도로 가리키는 삼인칭 대명사</td></tr>
<tr><td>◦ 자아(自我) : 1. [심리] 자기 자신에 대한 의식이나 관념 2. [철학]
대상의 세계와 구별된 인식·행위의 주체이며, 체험 내용이 변화해도
동일성을 지속하여, 작용·반응·체험·사고·의욕의 작용을 하는
의식의 통일체</td></tr>
</table>

한국말사전에서 '나'를 찾아보면 '자기'나 "자기 자신"이나 '자아'로 풀이해 버립니

다. '자기'를 찾아보면 '자신'으로 풀이하지요. '자신 = 바로 그 사람'으로 풀이하고, '자아'는 "자기 자신"이라는 말을 써서 풀이해요. 이렇게 되면 '나·자기·자신·자아'는 그만 뒤섞이는 돌림풀이가 됩니다. 지난날에는 사람들이 한자말로 말하지 않았을 테니 "나 자신" 같은 겹말을 쓸 일이 없었으리라 느낍니다. "나 자신"이라는 겹말은 "자기 자신"이라는 겹말 때문에 생겼구나 싶고, "자기 자신"에서 '자기'를 '나'로 바꾸기만 한 겹말이에요. 네 낱말이 얽힌 실타래를 살핀다면 '나 = 자기 자신' 또는 '나 = 자아'인 얼거리이기 때문에, 거꾸로 '자기 자신 = 나'요 '자아 = 나'인 얼거리이기도 합니다. 이 얼거리를 살필 수 있다면 "나 자신"이나 "자기 자신"이라는 겹말을 털어내고 '나' 한 마디만 알맞게 쓸 수 있습니다.

- **나는 나 자신에게 묻고 있다**
→ 나는 나한테 묻는다
→ 나는 스스로 묻는다
→ 나는 바로 나한테 묻는다

《용과 함께》 (하나가타 미쓰루/고향옥 옮김, 사계절, 2006) 89쪽

- **나 자신을 존중하는 것에서부터 인문학은 시작한다는 말을 기억해 냈다**
→ 나를 스스로 높이는 데에서 인문학은 비롯한다는 말을 떠올렸다
→ 내가 나를 아끼는 데에서 인문학은 비롯한다는 말을 생각해 냈다

《여고생 미지의 빨간약》 (김병섭·박창현, 양철북, 2015) 240쪽

낙숫물

: **낙숫물**
→ 낙수
→ 처맛물
→ 떨어지는 물

> - **낙수(落水)** : 처마 끝 따위에서 빗물이나 눈 또는 고드름이 녹은 물이 떨어짐. 또는 그 물
> - **낙숫물(落水-)** : 처마 끝에서 떨어지는 물

'낙숫물'은 겹말입니다. 그런데 이 겹말이 한국말사전에 올림말로 나옵니다. 한자말을 쓰려 한다면 '낙수'로 쓰면 되고, 한국말을 쓰려 한다면 '처맛물'이나 '떨물'로 쓰면 됩니다. 떨어지는 물이기에 그대로 '떨물'이에요.

- **낙숫물에 가슴이 패는 막돌**
→ 낙수에 가슴이 패는 막돌
→ 처맛물에 가슴이 패는 막돌

《얼굴을 더듬다》 (유종인, 실천문학사, 2012) 105쪽

- **바깥에서는 낙숫물 소리가 아까보다 훨씬 성글게**
→ 바깥에서는 처맛물 소리가 아까보다 훨씬 성글게
→ 바깥에서는 처마에서 물 떨어지는 소리가 아까보다 훨씬 성글게

《냇물아 흘러흘러 어디로 가니》 (신영복, 돌베개, 2017) 146쪽

낙엽이 지다

: **낙엽이 지는**
→ 가랑잎이 지는
→ 갈잎이 지는
→ 잎이 지는
→ 가을잎이 지는
→ 마른 잎이 지는

> · **낙엽(落葉)** : 1. 나뭇잎이 떨어짐 2. 말라서 떨어진 나뭇잎. '진 잎'으로 순화

'낙엽'은 "나뭇잎이 떨어짐"이나 "떨어진 나뭇잎"을 가리켜요. "낙엽이 지는"처럼 쓰면 겹말입니다. 한국말사전을 살피면 "낙엽이 지다"를 보기글로 올리기도 합니다. 한국말사전도 잘못 쓴 겹말을 덩그러니 실은 셈입니다. 떨어진 잎은 다시 지지 않아요. 마른 잎이 떨어진다고 해야 올바릅니다. '낙엽'이라는 한자말도 '진 잎'으로 고쳐써야 한다고 하는 만큼 "가랑잎이 지는"이나 "갈잎이 지는"이나 "잎이 지는"이나 "가을잎이 지는"으로 손질해 줍니다.

- **쓸어도 쓸어도 또 떨어지는 낙엽**
→ 쓸어도 쓸어도 또 떨어지는 가랑잎

《후박나무 우리 집》 (고은명, 창비, 2002) 77쪽

- **낙엽이 지는 가을 산이 거꾸로 세워놓은 싸리비 같다**
→ 가랑잎이 지는 가을 산이 거꾸로 세워놓은 싸리비 같다

→   갈잎이 지는 가을 산이 거꾸로 세워놓은 싸리비 같다

《허공에 지은 집》(권정우, 애지, 2010) 96쪽

낙천적인 밝은 면

:   **낙천적인 밝은 면이 있다**

→   즐겁고 밝은 모습이 있다

→   밝은 기운이 있다

→   밝다

> ○ **낙천적(樂天的)** : 세상과 인생을 즐겁고 좋은
>   것으로 여기는
> ○ **밝다** : 5. 분위기, 표정 따위가 환하고 좋아
>   보이거나 그렇게 느껴지는 데가 있다 7. 예측되는
>   미래 상황이 긍정적이고 좋다

온누리를 즐겁고 좋게 바라보는 사람을 두고 '낙천적'이라고도 하는데, 이와 맞서서 '염세적(厭世的)'을 쓰기도 합니다. 한자말로는 이처럼 쓰지요. 온누리를 즐겁고 좋게 바라보는 사람을 한국말로 가리킬 적에는 '밝다'고 하며, 이와 맞서는 모습은 '어둡다'고 하지요. '밝다·어둡다'처럼 '즐겁다·따분하다'로 바라볼 수 있고, '좋다·나쁘다'로 바라볼 수 있어요.

•   **미국의 출판인이나 편집자의 회상록에는 공통된 낙천적인 밝은 면이 있다**

→   미국 출판인이나 편집자가 쓴 회상록에는 똑같이 밝은 모습이 있다

→   미국 출판인이나 편집자가 낸 회상록에는 비슷하게 밝은 기운이 있다

→   미국 출판인이나 편집자가 낸 회상록을 보면 서로 비슷하게 밝다

《추억의 베스트셀러 101 : 미국편》(도키와 신페이/에이전트부 옮김, 신원에이전시, 2006) 261쪽

날씨 기후

:   **날씨와 기후**

→   날씨

→   날씨와 철

> ○ **날씨** : 그날그날의 비, 구름, 바람, 기온 따위가 나타나는 기상 상태
> ○ **기후(氣候)** : 1. 기온, 비, 눈, 바람 따위의 대기(大氣) 상태
> ○ **기상(氣象)** : [지리] 대기 중에서 일어나는 물리적인 현상을 통틀어
>   이르는 말. 바람, 구름, 비, 눈, 더위, 추위 따위를 이른다. '날씨'로 순화

한자말 '기후'는 '날씨'하고 뜻이 맞닿아요. "날씨와 기후"라고 하면 겹말이에요. 한국말사전은 '날씨'를 풀이하면서 '기상'이라는 한자말을 쓰는데, '기상'은 '날씨'로 고쳐쓸 낱말이라고 합니다. 한국말사전이 엉뚱한 말풀이를 한 셈입니다. 신문이나 방송은 "기상 예보"라는 말을 흔히 쓰는데, 이는 "날씨 예보"나 "날씨 알림"으로 고쳐써야 한다는 뜻이기도 해요.

- **날씨와 기후의 변덕을 걱정할 필요가 없다**
→ 날씨가 바뀐들 걱정할 까닭이 없다
→ 날씨나 철이 오락가락해도 걱정할 일이 없다

《내 방 여행하는 법》 (그자비에 드 메스트르/장석훈 옮김, 유유, 2016) 15쪽

날조한 가짜

: **날조한 가짜이기 때문에**

→ 속였기 때문에

→ 거짓으로 지었기 때문에

→ 꾸며냈기 때문에

- **날조(捏造)** : 1. 사실이 아닌 것을 사실인 것처럼 거짓으로 꾸밈
- **가짜(假-)** : 거짓을 참인 것처럼 꾸민 것
- **꾸미다** : 2. 거짓이나 없는 것을 사실인 것처럼 지어내다

'날조'는 거짓으로 꾸미는 일을 가리키고, '가짜'는 거짓을 가리켜요. "날조한 가짜"라 하면 "거짓으로 꾸민 거짓"인 셈이기에 겹말입니다. 더 헤아리면 '꾸미다'라는 낱말은 "거짓을 참인 듯이 지어내다"를 나타내요. "거짓으로 꾸민 거짓"이라 하면 겹겹말이기도 합니다. 보기글에서는 "거짓이기 때문에"나 "거짓으로 지었기 때문에"로 손질할 만해요. 또는 "꾸몄기 때문에"나 "꾸며냈기 때문에"로 손질할 수 있어요. "속였기 때문에"나 "속임수를 썼기 때문에"로 손질해 볼 만합니다.

- **칼보 유물들은 도굴꾼들이 날조한 가짜이기 때문에 전시를 중단했다는 것이다**
→ 칼보 유물은 도굴꾼이 속임수를 썼기 때문에 전시를 그만두었단다
→ 칼보 유물은 도굴꾼이 거짓으로 지었기 때문에 전시를 멈추었단다
→ 칼보 유물은 도굴꾼이 꾸며냈기 때문에 전시를 안 한단다

《사라진 고대 문명의 수수께끼》 (필립 코펜스/이종인 옮김, 책과함께, 2014) 169쪽

날카롭고 예민하다

: **날카롭고 예민하던 삶도**
→ 날카롭던 삶도
→ 날카롭고 아프던 삶도

> • **날카롭다** : 2. 생각하는 힘이 빠르고 정확하다 5. 자극에 대한 반응이 지나치게 민감하다
> • **예민하다(銳敏-)** : 1. 무엇인가를 느끼는 능력이나 분석하고 판단하는 능력이 빠르고 뛰어나다 2. 어떤 문제의 성격이 여러 사람의 관심을 불러일으킬 만큼 중대하고 그 처리에 많은 갈등이 있는 상태에 있다

'날카롭다'하고 '예민하다'는 뜻이 맞물립니다. 두 낱말을 나란히 쓰면 겹말입니다. 둘 가운데 하나만 골라서 쓸 노릇입니다. 비슷한말을 잇달아 적으면서 힘주어 말하고 싶을 수 있을 테니, 이런 마음이라면 "날카롭고 날선 삶도"라든지 "날카롭고 뾰족한 삶도"라든지 "날카롭고 삐죽거리던 삶도"처럼 써 볼 수 있어요. 또는 "날카롭고 아프던 삶도"나 "날카롭고 괴롭던 삶도"나 "날카롭고 힘든 삶도"처럼 써 볼 만해요.

• **많이 날카롭고 예민하던 삶도 차츰 안정을 되찾으며 정화된다**
→ 많이 날카롭던 삶도 차츰 차분함을 되찾으며 맑아진다
→ 많이 날카롭고 아프던 삶도 차츰 차분해지고 깨끗해진다

《우리말 꽃이 피었습니다》 (오리여인, 시드페이퍼, 2016) 229쪽

남다르고 별난

: **남다르고 별난**
→ 남다른
→ 남다르고 새로운

> • **남다르다** : 보통의 사람과 유난히 다르다
> • **별나다(別-)** : 보통과는 다르게 특별하거나 이상하다
> • **특별하다(特別-)** : 보통과 구별되게 다르다
> • **보통(普通)** : 특별하지 아니하고 흔히 볼 수 있음
> • **유난히** : 언행이나 상태가 보통과 아주 다르게

'남다르다'는 "보통 사람과 유난히 다르다"를 가리킨다는데, '유난히'는 "보통과 아주 다르게"를 가리킨다고 해요. 한국말사전 말풀이가 겹말풀이입니다. '별나다'는

"보통과는 다르게 특별하다"를 가리킨다는데, '특별하다'는 "보통과 구별되게 다르다"를 가리킨다고 해요. 한국말사전 말풀이는 다시 겹말풀이입니다. '보통'은 "특별하지 않은" 모습을 가리킨다고 하니 여러모로 뒤죽박죽인 돌림풀이예요. "남다르고 별난"은 겹말입니다. '남다른'만 쓰면 됩니다. 또는 '유난한'이나 '유난스런'을 쓸 수 있어요. 때로는 "남다르고 새로운"처럼 써 볼 만합니다.

- **멀리 가지 않아도 남다르고 별난 자연을 만날 수 있기 때문이에요**
→ 멀리 가지 않아도 남다른 자연을 만날 수 있기 때문이에요
→ 멀리 가지 않아도 남다른 새로운 숲을 만날 수 있기 때문이에요

《도롱뇽이 꼬물꼬물 제비나비 훨훨》(이태수, 한솔수북, 2016) 3쪽

남은 생존자

: **단 하나 남은 생존자**
→ 딱 하나 남은 사람
→ 오직 하나 남은 사람

> ◦ **생존자(生存者)** : 살아 있는 사람. 또는
> 살아남은 사람

"살아남은 사람"을 가리키는 한자말 '생존자'이니 "남은 생존자"라고 하면 겹말입니다. 한자말 '생존자'를 넣어 "딱 하나 생존자"나 "오직 하나 생존자"라 적든지, "딱 하나 남은 사람"이나 "오직 하나 남은 사람"으로 손질해 줍니다.

- **나는 화성인으로 단 하나 남은 생존자**
→ 나는 화성사람으로 딱 하나 남은 사람
→ 나는 화성에 오직 하나 살아남은 화성사람

《우주소년 아톰 18》(테즈카 오사무/박정오 옮김, 학산문화사, 2002) 212쪽

남은 여생

: **남은 여생**

→ 남은 삶

→ 남은 목숨

> ○ **여생(餘生)** : 앞으로 남은 인생. '남은 생애'로 순화
> ○ **생애(生涯)** : 살아 있는 한평생의 기간

한자말 '여생'은 "남은 생애"로 고쳐써야 한다고 합니다. "남은 여생"이라 하면 겹말이에요. '생애'는 '삶'을 가리키고, "남은 삶"이라 할 적에는 "남은 목숨"이라고도 할 만해요. "남은 나날"이나 "남은 날"이라고도 해 볼 만합니다.

• **남은 여생 배워서 똑똑하게 살것다**

→ 남은 삶 배워서 똑똑하게 살것다

→ 남은 목숨 배워서 똑똑하게 살것다

《콩이나 쪼매 심고 놀지머》 (칠곡 할매 119명, 삶창, 2016) 138쪽

• **남은 여생을 어떻게 하면 유익하고 즐겁게 보낼지에 대해서**

→ 남은 삶을 어떻게 하면 알차고 즐겁게 보낼지를

→ 남은 날을 어떻게 하면 알뜰하고 즐겁게 보낼지를

《남편이 일본인입니다만》 (케이, 모요사, 2016) 107쪽

낭떠러지 절벽

: **바위 낭떠러지였어요. 산양은 바위 절벽을 타고**

→ 바위 낭떠러지였어요. 산양은 바위 낭떠러지를 타고

→ 바위 낭떠러지였어요. 산양은 바위 벼랑을 타고

> ○ **낭떠러지** : 깎아지른 듯한 언덕
> ○ **벼랑** : 낭떠러지의 험하고 가파른 언덕
> ○ **절벽(絕壁)** : 1. 바위가 깎아 세운 것처럼 아주 높이 솟아 있는 험한 낭떠러지

'낭떠러지'하고 '벼랑'은 어떻게 다를까요? 한국말사전을 살피면 낭떠러지는 '깎아지른' 듯한 곳이라 하고, 벼랑은 '가파른' 곳이라 하는 대목에서 다르다고 엿볼 수 있으나, '벼랑'을 풀이하면서 '낭떠러지'를 적으니 돌림풀이입니다. 한자말 '절벽'은

어떤 곳일까요? 한국말사전 말풀이에 나오듯이 '절벽 = 낭떠러지'예요. 보기글은 "바위 낭떠러지"하고 "바위 절벽"을 나란히 적으면서 겹말이에요. 앞뒤 모두 '낭떠러지'라 하면 돼요. 또는 뒤쪽을 '벼랑'이라고 해 볼 수 있어요.

- 산양 길을 조심조심 따라가자 바위 낭떠러지였어요. 산양은 바위 절벽을 타고 건너편으로 다니는 것 같았지만
→ 산양 길을 살금살금 따라가자 바위 낭떠러지였어요. 산양은 바위 벼랑을 타고 건너편으로 다니는 듯했지만

《도롱뇽이 꼬물꼬물 제비나비 훨훨》 (이태수, 한솔수북, 2016) 40쪽

낯설고 생소하게

: **낯설고 생소하게**
→ 낯설게

> ○ **생소하다(生疏−)** : 1. 어떤 대상이 친숙하지 못하고 낯이 설다
> 2. 익숙하지 못하고 서투르다
> ○ **낯설다** : 1. 전에 본 기억이 없어 익숙하지 아니하다 2. 사물이 눈에 익지 아니하다
> ○ **친숙하다(親熟−)** : 친하여 익숙하고 허물이 없다
> ○ **익숙하다** : 어떤 일을 여러 번 하여 서투르지 않은 상태에 있다

한자말 '생소하다'는 "낯이 설다"를 뜻합니다. "낯설고 생소하게"처럼 쓰면 겹말입니다. 한국말사전을 보면 '익숙하다'를 "서투르지 않다"로 풀이하고, '생소하다 2 : 익숙하지 못하고 서투르다'로 풀이하니, '생소하다 2 : (서투르지 않음) + 못하고 서투르다' 꼴이니 겹말풀이인 셈입니다.

- 우리에게 낯설고 생소하게 느껴진다
→ 우리한테 낯설다고 느껴진다
→ 우리한테 낯설다고 느낀다
→ 우리한테 낯설다

《오스카리아나》 (오스카 와일드/박명숙 옮김, 민음사, 2016) 7쪽

낳고 산란

: **산란하며 하루에 한 알씩 예닐곱 개를 낳는다**

→ 낳으며 하루에 한 알씩 예닐곱 알을 낳는다

→ 하루에 한 알씩 예닐곱 알을 낳는다

> ○ **산란(産卵)** : 알을 낳음. '알
> 낳기'로 순화

'낳다'로 고쳐써야 할 한자말 '산란하다'입니다. 보기글에 나오는 '산란하며'는 '낳
으며'로 고쳐 주면 돼요. 이 글월을 살피니 '산란하며'는 덜어내어도 될 만합니다.
글월 끝을 "예닐곱 알을 낳는다"라고만 적어도 넉넉해요.

• **문조는 가을에서 봄에 걸쳐 산란하며 하루에 한 알씩 예닐곱 개를 낳는다**

→ 문조는 가을에서 봄에 걸쳐 낳으며 하루에 한 알씩 예닐곱 알을 낳는다

→ 문조는 가을에서 봄에 걸쳐 하루에 한 알씩 예닐곱 알을 낳는다

《백귀야행 2》 (이마 이치코/강경원 옮김, 시공사, 1999) 222쪽

내가 개인적으로

: **내가 개인적으로 찾아보고 싶었던**

→ 내가 찾아보고 싶었던

→ 내가 참말 찾아보고 싶었던

→ 내가 따로 찾아보고 싶었던

> ○ **개인적(個人的)** : 개인에 속하거나
> 관계되는
> ○ **개인(個人)** : 국가나 사회, 단체 등을
> 구성하는 낱낱의 사람

'개인'이나 '개인적'은 "어느 한 사람"을 가리킵니다. "개인적인 생각"처럼 쓰기도
하는데, 이때에 '개인적'은 바로 '나(내 생각)'를 가리켜요. "내가 개인적으로"처럼
쓴다면 겹말인 셈이에요. 다른 누구보다 '나'를 힘주어 나타내려 한다면 "내가 따
로"나 "내가 남달리"나 "내가 유난히"나 "내가 참으로"처럼 '내가' 뒤쪽에 꾸밈말을
넣어 줍니다.

• **이번 역사기행을 통틀어 내가 개인적으로 가장 찾아보고 싶었던 곳**

→ 이번 역사기행을 통틀어 내가 가장 찾아보고 싶었던 곳

→ 이 역사기행을 통틀어 따로 가장 찾아보고 싶었던 곳

→ 이 역사기행을 통틀어 유난히 가장 찾아보고 싶었던 곳

《한길역사기행 1》 (편집부 엮음, 한길사, 1986) 200쪽

- **물론 변명의 여지가 없는 나 개인적인 문제도 있었다**

→ 그러나 핑계댈 수 없는 내 문제도 있었다

→ 다만 둘러댈 곳이 없는 내 문제도 있었다

《우리는 플라스틱 없이 살기로 했다》 (산드라 크라우트바슐/류동수 옮김, 양철북, 2016) 97쪽

내가 자초

: **내가 자초한 일**

→ 내가 일으킨 일

→ 내가 한 일

> ○ **자초(自招)** : 어떤 결과를 자기가 생기게 함. 또는 제 스스로 끌어들임. '가져옴', '불러옴', '스스로 가져옴', '스스로 불러옴'으로 순화

한자말 '자초'는 "나 스스로 끌어들임"을 가리키니, "내가 자초한"처럼 쓰면 겹말이에요. 그런데 '자초'는 알맞지 않기에 고쳐쓸 낱말이라고 합니다. 다만 '불러오다'나 '가져오다'로 손볼 만하지 않아요. 한국말사전을 살피면 '불러오다'나 '가져오다'로 고쳐쓰라고 풀이하지만, 이는 일본 번역 말씨입니다. 어떤 일이 생기게 할 적에는 '일으키다'라는 낱말을 써야 올발라요. 보기글에서는 "내가 한 일"이라고 써 볼 수도 있습니다.

- **내가 자초한 일이었는데 왜 그렇게 화가 났는지 모를 일이다**

→ 내가 일으킨 일이었는데 왜 그렇게 골이 났는지 모를 일이다

→ 내가 한 일이었는데 왜 그렇게 부아가 났는지 모를 일이다

《부엌은 내게 사랑하는 법을 가르쳐 주었다》 (사샤 마틴/이은선 옮김, 북하우스, 2016) 124쪽

내성적 조용 낯가림

: **내성적이고 조용하고 낯을 많이 가리는**
→ 조용하고 낯을 많이 가리는

> ∘ **내성적(內省的)** : 겉으로 드러내지 아니하고 마음속으로만 생각하는
> ∘ **조용하다** : 말이나 행동, 성격 따위가 수선스럽지 않고 매우 얌전하다

한자말로 '내성적'이라고 일컫는 몸짓이나 매무새는 '조용한' 사람을 나타내곤 합니다. '얌전한' 사람도 '내성적'이라고 할 만하고요. '내성적'이기에 '조용하'기도 하지만 '낯가림'을 하기도 합니다. 이리하여 보기글처럼 "내성적이고 조용하고 낯을 많이 가리는"처럼 쓸 적에는 겹말 얼거리입니다. "조용한 아이"로 손보거나 "낯을 많이 가리는 아이"로 손보거나 "조용하고 낯을 많이 가리는 아이"로 손보아 줍니다.

• **난 내성적이고 조용하고 낯을 많이 가리는 아이였다**
→ 난 조용하고 낯을 많이 가리는 아이였다
→ 난 얌전하고 낯을 많이 가리는 아이였다

《배우는 삶 배우의 삶》 (배종옥, 마음산책, 2016) 103쪽

• **둘 다 조용하고, 내성적이고, 나서지 않고**
→ 둘 다 조용하고, 나서지 않고
→ 둘 다 조용하고, 얌전하고, 나서지 않고

《리처드 도킨스 자서전 1》 (리처드 도킨스/김명남 옮김, 김영사, 2016) 341쪽

냉랭한 한기

: **냉랭한 한기로 가득찬 좁은 공간**
→ 차가운 기운으로 가득하고 좁은 곳
→ 차가움이 가득하고 좁은 곳
→ 차갑고 좁은 곳
→ 춥고 좁은 곳

> ∘ **냉랭(冷冷)** : 1. 온도가 몹시 낮아서 차다
>   2. 태도가 정답지 않고 매우 차다
> ∘ **한기(寒氣)** : 추운 기운

몹시 추워서 '냉랭'과 '한기'라는 한자말을 겹치기로 썼는지 모릅니다. 그러나 몹시 춥다면 "몹시 춥다"나 "매우 춥다"처럼 쓰면 되어요. '춥디춥다'라 할 수 있고 "얼어죽을 듯 춥다"처럼 쓸 수 있어요.

- **냉랭한 한기로 가득찬 좁은 공간을 훈훈하게 녹이기도 하고**
→ 차가운 기운으로 가득찬 좁은 곳을 따뜻하게 녹이기도 하고
→ 추운 기운으로 가득찬 좁은 곳을 포근하게 녹이기도 하고
→ 춥고 좁은 곳을 따사롭게 녹이기도 하고

《하얀 능선에 서면》 (남난희, 수문출판사, 1990) 84쪽

너무 과소비

: **너무 과소비 아냐?**
→ 너무 많이 쓰지 않나?
→ 지나치게 많이 쓰지 않아?
→ 헤프지 않아?

> ◦ **너무** : 일정한 정도나 한계를 훨씬 넘어선 상태로
> ◦ **과소비(過消費)** : 돈이나 물품 따위를 지나치게 많이 써서 없애는 일. '지나친 씀씀이'로 순화
> ◦ **지나치다** : 3. 일정한 한도를 넘어 정도가 심하다

한자말 '과소비'는 "지나친 씀씀이"로 고쳐써야 한다고 합니다. 지나치게 쓰는 일이라면 헤프다 싶은 씀씀이요, 너무 많이 쓰는 모습일 테지요. "너무 과소비"라 하면 "너무 지나친 씀씀이"인 셈이고, '너무'하고 '지나친'이 뜻이 맞물려서 겹말이에요. '너무'하고 '지나친' 가운데 하나만 골라서 쓰면 돼요. 힘주어 말하고 싶다면 "너무나 많이 쓰지 않나"라든지 "너무너무 많이 쓰지 않나"라든지 "좀 지나치게 많이 쓰지 않아"처럼 써 볼 수 있어요.

- **정말? 너무 과소비 아냐?**
→ 참말? 너무 많이 쓰지 않나?
→ 참말? 지나치게 많이 쓰지 않아?

《일하지 않는 두 사람 3》 (요시다 사토루/문기업 옮김, 대원씨아이, 2016) 91쪽

너무 과하게

:   **너무 과하게 풍겨**

→   너무 풍겨

→   너무나 풍겨

→   너무 많이 풍겨

→   지나치게 풍겨

> ○ **너무** : 일정한 정도나 한계를 훨씬 넘어선 상태로
> ○ **너무하다** : 일정한 정도나 한계를 넘어 지나치다
> ○ **과하다(過-)** : 정도가 지나치다

외마디 한자말 '과하다'는 '지나치다'를 뜻한다고 하는데, 이는 '너무·너무하다'하고도 같아요. "너무 과하게"처럼 쓰면 겹말이 됩니다. "너무 풍겨"라든지 "지나치게 풍겨"로 적어야 올발라요. 또는 "너무 많이 풍겨"처럼 꾸밈말을 넣어 줍니다.

- **이대로는 핸드메이드 티가 너무 과하게 풍겨**

→   이대로는 손으로 만든 티가 너무 풍겨

→   이대로는 손으로 지은 티가 너무 많이 풍겨

《요츠바랑! 7》 (아즈마 키요히코/금정 옮김, 대원씨아이, 2008) 103쪽

- **칭찬이 너무 과한 거 아닌가**

→   칭찬을 너무 많이 한 거 아닌가

→   칭찬이 좀 지나친 거 아닌가

→   너무 칭찬하지 않았나

《코우다이 家 사람들 4》 (모리모토 코즈에코/양여명 옮김, 삼양출판사, 2017) 89쪽

너울과 큰 파도

:   **작은 너울 뒤에 큰 파도 일듯이**

→   작은 물결 뒤에 큰 물결 일듯이

→   작은 물결 뒤에 너울 일듯이

→   잔물결 뒤에 너울 일듯이

> ○ **너울** : 바다의 크고 사나운 물결
> ○ **파도(波濤)** : 1. 바다에 이는 물결
> ○ **물결** : 1. 물이 움직여 그 표면이 올라갔다 내려왔다
>   하는 운동 2. 파도처럼 움직이는 어떤 모양이나
>   현상을 비유적으로 이르는 말

'너울'은 크고 사나운 물결을 가리켜요. 한자말 '파도'는 '물결'을 가리키고요. "작은 너울 뒤에 큰 파도"라고 하면 앞뒤가 어긋납니다. 모두 '물결'을 가리키는 낱말이니 "작은 물결 뒤에 너울"이라고 고치든지 "작은 물결 뒤에 큰 물결"로 손질해야 올발라요. 또는 "잔물결 뒤에 너울"처럼 써 볼 만합니다.

- 작은 너울 뒤에 큰 파도 일듯이 더 큰 허망이 찾아들었다
→ 작은 물결 뒤에 큰 물결 일듯이 더 어이없는 일이 찾아들었다
→ 작은 물결 뒤에 너울 일듯이 더 어이없는 일이 찾아들었다
→ 잔물결 뒤에 너울 일듯이 더 터무니없는 일이 찾아들었다

《섬》 (박미경, 봄날의책, 2016) 192쪽

넉넉하고 부유한

: 넉넉하지 못한 주영이네 ⋯ 부유한 집안
→ 넉넉하지 못한 주영이네 ⋯ 넉넉한 집안
→ 넉넉하지 못한 주영이네 ⋯ 잘사는 집안

> ∘ 부유(富裕) : 재물이 넉넉함

'넉넉함'을 가리키는 한자말 '부유'이기에, 보기글처럼 "넉넉하지 못한"이라 말하다가 "부유한 집안"이라 말하면 겹말 얼거리예요. 앞뒤 모두 '넉넉하다'라는 낱말을 쓰면 됩니다. 뒤쪽에서는 다른 낱말을 쓰고 싶다면 "잘사는 집안"이나 "돈 많은 집안"이나 "돈 있는 집안"이나 "돈이 넘치는 집안"으로 적어 볼 수 있어요.

- 그림책을 읽어 주는데, 넉넉하지 못한 주영이네와 그림책 속에 나오는 부유한 집안 풍경이 대조가 되어 읽어 주기가 민망했다
→ 그림책을 읽어 주는데, 넉넉하지 못한 주영이네와 그림책에 나오는 넉넉한 집안 모습이 맞물리면서 읽어 주기가 부끄러웠다
→ 그림책을 읽어 주는데, 넉넉하지 못한 주영이네와 그림책에 나오는 잘사는 집안 모습이 엇갈리면서 읽어 주기가 부끄러웠다

《선생님, 우리 그림책 읽어요》 (강승숙, 보리, 2010) 296쪽

넋 영혼

: **내 영혼은 직전까지 넋 놓고 있던 자신을**

→ 내 넋은 코앞까지 멍하니 있던 나를

→ 내 마음은 얼마 앞서까지 멀거니 있던 나를

> ○ **영혼(靈魂)** : 1. 죽은 사람의 넋 2. 육체에
> 깃들어 마음의 작용을 맡고 생명을
> 부여한다고 여겨지는 비물질적 실체
> ○ **넋** : 1. 사람의 몸에 있으면서 몸을
> 거느리고 정신을 다스리는 비물질적인 것
> 2. 정신이나 마음

한자말 '영혼'은 큰 틀로 본다면 한국말 '넋'을 가리킵니다. "내 영혼은 직전까지 넋 놓고 있던"처럼 쓰면 겹말이에요. '영혼'은 '영 + 혼'이기도 하니, 사람들이 '영혼·영'을 헷갈릴 수밖에 없고, '혼·혼백'을 놓고도 헷갈릴 만하다고 느껴요. 한국말로 알맞게 가리키려 하지 않고 온갖 한자말을 다 끌어들이니까 말이지요. '영혼·영'은 '넋'을 가리키면서, 때로는 '마음'을 가리키는 자리에도 씁니다. '혼·혼백'은 '얼'을 가리킨다고 할 만해요. 이래저래 한국말하고 한자말을 함부로 섞지 말고, 한국말로 또렷하고 알맞게 가다듬을 수 있기를 바랍니다.

• **내 영혼은 직전까지 넋 놓고 있던 자신을 탓하거나 덤벙대는 그의 짝에게**
  화를 내는 대신

→ 내 넋은 코앞까지 멍하니 있던 나를 탓하거나 덤벙대는 그이 짝꿍한테
  성을 내지 않고

→ 내 마음은 조금 앞서까지 멀거니 있던 나를 탓하거나 덤벙대는 그이 짝꿍한테
  성을 내기보다

《내 방 여행하는 법》 (그자비에 드 메스트르/장석훈 옮김, 유유, 2016) 119쪽

널리 확대되어

: **널리 확대되어**

→ 널리 퍼져

→ 널리 이루어져

> ○ **널리** : 1. 범위가 넓게 2. 너그럽게
> ○ **넓다** : 1. 면이나 바닥 따위의 면적이 크다 2. 너비가 크다
> ○ **확대(擴大)** : 모양이나 규모 따위를 더 크게 함

→   더 커져

한자말 '확대'는 "더 크게 함"을 가리키는데, '확(擴)'은 '넓히다'를 뜻해요. "널리 확대되어"라고 하면 겹말입니다. 한자말 '확대'만 쓰든 '널리'를 살려서 "널리 하며"나 "널리 퍼져"로 손봅니다. "더 커져"나 "크게 이루어져"로 손볼 수도 있어요. 보기글에서는 앞말하고 이어 "더 널리 함께 일하면서"나 "더 넓게 함께 일하면서"로 적어 볼 만합니다.

- **천체물리학자와의 공동 작업이 널리 확대되어**
→   천체물리학자와 더 널리 함께 일하면서
→   천체물리학자와 더 넓게 함께 일하면서

《먼지 보고서》 (옌스 죈트겐·크누트 푈스케 엮음/강정민 옮김, 자연과생태, 2012) 97쪽

널리 확산되어

:   **널리 확산되어 있으니까**
→   널리 퍼졌으니까
→   널리 자리잡았으니까
→   널리 뿌리를 내렸으니까
→   널리 있으니까

> ○ **확산(擴散)** : 1. 흩어져 널리 퍼짐 2. [물리] 서로 농도가 다른 물질이 혼합될 때 시간이 지나면서 차츰 같은 농도가 되는 현상. '퍼짐'으로 순화

한자말 '확산'은 "흩어져 널리 퍼짐"을 뜻한다고 합니다. "널리 확산되어 있으니까"처럼 적으면 겹말입니다. "널리 퍼졌으니까"나 "널리 있으니까"로 손보면 돼요. 이 글월에서는 노점상이 널리 퍼졌다는 이야기를 들려주니, "널리 자리잡았으니까"나 "널리 뿌리를 내렸으니까"로 손볼 수 있습니다.

- **노점상이 이 나라 어느 도시의 길모퉁이건 널리 확산되어**
→   노점상이 이 나라 어느 도시 길모퉁이건 널리 퍼져서
→   길장사가 이 나라 어느 도시 길모퉁이건 널리 있어서

《곡쟁이 톨로키》 (자케스 음다/윤철희 옮김, 검둥소, 2008) 165쪽

넓게 확장

:   **더욱 넓게 확장하였다**

→   더욱 넓게 했다

→   더욱 넓혀 나갔다

→   더욱 넓혔다

→   더욱 넓히고 키웠다

> ○ **확장(擴張) :** 범위, 규모, 세력 따위를 늘려서 넓힘

'넓힌다'는 뜻으로 한자말 '확장'을 쓰기에 "넓게 확장한다"처럼 적으면 겹말입니다. "넓게 넓힌다" 꼴이 되거든요. 이 글월은 "더욱 넓게 했다"나 "더욱 넓혔다"로 손질해 줍니다. 또는 "더욱 넓히고 늘렸다"나 "더욱 넓히고 키웠다"처럼 적어 볼 수 있겠지요.

• 《저 높은 곳의 개척지》를 펴냄으로써 미첼이 다루었던 세계를 더욱 넓게 확장하였다

→ 《저 높은 곳의 개척지》를 펴내면서 미첼이 다룬 세계를 더욱 넓혔다

→ 《저 높은 곳의 개척지》를 펴내면서 미첼이 다룬 세계를 더욱 넓게 했다

《나무 위 나의 인생》 (마거릿 D.로우먼/유시주 옮김, 눌와, 2002) 17쪽

넓은 광장

:   **넓은 광장이 있다**

→   광장이 있다

→   너른 터가 있다

→   너른 마당이 있다

> ○ **광장(廣場) :** 1. 많은 사람이 모일 수 있게 거리에 만들어 놓은, 넓은 빈 터 2. 여러 사람이 뜻을 같이하여 만나거나 모일 수 있는 자리를 비유적으로 이르는 말

'광장'은 "넓은 터"를 가리켜요. 좁은 곳은 '광장'이 되지 않습니다. "넓은 광장"처럼 쓰면 겹말이에요. '광장'이라고만 하거나 "너른 터"라고 해야 올바릅니다. 더 헤아려 본다면, '너른터'나 '너른마당'을 새롭게 한 낱말로 써 볼 만합니다. 이러면서 '작은터·작은마당'이나 '손바닥터·손바닥마당' 같은 낱말도 새롭게 지어 볼 만해요.

- 중심부에는 '프르제미슬 오타카르 2세 광장'이라는 넓은 광장이 있다
→ 복판에는 '프르제미슬 오타카르 2세 광장'이라는 곳이 있다
→ 한복판에는 '프르제미슬 오타카르 2세 광장'이라는 너른 터가 있다

《클레피, 희망의 기록》 (캐시 케이서/최재봉 옮김, 푸르메, 2006) 21쪽

년 해

: **오 년이 되었다. 아흔네 해를 사셨다**
→ 다섯 해가 되었다. 아흔네 해를 사셨다

> ◦ **년(年) :** (주로 한자어 수 뒤에 쓰여) 해를 세는 단위
> ◦ **해 :** 1. '태양'을 일상적으로 이르는 말 4. (주로 고유어 수 뒤에 쓰여) 지구가 태양을 한 바퀴 도는 동안을 세는 단위

한국에서는 숫자를 두 가지로 셉니다. 하나는 한국말로 세고, 다른 하나는 한자말로 세요. "스무 해"를 산다고도 말하지만 "이십 년"을 산다고도 말합니다. 보기글을 보면 처음에는 "오 년"이라 하고, 나중에는 "아흔네 해"라 합니다. 똑같은 '해'를 세는데 두 가지로 나타냅니다. 해를 세는 말이라면 '해'를 쓰면 됩니다. 한국말사전을 살피면 '해'를 풀이하면서 '태양'이라는 한자말을 끌어들입니다만, 이 같은 말풀이는 올바르지 않습니다.

- **어머니가 돌아가신 지 어언 오 년이 되었다. 아흔네 해를 사셨다**
→ 어머니가 돌아가신 지 어느덧 다섯 해가 되었다. 아흔네 해를 사셨다
→ 어머니가 돌아가신 지 벌써 다섯 해가 되었다. 아흔네 해를 사셨다

《사진, 아름다운 시간의 풍경》 (한정식, 열화당, 1999) 18쪽

노가다를 뛰는 일로 밤샘작업

: **'노가다'를 뛰는 일로 밤샘작업을 설명한다면**
→ '막일'을 뛰듯 하는 밤샘일을 말한다면

→ 닥치는 대로 하는 밤샘일을 말한다면

→ 마구 뛰어야 하는 밤샘일을 말한다면

→ 마구잡이 밤샘일을 말한다면

> • **노가다(일dokata土方)** : 1. 행동과 성질이
>   거칠고 불량한 사람을 속되게 이르는 말 2. →
>   막일 3. → 막일꾼
> • **막일** : 1. 이것저것 가리지 아니하고 닥치는 대로
>   하는 노동 2. 중요하지 아니한 허드렛일
> • **작업(作業)** : 1. 일을 함 2. 일정한 목적과 계획
>   아래 하는 일

'노가다'는 일본말입니다. '막일'로 바로잡아야 올발라요. 보기글을 살피면 '노가다·일·밤샘작업' 이렇게 세 마디가 나오는데, 셋 모두 '일'이에요. 짧은 글월에 잇달아 나오기에 뒤죽박죽입니다. '노가다'라는 일본말을 구태여 쓰겠다고 하면 "노가다를 뛰듯 하는 밤샘일"로 적을 수 있어요. 구태여 이 일본말을 안 쓰고 한국말로 알맞게 쓰고 싶다면 "막일을 뛰듯 하는 밤샘일"로 손보거나 "마구 뛰면서 해야 하는 밤샘일"로 손볼 만해요. 밤샘으로 하는 일이 매우 고되다고 하는 뜻을 알맞게 살려서 적어 주면 됩니다.

• **비몽사몽 간의 '노가다'를 뛰는 일로 밤샘작업을 설명한다면**

→ 자는지 깨는지 모르며 막일을 뛰듯 하는 밤샘일을 말한다면

→ 멍한 눈으로 닥치는 대로 하는 밤샘일을 얘기한다면

→ 졸린 눈으로 마구 해야 하는 밤샘일을 이야기한다면

→ 흐리멍덩한 몸으로 마구 뛰어야 하는 밤샘일을 말한다면

《나의 디자인 이야기》 (이나미, 마음산책, 2005) 17쪽

노래 성가

: **성가야말로 좋은 노래다**

→ 성가야말로 좋다

→ 거룩한 노래야말로 좋다

→ 거룩노래야말로 좋다

> • **노래** : 1. 가사에 곡조를 붙여 목소리로 부를 수 있게 만든 음악
>   5. 높이 찬양하거나 칭송함을 비유적으로 이르는 말
> • **성가(聖歌)** : 1. 신성한 노래 2. [가톨릭] 천주와 천신과 성인을
>   칭송하는 노래 3. [기독교] 하나님의 은혜나 예수의 구원 따위를
>   칭송하는 노래
> • **-가(歌)** : '노래'의 뜻을 더하는 접미사

'성가'는 "신성한 노래"라고 합니다. '신성하다(神聖-)'는 '거룩하다'를 가리켜요. 곧 '성가'는 "거룩한 노래"인 셈입니다. 한국에 서양 종교가 들어오면서 '성가'라는 한 자말이 새로 생겼습니다. 거룩한 분을 섬기려는 뜻으로 부른 노래이니, 이 한자말을 지을 만합니다. 그리고 '성 + 가'라는 얼거리처럼 '거룩하다 + 노래'라는 얼거리로 '거룩노래'나 '거룩한노래'라는 낱말을 새로 지을 만하지 싶어요. 한국말로도 얼마든지 새 낱말을 지을 만해요. 이 같은 얼거리로 '기쁜노래·고요노래·웃음노래'나 '여는노래·닫는노래·마침노래' 같은 낱말도 지을 수 있어요. '성가'라는 낱말을 쓰려면 즐겁게 쓰되, 보기글처럼 "성가야말로 좋은 노래다"라 하면 겹말이니, "성가야말로 좋다"로 손질해 줍니다. 또는 '거룩노래'나 "거룩한 노래"로 손질해 줍니다.

- **성가야말로 좋은 노래다**
→ 거룩한 노래야말로 좋다
→ 거룩노래야말로 좋다

《사월 바다》 (도종환, 창비, 2016) 19쪽

노래의 가사

: **노래의 가사**
→ 노랫말
→ 노래에 붙은 말

> ○ **가사(歌詞)** : 가곡, 가요, 오페라 따위로 불릴 것을 전제로 하여 쓰인 글 ≒ 노랫말
> ○ **노랫말** : = 가사(歌詞)

한자말 '가사'하고 한국말 '노랫말'은 서로 같습니다. 말밑이 다를 뿐입니다. "노래의 가사"라 하면 겹말이지요. 한자말을 쓰고 싶다면 '가사'로 적을 노릇이요, 한국말을 쓰려 한다면 '노랫말'로 적을 노릇이에요. 보기글에서는 "노래에 붙은 말"이나 "노래에 붙인 말"처럼 풀어서 적어 보아도 됩니다. 한국말사전은 '가사'가 아닌 '노랫말'에 풀이말을 붙여야 올바릅니다.

- **막힐 때는 좋아하는 노래의 가사를 읽고 참고합니다**
→ 막힐 때는 좋아하는 노랫말을 읽고 살펴봅니다

《일본 1인 출판사가 일하는 방식》 (니시야마 마사코/김연한 옮김, 유유, 2017) 251쪽

녹색빛

: **녹색빛의 지붕 아래에는**

→ 풀빛 지붕 밑에는

→ 푸른 지붕 밑에는

> ◦ **녹색빛** : x
> ◦ **녹색(綠色)** : = 초록색
> ◦ **초록색(草綠色)** : 파랑과 노랑의 중간색

'녹색빛'이라는 말은 없습니다. '적색빛'이나 '흑색빛'이나 '황색빛'이라는 말도 없어요. 왜냐하면 '색(色)'이라는 한자는 '빛'을 가리키니, '색 + 빛' 꼴로 쓰면 겹말이에요. 일본 한자말 '녹색'을 꼭 쓰고 싶다면 '녹색'이라고만 쓸 노릇입니다. 중국 한자말 '초록'으로 손질해서 쓸 수 있을 테고, 한국말 '풀빛'이나 '푸름·푸르다'로 고쳐서 쓸 수 있어요.

• **반짝이는 녹색빛의 지붕 아래에는 꽃들이 사방에 피어 있다**

→ 반짝이는 풀빛 지붕 밑에는 꽃들이 곳곳에 피었다

→ 반짝이며 푸른 지붕 밑에는 꽃들이 잔뜩 피었다

《홀로 숲으로 가다》 (베른트 하인리히/정은석 옮김, 더숲, 2016) 20쪽

녹이는 용해제

: **녹이는 용해제였다**

→ 녹이는 물이었다

> ◦ **용해제(溶解劑)** : = 용매(溶媒)
> ◦ **용매(溶媒)** : 어떤 액체에 물질을 녹여서
>   용액을 만들 때 그 액체를 가리키는 말

"녹이는 물"을 가리키는 '용해제'라고 하니, "녹이는 용해제"처럼 쓰면 겹말입니다. 그냥 '용해제'라고만 하든지 "녹이는 물"처럼 써야 올바릅니다. 아니면 "녹이는

구실"이나 "녹이는 일"처럼 쓰고, "녹여 버렸다"나 "녹였다"처럼 쓰면 돼요.

- **자본주의는 모든 것을 녹이는 용해제였다**
→ 자본주의는 모든 것을 녹이는 물이었다
→ 자본주의는 모든 것을 녹이는 구실을 했다
→ 자본주의는 모든 것을 녹여 버렸다
→ 자본주의는 모든 것을 녹였다

《진정성이라는 거짓말》(앤드류 포터/노시내 옮김, 마티, 2016) 53쪽

놀랍고 경이로운

: **엄마가 되는 놀랍고 경이로운 경험**
→ 엄마가 되는 놀라운 경험
→ 엄마가 되는 놀랍고 대단한 일
→ 엄마가 되는 놀랍고 멋진 삶
→ 엄마가 되는 놀랍고 신나는 하루

> ○ **놀랍다** : 1. 감동을 일으킬 만큼 훌륭하거나 굉장하다 2. 갑작스러워 두렵거나 흥분 상태에 있다 3. 어처구니없을 만큼 괴이하다
> ○ **경이롭다(驚異-)** : 놀랍고 신기한 데가 있다
> ○ **신기하다(神奇-)** : 믿을 수 없을 정도로 색다르고 놀랍다

'경이롭다'는 "놀랍고 신기한" 데가 있는 모습을 뜻한다고 해요. '신기하다'는 "색다르고 놀랍다"를 뜻한다고 해요. '경이롭다 = 놀랍고 + 색다르게 놀랍다'인 얼거리이니 말뜻부터 겹말입니다. "놀랍고 경이로운"이라 하면 "놀랍고 + 놀랍고 색다르게 놀라운"인 셈이라, 이때에도 겹말이에요. 그냥 '놀라운'이나 "놀랄 만한"으로 손질해 줄 수 있습니다. 또는 "놀랍고 대단한"이나 "놀랍고 멋진"처럼 손질해 볼 수 있어요.

- **엄마가 되는 놀랍고 경이로운 경험을 열정적으로 숨을 헐떡이며 들려줄까**
→ 엄마가 되는 놀라운 경험을 뜨겁게 숨을 헐떡이며 들려줄까
→ 엄마가 되는 놀랍고 대단한 일을 뜨겁게 숨을 헐떡이며 들려줄까
→ 엄마가 되는 놀랍고 멋진 삶을 뜨겁게 숨을 헐떡이며 들려줄까
→ 엄마가 되는 놀랍고 신나는 하루를 뜨겁게 숨을 헐떡이며 들려줄까

《내가 제일 아끼는 사진》(셔터 시스터스 엮음/윤영삼·김성순 옮김, 이봄, 2012) 91쪽

놀랍고 신비로운

: **놀랍고도 신비로운 힘**

→ 놀라운 힘

→ 놀랍고도 대단한 힘

→ 놀랍고도 어마어마한 힘

→ 놀랍고도 멋진 힘

→ 놀랍고도 훌륭한 힘

○ **놀랍다** : 1. 감동을 일으킬 만큼 훌륭하거나 굉장하다 2. 갑작스러워 두렵거나 흥분 상태에 있다 3. 어처구니없을 만큼 괴이하다

○ **괴이하다(怪異-)** : = 이상야릇하다

○ **이상야릇하다(異常-)** : 정상적이지 않고 별나며 괴상하다

○ **별나다(別-)** : 보통과는 다르게 특별하거나 이상하다

○ **괴상하다(怪常-)** : 보통과 달리 괴이하고 이상하다

○ **신비(神秘)** : 일이나 현상 따위가 사람의 힘이나 지혜 또는 보통의 이론이나 상식으로는 도저히 이해할 수 없을 만큼 신기하고 묘함

○ **신기하다(神奇-)** : 신비롭고 기이하다

○ **묘하다(妙-)** : 1. 모양이나 동작이 색다르다 2. 일이나 이야기의 내용 따위가 기이하여 표현하거나 규정하기 어렵다 3. 수완이나 재주 따위가 남달리 뛰어나거나 약빠르다

○ **기이하다(奇異-)** : 기묘하고 이상하다

○ **기묘하다(奇妙-)** : 생김새 따위가 이상하고 묘하다

○ **이상하다(異常-)** : 1. 정상적인 상태와 다르다 2. 지금까지의 경험이나 지식과는 달리 별나거나 색다르다 3. 의심스럽거나 알 수 없는 데가 있다

"놀랍고도 신비로운"은 겹말일까요, 아닐까요? 얼핏 보기에는 두 낱말은 안 이어졌겠거니 하고 여길 만합니다. 한국말사전을 찬찬히 살피면 '놀랍다 = 괴이하다 (셋째 뜻) = 이상야릇하다 = 별나며 괴상하다 = 이상하며 괴이하고 이상하다'로 흐릅니다. '신비(신비롭다) = 신기하고 묘함 = 신비롭고 기이함 + 기이함 = 신비롭고 + (기묘하고 이상함) + (기묘하고 이상함) = 신비롭고 + (이상하고 묘함) + 이상함 + (이상하고 묘함) + 이상함'으로 흘러요. 아주 뒤죽박죽인 돌림풀이에다가 겹말풀이입니다. '놀랍다'와 '신비' 말뜻을 살피다 보면 두 낱말은 '이상하다'라는 대목에서 만나고, '이상하다 = 별나다 + 색다르다 = 다르다 + 이상하다'로 모입니다. 곰곰이 따지면 '놀랍다'하고 '신비(신비롭다)'는 어슷비슷한 자리에 함께 쓰는 낱말이라 할 만합니다. "놀랍고도 신비로운"은 겹말이 되어요. '놀라운'이나 '신비로운'처럼 한 낱말만 쓰거나 "놀랍고도 대단한"이나 "놀랍거나 멋진"처럼 손볼 만합니다.

• **이렇듯 땅은 아주 놀랍고도 신비로운 힘을 가지고 있습니다**

→   이렇듯 땅은 아주 놀랍고도 대단한 힘이 있습니다

→   이렇듯 땅은 아주 놀라운 힘이 있습니다

《두꺼비 논 이야기》(임종길, 봄나무, 2005) 72쪽

놀이 게임

:   **이 놀이는 가장 좋아하는 게임이었다**

→   이 놀이를 가장 좋아한다

> ○ **게임(game)** : 규칙을 정해 놓고 승부를 겨루는 놀이. '경기', '놀이', '내기'로 순화

'놀이'를 영어로 옮기니 '게임'입니다. '게임'은 한국말사전에 나오기는 하지만 '경기·놀이·내기'로 고쳐쓰라고 나옵니다. 말뜻 그대로입니다. '놀이'라고만 하면 됩니다.

•   **차를 먼저 발견하는 놀이는 그들이 가장 좋아하는 게임이었다**

→   차를 먼저 찾아내는 놀이는 그들이 가장 좋아했다

→   차를 먼저 찾아내는 놀이를 가장 좋아했다

→   차를 먼저 찾아내기는 가장 좋아하는 놀이였다

《클레피, 희망의 기록》(캐시 케이서/최재봉 옮김, 푸르메, 2006) 32쪽

놀이를 하며 놀다

:   **놀이를 하며 놀았다**

→   놀이를 했다

→   놀았다

> ○ **놀이** : 1. 여러 사람이 모여서 즐겁게 노는 일
> ○ **놀다** : 1. 놀이나 재미있는 일을 하며 즐겁게 지내다

"일을 하며 일했다"라 말하지 않습니다. "일을 했다"나 '일했다'라 하지요. "잠을 자며 잤다"라든지 "밥을 먹으며 먹었다"라 말하지 않아요. 보기글에서는 "놀이를 하며 놀았다"가 아니라 "놀이를 했다"나 '놀았다' 가운데 하나로 고쳐써야겠습니다.

- 그 빈 공간을 나뭇가지로 찍어내는 놀이를 하며 놀았다
→ 그 빈 자리를 나뭇가지로 찍어내는 놀이를 했다
→ 그 빈 곳을 나뭇가지로 찍어내는 짓을 하며 놀았다
→ 그 빈 자리를 나뭇가지로 찍어내면서 놀았다

《플랜던 농업학교의 돼지》(미야자와 겐지/차주연 옮김, 달팽이, 2016) 28쪽

농사지을 땅과 농지

: **농사지을 땅을 없애고 … 농지는 더 줄어들고**
→ 농사지을 땅을 없애고 … 농사지을 땅은 더 줄어들고
→ 농사지을 땅을 없애고 … 논밭은 더 줄어들고

> ○ **농지(農地)** : 농사짓는 데 쓰는 땅
> ○ **논밭** : 논과 밭을 아울러 이르는 말

한자말 '농지'는 "농사지을 땅"을 가리켜요. 보기글은 "농사지을 땅"이라 말하다가 '농지'라는 낱말을 씁니다. 얼핏 보면 아무것이 아닌 듯하지만 겹말 얼거리입니다. 더 헤아려 본다면 "농사지을 땅 = 농지"이기보다는 "농사지을 땅 = 일굴 땅"이면서 '논밭'이에요. 사람들이 일구거나 가꾸는 땅은 바로 '논밭'이지요. 보기글에서는 앞뒤 모두 '논밭'이라고만 적어도 됩니다. 뒤쪽만 '논밭'으로 적을 수 있어요.

- 인구가 도시로 몰리면서 농사지을 땅을 없애고 그 위에 아파트를 짓고 도로를 놓았습니다. 그러면 또다시 사람들이 몰려들고 도시는 더욱 커지고 그럼 농지는 더 줄어들고
→ 사람들이 도시로 몰리면서 농사지을 땅을 없애고 이곳에 아파트를 짓고 길을 놓았습니다. 그러면 또다시 사람들이 몰려들고 도시는 더욱 커지고 그럼 논밭은 더 줄어들고

《10대와 통하는 농사 이야기》(곽선미와 다섯 사람, 철수와영희, 2017) 35쪽

높은 고지대

: **한라산 정상보다 높은 고지대**

→ 한라산 꼭대기보다 높은 곳

→ 한라산 꼭대기보다 높은 데

→ 한라산 꼭대기보다 높은 땅

> ◦ **고지대(高地帶)** : 높은 지대

한자말 '고지대'는 "높은 땅"을 가리키니 "높은 고지대"처럼 쓰면 겹말이에요. '고지대'라는 낱말을 쓰고 싶다면 "한라산 꼭대기보다 고지대"처럼 쓸 노릇이요, '높은'이라는 낱말을 살리려 한다면 "한라산 꼭대기보다 높은 곳"처럼 쓰면 돼요. 조금 더 생각해 본다면 '높은 + 곳'이나 '높은 + 땅'처럼 엮어서 '높은곳·높은땅' 같은 새 낱말을 지어 볼 만하지 싶습니다.

• **아레끼빠의 밤은 꽤 쌀쌀하다. 한라산 정상보다 높은 고지대이기 때문일까**

→ 아레끼빠는 밤이 꽤 쌀쌀하다. 한라산 꼭대기보다 높은 곳이기 때문일까

→ 아레끼빠는 밤이 꽤 쌀쌀하다. 한라산 꼭대기보다 높기 때문일까

《영혼을 빗질하는 소리》 (저문강, 천권의책, 2009) 40쪽

누군가가

: **누군가가**

→ 누군가

→ 누구인가

→ 누가

→ 누구가

> ◦ **누구** : 1. 잘 모르는 사람을 가리키는 인칭 대명사 2. 특정한 사람이 아닌 막연한 사람을 가리키는 인칭 대명사 3. 가리키는 대상을 굳이 밝혀서 말하지 않을 때 쓰는 인칭 대명사
> ◦ **-ㄴ가** : 1. 하게할 자리에 쓰여, 현재의 사실에 대한 물음을 나타내는 종결 어미 2. 자기 스스로에게 묻는 물음이나 추측을 나타내는 종결 어미
> ◦ **-가** : 어떤 상태나 상황에 놓인 대상, 또는 상태나 상황을 겪거나 일정한 동작을 하는 주체를 나타내는 격 조사
> ◦ **누가** : '누구가'가 줄어든 말

'누구'에 '-ㄴ가'라는 씨끝을 붙여서 '누군가' 꼴로 씁니다. 잘 모르는 사람이 어떤

일을 하는 모습을 가리켜요. '누군가'에 '-가'를 붙이면 겹말이 됩니다. '누군가(누구 + ㄴ가)'나 '누구인가(누구 + 이 + ㄴ가)'로 적어야 올바릅니다. '누구'라는 낱말에 '-가'를 붙이고 싶으면 '누구가'로 적으면 돼요. '누구가'를 줄여 '누가'처럼 쓰기도 합니다. '-ㄴ가'를 붙이려는지, '-가'를 붙이려는지 찬찬히 살펴서 알맞게 적을 노릇입니다.

- **누군가가 아래 길가에 있는 내 픽업트럭에 고기 열두엇 덩어리를**
→ 누군가 아랫길에 있는 내 짐차에 고기 열두어 덩어리를
→ 누가 아랫길에 있는 내 짐차에 고깃덩어리 열두엇을

《홀로 숲으로 가다》 (베른트 하인리히/정은석 옮김, 더숲, 2016) 227쪽

- **누군가가 달리는 소리가 들리는 것 같았다**
→ 누군가 달리는 소리가 들리는 듯했다
→ 누가 달리는 소리가 들리는 듯했다

《돌리틀 박사 이야기》 (휴 로프팅/장석봉 옮김, 궁리, 2017) 33쪽

누르고 진압하다

: **눌러 준다 … 진압하지 않는다**
→ 눌러 준다 … 누르지 않는다
→ 눌러 준다 … 다지지 않는다

> ∘ **누르다** : 1. 물체의 전체 면이나 부분에 대하여 힘이나 무게를 가하다 2. 마음대로 행동하지 못하도록 힘이나 규제를 가하다
> ∘ **진압하다(鎭壓-)** : 강압적인 힘으로 억눌러 진정시키다

"눌러 준다"라 하다가 "진압하지 않는다"라고 하면 겹말입니다. '진압하다'는 '누르다'를 한자로 옮긴 낱말이거든요. 그런데 손바닥으로 땅을 '누르는' 일을 한자말로 '진압한다'라 가리키면 여러모로 엉성합니다. 안 어울려요. 누르니 그저 '누른다'고 하면 되어요. 땅을 눌러서 단단하게 할 적에는 '다지다'라는 낱말을 쓰기도 합니다.

- **손바닥으로 가볍게 눌러 준다. 습기가 많은 때는 벽돌처럼 딱딱해지므로 진압하지 않는다**
→ 손바닥으로 가볍게 눌러 준다. 물기가 많은 때는 벽돌처럼 딱딱해지므로

누르지 않는다

→ 손바닥으로 가볍게 눌러 준다. 축축한 때는 벽돌처럼 딱딱해지므로 다지지 않는다

《가와구치 요시카즈의 자연농 교실》 (아라이 요시미·가가미야마 에츠코/최성현 옮김, 정신세계사, 2017) 29쪽

눈가리개 설안경

: 빛이 너무 강해 설안경(雪眼鏡)을 써야 … 나무로 눈가리개를 만드는데

→ 빛이 너무 세서 눈가리개를 써야 … 나무로 눈가리개를 하는데

→ 빛이 너무 세서 눈안경을 써야 … 나무로 눈가리개를 깎는데

> ◦ **눈가리개** : 눈을 가리는 물건. 잠잘 때나 눈병이 났을 때에 쓰며, 천이나 가죽 따위로 만든다
> ◦ **설안경** : x

한국말사전에는 '설안경'이라는 낱말이 없습니다. 이 낱말을 못 알아들을 사람이 있으리라 여기며 한자를 묶음표에 넣어 주기도 하는데, 이렇게 한들 알아보기에 좋지는 않구나 싶습니다. '눈안경'이라고 해 볼 수 있어요. '눈가리개'라는 낱말이 있고요. 한국말사전은 '눈가리개'를 잠잘 때나 눈병이 났을 때에만 쓴다고 다루지만, 눈이 드넓게 덮인 곳에서 센 빛에 눈이 안 다치게 하려고 쓰는 '눈안경'도 '눈가리개'가 되지요.

• 해가 언덕 위로 떠오르면 눈에 반사되는 빛이 너무 강해 설안경(雪眼鏡)을 써야 한다 … 우리는 보통 나무나 뼈다귀로 눈가리개를 만드는데

→ 해가 언덕으로 떠오르면 눈에 비치는 빛이 너무 세서 눈가리개를 써야 한다 …
    우리는 흔히 나무나 뼈다귀로 눈가리개를 깎는데

《캐시 호숫가 숲속의 생활》 (존 J.롤랜즈/홍한별 옮김, 갈라파고스, 2006) 53쪽

눈부실 정도로 화려한

: 눈부실 정도로 화려한 자태

→ 눈부신 맵시

→ 눈부시구나 싶은 모습

> • **눈부시다** : 1. 빛이 아주 아름답고 황홀하다 2. 활약이나 업적이 뛰어나다
> • **황홀하다(恍惚-)** : 1. 눈이 부시어 어릿어릿할 정도로 찬란하거나 화려하다
> • **찬란하다(燦爛-)** : 1. 빛이 번쩍거리거나 수많은 불빛이 빛나는 상태이다 2. 빛깔이나 모양 따위가 매우 화려하고 아름답다
> • **화려하다(華麗-)** : 환하게 빛나며 곱고 아름답다

빛이 아주 아름답고 황홀한 모습을 가리켜 '눈부시다'라 하는데, '황홀하다'는 "눈이 부실 만큼 찬란하거나 화려하다"를 가리킨다고 해요. 돌림풀이예요. 더욱이 '찬란하다'나 '화려하다'는 모두 '아름답다'를 가리켜요. "눈부실 정도로 화려한"처럼 쓰면 겹말입니다. 한국말사전에 나오는 뜻풀이도 모두 겹말풀이에다가 돌림풀이가 되고요. '눈부시다' 한 마디면 넉넉하고, '아름답다'를 알맞게 쓰면 됩니다.

• **지금은 눈부실 정도로 화려한 자태를 뽐내고 있었다**

→ 이제는 눈부신 맵시를 뽐낸다

→ 이제는 눈부시구나 싶은 모습을 뽐낸다

《정글 이야기》 (러드야드 키플링/햇살과나무꾼 옮김, 시공주니어, 2005) 64쪽

• **눈부시게 화려하진 않겠지만 반짝이던 청춘을 온힘을 다해 지나왔다는 것을**

→ 대단히 눈부시진 않겠지만 반짝이던 젊음을 온힘을 다해 지나왔음을

→ 아주 눈부시진 않겠지만 반짝이던 젊음을 온힘을 다해 지나왔다고

《우리말 꽃이 피었습니다》 (오리여인, 시드페이퍼, 2016) 67쪽

눈빛이 빛나고

: 다짐의 눈빛이 빛나고 있었어요

→ 다짐으로 눈이 빛났어요

→ 다짐하는 눈빛이었어요

> • **눈빛** : 1. 눈에 나타나는 기색 2. 눈에서 비치는 빛. 또는 그런 기운
> • **빛나다** : 1. 빛이 환하게 비치다 4. 눈이 맑은 빛을 띠다

→ 다짐하는 눈이 반짝여요

눈에서 나는 빛이니 '눈빛'이에요. 빛이 나기에 '빛나다'이지요. "눈빛이 빛나고 있었어요"라 하면 겹말입니다. "눈이 빛났어요"로 손질하거나 '눈빛이었어요'로 손질합니다. 또는 "눈이 반짝여요"나 "눈이 반짝거려요"나 "눈이 반짝반짝해요"로 손볼 수 있어요.

- **절대로 굴복하지 않겠다는 다짐의 눈빛이 빛나고 있었어요**
→ 다시는 머리 숙이지 않겠다는 다짐으로 눈이 빛났어요
→ 앞으로는 고개 숙이지 않겠다고 다짐하는 눈빛이었어요
→ 이제 무릎 꿇지 않겠다고 다짐하는 눈이 반짝여요

《콩팥풀 삼총사》 (유승희, 책읽는곰, 2017) 85쪽

눈썹의 미간

: **두 눈썹의 미간이 좁아졌다**
→ 두 눈썹 사이가 좁아졌다
→ 눈썹 사이가 좁아졌다

○ **미간(眉間)** : = 양미간
○ **양미간(兩眉間)** : 두 눈썹의 사이

'미(眉)'라는 한자는 '눈썹'을 가리켜요. '미간·양미간'이라는 한자말은 "눈썹 사이"를 나타내지요. '미간 = 눈썹(眉) + 사이(間)'이니까요. "두 눈썹의 미간"처럼 쓰면 겹말이에요. 그냥 "두 눈썹 사이"나 "눈썹 사이"로 손질해 줍니다.

- **얼굴 표정이 심각하다. 두 눈썹의 미간이 좁아졌다**
→ 얼굴빛이 무겁다. 두 눈썹 사이가 좁아졌다
→ 얼굴빛이 깊고 무겁다. 눈썹 사이가 좁아졌다

《아나스타시아 7 삶의 에너지》 (블라지미르 메그레/한병석 옮김, 한글샘, 2012) 69쪽

눈을 실명하다

: **한쪽 눈을 실명하고 말았다**

→ 한쪽 눈을 잃고 말았다

> ◦ **실명(失明)** : 시력을 잃어 앞을 못 보게 됨

눈을 잃는 일을 한자말로 '실명'이라 하니, "눈을 실명하고"처럼 쓰면 겹말이에요. 한자말 '실명'을 굳이 쓰고 싶다면 "닭은 끝내 한쪽을 실명하고"처럼 써 볼 수 있겠지요. 그러나 "눈을 잃고"라 쓰면 쉬우면서 부드럽지요. 한결 쉬우면서 부드럽게 말을 하려고 생각하며 애쓴다면 겹말을 말끔히 털 수 있으리라 봅니다.

• **닭은 결국 한쪽 눈을 실명하고 말았다**

→ 닭은 끝내 한쪽 눈을 잃고 말았다

《교실 일기》 (소노다 마사하루/오근영 옮김, 양철북, 2006) 69쪽

뉘앙스 어투

: **깔아뭉개는 식의 어투나 뉘앙스**

→ 깔아뭉개는 말버릇이나 말씨

→ 깔아뭉개는 말씨

→ 깔아뭉개는 말

→ 깔아뭉개듯이 하는 말

→ 깔아뭉개는 느낌인 말

> ◦ **어투(語套)** : = 말투
> ◦ **뉘앙스(ㅍnuance)** : 음색, 명도, 채도, 색상, 어감 따위의 미묘한 차이. 또는 그런 차이에서 오는 느낌이나 인상. '느낌', '말맛', '어감'으로 순화
> ◦ **말투(-套)** : 말을 하는 버릇이나 본새
> ◦ **말맛** : = 어감
> ◦ **어감(語感)** : 말소리나 말투의 차이에 따른 느낌과 맛. '말맛'으로 순화

'어투'는 '말투'를 뜻하고, '뉘앙스'는 '말맛'이나 '어감'으로 고쳐쓸 낱말입니다. 두 한자말하고 프랑스말은 '말씨'를 가리킨다고 할 만하기에 "깔아뭉개는 식의 어투나 뉘앙스"라고 하면 겹말이에요. "깔아뭉개는 말투"나 "깔아뭉개는 말씨"로 손질해 줍니다. "깔아뭉개는 말"이라고만 해도 되고, "깔아뭉개듯이 하는 말"이나 "깔아뭉개는 듯한 말"로 손볼 수 있어요. "깔아뭉개려는 말씨"나 "깔아뭉개는 느낌인 말마디"로 손보아도 됩니다.

- **자기도 모르는 사이에 한국인을 깔아뭉개는 식의 어투나 뉘앙스가 많이 늘었어**

→ 그 사람도 모르는 사이에 한국사람을 깔아뭉개는 말씨가 많이 늘었어

→ 스스로 모르는 사이에 한국사람을 깔아뭉개는 말이 많이 늘었어

《남편이 일본인입니다만》 (케이, 모요사, 2016) 74쪽

느긋한 여유

: **여유를 즐기는 느긋한 스타일의 사람**

→ 느긋함을 즐기는 사람

→ 느긋한 사람

→ 느긋하게 사는 사람

> ◦ **느긋하다** : 마음에 흡족하여 여유가 있고 넉넉하다
> ◦ **여유(餘裕)** : 1. 물질적·공간적·시간적으로 넉넉하여 남음이 있는 상태 2. 느긋하고 차분하게 생각하거나 행동하는 마음의 상태

한국말 '느긋하다'는 "여유가 있다"를 뜻한다고 하며, 한자말 '여유'는 '느긋한' 마음을 뜻한다고 해요. "여유를 즐기는 느긋한 스타일"이라고 하면 겹말입니다. "느긋함을 즐기는 느긋한 스타일"이나 "여유를 즐기는 여유로운 스타일"은 영 말이 안되어요. 이 보기글은 단출하게 "느긋한 사람"이라고만 하면 넉넉하지 싶어요. 뜻은 겹칠 수 있지만 "느긋하고 넉넉한 사람"이라든지 "느긋하고 너그러운 사람"이라든지 "느긋하고 차분한 사람"이라고 해 볼 수 있을 테지요.

- **나는 그렇게 사색과 여유를 즐기는 느긋한 스타일의 사람도 아니다**

→ 나는 그렇게 생각에 잠기며 느긋한 사람도 아니다

→ 나는 그렇게 깊이 생각하며 느긋한 사람도 아니다

→ 나는 그렇게 생각이 깊거나 느긋한 사람도 아니다

《17+i, 사진의 발견》 (김윤수, 바람구두, 2007) 203쪽

- **느긋하게 있을 여유는 없지만**

→ 느긋하게 있을 수는 없지만

→ 느긋할 수는 없지만

→ 틈을 낼 수는 없지만

《지어 보세, 전통 가옥 1》 (야마시타 카즈미/서수진 옮김, 미우, 2015) 55쪽

느끼고 감지

: 느끼고 감지하자

→ 느끼자

→ 느끼고 알자

> ◦ **감지(感知)** : 느끼어 앎

한자말 '감지'는 "느끼어 앎"을 뜻하니, "느끼고 감지하자"처럼 적으면 겹말이에요. "느끼자"라고만 쓰든지 "느끼고 알자"라고 쓸 노릇입니다. 쉽고 또렷하게 쓰려는 마음이 된다면 얄궂은 말씨를 곧바로 느끼거나 알아채리라 봅니다.

• 그냥 느끼고 감지하자

→ 그냥 느끼자

→ 그냥 느끼고 알자

→ 그냥 느껴서 알자

《당신이 플라시보다》 (조 디스펜자/추미란 옮김, 샨티, 2016) 403쪽

느끼고 의식

: 아프다라고 느끼는 … 어떠한지를 의식하는

→ 아프다라고 느끼는 … 어떠한지를 느끼는

→ 아프다라고 느끼는 … 어떠한지를 깨닫는

> ◦ **의식하다(意識-)** : 1. 어떤 것을 두드러지게 느끼거나 특별히 염두에 두다 2. 생각이 미치어 어떤 일이나 현상 따위를 깨닫거나 느끼다
> ◦ **느끼다** : 1. 감각 기관을 통하여 어떤 자극을 깨닫다 2. 마음속으로 어떤 감정 따위를 체험하고 맛보다 3. 어떤 사실, 책임, 필요성 따위를 체험하여 깨닫다 4. 특정한 대상이나 상황에 대하여 어떠하다고 생각하거나 인식하다
> ◦ **깨닫다** : 1. 사물의 본질이나 이치 따위를 생각하거나 궁리하여 알게 되다 2. 감각 따위를 느끼거나 알게 되다

무엇을 느끼거나 깨닫는다고 할 적에 '의식하다'라는 한자말을 쓴다고 합니다. 그

러니 "느끼는 … 의식하는"처럼 두 낱말을 잇달아 쓴다면 겹말 얼거리예요. 앞뒤 모두 '느끼는'을 쓰면 됩니다. 또는 뒤쪽을 '깨닫는'으로 손볼 만합니다. 한국말사전을 보면 '느끼다'를 '깨닫다'라는 낱말로 풀이하고, '깨닫다'는 '느끼다'라는 낱말로 풀이합니다. 돌림풀이로군요.

- **나는 마음이 아프다라고 느끼는 상황을 한번 생각해 보자. 내 마음이 어떠한지를 의식하는 데는**
- → 나는 마음이 아프다라고 느끼는 때를 한번 생각해 보자. 내 마음이 어떠한지를 느끼는 데는

《과학을 읽다》 (정인경, 여문책, 2016) 55쪽

느끼는 식감

: **처음 느끼는 식감인 듯**
- → 처음 느끼는 맛인 듯
- → 처음 먹어 본 듯
- → 처음 맛본 듯

> ∘ **식감** : x
> ∘ **감(感)** : 느낌이나 생각
> ∘ **느낌** : 몸의 감각이나 마음으로 깨달아 아는 기운이나 감정

'식감'이라는 낱말은 한국말사전에 없습니다. 아마 '식(食) + 감(感)'으로 적을 테고 '밥/먹다 + 느낌'일 테니 '밥느낌'이나 "먹는 느낌"을 가리키겠지요. 이리하여 "처음 느끼는 식감인 듯"이라 하면 겹말이에요. "처음 느끼는 맛인 듯"이나 "처음 먹는 느낌인 듯"으로 손질합니다. "처음 맛보는 듯"이나 "처음 느끼는 듯"으로 손질해 주어도 돼요.

- **처음 느끼는 식감인 듯 입 안에서 천천히 음미하듯이 떠먹었다**
- → 처음 느끼는 맛인 듯 입안에서 천천히 생각하듯이 떠먹었다
- → 처음 보는 맛인 듯 입안에서 천천히 느끼듯이 떠먹었다

《남편이 일본인입니다만》 (케이, 모요사, 2016) 138쪽

느낌을 느끼며

:   **친숙한 느낌을 느끼며**
→   살가움을 느끼며
→   살갑다고 느끼며

> ○ **느낌** : 몸의 감각이나 마음으로 깨달아 아는 기운이나 감정
> ○ **감각(感覺)** : 1. 눈, 코, 귀, 혀, 살갗을 통하여 바깥의 어떤
>   자극을 알아차림 2. 사물에서 받는 인상이나 느낌
> ○ **감정(感情)** : 어떤 현상이나 일에 대하여 일어나는 마음이나
>   느끼는 기분
> ○ **깨닫다** : 1. 사물의 본질이나 이치 따위를 생각하거나 궁리하여
>   알게 되다 2. 감각 따위를 느끼거나 알게 되다

"친숙한 느낌을 느끼며"처럼 쓰면 겹말이에요. "친숙함을 느끼며"나 "친숙하다고 느끼며"로 고쳐써야지요. 한자말 '친숙하다'를 더 손보면서 "살가움을 느끼며"나 "살갑다고 느끼며"로 고쳐쓸 수도 있어요. 한국말사전에 나온 '느낌' 뜻풀이를 살피다가 '감각'이나 '감정'이나 '깨닫다'라는 낱말을 찾아보니 여러모로 뒤죽박죽인 돌림풀이입니다. '감각'이나 '감정'을 '느낌·느끼다'로 풀이하는데, '느낌'을 "감각으로 깨달아 아는 감정"으로 풀이한다면 "느낌으로 깨달아 아는 느낌"인 말풀이인 얼거리예요. 더구나 '깨닫다'마저 '느끼다'라는 낱말을 넣어서 풀이하는 한국말사전이니 이를 어찌할까요.

• 내 아들 스튜어트가 이 땅이 주는 굳건하고 안정적이고 친숙한 느낌을 느끼며
  이곳에서 자라고
→ 우리 아들 스튜어트가 이 땅에서 굳건하고 차분하며 살가움을 느끼며 이곳에서
  자라고
→ 우리 아들 스튜어트가 이 땅이 굳건하고 차분하며 살갑다고 느끼며 이곳에서 자라고

《홀로 숲으로 가다》 (베른트 하인리히/정은석 옮김, 더숲, 2016) 139쪽

–는 와중

:   **그러는 와중에**
→   그러는데

170

→   그러다가

한국말사전을 보면 '가운데' 다섯째 풀이가 있는데, 이는 한자 '중(中)'을 새김으로만 옮겨서 잘못 쓰는 보기입니다. '중(中)'은 번역 말씨에다가 일본 말씨가 섞여서 잘못 퍼진 보기예요. 이러면서 '와중'이라는 한자말이 퍼지고, "-는 와중"이라는 겹말까지 나란히 퍼집니다. 영어에서 나타나는 현재진행형이라는 말씨를 일본에서는 '중(中)'이라는 한자를 써서 풀었고, 한국 지식인은 일제강점기에 이 일본 말씨를 고스란히 끌어들였어요. 이러다가 이 말씨를 어설피 한국말로 옮긴다면서 '가운데'를 엉뚱한 자리에 썼고, '중·와중·가운데'가 '-는'하고 맞물리면서 겹말이 되어요. "그러는 중·그러는 와중·그러는 가운데"는 모두 '그러다가'나 '그러는데'로 손질해 줍니다.

- **그러는 와중에 잭은 뗏목 바닥의 나무 막대기들이 느슨해지고 있는 걸 느꼈다**
→   그러다가 잭은 뗏목 바닥 나무 막대기들이 느슨해지는 줄 느꼈다
→   그런데 잭은 뗏목 바닥 나무 막대기들이 느슨해지는 줄 느꼈다

《겁없는 허수아비의 모험》 (필립 풀먼/양원경 옮김, 비룡소, 2009) 164쪽

- **그러던 와중에 김주열의 실종 소식이 들려왔다**
→   그러는 터에 김주열이 사라졌다는 얘기가 들려왔다
→   그러다가 김주열이 사라졌다는 얘기가 들려왔다

《우리는 현재다》 (공현·전누리, 빨간소금, 2016) 81쪽

-는 중

:   **계속 묻는 중이다**
→   자꾸 묻는다

→   잇달아 묻는다

→   내처 물어본다

"−는 중" 얼거리가 겹말인 줄 못 느끼는 분이 퍽 많습니다. 토씨 '−는'만 붙여도 한국말사전 말풀이처럼 "현재 일어남"을 나타내요. '중(中)'이라는 한자를 굳이 덧달 까닭이 없습니다. "묻는 중이다"가 아니라 "묻는다"라고만 해야 바로 이 자리에서 어떤 일이 일어나는구나 하고 나타내는 한국말 얼거리예요. 한국말사전을 살피면 "안간힘을 쓰고 있는 중이었다"나 "여러 가지 얘기를 하는 중에" 같은 보기글이 나와요. 겹말로 잘못 쓴 보기글인데, "쓰고 있는 중"은 "−고 있는"까지 더 들러붙은 '곱빼기 겹말'입니다. 이런 보기글은 "안간힘을 쓴다"나 "여러 가지 얘기를 하는데"로 손질해야 알맞아요. 한자로 '중'을 붙이는 말씨는 일본 말씨이기도 합니다. 이밖에 "자는 중에 받은 전화"는 "자는데 받은 전화"나 "자다가 받은 전화"로 손질하고, "집에 가는 중이야"는 "집에 가"나 "집에 가는 길이야"로 손질해 줍니다.

•   **화자가 계속 묻는 중이다**

→   말하는 이가 자꾸 묻는다

→   말하는 이가 내처 물어본다

《한글을 알면 영어가 산다》(김옥수, 비꽃, 2016) 267쪽

−는지 여부

:   **영향을 미치는지 여부와**

→   영향을 미치는지와

→   영향을 미치는지 아닌지와

"네가 먹는지 궁금하다" 하고 말할 적에는 "먹는지 안 먹는지" 궁금한 마음입니다. "우리가 가는지 모르겠어" 하고 말할 적에는 "가는지 안 가는지" 모른다는 뜻입니다. 한자말 '여부'는 "그러함과 그러하지 아니함"을 뜻한다고 합니다. "−는지 여

부” 얼거리로 쓸 적에는 겹말이 됩니다. ‘여부’는 덜면 돼요. ‘-는지’를 붙일 적에는 이러한가 이러하지 않은가를 묻는 마음을 나타내니, ‘-는지’만 써도 되고, 더 힘주어 말하고 싶다면 “-는지 아닌지” 얼거리로 적어 볼 만해요.

- **지구의 기후에 영향을 미치는지 여부와 그 방법에 대한 질문은 아직 해결되지 않았으며**
- → 지구 날씨에 영향을 미치는지와 어떻게 영향을 미치는가는 아직 풀리지 않았으며
- → 지구 날씨에 영향을 미치는지 아닌지와 어떻게 영향을 미치는가는 아직 수수께끼이며

《우주 100, 1》 (자일스 스패로/강태길 옮김, 청아출판사, 2016) 140쪽

늘 만년

: **늘 만년 2등을 했다**
- → 늘 2등을 했다
- → 한결같이 2등을 했다

> - **만년(萬年)** : 1. 오랜 세월 2. 언제나 변함없이 한결같은 상태
> - **늘** : 계속하여 언제나
> - **언제나** : 1. 모든 시간 범위에 걸쳐서. 또는 때에 따라 달라짐이 없이 항상
> - **변함없이(變-)** : 달라지지 않고 항상 같이
> - **한결같이** : 1. 처음부터 끝까지 변함없이 꼭 같이

한자말 ‘만년’은 “언제나 변함없이 한결같은” 모습을 가리킨다 하니, “늘 만년”이라 하면 겹말입니다. 그나저나 ‘만년’ 뜻풀이가 아주 얄궂습니다. ‘언제나’하고 ‘변함없이’하고 ‘한결같이’는 뜻이 서로 맞물려요. 세 낱말을 잇달아 적는 뜻풀이는 아주 엉성한 겹말풀이입니다. ‘만년’이라는 한자말 쓰임새를 살핀다면 ‘만년 : → 언제나. 한결같이’처럼 다른 낱말을 찾아보도록 뜻풀이를 가볍게 달아야지 싶습니다.

- **시험을 볼 때마다 반에서 늘 만년 2등을 도맡아 했다**
- → 시험을 볼 때마다 반에서 늘 2등을 도맡아 했다
- → 시험을 볼 때마다 반에서 한결같이 2등을 도맡아 했다

《우리는 60년을 연애했습니다》 (라오 핑루/남혜선 옮김, 월북, 2016) 67쪽

늘 변함없는

: **늘 변함없는**
→ 늘 같은
→ 늘 그대로인
→ 한결같은

- 늘 : 계속하여 언제나
- **언제나** : 모든 시간 범위에 걸쳐서. 또는 때에 따라 달라짐이 없이 항상
- **한결같이** : 처음부터 끝까지 변함없이 꼭 같이
- **변함없다(變-)** : 달라지지 않고 항상 같다
- **항상(恒常)** : 언제나 변함없이

한자 '변(變)'을 넣은 '변함없다'는 "항상 같다"를 뜻한다고 하는데, 한자말 '항상'은 "언제나 변함없이"를 뜻한다고 하니, 한국말사전은 돌림풀이입니다. 더군다나 '언제나'를 '항상'으로 풀이하니 아주 뒤죽박죽이에요. 한국말사전은 '늘'을 '언제나'로 풀이합니다. 곧 '늘 = 변함없이'가 되고, '변함없이 = 늘'이 되는 겹말 얼거리입니다. "늘 변함없는"은 "늘 같은"이나 "늘 똑같은"이나 "늘 그대로인"으로 손봅니다. 또는 '한결같이'로 고쳐쓸 수 있어요.

- **당신은 늘 변함없는 존재**
→ 그대는 늘 같은 사람
→ 너는 늘 그대로인 넋
→ 이녁은 한결같은 숨결

《모두의 노래》 (파블로 네루다/고혜선 옮김, 문학과지성사, 2016) 167쪽

늘 볼 수 있는 일상적

: **늘 볼 수 있는 민들레처럼 일상적인 것이든**
→ 늘 볼 수 있는 민들레 같은 것이든
→ 늘 볼 수 있어 흔한 민들레 같은 것이든
→ 늘 볼 수 있는 민들레처럼 널린 것이든

- **일상적(日常的)** : 날마다 볼 수 있는

'일상적'은 "날마다 볼 수 있는"을 뜻하니, "늘 볼 수 있는 일상적"처럼 쓰면 겹말이에요. 늘 보니까 날마다 볼 테지요. 보기글에서는 '일상적'을 털면 됩니다. "늘 볼

수 있다"는 대목을 좀 힘주어 말하고 싶다면 "늘 볼 수 있어 흔한"처럼 써 볼 수 있을 테지요. "어디에서나 늘 볼 수 있는"이나 "누구나 늘 볼 수 있는"처럼 써도 될 테고요.

- **늘 볼 수 있는 민들레처럼 일상적인 것이든 자연은 제각각 이야기를 품고 있다**
→ 늘 볼 수 있는 민들레 같은 것이든 자연은 저마다 이야기를 품는다
→ 늘 볼 수 있어 흔한 민들레 같은 것이든 자연은 저마다 이야기를 품는다
→ 늘 볼 수 있는 민들레처럼 널린 것이든 자연은 저마다 이야기를 품는다

《내가 제일 아끼는 사진》 (셔터 시스터스 엮음/윤영삼·김성순 옮김, 이봄, 2012) 45쪽

늘상

: **늘상**
→ 늘
→ 노상
→ 언제나
→ 한결같이

- 늘상(-常) : → 늘
- 常 : 항상 상
- 항상(恒常) : 언제나 변함없이
- 늘 : 계속하여 언제나

한국말사전을 보면 '늘상'을 '늘'로 바로잡아야 한다고 나옵니다. 마땅한 노릇이에요. '늘 + 상(常)'인 '늘상'인데 '상(常)'은 '항상'을 가리키거든요. 한국말사전에서 '늘'을 찾아보면 '언제나'로 풀이합니다. '언제나'를 다시 찾아보면 "모든 시간 범위에 걸쳐서. 또는 때에 따라 달라짐이 없이 항상"으로 풀이해요. 한국말사전은 '늘 = 언제나'로 풀이하고 '항상 = 언제나'로 풀이하는데 '언제나 = 항상'으로 풀이하고 말아요. 한자말 '항상'을 풀이하면서 '변함없이'를 넣고, 한국말 '언제나'를 풀이하면서 '달라짐이 없이'를 넣는데, '변(變)함없이 = 달라짐이 없이'이기도 합니다.

- **늘상 몸을 맡겼던 식탁의자**
→ 늘 몸을 맡겼던 식탁의자
→ 노상 몸을 맡겼던 밥상 걸상
→ 으레 몸을 맡겼던 밥상맡 걸상

《뒷북을 쳤다》 (김양아, 문학의전당, 2016) 22쪽

- **늘상 친척들로 북적대던 집이 조용했다**
→ 늘 친척들로 북적대던 집이 조용했다
→ 언제나 친척들로 북적대던 집이 조용했다

《배우는 삶 배우의 삶》 (배종옥, 마음산책, 2016) 80쪽

늙은 노목

: **늙어버린 노목이다**
→ 늙어버린 나무이다
→ 너무 오래 산 나무이다

> ○ **노목(老木)** : 오래 살아 생장 활동이 활발하지 못한 나무

'노목'이라는 한자말은 "늙다(老) + 나무(木)" 얼거리입니다. "늙어버린 노목"이라고 하면 겹말이에요. "늙어버린 나무"나 "오래 산 나무"나 "너무 오래 산 나무"처럼 손질해 줍니다. 더 헤아려 본다면 '늙은나무'나 '늙나무' 같은 새말을 지어 볼 만합니다. 이제 갓 싹이 트며 자라는 나무를 '어린나무'라 하듯이, 오래 산 나무라면 '늙은나무 · 늙나무'라 해 볼 만합니다.

- **우리는 돌아왔다. 또 다시 대지의 먼지로부터 태어났다. 난 이미 늙어버린 노목이다**
→ 우리는 돌아왔다. 또다시 이 땅 먼지에서 태어났다. 난 이미 늙어버린 나무이다
→ 우리는 돌아왔다. 또다시 이 땅 먼지에서 태어났다. 난 너무 오래 산 나무이다

《지구빙해사기 하》 (다니구치 지로/장지연 옮김, 미우, 2016) 123쪽

늙은 노인

: **아주 늙은 노인이었는데**
→ 아주 노인이었는데
→ 아주 늙은 사람이었는데
→ 아주 늙은 분이었는데

> ○ **늙다** : 사람이나 동물, 식물 따위가 나이를 많이 먹다
> ○ **노인(老人)** : 나이가 들어 늙은 사람

→   아주 늙은 어르신이었는데

→   아주 늙었는데

나이가 어리니 '어린이'요, 나이가 젊으니 '젊은이'이며, 나이가 늙어 '늙은이'입니다. 어린이한테 "어린 어린이"라 하지 않고, 젊은이한테 "젊은 젊은이"라 하지 않으며, 늙은이한테 "늙은 늙은이"라 하지 않아요. 이 글월처럼 "늙은 노인"으로 쓰면 겹말이에요. '노인'이라는 한자말은 "늙은 사람(늙은이)"을 가리키니까요. 많이 늙었다고 한다면 "많이 늙은 사람"이나 "아주 늙은 분"이나 "매우 늙은 어르신"처럼 쓸 수 있어요. 이밖에 하나를 더 헤아려 봅니다. '어린 + 이'나 '젊은 + 이'나 '늙은 + 이'처럼 낱말을 지을 수 있으니 '씩씩이'나 '튼튼이'나 '똑똑이'나 '걷는이'나 '읽는이' 같은 낱말도 재미나게 써 볼 만해요.

•   **가죽 끈으로 채찍과 올가미 줄을 꼬고 있는 아주 늙은 노인이었는데**

→   가죽 끈으로 채찍과 올가미 줄을 꼬는 아주 늙은 분이었는데

→   가죽 끈으로 채찍과 올가미 줄을 꼬는 아주 늙은 어르신이었는데

《빅토르 하라》(조안 하라/차미례 옮김, 삼천리, 2008) 173쪽

능하다면 뛰어나다

:   **능하다면 … 뛰어나다**

→   뛰어나다면 … 뛰어나다

→   빼어나다면 … 뛰어나다

→   훌륭하다면 … 뛰어나다

→   잘한다면 … 뛰어나다

- **능하다(能-)** : 어떤 일 따위에 뛰어나다
- **뛰어나다** : 남보다 월등히 훌륭하거나 앞서 있다
- **훌륭하다** : 썩 좋아서 나무랄 곳이 없다

외마디 한자말 '능하다'는 '뛰어나다'를 가리킵니다. 이 보기글처럼 앞에서는 '능하다'를 쓰고 바로 뒤에서는 '뛰어나다'를 쓰면 겹말이에요. 앞뒤를 다른 낱말로 쓰고 싶다면 앞에서는 '빼어나다'나 '훌륭하다'나 '잘하다' 같은 말을 넣을 만합니다. 한국말사전을 살피니 '뛰어나다'를 풀이하면서 '훌륭하다'라는 낱말을 쓰는데, 이 대목은 고쳐야지 싶습니다. '뛰어나다'하고 '훌륭하다'는 뜻이나 느낌이 비슷해도 서

로 다른 낱말입니다.

- **영국 여자들이 자신의 과거를 감추는 데 능하다면, 미국 처녀들은 자신의 부모를 숨기는 데 아주 뛰어나다**
→ 영국 여자들이 제 지난날을 감추는 데 **빼어나다면**, 미국 아가씨들은 제 어버이를 숨기는 데 아주 뛰어나다
→ 영국 여자들이 제 지난날을 훌륭히 감춘다면, 미국 아가씨들은 제 어버이를 아주 뛰어나게 숨긴다
→ 영국 여자들이 제 지난날을 멋지게 감춘다면, 미국 아가씨들은 제 어버이를 아주 뛰어나게 숨긴다

《오스카리아나》 (오스카 와일드/박명숙 옮김, 민음사, 2016) 555쪽

다 그린 완성

:　**다 그린 뒤에는 완성의 뿌듯함을**

→　다 그린 뒤에는 뿌듯함을

→　다 그린 뒤에는 끝냈다는 뿌듯함을

→　다 그린 뒤에는 해냈다는 뿌듯함을

- **완성(完成)** : 완전히 다 이룸
- **완전하다(完全-)** : 필요한 것이 모두 갖추어져 모자람이나 흠이 없다

'완성'은 "완전히 다 이룸"을 가리킨다고 하니, "다 그린 뒤에는 완성의 뿌듯함을"처럼 쓰면 겹말이에요. 그림을 "다 그렸다"고 한다면, 이는 '완성했다'는 소리요, "완성의 뿌듯함"이란 "다 그린 뿌듯함"을 가리키기 때문입니다. 이 글월은 "다 그린 뒤에는 뿌듯함을"로 손보면 될 텐데, 뿌듯한 모습을 힘주어 밝히고 싶다면 "끝냈다는 뿌듯함"이나 "마쳤다는 뿌듯함"이나 "해냈다는 뿌듯함"처럼 써 볼 만합니다.

- **그리는 동안은 색을 골라 칸칸이 채색하는 재미를, 다 그린 뒤에는 완성의 뿌듯함을 느끼게 될 거예요**

→　그리는 동안은 빛깔을 골라 칸칸이 채우는 재미를, 다 그린 뒤에는 마쳤다는 뿌듯함을 느껴요.

→　그리는 동안은 빛깔을 골라 칸칸이 채우는 재미를, 다 그린 뒤에는 해냈다며 뿌듯해 해요

《아티스트맘의 참 쉬운 미술놀이》 (안지영, 길벗, 2016) 143쪽

다르게 변화

:　**다르게 변화했다고**

→　다르게 되었다고

→　달라졌다고

→　바뀌었다고

- **변화(變化)** : 사물의 성질, 모양, 상태 따위가 바뀌어 달라짐
- **바꾸다** : 1. 원래 있던 것을 없애고 다른 것으로 채워 넣거나 대신하게 하다
- **달라지다** : 변하여 전과는 다르게 되다

'변화'는 "바뀌어 달라짐"을 뜻한다고 하는데, '바뀌다'나 '달라지다'는 "'다르게' 되

는" 모습을 가리켜요. 한자말 '변화'는 뜻풀이가 겹말풀이입니다. '변화 = 다르게 됨'을 가리키니 "다르게 변화했다고"라 하면 겹말이에요. "다르게 되었다고"로 고쳐쓰거나 '달라졌다고'나 '바뀌었다고'로 손질해 줍니다.

- **이 언어가 시간이 흐름에 따라 원래의 형태와는 다르게 변화했다고 단정할 수 있다**
- → 이 말이 시간이 흐르면서 처음 모습과는 다르게 되었다고 잘라 말할 수 있다
- → 이 말이 시간이 흐르는 동안 첫 모습과는 달라졌다고 잘라 말할 수 있다

《소쉬르의 마지막 강의》(페르디낭 드 소쉬르/김성도 옮김, 민음사, 2017) 111쪽

다르고 천차만별

: **이유도 달랐고 느낌도 천차만별이다**
→ 까닭도 달랐고 느낌도 달랐다
→ 까닭도 느낌도 달랐다
→ 까닭과 느낌 모두 달랐다
→ 까닭이며 느낌이며 모두 달랐다

> ○ **천차만별(千差萬別)** : 여러 가지 사물이 모두 차이가 있고 구별이 있음
> ○ **차이(差異)** : 서로 같지 아니하고 다름
> ○ **구별(區別)** : 성질이나 종류에 따라 차이가 남

'천차만별'은 "차이가 있고 + 구별이 있음"을 가리킨다는데, '차이'는 "같지 아니하고 다름"을 가리키고, '구별'은 "차이가 남"을 가리킨다고 해요. "같지 아니하고 다름" 같은 말풀이는 "다르고 다름"이라는 소리입니다. 겹말풀이예요. 게다가 '구별 = 차이'인 꼴이니 '천차만별 = 차이가 있고 + 차이가 남'인 셈이라 겹말풀이입니다. '천차만별·차이·구별' 모두 '다름'을 나타내요. "이유도 달랐고 느낌도 천차만별이다"처럼 쓰면 여러모로 얄궂은 겹말입니다.

- **저마다 찾아온 이유도 달랐고, 섬을 여행하는 느낌도 천차만별이다**
- → 저마다 찾아온 까닭도 달랐고, 섬을 여행하는 느낌도 달랐다
- → 저마다 찾아온 까닭도 달랐고, 섬을 여행하는 느낌도 갖가지이다

《섬에 홀려 필름에 미쳐》(김영갑, 하날오름, 1996) 199쪽

다른 대안

: **다른 대안은**

→ 다른 길은

→ 다른 삶은

→ 다른 생각은

→ 새로운 생각은

→ 새로운 길은

○ **대안(代案)** : 어떤 안(案)을 대신하는 안
○ **대안(對案)** : 어떤 일에 대처할 방안

'대안'이라는 한자말은 '代案'이나 '對案'일 텐데, '대안'이라는 한자말을 쓰는 사람은 두 가지 가운데 어느 하나라고 콕 집어서 느끼지는 않으리라 봅니다. 그냥 '대안'이라고 쓰리라 봅니다. '대안(代案)'은 "대신하는 안"이라고 해요. '대신(代身)하다'는 "어떤 대상의 자리나 구실을 바꾸어서 새로 맡다"를 가리킨다고 합니다. 이 한자로 쓴 '대안'이라면 "바꾸는 안"이나 "새로운 안"이나 "새로 맡는 안"을 나타내는 셈입니다. '대안(對案)'은 "어떤 일에 대처할 방안"이라고 해요. '대처(對處)하다'는 "어떤 정세나 사건에 대하여 알맞은 조치를 취하다"를 가리키고, '조치(措置)'는 "벌어지는 사태를 잘 살펴서 필요한 대책을 세워 행함"을 가리키며 '대책(對策)'은 "어떤 일에 대처할 계획이나 수단"을 가리킨다고 합니다. 빙글빙글 도는 말풀이가 제자리로 돌아오는데, 아무튼 이 한자로 쓴 '대안'이라면 "맞이할 방안"이나 "마주할 방안"을 나타내는 셈입니다. 어느 한자말을 쓰든 '대안'은 예전 길로는 갈 수 없다는 느낌을 나타냅니다. 예전 길은 그만두고 '다른' 길이나 '새로운' 길로 가야 한다는 느낌을 나타내지요. 이리하여 우리가 생각할 대목은 바로 '다름'과 '새로움'입니다. "새로운 생각"이나 "새로운 길"이나 "다른 생각"이나 "다른 길"이라고 말하면 됩니다. 새롭게 바라보려 하기에 "대안 찾기"를 한다고 말할 테고, 다르게 나아가려 하기에 '대안'을 놓고 생각을 모읍니다. 이러한 뜻을 바탕으로 '새길찾기'나 '새꿈찾기'나 '새삶찾기'나 '새넋찾기'처럼 새로운 낱말을 빚어서 써 볼 수 있습니다.

• **그렇다고 체념하는 것 말고 다른 대안은 정말 없는 걸까**

→ 그렇다고 한숨쉬기 말고 다른 길은 참말 없을까

→ 그렇다고 한숨쉬기 말고 새로운 길은 참말 없을까

《아이들의 이름은 오늘입니다》 (요한 크리스토프 아놀드/원마루 옮김, 포이에마, 2014) 19쪽

- **다른 대안이 뭐가 있었을까?**
- → 다른 길이 뭐가 있었을까?
- → 다른 수로 뭐가 있었을까?

《나는 이제 참지 않고 살기로 했다》 (니콜 슈타우딩거/장혜경 옮김, 갈매나무, 2016) 106쪽

다른 별도의 존재

: **어른들과는 다른 별도의 존재로**

→ 어른과는 다르게

→ 어른과는 다른 사람으로

→ 어른과는 다른 넋으로

> ○ **다른** : 당장 문제되거나 해당되는 것 이외의 ≒ 딴
> ○ **딴** : 1. 아무런 관계가 없이 다른 2. = 다른
> ○ **별도(別途)** : 1. 원래의 것에 덧붙여서 추가한 것
>   2. 딴 방면

한자말 '별도'는 "덧붙여서 추가한" 것이나 '딴' 방면을 가리킨다고 하는데, '추가 (追加)'는 "나중에 더 보탬"을 뜻하기에, 이 뜻풀이는 겹말풀이입니다. '덧붙이다'하고 '추가하다'가 겹치지요. 그리고 '딴 = 다른'인 터라, "다른 별도의 존재"처럼 쓰면 겹말이에요. 보기글에서는 '별도의'를 덜어야겠고, "다른 존재"라는 말마디를 "다른 사람"이나 "다른 넋"으로 손보거나 '다르게'로 손볼 수 있습니다.

- **특정 연령대의 사람들을 어른들과는 다른 별도의 존재로 생각하기 시작했다**
- → 어떤 나이인 사람들을 어른과는 다르게 생각하였다
- → 어느 또래들을 어른과는 다른 사람으로 생각하였다

《우리는 현재다》 (공현·전누리, 빨간소금, 2016) 54쪽

다른 아이들과 다름없이

: **다른 아이들과 다름없이**

→ 다른 아이들과 같이

→ 다른 아이들과 똑같이

> ○ **다름없다** : 견주어 보아 같거나 비슷하다

183

→   다른 아이들처럼

→   다른 아이들마냥

'다름없다'는 '같다'를 뜻해요. 그런데 '다름없다 = 다름 + 없다'이지요. "다른 아이들과 다름없이"라 하면 "다른 아이들과 '다른' 모습이 없이"라 한 셈이니 겹말입니다. "다른 아이들과 같이"로 고치거나 "다른 아이들처럼"으로 손질합니다. "다른 아이들마냥"이나 "다른 아이들하고 나란히"로 손보아도 돼요.

•   **어느새 마을의 다른 아이들과 다름없이 볕에 그을린 씩씩한 아이로 바뀌었다**

→   어느새 마을 다른 아이들과 같이 볕에 그을린 씩씩한 아이로 바뀌었다

→   어느새 마을 다른 아이들처럼 볕에 그을린 씩씩한 아이로 바뀌었다

《동토의 여행자》(다니구치 지로/김성구 옮김, 샘터, 2008) 153쪽

다른 여타의

:   **다른 여타의 지도자들에게는**

→   다른 지도자들한테는

→   다른 여러 지도자들한테는

→   이밖에 다른 지도자들한테는

> ◦ **여타(餘他)** : 그 밖의 다른 것

"그밖에 다른"을 가리키는 '여타'이니 "다른 여타의"처럼 쓰면 "다른 그밖에 다른" 꼴이지요. 그냥 '다른'이라고만 하거나 "이밖에 다른"이나 "그밖에 다른"처럼 쓰면 홀가분하면서 올바릅니다.

•   **다른 여타의 지도자들에게는 이를 기대할 수 없는 형편이다**

→   다른 지도자들한테는 이를 바랄 수 없는 노릇이다

→   다른 여러 지도자들한테는 이를 바랄 수 없는 노릇이다

→   이밖에 다른 지도자들한테는 이를 바랄 수 없다

《인권운동》(린다 H.존스/안재웅 옮김, 종로서적, 1988) 32쪽

다른 이질적

: **다른 시각에서 해석하고 … 이질적인 내용을 다룬다고는**

→ 다른 눈길로 풀이하고 … 다른 줄거리를 다룬다고는

→ 다른 눈으로 풀어내고 … 다른 줄거리를 다룬다고는

> ∘ **이질적(異質的)** : 성질이
> 다른. 또는 그런 것. '다름',
> '서로 다름'으로 순화

'다른'을 뜻하는 한자말 '이질적'입니다. 한국말사전은 '이질적'을 '다름 · 서로 다름' 으로 고쳐써야 한다고 풀이합니다. 보기글처럼 '다른'하고 '이질적'을 나란히 쓰면 겹말 얼거리예요. 앞이나 뒤 모두 '다른'으로 적으면 돼요. 한쪽을 "서로 다른"으로 적을 수 있고, "사뭇 다른"이나 "아주 다른"으로 적는다든지 '동떨어진'이나 '엉뚱 한'으로 적어 볼 수 있어요.

• **같은 텍스트를 읽고 서로 다른 시각에서 해석하고 토론하잖아요. 그렇다고 그들이 이질적인 내용을 다룬다고는 할 수 없겠죠**

→ 같은 글을 읽고 서로 다른 눈길로 풀이하고 얘기하잖아요. 그렇다고 그들이 다른 줄거리를 다룬다고는 할 수 없겠죠

→ 같은 글을 읽고 서로 다른 눈으로 풀어내고 얘기하잖아요. 그렇다고 그들이 엉뚱한 줄거리를 다룬다고는 할 수 없겠죠

《통일교육 어떻게 할까?》 (김현희와 다섯 사람, 철수와영희, 2016) 190쪽

다른 차별되는

: **다른 동물과 차별되는**

→ 여느 동물과 다른

→ 여느 짐승이 못 갖춘

→ 다른 짐승과 갈리는

→ 다른 짐승한테 없는

> ∘ **차별되다(差別-)** : 둘 이상의 대상이 각각 등급이나 수준
> 따위의 차이가 두어져서 구별되다
> ∘ **차이(差異)** : 서로 같지 아니하고 다름
> ∘ **구별되다(區別-)** : 성질이나 종류에 따라 차이가 나다

"차이가 두어져서 구별되다"를 가리킨다는 '차별되다'라고 하는데, '차이 = 다름'을

가리키고 '구별되다 = 차이가 나다'를 가리킨다고 해요. '차별되다 = 달라서 차이가 나다 = 달라서 다르다' 꼴입니다. 한국말사전 말풀이로도 벌써 겹말입니다. "다른 동물과 차별되는"은 더할 나위 없이 겹말입니다. "여느 짐승과 다른"으로 손보거나 "다른 짐승한테 없는"으로 손봅니다.

- **인간은 다른 동물과 차별되는 지적인 능력을 타고났다**
→ 사람은 다른 짐승과 갈리는 똑똑한 머리를 타고났다
→ 사람은 여느 짐승과 다르게 슬기로운 머리를 타고났다

《과학을 읽다》 (정인경, 여문책, 2016) 52쪽

다른 차이점

: **다른 차이점을 가지고 있음을**
→ 다른 줄을
→ 다름을

> ○ **차이(差異)** : 서로 같지 아니하고 다름
> ○ **다르다** : 비교가 되는 두 대상이 서로 같지 아니하다

한자말 '차이'는 '다름'을 뜻합니다. "다른 차이점"은 겹말입니다. 도무지 말이 될 수 없는 겹말입니다. 그런데 '차이'를 풀이한 한국말사전을 보면 "같지 아니하고 다름"으로 적어요. '같지 아니함 = 다름'일 텐데요. 한국말사전 말풀이마저 엉뚱하게 겹말입니다.

- **그 사용처와 기능에 있어서 전혀 다른 차이점을 가지고 있음을 알 수 있다**
→ 쓰는 곳과 구실이 아주 다른 줄 알 수 있다
→ 쓰는 데와 구실이 매우 다른 줄 알 수 있다
→ 쓰는 자리와 몫이 사뭇 다른 줄 알 수 있다
→ 쓰임새와 몫이 서로 다른 줄 알 수 있다

《옛 전돌》 (김성구, 대원사, 1999) 37쪽

- **차이를 인정하지 않고, 다름을 존중하지 않으면**
→ 다름을 받아들이지 않고, 섬기지 않으면
→ 다른 모습을 안 받아들이고 안 섬기면

《위! 아래!》 (이월곡, 분홍고래, 2016) 49쪽

다른 타기능

: **다른 조치 없이 타기능을 기대하면**

→ 다른 조치 없이 너무 많은 기능을 바라면

→ 다른 조치 없이 여러 기능을 바라면

→ 다른 조치 없이 온갖 기능을 바라면

→ 다른 조치 없이 새 기능을 바라면

> ◦ **타(他)** : 1. 다른 사람 2. '다른'의 뜻을 나타내는 말

'다른'을 뜻한다는 한자 '타(他)'이니 "다른 조치 없이 타기능을 기대하면"은 겹말입니다. '타기능'은 "다른 기능"으로 손보면 돼요. '다른'만 잇달아 쓰기보다는 뒤쪽을 "너무 많은 기능"이나 "여러 기능"이나 "새 기능"이나 "이런저런 기능"이나 "수많은 기능"으로 손보면 한결 어울리겠다고 봅니다.

• **본래의 기능을 잊어버리고 다른 조치 없이 타기능을 기대하면 불편함은 틀림없다**

→ 제 구실을 잊어버리고 다른 조치 없이 온갖 기능을 바라면 틀림없이 불편하다

→ 제 구실을 잊어버리고 다른 조치 없이 새 기능을 바라면 틀림없이 번거롭다

《좋은 길은 좁을수록 좋고 나쁜 길은 넓을수록 좋다》 (김수근, 공간사, 1989) 100쪽

다른 타인

: **나와 다른 타인**

→ 나와 다른 사람

→ 나와 다른 삶

→ 나와 다른 길

→ 나와 다르게 사는 남

→ 나와 다르게 있는 남

→ 나와 다르게 보는 남

→ 나 아닌 남

→ 나 아닌 사람

> ◦ **타인(他人)** : 다른 사람

"다른 사람"을 뜻하는 한자말 '타인'입니다. "다른 타인"이라고 하면 겹말이에요. '타인'이라는 한자말을 쓰고 싶다면 "나 아닌 타인"으로 쓸 노릇입니다. '타인' 같은 한자말은 안 쓰려 한다면 "나와 다른 사람"이나 "나 아닌 남"으로 쓰면 돼요. 또는 "나와 다른 삶"이나 "나와 다르게 보는 남"처럼 써 볼 수 있습니다.

- **언제쯤 난 나와 다른 타인을 완전히 인정할 수 있을까**
- → 언제쯤 난 나와 다른 사람을 모두 받아들일 수 있을까
- → 언제쯤 난 나 아닌 남을 모두 받아들일 수 있을까
- → 언제쯤 난 나와 다른 길을 오롯이 맞아들일 수 있을까
- → 언제쯤 난 나와 다른 삶을 그대로 바라볼 수 있을까

《조선희의 힐링 포토》 (조선희, 황금가지, 2005) 265쪽

다름의 차이

: **다름의 차이를 알아차리고**
→ 무엇이 다른지를 알아차리고
→ 서로 어떻게 다른지를 알아차리고
→ 나와 어떻게 다른지를 알아차리고
→ 여느 아이와 얼마나 다른지를 알아차리고

> ◦ **차이(差異)** : 서로 같지 아니하고 다름

말뜻 그대로 '다름'을 뜻할 뿐인 한자말 '차이'입니다. "다름의 차이"처럼 쓰면 겹말이에요. "다름의 다름"이 되는 꼴인데, "다름의 다름"이란 무엇일까요? "무엇이 다른지를"이나 "어떻게 다른지를"이나 "서로 무엇이 다른지를"이나 "나와 어떻게 다른지를"처럼 손질해 줍니다.

- **머리가 좋고 영악한 아이일수록 다름의 차이를 금세 알아차리고 행동한다**
- → 머리가 좋고 약은 아이일수록 무엇이 다른지를 금세 알아차리고 움직인다
- → 머리가 좋고 약빠른 아이일수록 나와 어떻게 다른지를 곧 알아차리고 움직인다

《작은 여자 큰 여자, 사이에 낀 두 남자》 (장차현실, 한겨레출판, 2008) 58쪽

다리 교

: **오래된 다리 … 완녠교와 타이핑교**

→ 오래된 다리 … 완녠다리와 타이핑다리

> ○ **다리** : 1. 물을 건너거나 또는 한편의 높은 곳에서 다른 편의 높은 곳으로 건너다닐 수 있도록 만든 시설물
> ○ **-다리** : x
> ○ **-교** : x
> ○ **교량(橋梁)** : 시내나 강을 사람이나 차량이 건널 수 있게 만든 다리. '다리'로 순화

물이나 골짜기나 비탈이나 어느 곳이든 가로질러서 건너도록 놓은 자리를 가리켜 '다리'라 합니다. 그런데 한국에서는 다리를 놓고서 '다리'라는 이름을 붙이기보다는 '−교(橋)'라는 한자를 붙이기를 무척 좋아합니다. 아직도 한국말보다 한자말을 높이는 흐름이 있기 때문입니다. 이를테면 '양화대교'나 '광안대교' 같은 이름인데요, 굳이 '대(大) + 교(橋)'처럼 쓰지 않아도 됩니다. '양화다리'나 '광안다리'라 하면 그만입니다. '양화큰다리'나 '광안큰다리'라고 안 해도 되어요. 한국말사전을 살피면 '−교(橋)'는 없습니다. 없을 만합니다. '−다리'도 뒷가지로 안 실립니다. 한자말 '교량'은 '다리'로 고쳐써야 한다고 다룬다면, '−교'로 붙인 이름도 고쳐써야 올바르다는 소리예요. 이를 잘 살펴서 다리마다 이름을 알맞게 붙일 수 있기를 바랍니다.

• **난청에는 오래된 다리가 서로 멀리 마주보고 있었다. 완녠교와 타이핑교다**

→ 난청에는 오래된 다리가 서로 멀리 마주본다. 완녠다리와 타이핑다리이다

《우리는 60년을 연애했습니다》 (라오 핑루/남혜선 옮김, 월북, 2016) 53쪽

다리와 교량

: **다리를 놓아 교량 역할을 해 주십시오**

→ 다리를 놓는 구실을 해 주십시오

→ 다리를 놓아 주십시오

> ○ **교량(橋梁)** : 시내나 강을 사람이나 차량이 건널 수 있게 만든 다리. '다리'로 순화

한국말은 '다리'입니다. 다리이기에 다리이지요. '다리'를 놓아 달라고 했다면 '다리' 구실을 해 달라는 소리입니다. 앞이나 뒤 모두 다리입니다. 처음이나 끝 모두 오롯이 '다리'예요.

- 스승을 찾아와 다리를 놓아 달라고 졸랐다. "제발 교량 역할을 해 주십시오."
→ 스승을 찾아와 다리를 놓아 달라고 졸랐다. "제발 다리 구실을 해 주십시오."
→ 스승을 찾아와 다리를 놓아 달라고 졸랐다. "제발 다리 몫을 해 주십시오."
→ 스승을 찾아와 다리를 놓아 달라고 졸랐다. "제발 다리가 되어 주십시오."

《사라지는 것은 아름답다》 (안소니 드 멜로/이희춘 옮김, 삼천리, 1991) 29쪽

다시 되돌려 준다

: **다시 땅으로 되돌려 준다는 의미에서**
→ 다시 땅으로 준다는 뜻에서
→ 땅으로 돌려준다는 뜻에서
→ 땅으로 돌아가게 한다는 뜻에서

> ○ **되돌리다** : 4. 도로 돌려주다
> ○ **돌려주다** : 1. 빌리거나 뺏거나 받거나 한 것을 주인에게 도로 주거나 갚다
> ○ **다시** : 1. 하던 것을 되풀이해서 2. 방법이나 방향을 고쳐서 새로이 3. 하다가 그친 것을 계속하여 4. 다음에 또 5. 이전 상태로 또
> ○ **도로** : 1. 향하던 쪽에서 되돌아서 2. 먼저와 다름없이
> ○ **되-** : 1. '도로'의 뜻을 더하는 접두사 2. '도리어' 또는 '반대로'의 뜻을 더하는 접두사 3. '다시'의 뜻을 더하는 접두사

'되돌리다'는 "도로 돌려주다"를 뜻한다는데, '돌려주다'는 "도로 주다"를 뜻하지요. '되돌리다'는 겹말입니다. '되-'는 '도로'요, '돌리다 = 돌려주다 = 도로 주다'이거든요. "다시 되돌려 준다"라 하면 겹겹말이 되어요. 겹겹이 씌운 껍데기를 벗길 노릇입니다. 수수하게 "다시 땅으로 준다"라 하거나 "땅으로 돌려준다"라 하거나 "땅으로 되돌린다"라 해야 올바릅니다.

- 땅에서 나온 유기물을 **다시** 땅으로 **되돌려** 준다는 의미에서 '생태 순환' 농법이라고 합니다
→ 땅에서 나온 유기물을 다시 땅으로 준다는 뜻에서 '생태 되돌림' 농법이라고 합니다

→ 땅에서 나온 유기물을 땅으로 돌려준다는 뜻에서 '생태 되살림' 농법이라고 합니다

《10대와 통하는 농사 이야기》 (곽선미와 다섯 사람, 철수와영희, 2017) 29쪽

• **그렇다고 시간을 다시 되돌린다면**

→ 그렇다고 시간을 되돌린다면

→ 그렇다고 시간을 다시 돌린다면

《당신에게 말을 건다, 속초 동아서점 이야기》 (김영건, 알마, 2017) 49쪽

다시 되돌아가다

: **다시 땅으로 되돌아가면**

→ 다시 땅으로 가면

→ 땅으로 되돌아가면

→ 땅으로 돌아가면

> ○ **되돌아가다** : 1. 원래 있던 곳이나 원래 상태로 도로 돌아가다 2. 지나간 날을 떠올리거나 그때의 생활을 다시 하게 되다 2. 다시 본디의 상태로 되다
> ○ **돌아가다** : 9. 원래의 있던 곳으로 다시 가거나 다시 그 상태가 되다
> ○ **다시** : 1. 하던 것을 되풀이해서 2. 방법이나 방향을 고쳐서 새로이 3. 하다가 그친 것을 계속하여 4. 다음에 또 5. 이전 상태로 또
> ○ **도로** : 1. 향하던 쪽에서 되돌아서 2. 먼저와 다름없이

'되돌아가다'는 "도로 돌아가다"나 "다시 처음처럼 되다"를 가리키니, "다시 되돌아가다"라 하면 겹말이에요. 한국말사전을 살피면 '돌아가다'도 "다시 처음으로 가다"를 뜻한다고 나옵니다. 이런 말풀이와 쓰임새라면 아주 뒤죽박죽이 됩니다. 한국말사전은 말풀이를 가다듬을 노릇이고 '다시'나 '도로'를 아무 자리에나 섣불리 넣지 말아야지 싶어요. '돌아가다'에 '되-'가 붙으면서 '도로'나 '다시'를 나타내요. 어느 낱말을 어떻게 써야 알맞을는지 차근차근 헤아려야겠습니다.

• **퇴비에 든 박테리아와 지렁이가 다시 땅으로 되돌아가면 식물이 자라는 데도 도움이 된대요**

→ 거름에 든 박테리아와 지렁이가 땅으로 되돌아가면 풀이 잘 자라도록 돕는대요

→ 거름에 든 박테리아와 지렁이가 다시 땅으로 가면 풀이 잘 자라도록 돕는대요

《내일》 (시릴 디옹·멜라니 로랑/권지현 옮김, 한울림어린이, 2017) 54쪽

다시 되찾다

: **다시 기운을 되찾을 때까지**

→ 다시 기운을 찾을 때까지

→ 기운을 되찾을 때까지

다시 찾기에 '되찾다'라는 낱말을 써요. "다시 기운을 되찾을"처럼 쓰면 겹말이에요. "기운을 되찾을"이나 "다시 기운을 찾을"로 손질해야 올발라요. 힘주어 말하고 싶은 뜻으로 '다시'하고 '되-'를 나란히 써 보았을까요? 힘주어 말하고 싶다면 '다시금'을 넣어서 "다시금 기운을 찾을"처럼 쓰거나, 따로 꾸밈말을 붙여서 "기운을 모두 되찾을"이나 "기운을 새로 되찾을"처럼 써 줍니다.

• **다시 기운을 되찾을 때까지 꼼짝없이 누워 지내야 했다**

→ 다시 기운을 찾을 때까지 꼼짝없이 누워 지내야 했다

→ 기운을 되찾을 때까지 꼼짝없이 누워 지내야 했다

《아기 사슴 플랙 1》 (마저리 키난 롤링즈/이희재 옮김, 시공주니어, 1998) 264쪽

다시 반복

: **다시 반복하더니**

→ 다시 따라하더니

→ 다시 말하더니

→ 되풀이하더니

◦ **반복하다(反復-)** : 같은 일을 되풀이하다
◦ **되풀이하다** : 같은 말이나 일을 자꾸 반복하다. 또는 같은 사태를 자꾸 일으키다
◦ **자꾸** : 여러 번 반복하거나 끊임없이 계속하여

한국말사전을 살피면 한자말 '반복하다 = 되풀이하다'로 풀이하고, '되풀이하다 = 반복하다'로 풀이해요. 돌림풀이예요. 그런데 '되풀이하다'를 풀이할 적에 "자꾸 반복하다"로 적어요. '자꾸'는 "여러 번 반복하다"를 가리킨다고 풀이하니, 이제 다시 돌림풀이가 되는 데다가 겹말풀이까지 됩니다. 이러구러 "다시 반복하더니"는 겹말입니다. 어떤 몸짓을 보인다면 "다시 하더니"로 손보고, 어떤 말을 한다면 "다

시 말하더니"로 손봅니다. 또는 '되풀이하더니'로 손보면 돼요.

- **핑크트헨은 다시 반복하더니 팔꿈치로 안톤을 탁 치면서**
- → 핑크트헨은 다시 따라하더니 팔꿈치로 안톤을 탁 치면서
- → 핑크트헨은 되풀이하더니 팔꿈치로 안톤을 탁 치면서

《핑크트헨과 안톤》(에리히 캐스트너/이희재 옮김, 시공주니어, 1995) 48쪽

다시 재검토

: **다시 한 번 재검토해 보지 않으면**

→ 다시 한 번 검토해 보지 않으면

→ 다시 한 번 살펴보지 않으면

→ 다시 한 번 돌아보지 않으면

→ 거듭 살펴보지 않으면

→ 한 번 더 돌아보지 않으면

> ◦ **재검토(再檢討)** : 한 번 검토한
> 것을 다시 검토함

다시 검토한다고 해서 '재검토'이니 "다시 한 번 재검토"처럼 쓰면 겹말이에요. '재검토'만 쓰든지 "다시 한 번 검토"처럼 손볼 노릇입니다. 또는 "다시 한 번 살펴보지"나 "한 번 더 돌아보지"처럼 손볼 만해요.

- **이 점을 밝혀 두고, 미나마타병을 다시 한 번 재검토해 보지 않으면 안 된다**
- → 이 대목을 밝혀 두고, 미나마타병을 다시 한 번 살펴보지 않으면 안 된다
- → 이 대목을 밝혀 두고, 미나마타병을 한 번 더 돌아보지 않으면 안 된다

《미나마타병》(하라다 마사즈미/김양호 옮김, 한울, 2006) 164쪽

다시 재등장

: **다시 재등장시키고 싶다**

→　다시 등장시키고 싶다

→　다시 나오게 하고 싶다

→　다시 선보이고 싶다

→　다시 보여주고 싶다

> ○ **재등장** : x
> ○ **재-(再)** : '다시 하는' 또는 '두 번째'의 뜻을 더하는 접두사

한자 '재(再)'는 '둘'이나 '거듭'이나 '다시'를 뜻합니다. '재등장'이라는 한자말은 한국말사전에 안 나오지만, '재등장 = 다시 등장'을 가리켜요. "다시 재등장"처럼 쓰면 겹말이에요. "다시 등장"으로 손질하거나 "다시 나오게"로 손질합니다.

- **나는 순간적으로 미나카이백화점을 현시대에 다시 재등장시키고 싶다는 생각을 했다**
→　나는 문득 미나카이백화점을 오늘날에 다시 선보이고 싶다는 생각을 했다
→　나는 문득 미나카이백화점을 오늘날에 다시 보여주고 싶다는 생각을 했다

《미나카이백화점》 (하야시 히로시게/김성호 옮김, 논형, 2007) 3쪽

다시 재생

: 　　**다시 재생되었으며**

→　다시 살아났으며

→　다시 일어났으며

→　다시 태어났으며

→　다시 생겨났으며

> ○ **재생(再生)** : 1. 죽게 되었다가 다시 살아남 2. 타락하거나 희망이 없어졌던 사람이 다시 올바른 길을 찾아 살아감 3. 낡거나 못 쓰게 된 물건을 가공하여 다시 쓰게 함 4. 녹음·녹화한 테이프나 필름 따위로 본래의 소리나 모습을 다시 들려주거나 보여 줌

한자말 '재생'은 "다시 살다"나 "다시 쓰다"나 "다시 들려주다"를 가리킵니다. "다시 재생되었으며"처럼 쓰면 겹말이에요. 한자말을 쓰고 싶다면 '재생되었으며'처럼 쓰고, 한자말을 쓰려 하지 않는다면 "다시 살아났으며"나 "다시 일어섰으며"처럼 알맞게 손질해 줍니다.

- **네 번이나 멸망했다가 다시 재생되었으며**
→　네 번이나 무너졌다가 다시 살아났으며

→ 네 번이나 없어졌다가 다시 생겨났으며

→ 네 번이나 허물어졌다가 다시 섰으며

《지도에서 사라진 종교들》(도현신, 서해문집, 2016) 186쪽

다채로운 총천연색

: **아주 다채로운 총천연색이랍니다**

→ 아주 알록달록 눈부신 빛깔이랍니다

→ 아주 고운 무지갯빛이랍니다

- **다채롭다(多彩-)** : 여러 가지 색채나 형태, 종류 따위가 한데 어울리어 호화스럽다
- **총천연색** : x
- **총-(總)** : '전체를 아우르는' 또는 '전체를 합한'의 뜻을 나타내는 접두사
- **천연색(天然色)** : 만물이 자연 그대로 갖추고 있는 빛깔

한자말 '다채롭다'는 "여러 빛깔"이 어울리는 모습을 가리키고, '총천연색'은 "온갖 빛깔"이 있는 모습을 가리켜요. "아주 다채로운 총천연색이랍니다"라고 하면 겹말 입니다. "아주 다채롭답니다"나 "아주 총천연색이랍니다"라고만 해야 알맞아요. 아니면 "눈부신 무지갯빛"이나 "알록달록 무지갯빛"이나 "눈부신 빛깔"이나 "알록 달록 고운 빛깔"처럼 새롭게 손질해 볼 수 있어요.

- **우리가 사용하는 언어(말)와 그 언어가 데리고 다니는 뜻도 세상처럼 아주 다채로운 총천연색이랍니다**

→ 우리가 쓰는 말과 그 말뜻도 세상처럼 아주 알록달록 눈부신 빛깔이랍니다

→ 우리가 쓰는 말과 그 말에 담긴 뜻도 온누리처럼 아주 고운 무지갯빛이랍니다

《위! 아래!》(이월곡, 분홍고래, 2016) 13쪽

다혈질이라 욱하다

: **욱하는 성질이 엄청나서 다혈질 중의 다혈질이다**

→ 엄청나게 욱하는 성질이다

195

→　엄청나게 욱한다

> ○ **욱하다** : 앞뒤를 헤아림 없이 격한 마음이 불끈 일어나다
> ○ **다혈질(多血質)** : [심리] 감정의 움직임이 빨라서 자극에 민감하고
>   곧 흥분되나 오래가지 아니하며, 성급하고 인내력이 부족한 기질
> ○ **발끈하다** : 1. 사소한 일에 걸핏하면 왈칵 성을 내다
> ○ **왈카닥거리다** : 6. 갑자기 격한 감정이나 기운 또는 생각이 자꾸
>   한꺼번에 치밀거나 떠오르다

갑자기 북받치는 사람이 있습니다. 불끈하고 일어서거나 왈카닥하고 일어서는 사람이라 할 텐데, '욱하다'라는 낱말로 가리켜요. 이를 한자말로는 '다혈질'로 나타내요. "욱하는 성질이 엄청나서 다혈질 중의 다혈질"이라 하면 겹말 얼거리예요. 보기글을 보면 "(무엇) 중의 (무엇)"이라는 말씨가 나오는데, 이는 '엄청나다'고 할 만한 모습을 가리키는 번역 말씨입니다. 앞에서 '엄청나다'라고 적은 만큼 "(무엇) 중의 (무엇)"은 덜어내도 됩니다. 단출하게 "엄청나게 욱한다"라 하면 되어요. 힘주어 말하고 싶다면 "엄청나게 욱하고 발끈하고 왈카닥거린다"처럼 비슷하면서 저마다 결이 다른 낱말을 적어 볼 수 있어요. 또는 '-쟁이'를 붙여 "엄청난 욱쟁이이다"처럼 쓸 만해요.

- **니나의 상사는 욱하는 성질이 엄청나서 그야말로 다혈질 중의 다혈질이다**
→　니나 웃사람은 욱하는 성질이 그야말로 엄청나다
→　니나 웃사람은 그야말로 엄청나게 욱한다
→　니나 웃사람은 그야말로 엄청난 욱쟁이이다

《나는 이제 참지 않고 살기로 했다》 (니콜 슈타우딩거/장혜경 옮김, 갈매나무, 2016) 147쪽

단단히 각오를 다지다

:　**단단히 각오를 다지고**

> ○ **각오(覺悟)** : 앞으로 해야 할 일이나 겪을 일에 대한 마음의 준비
> ○ **다지다** : 1. 누르거나 밟거나 쳐서 단단하게 하다 2. 마음이나 뜻을
>   굳게 가다듬다 3. 기초나 터전 따위를 굳고 튼튼하게 하다 4. 뒷말이
>   없도록 단단히 강조하거나 확인하다

→　단단히 각오를 하고
→　단단히 마음을 먹고
→　마음을 다지고

어떤 일을 하려고 마음을 먹는다고 할 적에 '각오'라는 한자말을 씁니다. '마음먹다

= 각오하다'인 셈입니다. '다지다'는 '단단하게' 하는 몸짓을 가리켜요. "단단히 각오를 다지고"라고 하면 겹말이에요. "단단히 각오를 하고"나 "각오를 다지고"로 손질해야 합니다. 또는 '각오'를 한국말로 풀어내어 "단단히 마음을 먹고"나 "마음을 다지고"로 쓸 수 있어요.

- **단단히 각오를 다지고 시작했건만, 가슴이 요동친다**
→ 마음을 단단히 하고 했건만, 가슴이 뛴다
→ 마음을 다지고 했건만, 가슴이 울렁거린다

《벼랑에 선 사람들》 (제정임·단비뉴스취재팀, 오월의봄, 2012) 49쪽

- **인생 어디에선가는 반드시 단단히 각오를 다져야 할 때가 온다**
→ 살면서 어디에선가는 반드시 단단히 마음을 먹어야 할 때가 온다
→ 살다가 어디에선가는 반드시 마음을 다져야 할 때가 온다

《지어 보세, 전통 가옥 1》 (야마시타 카즈미/서수진 옮김, 미우, 2015) 173쪽

단단히 결심

: **단단히 결심하면서**
→ 결심하면서
→ 다짐하면서
→ 굳게 마음먹으면서
→ 단단히 마음먹으면서

> ◦ **결심(決心)** : 할 일에 대하여 어떻게 하기로 마음을 굳게 정함
> ◦ **굳다** : [그림씨] 1. 누르는 자국이 나지 아니할 만큼 단단하다 2. 흔들리거나 바뀌지 아니할 만큼 힘이나 뜻이 강하다

한자말 '결심'은 "마음을 굳게 먹음"을 뜻합니다. "단단히 결심하면서"처럼 적으면 겹말입니다. "단단히 굳게(단단하게) 마음을 먹음" 꼴이 되거든요. '결심'이라는 한자말을 꼭 쓰고 싶으면 '결심하면서'만 쓰면 됩니다. '결심'이라는 한자말을 굳이 안 쓰려 한다면 "마음을 굳게 먹으면서"나 "단단히 마음먹으면서"처럼 쓰면 돼요.

- **유학하면서 보고 느낀 것을 이 땅에서 다시 한 번 확인하자고 단단히 결심하면서**
→ 나라 밖에서 배우며 보고 느낀 것을 이 땅에서 다시 한 번 돌아보자고 다짐하면서
→ 나라 밖에서 배우며 보고 느낀 것을 이 땅에서 다시 한 번 되새기자고 단단히

마음먹으면서

《사진으로 생활하기》 (최광호, 소동, 2008) 169쪽

* **또 굳은 결심을 하고 맙니다**
→ 또 굳은 다짐을 하고 맙니다
→ 또 굳은 마음을 먹고 맙니다

《숨》 (박성진, 소소문고, 2016) 114쪽

단발머리

: **단발머리**
→ 단발
→ 짧은머리
→ 짧게 깎은 머리

> ◦ **단발머리(斷髮-)** : 귀밑이나 목덜미 언저리에서 머리털을
>   가지런히 자른 머리. 또는 그 머리를 한 사람
> ◦ **단발(斷髮)** : 1. 머리털을 짧게 깎거나 자름 2. 귀밑이나 목덜미
>   언저리에서 머리털을 가지런히 자름. 또는 그런 머리 모양

한자말 '단발'은 "짧은 머리"를 가리켜요. '단발머리'라 하면 "짧은 머리 머리"라 말하는 셈이니 겹말입니다. '단발'하고 맞서는 한자말로 '장발(長髮)'이 있어요. "길게 기른 머리털"을 가리키지요. "길게 기른 머리"를 가리켜 '장발머리'라 말하는 사람은 없습니다. 너무 어설프고 엉성한 말이기 때문입니다. 그런데 '단발머리'는 한국말사전에까지 실립니다. 얄궂지요. 더 헤아린다면 '짧은머리·긴머리'가 한국말사전에 아직 안 실려요. 아무래도 한국말사전이 한국말 '짧은머리·긴머리'를 제대로 다루지 못한 탓도 한몫을 하면서 '단발머리' 같은 겹말을 자꾸 쓰지 싶습니다.

* **고대 유물 같은 단발머리를 하고**
→ 옛 유물 같은 짧은머리를 하고
→ 옛 유물처럼 머리를 짧게 하고

《아랍, 그곳에도 사람들이 살고 있다》 (팀 매킨토시 스미스/신해경 옮김, 봄날의책, 2016) 26쪽

단어 표현 말 어휘

:   새로운 단어나 신선한 표현을 만들어 내어 우리말 어휘 체계를
→   새로운 말을 지어 내어 우리말 얼거리를
→   새롭고 산뜻한 말을 지어 내어 우리말을
→   새로운 낱말이나 말결을 지어 내어 우리말 살림을

> • **단어(單語)** : [언어] 분리하여 자립적으로 쓸 수 있는 말이나 이에 준하는 말
> • **표현(表現)** : 생각이나 느낌 따위를 언어나 몸짓 따위의 형상으로 드러내어 나타냄
> • **말** : 1. 사람의 생각이나 느낌 따위를 표현하고 전달하는 데 쓰는 음성 기호
> • **어휘(語彙)** : 어떤 일정한 범위 안에서 쓰이는 단어의 수효. 또는 단어의 전체
> • **낱말** : [언어] = 단어(單語)

‘새로운’을 한자말로 적으니 ‘신선한’이에요. 보기글은 이 대목부터 겹말입니다. ‘단어’하고 ‘어휘’는 쓰임새가 다르다고 하지만, 둘 모두 ‘말’을 가리킨다는 대목에서는 맞물려요. ‘표현’은 생각을 담아서 나타내는 일을 가리키는데, 이 자리에서는 ‘말·낱말·말결’을 가리키지요. “새로운 단어”나 “신선한 표현”은 똑같은 것을 가리키니, 이 대목에서도 겹말입니다. ‘어휘’에서 ‘휘(彙)’가 ‘무리’를 뜻하니 ‘어휘 = 말무리/말뭉치’라 할 만해요. 그런데 “우리말 어휘 체계”라 하면서 ‘우리말(말)’하고 ‘어휘(말무리/말뭉치)’가 ‘말’이라는 대목에서 부딪히니 “우리말 체계”나 “우리말 얼거리”나 ‘우리말을’이나 “우리말 살림을”로 손봅니다. ‘단어·표현·우리말(말)·어휘’처럼 ‘말’을 가리키는 네 낱말을 쓰는데, 이렇게 여러 가지를 쓸 수도 있지만, 가볍게 ‘말·우리말’로 추려서 “새로운 낱말을 지어 우리말을 살찌울”이나 “새롭게 말을 지어 우리말을 살찌울”로 손질해 주고요.

• **새로운 단어나 신선한 표현을 만들어 내어 우리말 어휘 체계를 풍부하게 만들 뿐만 아니라 표현이 다양해지는 데 도움을 주기도 해요**
→   새로운 낱말이나 말결을 지어 내어 우리말을 넉넉하게 할 뿐만 아니라 여러모로 나타낼 수 있도록 돕기도 해요
→   새로운 낱말이나 산뜻한 말마디를 지어 내어 우리말을 살찌울 뿐만 아니라 쓰임새를 넓히도록 돕기도 해요
→   새롭게 지은 낱말로 우리말을 살찌울 뿐 아니라 너른 쓰임새를 북돋우기도 해요

《말한다는 것》 (연규동, 너머학교, 2016) 104쪽

달고 깊은 잠을 곤하게

: **달고 깊은 잠을 아주 곤하게**

→ 달고 깊은 잠을 아주 고단하게

→ 잠을 달고 깊으며 나른하게

→ 단잠을 아주 깊게

> ○ **곤하다(困−)** : 1. 기운이 없이 나른하다 2. 몹시
> 고단하여 잠든 상태가 깊다 3. 잠이 오거나 술에
> 취하여 정신을 가눌 수가 없다

외마디 한자말 '곤하다'는 나른하거나 고단하기에 '깊게' 잠든 모습을 가리켜요. 보기글처럼 "달고 깊은 잠을 아주 곤하게"라 하면 '깊은'이라는 대목에서 겹말이 됩니다. 한자말 '곤하다'를 꼭 쓰고 싶다면 "단잠을 아주 곤하게" 꼴로 쓸 수 있습니다. 한자말을 안 써도 된다면 "단잠을 아주 깊게"나 "달고 깊은 잠을 아주 고단하게"처럼 손볼 수 있어요.

• **누가 달고 깊은 잠을 아주 곤하게 잠꼬대도 해가며 자고 있는지 모르겠다**

→ 누가 달고 깊은 잠을 아주 고단히 잠꼬대도 해가며 자는지 모르겠다

→ 누가 잠을 달고 깊으며 아주 나른히 잠꼬대도 해가며 자는지 모르겠다

《이연주 시전집》 (이연주, 최측의농간, 2016) 139쪽

달리기 조깅

: **"가끔은 조깅도 해." "달려요?"**

→ "가끔은 달리기도 해." "달려요?"

> ○ **달리기** : 달음질하는 일
> • **달음질** : 1. = 달음박질 2. 뛰어 달리는 경기를 통틀어 이르는 말
> ○ **달음박질** : 급히 뛰어 달려감
> ○ **조깅(jogging)** : 건강을 유지하기 위하여 자기의 몸에
> 알맞은 속도로 천천히 달리는 운동. '건강 달리기'로 순화

한국말사전은 '달리기'를 "달음질하는 일"로 풀이하는데, 이는 올바르지 않습니다. '달리기'는 '달음질'이 아니라 "달리는 일"이라고 해야지요. 달릴 적에는 가볍게 달릴 수 있고 빠르거나 바삐 달릴 수 있어요. '달음질·달음박질'은 서두르거나 바쁘게 달리는 몸짓을 가리키니, '달리기'는 모든 "달리는 일"을 아우르는 말풀이

로 바로잡아야지 싶습니다. 영어 '조깅'은 바로 '달리기'를 가리킵니다. 한국말사전은 '조깅'을 "건강 달리기"로 고쳐써야 한다고 하는데, 그냥 '달리기'로 고쳐쓰기만 해도 됩니다. 달리기는 그냥 달리기이되, 누구는 "튼튼 달리기"를 할 테고, 누구는 "새벽 달리기"나 "아침 달리기"를 할 테며, 누구는 "밤 달리기"나 "마을 달리기"를 할 테지요.

- "매일은 아니지만, 가끔은 조깅도 해." "달려요?" "응, 기분 좋단다. 달리는 동안은 아무것도 생각 안 하니까 마음이 깨끗하게 비워지거든."
→ "늘은 아니지만, 가끔은 달리기도 해." "달려요?" "응, 좋단다. 달리는 동안은 아무것도 생각 안 하니까 마음이 깨끗해지거든."

《은빛 숟가락 11》 (오자와 마리/노미영 옮김, 삼양출판사, 2016) 146쪽

- 요즘 매일같이 달리던데 언제부터 조깅을 시작한 거야?
→ 요즘 날마다 달리던데 언제부터 달리기를 했어?
→ 요즘 늘 달리던데 언제부터 달렸어?

《나는 이제 참지 않고 살기로 했다》 (니콜 슈타우딩거/장혜경 옮김, 갈매나무, 2016) 105쪽

닭의 계란

: **닭의 계란 같은 것을**
→ 닭알 같은 것을
→ 닭알 따위를
→ 달걀 따위를

> ○ **계란(鷄卵)** : = 달걀. '달걀'로 순화
> ○ **달걀** : 닭이 낳은 알

예전 한국말사전은 '계란'을 "닭의 알"로 풀이했어요. 요즈음은 '계란 = 달걀'로 풀이하면서 '달걀'로 고쳐쓰도록 덧답니다. 남녘에서는 '달걀'로 쓰지만 북녘에서는 '닭알'로 써요. 곰곰이 따지면 '알'을 놓고 '메추리알·오리알·개구리알'처럼 다른 알은 그냥 '알'로 씁니다. 아무튼 "닭의 계란"처럼 쓰면 겹말입니다. 닭이 낳은 알은 '달걀'일 뿐입니다.

- 자기가 재배한 배추나 집에 있는 닭의 계란 같은 것을 팔아도 되었어요

→ 손수 기른 배추나 집에 있는 달걀 들을 팔아도 되었어요

→ 손수 거둔 배추나 집에 있는 달걀을 내다 팔아도 되었어요

《북한행 엑서더스》 (테사 모리스-스즈키/한철호 옮김, 책과함께, 2008) 385쪽

당장 당면한 문제가 눈앞에

:   **당장 당면한 문제가 눈앞에 있는데**

→   바로 맞닥뜨린 문제가 있는데

→   눈앞에 맞닥뜨린 일이 있는데

> - **당장(當場)** : 1. 일이 일어난 바로 그 자리 2. 일이 일어난 바로 직후의 빠른 시간 3. 눈앞에 닥친 현재의 이 시간
> - **당면(當面)** : 바로 눈앞에 당함
> - **눈앞** : 1. 눈으로 볼 수 있는 아주 가까운 곳 2. 아주 가까운 장래

한자말 '당장'은 '바로'를 가리키고, '당면하다'는 "바로 눈앞에" 마주하는 모습을 가리키니 "당장 당면한"이라 하면 겹말입니다. 보기글은 "당장 당면한 문제가 눈앞에 있는데"처럼 '눈앞'이라는 말마디까지 잇달아 나와서 곱으로 겹말입니다. 차근차근 가다듬어서 '바로'를 살린 "바로 맞닥뜨린 일이 있는데"로 적거나, '눈앞'을 살린 "눈앞에 맞닥뜨린 일이 있는데"로 적어 줍니다. "막바로 풀 일이 있는데"나 "코앞에 놓인 일이 있는데"로 적어 볼 수도 있어요.

- **당장 당면한 문제가 눈앞에 있는데 서로의 입장 차이 때문에**

→   바로 맞닥뜨린 문제가 있는데 서로 생각이 달라서

→   눈앞에 맞닥뜨린 일이 있는데 서로 마음이 달라서

《통일교육 어떻게 할까?》 (김현희와 다섯 사람, 철수와영희, 2016) 41쪽

닿다 도착하다

:   **린촨에 닿았다. 도착했을 때는**

→   린촨에 닿았다. 우리가 닿은 때는

→   린촨에 닿았다. 이때는

> - **닿다** : 1. 어떤 물체가 다른 물체에 맞붙어 사이에 빈틈이 없게 되다 2. 어떤 곳에 이르다
> - **이르다** : 1. 어떤 장소나 시간에 닿다
> - **도착하다(到着−)** : 목적한 곳에 다다르다
> - **다다르다** : 목적한 곳에 이르다

한자말 '도착하다'는 '다다르다'를 뜻한다고 합니다. '다다르다'하고 '닿다'는 뜻이나 쓰임새가 거의 같아요. '닿다'하고 '도착하다'를 잇달아 쓰면 겹말입니다. 한국말사전을 살피면 '닿다·다다르다'를 '이르다'로 풀이합니다. '이르다'는 '닿다'로 풀이하고요. 돌림풀이예요. '닿다·다다르다·이르다'는 거의 같은 자리에 쓰더라도 저마다 다른 낱말이니, 한국말사전은 이 대목을 살펴서 뜻풀이를 고쳐 놓아야 합니다.

- **버스를 타고 린촨에 닿았다. 도착했을 때는 이미 늦은 밤이어서**

→   버스를 타고 린촨에 닿았다. 우리가 닿은 때는 이미 늦은 밤이어서

→   버스를 타고 린촨에 닿았다. 이때는 이미 늦은 밤이어서

《우리는 60년을 연애했습니다》 (라오 핑루/남혜선 옮김, 월북, 2016) 104쪽

대단히 거창하게

: **대단히 거창하게**

→   대단하게

→   그야말로 대단하게

> - **대단히** : 1. 매우 심한 정도로 2. 몹시 크거나 많은 정도로 3. 출중하게 뛰어나게 4. 아주 중요하게
> - **거창하다(巨創−)** : 일의 규모나 형태가 매우 크고 넓다

한국말 '대단하다'도, 한자말 '거창하다'도 "아주 크다"를 가리켜요. 그냥 크지 않고 아주 몹시 매우 큰 모습을 두고 '대단하다'나 '거창하다'로 가리키니 "대단히 거창하게"라 하면 겹말이에요. 두 낱말 가운데 하나만 골라서 쓸 노릇입니다. 아주 큰 모습을 가리키려 하면서 꾸밈말을 굳이 붙이고 싶다면 "그야말로 대단하게"나 "참으로 대단하게"처럼 쓸 만합니다.

- **이런 말을 하면 대단히 거창하게 들릴지 모르지만**

→   이런 말을 하면 대단하게 들릴지 모르지만

대량으로 많은 양

: **대량으로 키운 뒤 … 한꺼번에 많은 양을**

> • **대량(大量) :** 1. 아주 많은 분량이나 수량

→ 많이 키운 뒤 … 한꺼번에 많이

→ 잔뜩 키운 뒤 … 한꺼번에 많이

→ 한가득 키운 뒤 … 한꺼번에 많이

→ 엄청나게 키운 뒤 … 한꺼번에 많이

"많은 부피"를 가리키는 '대량'이니, '대량'으로 키운 뒤에 '많은' 양을 실어 온다고 하면 겹말 얼거리예요. 앞뒤 모두 '많은'이라는 낱말을 쓰면 돼요. '많다'고 할 적에는 숫자나 부피를 가리키기에 '양(量)'을 뒤에 안 붙일 수 있습니다. 앞쪽은 좀 다르게 써 보고 싶다면 '잔뜩'이나 '한가득'이나 '엄청나게' 같은 말마디를 넣을 만해요.

• **넓은 땅에 대량으로 포도를 키운 뒤, 커다란 화물선에 한꺼번에 많은 양을 실어 오기 때문에**

→ 넓은 땅에 포도를 잔뜩 키운 뒤, 커다란 짐배에 한꺼번에 많이 실어 오기 때문에

→ 넓은 땅에 포도를 한가득 키운 뒤, 커다란 배에 한꺼번에 많이 실어 오기 때문에

《수다로 푸는 유쾌한 사회》 (배성호, 책과함께어린이, 2016) 131쪽

대부분 대부분

: **대부분의 치과의사는 대부분 호의적이다**

> • **대부분(大部分) :** 1. 절반이 훨씬 넘어 전체량에 거의 가까운 정도의 수효나 분량
> 2. = 대개
> • **대개(大槪) :** 1. = 대부분 2. = 대강(大綱)
> 3. 일반적인 경우에

→ 거의 모든 치과의사는 좋게 본다

→ 치과의사는 거의 다 좋게 본다

→ 치과의사는 거의 좋게 본다

'거의'나 "거의 다"나 "거의 모두"를 가리키는 한자말 '대부분'입니다. 이러한 말뜻을 헤아리지 않고서 "거의 대부분" 같은 겹말을 쓰는 분이 퍽 많습니다. 보기글에서는 짧은 글월에 '대부분'이 잇달아 나와서 겹말입니다. '대부분'을 제대로 쓰려면 앞이나 뒤 가운데 한 번만 쓸 노릇이고, 말뜻을 헤아려 '거의'로 손볼 수 있습니다.

- **대부분의 치과의사는 불소에 대해서는 대부분 호의적인 편이다**
→ 거의 모든 치과의사는 불소를 좋게 보곤 한다
→ 치과의사는 거의 다 불소를 좋게 보곤 한다
→ 치과의사는 불소를 거의 좋게 보곤 한다

《홈메이드 천연 치약》 (정인자, 넥서스BOOKS, 2012) 15쪽

대화 얘기

:   **대화를 통하여 문제를 해결하자는 얘기를**
→ 말로 문제를 풀자는 얘기를
→ 이야기로 문제를 풀자는 말을
→ 이야기를 나누어 문제를 풀자는 말을

> ○ **대화(對話)** : 마주 대하여 이야기를 주고받음
> ○ **이야기하다** : 4. 다른 사람과 말을 주고받다

'이야기'를 한자말로 옮기니 '대화'입니다. '이야기'는 서로 생각을 '말'로 주고받는 일을 가리킵니다. 보기글은 이 대목을 제대로 살피지 못한 나머지 이래저래 뒤죽박죽으로 겹쳐서 씁니다. '대화'를 '이야기'나 '말'로 손질해 줍니다.

- **언제부터인가 우리는 "대화하자", "대화를 통하여 문제를 해결하자"는 얘기를 자주 듣습니다. 참으로 좋은 얘기입니다**
→ 언제부터인가 우리는 "말로 하자", "말로 문제를 풀자"는 얘기를 자주 듣습니다. 참으로 좋은 얘기입니다
→ 언제부터인가 우리는 "이야기로 하자", "이야기로 문제를 풀자"는 말을 자주 듣습니다. 참으로 좋은 말입니다

《정의가 강물처럼》 (지학순, 형성사, 1983) 227쪽

- **내내 이야기를 나눴지만 대화는 줄곧 내가 이끌어 가야만 했다**

→ 내내 이야기를 나눴지만 줄곧 내가 이끌어 가야만 했다

→ 내내 이야기를 나눴지만 말머리는 줄곧 내가 이끌어 가야만 했다

《홀로 숲으로 가다》(베른트 하인리히/정은석 옮김, 더숲, 2016) 15쪽

더럽고 오염되고

: **오염되고 더러운 곳**

→ 더러운 곳

→ 더러워진 곳

→ 더럽혀진 곳

> ○ **오염되다(汚染~)** : 더럽게 물들다
> ○ **더럽다** : 1. 때나 찌꺼기 따위가 있어 지저분하다 2. 언행이 순수하지
> 못하거나 인색하다 3. 못마땅하거나 불쾌하다 4. 순조롭지 않거나
> 고약하다 5. 어떤 정도가 심하거나 지나치다
> ○ **지저분하다** : 1. 정돈이 되어 있지 아니하고 어수선하다 2. 보기 싫게
> 더럽다 3. 말이나 행동이 추잡하고 더럽다

"더럽게 물들다"를 가리키는 한자말 '오염되다'이니, "오염되고 더러운"처럼 쓰면 겹말입니다. 한국말사전을 살피면 '더럽다 = 지저분하다'로 풀이하고, '지저분하다 = 더럽다'로 풀이해요. 돌림풀이입니다. '더럽다'하고 '지저분하다'는 뜻이나 느낌이 비슷하기는 해도 다른 낱말이니, 한국말사전은 이 대목을 바로잡아야 합니다.

• **사람들이 자주 드나들거나 오염되고 더러운 곳에 사는 부류들은**

→ 사람들이 자주 드나들거나 더러워진 곳에 사는 갈래들은

→ 사람들이 자주 드나들거나 더럽혀진 곳에 사는 갈래들은

《한국 식물 생태 보감 2》(김종원, 자연과생태, 2016) 9쪽

더 이상

: **이제 더 이상 없어요**

→ 이제 없어요

→ 이제 더 없어요

→ 이제 더는 없어요

> ○ **이제** : 바로 이때. 지나간 때와 단절된 느낌을 준다
> ○ **더** : 1. 계속하여. 또는 그 위에 보태어 2. 어떤 기준보다 정도가 심하게
> ○ **이상(以上)** : 1. 수량이나 정도가 일정한 기준보다 더 많거나 나음
> 2. 순서나 위치가 일정한 기준보다 앞이나 위
> ○ **-는** : 3. 강조의 뜻을 나타내는 보조사

→ 더 없어요

"더 이상"이라는 말씨를 쓰는 분이 꽤 많으나, 이는 겹말입니다. 한자말 '이상'은 바로 '더'를 뜻하거든요. "그 이상"이란 "그보다 더"를 뜻하니, "더 이상"이라 하면 "더 더"인 꼴입니다. '더'라고만 쓰면 되고, '더는'이라 쓸 수 있어요. 보기글에서는 "이제 없어요"라고도 할 만해요. "이제 없다"고 하면 앞으로는 없다고 하는 셈이에요. 이 말씨를 힘주어서 "이제 더 없어요"처럼 쓸 수 있어요.

- **한국에서도 그런 식으로 아기를 낳는 사람은 이제 더 이상 없어요**
→ 한국에서도 그렇게 아기를 낳는 사람은 이제 없어요
→ 한국에서도 그렇게 아기를 낳는 사람은 이제 더 없어요

《모든 출산은 기적입니다》 (정환욱과 자연주의 출산 엄마 아빠들, 샨티, 2017) 12쪽

- **더 이상 석유와 석탄을 사용하지 않으려고 해요**
→ 더는 석유와 석탄을 쓰지 않으려고 해요
→ 석유와 석탄은 더 쓰지 않으려고 해요
→ 앞으로 석유와 석탄을 쓰지 않으려고 해요
→ 이제는 석유와 석탄을 쓰지 않으려고 해요

《내일》 (시릴 디옹·멜라니 로랑/권지현 옮김, 한울림어린이, 2017) 42쪽

더 편애

: **누구를 더 편애한다거나**
→ 누구를 더 사랑한다거나
→ 누구를 더 아낀다거나
→ 누구한테 더 마음을 쓴다거나

> ○ **더** : 1. 계속하여. 또는 그 위에 보태어 2. 어떤 기준보다 정도가 심하게. 또는 그 이상으로
> ○ **편애(偏愛)** : 어느 한 사람이나 한쪽만을 치우치게 사랑함

어느 한 사람을 치우치게 사랑한대서 '편애'라고 해요. 곧 어느 한 사람을 더 사랑하기에 '편애'입니다. "더 편애하다"는 겹말이에요. 이 글월은 "누구를 편애한다거나"처럼 쓰든지 "누구를 더 사랑한다거나"처럼 써야 올바릅니다.

- 하지만 부모들 편에서도 누구를 더 편애한다거나, 자기 자녀를 다른 집 아이들과 비교하는 일은 삼가야 한다
- → 그러나 어버이 쪽에서도 누구를 더 아낀다거나, 저희 아이를 다른 집 아이들과 견주는 일은 삼가야 한다
- → 그렇지만 어버이 쪽에서도 누구를 더 사랑한다거나, 저희 아이를 다른 집 아이들과 견주는 일은 삼가야 한다

《아이는 기다려 주지 않는다》 (요한 크리스토프 아놀드/전의우 옮김, 양철북, 2008) 115쪽

덧붙인 추록

: **덧붙인 추록이 있다**
- → 덧붙인 글이 있다
- → 덧붙여 글을 썼다
- → 글을 덧붙였다

> ◦ **추록(追錄)** : 추가하여 써넣음. 또는 그런 기록
> ◦ **추가하다(追加-)** : 나중에 더 보태다
> ◦ **덧붙이다** : 1. 붙은 위에 겹쳐 붙게 하다

"추가하여 써넣음"을 가리키는 '추록'이니 "덧붙인 추록이 있다"라 하면 겹말이에요. "덧붙인 글이 있다"나 "덧붙여 글을 썼다"로 고쳐 줍니다. "글을 덧붙였다"나 "덧붙여 놓았다"나 "몇 마디 덧붙였다"나 "몇 줄 덧붙여 적었다"로 고쳐 주어도 어울립니다.

- **탐험대의 다른 대원이 덧붙인 추록이 있다**
- → 탐험대 다른 대원이 덧붙인 글이 있다
- → 탐험대 다른 대원이 글을 덧붙였다

《내추럴 히스토리》 (존 앤더슨/최파일 옮김, 삼천리, 2016) 300쪽

─도 겸하다

: **사람들도 볼 겸해서**

ㄷ

→   사람들도 볼 생각으로

→   사람들도 보려고

→   사람들도 볼까 싶어

> ○ **-도** : 1. 이미 어떤 것이 포함되고 그 위에 더함의 뜻을
> 나타내는 보조사
> ○ **겸하다(兼-)** : 1. 한 사람이 본무(本務) 외에 다른 직무를 더
> 맡아 하다 2. 두 가지 이상의 기능을 함께 지니다

한국말은 토씨가 아주 멋집니다. 한국말은 토씨나 씨끝을 어떻게 붙이느냐에 따라서 말뜻이나 말결이나 말느낌이나 말빛이나 말흐름이 모두 달라져요. 한국말을 알맞고 바르며 즐겁고 아름답게 쓰고 싶다면 토씨하고 씨끝을 잘 살피면 됩니다. "–도 겸하다"처럼 쓰면 겹말인데, '–도'라는 토씨가 바로 '겸하다'라는 외마디 한자말로 나타내려는 뜻을 품어요. '–도'만 붙이면 되지요. "사람들도 볼 겸해서"는 "사람들도 보려고"로 손질합니다. 조금 더 힘주어 말하고 싶다면 "사람들도 볼 생각으로"나 "사람들도 볼까 싶어"나 "사람들도 볼 마음으로"나 "사람들도 볼 뜻으로"나 "사람들도 보면 좋으니"로 써 볼 만해요.

● **제대로 된 아침 식사를 하고 사람들도 볼 겸해서 식당으로 갔다**

→   제대로 된 아침을 먹고 사람들도 볼 생각으로 식당으로 갔다

→   제대로 된 아침밥을 먹고 사람들도 보려고 식당으로 갔다

《홀로 숲으로 가다》 (베른트 하인리히/정은석 옮김, 더숲, 2016) 287쪽

도구와 연장

:   **도구들과 연장들**

→   연장들

> ○ **도구(道具)** : 일을 할 때 쓰는 연장을 통틀어 이르는 말
> ○ **연장** : 어떠한 일을 하는 데에 사용하는 도구

한국말사전을 살피면 '도구 = 연장'으로 풀이하는데, '연장 = 도구'로 풀이해요. 이 두 가지 낱말을 한국말사전에서 찾아볼 사람은 얼마나 될까요? 두 낱말이 다른 것을 가리키지 않고 똑같은 것을 가리키는 줄 아는 사람은 얼마나 있을까요?

● **갖가지 도구들과 연장들을 진열해 놓고**

→   갖가지 연장들을 늘어놓고

→   갖가지 연장을 벌여 놓고

《따뜻한 뿌리》 (서숙, 녹색평론사, 2003) 115쪽

-도 역시

:　**재료도 역시**

→　재료도

→　재료 또한

> ○ **-도** : 1. 이미 어떤 것이 포함되고 그 위에 더함의 뜻을 나타내는 보조사
> ○ **역시(亦是)** : 1. = 또한 2. 생각하였던 대로 3. 예전과 마찬가지로 4. 아무리 생각하여도
> ○ **또한** : 1. 어떤 것을 전제로 하고 그것과 같게 2. 그 위에 더. 또는 거기에다 더

'역시'는 '또한'을 뜻한다고 합니다. '또한'은 "그 위에 더"를 뜻할 적에 붙인다고 해요. 토씨 '-도'도 이처럼 "그 위에 더"를 뜻할 적에 붙인다고 합니다. "-도 역시"나 "-도 또한" 꼴로 쓰면 겹말입니다. 그런데 말풀이 "그 위에 더"는 "거기에 더"나 "여기에 더"나 "이 어느 것에 더"로 손질해야 알맞아요. 가만히 보니 '또한'을 풀이할 적에는 "그 위에 더. 또는 거기에다 더"로 적었네요. 앞쪽 말풀이는 덜면 됩니다.

• **가공식품들의 재료도 역시 논과 밭, 산과 바다에서 오지요**

→　가공식품 재료도 논과 밭, 산과 바다에서 오지요

→　가공식품도 재료는 논과 밭, 산과 바다에서 오지요

→　공장에서 만든 식품도 재료는 논과 밭, 산과 바다에서 오지요

《10대와 통하는 농사 이야기》 (곽선미와 다섯 사람, 철수와영희, 2017) 17쪽

독립해 나와 혼자 살고

:　**독립해 나와 혼자 살고 있어요**

→　독립해 나와 살아요

→　혼자 나와 살아요

→　따로 나와 살아요

> ○ **독립(獨立)** : 1. 다른 것에 예속하거나 의존하지 아니하는 상태로 됨 2. 독자적으로 존재함
> ○ **독자적(獨自的)** : 1. 남에게 기대지 아니하고 혼자서 하는 2. 다른 것과 구별되는 혼자만의 특유한
> ○ **혼자** : 1. 다른 사람과 어울리거나 함께 있지 아니하고 그 사람 한 명만 있는 상태 2. 다른 사람과 어울리거나 함께 있지 아니하고 동떨어져서

'독립'한다고 할 적에는 다른 것에 기대거나 얽매이지 않는 모습을 가리킨다는데, 이는 '독자적'인 모습이라고 합니다. '독자적'이란 '혼자' 하거나 있는 모습이라고 해요. '독(獨)'이라는 한자가 바로 '혼자·홀로'를 가리키지요. "독립해 나와 혼자 살고 있어요"라 하면 겹말입니다. "독립해 나와 살아요"로 손질하거나 "혼자 나와 살아요"로 손질해 줍니다. '홀로'나 '따로'라는 낱말을 써 볼 수도 있습니다.

- **엄마랑 둘이 살다가 반년쯤 전에 독립해 나와 혼자 살고 있어요**
→ 엄마랑 둘이 살다가 반 해쯤 앞서 혼자 나와 살아요
→ 엄마랑 둘이 살다가 반 해쯤 앞서부터 따로 살아요

《솔로 이야기 4》 (타니카와 후미코/한나리 옮김, 대원씨아이, 2016) 9쪽

독서하고 읽고

: **독서할 시간을 … 책을 노래처럼 부르며 읽었던**
→ 책을 읽을 틈을 … 책을 노래처럼 부르며 읽었던
→ 책을 볼 겨를을 … 책을 노래처럼 부르며 읽었던
→ 책을 들출 짬을 … 책을 노래처럼 부르며 읽었던

> ○ **독서(讀書)** : 책을 읽음. '책
> 읽기'로 순화

한자말 '독서'는 '책 읽기'로 고쳐써야 한다고 합니다. 한국말사전 뜻풀이에 이처럼 나오는데 이를 제대로 헤아리거나 살피는 분은 무척 적다고 봅니다. 더 헤아려 본다면, '책 읽기'처럼 띄어서 쓰기보다는 '책읽기'로 붙여서 한 낱말로 삼아야지 싶어요. 오늘날에는 '책읽기'는 '글쓰기'와 함께 아주 널리 퍼졌거든요. '-읽기'를 뒷가지로 삼아서 '영화읽기'나 '마음읽기'나 '만화읽기'나 '그림읽기'처럼 쓸 수 있어요. 이때에 '읽기'는 "읽는 일"도 가리키지만 "읽어서 따지는 일인 비평"도 가리킬 수 있습니다.

- **무한정 독서할 시간을 찾아내기는 어려운 일이었습니다 … 책을 노래처럼 부르며 읽었던 것입니다**
→ 끝없이 책을 읽을 틈을 찾아내기는 어려운 일이었습니다 … 책을 노래처럼 부르며 읽었습니다

→ 끝없이 책을 볼 겨를을 찾아내기는 어려운 일이었습니다 … 책을 노래처럼 부르며 읽었습니다

《사라진 나라》 (아스트리드 린드그렌/김경연 옮김, 풀빛, 2003) 109쪽

- **아벨은 책을 읽으러 갔습니다. 사실은 독서를 하러 갔다기보다는**

→ 아벨은 책을 읽으러 갔습니다. 그러나 책을 읽으러 갔다기보다는

→ 아벨은 책을 읽으러 갔습니다. 그런데 책읽기를 하러 갔다기보다는

《아벨의 섬》 (윌리엄 스타이그/송영인 옮김, 다산기획, 2001) 130쪽

- **글쓰기 책을 독서하듯 읽어버렸으니**

→ 글쓰기 책을 그냥 읽어버렸으니

→ 글쓰기 책을 마구 읽어치웠으니

《내 안에 잠든 작가의 재능을 깨워라》 (안성진, 가나북스, 2016) 28쪽

독특한 개성

: **그들은 독특한 개성이 있다**

→ 그들은 저마다 다르다

→ 그들은 모두 다르다

→ 그들은 서로 다르다

- **독특하다(獨特-)** : 1. 특별하게 다르다
- **개성(個性)** : 다른 사람이나 개체와 구별되는 고유의 특성
- **특별하다(特別-)** : 보통과 구별되게 다르다
- **구별되다(區別-)** : 성질이나 종류에 따라 차이가 나다
- **차이(差異)** : 서로 같지 아니하고 다름

'독특하다'는 "특별하게 다르다"를 뜻하고, '개성'은 "다른 것과 구별되는" 모습을 뜻해요. '특별하다'는 "구별되게 다르다"를 뜻하고, '구별되다'는 "차이가 나다"를 뜻하는데, '차이'는 '다름'을 뜻하지요. 그러니까 '독특하다 = 특별하게 다르다 = 구별되게 다르게 + 다르다 = 차이가 나도록 다르게 + 다르다 = 다름이 있도록 다르게 + 다르다'인 얼거리요. '개성 = 구별되는 특성 = 차이가 나는 특성 = 다름이 있는 특성'인 얼거리입니다. 이를 잘 살피면 '독특하다'나 '개성'은 모두 '다른' 모습을 가리킬 적에 쓰는 낱말이라, "독특한 개성"이라고 하면 "다름이 있도록 다르게 다른 + 다름이 있는 특성"인 셈이니 겹말이지요. '독특'이나 '개성'이라는 한자말을 쓰고 싶다면 "그들은 모두 독특하다"나 "그들은 저마다 개성이 있다"라고만 적어 줍니다. 이 낱말이 '다르다'를 뜻한다는 대목을 헤아려 본다면 "그들은 저마다 다르다"나 "그들은 서로 다르다"로 손보면 돼요.

- **우리나라에서는 큰 애들 가운데 독특한 개성이 있는 아이는 없거든요**

→ 우리나라에서는 큰 애들 가운데 개성이 있는 아이는 없거든요

→ 우리나라에서는 큰 애들 가운데 남다른 아이는 없거든요

→ 우리나라에서는 큰 애들 가운데 톡톡 튀는 아이는 없거든요

《하이디》 (요한나 슈피리/한미희 옮김, 비룡소, 2003) 125쪽

- **그들은 귀엽고, 신비스럽고, 재미있고, 독특한 개성이 있다**

→ 그들은 귀엽고, 놀랍고, 재미있고, 저마다 다르다

→ 그들은 귀엽고, 놀랍고, 재미있고, 다 다르다

→ 그들은 귀엽고, 놀랍고, 재미있고, 서로 다르다

《내가 제일 아끼는 사진》 (셔터 시스터스 엮음/윤영삼·김성순 옮김, 이봄, 2012) 125쪽

돈 자금

:   **자신이 지닌 돈보다 더 많은 자금**

> ○ **자금(資金) :** 1. 사업을 경영하는 데에 쓰는 돈
> 2. 특정한 목적에 쓰는 돈

→ 저한테 있는 돈보다 더 많은 돈

→ 제가 지닌 돈보다 더 많은 돈

쓰이는 돈이 '자금'입니다. 혼례할 때 드는 돈이면 '혼례돈'이고 농사를 지을 때 드는 돈이면 '농사돈'입니다. "자금의 회전이 빠르다"가 아니라 "돈이 잘 돈다"이지요. '돈'인걸요. 돈을 가리켜 '돈'이라 하지, 달리 나타낼 말이 있을까 궁금합니다.

- **그는 자신이 지닌 돈보다 더 많은 자금이 필요하다는 사실을 깨달았을 것이다**

→ 그는 제가 지닌 돈보다 더 많은 돈이 드는 줄 깨달았을 것이다

→ 그는 저한테 있는 돈보다 더 많은 돈이 있어야 하는 줄 깨달았으리라

《구텐베르크 혁명》 (존 맨/남경태 옮김, 예지, 2003) 90쪽

돈 화폐

：　같은 돈을 쓰잖아요 … 사용하는 화폐가 따로

→　같은 돈을 쓰잖아요 … 쓰는 돈이 따로

> ○ **돈** : 사물의 가치를 나타내며, 상품의
>   교환을 매개하고, 재산 축적의
>   대상으로도 사용하는 물건
> ○ **화폐(貨幣)** : [경제] 상품 교환 가치의
>   척도가 되며 그것의 교환을 매개하는
>   일반화된 수단

경제에서는 한자말 '화폐'를 전문 낱말로 삼는다고 하는데, 이는 한국말로 '돈'을
가리켜요. 보기글을 보면 앞에서는 "돈을 쓰잖아요"라 하고 뒤에서는 "사용하는
화폐"라 합니다. 겹말 얼거리예요. 앞뒤 모두 "돈을 쓰다"나 "쓰는 돈"이라고 적으
면 됩니다. 곰곰이 따지면 '쓰다'라는 한국말을 알맞게 쓰면 되어요. 굳이 '사용(使
用)'이라는 한자말을 끌어들이지 않아도 되어요.

- **원래 한 나라 안에서는 같은 돈을 쓰잖아요? 그런데 브리스틀은 그 도시에서만**
  사용하는 화폐가 따로 있대요
→　워낙 한 나라에서는 같은 돈을 쓰잖아요? 그런데 브리스틀은 그 도시에서만 쓰는
　　돈이 따로 있대요

《내일》 (시릴 디옹·멜라니 로랑/권지현 옮김, 한울림어린이, 2017) 59쪽

돌리고 순환시키는

：　밭으로 돌리고 순환시키는 일

→　밭으로 돌리는 일

→　밭으로 돌려주는 일

→　밭으로 되돌리는 일

> ○ **돌다** : 2. 일정한 범위 안에서 차례로 거쳐 가며 전전하다
> ○ **순환(循環)** : 1. 주기적으로 자꾸 되풀이하여 돎. 또는
>   그런 과정. '이어 돎', '잇따라 돎'으로 순화

한자말 '순환'은 '돎(돌다)'을 가리켜요. 여러모로 '돎(돌다)'으로 고쳐쓸 낱말이기도
합니다. "밭으로 돌리고 순환시키는 일"이라고 하면 겹말입니다. "밭으로 돌리는

일"로 손질해 주면 되어요. 또는 '돌려주다'나 '되돌리다' 같은 낱말을 써 볼 수 있어요.

- **등겨 등을 주는 것도 밭에서 나온 것을 밭으로 돌리고 순환시키는 일이라고 보시면**
→ 등겨 따위를 주는 일도 밭에서 나온 것을 밭으로 돌리는 일이라고 보시면
→ 등겨를 주는 일도 밭에서 나온 것을 밭으로 돌려주는 일이라고 보시면

《가와구치 요시카즈의 자연농 교실》 (아라이 요시미·가가미야마 에츠코/최성현 옮김, 정신세계사, 2017) 62쪽

돌풍이 심하다

: 심한 돌풍이 몰아치더니
→ 드센 바람이 몰아치더니
→ 거센 바람이 몰아치더니
→ 바람이 세게 몰아치더니
→ 바람이 드세게 몰아치더니

> ◦ **심하다(甚-)** : 정도가 지나치다
> ◦ **지나치다** : 일정한 한도를 넘어 정도가 심하다
> ◦ **돌풍(突風)** : 1. 갑자기 세게 부는 바람
> ◦ **세다** : 3. 물, 불, 바람 따위의 기세가 크거나 빠르다
> 　　　 4. 능력이나 수준 따위의 정도가 높거나 심하다

'돌풍'은 "세게 부는 바람"을 뜻하는 한자말입니다. '심하다'는 '지나치다'를 뜻한다는데, '지나치다'를 찾아보면 '심하다'로 풀이해요. '세다'라는 낱말을 찾아보면 '심하다'라는 외마디 한자말을 엿볼 수 있습니다. "심한 돌풍"이라 한다면 "세게 세게 부는 바람" 꼴이 되어 겹말이에요. "드센 바람"이나 "거센 바람"이나 "사나운 바람"으로 적으면 되고, "바람이 세게 몰아치더니"나 "바람이 거세게 몰아치더니"로 손볼 수 있어요. 한자말 '돌풍'을 살리고 싶다면 '심한'만 덜어 "돌풍이 몰아치더니"로 적으면 돼요. "센 바람"을 가리키는 '돌풍'이라는 말마디로 '지나치게(심하게)' 부는 바람이라는 뜻을 나타내니까요.

- **새벽에 심한 돌풍이 몰아치더니 오후까지 계속 바람이 불었다**
→ 새벽에 사나운 바람이 몰아치더니 낮까지 그대로 바람이 불었다
→ 새벽에 거센 바람이 몰아치더니 낮까지 내내 바람이 불었다

《세상에서 가장 아름다운 자연일기》 (마가렛 쇼/이혜경 옮김, 해바라기, 2004) 80쪽

동거하면서 함께 살다

: **동거하면서 함께 살아가더라도**

→ 동거하더라도

→ 함께 살아가더라도

→ 한집에서 함께 살아가더라도

→ 한식구가 되어 함께 살아가더라도

> - **동거(同居)** : 1. 한집이나 한방에서 같이 삶
>   2. 부부가 아닌 남녀가 부부 관계를 가지며 한집에서 삶

함께 살기에 '동거'를 한다고 해요. "동거하면서 함께 살아가더라도"라 하면 "함께 살면서 함께 살아가더라도"라 말하는 셈이니 겹말입니다. 한자말을 쓰고 싶으면 '동거하더라도'라 하면 되고, 한자말을 안 쓰려 한다면 "함께 살아가더라도"라 하면 됩니다. 법률을 따지는 자리에서는 으레 '동거'라는 한자말만 쓰는데, 한국말로 '함께살기 · 같이살기 · 더불어살기'처럼 새롭게 써 볼 수 있습니다.

- **성소수자들은 동거하면서 함께 살아가더라도 제도적으로 그 관계를 인정받지 못하고 있습니다**

→ 성소수자들은 함께 살아가더라도 제도로 이 관계를 인정받지 못합니다

→ 성소수자들은 한집에서 함께 살더라도 제도로 이 살림을 인정받지 못합니다

《숨통이 트인다》(황윤과 열 사람, 포도밭, 2015) 125쪽

동그란 원

: **동그란 원**

→ 동그란 금

→ 동그란 자리

→ 동그라미

> - **동그랗다** : 또렷하게 동글다
> - **동그라미** : 1. 동그랗게 생긴 모양 2. 동그랗게 생긴 물체
> - **원(圓)** : 둥글게 그려진 모양이나 형태

동그랗게 그리면 '동그라미'라고 합니다. 둥그렇게 그리면 '둥그러미'라고 해요. '원'이라는 한자말은 '둥글게' 그린 무늬나 모습을 가리킨다고 합니다. "동그란 원"

처럼 말할 적에는 "동그란 둥그러미"라고 말하는 셈입니다. 여러모로 얄궂어요. 그냥 '동그라미'나 '둥그러미'라고만 하거나 "동그란 자리"나 "동그란 곳"으로 적으면 됩니다. "둥그런 원"도 똑같이 겹말이지요.

- **말뚝에 매여 동그란 원을 벗어나려고**
→ 말뚝에 매여 동그라미를 벗어나려고
→ 말뚝에 매여 동그란 자리를 벗어나려고

《생각하는 감자》 (박승우, 창비, 2014) 16쪽

- **나머지 새들은 둥근 원을 그리고 있었다**
→ 나머지 새들은 동그라미를 그렸다
→ 나머지 새들은 둥글게 금을 그렸다

《아기 사슴 플랙 1》 (마저리 키난 롤링즈/이희재 옮김, 시공주니어, 1998) 136쪽

- **불빛이 미치는 둥근 원 바깥에**
→ 불빛이 미치는 동그라미 바깥에
→ 불빛이 미치는 둥근 금 바깥에
→ 불빛이 미치는 둥글게 그은 자리 바깥에

《니사》 (마저리 쇼스탁/유나영 옮김, 삼인, 2008) 399쪽

동네 촌

: **동네가 재개발이 되어 아파트촌이 되었거든요**
→ 동네가 재개발이 되어 아파트가 늘어섰거든요
→ 마을이 재개발이 되어 아파트로 되었거든요
→ 이곳은 재개발이 되어 아파트마을로 되었거든요

- **동네(洞-) :** 자기가 사는 집의 근처
- **촌(村) :** 1. = 시골 2. = 시골 3. = 마을
- **마을 :** 1. 주로 시골에서, 여러 집이 모여 사는 곳 2. 이웃에 놀러 다니는 일

'동네'하고 '마을'이 가리키는 곳은 다르지 않습니다. 한국말사전은 '마을'이라는 낱말이 흔히 시골에서만 쓰는 듯이 다루지만, "사람이 모여서 사는 곳"이라면 도시든 시골이든 모두 '마을'로 나타납니다. 더욱이 아파트가 잔뜩 모인 곳에서도 'ㅇㅇ마을' 같은 이름을 널리 씁니다. '촌(村)'은 '마을 촌'이라는 한자입니다. '촌 = 동네

= 마을'인 얼거리예요. 보기글에서 '아파트마을'로 쓰려 한다면 앞쪽은 '이곳'으로
바꾸어 줍니다.

- **동네가 온통 재개발이 되어 대부분 아파트촌이 되었거든요**
→ 마을이 온통 재개발이 되어 거의 아파트가 되었거든요
→ 이곳은 온통 재개발이 되어 거의 아파트마을이 되었거든요

《후박나무 우리 집》 (고은명, 창비, 2002) 22쪽

동면이라는 겨울잠

: **동면이라고도 불리는 이 겨울잠**
→ 이 겨울잠
→ 겨우내 쉬는 이 겨울잠

> ○ **동면(冬眠)** : 1. [동물] 겨울이 되면 동물이 활동을
> 중단하고 땅속 따위에서 겨울을 보내는 일 2. 어떤
> 활동이 일시적으로 휴지 상태에 이름을 비유적으로
> 이르는 말
> ○ **겨울잠** : 1. [동물] = 동면(冬眠) 2. 발전이 없는 상태가
> 오랫동안 지속되는 일을 비유적으로 이르는 말

한국말사전을 살피면 한자말 '동면'에만 말풀이를 달고, 한국말 '겨울잠'에는 말풀
이를 달지 않습니다. 한자말만 학술 낱말로 여기는 모습입니다. 이 모습은 올바르
지 않아요. '겨울잠'이 학술 낱말이 안 되어야 할 까닭이란 없습니다. 마땅히 '겨울
잠'을 학술 낱말로 쓸 노릇이요, 굳이 '동면'이라는 한자말을 다루려 한다면 '동면
: → 겨울잠'처럼 한국말사전에 실어야 하겠지요. 보기글처럼 "동면이라고 불리는
이 겨울잠" 같은 얄궂은 겹말이 나타나지 않도록 말넋을 잘 다스려야겠습니다.

- **동면이라고도 불리는 이 겨울잠은 기묘하고 신비로운 것이다**
→ 이 겨울잠은 아리송하고 놀랍다
→ 겨우내 쉬는 이 겨울잠은 아리송하고 놀랍다

《캐시 호숫가 숲속의 생활》 (존 J.롤랜즈/홍한별 옮김, 갈라파고스, 2006) 44쪽

- **개구리들은 부엽토 아래에서 동면한 채 겨울을 난다**
→ 개구리들은 부엽토 밑에서 자며 겨울을 난다
→ 개구리들은 부엽토 밑에서 겨울잠을 자며 추위를 난다

→ 개구리들은 부엽토 밑에서 겨울잠을 잔다

《홀로 숲으로 가다》 (베른트 하인리히/정은석 옮김, 더숲, 2016) 52쪽

동안의 기간 동안

: **첫 6개월 동안의 탐사 기간 동안**

→ 첫 여섯 달 동안 탐사하면서

→ 탐사를 하는 첫 여섯 달 동안

> · **동안** : 1. 어느 한때에서 다른 한때까지 시간의 길이
> 2. 두 사람 사이의 떨어진 촌수 3. 두 지점 사이의
> 거리
> · **기간(其間)** : 어느 때부터 다른 어느 때까지의 동안
> · **기간(期間)** : 어느 일정한 시기부터 다른 어느
> 일정한 시기까지의 사이

보기글은 "6개월 동안"하고 "탐사 기간 동안"처럼 '동안'을 잇달아 적습니다. 이러면서 '기간'이라는 한자말을 함께 적습니다. '동안'을 잇달아 적어 겹말이기도 하고, '동안'을 뜻하는 한자말 '기간'까지 적어서 새삼스레 겹말이기도 해요. 한국말사전에 두 가지 한자말 '기간'이 나오는데 두 한자말은 모두 '동안'을 가리켜요. '기간 = 동안'이기에 "탐사 기간 동안"은 "탐사하는 동안"으로 고쳐써야 할 텐데, 이렇게 고쳐쓰고 보면 "여섯 달 동안의 탐사하는 동안"이 되어 아직 겹말 얼거리예요. 다시 고쳐서 "여섯 달 동안 탐사하면서"나 "탐사를 하는 여섯 달 동안"으로 적어 줍니다.

· **첫 6개월 동안의 탐사 기간 동안 메신저호는 최초로 태양빛을 받고 있는 수성 전체를 촬영할 수 있었는데**

→ 첫 여섯 달 동안 탐사하면서 메신저호는 햇빛을 받는 수성 모두를 처음으로 찍을 수 있었는데

→ 탐사를 하는 첫 여섯 달 동안 메신저호는 햇빛을 받는 수성 모두를 처음으로 찍을 수 있었는데

《우주 100, 1》 (자일스 스패로/강태길 옮김, 청아출판사, 2016) 206쪽

동질감이라 같구나

: **저런 게 같구나 ··· 동질감을 많이 느낄 수**

→ 저런 게 같구나 ··· 같다고 많이 느낄 수

→ 저런 게 같구나 ··· 닮았다고 많이 느낄 수

→ 저런 게 같구나 ··· 서로 비슷하다고 많이 느낄 수

- **동질감(同質感)** : 성질이 서로 비슷해서 익숙하거나 잘 맞는 느낌
- **비슷하다** : 두 개의 대상이 크기, 모양, 상태, 성질 따위가 똑같지는 아니하지만 전체적 또는 부분적으로 일치하는 점이 많은 상태에 있다
- **일치하다(一致−)** : 비교되는 대상들이 서로 어긋나지 아니하고 같거나 들어맞다

'동질감'이라는 한자말에서 '동(同)'은 '한가지'를 뜻하고, '한가지 = 서로 같은 것'입니다. 서로 같거나 비슷하다고 할 적에 '동질감'이라는 낱말을 썼어요. "저런 게 같구나"라 하다가 "동질감을 많이 느낄 수 있을"이라 하면 겹말이에요. 그런데 "동질'감'을 '느낄'"이라고 할 적에도 겹말이에요. '감(感) = 느낌'이니까요. 보기글에서는 앞뒤 모두 '같다'로 적을 수 있고, 뒤쪽은 '닮다'나 '비슷하다'로 적어 볼 수 있습니다.

- "아! 이런 게 다르고, 저런 게 같구나." 그것만 해도 북한과 남한의 어떤 동질감을 많이 느낄 수 있을 거예요

→ "아! 이런 게 다르고, 저런 게 같구나." 그것만 해도 북한과 남한이 많이 같구나 하고 느낄 수 있어요

→ "아! 이런 게 다르고, 저런 게 같구나." 그것만 해도 북한과 남한이 많이 닮았구나 하고 느낄 수 있어요

《통일교육 어떻게 할까?》 (김현희와 다섯 사람, 철수와영희, 2016) 187쪽

동해바다

: **동해바다**

→ 동해

→ 동쪽 바다

- **동해(東海)** : 1. 동쪽에 있는 바다 2. [지명] 우리나라 동쪽의 바다

→   동녘 바다

'동해'는 동쪽에 있는 바다예요. "동해바다(동해 바다)"라 하면 겹말입니다. 한국말
사전을 살피면 "동해 바다 · 서해 바다 · 남해 바다"를 올림말로는 안 다루더라도 보
기글로는 싣습니다. 얄궂지요. 겹말로 잘못 쓰는 보기를 한국말사전이 바로잡지
는 못하고, 외려 부추기는 모습이니까요. 바다를 말할 적에 한자를 넣어 '동해 · 서
해 · 남해'로 쓰든지, 한국말 '바다'를 살려서 "동쪽 바다 · 서쪽 바다 · 남쪽 바다"나
"동녘 바다 · 서녘 바다 · 남녘 바다"로 써야 올바릅니다.

• **티끌까지 삼켜버린 동해바다 이만이천 원입니다**

→   티끌까지 삼켜버린 동해 이만이천 원입니다

→   티끌까지 삼켜버린 동쪽 바다 이만이천 원입니다

→   티끌까지 삼켜버린 동녘 바다 이만이천 원입니다

《y의 진술》 (변영희, 문학의전당, 2016) 14쪽

됐다 오케이

:   **이제 됐다는 오케이 사인을 내린다**

→   이제 됐다고 말을 한다

→   이제 됐다며 고개를 끄덕인다

→   이제 됐으니 그만하라 한다

◦ **오케이(OK)** : = 교료(校了)
◦ **교료(校了)** : 인쇄물의 교정을 끝냄. '끝내기', '오케이'로 순화

한국말사전에서 '오케이(OK)'를 찾아보면 "= 교료(校了)"로 나와요. '교료'를 다시
찾아보면, "'끝내기', '오케이'로 순화"로 나와요. 돌림풀이입니다. 돌림풀이인데
'오케이'도 고쳐쓸 말이요, '교료'도 고쳐쓸 말인 셈입니다. 다만 '교료'를 고쳐쓰라
하면서 '끝내기'라는 낱말을 함께 실었기에 '오케이 · 교료'는 '끝내기'로 고쳐쓰면
되는구나 하고 알아챌 수 있습니다. 또는 이 보기글처럼 '됐다'로 손볼 만해요.

• **"이제 됐구먼." 스승님이 오케이 사인을 내린다**

→   "이제 됐구먼." 스승님이 이제 됐다고 말씀한다

→ "이제 됐구먼." 스승님이 이제 그만하라고 말씀한다

→ "이제 됐구먼." 스승님이 이제 고개를 끄덕이신다

《퇴곡리 반딧불이》 (유소림, 녹색평론사, 2008) 90쪽

두꺼운 판지

: **두꺼운 판지**

→ 판지

→ 판종이

→ 두꺼운 종이

> ○ **판지(板紙)** : 두껍고 단단하게 널빤지 모양으로 만든 종이

두껍고 단단하게 빚은 종이를 가리키는 '판지'이니 "두꺼운 판지"라 하면 겹말입니다. 그냥 '판지'라고만 해야지요. '판지'라는 종이를 쓰면서 이 종이가 두꺼운 줄 이 이름에서 미처 떠올리지 못하기에 "두꺼운 판지" 같은 겹말을 쓰는구나 싶어요. "두꺼운 종이"로도 손질해서 쓸 수 있어요.

• **두꺼운 판지로 만들어 보아도 설안경이 어떤 원리인지 알 수 있다**

→ 판종이로 지어 보아도 눈안경이 어떤 얼거리인지 알 수 있다

→ 두꺼운 종이로 해 보아도 눈안경이 어떤 얼개인지 알 수 있다

《캐시 호숫가 숲속의 생활》 (존 J.롤랜즈/홍한별 옮김, 갈라파고스, 2006) 53쪽

두 손을 합장

: **두 손을 합장하고**

→ 합장하고

→ 두 손을 모으고

> ○ **합장(合掌)** : 두 손바닥을 합하여 마음이 한결같음을 나타냄

두 손바닥을 모으는 몸짓을 한자말로는 '합장'이라 합니다. "두 손을 합장하고"는

겹말입니다. 한자말을 쓰려 한다면 '합장하고'로 손보고, 한자말을 안 쓰려 한다면 "두 손을 모으고"나 "두 손바닥을 모으고"로 손보면 됩니다.

- **두 손을 다소곳이 합장하고 연신 몸을 숙이며**

→ 두 손을 다소곳이 모아 자꾸 몸을 숙이며

→ 두 손을 다소곳이 모으고 잇달아 몸을 숙이며

《전라도, 촌스러움의 미학》 (황풍년, 행성B잎새, 2016) 202쪽

뒤엎는 전복적

: **뒤엎는 전복적顚覆的 상상력이 있습니다**

→ 뒤엎는 상상력이 있습니다

→ 뒤엎는 생각날개가 있습니다

> - **전복적** : x
> - **전복(顚覆)** : 1. 차나 배 따위가 뒤집힘
>   2. 사회 체제가 무너지거나 정권 따위를 뒤집어엎음

'전복적'은 한국말사전에 없고 '전복'만 실리는데, 이 한자말은 '뒤집힘'이나 '뒤집 어엎음'을 가리킨다고 해요. "뒤엎는 전복적顚覆的 상상력"처럼 쓰면 겹말이에요. 더욱이 보기글은 한자로 '顚覆的'을 붙이기까지 하는데, 이렇게 쓴다고 해서 뜻이 또렷해지지 않습니다. 외려 헷갈리거나 다르게 여길 수 있겠지요.

- **기존의 질서와 권위를 뒤엎는 전복적顚覆的 상상력이 있습니다**

→ 예전 질서와 권위를 뒤집어엎는 상상력이 있습니다

→ 오래된 질서와 권위를 뒤엎는 생각날개가 춤춥니다

《나는 어떤 삶을 살아야 할까?》 (홍세화와 여섯 사람, 철수와영희, 2016) 215쪽

뒤죽박죽 횡설수설

: **뒤죽박죽 횡설수설이 된단 말이다**

> ○ **뒤죽박죽** : 여럿이 마구 뒤섞여 엉망이 된 모양
> ○ **횡설수설(橫說竪說)** : 조리가 없이 말을 이러쿵저러쿵 지껄임

'횡설수설'이라는 한자말은 앞뒤가 안 맞으면서 아무렇게나 말을 지껄이는 모습을 가리켜요. '뒤죽박죽'은 마구 뒤섞여서 엉망이 된 모습을 가리키지요. "뒤죽박죽 횡설수설"이라고 하면 겹말이에요. 둘 가운데 하나만 골라서 써야 알맞습니다. 힘 주어 말하고 싶다면 "뒤죽박죽 말이 꼬인다"라든지 "뒤죽박죽 엉터리 말이 된다" 라든지 "뒤죽박죽 망가진다"라든지 "뒤죽박죽 어지럽다"처럼 써 볼 만해요.

- **어째서인지 하다 보면 뒤죽박죽 횡설수설이 된단 말이다**
- → 어째서인지 하다 보면 뒤죽박죽이 된단 말이다
- → 어째서인지 하다 보면 뒤죽박죽 엉터리 말이 된단 말이다

《내 친구 꼬마 거인》 (로알드 달/지혜연 옮김, 시공주니어, 1997) 67쪽

들 등

- : **미생물 들은 … 지렁이 등 다른 생명을**
- → 미생물 들은 … 지렁이 같은 다른 목숨을
- → 미생물 들은 … 지렁이 따위 다른 목숨을
- → 미생물 들은 … 지렁이나 다른 목숨을
- → 미생물 들은 … 지렁이서껀 다른 목숨을
- → 미생물 들은 … 지렁이를 비롯한 다른 목숨을
- → 미생물 들은 … 지렁이라든지 다른 목숨을

> ○ **들** : 두 개 이상의 사물을 나열할 때, 그 열거한 사물 모두를 가리키거나, 그 밖에 같은 종류의 사물이 더 있음을 나타내는 말
> ○ **-들** : '복수(複數)'의 뜻을 더하는 접미사
> ○ **등(等)** : 1. 그 밖에도 같은 종류의 것이 더 있음을 나타내는 말 2. 두 개 이상의 대상을 열거한 다음에 쓰여, 대상을 그것만으로 한정함을 나타내는 말

여러 가지를 죽 늘어놓을 적에 붙이는 말로 '들'이 있습니다. '들'은 앞말에 붙이기 도 하지만 띄기도 해요. '우리들'이나 '그들'처럼 쓸 적에는 붙이고 "책이나 옷 들" 처럼 쓸 적에는 띄어요. '들'을 한자로는 '등(等)'으로 적어요. '들'을 알맞게 쓰면 되 기에 '들'하고 '등'이 잇달아 나오는 보기글은 겹말입니다. 앞뒤에 같은 말을 안 쓰 고 싶다면, 뒤쪽은 '같은'이나 '따위'나 '서껀'을 쓸 수 있고, '-나'나 '-라든지'를 붙

여 볼 만해요.

- 이 유기물과 미생물들은 작은 벌레나 지렁이 등 다른 생명을 불러들이고
- → 이 유기물과 미생물들은 작은 벌레나 지렁이 같은 다른 목숨을 불러들이고
- → 이 유기물과 미생물들은 작은 벌레나 지렁이를 비롯한 다른 목숨을 불러들이고

《10대와 통하는 농사 이야기》 (곽선미와 다섯 사람, 철수와영희, 2017) 53쪽

들뜨고 흥분

: **얼마나 들뜨고 흥분했는지**
→ 얼마나 들뜨고 기뻤는지
→ 얼마나 들뜨고 반가웠는지
→ 얼마나 들떴는지

> • **들뜨다** : 1. 마음이나 분위기가 가라앉지 아니하고 조금 흥분되다
> • **흥분하다(興奮-)** : 어떤 자극을 받아 감정이 북받쳐 일어나다

'들뜨는' 모습을 한자말로 적으니 '흥분'입니다. "들뜨고 흥분했는지"는 겹말이에요. '들떴는지'라고만 하면 됩니다. 느낌을 더 살리고 싶다면 "들뜨고 기뻤는지"나 "들뜨고 반가웠는지"처럼 써 볼 수 있습니다.

- 임설분은 그동안 학교에서 그를 볼 수 있다는 것 때문에 얼마나 들뜨고 흥분했는지에 대한 기억을 더듬었다
- → 임설분은 그동안 학교에서 그를 볼 수 있었기 때문에 얼마나 들뜨고 좋았는지를 더듬었다
- → 임설분은 그동안 학교에서 그를 볼 수 있었기 때문에 얼마나 들떴는지를 더듬었다

《로빙화》 (중자오정/김은신 옮김, 양철북, 2003) 245쪽

들어가는 입구

: **들어가는 입구에 있는**

→ 들어가는 곳에 있는

→ 문 옆에 있는

> ◦ **입구(入口)** : 들어가는 통로. '들목', '들어오는 곳',
> '어귀'로 순화
> ◦ **들목** : = 들머리
> ◦ **들머리** : 들어가는 맨 첫머리
> ◦ **어귀** : 드나드는 목의 첫머리

'입구'라는 한자말은 "들어가는 길"을 가리키며, "들어오는 곳"으로 고쳐써야 한답니다. "들어가는 입구"라 하면 겹말이기도 하고, 여러모로 고쳐써야 하기도 합니다. "들어가는 곳"이나 "드나드는 곳"이나 '들목'으로 손볼 수 있을 테고, "문 옆"으로 손볼 수도 있어요.

• **들어가는 입구에 있는 큰 책장에는 많은 책이 꽂혀 있었다**

→ 들어가는 곳에 있는 큰 책장에는 책이 많이 있었다

→ 문 옆에 있는 큰 책장에는 책이 많이 꽂혔다

《당신도 쿠바로 떠났으면 좋겠어요》 (시골여자, 스토리닷, 2016) 19쪽

디테일 섬세함

:   **디테일이야. 섬세함을 놓치면**

→ 작은 것이야. 작은 것을 놓치면

→ 작은 곳이야. 자잘한 곳을 놓치면

> ◦ **디테일(detail)** : [미술] 미술품의 전체에 대하여 한 부분을
> 이르는 말. '부분'으로 순화
> ◦ **부분(部分)** : 전체를 이루는 작은 범위
> ◦ **detail** : 1. (작고 덜 중요한) 세부 사항
> ◦ **섬세하다(纖細–)** : 1. 곱고 가늘다 2. 매우 찬찬하고 세밀하다
> ◦ **찬찬하다** : 성질이나 솜씨, 행동 따위가 꼼꼼하고 자상하다
> ◦ **세밀하다(細密–)** : 자세하고 꼼꼼하다
> ◦ **자세하다(仔細–)** : 1. 사소한 부분까지 아주 구체적이고
> 분명하다 2. 성질 따위가 꼼꼼하고 세심하다

'디테일'하고 '섬세함'을 잇달아 말할 적에 겹말이 되는 줄 느낄 수 있을까요. 하나는 영어이고 다른 하나는 한자말인데, 둘 모두 '작은 것'이나 '자잘한 곳'을 가리킨다고 느낄 수 있을까요. 영어 '디테일'은 '부분'이라는 한자말로 고쳐쓰라 하는데, '부분'은 '조각'을 가리켜요. 조각이란 "작은 하나"입니다. 한자말 '섬세'는 '찬찬함' 하고 '세밀함'을 가리킨다는데, 이 낱말하고 이어지는 다른 낱말은 모두 "작은 것

을 알뜰히 여기거나 살필 줄 아는 몸짓이나 모습"을 가리켜요. 이 같은 얼거리를 돌아본다면, 처음부터 가장 쉬우면서 또렷한 '작다'나 '자잘하다' 같은 낱말을 쓰면서 겹말 틀에서 벗어날 수 있습니다.

그렇지, 결국은 디테일이야. 섬세함을 놓치면 뭐가 있겠어

- **그렇지, 결국은 디테일이야. 섬세함을 놓치면 뭐가 있겠어**
→ 그렇지, 마지막은 작은 것이야. 작은 것을 놓치면 뭐가 있겠어
→ 그렇지, 언제나 자잘한 곳이야. 자잘한 곳을 놓치면 뭐가 있겠어

《배우는 삶 배우의 삶》 (배종옥, 마음산책, 2016) 189쪽

따뜻한 온기

: **따뜻한 온기**
→ 따뜻한 기운
→ 따뜻함

> ◦ **온기(溫氣)** : 따뜻한 기운

따뜻한 기운을 가리키는 '온기'이기에 "따뜻한 온기"라고 쓰면 겹말이에요. "따뜻한 기운"으로 쓰든지 '따뜻함'으로 고쳐 주어야 합니다. 겨울날 자동차를 탈 적에 쐬는 따뜻한 기운이라면 "따뜻한 바람"으로 손볼 수 있습니다.

- **고무신 내 가슴에 안겨 온기로 따뜻해져 있었다**
→ 고무신 내 가슴에 안겨 따뜻해졌다
→ 고무신 내 가슴에 안겨 따뜻하다

《허공이 키우는 나무》 (김완하, 천년의시작, 2007) 44쪽

- **차량 안에서 나오는 따뜻한 온기가 너무 좋아서**
→ 차에서 나오는 따뜻한 기운이 아주 좋아서
→ 차에서 나오는 따뜻한 바람이 매우 좋아서

《서른 여행은 끝났다》 (박현용, 스토리닷, 2016) 83쪽

- **금방 다려낸 따뜻한 온기를 풍기는 섬유**
→ 금방 다려낸 따뜻함을 풍기는 섬유

《우리말 꽃이 피었습니다》 (오리여인, 시드페이퍼, 2016) 36쪽

따뜻한 정

:　**따뜻한 정**
→　따뜻한 마음
→　따뜻함

> - **따뜻하다** : 1. 덥지 않을 정도로 온도가 알맞게 높다 2. 감정, 태도, 분위기 따위가 정답고 포근하다
> - **포근하다** : 2. 감정이나 분위기 따위가 보드랍고 따뜻하여 편안한 느낌이 있다
> - **정(情)** : 1. 느끼어 일어나는 마음 2. 사랑이나 친근감을 느끼는 마음
> - **정답다(情-)** : 따뜻한 정이 있다

'따뜻하다'는 "정답고 포근하다"를 가리킨다고 하는데, 한국말사전을 살피면 '포근하다'는 다시 '따뜻하다'를 가리킨다고 나와요. 돌림풀이입니다. '정답다'는 "따뜻한 정"이 있는 모습을 가리킨다고 하니, 다시금 돌림풀이입니다. 그런데 '따뜻하다 = 정답다 = 따뜻한 정이 있다'라고 하는 돌림풀이 얼거리인 터라, "따뜻한 정"이라고 할 적에는 겹말이에요. 생각해 보셔요. '따뜻하다 = 따뜻한 정이 있다'라고 하는 뜻풀이나 말마디는 얼마나 얄궂은가요. 보기글에서는 "따뜻한 정"을 "따뜻한 마음"이나 "따뜻한 손길"이나 "따뜻한 눈길"이나 "따뜻한 품"으로 손질해 볼 수 있습니다.

- **지금도 그 따뜻한 정을 잊을 수 없다**
→　아직도 그 따뜻한 마음을 잊을 수 없다
→　아직도 그 따뜻함을 잊을 수 없다

《우리는 60년을 연애했습니다》 (라오 핑루/남혜선 옮김, 월북, 2016) 81쪽

따르고 순종하면서

:　**하느님의 뜻을 따르고 순종하면서**
→　하느님 뜻을 따르면서
→　하느님 뜻을 고이 따르면서
→　하느님 뜻을 고분고분 따르면서

> - **순종(順從)** : 순순히 따름

'순종'이라는 한자말은 '따르다'를 뜻하니, "따르고 순종하면서"처럼 쓰면 겹말입니다. 그냥 '따르면서'만 쓰면 되고, "고이 따르면서"나 "고분고분 따르면서"나 "높이 섬기고 따르면서"나 "우러르고 따르면서"나 "달게 따르면서"로 손질할 수 있습니다.

- **하느님의 뜻을 따르고 순종하면서 의롭게 살았던 소수의 의인들을 통해**
→ 하느님 뜻을 따르면서 올바르게 살았던 몇몇 훌륭한 사람들을 살피며
→ 하느님 뜻을 고분고분 따라 바르게 살았던 몇몇 뜻있는 분들을 헤아리며

《하느님 그리고 너와 나》(김지영, 천주교서울대교구주교좌명동교회, 2001) 35쪽

따불과 두 배

: 따불로 내야 하니 두 배로 힘들다
→ 곱으로 내야 하니 두 배로 힘들다
→ 곱으로 내야 하니 두 곱으로 힘들다
→ 곱절로 내야 하니 갑절로 힘들다
→ 갑절로 내야 하니 곱배기로 힘들다

> - **더블(double)** : 1. 어떠한 수량의 배(倍)를 이르는 말 2. 두 번 거듭되거나 겹침
> - **배(倍)** : 어떤 수나 양을 두 번 합한 만큼
> - **곱** : 1. = 배(倍) 2. = 곱절
> - **곱절** : = 배(倍)
> - **갑절** : = 배(倍)
> - **곱배기·곱빼기** : 1. 음식에서, 두 그릇의 몫을 한 그릇에 담은 분량 2. 계속하여 두 번 거듭하는 일

영어 '더블(따불)'은 '배'를 가리킨다고 합니다. "따불로 내야 하니 두 배로 힘들다"처럼 쓰면 겹말이에요. 앞뒤 모두 "두 배"로 쓰면 되는데, 한쪽을 '곱'으로 쓸 수 있습니다. 또는 '곱절'이나 '갑절'이나 '곱배기·곱빼기'를 쓸 수 있어요. 한국말사전은 '곱·곱절·갑절' 같은 한국말에는 풀이말을 달지 않아 얄궂습니다. 1992년부터는 '곱배기'가 아닌 '곱빼기'만 표준말로 삼는다고 바뀌는데, 굳이 어느 한 가지만 표준으로 삼을 까닭이 없지 싶어요. 한국말에는 셈여림이 있기 때문에 '곱배기'하고 '곱빼기' 모두 알맞게 쓸 수 있어요.

- **"자리를 넓게 쓰니까 따불로 내셔야지~" "장애에 대한 무지가 장애인의 삶을 두 배로 힘들게 한답니다."**
→ "자리를 넓게 쓰니까 곱으로 내셔야지~" "장애를 모르니 장애인 삶을 두 곱으로 힘들게 한답니다."

→ "자리를 넓게 쓰니까 곱절로 내셔야지~" "장애를 모르니 장애인 삶을 곱절로 힘들게 한답니다."

《왜, 맨날 반말이야!》 (편집부 엮음, 장애우권익문제연구소, 2003) 15쪽

따스한 온정 마음

: **따스한 온정이 흐르는 인간의 마음**

→ 따스함이 흐르는 사람 마음

→ 사람으로서 따스함이 흐르는 마음

> ○ **온정(溫情)** : 따뜻한 사랑이나 인정
> ○ **인정(人情)** : 1. 사람이 본래 가지고 있는 감정이나 심정 2. 남을 동정하는 따뜻한 마음 3. 세상 사람들의 마음

"따뜻한 사랑"을 가리키는 '온정'이니, "따스한 온정"이라 하면 겹말입니다. 한국말사전을 보면 '온정 = 따뜻한 사랑이나 인정'으로 풀이하는데, '인정 = 따뜻한 마음'으로도 풀이합니다. 이렇게 되면 겹말풀이예요. 한자말 '온정' 말풀이를 "따뜻한 사랑이나 마음"으로 고쳐야 올바릅니다. 이 대목을 더 살핀다면 "따스한 온정이 흐르는 인간의 마음"은 두 가지로 겹말입니다. '온정 = 따뜻한 사랑이나 마음'이니 "온정이 흐르는 인간의 마음"은 "따뜻한 마음이 흐르는 사람 마음" 꼴이 되겠지요.

• **따스한 온정이 흐르는 인간의 마음을 호모사피엔스에게 물려주고 멸종해 버린**

→ 따스함이 흐르는 마음을 호모사피엔스한테 물려주고 사라져 버린

→ 따스한 마음을 호모사피엔스한테 물려주고 사라져 버린

《과학을 읽다》 (정인경, 여문책, 2016) 65쪽

땅과 대지

: **땅은, 대지는**

→ 땅은, 이 땅은

→ 땅은, 이 별은

→ 땅은, 너른 땅은

- **땅** : 1. 강이나 바다와 같이 물이 있는 곳을 제외한 지구의 겉면
- **대지(大地)** : 대자연의 넓고 큰 땅

'땅'은 여러 가지로 씁니다. 이 지구를 이룬 드넓은 자리를 가리키기도 하고, 우리가 살아가는 보금자리를 가리키기도 합니다. 때로는 논이나 밭을 가리키기도 하고요. 한자말 '대지'는 "대자연을 이루는 넓고 큰 땅"을 가리킨다고 하는데, '땅'도 바로 이처럼 "넓고 큰 자리"를 가리키기도 하지요. 무엇보다 '대지 = 넓고 큰 땅', 곧 '대지 = 땅'입니다. 이 보기글에서는 "땅은, 대지는"처럼 겹말로 쓰기보다는 "땅은, 이 땅은"이나 "땅은, 너른 땅은"이나 "땅은, 드넓은 땅은"이나 "땅은, 아름다운 이 땅은"처럼 꾸밈말을 넣을 적에 한결 나으리라 봅니다.

- **장담하건대 땅은, 대지는 어린이들에 의해 꾸준히 보전될 것입니다**

→ 다짐하건대 땅은, 이 땅은 어린이들이 꾸준히 지켜 줄 것입니다

→ 거듭 말하건대 땅은, 너른 땅은 어린이들 손으로 지켜집니다

《농부로 사는 즐거움》 (폴 베델/김영신 옮김, 갈라파고스, 2014) 165쪽

땅을 개간

: **논밭을 만들려고 땅을 개간하면서**

→ 논밭을 삼으려고 땅을 일구면서

→ 땅을 논밭으로 일구면서

→ 논밭을 얻으려고 따비질을 하면서

→ 논밭을 늘리려고 쟁기질을 하면서

- **개간(開墾)** : 거친 땅이나 버려 둔 땅을 일구어 논밭이나 쓸모 있는 땅으로 만듦. '일굼'으로 순화
- **따비** : 풀뿌리를 뽑거나 밭을 가는 데 쓰는 농기구
- **쟁기** : 논밭을 가는 농기구

한자말 '개간'은 "땅을 일굼"을 가리키니 "땅을 개간하면서"라 하면 겹말이에요. "땅을 일구면서"로 고쳐씁니다. 또는 "땅을 논밭으로 일구면서"로 적어 볼 만해요. 한자 '간(墾)'은 '따비질'을 나타내기도 한대요. 따비질이란 따비를 써서 땅을 가는 일이지요. 이 보기글은 "따비질을 하면서"나 "쟁기질을 하면서"로 손질해 볼 수 있어요.

- **사람들이 논밭을 만들려고 땅을 개간하면서 호랑이랑 마주치는 일이 많아졌어**
- → 사람들이 논밭을 삼으려고 땅을 일구면서 범이랑 마주치는 일이 늘어났어
- → 사람들이 땅을 논밭으로 일구면서 범이랑 자주 마주쳤어
- → 사람들이 논밭을 얻으려고 따비질을 하면서 범이랑 자주 마주쳤어

《야생 동물은 왜 사라졌을까?》 (이주희, 철수와영희, 2017) 17쪽

때 묻지 않은 순수한

: 아이의 때 묻지 않은 순수한 눈으로

→ 아이다운 때 묻지 않은 눈으로

→ 때 묻지 않은 아이 눈으로

→ 아이답게 맑은 눈으로

→ 맑은 아이 눈으로

> ◦ **순수(純粹) :** 1. 전혀 다른 것의 섞임이 없음
> 2. 사사로운 욕심이나 못된 생각이 없음

한자말 '순수'는 다른 것이 섞이지 않은 모습을 가리켜요. "때 묻지 않은 순수한"처럼 쓰면 겹말이에요. "때 묻지 않은"이 바로 다른 것이 안 섞인 모습이니까요. 이보기글에서는 "맑은 아이 눈으로"처럼 손볼 수 있어요. 이밖에 '때묻다'나 '때없다'를 새롭게 한 낱말로 써 볼 만하지 싶습니다. '티없다'나 '티묻다'도 새롭게 한 낱말로 써 볼 만할 테고요. 이처럼 새 낱말을 알맞게 쓰면 겹말이 불거질 일은 줄어들리라 봅니다.

- **아이의 때 묻지 않은 순수한 눈으로 바라본 전쟁 속의 세상을**
- → 아이다운 때 묻지 않은 눈으로 바라본 전쟁통 세상을
- → 아이답게 맑은 눈으로 바라본 전쟁통 모습을

《잃어버린 소년들》 (벤슨 뎅·알폰시온 뎅·벤자민 아작/조유진 옮김, 현암사, 2008) 452쪽

때와 시

:   **전쟁 때부터 평시로**

→ 전쟁 때부터 평소 때로

→ 전쟁 때부터 평화 때로

→ 전쟁하던 때부터 여느 때로

→ 전쟁하던 때부터 평화로운 때로

> ◦ **평시(平時)** : = 평상시
> ◦ **평상시(平常時)** : 특별한 일이 없는 보통 때

앞에서는 "전쟁 '때'"라 적었으나, 바로 뒤에서는 "평'시'"라고 적습니다. 전쟁이 일어나는 '때'가 "전쟁 때"라면, 전쟁이 일어나지 않아서 평화롭거나 여느(평상·평소) '때'라면 "평소 때"나 "평화 때"로 적어야 앞뒤가 어울리겠다고 느낍니다. '평시 = 평상시'이고, '평상시 = 보통 때'라는 말풀이를 곰곰이 돌아봅니다. 한국말 '때'를 한자로 옮기면 '시(時)'이니, 굳이 겹말처럼 쓰기보다는 '때'라는 한국말을 알맞게 쓰면 됩니다.

• **과학은 전쟁 때부터 평시로 이동하면서 누구한테도 비난받지 않고**
    전후의 세계에까지 살아남았던 것이다

→ 과학은 전쟁 때부터 평화로운 때로 옮기면서 누구한테도 손가락질 받지 않고
    전후 세계에까지 살아남았다

《전후 일본의 과학기술》(나카야마 시게루/오동훈 옮김, 소화, 1998) 15쪽

때와 시기적

:   **고조되던 때와 시기적으로 일치한다**

→ 고조되던 때와 똑같다

→ 들끓던 때와 같다

> ◦ **시기적(時期的)** : 시기에 비추어 보거나
>   시기와 관련되는
> ◦ **시기(時期)** : 어떤 일이나 현상이 진행되는
>   시점. '때'로 순화

'시기'라는 한자말은 '때'로 고쳐써야 한다고 한국말사전에 나옵니다. '시기적'은

233

'시기 + 적'입니다. 그러니 '−적'붙이 말마디인 '시기적'도 '때'를 나타내는 말씨로 손질해야 할 테지요. 이 보기글처럼 '때'하고 '시기적'을 나란히 넣은 대목이라면 '시기적'만 살며시 떨구면 됩니다.

- **흑인의 저항이 고조되던 때와 시기적으로 일치한다**
→ 흑인 저항이 무르익던 때와 같다
→ 흑인이 한창 저항하던 때와 같다
→ 흑인이 한창 저항하던 무렵과 같은 때이다

《장정일의 악서총람》 (장정일, 책세상, 2015) 69쪽

또다시 재차

: **또다시 기회가 주어진다면 … 재차 도전해 보고 싶습니다**
→ 또다시 자리가 주어진다면 … 더 그려 보고 싶습니다
→ 자리가 주어진다면 … 다시 그려 보고 싶습니다

> ◦ **재차(再次)** : 1. 두 번째 ≒ 재도(再度) 2. = 또다시
> ◦ **또다시** : 1. 거듭하여 다시 ≒ 재도(再度)·재차(再次) 2. '다시'를 강조하여 이르는 말

한자말 '재차'는 '또다시'를 가리켜요. 한국말사전을 보면 '재도' 같은 비슷한말이 있다고 나옵니다만 '재차·재도'를 굳이 써야 하지는 않습니다. '다시·또다시·다시금' 같은 낱말을 알맞게 쓰면 되어요. '거듭·거듭거듭' 같은 낱말을 써 볼 수 있고요. 보기글에서는 '또다시'를 앞뒤에 쓰기보다는 뒤쪽을 '더'로 손질하거나, 앞쪽 '또다시'를 덜어내고 뒤쪽에서는 '다시'로 손질하면 되리라 생각합니다.

- **또다시 기회가 주어진다면 그 이후의 공상 과학 모험활극 《지구빙해사기》에 재차 도전해 보고 싶습니다**
→ 또다시 자리가 주어진다면 공상 과학 활극 《지구빙해사기》 뒷이야기를 더 그려 보고 싶습니다
→ 자리가 주어진다면 공상 과학 활극 《지구빙해사기》 뒷이야기를 다시 그려 보고

싶습니다

《지구빙해사기 하》(다니구치 지로/장지연 옮김, 미우, 2016) 312쪽

또렷하게 선명한

ㄷ

: **또렷하게 선명한 색으로**

→ 또렷한 빛으로

→ 또렷한 빛으로 낱낱이

- **선명(鮮明)** : 산뜻하고 뚜렷하여 다른 것과 혼동되지 않음
- **뚜렷하다** : 엉클어지거나 흐리지 않고 아주 분명하다
- **또렷하다** : 엉클어지거나 흐리지 않고 분명하다
- **분명하다(分明-)** : 1. 모습이나 소리 따위가 흐릿함이 없이 똑똑하고 뚜렷하다

한자말 '선명하다'는 "산뜻하고 뚜렷하다"를 가리키니, "또렷하고 선명한"이라 하면 겹말이에요. '또렷한' 한 마디만 적으면 됩니다. 힘주어 말하고 싶다면 "또렷한 빛으로 낱낱이"나 "또렷한 빛으로 모두"나 "또렷한 빛으로 하나하나"처럼 적어 볼 만합니다. 한국말사전에서 '뚜렷하다·또렷하다'를 찾아보면 '분명하다'라는 한자말로 풀이하고, 한자말 '분명하다'는 "똑똑하고 뚜렷하다"로 풀이하면서 돌림풀이 얼거리입니다.

- **꿈처럼 사라져버릴 것 같았던 그날들이 또렷하게 선명한 색으로 되살아난다**

→ 꿈처럼 사라져버릴 듯하던 그날들이 또렷한 빛으로 되살아난다

→ 꿈처럼 사라져버릴 듯하던 그날들이 또렷한 빛으로 낱낱이 되살아난다

《사랑 소리 1》(마키 우사미/서수진 옮김, 대원씨아이, 2009) 93쪽

똑같이 동등한

: **똑같이 동등한 입장으로**

→ 똑같은 눈으로

→ 똑같은 자리에서

→ 똑같은 마음으로

- **동등하다(同等-)** : 등급이나 정도가 같다

→ 똑같이

→ 서로 똑같이

'같다'고 할 적에 한자말 '동등하다'를 쓰니, "똑같이 동등한"이라 하면 겹말이에요. 그냥 '똑같이'나 '똑같은'이라고만 하면 됩니다. 또는 "서로 똑같이"나 "서로 같이"나 "우리와 같이"로 적을 만합니다.

* 그렇게 충돌이 일어난다면 과연 북한 사람들의 얘기를 똑같이 동등한 입장으로 받아들일 수 있을까요

→ 그렇게 부딪힌다면 참말로 북한 사람들 얘기를 똑같은 눈으로 받아들일 수 있을까요

→ 그렇게 부딪힌다면 참으로 북한 사람들 얘기를 똑같이 받아들일 수 있을까요

《통일교육 어떻게 할까?》 (김현희와 다섯 사람, 철수와영희, 2016) 53쪽

똑바로 직진

: **똑바로 직진한다**

→ 똑바로 간다

→ 똑바로 나아간다

> ○ **똑바로** : 1. 어느 쪽으로도 기울지 않고 곧게 2. 틀리거나 거짓 없이 사실대로
> ○ **직진(直進)** : 곧게 나아감
> ○ **곧다** : 1. 굽거나 비뚤어지지 아니하고 똑바르다 2. 마음이나 뜻이 흔들림 없이 바르다

어느 쪽으로도 기울지 않기에 '똑바로'라고 합니다. 똑바로 간다고 할 적에는 '곧게' 간다고 할 수 있어요. 한자말 '직진'은 '곧게' 가는 모습을 가리키지요. "똑바로 직진"이라 하면 겹말이에요. 한국말사전을 살피면 '똑바로'를 풀이하면서 '곧게'라 하고, '곧다'를 풀이하며 '똑바르다'라 하네요. 얄궂게 돌림풀이입니다.

* 빛은 소리처럼 에돌아가지 않고 똑바로 직진한다

→ 빛은 소리처럼 에돌아가지 않고 똑바로 간다

→ 빛은 소리처럼 에돌아가지 않고 똑바로 나아간다

《과학을 읽다》 (정인경, 여문책, 2016) 34쪽

뛰어난 수작

: **가장 뛰어난 수작들 가운데 하나**

→ 가장 뛰어난 작품

→ 매우 뛰어난 작품 가운데 하나

> ○ **수작(秀作)** : 우수한 작품
> ○ **우수(優秀)** : 여럿 가운데 뛰어남

'수작'은 "우수한 작품"을 가리킨다는데, '우수'는 "여럿 가운데 뛰어남"을 가리키니 '수작 = 여럿 가운데 뛰어난 작품'을 나타내지요. "가장 뛰어난 수작들 가운데 하나"처럼 적으면 겹말이에요. '뛰어난'이 겹치고 '여럿 가운데 하나'가 다시 겹쳐요. 그런데 '가장'이라는 꾸밈말로 작품을 가리키려 한다면 딱 하나만 뽑아야 합니다. '가장' 뛰어난 작품은 언제나 오직 하나뿐이기 때문입니다. "뛰어난 작품들 가운데 하나"처럼 나타내려면 '가장'이 아닌 '매우'나 '무척'이나 '아주'를 꾸밈말로 넣어야 올바릅니다.

• **미메이의 동화 중에서 가장 뛰어난 수작들 가운데 하나라고 생각한다**

→ 미메이가 쓴 동화 가운데 매우 뛰어난 작품이라고 생각한다

→ 미메이 동화 가운데 무척 뛰어난 작품이라고 생각한다

→ 미메이 동화 가운데 가장 뛰어나다고 생각한다

《판타지 책을 읽는다》 (가와이 하야오/햇살과나무꾼 옮김, 비룡소, 2006) 15쪽

뛰어넘는 점프

: **뛰어넘는, 점프하는 시점**

→ 뛰어넘는 때

→ 뛰어서 넘는 때

> ○ **뛰어넘다** : 1. 몸을 솟구쳐서 높거나 넓은 물건이나 장소를 넘다 3. 어려운 일 따위를 이겨 내다
> ○ **점프(jump)** : 1. 몸을 날리어 높은 곳으로 오름

영어 '점프'는 뛰어서 오르는 모습을 가리킵니다. 어느 모로 본다면 '점프 = 뜀(뛰다)'이라 할 만합니다. "뛰어넘는, 점프하는 시점"이라고 하면 겹말이에요. 구태여 영어를 쓰겠다면 써도 될 테지만, 이 자리에서는 "뛰어넘는 때"라고만 적어도 넉

넉해요. "뛰어서 넘는 때"라든지 "뛰어서 넘어가는 때"라고 해도 돼요.

- **이전의 시간을 훌쩍 뛰어넘는, 점프하는 시점을 맞이한 거예요**
→ 예전 시간을 훌쩍 뛰어넘는 때를 맞이한 거예요
→ 지난날을 훌쩍 뛰어넘는 때를 맞이했어요

《언니, 같이 가자!》(안미선, 삼인, 2016) 133쪽

뜨겁고 열광적

: **반응은 뜨겁고 열광적이었다**
→ 반응은 뜨겁고 기뻐했다
→ 반응은 뜨겁고 대단했다
→ 반응은 뜨거웠다

> ○ **뜨겁다** : 감정이나 열정 따위가 격렬하다
> ○ **열광적(熱狂的)** : 너무 기쁘거나 흥분하여 미친 듯이 날뛰는

"뜨겁고 열광적이었다"는 겹말입니다. '뜨겁다'는 사람들이 매우 들뜨거나 거세게 샘솟는 마음인 모습을 가리키고, '열광적'은 기쁘거나 들떠서 마구 날뛰는 모습을 가리키거든요. 이 글월은 "뜨겁고 대단했다"라든지 "뜨겁고 놀라웠다"라든지 "뜨겁고 어마어마했다"라든지 "뜨겁디뜨거웠다"처럼 손볼 만합니다.

- **그러나 그때 관중들의 반응은 너무나도 뜨겁고 열광적이었다**
→ 그러나 그때 관중들 반응은 더없이도 뜨겁고 대단했다
→ 그러나 그때 사람들은 대단히 뜨겁게 맞아 주었다

《빅토르 하라》(조안 하라/차미례 옮김, 삼천리, 2008) 269쪽

뜨겁고 열정적

: **뜨겁고 열정적인 것보다**
→ 뜨겁고 큰 것보다

→ 뜨거운 것보다

→ 크게 타오르는 것보다

→ 커다란 불길보다

> ○ **뜨겁다** : 4. (비유적으로) 감정이나 열정 따위가 격렬하다
> ○ **열정적(熱情的)** : 어떤 일에 열렬한 애정을 가지고 열중하는
> ○ **열렬하다(熱烈−)** : 어떤 것에 대한 애정이나 태도가 매우 맹렬하다
> ○ **열중(熱中)** : 한 가지 일에 정신을 쏟음

"뜨겁고 열정적인"은 겹말입니다. '뜨겁다'는 "열정 따위가 격렬하다"를 뜻한다고 하니까요. 같은 말을 되풀이하는 셈이니 "뜨거운"으로 손질할 만한데, 조금 더 힘 주어 말하고 싶다면 "뜨겁게 타오르는"이나 "크게 타오르는"으로 쓸 수 있어요. "큰 불길"이나 "커다란 불길"처럼 써 볼 수도 있고요.

- **뜨겁고 열정적인 것보다 작은 불씨가 멀리 빛나고 훈훈함을 안겨주듯이**

→ 뜨거운 것보다 작은 불씨가 멀리 빛나고 따스함을 안겨주듯이

→ 크게 타오르는 것보다 작은 불씨가 멀리 빛나고 따스하게 해 주듯이

→ 커다란 불길보다 작은 불씨가 멀리 빛나고 따스하듯이

《당신이 축복입니다》 (기탄교육) 1호(2007.1.) 2쪽

라이딩과 자전거 타기

: **자전거를 오래 탄 사람도 장거리 라이딩을 하면**

→ 자전거를 오래 탄 사람도 먼 길을 달리면

→ 자전거를 오래 탄 사람도 먼 길을 가면

> ○ 라이딩 : x
> ○ riding : [n] 1. 승마, 승차 2. (숲 속의) 승마로, 승마장 [a] 1. 승마(용)의 2. 타고 조작할 수 있는

자전거는 '탄다'나 '달린다'고 합니다. 그런데 이 같은 한국말보다 영어로 '라이딩'을 쓰는 사람이 꽤 있기 때문에 보기글처럼 뒤죽박죽이 되기 일쑤입니다. "자전거 라이딩"이 아닌 "자전거 타기"나 "자전거 달리기"입니다. "장거리 라이딩"이 아닌 "먼 길 타기"나 "먼 길 달리기"예요. 더 헤아려 본다면, "먼 길"은 '먼길'처럼 한 낱말로 삼을 만하지 싶고, '긴길·짧은길'처럼 새로운 낱말을 지어서 쓰면 어떠할까 싶기도 합니다.

• **자전거 라이딩 시, 엉덩이는 누구나 아프다. 자전거를 아무리 오랜 세월 탄 사람도 장거리 라이딩을 하면 엉덩이가 아프게 마련이다**

→ 자전거를 탈 때, 엉덩이는 누구나 아프다. 자전거를 아무리 오래도록 탄 사람도 먼 길을 달리면 엉덩이가 아프게 마련이다

→ 자전거를 탈 때, 엉덩이는 누구나 아프다. 자전거를 아무리 오래도록 탄 사람도 먼 길을 가면 엉덩이가 아프게 마련이다

《자전거홀릭》 (김준영, 갤리온, 2009) 59쪽

리더십으로 이끄는 힘

: **이끌어 가는 능력인 리더십을**

→ 이끌어 가는 힘을

→ 이끄는 힘을

> ○ **리더십(leadership)** : 무리를 다스리거나 이끌어 가는 지도자로서의 능력. '지도력'으로 순화
> ○ **지도력(指導力)** : 어떤 목적이나 방향으로 남을 가르쳐 이끌 수 있는 능력

영어 '리더십'은 다스리거나 '이끄는' 힘을 가리킨다고 해요. 그런데 한국말사전은

이 영어를 "이끄는 힘"이 아닌 '지도력'으로 고쳐쓰라고 풀이합니다. 한자말 '지도력'을 살펴보면 '이끄는' 힘으로 풀이하지요. 곧 '리더십·지도력 = 이끄는 힘'이요, '이끎힘'처럼 새롭게 한국말을 지어 볼 만합니다. 이끄는 사람을 놓고는 '이끎이'라 할 수 있을 테고요. "이끌어 가는 능력인 리더십" 같은 겹말을 쓰기보다는 "이끌어 가는 힘"이나 "이끄는 힘"처럼 단출하게 손질해서 쓰면 뜻이나 느낌이 뚜렷하게 드러납니다.

- **사람들을 이끌어 가는 능력인 리더십을 성장시킬 수 있는 책을**
→ 사람들을 이끌어 가는 힘을 키울 수 있는 책을
→ 사람들을 이끌어 가는 힘과 슬기를 북돋울 수 있는 책을

《혼자 알기 아까운 책 읽기의 비밀》(이태우, 연지출판사, 2015) 102쪽

−리 −중인 상태

: **절찬리 모집중인 상태이다**
→ 널리 모은다
→ 기꺼이 모은다
→ 반갑게 모은다

- 절찬리(絶讚裡) : 지극한 칭찬을 받는 가운데
- 중(中) : [의존 명사] 2. 무엇을 하는 동안 3. 어떤 상태에 있는 동안
- 상태(狀態) : 1. 사물·현상이 놓여 있는 모양이나 형편

'−리(裡)'를 붙여서 "−는 가운데"를 뜻한다 하고, '중(中)'은 "어떤 상태에 있는 동안"을 가리킨다 하는데, "절찬리 모집중인 상태이다"처럼 "−리 중인 상태" 꼴로 쓰면 겹말입니다. '−리'하고 '중'하고 '상태'가 뜻이 겹쳐요. 보기글은 "절찬리 모집한다"나 "모집중이다"나 "모집하는 상태이다"로 손볼 노릇인데, 조금 더 가다듬어서 "널리 모은다"나 "기꺼이 모은다"나 "아낌없이 모은다"나 "힘껏 모은다"나 "반갑게 모은다"나 "기쁘게 모은다"로 적어 볼 만합니다.

- **어디론가 도망가던가 달려오는 차에 몸을 내던지던가 아니면 혹시 누군가 자기를 죽여 주던가 연쇄살인범을 절찬리 모집중인 상태다**
→ 어디론가 내빼든가 달려오는 차에 몸을 내던지든가 아니면 누군가 나를 죽여 주든가 연쇄살인범을 널리 모은다

→ 어디론가 내빼든가 달려오는 차에 몸을 내던지든가 아니면 누군가 나를 죽여 주든가
　　연쇄살인범을 기꺼이 모은다

→ 어디론가 내빼든가 달려오는 차에 몸을 내던지든가 아니면 누군가 나를 죽여 주든가
　　연쇄살인범을 반갑게 모은다

《백귀야행 2》 (이마 이치코/강경원 옮김, 시공사, 1999) 220쪽

–마다 다 제각각

:　**사람마다 다 제각각의 열정을**
→　사람마다 열정을
→　사람은 저마다 뜨거움을

> • **–마다** : '낱낱이 모두'의 뜻을 나타내는 보조사
> • **제각각(–各各)** : 1. 사람이나 물건이 모두 각각
>   2. 여럿이 모두 각각
> • **각각(各各)** : 1. 사람이나 물건의 하나하나 2. 사람이나
>   물건의 하나하나마다. '따로따로'로 순화

'–마다'는 "낱낱이 모두"를 뜻하는 도움토씨이니 "사람마다 다"라 하면 겹말입니다. '제각각'은 "모두 각각"을 뜻하니 "다 제각각" 꼴로 쓰면 겹말입니다. '제각각' 은 "모두 각각"을 뜻하는데 '각각'은 '따로따로'로 고쳐쓸 낱말이면서 '–마다'하고 뜻이 맞물리니 "사람마다 제각각" 꼴도 겹말이에요. 보기글은 세 군데가 겹말인 셈입니다. '–마다'만 쓰거나 '다'만 쓰거나 '저마다'를 쓸 노릇입니다.

• **사람마다 다 제각각의 열정을 안고 산다**
→　사람마다 열정을 안고 산다
→　사람은 다 뜨거움을 안고 산다
→　사람은 저마다 뜨거운 꿈을 안고 산다

《우리말 꽃이 피었습니다》 (오리여인, 시드페이퍼, 2016) 65쪽

마대 자루

:　**마대 자루**
→　자루
→　마대

> • **마대(麻袋)** : 굵고 거친 삼실로 짠 커다란 자루
> • **자루** : 속에 물건을 담을 수 있도록 헝겊 따위로
>   길고 크게 만든 주머니
> • **포대(布袋)** : = 베자루
> • **부대(負袋)** : 종이, 피륙, 가죽 따위로 만든 큰 자루

'마대'란 "마 자루" 또는 "삼실 자루"를 가리킵니다. "마대 자루"라 하면 겹말이에 요. '마대'라고만 하든지 '자루'로 손질해야 올바릅니다. 이와 비슷한 얼개로 "포대 자루·부대 자루" 같은 겹말을 쓰는 분도 많습니다. 한자말을 쓰고 싶다면 '마대·

포대·부대'를 쓸 수 있습니다만, 이들 한자말은 한국말로 '자루'를 가리킬 뿐입니다. '자루'라고만 해도 넉넉해요.

- 솔이나 자석을 이용해 마대 자루에서 나온 아마 섬유, 금속 조각, 돌, 작은 가지 등을 제거한다
→ 자루에서 나온 아마 섬유, 쇠붙이 조각, 돌, 작은 가지를 솔이나 자석을 써서 빼낸다
→ 자루에서 나온 아마 섬유, 쇠붙이 조각, 돌, 작은 가지를 솔이나 자석으로 빼낸다

《카카오》(안드레아 더리·토마스 쉬퍼/조규희 옮김, 자연과생태, 2014) 157쪽

마른풀 건초

: **마른풀은 굵어서 … 건초를 날라다가**
→ 마른풀은 굵어서 … 마른풀을 날라다가
→ 마른풀은 굵어서 … 짚을 날라다가

한자말 '건초'는 '마른풀'로 고쳐써야 한다고 합니다. 한국말사전에서 '마른풀'을 찾아보면 "= 건초"로 풀이를 해 놓습니다. 이는 올

> ○ **마른풀** : = 건초(乾草)
> ○ **건초(乾草)** : 베어서 말린 풀. 주로 사료나 퇴비로 쓴다. '마른풀'로 순화
> ○ **짚** : 1. 벼, 보리, 밀, 조 따위의 이삭을 떨어낸 줄기와 잎 2. = 볏짚

바르지 않습니다. "건초 : → 마른풀"처럼 말풀이를 바로잡고, '마른풀'에 말풀이를 붙여야지요. 마른풀을 더미로 이루어 놓는다면 '마른풀더미'라 하면 되고, 또는 '짚더미'라 해 볼 수 있습니다.

- 마른풀은 갈퀴로 긁어서 군데군데 쌓아놓았다. 그런 다음, 피트와 브라이트를 수레에 매고 건초를 날라다가 건초 더미 여섯 개를 만들었다
→ 마른풀은 갈퀴로 긁어서 군데군데 쌓아놓았다. 그런 다음, 피트와 브라이트를 수레에 매고 마른풀을 날라다가 짚더미 여섯을 빚었다

《초원의 집 3》 (로라 잉걸스 와일더/김석희 옮김, 비룡소, 2005) 66쪽

마을은 폐촌이 됐고

:   **이 마을은 산사태로 폐촌이 됐고**

→   이 마을은 산사태로 파묻혔고

→   이 마을은 산이 무너져 파묻혔고

→   이 마을은 산이 무너져 사라졌고

> • **폐촌** : x
> • **폐-(廢)** : '못 쓰게 된', '이미 써 버린'의 뜻을 더하는 접두사

한국말사전에 '폐촌'은 없습니다. 다만 "못 쓰게 된 마을"이나 "망가진 마을"이나 "허물어진 마을"쯤으로 뜻을 어림할 만합니다. 보기글은 "마을은 폐촌이 됐고"라 하면서 겹말 얼거리입니다. "마을은 망가진 마을이 되었고"라고 하면 엉성하지요. "마을은 사라졌고"나 "마을은 망가졌고"나 "마을은 없어졌고"나 "마을은 못 쓰게 되었고"로 손질해 줍니다.

• **이 마을은 30년 전 산사태로 폐촌이 됐고, 그 후 아무도 살지 않아**

→   이 마을은 서른 해 앞서 산사태로 파묻혔고, 그 뒤 아무도 살지 않아

→   이 마을은 서른 해 앞서 산이 무너져 사라졌고, 그 뒤 아무도 살지 않아

→   이 마을은 서른 해 앞서 산이 무너져 망가졌고, 그 뒤 아무도 살지 않아

《백귀야행 25》(이미 이치코/한나리 옮김, 시공사, 2017) 10쪽

마음가짐을 가지다

:   **이런 마음가짐을 가지고 글을 쓰면**

→   이런 마음으로 글을 쓰면

→   이런 마음이 되어 글을 쓰면

→   이렇게 글을 쓰면

> • **마음가짐** : 마음의 자세
> • **자세(姿勢)** : 1. 몸을 움직이거나 가누는 모양
>   2. 사물을 대할 때 가지는 마음가짐

한국말 '마음가짐'은 '마음 + 가지다' 얼거리예요. "마음가짐을 가지다"는 겹말입니다. 어느 모로 보면 말이 안 되어요. "이런 마음가짐으로"로 손보거나 "이런 마음으로"로 손볼 노릇입니다. 더 단출하게 쓰고 싶다면 '이렇게'나 '이러하게'로 적

을 만해요. 또는 "이런 마음이 되어"나 "이런 마음을 다스리며"나 "이 같은 마음으로"나 "이처럼 마음을 먹고"처럼 손질해 볼 수 있어요.

- **이런 마음가짐을 가지고 글을 쓰면 아침에 무슨 일이 있어도 글쓰기를 먼저 시작할 수 있다**
→ 이런 마음으로 글을 쓰면 아침에 무슨 일이 있어도 글쓰기를 먼저 할 수 있다
→ 이런 마음이면 아침에 무슨 일이 있어도 글쓰기를 먼저 할 수 있다
→ 이렇다면 아침에 무슨 일이 있어도 글쓰기를 먼저 할 수 있다

《내 안에 잠든 작가의 재능을 깨워라》(안성진, 가나북스, 2016) 111쪽

ㅁ

마음 신경

: **마음에 담지 않은 척, 신경 쓰지 않아도 된다며**
→ 마음에 담지 않은 척, 마음 쓰지 않아도 된다며
→ 마음에 담지 않은 척, 마음 안 써도 된다며

> • **마음** : 2. 사람이 다른 사람이나 사물에 대하여 감정이나 의지, 생각 따위를 느끼거나 일으키는 작용이나 태도 3. 사람의 생각, 감정, 기억 따위가 생기거나 자리 잡는 공간이나 위치 4. 사람이 어떤 일에 대하여 가지는 관심
> • **신경(神經)** : 1. [의학] 신경 세포의 돌기가 모여 결합 조직으로 된 막에 싸여 끈처럼 된 구조 2. 어떤 일에 대한 느낌이나 생각

"신경을 쓰다"는 한국말사전에 관용구로도 오릅니다. "사소한 일에까지 세심하게 주의를 기울이다"를 뜻한다고 합니다. '주의(注意)'는 "마음에 새겨 두고 조심함"을 가리킨다 하고, '조심(操心)'은 "잘못이나 실수가 없도록 말이나 행동에 마음을 씀"을 가리킨다 해요. 곧 '신경·주의·조심'은 모두 "마음을 쓰는" 모습이나 몸짓을 가리켜요. "신경을 쓰다 = 마음을 쓰다"요 "주의를 기울이다 = 마음을 기울이다"이며 "조심을 하다 = 마음을 쓰다"인 얼거리입니다. 보기글은 '마음·신경'을 섞어서 쓰는데, 앞뒤 모두 '마음'으로 쓰면 됩니다.

- **마음에 담아두지 않은 척, 아주 괜찮으니 신경 쓰지 않아도 된다며**

→ 마음에 담아두지 않은 척, 아주 괜찮으니 마음 쓰지 않아도 된다며

→ 마음에 담아두지 않은 척, 아주 괜찮다며

《우리말 꽃이 피었습니다》 (오리여인, 시드페이퍼, 2016) 56쪽

마음에 정신적 빚

: **내 마음에 남은 정신적 빚**

→ 내 마음에 남은 빚

→ 나한테 남은 마음빚

> ○ **정신적(精神的)** : 정신에 관계되는
> ○ **정신(精神)** : 1. 육체나 물질에 대립되는 영혼이나 마음
> 2. 사물을 느끼고 생각하며 판단하는 능력 3. 마음의 자세나
> 태도 4. 사물의 근본적인 의의나 목적 또는 이념이나 사상

'정신'이라는 한자말은 '마음'을 나타내곤 합니다. "마음에 남은 정신적 빚"처럼 쓰면 "마음에 남은 마음 빚" 꼴이 되어 겹말입니다. "마음에 남은 빚"이라고만 쓰면 돼요. 또는 '마음빚'이라는 낱말을 새롭게 지어 볼 수 있어요. 마음에 빚이기에 '마음빚'이지요. 마음에 짐이라면 '마음짐'이라 해 볼 수 있고, 마음에 빚이라면 '마음빚'이라 해 볼 만합니다.

• **내 마음에 남은 정신적 빚이랄까**

→ 내 마음에 남은 빚이랄까

→ 나한테 남은 마음빚이랄까

《나는 어떤 삶을 살아야 할까?》 (홍세화와 여섯 사람, 철수와영희, 2016) 138쪽

마지막 순간

: **마지막 순간까지**

→ 마지막까지

→ 마지막에 이르기까지

→ 마지막이 되어도

> ○ **마지막** : 시간상이나 순서상의 맨 끝
> ○ **끝** : 1. 시간, 공간, 사물 따위에서 마지막 한계가 되는 곳
> ○ **순간(瞬間)** : 1. 아주 짧은 동안 2. 어떤 일이 일어난
> 바로 그때

→　끝까지

'마지막'은 시간이나 순서로 보아 '끝'을 가리킨다고 해요. 한국말사전을 살피니 '끝'은 '마지막'이라고 풀이해요. 돌림풀이네요. 한자말 '순간'은 '때'를 가리켜요. "마지막 순간"이라고 하면 "맨 뒤에 이르는 때(마지막) + 때(순간)"인 얼거리이기에 겹말이에요. 보기글은 '마지막까지'처럼 단출하게 적으면 돼요. 조금 더 헤아린다면 '끝까지'라고만 말하지, "끝 순간까지"라고 말하지 않아요. 그리고 "처음부터 마지막까지"라고 할 뿐, "처음 순간부터 마지막 순간까지"라고 하지 않아요. 한국말에서는 '마지막'이라는 낱말에 '어느 때'인가 하는 결이 깃든다는 대목을 잘 살펴야 합니다.

- **아빠는 마지막 순간까지 우리가 어디로 가는지 말해 주지 않았어요**
→　아빠는 마지막까지 우리가 어디로 가는지 말해 주지 않았어요

《내일》 (시릴 디옹·멜라니 로랑/권지현 옮김, 한울림어린이, 2017) 21쪽

마지막 최후

：　**마지막 해의 최후 51일**
→　마지막 해에서 마지막 51일
→　마지막 해에서 마지막 쉰하루

> ○ **마지막** : 시간상이나 순서상의 맨 끝
> ○ **최후(最後)** : 1. 맨 마지막 2. 삶의 마지막 순간

한자말 '최후'는 '마지막'을 뜻해요. "마지막 해의 최후 51일"이라 하면 겹말입니다. '최후'를 털어냅니다. "마지막 해 마지막 쉰하루"나 "마지막 해에서 마지막 쉰하루"로 손보면 되는데, '마지막'이라고 하면 언제부터 언제까지에서 맨 끝에 있는 해이니 '해'를 덜어 "마지막 쉰하루"로 적어 볼 수 있습니다.

- **10년에 걸친 트로이 전쟁 중 마지막 해의 최후 51일을 기술하고 있는**
→　열 해에 걸친 트로이 전쟁 가운데 마지막 해에서 마지막 쉰하루를 적는
→　열 해에 걸친 트로이 전쟁에서 마지막 쉰하루를 밝히는

《사라진 고대 문명의 수수께끼》 (필립 코펜스/이종인 옮김, 책과함께, 2014) 69쪽

만나는 소통의 시간

: **소통의 시간이라 생각합니다. 아이와 속깊은 생각을 만나는 시간**
→ 만나는 때라 생각합니다. 아이와 속깊은 생각을 만나는 때
→ 함께하는 때라 생각합니다. 아이와 속깊은 생각을 만나는 때
→ 어우러지는 때라 생각합니다. 아이와 속깊은 생각을 만나는 때

> • **소통(疏通)** : 1. 막히지 아니하고 잘 통함 2. 뜻이 서로 통하여 오해가 없음
> • **통하다(通-)** : 1. 막힘이 없이 들고 나다 9. 마음 또는 의사나 말 따위가 다른 사람과 소통되다
> • **만나다** : 1. 선이나 길, 강 따위가 서로 마주 닿다 2. 누군가 가거나 와서 둘이 서로 마주 보다

한자말 '소통'은 '통하다'로 풀이합니다. 외마디 한자말 '통하다'는 '소통'으로 풀이하지요. '소통하다·통하다'는 서로 돌림풀이가 되니, 한국말사전만 보아서는 뜻을 짚기 어렵습니다. 뜻풀이를 잘 보면 "막히지 아니하고"나 "막힘이 없이"라는 대목이 있어서, '소통하다·통하다'는 바로 이 같은 뜻인 줄 짚을 만해요. 보기글은 '소통'하고 '만나다'가 잇달아 나오면서 '소통'이 '만남'을 가리킵니다. 이러한 말결을 헤아린다면, 앞뒤 모두 '만나다'를 쓸 수 있어요. 앞쪽에서는 '어울리다'나 '어우러지다'나 '함께하다'나 "함께 있다"를 써 볼 수 있지요. 조금 길더라도 "한마음으로 흐르는"이나 "같은 마음으로 어울리는"이나 "즐거운 마음이 되는"이나 "마음을 열고 만나는"처럼 적어 볼 만해요.

• **저는 책읽어주기가 소통의 시간이라 생각합니다. 아이와 속깊은 생각을 만나는 시간이기도 합니다**
→ 저는 책 읽어주기가 만나는 때라 생각합니다. 아이와 속깊은 생각을 만나는 때이기도 합니다
→ 저는 책 읽어주기가 함께하는 때라 생각합니다. 아이와 속깊은 생각을 만나는 때이기도 합니다
→ 저는 책 읽어주기가 어우러지는 때라 생각합니다. 아이와 속깊은 생각을 만나는 때이기도 합니다

《포근하게 그림책처럼》 (제남씨, 헤르츠나인, 2017) 42쪽

만남과 조우

:　만남이 무슨 비밀 조우라도 된다는 듯

→　만남이 무슨 비밀 만남이라도 된다는 듯

→　만남이 무슨 비밀이라도 된다는 듯

> ◦ **조우(遭遇)** : 1. 신하가 뜻에 맞는
> 임금을 만남 2. 우연히 서로 만남

한자말 '조우'는 '만남'을 뜻합니다. 지난날 궁궐에서는 한국말이 아닌 한문을 흔히
썼으니 그때에는 '조우'를 '遭遇'처럼 적었을 테지요. 궁궐에서 아무리 '조우(遭遇)'
라는 한문을 썼더라도 시골에서 살림을 짓던 여느 사람들은 '만남'이라는 한국말
을 썼을 테고요. 오늘날에는 여러 지식인이 '조우'라는 한자말을 흔히 쓰고, 군대
에서도 "적을 조우한다"처럼 으레 쓰는데, 우연히 만난다고 할 적에는 '마주치다'
를 쓰면 됩니다. '마주치다'는 "우연히 만나다"를 뜻합니다. 그러니 "적을 마주치
다"처럼 쓰면 될 노릇이지요.

•　우리의 만남이 무슨 비밀 조우라도 된다는 듯

→　우리 만남이 무슨 비밀 만남이라도 된다는 듯

→　우리 만남이 무슨 비밀이라도 된다는 듯

→　우리가 무슨 비밀 만남이라도 한다는 듯

→　우리가 마치 비밀스레 만나기라도 한다는 듯

《좋은 인생 실험실》 (웬디 제하나라 트레메인/황근하 옮김, 샨티, 2016) 148쪽

만드는 가공식품

:　공장에서 만들어지는 가공식품

→　공장에서 나오는 가공식품

→　공장에서 만드는 식품

→　공장에서 만들어내는 먹을거리

> ◦ **가공식품(加工食品)** : 농산물, 축산물, 수산물
> 따위를 인공적으로 처리하여 만든 식품
> ◦ **가공(加工)** : 1. 원자재나 반제품을 인공적으로
> 처리하여 새로운 제품을 만들거나 제품의 질을 높임
> ◦ **만들다** : 1. 노력이나 기술 따위를 들여 목적하는
> 사물을 이루다

한자말 '가공'은 '만드는' 일을 가리켜요. '가공식품'은 공장에서 '만든' 식품이지요. "공장에서 만들어지는 가공식품"이라 하면 겹말입니다. "공장에서 만드는 식품"이나 "공장에서 나오는 가공식품"으로 손질해야 알맞아요. '가공식품 = 가공한 식품 = 만드는(만든) 식품'이라는 얼거리를 헤아려 보면 "만들어지는 가공식품 = 만들어지는 만드는(만든) 식품"인 줄 알 수 있어요.

- 공장에서 만들어지는 가공식품들의 재료도 역시 논과 밭, 산과 바다에서 오지요
→ 공장에서 나오는 가공식품 재료도 논과 밭, 산과 바다에서 오지요
→ 공장에서 찍어 나오는 식품도 재료는 논과 밭, 산과 바다에서 오지요
→ 공장에서 만드는 식품도 재료는 논과 밭, 산과 바다에서 오지요

《10대와 통하는 농사 이야기》 (곽선미와 다섯 사람, 철수와영희, 2017) 17쪽

만들고 만들고 만들고

: **흙더미를 만들고 흙을 기름지게 만들 퇴비를 … 물을 섞어 만든단다**
→ 흙더미를 쌓고 흙을 기름지게 할 거름을 … 물을 섞어 마련한단다
→ 흙더미를 쌓고 흙을 기름지게 북돋울 거름을 … 물을 섞어 짓는단다

> ○ **만들다** : 1. 노력이나 기술 따위를 들여 목적하는 사물을 이루다

'만들다'라는 낱말은 알맞게 써야 합니다. 아무 자리에나 함부로 쓰지 않아요. 오늘날 한국사람은 한국말 '만들다'를 그만 아무 자리에나 쓰면서 말결을 망가뜨립니다. 이 보기글에서는 '만들다'만 잇달아 세 군데에 썼어요. 세 군데를 살피면, 먼저 흙더미를 '쌓는다'고 할 자리에 들어갔고, 흙을 기름지게 '하'거나 '북돋우'거나 '살린다'고 하는 자리에 들어갔지요. 끝으로 거름을 '마련하'거나 '짓는다'고 하는 자리에 들어갔어요. 우지끈 뚝딱 만들듯이 '만들다'라는 낱말만 줄줄이 써도 되지 않습니다. 농사를 '짓는다'고 하듯이 거름도 '지어'요.

- 흙더미를 만들고 흙을 기름지게 만들 퇴비를 줘야 하거든. 퇴비는 주로 가축의 배설물에 부패한 음식물과 풀, 그리고 물을 섞어 만든단다

→ 흙더미를 쌓고 흙을 기름지게 할 거름을 줘야 하거든. 거름은 집짐승이 눈 똥오줌에 밥찌꺼기랑 풀과 물을 섞어 짓는단다

→ 흙더미를 쌓고 흙을 기름지게 북돋울 거름을 줘야 하거든. 거름은 집짐승이 눈 똥오줌에 밥찌꺼기랑 풀과 물을 섞어 마련한단다

《내일》 (시릴 디옹·멜라니 로랑/권지현 옮김, 한울림어린이, 2017) 30쪽

만들고 빚다

: **만두피를 만들었다 … 만두를 빚어**

→ 만두피를 빚었다 … 만두를 빚어

→ 만두 반대기를 했다 … 만두를 해서

> ∘ **만들다** : 1. 노력이나 기술 따위를 들여 목적하는 사물을 이루다
> ∘ **빚다** : 1. 흙 따위의 재료를 이겨서 어떤 형태를 만들다 2. 가루를 반죽하여 만두, 송편, 경단 따위를 만들다 3. 지에밥과 누룩을 버무리어 술을 담그다

한국말사전에서 '만들다'라는 낱말을 찾아보면 첫째 뜻풀이에 붙이는 보기글로 "음식을 만들다"가 나옵니다. "음식을 만들다" 같은 말마디는 요즈음 무척 널리 쓰이기도 합니다. 그러나 이 말은 알맞지 않습니다. '먹을거리(음식)'를 공장에서 기계로 척척 찍어서 내놓는다면 이때에는 "음식을 만들다"가 어울릴 수 있어요. 그러나 부엌에서 사람이 손으로 먹을거리를 마련할 적에는 '짓다'나 '하다'라는 낱말을 써야 올발라요. '음식'이나 '밥·먹을거리'는 "음식을 하다·밥을 하다"나 "음식을 짓다·밥을 짓다"로 써야지요. 한국말사전부터 한국말을 얄궂게 다루고 보니, 사람들도 '만들다'를 잘못 쓰지만 바로잡아 주지 못합니다. 보기글처럼 "만두피를 만들었다" 같은 말씨까지 나타나요. 그나마 곧바로 이어진 대목에서는 "만두를 빚어"처럼 올바로 씁니다. 이 글월에서는 앞뒤 모두 '빚다'라는 낱말을 쓰면 됩니다. 또는 '하다'라는 낱말을 써 볼 수 있어요. 그나저나 한국말사전은 '빚다 1'을 '만들다'라는 낱말로 풀이하니 영 엉성한 돌림풀이가 되네요.

• 밀대로 밀어 만두피를 만들었다. 거기에 채소로 속을 채워 통밀 만두를 여러 개 빚어 쪄먹기도 하고

→ 밀대로 밀어 만두피를 빚었다. 거기에 채소로 속을 채워 통밀 만두를 여럿 빚어
　 쪄먹기도 하고

→ 밀대로 밀어 만두 반대기를 했다. 거기에 남새로 속을 채워 통밀 만두를 여럿 빚어
　 쪄먹기도 하고

《우리는 60년을 연애했습니다》 (라오 핑루/남혜선 옮김, 월북, 2016) 265쪽

만들어져 있었다

: **독서회가 만들어져 있었는데**

→ 독서모임이 있었는데

→ 책읽기 모임을 세웠는데

→ 책모임을 꾸렸는데

> ∘ **만들다** : 6. 기관이나 단체 따위를 결성하다
> ∘ **있다** : 5. 사람, 동물, 물체 따위가 실제로 존재하는
> 　 상태이다 7. 어떤 일이 이루어지거나 벌어질
> 　 계획이다

한국말사전은 '만들다'라는 낱말을 "6. 기관이나 단체 따위를 결성하다"로도 풀이합니다만, 모임·기관·단체가 처음 나타나도록 하는 일은 '세우다'나 '열다'로 적어야 알맞습니다. 요새는 '만들다'라는 낱말을 이런 자리에 함부로 쓰는 분이 부쩍 늡니다. 영어 'organize'를 한국말로 옮기며 한자말로 '조직하다(組織−)'나 '결성하다(結成−)'를 쓰고, 이런 한자말을 "짜서 이루거나 얽어서 만들다(조직하다)"나 "조직이나 단체 따위를 짜서 만들다(결성하다)"로 풀이하니 저절로 '만들다'라는 낱말이 불거지기 싶어요. 보기글 "독서회가 만들어져 있었는데"는 "독서모임이 있었는데"나 "독서모임을 세웠는데"로 손볼 만합니다. 독서모임을 처음 이룬 모습을 나타내려 한다면 '세우다'나 '열다'를 쓰고, 독서모임을 예전에 세워서 그대로 이어진다는 뜻을 밝히려 한다면 '있다'를 쓰면 돼요. 독서모임을 예전부터 오늘날까지 잘 잇는 느낌을 살리려 한다면 '꾸리다'를 쓸 만합니다.

• **목포의 상업학교에는 독서회가 만들어져 있었는데 이들은 광주의 소식을 듣자마자**

→ 목포 상업학교에는 책읽기 모임이 있었는데 이들은 광주 이야기를 듣자마자

→ 목포에 있는 상업학교는 책모임을 꾸렸는데 이들은 광주 얘기를 듣자마자

《우리는 현재다》 (공현·전누리, 빨간소금, 2016) 70쪽

말 언어

: **말은 … 언어이다**

→ 말은 … 말이다

> ◦ **말** : 사람의 생각이나 느낌 따위를 표현하고 전달하는 데 쓰는 음성 기호
> ◦ **언어(言語)** : 생각, 느낌 따위를 나타내거나 전달하는 데에 쓰는 음성, 문자 따위의 수단
> ◦ **언어적(言語的)** : 말로 하는

한국말로는 '말'이라 하고, 한자말로는 '언어'라 합니다. 둘은 같은 것을 가리키는 낱말입니다. 학문을 하는 이들은 으레 '언어학자'라고만 할 뿐입니다. 이러하다 보니 학문을 다루는 글에서도 "말은 … 언어이다" 꼴로 겹말을 쓰기 일쑤입니다. "말은 … 말이다"처럼 얘기하면 될 텐데요. 조금 더 헤아린다면, '언어 감각'은 '말느낌·말맛·말빛·말결'로 고쳐쓸 수 있습니다. '언어 구사'는 '말하기'로 손볼 만하고, '언어 습관'은 '말버릇'으로 손볼 만하며, '언어 규범'은 '말법·말틀'로 손볼 만하지요. "언어를 가졌다"는 "말이 있다"나 "말을 한다"나 "말을 주고받는다"로 손볼 수 있습니다. 그리고 "말로 하는"을 가리킨다는 '언어적'이라고 합니다. 말로 하는 여러 가지를 나타내려 할 적에 "말로 하는"으로 쓴다면 넉넉할 텐데, 말을 '말'이라 하지 못하다 보니 '언어(言語)'라는 한자말이 불거지고, 이내 '언어 + 적(的)' 같은 말씨까지 생기는구나 싶어요. 보배처럼 여기며 알뜰히 건사한 훌륭한 말살림이 있다면, 이를 바탕으로 우리 얼을 고이 담는 말 한 마디가 태어납니다.

- **일본말은 '나와 너'의 언어이다**
→ 일본말은 나와 너가 맺는 말이다
→ 일본말은 나와 너로 이루어진다
→ 일본말은 나와 너로 나누어진 말이다
→ 일본말은 나와 너로 갈라 놓는 말이다
→ 일본말은 나와 네가 나누는 말이다
→ 일본말은 나와 네가 나눈다

《일본, 허술한 강대국》 (프랭크 기브니/김인숙 옮김, 뿌리깊은 나무, 1983) 74쪽

- **각자 자신들의 언어로 말해도 의사소통에 지장이 없다고 했다**
→ 저마다 제 나라 말로 해도 의사소통이 어렵지 않다고 했다
→ 저마다 제 나라 말을 써도 다 알아듣는다고 했다

→ 다들 제 나라 말을 써도 이야기를 나눌 수 있다고 했다

《사랑과, 사랑을 둘러싼 것들》(한강, 열림원, 2003) 17쪽

- **수천 년 동안 써 온 탯말의 가치를 복원하고, 또한 전통문화의 귀한 언어적 자산이며, 우리의 정체성을 이루어 온 영혼의 말이라는 인식 하에서**
→ 수천 해 동안 써 온 탯말에 서린 값어치를 되살리고, 또한 우리 삶에 보배와 같은 말살림이며, 우리 뿌리를 이루어 온 얼이 스민 말이라는 생각으로
→ 수천 해 동안 써 온 탯말에 서린 뜻을 되찾고, 또한 우리 삶을 빛낸 훌륭한 말살림이며, 우리 뿌리를 이루어 온 얼이 깃든 말이라는 생각으로
→ 수천 해 동안 써 온 탯말에 서린 넋을 다시 찾고, 또한 우리 삶을 이룬 아름다운 말살림이며, 우리 뿌리를 이루어 온 얼을 담은 말이라는 생각으로

《전라도 우리 탯말》(한새암·최병두·조희범·박원석·문틈, 소금나무, 2006) 5쪽

말없이 묵묵히

: **말없이 묵묵하게 일하여**
→ 말없이 일하여
→ 조용히 일하여

> - **묵묵하다(默默-)** : 말없이 잠잠하다
> - **잠잠하다(潛潛-)** : 1. 분위기나 활동 따위가 소란하지 않고 조용하다 2. 말없이 가만히 있다

'묵묵하다'는 "말없이 잠잠하다"를 가리킨다는데, '잠잠하다'는 '조용하다'나 '말없이' 있는 모습을 가리킨다고 해요. 한국말사전 뜻풀이부터 겹말풀이입니다. 아무튼 "말없이 묵묵하게"처럼 쓰면 "말없이 말없이" 꼴이 되어 겹말이에요. '말없이'로 손보거나 '조용히'로 손봅니다.

- **말없이 묵묵하게 일하여 먹고 사는 삶이야말로 참된 삶이라는 이 노동자의 철학은**
→ 말없이 일하여 먹고살 때라야말로 참된 삶이라는 이 노동자 철학은

《참된 삶을 위하여》(채희석, 현장문학사, 1989) 14쪽

- **참 섬김은 언제나 어디서나 말없이 묵묵히, 그리고 지속적입니다**
→ 참 섬김은 언제나 어디서나 말없이, 그리고 꾸준합니다

《이 밥 먹고 밥이 되어》(최일도, 울림, 2000) 133쪽

말이 없고 과묵

: **말이 없고 과묵했던**

→ 말이 없던

→ 말없이 있던

→ 조용했던

→ 조용히 있던

> ◦ **과묵하다(寡默−)** : 말이 적고 침착하다

"말이 적다"를 가리키는 '과묵하다'입니다. "말이 없고 과묵했던"이라 하면 "말이 없고 말이 적던"이라는 뜻이니 아리송합니다. 겹말 얼거리예요. "말이 없던"이나 "말이 적던" 가운데 하나만 쓰든지 "말이 없이 있던"이나 "조용히 있던"으로 손볼 노릇이에요. "말이 없고 차분했던"이나 "말이 없고 얌전했던"으로 손보아도 되고요.

• **평소 말이 없고 과묵했던 사람**

→ 여느 때 말이 없던 사람

→ 으레 말이 없던 사람

→ 언제나 조용히 있던 사람

《우는 화살》 (고영서, 문학의전당, 2014) 66쪽

말하고 논하며

: **자기의 의견을 말하고 논하며**

→ 제 생각을 말하며

→ 저마다 생각을 말하고 나누며

→ 서로서로 생각을 말하고 들으며

> ◦ **논하다(論−)** : 1. 의견이나 이론을 조리 있게 말하다
> 2. 옳고 그름 따위를 따져 말하다

'말하는' 일을 가리키는 외마디 한자말 '논하다'이기에, "말하고 논하며"처럼 적으면 겹말이에요. 그냥 '말하며'로 쓰든지 "말하고 따지며"나 "말하고 나누며"로 손질해 주어야지 싶습니다.

- **모든 사람들이 자기의 의견을 말하고 논하며 문제를 같이 해결해 나가는**
→ 모든 사람들이 제 생각을 말하며 문제를 같이 풀어 나가는
→ 모든 사람들이 저마다 생각을 말하고 나누며 문제를 같이 풀어 나가는
→ 모든 사람들이 서로 생각을 말하고 따지며 문제를 같이 풀어 나가는

《노랑 가방》 (리지아 누네스/길우경 옮김, 민음사, 1991) 46쪽

맑고 쾌청

: **하늘이 맑고 쾌청해서**
→ 하늘이 맑아서
→ 하늘이 맑고 싱그러워서
→ 하늘이 맑고 좋아서
→ 하늘이 맑고 시원해서

> - **쾌청하다(快晴-)** : 구름 한 점 없이 상쾌하도록 날씨가 맑다
> - **화창하다(和暢-)** : 날씨나 바람이 온화하고 맑다
> - **맑다** : 구름이나 안개가 끼지 아니하여 햇빛이 밝다
> - **밝다** : 밤이 지나고 환해지며 새날이 오다
> - **환하다** : 빛이 비치어 맑고 밝다

한자말 '쾌청'은 '맑음'을 뜻합니다. 한자말 '화창'도 '맑음'을 가리켜요. 이 글월을 보면 "맑고 쾌청해서"에다가 "화창한 날"이라고도 나옵니다. 날이 워낙 맑기에 '맑음'을 여러모로 나타내고 싶었을는지 모르나, 뜻이 같은 한자말을 여럿 늘어놓았을 뿐입니다. 더욱이 '하늘'과 '공중(空中)'이라는 낱말도 나오는데, 둘도 같은 곳을 가리켜요. 그나저나 한국말사전을 보면 '맑다'를 '밝다'로 풀이하고, '밝다'는 '환하다'로 풀이하는데, '환하다'는 '맑고 밝다'로 풀이합니다. 이 같은 돌림풀이로는 낱말뜻을 도무지 헤아릴 길이 없습니다.

- **정말 화창한 날이었다. 하늘이 너무나 맑고 쾌청해서, 공중을 나는 것은 틀림없이 아주 즐거운 일이었을 것이다**
→ 참말 따뜻하고 맑은 날이었다. 더없이 맑고 싱그러워서, 하늘을 날면 틀림없이 아주 즐거우리라

《닐스의 신기한 여행 1》 (셀마 라게를뢰프/배인섭 옮김, 오즈북스, 2006) 36쪽

맑고 투명

: **맑고 투명한**

→ 맑디맑은

→ 맑은

→ 해맑은

> ○ **투명(透明)** : 1. 물 따위가 속까지 환히 비치도록 맑음 2. 사람의 말이나 태도, 펼쳐진 상황 따위가 분명함 3. 앞으로의 움직임이나 미래의 전망 따위가 예측할 수 있게 분명함
> ○ **환히** : 1. 빛이 비치어 맑고 밝게 2. 앞이 탁 트여 넓고 시원스럽게 3. 무슨 일의 조리나 속내가 또렷하게

속까지 비치도록 맑다고 할 적에 한자말로 '투명'이라 하니, "맑고 투명한"은 겹말입니다. '맑은'이라고만 적으면 되고, '맑디맑은'이나 '해맑은'으로 손볼 수 있습니다. 그런데 '투명'을 풀이하면서 "환히 비치도록 맑음"으로 적어요. '환히'는 "빛이 비치어 맑고 밝게"를 뜻한다고 하니, 한국말사전 뜻풀이는 겹말풀이인 셈입니다. '환히 비치도록 맑음 = (맑고 밝게) 비치도록 맑음'인 꼴이거든요.

• **붉은 감들이 맑고 투명한 햇살을 내뿜는다**

→ 붉은 감이 맑은 햇살을 내뿜는다

→ 붉은 감이 해맑은 햇살을 내뿜는다

《나비가 날아간 자리》 (박남준, 광개토, 2001) 19쪽

• **어설픈 서울말이 끼어들 여지가 없는 맑고 투명한 전라도말의 곳간이었다**

→ 어설픈 서울말이 끼어들 틈이 없는 맑은 전라도말 곳간이었다

→ 어설픈 서울말이 끼어들 틈이 없는 해맑은 전라도말 곳간이었다

《전라도, 촌스러움의 미학》 (황풍년, 행성B잎새, 2016) 42쪽

맘 엄마

: **아티스트맘뿐 아니라 … 엄마라는 표현은**

→ 예술엄마뿐 아니라 … 엄마라는 말은

→ 그림엄마뿐 아니라 … 엄마라는 말은

> ○ mom : 엄마

'맘'은 '엄마'를 가리키는 영어입니다. 요즈음은 "아무개 엄마"라는 이름보다는 "아

무개 맘"이라는 이름을 쓰는 분이 부쩍 늘어요. 이러면서 '아티스트맘'처럼 영어를
더 쓰는 모습도 쉽게 봅니다. 재미있게 쓰려는 마음이라면 얼마든지 재미있게 쓸
수 있다고 생각합니다. 한국말로도 '예술엄마'나 '놀이엄마'나 '그림엄마'나 '그림놀
이엄마'나 '예술놀이엄마'처럼 새롭게 이름을 지어서 쓸 수 있어요.

- **개인적으로는 앞으로 아티스트맘뿐만 아니라 아티스트대디도 많이 생겼으면**
  좋겠어요. 설명 과정에 나오는 엄마라는 표현은
→ 저는 앞으로 예술엄마뿐만 아니라 예술아빠도 많이 생기면 좋겠어요. 이야기에
   나오는 엄마라는 말은
→ 저는 앞으로 그림엄마뿐만 아니라 그림아빠도 많이 생기면 좋겠어요. 이야기에
   나오는 엄마라는 말은

《아티스트맘의 참 쉬운 미술놀이》 (안지영, 길벗, 2016) 7쪽

맛 미

- : **독특한 풍미와 감칠맛이 난다**
- → 남다른 맛매와 감칠맛이 난다
- → 남달리 좋은 감칠맛이 난다
- → 남달리 훌륭한 감칠맛이 난다

> ∘ **풍미(風味)** : 1. 음식의 고상한 맛 ≒ 맛매 2. 멋지고
> 아름다운 사람 됨됨이
> ∘ **맛매** : = 풍미
> ∘ **고상하다(高尙-)** : 품위나 몸가짐의 수준이 높고
> 훌륭하다
> ∘ **감칠맛** : 1. 음식물이 입에 당기는 맛 2. 마음을
> 끌어당기는 힘

한국말은 '맛'이고, 이를 한자로 옮기면 '미(味)'입니다. 한자말로는 '풍미'가 있다
면, 한국말로는 '맛매'가 있어요. 한국말사전은 '맛매'는 풀이하지 않고 '풍미'만 풀
이해 놓습니다. 얄궂은 모습입니다. 말을 하는 사람에 따라 한 번은 한국말로, 한
번은 한자말로, 한 번은 영어로, 또 한 번은 중국말이나 일본말로 재미 삼아서 써
볼 수 있어요. 누구나 쓰기 나름이에요. '맛'이라는 낱말을 두고 굳이 '미(味)'를 끌
어들여야 하는가를 생각해 볼 수 있기를 바라요. '밥맛·꿀맛·입맛·짠맛·단맛·
손맛' 들을 그저 이처럼 수수하게 '맛'이라 말할 수 있기를 바랍니다.

- 가축의 고기와 뼈를 오래 끓여내면 독특한 풍미와 감칠맛이 난다
→ 돼지나 소 같은 고기와 뼈를 오래 끓여내면 남달리 좋은 감칠맛이 난다
→ 고기와 뼈를 오래 끓여내면 남다른 맛매와 감칠맛이 난다

《우리 음식의 언어》 (한성우, 어크로스, 2016) 139쪽

맛을 음미

: **맛을 음미해 보는**
→ 맛을 보는
→ 맛보기를 해 보는
→ 맛을 헤아려 보는

> ○ **음미하다(吟味-) :** 1. 시가를 읊조리며 그 맛을 감상하다 2. 어떤 사물 또는 개념의 속 내용을 새겨서 느끼거나 생각하다

"맛(味) + 읊다(吟)"라는 얼거리로 '음미'라는 한자말을 씁니다. "맛을 음미해 보는"으로 쓰면 겹말이에요. 한국말사전을 살피면 "포도주의 향기와 맛을 음미하다"처럼 겹말 보기글을 싣고 맙니다. '음미'라는 한자말을 쓰고 싶다면 "포도술을 음미하다"처럼 쓸 노릇이요, '맛'이라는 한국말을 살리고 싶다면 "포도술 내음과 맛을 보다"나 "포도술 냄새와 맛을 즐기다"처럼 손볼 노릇이에요.

- **원료를 떠올리면서 맛을 음미해 보는 것도 소주를 즐기는 방법이야**
→ 원료를 떠올리면서 맛을 보는 것도 소주를 즐기는 길이야
→ 무엇으로 빚었는지 떠올리면서 맛을 헤아려도 소주를 즐길 수 있어
→ 무엇으로 담갔는지 떠올리면서 맛보기를 해도 소주를 즐길 수 있어

《바 레몬하트 1》 (후루유 미츠토시/편집부 옮김, AK 코믹스, 2011) 114쪽

망연자실 넋을 놓고

: **망연자실 바라보고만 … 넋을 놓고 있는**
→ 멍하니 바라보고만 … 넋을 놓은

→ 얼떨떨하게 바라보고만 … 넋을 놓은

→ 그저 바라보고만 … 넋을 놓은

> - **망연자실(茫然自失)** : 멍하니 정신을 잃음
> - **멍하니** : 정신이 나간 것처럼 얼떨떨하게
> - **얼떨떨하다** : 1. 뜻밖의 일로 당황하거나 여러 가지 일이 복잡하여 정신이 매우 얼떨하다
> - **얼떨하다** : 1. 뜻밖의 일을 갑자기 당하거나, 여러 가지 일이 너무 복잡하여 정신을 가다듬지 못하는 데가 있다

한자말 '망연자실'은 "멍하니 정신을 잃음"을 가리킨다는데, 한국말사전을 살피면 '멍하니'를 "정신이 나간 것처럼 얼떨떨하게"로 풀이해서, 돌림풀이하고 겹말풀이 얼거리입니다. 보기글에서도 '망연자실'하고 "넋을 놓고"를 잇달아 쓰면서 겹말 얼 거리예요. 앞뒤 모두 "넋을 놓고"를 쓰면 되는데, "넋을 잃고"나 "넋을 빼고"로 써 볼 수도 있습니다. 한쪽을 '멍하니'나 '얼떨떨하게'나 '얼떨하게'나 '그저'로 적어 보 아도 어울립니다.

- **어찌해야 할지 망연자실 바라보고만 있었다. 경찰이 다가와 넋을 놓고 있는 이소선을 연행했다**
→ 어찌해야 할지 얼떨떨하게 바라보았다. 경찰이 넋을 놓은 이소선을 붙들었다
→ 어찌해야 할지 멍하니 바라보았다. 경찰이 넋을 놓은 이소선을 끌고 갔다

《노동자의 어머니, 이소선 평전》(민종덕, 돌베개, 2016) 514쪽

망자와 죽은 사람

: **망자가 남긴 사진 … 사진이 죽은 사람을 되살려**
→ 죽은 이가 남긴 사진 … 사진이 죽은 사람을 되살려
→ 죽은 분이 남긴 사진 … 사진이 죽은 사람을 되살려
→ 죽은 사람이 남긴 사진 … 사진이 죽은 사람을 되살려

> - **망자(亡者)** : = 망인(亡人)
> - **망인(亡人)** : 생명이 끊어진 사람. '돌아가신 이', '죽은 사람', '죽은 이'로 순화

'망자'는 '= 망인'으로 풀이합니다. '망인'은 "죽은 사람"으로 고쳐쓸 낱말이라고 합 니다. '망인·망자' 모두 "죽은 사람"으로 고쳐써야 한다는 뜻입니다. "망자가 남긴 사진"이 "죽은 사람을 되살려" 낸다고 하는 글월은 겹말이에요. 앞뒤 모두 "죽은

사람"으로 쓰면 돼요.

- 망자가 남긴 사진 속에는 망자의 삶과 시간이 있다. 사진이 죽은 사람을 되살려 낸다
→ 죽은 이가 남긴 사진에는 죽은 이 삶과 시간이 있다. 사진이 죽은 사람을 되살려
   낸다

《노블 앤 뽀또그라피》 (진동선, 시공사, 2005) 81쪽

맞추고 조정

: **높이를 조정해야 합니다. 눈높이를 맞춰야 한다는**
→ 높이를 맞춰야 합니다. 눈높이를 맞춰야 한다는
→ 높이를 살펴야 합니다. 눈높이를 맞춰야 한다는

> ○ **조정하다(調整-) :** 어떤 기준이나 실정에 맞게 정돈하다
> ○ **맞추다 :** 4. 어떤 기준이나 정도에 어긋나지 아니하게 하다 5. 어떤 기준에 틀리거나 어긋남이 없이 조정하다

어떠한 틀에 '맞도록' 할 적에 한자말로 '조정하다'를 쓰기도 해요. 맞도록 하기에 '맞추다'인데, 한국말사전에서 '맞추다'를 찾아보니 '조정하다'로 풀이하네요. 뜻풀이가 여러모로 아쉬운데요, 보기글처럼 "조정해야 합니다. 눈높이를 맞춰야"처럼 쓰면 겹말이에요. 앞뒤 모두 '맞추다'를 넣으면 돼요. 앞뒤를 다르게 쓰고 싶다면, 앞쪽에서는 '살피다'나 '가누다'나 '헤아리다'나 '가다듬다'나 '추스르다' 같은 낱말을 넣어 볼 만합니다.

- 그렇게 되려면 높이를 조정해야 합니다. 눈높이를 맞춰야 한다는 말입니다
→ 그렇게 되려면 높이를 살펴야 합니다. 눈높이를 맞춰야 한다는 말입니다
→ 그렇게 되려면 높이를 가눠야 합니다. 눈높이를 맞춰야 한다는 말입니다

《위! 아래!》 (이월곡, 분홍고래, 2016) 76쪽

맡은 임무, 맡은 소임

: **그들이 맡은 임무**

→ 그들이 맡은 일

→ 그들이 할 일

> ◦ **임무(任務)** : 맡은 일. 또는 맡겨진 일
> ◦ **소임(所任)** : 맡은 바 직책이나 임무

한자말 '임무'는 "맡은 일"을 가리키니 "맡은 임무"처럼 쓰면 겹말입니다. '소임'은 "맡은 임무"라 하는데 '임무 = 맡은 일'이니 '소임 = 맡은 맡은 일' 얼거리가 됩니다. 한국말사전 뜻풀이는 겹말풀이입니다. 더욱이 "맡은 소임"처럼 쓰면 '맡은 맡은 맡은 일' 얼거리가 될 테지요.

• **그들이 맡은 임무를 자기 자신과 조력자들의 이익을 챙기기 위해 저버린다 …**
  따라서 그들이 맡은 소임의 원래 목표는 훼손될 것이다

→ 그들이 맡은 일을 저 스스로와 이웃들 이익을 챙기려고 저버린다 … 따라서 그들이
  맡은 일은 처음 목표가 흐려질 것이다

→ 그들이 맡은 일을 저희 스스로와 이웃들 이익을 챙기려고 저버린다 … 따라서
  그들이 맡은 일은 처음 뜻이 흐려진다

《국가는 폭력이다》 (레프 톨스토이/조윤정 옮김, 달팽이, 2008) 192~193쪽

매년 여름철마다

: **매년 여름철마다**

→ 해마다 여름이면

→ 여름철이면

→ 여름마다

→ 여름이면

→ 해마다

> ◦ **매년(每年)** : = 매해
> ◦ **매해(每-)** : 1. 한 해 한 해 2. 해마다

'매년(每年)'은 '해마다'를 한자로 옮긴 낱말입니다. 그러니 "매년 여름철마다"는 "해

마다 여름철마다" 꼴이 되지요. 겹말입니다. 이 자리에서는 '해마다' 한 마디만 해도 좋고, '여름마다' 한 마디만 해도 좋습니다. 그나저나 한국말사전에서 '매년 = 매해'로 풀이하는데 '매년 → 해마다'로 적고, '매해 → 해마다'로 적어야지 싶어요. 한국말사전이 이렇게 밝혀 주어야 사람들한테 비로소 도움이 될 만하리라 봅니다.

- **매년 여름철마다 홍수가 범람하여**
→ 해마다 여름철에 큰물이 져서
→ 여름철마다 큰물이 넘쳐서

《작은 실험들이 도시를 바꾼다》 (박용남, 시울, 2006) 68쪽

매번 뉴스마다

: **매번 뉴스마다**
→ 뉴스마다
→ 뉴스를 볼 때마다
→ 새소식에서 늘

> ○ **매번(每番)** : 1. 각각의 차례 2. = 번번이
> ○ **번번이(番番-)** : 매 때마다
> ○ **매(每)** : 하나하나의 모든. 또는 각각의
> ○ **각각(各各)** : 1. 사람이나 물건의 하나하나 2. 사람이나 물건의 하나하나마다. '따로따로'로 순화

'매번'은 "각각의 차례"나 '번번이'를 가리킨다고 하는데, '각각'은 '하나하나'를 가리키지만 '따로따로'로 고쳐써야 한다고 합니다. '번번이'는 "매 때마다"를 가리킨다는데 '매'는 '하나하나의'나 '각각의'를 가리킨다지요. 고쳐써야 한다는 '각각' 같은 한자말을 쓴 말풀이도 얄궂습니다만, "매 때마다"로 적은 말풀이도 얄궂어요. "매 때마다"는 겹말풀이입니다. '매(每)'라는 한자가 '-마다'를 나타내는 자리에 쓰는 줄 깨닫지 못한다면 겹말은 자꾸자꾸 얄궂게 나타나리라 봅니다.

- **우리가 매번 뉴스마다 똑같은 인물들을 접하게 되는 것도 이 때문이다**
→ 우리가 뉴스마다 똑같은 사람들을 보는 까닭도 이 때문이다
→ 우리가 새소식에서 늘 똑같은 사람들을 보는 까닭도 이 때문이다

《너희 정말, 아무 말이나 다 믿는구나!》 (소피 마제/배유선 옮김, 뿌리와이파리, 2016) 40쪽

매사 일

　　매사 제멋대로 사는 듯 보여도 아이들이 할 수 있는 일이란

→　늘 제멋대로 사는 듯 보여도 아이들이 할 수 있는 일이란

→　제멋대로 사는 듯 보여도 아이들이 할 수 있는 일이란

> ○ **매사(每事)** : 1. 하나하나의 모든 일 2. 하나하나의 일마다

'매사'는 "모든 일"이나 '일마다'를 가리킵니다. 보기글 앞쪽에 '매사'가 나오고 뒤쪽에 '일'이 나오면서 겹말 얼거리가 됩니다. 뒤쪽에 나오는 '일'을 그대로 두고 싶다면 앞쪽에서 '매사'를 '늘'이나 '언제나'나 '노상'으로 손봅니다. 한결 단출하게 글을 써 보고 싶다면 앞쪽 '매사'하고 뒤쪽 '일'을 나란히 덜어낼 수 있어요. 이 보기글에는 '살다(제멋대로 사는)'하고 '하다(할 수 있는)'라는 낱말이 있기 때문에 앞뒤에서 '매사·일'을 덜어도 되어요. 어느 모로 보면 앞뒤에서 두 낱말을 덜어낼 적에 비로소 수수하면서 부드럽습니다.

• 　**부모가 보기에는 매사 제멋대로 사는 듯 보여도 아이들이 할 수 있는 일이란 고작 세 가지뿐이다**

→　어버이가 보기에는 늘 제멋대로 사는 듯 보여도 아이들이 할 수 있는 일이란 고작 세 가지뿐이다

→　어버이가 보기에는 제멋대로 사는 듯 보여도 아이들은 고작 세 가지를 할 수 있을 뿐이다

《그림책으로 읽는 아이들 마음》 (서천석, 창비, 2015) 124쪽

매 순간마다

　　매 순간마다

→　순간마다

→　모든 순간

> ○ **매(每)** : 하나하나의 모든. 또는 각각의

→　언제나

'매(每)'라는 한자를 넣은 '매일'은 '날마다'를 가리키고 '매년'은 '해마다'를 가리켜요. 곧 '매–'는 '–마다'를 가리키는 셈입니다. "매 순간마다"처럼 쓰면 겹말입니다. 한자말을 쓰려 한다면 '매순간'처럼 적을 노릇이고, 한자말을 덜 쓰려 한다면 '순간마다'처럼 적을 노릇이며, 더 쉽게 쓰려 한다면 '언제나'나 '늘'이나 '노상'으로 적으면 됩니다.

- **삶의 매 순간마다 우린 과거의 자신인 것만큼 미래의 자신이기도 하다**
→　사는 동안 언제나 우린 옛날인 나인 것만큼 앞날인 나이기도 하다
→　살면서 우린 늘 옛날인 나인 것만큼 앞날인 나이기도 하다

《오스카리아나》 (오스카 와일드/박명숙 옮김, 민음사, 2016) 41쪽

맨손으로 자수성가

:　**맨손으로 자수성가하셔서**
→　맨손으로 일어나셔서
→　맨손으로 살림을 일구셔서

- **맨손** : 1. 아무것도 끼거나 감지 아니한 손 2. 아무것도 가지지 아니한 상태를 비유적으로 이르는 말
- **자수성가(自手成家)** : 물려받은 재산이 없이 자기 혼자의 힘으로 집안을 일으키고 재산을 모음

아무것도 없기에 '맨손'입니다. 남한테서 도움을 안 받고 나 혼자 일어나서 이루기에 '자수성가'예요. 하나는 한국말이고, 다른 하나는 한자말입니다. '맨손'이나 '자수성가'는 똑같은 몸짓이나 살림을 나타냅니다. "맨손으로 자수성가하셔서"라 하면 겹말이에요. "맨손으로 일어나다"나 "맨손으로 일구다"나 "맨손으로 일으키다"나 "맨손으로 가꾸다"나 "맨손으로 짓다"라 하면 됩니다. 힘주어 말하고 싶다면 "맨손으로 씩씩하게 일어나다"라든지 "맨손으로 기운차게 일구다"라든지 "맨손으로 땀흘려 가꾸다"처럼 쓰면 돼요.

- **조부모님께서는 맨손으로 자수성가하셔서 마오푸춘 한약방을 창업하셨다**
→　할머니 할아버지는 맨손으로 일어나셔서 마오푸춘 한약방을 여셨다

→ 할아버지 할머니는 맨손으로 씩씩하게 마오푸춘 한약방을 여셨다

《우리는 60년을 연애했습니다》 (라오 핑루/남혜선 옮김, 월북, 2016) 58쪽

맵찬 삭풍

: **맵찬 삭풍**
→ 맵찬 바람
→ 맵찬 된바람
→ 맵찬 뒤바람

> ○ **맵차다** : 1. 맵고 차다 2. 옹골차고 야무지다
> ○ **삭풍(朔風)** : 겨울철에 북쪽에서 불어오는 찬 바람

'맵차다'는 "맵고 차다"를 뜻하고, '삭풍'은 "겨울철 찬 바람"을 가리키니, "맵찬 삭풍"이라 하면 겹말이에요. "맵찬 바람"으로 손질해 줍니다. 겨울에 부는 찬바람은 '된바람'이나 '뒤바람'이나 '덴바람'이라고 해요. 그러니 "맵찬 된바람"으로 손질해 볼 수 있어요.

• **엊저녁 맵찬 삭풍 메마른 가지에 매달려 몸살하고**
→ 엊저녁 맵찬 바람 메마른 가지에 매달려 몸살하고
→ 엊저녁 맵찬 된바람 메마른 가지에 매달려 몸살하고

《봄비가 무겁다》 (최부식, 문학의전당, 2015) 27쪽

맹탕인 물

: **맹탕인 물**
→ 맹물
→ 아무것도 없는 물
→ 아무것도 아닌 물
→ 아무것도 안 섞은 물

> ○ **맹탕(-湯)** : 1. 맹물처럼 아주 싱거운 국 2. 옹골차지 못하고 싱거운 일이나 사람을 비유적으로 이르는 말
> ○ **맹물** : 1. 아무것도 타지 아니한 물 2. 하는 짓이 야무지지 못하고 싱거운 사람을 비유적으로 이르는 말

'맹물' 같은 국을 한자 '탕(湯)'을 붙여 '맹탕'이라고 한다는데, 한국말로 고이 나타내자면 '맹국'이 되겠지요. "맹탕인 물"이라 하면 "맹물인 물"이라 말하는 셈입니다. 겹말 얼거리입니다. 보기글에서는 단출히 '맹물'이라고만 하거나 "아무것도 없는 물"이나 "아무것도 안 섞은 물"이나 "아무것도 안 넣은 물"로 손보면 됩니다.

- **에너지를 들여서 맹탕인 물을 준다는 건 경제적으로도 비효율적이에요**
→ 에너지를 들여서 맹물을 준다면 돈도 버리며 보람이 없어요
→ 전기를 들여서 아무것도 아닌 물을 주면 돈만 버리는 셈이에요

《10대와 통하는 농사 이야기》(곽선미와 다섯 사람, 철수와영희, 2017) 68쪽

ㅁ

먹고 섭취하고

: **구입해서 먹게 되었다 … 어떻게 섭취하는 것이 좋은지**
→ 장만해서 먹는다 … 어떻게 먹어야 좋은지
→ 사서 먹는다 … 어떻게 해서 먹어야 좋은지

○ **먹다** : 1. 음식 따위를 입을 통하여 배 속에 들여보내다
○ **섭취(攝取)** : 1. 좋은 요소를 받아들임 2. [불교] 자비심으로 중생을 거두어들임
  3. [생물] 생물체가 양분 따위를 몸속에 빨아들이는 일

'섭취'라는 한자말은 '받아들임'을 가리킨다고 합니다. '받아들임·받아들이다'라고 하면 한결 수월하겠지요. 생물학에서는 양분을 몸속에 빨아들이는 일을 '섭취'라고 쓴다는데, '먹다'라는 낱말로 즐겁게 생물학을 하면 되지 싶습니다. 보기글에서는 "토마토를 먹게 되었다"하고 "어떻게 섭취하는 것이"를 잇달아 쓰면서 겹말입니다. 뒤쪽도 앞쪽처럼 '먹다'를 넣으면 돼요.

- **지금은 적극적으로 자주 토마토를 구입해서 먹게 되었다. 토마토뿐 아니라 마늘과 녹차도 왜 좋은지 어떻게 섭취하는 것이 좋은지 이 책을 통해 알 수 있었다**
→ 이제는 즐겁게 자주 토마토를 장만해서 먹는다. 토마토뿐 아니라 마늘과 녹차도 왜 좋은지 어떻게 먹어야 좋은지 이 책으로 알 수 있었다
→ 요새는 무척 자주 토마토를 사서 먹는다. 토마토뿐 아니라 마늘과 녹차도 왜 좋은지

어떻게 해서 먹어야 좋은지 이 책으로 알 수 있었다

《혼자 알기 아까운 책 읽기의 비밀》 (이태우, 연지출판사, 2015) 110쪽

멀리 보는, 장기적인 안목

: **멀리 보는, 장기적인 안목이 필요해**

→ 멀리 볼 줄 알아야 해

→ 멀리 보아야 해

→ 멀리 보는 눈을 길러야 해

→ 멀리 보는 눈썰미를 키워야 해

→ 멀리 보는 매무새로 살아야 해

> ◦ **장기적(長期的) :** 오랜 기간에 걸치는

"멀리 보는"이라 말하고는, 이내 "장기적인 안목"이라 말합니다. 힘주어 말하려는 생각으로 같은 말을 되풀이하는구나 싶어요. 이 말씨는 마치 "잘 가, 바이바이." 라든지 "고마워, 땡큐."라든지 "가득 넣어 주셔요, 만땅이오."와도 같구나 싶어요. 이렇게 여러 가지 말씨로 힘주어 말할 수 있습니다만, "멀리 보는 눈"이라 손쉽게 쓰면 될 말을 애써 "장기적인 안목"으로 바꾸어야 할는지 살짝 아리송해요. 왜냐 하면 "멀리 보는, 깊고 너른 눈이 있어야 해"라든지 "멀리 보는, 앞을 내다보는 눈 이 있어야 해"처럼 쓸 때에 뜻이나 느낌이 한결 살아날 테니까요.

• **멀리 보는, 장기적인 안목이 필요해**

→ 멀리 보는, 깊고 너른 눈이 있어야 해

→ 멀리 보는 눈이 있어야 해

→ 멀리 볼 줄 알아야 해

《덤벼라, 인생》 (고성국·남경태, 철수와영희, 2012) 226쪽

멋지고 근사한

: **근사한 나, 멋진 나**

→ 예쁜 나, 멋진 나

→ 볼만한 나, 멋진 나

→ 보기 좋은 나, 멋진 나

→ 아름다운 나, 멋진 나

> ○ **근사하다(近似−)** : 1. 거의 같다 2. 그럴듯하게 괜찮다
> ○ **그럴듯하다** : 1. 제법 그렇다고 여길 만하다 2. 제법 훌륭하다
> ○ **멋지다** : 1. 매우 멋이 있다 2. 썩 훌륭하다

한자말 '근사하다'는 "그럴듯하게 괜찮다"를 뜻한다는데, '그럴듯하다'는 "제법 훌륭하다"를 가리키면서 '멋지다'하고 뜻이 맞물립니다. "근사한 나, 멋진 나"라고 하면 겹말 얼거리예요. 이 보기글에서는 '근사한'을 쓰기보다는 '예쁜'이나 '아름다운'을 쓰면 한결 나으리라 봅니다. "볼만한"이나 "보기 좋은"을 써 볼 수도 있어요.

• **근사한 나, 멋진 나, 씩씩한 나, 당당한 나**

→ 아름다운 나, 멋진 나, 씩씩한 나, 의젓한 나

→ 고운 나, 멋진 나, 씩씩한 나, 떳떳한 나

《당신도 쿠바로 떠났으면 좋겠어요》 (시골여자, 스토리닷, 2016) 94쪽

모든 정치체에서 공히

: **모든 정치체에서 공히**

→ 모든 정치체에서

→ 모든 정치체에서 똑같이

> ○ **공히(共−)** : = 모두

외마디 한자말 '공(共)히'는 '모두'를 가리키니, "모든 정치체에서 공히"라 하면 겹말입니다. '공히'를 덜어야 올발라요. 힘주어 말하고 싶기에 꾸밈말을 넣고 싶다면 "모든 정치체에서 똑같이"나 "모든 정치체에서 고스란히"나 "모든 정치체에서 나란히"처럼 '똑같이 · 고스란히 · 나란히' 같은 말마디를 넣어 볼 수 있습니다.

- **피정복 정치체만이 아니라 모든 정치체에서 공히 나타났다**
  → 피정복 정치체만이 아니라 모든 정치체에서 나타났다
  → 피정복 정치체만이 아니라 모든 정치체에서 똑같이 나타났다

《정복의 조건》(필립 T.호프먼/이재만 옮김, 책과함께, 2016) 20쪽

모든 해충 총등장

: **모든 해충이 총등장하였다**

> ○ **총(總)** : 모두 합하여 몇임을 나타내는 말

→ 모든 나쁜벌레가 나타났다
→ 얄궂은 벌레가 모두 나왔다

'總'은 '모두 총'이라는 한자예요. "모든 해충이 총등장"은 "모든 해충이 모두 등장" 꼴이 됩니다. '모든'만 쓰든지 '총'만 쓰든지 해야 알맞습니다. 두 가지 말 가운데 하나를 고르라면, 저는 '모두'를 고르겠어요. 또는 '온갖'이나 '갖은'을 쓸 수 있어요. 말짜임을 바꾸어 "해충이 모두 나왔다"나 "해충이 모조리 나왔다"나 "해충이 몽땅 나왔다"처럼 손보아도 어울립니다.

- **도감에 실려 있는 모든 해충이 총등장하였다**
  → 도감에 실린 모든 해충이 나왔다
  → 도감에 실린 나쁜벌레가 모조리 나왔다

《백성백작》(후루노 다카오/홍순명 옮김, 그물코, 2006) 172쪽

모래사장

: **모래사장**

> ○ **사장(沙場/砂場)** : = 모래사장
> ○ **모래사장(-沙場)** : 강가나 바닷가에 있는 넓고 큰 모래벌판
> ○ **모래벌판** : 모래가 덮여 있는 벌판
> ○ **모래밭** : 1. 모래가 넓게 덮여 있는 곳 2. 흙에 모래가 많이 섞인 밭

→ 모래밭

한자말 '사장'은 '모래사장'을 뜻한다고 합니다. 한국말 '모래'에다가 한자말 '사장'을 더한 낱말은 '모래벌판'을 뜻한다고 합니다. '사장 = 모래사장'이라면 '모래사장 = 모래 + 모래사장'인 꼴입니다. 말이 되지 않지요. '사장'이라는 한자말은 따로 쓸 까닭이 없고, '모래사장'처럼 잘못 쓰는 겹말은 하루빨리 치울 수 있어야 합니다. 한국말은 '모래벌판'인데 흔히 '모래밭'이라고 말합니다. 바닷가에 나들이를 간다면 이곳에서는 '모래밭'이라 하면 되고, 끝없이 모래만 펼쳐진 벌판을 가리키는 '사막(沙漠)'은 바로 '모래벌 · 모래벌판'이라고 하면 됩니다.

- **가까운 모래사장으로 가서**
→ 가까운 모래밭으로 가서

《호기심 많은 꼬마 물고기》 (엘사 베스코브/김상열 옮김, 시공주니어, 2007) 16쪽

- **조용한 해안의 모래사장에**
→ 조용한 바닷가 모래밭에

《달라도 친구잖아》 (다카도노 호코/이서용 옮김, 개암나무, 2012) 32쪽

- **거대한 모래사장에 힘겨운 정오가 시작되었다**
→ 커다란 모래밭에 힘겨운 낮이 찾아왔다
→ 큼지막한 모래벌은 힘겨운 낮이 되었다

《모두의 노래》 (파블로 네루다/고혜선 옮김, 문학과지성사, 2016) 237쪽

모습 면

:　　**다양한 모습을 … 어느 일면만**

→　여러 모습을 … 어느 한 모습만

→　갖가지 모습을 … 어느 한쪽만

→　온갖 모습을 … 어느 한 가지만

> ○ **모습** : 1. 사람의 생긴 모양 2. 자연이나 사물 따위의 겉으로 나타난 모양 3. 자취나 흔적
> ○ **일면(一面)** : 1. 물체나 사람의 한 면. 또는 일의 한 방면
> ○ **다면(多面)** : 1. 면이 많음 2. = 다방면
> ○ **면(面)** : 1. 사물의 겉으로 드러난 쪽의 평평한 바닥 2. 입체의 평면이나 표면 3. 무엇을 향하고 있는 쪽 4. 어떤 측면이나 방면

한자말 '일면'은 "한 면"을 가리킨다는데, 한자 '면(面)'은 '모습'을 뜻해요. 보기글처럼 "다양한 모습"하고 "어느 일면"을 잇달아 적으면 겹말 얼거리예요. 한자말로만

적는다면 '다면 · 일면'일 테고, 한국말로 적는다면 "여러 모습 · 한 모습"일 테지요. 보기글은 앞뒤 모두 '모습'으로 적으면 되는데, 뒤쪽을 좀 다르게 적고 싶다면 "어느 한쪽"이나 "어느 한 가지"나 "어느 한 얼굴"이나 "어느 한 빛깔"이나 "어느 한 컷"이나 "어느 한구석"으로 적어 볼 만합니다.

- **한 인간의 다양한 모습을 봐야 하는데 어느 일면만 보고 판단한다는 겁니다**
- → 한 사람한테서 여러 모습을 봐야 하는데 어느 한쪽만 보고 잰다는 겁니다
- → 한 사람한테서 온갖 모습을 봐야 하는데 어느 하나만 보고 따진다는 겁니다

《한홍구의 청소년 역사 특강》 (한홍구, 철수와영희, 2016) 249쪽

모양새

: **그런 모양새는**

→ 그런 생김새는

→ 그런 모습은

→ 그런 꼴은

> ◦ **모양새(模樣-)** : 겉으로 보이는 모양의 상태
> ◦ **모양(模樣)** : 겉으로 나타나는 생김새나 모습
> ◦ **-새** : '모양', '상태', '정도'의 뜻을 더하는 접미사
> ◦ **모습** : 1. 사람의 생긴 모양 2. 자연이나 사물 따위의 겉으로 나타난 모양 3. 자취나 흔적
> ◦ **생김새** : 생긴 모양새

한국말사전을 살피면 '모양'은 '생김새'나 '모습'으로 풀이하고, '모습'은 '모양'으로 풀이합니다. 돌림풀이예요. '-새'는 '모양'이 어떠한가를 뜻할 적에 붙이는 뒷가지예요. '모양새'는 겹말입니다. '모습'이라는 낱말은 '모습새'처럼 안 쓰거든요. 이 대목을 잘 살펴야 합니다. '생김새'는 "생긴 모습"이에요. '모양새'란 무엇일까요? 한국말사전을 더 살피면 '생김새 = 생긴 모양새'처럼 풀이를 합니다. 잘못된 풀이입니다. "생긴 모양"이나 "생긴 모습"으로 풀이를 해야 올발라요.

- **아이들에게 그런 모양새는 조금도 문제가 되지 않았다**
- → 아이들한테 그런 생김새는 조금도 문제가 되지 않았다
- → 아이들한테 그런 모습은 조금도 문제가 되지 않았다

《사라진 뒤영벌을 찾아서》 (데이브 굴슨/이준균 옮김, 자연과생태, 2016) 13쪽

- **처음부터 비비면 모양새도 나쁘고**

→ 처음부터 비비면 생김새도 나쁘고

→ 처음부터 비비면 보기에도 나쁘고

《토끼가 새라고??》(고선윤, 안목, 2016) 115쪽

모양 형

: **달걀모양 또는 타원형**

→ 달걀꼴 또는 긴둥근꼴

→ 달걀 모습 또는 기름한 모습

→ 달걀꼴

> ○ **모양(模樣)** : 1. 겉으로 나타나는 생김새나 모습
> ○ **형(形)** : 외관으로 나타나는 모양
> ○ **모습** : 1. 사람의 생긴 모양 2. 자연이나 사물 따위의 겉으로 나타난 모양 3. 자취나 흔적
> ○ **꼴** : 1. 겉으로 보이는 사물의 모양 2. 사람의 모양새나 행태를 낮잡아 이르는 말 3. 어떤 형편이나 처지 따위를 낮잡아 이르는 말

한국말사전에 '달걀꼴'이 실립니다. 낱말뜻은 "= 계란형"으로 적어요. '계란형(鷄卵形)'은 "달걀과 같은 모양"으로 풀이합니다. 고개를 갸우뚱합니다. '달걀꼴 = 달걀과 같은 꼴'로 풀이하고, '계란형 = 계란과 같은 모양'으로 풀이해야 올바르지 않을까요? '타원형(楕圓形)'은 "길쭉하게 둥근 타원으로 된 평면 도형"을 가리킨다고 합니다. 이는 한국말로 '긴둥근꼴'입니다. 길고 둥근 꼴이기에 '긴둥근꼴'이에요. 그런데 길고 둥근 꼴은 바로 달걀꼴이기도 합니다. 이밖에 한국말사전은 '형(形) = 모양'으로 풀이합니다. '모양 = 모습'으로 풀이하고요. 다시 '모습 = 모양'으로 풀이하고, '꼴 = 모양'으로 풀이해서 뒤죽박죽인 돌림풀이입니다.

• **어긋나고 넓은 달걀모양 또는 타원형이며**

→ 어긋나고 넓은 달걀꼴 또는 긴둥근꼴이며

→ 어긋나고 넓은 달걀꼴이나 긴둥근꼴이며

《한국 식물 생태 보감 2》(김종원, 자연과생태, 2016) 38쪽

• **가장자리가 둥그런 달걀형인데 어느 가지를 보면 잎 모양이 다 달라**

→ 가장자리가 둥그런 달걀꼴인데 어느 가지를 보면 잎꼴이 다 달라

→ 가장자리가 둥그런 달걀꼴인데 어느 가지를 보면 잎이 다 다르게 생겼어

《사계절 생태놀이》(붉나무, 돌베개어린이, 2005) 83쪽

모인 미팅

:　사람들이 많이 모인 미팅이거나

→　사람들이 많은 모임이거나

→　사람이 많이 모인 자리이거나

→　사람이 많이 모이거나

> ○ **미팅(meeting) :** 주로 학생들이 사용하는 말로, 남녀 학생들이 사교를 목적으로 집단으로 가지는 모임. '모꼬지', '모임'으로 순화
> ○ **meeting :** 회의, 회의 참석자, 만남, 대회
> ○ **회의(會議) :** 1. 여럿이 모여 의논함. 또는 그런 모임
> ○ **모임 :** 어떤 목적 아래 여러 사람이 모이는 일
> ○ **모이다 :** 여러 사람이 한곳에 오다

한국말사전은 '미팅'을 '모임'으로 고쳐쓰라고 풀이합니다. 영어사전은 'meeting'을 '회의'로 풀이합니다. 보기글에서는 '미팅'을 회사에서 마련하는 자리, 이른바 '일을 이야기하는 자리'로 썼구나 싶어요. 요새는 공공기관이나 회사 모두 '회의'라는 한자말보다 '미팅'이라는 영어를 흔히 써요. 보기글은 이런 흐름을 그대로 따릅니다. 한자말 '회의'는 '모임'을 뜻합니다. 사람이 '모여서' 이야기를 나누기에 '모임'이에요. 한자말 '회의'나 영어 '미팅'이나 딱히 다른 뜻이 없습니다. "모인 미팅"이라 하면 겹말일 뿐이에요. "모인 자리"라 하든지 '모임'이라고 해야 알맞습니다. 조금 더 헤아려 본다면 회사에서 일을 이야기하려고 모이는 자리는 '일모임'처럼 새롭게 써 볼 만해요. 한식구가 모인다면 '식구모임'이라 하면 돼요. '수다모임'이나 '저녁모임'이나 '잔치모임'처럼 알뜰살뜰 쓸 수 있어요.

•　사람들이 많이 모인 미팅이거나 가족 모임 자리이다

→　사람들이 많은 모임이거나 한식구 모임이다

→　사람이 많이 모인 자리이거나 한식구가 모인 자리이다

→　사람이 많이 모이거나 한식구가 모인 자리이다

《나는 이제 참지 않고 살기로 했다》 (니콜 슈타우딩거/장혜경 옮김, 갈매나무, 2016) 55쪽

모임과 회합

:　퀼트 모임이 큰 회합을 여는 경우도

→ 퀼트 모임을 크게 여는 때도

→ 뜨개 모임이 커지는 때도

→ 뜨개 모임이 판이 커지는 때도

> - **모임** : 어떤 목적 아래 여러 사람이 모이는 일
> - **회합(會合)** : 토론이나 상담을 위하여 여럿이 모이는 일. 또는 그런 모임

'모임'과 '회합'은 모두 "모이는 일"을 가리킵니다. "퀼트 모임이 큰 회합을 여는"처럼 쓰면 겹말이지요. 앞쪽은 "퀼트 모임"으로 그대로 두되, 뒤쪽은 "판이 커지는"이나 "자리가 커지는"으로 손보거나 '커지는'으로 손보아야지 싶습니다.

- **때로는 퀼트 모임들이 정말로 큰 회합을 여는 경우도 있었고**

→ 때로는 퀼트 모임을 참말로 크게 여는 때도 있었고

→ 때로는 뜨개 모임이 참말로 판이 커지는 때도 있었고

《여성의 우정에 관하여》 (메릴린 옐롬·테리사 도너번 브라운/정지인 옮김, 책과함께, 2016) 205쪽

모진 세파

: **모진 세파를**

→ 모진 물결을

→ 모진 어려움을

> - **모질다** : 1. 마음씨가 몹시 매섭고 독하다 2. 기세가 몹시 매섭고 사납다 3. 참고 견디기 힘든 일을 능히 배기어 낼 만큼 억세다 4. 괴로움이나 아픔 따위의 정도가 지나치게 심하다
> - **세파(世波)** : 모질고 거센 세상의 어려움

'모질'거나 거센 어려움을 가리키는 '세파'이니, "모진 세파"라 하면 겹말입니다. 한자말 '세파'를 쓰고 싶다면 그냥 '세파'만 쓸 노릇이고, 한국말로 쉽게 쓰고 싶다면 "모진 어려움"이나 "모진 물결"이나 "모진 바람"이나 "모진 일"로 손질해 줍니다.

- **이들 앞에 놓여 있는 모진 세파를 이겨 나가야 했다**

→ 이들 앞에 놓인 모진 물결을 이겨 나가야 했다

→ 이들 앞에 놓인 모진 어려움을 이겨 나가야 했다

《노동자의 어머니, 이소선 평전》 (민종덕, 돌베개, 2016) 149쪽

ㅁ

목격자와 본 사람

: **"목격자는 있니?"** … **"가져가는 걸 본 사람이 있냐고."**
→ "본 사람은 있니?" … "가져가는 모습을 본 사람이 있냐고."
→ "누가 보았니?" … "가져가는 모습을 본 사람이 있냐고."

> ○ **목격(目擊)** : 눈으로 직접 봄
> ○ **목격자(目擊者)** : 어떤 일을 눈으로 직접 본 사람

눈으로 바로 본다고 할 적에 한자말로 '목격'이라고 한대요. '목격자'는 "본 사람"을 가리켜요. 보기글에서는 한 사람이 '목격자'가 있느냐고 묻고는, 이 말을 둘레에서 못 알아들으니 "본 사람"이 있느냐고 다시 물어요. 처음부터 "본 사람"이라고 물었으면 둘레에서 바로 알아차렸을 테지요. 서로 손쉽게 나눌 수 있는 말을 안 쓰는 바람에 겹말 얼거리가 되도록 '목격자'랑 "본 사람"이라는 말마디를 섞어서 쓰고 말았어요.

• "목격자는 있니?" 슬아가 멍한 얼굴로 물었다. "그게 뭔데?" "그 나무 가져가는 걸 본 사람이 있냐고."
→ "본 사람은 있니?" 슬아가 멍한 얼굴로 물었다. "응?" "그 나무 가져가는 모습을 본 사람이 있냐고."
→ "누가 보았니?" 슬아가 멍한 얼굴로 물었다. "응?" "그 나무 가져가는 모습을 본 사람이 있냐고."

《날아라 모네 탐정단》 (김하연, 보리, 2017) 24쪽

목전 눈앞

: **우리의 목전에서 바뀌었다** … **우리 눈앞에서 바뀌었다**
→ 우리 눈앞에서 바뀌었다 … 우리 눈앞에서 바뀌었다
→ 우리 코앞에서 바뀌었다 … 우리 눈앞에서 바뀌었다

○ **목전(目前)** : = 눈앞
○ **눈앞** : 1. 눈으로 볼 수 있는 아주 가까운 2. 아주 가까운 장래

한자말 '목전'은 '눈앞'을 가리킵니다. 아니, 한국말 '눈앞'을 한자로 옮기니 '목전'이 된다고 해야 할 테지요. 이밖에 '코앞'이라는 낱말이 있어요. '눈앞 · 코앞'은 아주 가까운 자리에 있거나 곧 다가올 날을 나타내요. 보기글에서는 앞뒤 모두 '눈앞'이 라는 낱말을 쓰면 되고, 앞쪽에 다른 낱말을 쓰고 싶다면 '코앞'을 쓰면 됩니다. 또 는 "바로 앞"이라 해 볼 만합니다.

- **어느 날 우리의 목전에서 역사가 바뀌었다. 두서너 세대도 백 년이 걸린 것도 아니다. 바로 우리 눈앞에서 바뀌었다**
→ 어느 날 우리 코앞에서 역사가 바뀌었다. 두서너 세대도 백 해가 걸린 것도 아니다. 바로 우리 눈앞에서 바뀌었다
→ 어느 날 바로 우리 앞에서 역사가 바뀌었다. 두서너 세대도 백 해도 걸리지 않았다. 바로 우리 눈앞에서 바뀌었다

《아나스타시아 7 삶의 에너지》 (블라지미르 메그레/한병석 옮김, 한글샘, 2012) 150쪽

몸 바쳐 헌신했다

: **사회주의운동에 몸 바쳐 헌신했다**
→ 사회주의운동에 몸을 바쳤다
→ 사회주의운동에 몸 바치며 싸웠다
→ 사회주의운동에 온몸을 바쳤다

○ **헌신(獻身)** : 몸과 마음을 바쳐 있는 힘을 다함

몸을 바치는 일을 한자말로 '헌신'이라 하니, "몸 바쳐 헌신"처럼 쓰면 겹말입니 다. 생각해 보면, 한국말사전은 '몸바치다'나 '마음바치다' 같은 낱말을 아직 싣지 못합니다. 그저 '몸 바치다'로만 다룰 뿐입니다. 한자말 '헌신'이 "바치다(獻) + 몸 (身)"이라는 얼개를 생각한다면, "몸 + 바치기" 꼴로 새 낱말을 빚을 수 있습니다. 이 얼개처럼 '마음바치다'나 '사랑바치다'나 '꽃바치다' 같은 낱말도 새로 빚을 만 합니다.

- **이제 막 태동하기 시작한 사회주의운동에 몸 바쳐 헌신했다**
→ 이제 막 싹트는 사회주의운동에 몸을 바쳤다
→ 이제 막 움트는 사회주의운동에 온몸을 바쳐 싸웠다

《엘리노어 마르크스》 (스즈키 주시치/김욱 옮김, 프로메테우스출판사, 2006) 12쪽

몸보신

: **몸보신을 시키느라**

→ 몸을 살찌우느라

→ 몸을 보살피느라

> ○ **보신(補身)** : 보약 따위를 먹어 몸의 영양을 보충함 ≒ 몸보신
> ○ **몸보신(-補身)** : = 보신(補身)

몸에 모자란 영양을 채우려고 할 적에 흔히 '보신'을 한다고 해요. '보신탕'이라고 하는 국도 있어요. 몸을 살리거나 살찌우려는 뜻으로 무언가 더 먹기에 '보신'이기에 '몸 + 보신' 꼴인 '몸보신'이라 하면 겹말이에요. '몸보신 = 몸 + 몸 + 살리기'인 셈입니다. 한자말 '보신'을 쓰고 싶으면 "보신을 하느라"로 손보고, 한자말을 안 써도 된다면 "몸을 살찌우느라"나 "몸을 살리느라"나 "몸을 돌보느라"나 "몸을 보살피느라"로 손봅니다.

- **매일 돼지 간이며 위를 사다 메이탕의 몸보신을 시키느라 여념이 없으셨고**
→ 날마다 돼지 간이며 위를 사다 메이탕 몸을 살찌우느라 바쁘셨고
→ 늘 돼지 간이며 위를 사다 메이탕 몸을 보살피느라 바쁘셨고

《우리는 60년을 연애했습니다》 (라오 핑루/남혜선 옮김, 월북, 2016) 209쪽

- **몸보신한다고 먹은 곰의 쓸개즙**
→ 몸을 살찌운다고 먹은 곰 쓸개즙
→ 몸을 보살핀다고 먹은 곰 쓸개즙

《사향고양이의 눈물을 마시다》 (이형주, 책공장더불어, 2016) 132쪽

몸으로 체득

:   **몸으로 체득한**

→   몸으로 얻은

→   몸으로 겪은

→   몸으로 배운

> ○ **체득(體得) :** 1. 몸소 체험하여 알게 됨
> ○ **체험(體驗) :** 1. 자기가 몸소 겪음. 또는 그런 경험
> ○ **경험(經驗) :** 1. 자신이 실제로 해 보거나 겪어 봄

한자말 '체득'은 "몸소 체험하"여 아는 일을 가리킨다고 하니, "몸으로 체득"은 겹말입니다. 그런데 '체험'은 "몸소 겪음"을 가리킨다고 하니, '체득' 뜻풀이도 겹말이에요. 한국말사전은 '체험'을 풀이할 적에 '경험'이라는 한자말도 쓰는데, '경험(경험하다) = 겪음(겪다)'인 얼거리예요. '체험'을 풀이하며 "자기가 몸소 겪음. 또는 그런 경험"이라 적으면 겹말풀이입니다. 이러구러 헤아린다면 '체득·체험·경험'은 모두 '겪다'를 가리킨다고 할 만하며, "몸소 겪다"로 손질해도 될 만합니다.

•   **이론은 몰라도, 투쟁을 통해서 몸으로 체득한 것을 알았다**

→   이론은 몰라도, 싸우면서 몸으로 겪은 것을 알았다

→   이론은 몰라도, 싸우면서 몸으로 배운 것을 알았다

《노동자의 어머니, 이소선 평전》(민종덕, 돌베개, 2016) 565쪽

몸으로 체화

:   **몸으로 체화되어야 합니다**

→   몸에 익어야 합니다

→   몸에 배어야 합니다

→   몸으로 스며야 합니다

> ○ **체화(體化) :** 1. 물체로 변화함. 또는 물체로 변화하게 함 2. 생각, 사상, 이론 따위가 몸에 배어서 자기 것이 됨

"몸에 배어"들 적에 '체화'라고 하니, "몸으로 체화되어야"라 하면 겹말이에요. '체화'라고 하는 한자말을 꼭 쓰고 싶다면 "체화되어야 합니다"라고만 적습니다. 굳이 이 한자말을 안 써도 된다면 "몸에 익어야 합니다"나 "몸으로 익혀야 합니다"로 손

질하면 돼요.

- **그림책을 보는 눈이 몸으로 체화되어야 합니다**
- → 그림책을 보는 눈이 몸에 익어야 합니다
- → 그림책을 보는 눈이 몸에 배어야 합니다
- → 그림책을 보는 눈이 몸으로 스며야 합니다
- → 그림책을 보는 눈을 몸으로 익혀야 합니다

《포근하게 그림책처럼》 (제님씨, 헤르츠나인, 2017) 209쪽

몸체

: **몸체를 키우지 못한 채**
→ 몸을 키우지 못한 채
→ 몸통을 키우지 못한 채

> ◦ **몸체(-體) :** 물체의 몸이 되는 부분
> ◦ **몸 :** 1. 사람이나 동물의 형상을 이루는 전체. 또는 그것의 활동 기능이나 상태 2. 물건의 기본을 이루는 동체(胴體)

'몸체'는 겹말입니다. '몸'이라고만 해야지요. '몸체'에서 '체(體)'는 '몸'을 가리키는 한자입니다. '몸체'라고 하면 '몸 + 몸(體)'인 얼거리예요. '몸'이라고만 하기에는 알맞지 않다고 여긴다면 '몸통'이라 해 볼 수 있어요. 보기글에서는 사람이나 짐승이 아닌 풀을 이야기해요. 이 자리에서는 '줄기'로 손볼 수도 있습니다. 풀한테 몸이라면 줄기가 될 테니까요.

- **하지를 지나면 충분히 몸체를 키우지 못한 채 생식성장으로 넘어가**
- → 하지를 지나면 제대로 몸을 키우지 못한 채 꽃피우기로 넘어가
- → 하지를 지나면 제대로 몸통을 키우지 못한 채 꽃피우기로 넘어가
- → 하지를 지나면 제대로 줄기를 키우지 못한 채 꽃피우기로 넘어가

《호미 한 자루 농법》 (안철환, 들녘, 2016) 88쪽

몽상가는 꿈꾼다

: **꿈꾸는 몽상가**

→ 꿈꾸는 사람

→ 꿈쟁이

→ 꿈아이

◦ **몽상가(夢想家)** : 실현성이 없는 헛된 생각을 즐겨 하는 사람
◦ **몽상(夢想)** : 1. 꿈속의 생각 2. 실현성이 없는 헛된 생각을 함
◦ **꿈** : 1. 잠자는 동안에 깨어 있을 때와 마찬가지로 여러 가지 사물을 보고 듣는 정신 현상 2. 실현하고 싶은 희망이나 이상 3. 실현될 가능성이 아주 적거나 전혀 없는 헛된 기대나 생각

'몽상'은 "꿈속 생각"을 가리킨다고 해요. "꿈꾸는 몽상가"는 겹말입니다. 이 한자말을 쓰려 한다면 '몽상가'라고만 할 노릇이고, 한자말을 털어내려면 "꿈꾸는 사람"이나 "꿈꾸는 아이"나 '꿈쟁이'나 '꿈아이'로 손질합니다. 또는 "즐겁게 꿈꾸나 보네"로 손볼 만합니다.

• **우리 파니가 꿈꾸는 몽상가가 되었나 보네**

→ 우리 파니가 꿈꾸는 아이가 되었나 보네

→ 우리 파니가 꿈쟁이가 되었나 보네

《루카 루카》 (구드룬 멥스/김경연 옮김, 풀빛, 2002) 72쪽

무게 비중

: **꺼벙이의 무게 비중은**

→ 꺼벙이한테 쏠린 무게는

→ 꺼벙이한테 있던 무게는

◦ **무게** : 1. 물건의 무거운 정도 2. 사물이 지닌 가치나 중요성의 정도 3. 사람 됨됨이의 침착하고 의젓한 정도 4. 마음으로 느끼는 기쁨이나 책임감 따위의 정도
◦ **비중(比重)** : 1. 다른 것과 비교할 때 차지하는 중요도 2. 어떤 물질의 질량과 그것과 같은 체적의 표준물질의 질량과의 비율

한국말 '무게'나 한자말 '비중'은 모두 "얼마나 중요한가"를 나타냅니다. "무게 비중"처럼 쓰면 겹말입니다. 한 낱말만 골라서 써야지요. 보기글은 "꺼벙이한테 쏠린 무게"나 "꺼벙이한테 있던 무게"로 손볼 만한데, "꺼벙이 자리"나 "꺼벙이가 누리던 자리"나 "꺼벙이가 차지하던 자리"로 손보아도 어울립니다.

- 외가의 산골에서 살던 꺼실이가 화려하게 데뷔한 이후 꺼벙이의 무게 비중은 점차 꺼실이로 옮겨가게 된다
→ 멧골 외가에서 살던 꺼실이가 눈부시게 나온 뒤, 꺼벙이한테 쏠린 무게는 차츰 꺼실이한테 옮겨 간다
→ 외가가 있는 멧골에서 살던 꺼실이가 멋지게 첫선을 보인 뒤, 꺼벙이 자리는 조금씩 꺼실이한테 옮겨 간다

《꺼벙이로 웃다, 순악질 여사로 살다》 (박인하, 하늘아래, 2002) 114쪽

무게 중량

:　**무게를 재서 중량의 60%로 설탕을**
→　무게를 재서 이 무게 60%만큼 설탕을
→　무게를 재서 설탕을 60%만큼

> ◦ **중량(重量)** : = 무게
> ◦ **무게** : 1. 물건의 무거운 정도

얼마나 무거운가를 헤아리며 '무게'라는 낱말을 써요. 한자말 '중량'은 '무게'를 가리켜요. "무게를 재서 중량의 60%" 꼴로 쓰면 겹말이에요. 무게를 쟀으니 '무게'가 얼마쯤인가를 알 테고, 무게를 잰 뒤에는 '무게'를 말하면 되어요. 무게를 재는데 '중량'이 갑자기 튀어나오니 얄궂어요.

- **짜낸 과즙의 무게를 재서 우선 중량의 60%로 설탕을 넣어 본다**
→　짜낸 과즙 무게를 재서 먼저 이 무게 60%만큼 설탕을 넣어 본다
→　과즙 무게를 재고, 먼저 60%만큼 설탕을 넣어 본다
→　열매물 무게를 재서 먼저 이 무게에 60%가 될 만큼 설탕을 넣어 본다
→　열매에서 짜낸 물 무게와 견줘 먼저 60%만큼 설탕을 넣어 본다
→　열매물 무게를 재서 먼저 이에 60%만큼 설탕을 넣어 본다
→　먼저 열매물 무게에 60%만큼 설탕을 넣어 본다

《리틀 포레스트 1》 (이가라시 다이스케/김희정 옮김, 세미콜론, 2008) 10쪽

무너지고 붕괴

:　**어이없이 무너졌다 … 만주국의 붕괴는**

→　어이없이 무너졌다 … 만주국이 무너지니

→　어이없이 무너졌다 … 만주국이 사라지니

→　어이없이 무너졌다 … 만주국이 끝나니

> ◦ **붕괴(崩壞)** : 무너지고 깨어짐

'무너지다'를 한자말로 적으면 '붕괴하다'입니다. 보기글은 "만주국도 무너졌다"라 하다가 "만주국의 붕괴는" 하고 잇달아 적어서 겹말 얼거리입니다. 앞뒤 모두 '무너지다'로 적으면 돼요. 앞뒤를 다르게 적고 싶다면 뒤쪽은 "만주국이 사라지니"나 "만주국이 없어지니"나 "만주국이 끝나니"나 "만주국이 끝장나니"처럼 적어 볼 만 합니다.

•　**패전과 함께 만주국도 어이없이 무너졌다. 일본의 꿈과 야망의 실험장이었던 만주국의 붕괴는**

→　전쟁에 지며 만주국도 어이없이 무너졌다. 일본한테는 꿈 실험장이던 만주국이 무너지니

→　전쟁에 지며 만주국도 어이없이 무너졌다. 일본한테는 꿈 실험장이던 만주국이 사라지니

《기시 노부스케와 박정희》 (강상중·현무암/이목 옮김, 책과함께, 2012) 185쪽

무성하게 우거진

:　**무성하게 우거진**

→　우거진

→　빽빽이 있는

> ◦ **무성(茂盛)하다** : 풀이나 나무 따위가 자라서 우거져 있다
> ◦ **우거지다** : 풀, 나무 따위가 자라서 무성해지다

한자말 '무성하다'를 한국말사전에서 찾으면 '우거지다'로 풀이합니다. 한국말 '우거지다'를 한국말사전에서 찾으면 '무성하다'로 풀이해요. 두 낱말이 무엇을 가리

키는지 한국말사전으로는 알 길이 없습니다. 다만 풀이나 나무가 '빽빽하게' 있을 적에 이러한 말을 써요.

- **계곡에 무성하게 우거진 소나무숲으로**
→ 골짜기에 우거진 소나무숲으로
→ 골짜기에 빽빽하게 있는 소나무숲으로
→ 골짜기를 빽빽이 채운 소나무숲으로

《호비트의 모험 1》 (J.R.R.톨킨/최윤정 옮김, 창작과비평사, 1988) 158쪽

- **무성하게 우거진 숲속에서 죽으니**
→ 푸르게 우거진 숲에서 죽으니
→ 풀과 나무가 우거진 숲에서 죽으니

《우리는 60년을 연애했습니다》 (라오 핑루/남혜선 옮김, 월북, 2016) 93쪽

무성하고 빽빽한

: **무성하고 빽빽하게**
→ 우거지게
→ 빽빽하게

> - **무성하다(茂盛-)** : 풀이나 나무 따위가 자라서 우거져 있다
> - **우거지다** : 풀, 나무 따위가 자라서 무성해지다
> - **빽빽하다** : 1. 사이가 촘촘하다 2. 담뱃대나 담배물부리 따위의 구멍이 거의 막혀서 빨기가 답답하다 3. 속이 좁다
> - **촘촘하다** : 틈이나 간격이 매우 좁거나 작다

한자말 '무성하다'는 '우거지다'로 풀이하고, '우거지다'는 '무성하다'로 풀이하는 한국말사전이기 때문에 두 낱말이 정작 어떤 뜻인지 도무지 알 길이 없습니다만, 풀이나 나무가 참으로 많이 자란 모습을 가리키지 싶어요. 풀이나 나무가 참으로 많이 자랐다면, 이는 '빽빽하게' 들어선 모습이에요. '촘촘하게' 있다고도 할 만하지요. 틈이 거의 없다시피 있는 모습이니까요. 보기글에서는 '무성하다'라는 한자말은 쓸 까닭이 없이 '우거지다'나 '빽빽하다' 같은 한국말을 쓰면 됩니다. '촘촘하다'라는 낱말을 써도 돼요.

- **철학 만화책이 더 무성하고 빽빽하게 서 있는 책꽂이 숲을 가진 아이**
→ 철학 만화책이 더 빽빽하게 있는 책꽂이 숲이 있는 아이

→   철학 만화책이 더 **빽빽**하게 꽂힌 책꽂이 숲이 있는 아이

→   철학 만화책이 더 촘촘한 책꽂이 숲이 있는 아이

《국수는 내가 살게》(김정원, 삶창, 2016) 50쪽

무승부로 비기다

:   **무승부에 이른다 … 비길 수밖에 없는 것이다**

→   비긴다 … 비길 수밖에 없다

→   비금비금하다 … 비길 수밖에 없다

> ○ **무승부(無勝負)** : 내기나 경기
>   따위에서 이기고 짐이 없이 비김
> ○ **비기다** : 서로 비금비금하여 승부를
>   가리지 못하다

'비기다'를 한자말로 '무승부'로 적곤 합니다. 보기글은 두 낱말을 섞어 쓰면서 겹말 얼거리입니다. 앞뒤 모두 '비기다'를 쓰면 됩니다. 한쪽을 '비금비금하다'나 '비슷비슷하다'나 '어슷비슷하다'로 적어 볼 만합니다. 또는 "이기지도 지지도 않는다"나 "지지도 이기지도 않는다"처럼 써 볼 만해요.

•   **양쪽이 실수하지 않고 이론대로 장기를 두면 안정적으로 수가 유지되면서 무승부에 이른다. 두 사람 모두 실수를 하지 않으니 당연히 비길 수밖에 없는 것이다**

→   두 쪽이 잘못하지 않고 이론대로 장기를 두면 차분한 수가 이어지면서 비긴다. 두 사람 모두 잘못을 하지 않으니 마땅히 비길 수밖에 없다

→   둘 다 잘못 두지 않고 이론대로 장기를 두면 차분한 수가 이어지면서 비금비금하다. 두 사람 모두 잘못을 하지 않으니 마땅히 비길 수밖에 없다

《고양이의 서재》(장샤오위안/이정민 옮김, 유유, 2015) 40쪽

무언가가

:   **무언가가**

→   무언가

→ 무어가

→ 무엇이

> - **무어** : = 무엇
> - **무엇** : 1. 모르는 사실이나 사물을 가리키는 지시 대명사 2. 정하지 않은
>   대상이나 이름을 밝힐 필요가 없는 대상을 가리키는 지시 대명사
> - **-ㄴ가** : 1. 하게할 자리에 쓰여, 현재의 사실에 대한 물음을 나타내는 종결 어미
>   2. 자기 스스로에게 묻는 물음이나 추측을 나타내는 종결 어미

'무어'에 '-ㄴ가'라는 씨끝을 붙여서 '무언가' 꼴로 씁니다. 잘 모르는 어떤 것을 가리키려고 '무언가'를 쓰는데, 이는 '무엇인가(무엇 + 이 + ㄴ가)'를 줄인 말씨입니다. '무언가·무엇인가'는 이대로 쓰는 말씨입니다. 이 말씨에 '-가'를 덧달지 않아요. 그러나 이를 찬찬히 살피지 않고 '무언가가'라는 겹말을 쓰는 분이 제법 많습니다. '무엇인가가'처럼 써도 겹말이에요. '누군가가'처럼 잘못 쓰는 말씨하고 닮은 꼴인 겹말입니다.

- **소중한 무언가가 하나씩은 있다**

→ 소중한 무언가 하나씩은 있다

→ 소중한 무엇이 하나씩은 있다

《불을 지펴야겠다》 (박철, 문학동네, 2009) 88쪽

- **그런 화포에 상응하는 무언가가 서유럽에서 불쑥 나타날 징후는**

→ 그런 화포에 맞먹는 무언가 서유럽에서 불쑥 나타날 낌새는

→ 그런 화포에 버금가는 무엇이 서유럽에서 불쑥 나타날 낌새는

→ 그런 화포에 맞댈 만한 것이 서유럽에서 불쑥 나타날 낌새는

《정복의 조건》 (필립 T.호프먼/이재만 옮김, 책과함께, 2016) 96쪽

무자비하게 학살

: **무자비하게 학살하면서**

→ 마구 죽이면서

→ 모질게 죽이면서

→ 끔찍하게 죽이면서

> - **무자비하다(無慈悲−)** : 인정이 없이 냉혹하고 모질다
> - **학살하다(虐殺−)** : 가혹하게 마구 죽이다
> - **가혹하다(苛酷−)** : 몹시 모질고 혹독하다
> - **혹독하다(酷毒−)** : 1. 몹시 심하다 2.성질이나 하는 짓이 몹시 모질고 악하다
> - **냉혹하다(冷酷−)** : 차갑고 혹독하다
> - **마구** : 1. 몹시 세차게. 또는 아주 심하게 2. 아무렇게나 함부로
> - **모질다** : 1. 마음씨가 몹시 매섭고 독하다 2. 기세가 몹시 매섭고 사납다

'학살'은 "가혹하게 마구 죽이다"를 뜻한다는데, '가혹하다'는 "몹시 모질고 혹독하다"를 뜻하고, '혹독하다'는 "몹시 모질고 악하다"를 뜻한다고 하며, '무자비하다'는 "냉혹하고 모질다"를 뜻한다고 합니다. 이러한 뜻을 헤아린다면 "무자비하게 학살하면서"는 겹말입니다. "무자비하게 죽이면서"나 '학살하면서'로 손질해야 알맞습니다. 또는 "끔찍하게 죽이면서"나 "모질게 죽이면서"나 "마구 죽이면서"로 손볼 만해요. 가만히 살피면 '무자비·가혹·혹독·냉혹'에다가 '학살'은 모두 '모질다'고 할 몸짓입니다.

- 야생동물을 무자비하게 학살하면서 자신들의 위상을 과시하려 한 이들이 없었다면
→ 들짐승을 끔찍하게 죽이면서 저희를 높이거나 자랑하려 한 이들이 없었다면
→ 들짐승을 모질게 죽이면서 저희를 높이거나 뽐내려 한 이들이 없었다면

《사향고양이의 눈물을 마시다》 (이형주, 책공장더불어, 2016) 25쪽

ㅁ

묵묵히 침묵하다

: **묵묵히 권력의 요구에 침묵하고**
→ 권력이 바라는 대로 말없이 있고
→ 권력이 시키는 대로 입을 다물고
→ 권력이 하라는 대로 조용히 있고

- **묵묵하다(默默-)** : 말없이 잠잠하다
- **침묵(沈默)** : 1. 아무 말도 없이 잠잠히 있음
- **잠잠하다(潛潛-)** : 1. 분위기나 활동 따위가 소란하지 않고 조용하다 2. 말 없이 가만히 있다
- **말없이** : 1. 아무런 말도 아니 하고

'묵묵하다'는 "말없이 잠잠하다"를 뜻한다는데, '잠잠하다'는 "말 없이 가만히 있다"를 뜻한다고 하니, '묵묵하다 = 말없이 말없이 가만히 있다'인 꼴입니다. 겹말풀이예요. 더군다나 한국말사전은 '묵묵하다'에서는 '말없이'로 적으나, '잠잠하다'에서는 '말 없이'로 적으면서 띄어쓰기도 오락가락이에요. '침묵'은 '잠잠히' 있는 모습이라는데, '잠잠히 = 말없이'이니 "묵묵히 침묵하고"처럼 쓴 보기글은 겹말이에요. 쉽고 단출하게 '말없이' 한 마디로 손보면 될 테고, '조용히'나 "입을 다물고"나 "입을 닫고"로 손볼 수 있어요.

- 정의롭지 못한 정부에 저항하는 시민이 아닌, 묵묵히 권력의 요구에 침묵하고 복종하는 국민이 되기를 바랐다

→ 옳지 못한 정부에 저항하는 시민이 아닌, 권력이 시키는 대로 말없이 고분고분하는
  사람들이 되기를 바랐다
→ 올바르지 않은 정부에 맞서는 시민이 아닌, 권력이 하라는 대로 입 다물고 따르는
  사람들이 되기를 바랐다

《우리는 현재다》 (공현·전누리, 빨간소금, 2016) 108쪽

문을 열고 개소하고

: **거래소가 문을 열었지만 … 개소한 거래소**
→ 거래소가 문을 열었지만 … 문을 연 거래소
→ 거래소가 문을 열었지만 … 열린 거래소
→ 거래소가 문을 열었지만 … 첫들이를 한 거래소

> ◦ **개소하다(開所-)** : 사무소나 연구소 따위와 같이 이름이 '소(所)' 자로 끝나는 기관이
>   세워져 처음으로 일이 시작되거나 그 기관의 하루 업무가 시작되다
> ◦ **열다** : 4. 사업이나 경영 따위의 운영을 시작하다

사무소든 사무실이든 "문을 열다"라는 말로 가리킵니다. "문을 열다"라 하다가 '개
소하다'라는 한자말을 섞으니 겹말이 됩니다. '개소'를 넣는 '개소식'이라는 한자말
을 쓰기도 하는데, 이때에는 '집들이'라든지 '첫들이'로 손질해 볼 만합니다.

• **다시 상품 선물거래소가 문을 열었지만 크게 성공을 거두지는 못했다. 1971년에는
  개소한 거래소 중 마지막으로 남았던 거래소마저 문을 닫았다**
→ 다시 상품 선물거래소가 문을 열었지만 크게 성공을 거두지는 못했다. 1971년에는
  문을 연 거래소 가운데 마지막으로 남았던 거래소마저 문을 닫았다
→ 다시 상품 선물거래소가 문을 열었지만 크게 잘되지는 못했다. 1971년에는 첫들이를
  한 거래소 가운데 마지막으로 남았던 거래소마저 문을 닫았다

《카카오》 (안드레아 더리·토마스 쉬퍼/조규희 옮김, 자연과생태, 2014) 129쪽

묻는 질문

: **직업을 묻는 질문을 받으면**

┌───┐
│ ◦ **질문(質問)** : 모르거나 의심나는 점을 물음 │
└───┘

→ 직업을 묻는 말에는

→ 하는 일이 무엇이냐고 물으면

→ 무슨 일을 하느냐고 물으면

→ 내가 하는 일을 물으면

"묻는 말"을 한자말로 옮기니 '질문'입니다. "묻는 질문"처럼 쓰면 겹말이에요. 모르니 묻고 궁금해서 물어요. '묻다·물어보다'를 알맞게 쓰고, 높임말로 '여쭈다·여쭙다'를 찬찬히 쓰면 돼요.

• **직업을 묻는 질문을 받으면 늘 가정주부라고 적는다**

→ 직업이 뭐냐고 물으면 늘 가정주부라고 적는다

→ 어떤 일을 하느냐고 물으면 늘 살림을 한다고 적는다

《행복한 사람, 타샤 튜더》 (타샤 튜더/공경희 옮김, 윌북, 2006) 142쪽

• **응답자들에게 묻는 일련의 질문이 담겨 있었다**

→ 응답자들한테 묻는 여러 얘기가 담겼다

→ 응답자들한테 묻는 여러 가지가 담겼다

→ 응답자들한테 여러모로 묻는 말이 담겼다

《C. 라이트 밀스》 (대니얼 기어리/정연복 옮김, 삼천리, 2016) 218쪽

• **여자들 전체에 대한 증오로 바뀌었는지를 묻는 내 질문에 대해서만큼은**

→ 여자들 모두를 미워하는 마음으로 바뀌었는지를 묻는 내 말만큼은

《나는 당당한 페미니스트로 살기로 했다》 (린디 웨스트/정혜윤 옮김, 세종서적, 2017) 356쪽

물결 파도

: **물결이 파도 치는**

→ 물결이 치는

→ 물결이 가볍게 치는	• **파도(波濤)** : 1. 바다에 이는 물결 2. 맹렬한 기세로 일어나는 어떤
→ 물결이 크게 치는	사회적 운동이나 현상을 비유적으로 이르는 말
→ 물결이 넘실거리는	• **물결** : 1. 물이 움직여 그 표면이 올라갔다 내려왔다 하는 운동
	2. 파도처럼 움직이는 어떤 모양이나 현상을 비유적으로 이르는 말

한자말 '파도(波濤)'는 "바다에 이는 물결"을 뜻합니다. "물결이 파도 치는"이라는 보기글은 말이 안 되어요. 한국말사전을 살피면 '물결 2'를 풀이하면서 "파도처럼 움직이는 일을 빗대는 말"이라고도 풀이합니다. '파도 = 물결'로 풀이하면서, '물결 = 파도'처럼 다루는 한국말사전은 몹시 얄궂습니다.

- **물결이 파도 치는 바닷속에도**
→ 물결이 치는 바닷속에도
→ 물결이 넘실거리는 바닷속에도

《개구쟁이 산복이》 (이문구, 창작과비평사, 1988) 126쪽

- **파도처럼 밀려오는 소음의 물결에서 벗어나**
→ 물결처럼 밀려오는 소음에서 벗어나
→ 물결처럼 밀려오는 시끄러운 소리에서 벗어나
→ 밀려오는 시끄러운 소리물결에서 벗어나

《사월 바다》 (도종환, 창비, 2016) 12쪽

물결 파문

: **물결 파문을 일으켜**	• **파문(波紋)** : 1. 수면에 이는 물결 2. 물결 모양의 무늬
→ 물결을 일으켜	3. 어떤 일이 다른 데에 미치는 영향

한국말 '물결'을 한자말로 '파도(波濤)'로 나타내기도 하고, '파문(波紋)'으로 나타내기도 합니다. 한국말로는 파도도 파문도 모두 '물결'입니다. '파도(波濤)'에서 '파(波)'나 '도(濤)' 모두 '물결 파'이고 '물결 도'이거든요. 물결이 이리저리 갈라질 적에는 '물이랑'이라고 하고, 크게 치는 물결은 따로 '너울'이라고 합니다. "물결 무늬"는 따로 '물무늬'라고 해요. 이 보기글 "물결 파문을 일으켜"에서는 '파문'이라는 한

자말만 덜면 됩니다.

- **물자라 수컷과 암컷은 물결 파문을 일으켜 구애를 합니다**
→ 물자라 수컷과 암컷은 물결을 일으켜 사랑을 나누자고 합니다

《곤충들의 수다》(정부희, 상상의숲, 2015) 112쪽

물기 있는 습한 곳

: **물기 있는 습한 곳**
→ 물기 있는 곳
→ 물기 많은 곳
→ 축축한 곳

> ◦ **습하다(濕-)** : 메마르지 않고 물기가 많아 축축하다

외마디 한자말 '습하다'는 "물기가 많아 축축하다"를 뜻한다고 하는데, 한국말 '축축하다'는 "물기가 있어 젖은 듯하다"를 뜻합니다. 한국말사전에 실린 뜻풀이는 겹말입니다. "물기가 많다"라고만 적든지 "물기가 많거나 축축하다"로 적어야 합니다. 물기가 있으면 "물기가 있다"나 '축축하다'라 하면 되고, 물기가 많으면 "물기가 많다"라 하면 됩니다.

- **물기 있는 습한 곳에서 산다**
→ 물기 있는 곳에서 산다
→ 축축한 곳에서 산다

《자연생태 개념수첩》(노인향, 자연과생태, 2015) 63쪽

물 흐름이 있는 유수 지역

: **물 흐름이 있는 유수 지역**
→ 물이 흐르는 내나 골짜기

> ◦ **유수(流水)** : 흐르는 물

한자말 '유수'는 "흐르는 물"을 가리킨다고 해요. "유수 지역"은 물이 흐르는 곳을 나타낼 테고, 물이 흐르는 곳이라면 내나 시내나 가람(강)이나 골짜기가 될 테지요. 보기글처럼 "물 흐름이 있는 유수 지역"이라 하면 "물 흐름이 있는 물이 흐르는 곳" 꼴이 되기에 겹말이에요. 물이 흐르는 곳인 '내, 가람, 골짜기' 같은 이름을 들어서 손질해 줍니다.

- 잠자리의 서식처는 물 흐름이 있는 유수 지역부터 정체되어 있는 논, 습지, 저수지까지
→ 잠자리가 사는 곳은 물이 흐르는 내나 골짜기부터, 물이 고인 논, 늪, 못까지

《잠자리 표본 도감》 (정상우·배연재·안승락·백운기 엮음, 자연과생태, 2016) 19쪽

뭍 육지

: 뭍의 삶은, 고단했다 … 육지사람처럼
→ 뭍삶은, 고단했다 … 뭍사람처럼
→ 뭍살림은, 고단했다 … 뭍사람처럼
→ 뭍에서는, 고단했다 … 뭍사람처럼

> ◦ 육지(陸地) : 1. = 땅 2. 섬에 상대하여, 대륙과 연결되어 있는 땅을 이르는 말
> ◦ 뭍 : 1. 지구의 표면에서 바다를 뺀 나머지 부분 2. 섬이 아닌 본토

섬에서는 '섬이 아닌 땅'을 '뭍'이라고 일컫습니다. 보기글 첫머리는 "뭍의 삶"으로 나오지요. 그런데 곧바로 '육지사람'이라 적으면서 '뭍·육지' 두 낱말이 겹칩니다. 뒤쪽에서도 '뭍사람'으로 적으면 돼요. 뭍에서 사는 일은 '뭍삶·뭍살이·뭍살림'처럼 적을 수 있습니다.

- 뭍의 삶은, 고단했다. 옛날 사람치고는 신세대 육지사람처럼 아들 하나 딸 하나 단출히 자식농사를 지었지만
→ 뭍에서는, 고단했다. 옛날 사람치고는 요즈음 뭍사람처럼 아들 하나 딸 하나 단출히 낳았지만
→ 뭍살림은, 고단했다. 옛날 사람치고는 요사이 뭍사람처럼 아들 하나 딸 하나 단출히 낳았지만

《섬》 (박미경, 봄날의책, 2016) 82쪽

미남은 잘생겼지

: **잘생겼죠. 혹돔은 아빠처럼 혹이 커야 미남이에요**

→ 잘생겼죠. 혹돔은 아빠처럼 혹이 커야 멋져요

→ 잘생겼죠. 혹돔은 아빠처럼 혹이 커야 훌륭해요

→ 잘생겼죠. 혹돔은 아빠처럼 혹이 커야 보기 좋아요

> • **미남(美男)** : 얼굴이 잘생긴 남자
> • **잘생기다** : 1. 사람의 얼굴이나 풍채가 훤하여 훌륭하다 2. 물건의 모양이 미끈하여 보기에 좋다

'잘생긴' 사내를 한자말로 '미남'이라고 하니, "잘생겼다 … 미남이에요"처럼 쓰면 겹말 얼거리입니다. 앞뒤 모두 '잘생기다'라는 낱말을 쓰면 됩니다. 또는 뒤쪽을 '멋져요'나 '훌륭해요'나 "보기 좋아요"나 '훤해요'나 '으뜸이에요'로 써 볼 만합니다.

• **우리 아빠는 힘이 아주 세요. 또 잘생겼죠. 혹돔은 아빠처럼 혹이 커야 미남이에요. 나도 크면 아빠처럼 멋진 혹돔이 될 거예요**

→ 우리 아빠는 힘이 아주 세요. 또 잘생겼죠. 혹돔은 아빠처럼 혹이 커야 보기 좋아요. 나도 크면 아빠처럼 멋진 혹돔이 될래요

→ 우리 아빠는 힘이 아주 세요. 또 잘생겼죠. 혹돔은 아빠처럼 혹이 커야 멋져요. 나도 크면 아빠처럼 멋진 혹돔이 되려 해요

《물고기 씨, 안녕하세요?》 (강하연, 봄봄, 2016) 18쪽

미리 귀띔

: **미리 귀띔해 준 것은**

→ 귀띔해 주어

→ 미리 일깨워 주어

> • **귀띔** : 상대편이 눈치로 알아차릴 수 있도록 미리 슬그머니 일깨워 줌

미리 일깨워 준대서 '귀띔'을 한다고 해요. "미리 귀띔해"는 겹말입니다. '귀띔해'라고만 쓰거나, '귀띔' 뜻을 헤아리며 "미리 일깨워"로 손질하면 됩니다. 또는 "미리 알려"나 "미리 속삭여"나 "미리 애기해"로 손질할 수 있어요.

- **안톤이 친절하게 미리 귀띔해 준 것은 천만 다행한 일이었다**
→ 안톤이 친절하게 귀띔해 주어 아주 고마운 일이었다
→ 안톤이 살뜰하게 미리 일깨워서 매우 잘된 일이었다

《핑크트헨과 안톤》 (에리히 캐스트너/이희재 옮김, 시공주니어, 1995) 39쪽

미리 먼저 선행

: **미리 공부해요. 먼저 배운다고 공부가 느나요 … 선행 학습이라는 거죠**
→ 미리 배워요. 먼저 배운다고 느나요 … '미리 배움'이라는 거죠
→ 미리 배워요. 먼저 배운다고 느나요 … '먼저 배움'이라는 셈이죠

> - **미리** : 어떤 일이 생기기 전에
> - **먼저** : 시간적으로나 순서상으로 앞서서
> - **선행(先行)** : 1. 어떠한 것보다 앞서가거나 앞에 있음 2. 딴 일에 앞서 행함

학교나 사회에서는 "선행 학습"을 말합니다. 한때는 '예습'이라는 한자말을 썼는데, 이제는 예습보다 '선행'이라는 한자말을 즐겨쓰는구나 싶어요. '선행'은 '미리'나 '먼저'를 가리켜요. "미리 배움"이나 "먼저 배움"이나 "미리 익힘"을 한자말 얼거리로 "선행 학습"이라 일컫는 셈입니다. 보기글을 살피면 '미리·먼저'하고 '선행'이 잇달아 나오기도 하고, '공부(工夫)'랑 '배우다'라는 낱말이 겹치기도 합니다. 한자말 '공부하다 = 배우다·익히다'예요. "미리 공부해요"하고 "먼저 배운다"라는 말마디를 눈여겨볼 수 있으면 좋겠어요. 이 말마디를 눈여겨본다면 "먼저 배운다고 공부가 느나요"는 "먼저 배운다고 배움이 느나요" 꼴이라서 얄궂은 줄 알아챌 수 있어요.

- **중학교 때 배울 걸 미리 공부해요. 먼저 배운다고 공부가 느나요? 전혀 그렇지 않습니다. 교육 과정이라는 게 있잖아요. 학습이라는 게 아이들 발달 과정에 맞춰서 진행되어야 함에도 그런 건 깡그리 무시됩니다. 이른바 선행 학습이라는 거죠**
→ 중학교 때 배울 걸 미리 배워요. 먼저 배운다고 느나요? 조금도 그렇지 않습니다. 교육 흐름이 있잖아요. 아이들이 자라는 흐름에 맞춰서 가르쳐야 하는데 이를

깡그리 업신여깁니다. 이른바 '미리 배움'이라는 거죠

《한홍구의 청소년 역사 특강》(한홍구, 철수와영희, 2016) 105쪽

미리 사전

: **미리 사전 정리 해 버릴까**

→ 미리 정리해 버릴까

→ 미리 치워 버릴까

> ○ **사전(事前)** : 일이 일어나기 전. 또는 일을 시작하기 전
> ○ **미리** : 어떤 일이 생기기 전에. 또는 어떤 일을 하기에 앞서

한자말 '사전'은 한국말 '미리'하고 뜻이 같습니다. 한국말 '미리'하고 비슷한 낱말로 '먼저'가 있습니다. "미리 사전에 한다"고 말하는 일은 겹말입니다. 한자말을 쓰고 싶다면 '사전'만 쓸 노릇이지만, 쉽게 '미리'라고만 쓸 때에 훨씬 낫다고 느껴요. 때로는 '먼저'를 쓸 수 있고, '일찌감치'를 넣어 볼 수 있습니다.

• **그래서 미리 '사전 정리' 해 버릴까 하고**

→ 그래서 '미리 정리'해 버릴까 하고

→ 그래서 '미리 치워' 버릴까 하고

→ 그래서 '미리 없애' 버릴까 하고

《전당포 시노부의 보석상자 2》(니노미야 토모코/이지혜 옮김, 대원씨아이, 2016) 123쪽

미리 언질

: **미리 언질이나**

→ 미리 말이나

→ 귀띔이나

> ○ **언질(言質)** : 나중에 꼬투리나 증거가 될 말. 또는 앞으로 어찌할 것이라는 말
> ○ **귀띔** : 상대편이 눈치로 알아차릴 수 있도록 미리 슬그머니 일깨워 줌

한자말 '언질'도 '말'을 가리키지만, 나중에 쓰는 말을 가리켜요. 나중에 쓰는 말을 이 자리에서 하기에 '언질'은 "미리 하는 말"이에요. "미리 언질"처럼 쓸 적에는 겹

말입니다. "미리 말이나"로 손봅니다. 또는 '귀띔'이라는 낱말을 써 볼 수 있어요. '귀띔말' 같은 낱말을 새로 지어서 쓸 수도 있습니다.

- **미리 언질이나 던져야겠다**
→ 미리 말이나 해야겠다
→ 귀띔이나 해야겠다

《부르면 제일 먼저 돌아보는》 (전영관, 실천문학사, 2016) 19쪽

미리 예상

:   **이걸 미리 예상하면**
→ 이를 미리 생각하면
→ 이를 미리 헤아리면
→ 이를 미리 살피면
→ 이를 미리 가늠하면

> ○ **예상(豫想)** : 1. 어떤 일을 직접 당하기 전에 미리 생각하여 둠

"미리 생각하다"를 한자말로 '예상하다'로 적으니, "미리 예상하면"이라 하면 겹말이에요. 말뜻처럼 쉽게 "미리 생각하면"이라 하면 되어요. '헤아리다 · 살피다 · 가늠하다 · 어림하다'를 넣어도 되고요. 쉽고 또렷하게 쓰려는 마음이 되면 좋겠습니다.

- **이걸 미리 예상해서 계획하면 농사를 더 잘 지을 수 있어요**
→ 이를 미리 헤아려서 틀을 짜면 농사를 더 잘 지을 수 있어요
→ 이를 미리 살피면 농사를 더 잘 지을 수 있어요
→ 이를 미리 생각하면 농사를 더 잘 지을 수 있어요

《10대와 통하는 농사 이야기》 (곽선미와 다섯 사람, 철수와영희, 2017) 148쪽

미리 예측

: 미리 예측할 수

→ 미리 알 수

→ 미리 헤아릴 수

→ 미리 어림할 수

- **미리 :** 어떤 일이 생기기 전에
- **예측(豫測) :** 미리 헤아려 짐작함
- **짐작(斟酌) :** 사정이나 형편 따위를 어림잡아 헤아림
- **어림잡다 :** 대강 짐작으로 헤아려 보다

'예측'이라는 한자말은 "미리 헤아려 짐작함"을 뜻한다고 하니, "미리 예측할"처럼 쓰면 겹말입니다. 그렇지만 꽤 많은 분들이 이를 잘 헤아리지 않고 잘못 씁니다. "미리 살핀다"나 "미리 헤아린다"나 "미리 어림한다"처럼 쓰거나, 한자말로 "예측한다"라고만 써야 올바릅니다. 한국말사전을 더 살펴보면, '짐작 = 어림잡아 헤아림'을 뜻한다고 풀이하는데, '어림잡다 = 짐작으로 헤아리다'로 풀이해요. '짐작 = 어림잡기/어림하기'인 꼴이고, '어림잡기/어림하기 = 짐작'인 꼴입니다.

- **어떤 부작용이 있을지 미리 예측할 수 없어요**

→ 어떤 부작용이 있을지 미리 알 수 없어요

→ 어떤 부작용이 있을지 미리 헤아릴 수 없어요

→ 어떤 부작용이 있을지 미리 어림할 수 없어요

《사회가치 사전》 (구민정과 네 사람, 고래이야기, 2016) 219쪽

미소 웃음

: 미소는 웃음으로 바뀌었다

→ 가볍던 웃음이 커졌다

→ 작은 웃음이 커졌다

→ 빙그레 웃다가 하하 웃는다

→ 살며시 웃다가 껄껄 하고 웃음이 터진다

- **미소(微笑) :** 소리 없이 빙긋이 웃음
- **웃다 :** 얼굴에 환한 표정을 짓거나 소리를 내어 어떤 종류의 웃음을 나타내다

일본사람은 '웃음'을 한자말 '미소(微笑)'로 자주 나타냅니다. 한국사람은 웃을 적에

언제나 '웃다'라는 낱말을 썼는데, 일제강점기를 지나고부터 갑작스레 한자말 '미소'가 퍼졌습니다. 한자말 '미소'는 소리를 내지 않고 웃는 모습을 가리킨다는데, 한국말 '웃음'은 소리를 내지 않는 얼굴짓이나 소리를 내는 얼굴짓까지 모두 가리켜요. "미소는 웃음으로 바뀌었다" 같은 보기글은 영 어설프고 얄궂은 말씨이자 겹말입니다. "빙그레 웃다가 하하 웃는다"로 손질하든지 "가볍던 웃음이 커졌다"로 손질해 봅니다.

- **미소는 웃음으로 바뀌었다**
→ 가볍던 웃음이 커졌다
→ 작은 웃음이 커졌다

《집으로 가는 길》 (리 캐롤/오진영 옮김, 샨티, 2014) 45쪽

미친 듯 폭주하여 달려가는

: **미친 듯 폭주하여 달려가는**
→ 미친 듯 달려가는
→ 미친 듯 마구 달려가는

> ∘ **폭주(暴走)** : 매우 빠른 속도로 난폭하게 달림
> ∘ **난폭(亂暴)** : 행동이 몹시 거칠고 사나움

"미친 듯 달려가는"이라고 할 적에는 너무 지나치도록 빠르게 달리거나 거칠게 달린다는 뜻입니다. 그렇기에 "미친 듯 폭주하여"는 겹말이 됩니다. 한자말 '폭주'는 거칠게 달린다거나 미친 듯이 달린다는 뜻입니다. "폭주하여 달려가는"은 겹말이 돼요. 이 보기글은 앞뒤로 겹말이 겹으로 쓰였습니다. 사이에 들어간 '폭주하여'를 덜고 "미친 듯 달려가는"이라고만 하면 됩니다.

- **미친 듯 폭주하여 달려가는 우리의 삶을 멈추게 하기를 기대하면서**
→ 미친 듯 달려가는 우리 삶을 멈추게 하기를 바라면서

《마음을 멈추고 부탄을 걷다》 (김경희, 공명, 2015) 9쪽

믿고 신뢰

: **신을 신뢰하고 미래를 믿고**

→ 신을 믿고 앞날을 믿고

→ 신과 먼 앞날을 믿고

> ∘ **신뢰(信賴)** : 굳게 믿고 의지함

'신뢰하다'라는 한자말은 '믿다'를 가리켜요. "신뢰하고 믿는다"처럼 쓰면 겹말이에요. 이 글월처럼 '신뢰하다'와 '믿다'를 나란히 쓰기보다는 두 자리 모두 '믿다'를 쓰거나 "신과 앞날을 믿고"처럼 둘을 하나로 아우르면 됩니다.

• **그는 신을 신뢰하고 미래를 믿고 있었다**

→ 그는 신을 믿고 앞날도 믿었다

→ 그는 하느님과 앞날을 믿었다

《톨스토이》 (로맹 롤랑/장만영 옮김, 신구문화사, 1974) 152쪽

• **이웃 간의 정이 남아 있고, 사람에 대한 신뢰와 믿음이 있으며**

→ 이웃 사이에 따스함이 있고, 사람을 믿으며

→ 이웃 사이가 따스하고, 사람을 믿으며

《통일교육 어떻게 할까?》 (김현희와 다섯 사람, 철수와영희, 2016) 45쪽

믿는 신념

: **그 사회가 믿는 신념들에도**

→ 그 사회가 무엇을 믿는가에도

→ 그 사회 믿음에도

> ∘ **신념(信念)** : 굳게 믿는 마음

굳게 믿는 마음을 '신념'이라 하니, "믿는 신념"처럼 쓰면 겹말이에요. "굳은 믿음"으로 손보든지 '믿음'이나 '신념'이라고만 해야 올바릅니다.

• **어느 집단 사회의 힘은 그 구성원들과 경제적인 자원과 기술적인 능력뿐 아니라, 그**

사회가 믿는 신념들에도 의존한다

→ 어느 집단 사회가 내는 힘은 그곳을 이룬 사람들과 돈과 온갖 재주뿐 아니라, 그 사회가 무엇을 믿는가에도 달린다

《권력》 (버트란드 러셀/안정효 옮김, 열린책들, 1988) 132쪽

밀림 우림

: **열대우림의 밀림지대**

→ 열대 숲

> ◦ **우림(雨林) :** = 적도 다우림
> ◦ **적도 다우림(赤道多雨林) :** 적도 상우대 안에 드는 무성한 열대 식물의 숲
> ◦ **밀림(密林) :** 큰 나무들이 빽빽하게 들어선 깊은 숲
> ◦ **숲 :** = 수풀
> ◦ **수풀 :** 1. 나무들이 무성하게 우거지거나 꽉 들어찬 것

"열대우림(雨林)의 밀림(密林)지대"는 어떤 곳일까요? '우림'은 '적도 다우림'을 가리킨다는데, '적도 다우림'은 열대에 있는 숲이라 합니다. '밀림'은 나무가 빽빽한 '숲'을 가리킨다지요. 그러니 '우림'도 '밀림'도 모두 '숲'을 가리킵니다. 보기글은 "열대 숲"이라고만 적어 주면 됩니다.

• **대륙 대부분은 열대우림의 밀림지대였고 과일과 열매가 지천에 널려 있었다**

→ 대륙은 거의 열대 숲이었고, 온갖 열매가 어디에나 있었다

→ 대륙은 거의 열대 숲이었고, 갖은 열매가 곳곳에 널렸다

《과학을 읽다》 (정인경, 여문책, 2016) 44쪽

바다 밑과 해저

: **해저에 사는 걸 좋아하고 … 바다 밑이 아니라**

→ 바다 밑에 살기를 좋아하고 … 바다 밑이 아니라

→ 바다 밑바닥을 좋아하고 … 바다 밑이 아니라

> ° **해저(海底) :** 바다의 밑바닥

한국말사전에는 한자말 '해저'만 나오고, '바다밑'은 따로 없습니다. "바다 밑"처럼 띄어서 적어요. 그러나 '물밑'이라는 낱말은 한국말사전에 나오지요. 가만히 생각해 보면 이제 '바다밑'도 한 낱말로 삼을 만합니다. '땅속'하고 나란히 '땅밑'도 한 낱말로 삼을 만하고요. 이처럼 '바다밑'을 한 낱말로 즐겁게 다룰 수 있다면 '해저' 하고 "바다 밑"을 겹치기로 쓰는 일도 사라질 만하지 싶어요.

• **원래 참가자미는 해저에 사는 걸 좋아하고 가자미의 세포들은 이 순간에도 그걸 기억한다. 그러나 그들이 마지막으로 가라앉을 곳은 바다 밑이 아니라 내 뱃속이다**

→ 워낙 참가자미는 바다 밑에 살기를 좋아하고 가자미 세포는 이때에도 이를 떠올린다. 그러나 가자미가 마지막으로 가라앉을 곳은 바다 밑이 아니라 내 배 속이다

《허공의 깊이》 (한양명, 애지, 2012) 28쪽

바닷가 해안도로

: **바닷가 해안도로 변에 있으니**

→ 바닷가길 옆에 있으니

→ 바닷가 길섶에 있으니

→ 바다를 낀 길가에 있으니

→ 바닷가에 있으니

> ° **바닷가 :** 바닷물과 땅이 서로 닿은 곳이나 그 근처
> ° **해안(海岸) :** 바다와 육지가 맞닿은 부분
> ° **해안도로 :** x

"바닷가 해안도로 변"은 어떤 곳일까요? 한국말사전에 '해안도로'라는 낱말은 따로 없으나 이는 '바닷가길'을 가리켜요. "바닷가 해안도로 변"은 "바닷가 바닷가길

옆"이라는 소리입니다. 겹말이에요. "바닷가길 옆"이라고 하면 되고, "바다를 낀 길가"나 '바닷가'라 하면 됩니다.

- **바닷가 해안도로 변에 있으니 해풍에 시달렸음 직도 한데**
→ 바닷가길 옆에 있으니 바닷바람에 시달렸음 직도 한데
→ 바다를 낀 길가에 있으니 바닷바람에 시달렸음 직도 한데
→ 바닷가에 있으니 바닷바람에 시달렸음 직도 한데

《섬》(박미경, 봄날의책, 2016) 63쪽

바라던 꿈

: **아저씨가 바라던 꿈은**
→ 아저씨 꿈은
→ 아저씨 바람은

> ○ **바라다** : 1. 생각이나 바람대로 어떤 일이나 상태가 이루어지거나 그렇게 되었으면 하고 생각하다 2. 원하는 사물을 얻거나 가졌으면 하고 생각하다
> ○ **꿈** : 1. 잠자는 동안에 깨어 있을 때와 마찬가지로 여러 가지 사물을 보고 듣는 정신 현상 2. 실현하고 싶은 희망이나 이상

어떤 일이 이루어졌으면 하고 생각할 적에 '바라다·바람'을 써요. '꿈'은 "실현하고 싶은 희망"을 뜻한다고 해요. '실현(實現)'은 "꿈, 기대 따위를 실제로 이룸. '실제 이루어짐'으로 순화"를 가리키고, '희망(希望)'은 "어떤 일을 이루거나 하기를 바람"을 가리켜요. '실현 → 이루어짐'이요, '희망 → 바람'인 얼거리이니, '꿈 = 바람'인 셈입니다. "바라던 꿈"이라 하면 겹말이에요. '바라다'나 '꿈' 가운데 하나만 써야 올바릅니다.

- **아저씨가 바라던 꿈은 고향 마을을 변화시키는 것이었으니까요**
→ 아저씨 꿈은 고향 마을 바꾸기였으니까요
→ 아저씨는 고향 마을을 바꾸기를 바랐으니까요
→ 아저씨는 고향 마을을 새롭게 하려는 꿈이 있었으니까요

《야생 동물은 왜 사라졌을까?》(이주희, 철수와영희, 2017) 77쪽

바라보는 시각

: **바라보는 시각도**

→ 바라보는 눈도

→ 바라보는 매무새도

→ 바라보는 모습도

> ◦ **시각(視角)** : 사물을 관찰하고 파악하는 기본적인 자세
> ◦ **관찰(觀察)** : 사물이나 현상을 주의하여 자세히 살펴봄

'시각'이라는 한자말은 '보는' 몸짓이나 매무새를 가리킵니다. "바라보는 시각"이나 "보는 시각"이나 "살펴보는 시각"처럼 적으면 모두 겹말이 됩니다. 한자말 '시각'을 쓰고 싶다면 "마주하는 시각"처럼 써야 올발라요. 다만 "보는 눈"으로 쓰면 되고, "바라보는 눈"으로 쓰면 한결 쉽습니다. "보는 눈길"이나 "바라보는 눈결"처럼 쓰면서 느낌을 깊거나 넓게 다스려 볼 수 있어요.

• **용산 참사를 바라보는 시각도 마찬가지 아니겠습니까**

→ 용산 참사를 바라보는 눈도 마찬가지 아니겠습니까

→ 용산 참사를 바라보는 눈길도 마찬가지 아니겠습니까

→ 용산 참사를 바라보는 눈결도 마찬가지 아니겠습니까

《다수를 위한 소수의 희생은 정당한가?》 (표창원과 네 사람, 철수와영희, 2016) 30쪽

바로 앞 정면

: **바로 앞 정면**

→ 바로 앞

→ 바로 앞쪽

> ◦ **정면(正面)** : 1. 똑바로 마주 보이는 면 2. 사물에서, 앞쪽으로 향한 면
> ◦ **앞** : 향하고 있는 쪽이나 곳
> ◦ **앞쪽** : 앞을 향한 쪽

한자말 '정면'은 '앞쪽'을 가리킵니다. "앞 정면"이라든지 "바로 앞 정면"처럼 쓰면 겹말입니다. 단출하게 "바로 앞"이나 "바로 앞쪽"처럼 써야 올바릅니다. '눈앞'이나 '코앞'이라 해 볼 수도 있어요.

- **바로 앞 정면을 향하는 법은 절대로 없었다**
→ 바로 앞을 보는 법은 도무지 없었다
→ 앞쪽을 바로 보는 법은 참말 없었다

《책 읽기 금지》 (디에고 아르볼레다/김정하 옮김, 분홍고래, 2016) 62쪽

바보 천치

: **이 바보 천치 같은**
→ 이 바보 머저리 같은
→ 이 바보 멍청이 같은
→ 이 바보 같은

- **바보** : 1. 지능이 부족하여 정상적으로 판단하지 못하는 사람을 낮잡아 이르는 말 2. 어리석고 멍청하거나 못난 사람을 욕하거나 비난하여 이르는 말
- **멍청이** : 아둔하고 어리석은 사람을 놀림조로 이르는 말
- **머저리** : = 어리보기
- **어리보기** : 말이나 행동이 다부지지 못하고 어리석은 사람을 낮잡아 이르는 말
- **천치(天癡/天痴)** : 선천적으로 정신 작용이 완전하지 못하여 어리석고 못난 사람

"바보 천치"라는 말을 흔히 나란히 씁니다. 바보는 바보인데 몹시 바보라는 뜻으로 두 낱말을 나란히 쓰지 싶어요. 그런데 한자말 '천치'는 '바보'를 가리킵니다. 한국말로 치자면 "바보 바보"라 하는 셈이에요. 이렇게 같은 말을 잇달아 적어도 매우 바보스럽다는 뜻을 나타낼 만합니다만, "바보 머저리"라든지 "바보 멍청이"처럼 쓰면, 살짝 결이 다른 낱말이 어우러지면서 한결 크게 어리석거나 못난 모습을 나타낼 만합니다.

- **엘람! 이 바보 천치 같은 자식!**
→ 엘람! 이 바보 같은 녀석!
→ 엘람! 이 바보 머저리 같은 녀석!

《아르슬란 전기 6》 (아라카와 히로무·타나카 요시키/서현아 옮김, 학산문화사, 2017) 129쪽

박수 치다

: **손님들도 박수를 쳤어요**
→ 손님들도 손뼉을 쳤어요

> ◦ **박수(拍手)** : 기쁨, 찬성, 환영을 나타내거나 장단을 맞추려고 두 손뼉을 마주 침

"손뼉을 침"을 가리키는 한자말 '박수'이니 "박수 치다"처럼 쓰면 "손뼉을 침을 치다" 꼴이 되어요. 겹말이지요. 한국말사전에는 '박수하다'라는 낱말이 실리기도 하는데, '손뼉치다'는 아직 실리지 못합니다. 앞으로는 '손뼉치다'라는 낱말을 실을 수 있어야지 싶어요. "박수를 치다"는 잘못이기에 "박수를 보내다"처럼 쓰는 분도 있는데, 이는 "'손뼉을 침'을 보내다"인 셈이에요. 말이 아예 안 되지는 않으나 여러모로 어설픕니다. "손뼉을 치다"라고만 하면 됩니다.

• **손님들도 박수를 쳤어요**
→ 손님들도 손뼉을 쳤어요

《발레리나 벨린다》 (에이미 영/이주희 옮김, 느림보, 2003) 25쪽

• **엄마가 박수를 치며 칭찬해 주자**
→ 엄마가 손뼉을 치며 칭찬해 주자
→ 엄마가 손뼉으로 북돋아 주자

《엄마 친구 아들》 (노경실, 어린이작가정신, 2008) 56쪽

박장대소를 하며 웃다

: **박장대소를 하며 웃었다**
→ 손뼉을 치며 웃었다
→ 손뼉을 치며 크게 웃었다

> ◦ **박장대소(拍掌大笑)** : 손뼉을 치며 크게 웃음

한자말 '박장대소'는 "손뼉을 치며 크게 웃음"을 가리킨다고 합니다. "박장대소를 하며 웃었다"라 하면 겹말이에요. 한자말을 쓰고 싶다면 "박장대소를 했다"로 적을 노릇이요, 말뜻대로 쉽게 적으려 한다면 "손뼉을 치며 웃었다"로 손봅니다. 또

는 "손뼉을 치며 크게 웃었다"나 "손뼉을 치며 하하 웃었다"나 "손뼉을 치며 껄껄 웃었다"로 써 볼 수 있어요.

- **참석자들은 노래를 부르다 말고 박장대소를 하며 웃었다**
→ 참석자들은 노래를 부르다 말고 손뼉을 치며 웃었다
→ 참석자들은 노래를 부르다 말고 손뼉을 치며 크게 웃었다

《노동자의 어머니, 이소선 평전》 (민종덕, 돌베개, 2016) 448쪽

반드시 필요한

:   **필요로 하는 사회에는 반드시 필요한 것이다**
→ 있어야 하는 사회에는 반드시 있어야 한다
→ 있어야 하는 사회에는 꼭 있어야 한다

> ○ **필요(必要)** : 꼭 요구되는 바가 있음
> ○ **요구(要求)** : 받아야 할 것을 필요에 의하여 달라고 청함
> ○ **반드시** : 틀림없이 꼭
> ○ **꼭** : 어떤 일이 있어도 틀림없이

한국말사전을 보면 '필요'를 "꼭 요구되는 바가 있음"으로 풀이하는데, '요구'를 "필요에 의하여 달라고 청함"으로 풀이해요. 돌림풀이입니다. 이래서야 말뜻을 알 수 없습니다. '반드시'라는 낱말을 한국말사전에서는 "틀림없이 꼭"으로 풀이하는데, '꼭'을 풀이하면서 '틀림없이'를 적습니다. 이리 되면 '반드시'하고 '꼭'이 어떻게 다르면서 비슷한 낱말인지 알 수 없어요. 가만히 살피면 "필요 = 꼭 있어야 함"을 가리키는 셈이면서, "반드시 있어야 함"을 가리키기도 하는 셈입니다. 보기글 "반드시 필요한"은 겹말이에요.

- **이러한 안전장치는 정신적·육체적 건강을 유지하기 위해 여가 활동과 환상을 필요로 하는 사회에는 반드시 필요한 것이다**
→ 이러한 안전장치는 몸과 마음을 튼튼히 지키자면 여가 활동과 꿈이 있어야 한다고 여기는 사회에는 반드시 있어야 한다

《도널드 덕 어떻게 읽을 것인가》 (아리엘 도르프만·아르망 마텔라르/김성오 옮김, 새물결, 2003) 93쪽

반복 되풀이

: **반복되는 하루 … 두 번 되풀이하지**
→ 되풀이되는 하루 … 두 번 되풀이하지
→ 똑같은 하루 … 두 번 되풀이하지

> • **반복되다(反復-)** : 같은 일이 되풀이되다
> • **되풀이하다** : 같은 말이나 일을 자꾸 반복하다.
>   또는 같은 사태를 자꾸 일으키다

한국말사전을 살피면 '반복 = 되풀이'로 다루고, '되풀이 = 반복'으로 다루어요. 돌림풀이예요. 글월 앞뒤에 다른 낱말을 쓰고 싶다면, 앞쪽은 '똑같은'을 쓸 만합니다. 되풀이되는 하루라면 어제하고 오늘이 '똑같이' 흐른다는 뜻이니까요. 이러한 느낌을 살려서 "쳇바퀴 같은 하루"나 "어제하고 같은 하루"로 손볼 수 있어요.

• **반복되는 하루는 단 한 번도 없고, 인생도 두 번 되풀이하지 않는다**
→ 되풀이되는 하루는 꼭 한 번도 없고, 삶도 두 번 되풀이하지 않는다
→ 똑같은 하루는 꼭 한 번도 없고, 삶도 두 번 되풀이하지 않는다

《단순한 것이 아름답다》(장석주, 문학세계사, 2016) 197쪽

발언하고 말하고

: **젊은이가 발언을 했다. 그가 한 말에는**
→ 젊은이가 말을 했다. 그가 한 말에는
→ 젊은이가 이야기를 했다. 그가 한 말에는

> • **발언(發言)** : 말을 꺼내어 의견을 나타냄

'말'을 하는 일을 한자말로 '발언'으로 적기도 합니다. 우리가 말을 할 적에는 누구나 생각(의견)을 나타냅니다. 한자말 '발언'이 되어야만 생각을 나타내지 않아요. 보기글에서는 앞뒤 모두 '말'로 적으면 됩니다. 앞쪽을 '이야기'나 '얘기'로 적어 볼 수도 있어요.

• **서른 살쯤 되어 보이는 젊은이가 발언을 했다. 그가 한 말에는 나의 이론적인 생각의 범위를 훨씬 넘어서는 의미가 담겨 있었다**

→ 서른 살쯤 되어 보이는 젊은이가 말을 했다. 그가 한 말에는 내 이론을 훨씬
　　넘어서는 뜻이 담겼다

→ 서른 살쯤 되어 보이는 젊은이가 이야기를 했다. 그가 한 말에는 내 생각을 훨씬
　　넘어서는 뜻이 있었다

《오브 아프리카》(월레 소잉카/왕은철 옮김, 삼천리, 2017) 11쪽

밝고 명랑

: 　**밝고 명랑한**

→ 　밝고 신나는

→ 　밝고 재미나는

→ 　밝고 시원한

> ○ **명랑(明朗)** : 1. 흐린 데 없이 밝고 환함 2. 유쾌하고 활발함
> ○ **유쾌(愉快)** : 즐겁고 상쾌함
> ○ **활발(活潑)** : 생기 있고 힘차며 시원스러움
> ○ **상쾌(爽快)** : 느낌이 시원하고 산뜻함

"밝고 환한" 모습을 가리키는 '명랑'이니 "밝고 명랑한"처럼 쓰면 겹말이에요. '밝은'이라고만 쓰면 됩니다. 또는 '유쾌'나 '활발'이라는 낱말이 가리키는 느낌을 살펴서 "밝고 즐거운"이나 "밝고 산뜻한"이나 "밝고 시원한"으로 손볼 수 있고, "밝고 재미난"이나 "밝고 신나는"으로 손볼 수 있어요. "밝고 맑은"이나 "밝고 싱그러운"이나 "밝고 힘찬"이나 "밝고 구김 없는"으로 손볼 만하고, '밝은'이나 '밝디밝은'으로 손보아도 되어요.

• 　**너처럼 밝고 명랑한 친구를 또 어디서 사귀겠니**

→ 　너처럼 밝고 재미난 동무를 또 어디서 사귀겠니

→ 　너처럼 밝고 즐거운 동무를 또 어디서 사귀겠니

→ 　너처럼 밝고 시원한 동무를 또 어디서 사귀겠니

→ 　너처럼 밝고 상냥한 동무를 또 어디서 사귀겠니

《엄마의 밥상》(박연, 얘기구름, 2008) 37쪽

• 　**항상 밝고 명랑한 소녀**

→ 　늘 밝고 즐거운 소녀

→ 　늘 밝고 기쁜 소녀

→ 　늘 밝고 힘찬 소녀

→　늘 밝고 씩씩한 소녀

《포근하게 그림책처럼》 (제낙씨, 헤르츠나인, 2017) 344쪽

밝기 광도

:　**별들의 고유 밝기, 즉 광도를**

→　별마다 고유 밝기를

→　별마다 얼마나 밝은지를

> ◦ **밝기** : 1. 빛이나 불의 밝은 정도 ≒ 광도(光度) 2. '명도'를
> 일상적으로 이르는 말 3. 눈이 잘 보이거나 귀가 잘 들리는
> 정도
> ◦ **광도(光度)** : 1. [물리] 일정한 방향에서 물체 전체의
> 밝기를 나타내는 양. 단위는 칸델라(candela) ≒ 빛살
> 세기·빛 세기 2. [천문] = 항성 광도 3. = 밝기

얼마나 밝은가를 나타내는 '밝기'입니다. '밝기'를 한자말로는 '광도'라 한다고 해
요. 하나는 한국말이고, 하나는 한자말입니다. "밝기 즉 광도"라고 하지 않아도 되
어요. 물리나 천문이라는 학문에서 쓰는 낱말도 '밝기'이면 넉넉해요.

• **별들까지의 거리를 알게 된 뒤 천문학자들은 그 별들의 고유 밝기, 즉 광도를 계산해
낼 수 있었고**

→　별까지 거리를 알아낸 뒤 천문학자들은 그 별마다 고유 밝기를 알아낼 수 있었고

→　별까지 거리를 알아낸 뒤 천문학자들은 별마다 밝기를 셈할 수 있었고

《우주 100, 1》 (자일스 스패로/강태길 옮김, 청아출판사, 2016) 21쪽

밤중

:　**밤중에 와서**

→　밤에 와서

→　한밤에 와서

→　깊은 밤에 와서

> ◦ **밤** : 해가 져서 어두워진 때부터 다음 날 해가 떠서
> 밝아지기 전까지의 동안
> ◦ **밤중(-中)** : 밤이 깊은 때

낮이면 '낮'이요, 밤이면 '밤'입니다. 낮이 깊으면 '한낮'이며, 밤이 깊으면 '한밤'이에요. '밤'이라는 낱말에 '-중(中)'이라는 한자를 붙일 까닭이 없습니다. '낮'에도 '-중(中)'을 안 붙여요. 해가 진 뒤부터 날이 밝을 때까지 '밤'이니, 따로 '밤 + 중'이라고 해야 "밤이 깊은 때"를 가리키지 않아요. '밤'이라고만 해도 "어둠이 깊다"는 느낌을 넉넉히 나타냅니다. 어둠이 깊은 때를 힘주어 나타내려고 한다면 '한-'을 앞에 붙여서 '한밤'이라고 하면 되고, "깊은 밤"이라고 해 볼 수 있어요.

- **밤중에 와서 뭐하자는 거요?**
→ 밤에 와서 뭐하자는 짓이오?
→ 한밤에 와서 뭐하자는 짓이오?

《노동자의 어머니, 이소선 평전》(민종덕, 돌베개, 2016) 346쪽

밥과 음식

: **밥은 그저 음식 중의 하나가 아니라**
→ 밥은 그저 먹을거리 가운데 하나가 아니라
→ 밥은 그저 먹는 것 가운데 하나가 아니라

> ○ **밥** : 1. 쌀, 보리 따위의 곡식을 씻어서 솥 따위의 용기에 넣고 물을 알맞게 부어, 낟알이 풀어지지 않고 물기가 잦아들게 끓여 익힌 음식 2. 끼니로 먹는 음식 3. 동물의 먹이 4. 나누어 가질 물건 중 각각 갖게 되는 한 부분 5. 남에게 눌려 지내거나 이용만 당하는 사람을 비유적으로 이르는 말
> ○ **음식(飮食)** : 1. 사람이 먹을 수 있도록 만든, 밥이나 국 따위의 물건 2. = 음식물
> ○ **음식물(飮食物)** : 사람이 먹고 마시는 것을 통틀어 이르는 말
> ○ **먹을거리** : 먹을 수 있거나 먹을 만한 음식 또는 식품

한자말 '음식'은 '밥'이나 '먹을거리'를 가리킨다고 합니다. 한국말 '밥'은 쌀이나 보리 같은 곡식으로 지은 것을 가리키기도 하고, 먹을거리를 통틀어서 가리키기도 합니다. '음식 = 밥'이요 '밥 = 음식'인 셈입니다. 하나는 한자말이고, 다른 하나는 한국말이에요. 보기글처럼 "밥은 그저 음식 중의 하나가 아니라"로 쓴다면 겹말 얼거리입니다. 한국말사전을 살피면 '밥'이라는 낱말을 풀이하면서 '음식'을 쓰지요. '먹을거리'라는 낱말도 '음식'으로 풀이해요. 이렇게 풀이말을 달면 뒤죽박죽

315

이 되어 어지럽습니다. 한자말 '음식'을 쓰고 싶다면 알맞게 쓸 노릇이면서, '밥·음식·먹을거리'가 어떻게 얽히는가를 또렷하게 살펴보아야지 싶습니다.

- **우리에게 밥은 그저 음식 중의 하나가 아니라 음식 전체를 가리키기도 한다**
→ 우리한테 밥은 그저 먹을거리 가운데 하나가 아니라 먹는 모두를 가리키기도 한다
→ 우리한테 밥은 그저 먹을 것 가운데 하나가 아니라 먹는 것 모두를 가리키기도 한다
→ 우리한테 밥은 그저 밥이 아니라 먹을거리 모두를 가리키기도 한다

《우리 음식의 언어》 (한성우, 어크로스, 2016) 20쪽

방식 방법

: **새로운 성취의 방식들을 찾아낼 방법을**
→ 새롭게 이루는 길을 어떻게 찾아내는가를
→ 새로 이루는 길을 어찌 찾아낼는지를

> - **방식(方式)** : 일정한 방법이나 형식
> - **방법(方法)** : 어떤 일을 해 나가거나 목적을 이루기 위하여 취하는 수단이나 방식
> - **길** : 7. 방법이나 수단

한국말사전을 살피면, '방식'은 '방법'으로 풀이하고, '방법'은 '방식'으로 풀이합니다. 한국말 '길'을 살피면 일곱째 뜻으로 '방법'을 적어요. 이 같은 돌림풀이로는 말 뜻을 짚을 수 없어요. 다만 한자말 '방식·방법'은 한국말로 '길'을 가리키는구나 하고 깨달을 수 있을 테지요. "방식을 찾아낼 방법"은 "길을 찾아낼 길"이라는 뜻이 되니 겹말이에요. 이 말이 아예 틀리지는 않는다 하더라도 "길을 어떻게 찾아내는 가"로 손보면 뜻이 한결 또렷하리라 봅니다.

- **새로운 성취의 방식들을 찾아낼 방법을 보여주기 위한 세 가지 움직임이 일고 있었다**
→ 새롭게 이루는 길을 어떻게 찾아낼는지를 보여주려는 세 가지 움직임이 일었다
→ 새로 이루는 길을 어떻게 찾아내는가 하고 보여주려는 세 가지 움직임이 일었다

《무신론자의 시대》 (피터 왓슨/정지인 옮김, 책과함께, 2016) 535쪽

배고픈 허기

: **배고픈 그대의 허기를 채워주고**

→ 배고픈 그대를 채워 주고

→ 그대 고픈 배를 채워 주고

→ 그대 배고픔을 채워 주고

> ○ **배고프다** : 1. 배 속이 비어서 음식이 먹고
> 싶다 2. 끼니를 잇지 못할 정도로 생활이
> 넉넉하지 못하고 궁핍하다
> ○ **허기(虛飢)** : 몹시 굶어서 배고픈 느낌

배고픈 느낌을 한자말로 '허기'라 하니 "배고픈 그대의 허기"라고 하면 겹말입니다. "배고픈 그대"나 "그대 고픈 배"나 "그대 배고픔"으로 손질해 줍니다. 또는 "그대가 배고파하니 (배를) 채워 주고"라든지 "배고픈 그대를 배부르게 채워 주고"로 손질해 볼 수 있어요.

• **배고픈 그대의 허기를 채워주고 내 마음마저도 그대에게 주려고**

→ 배고픈 그대를 채워 주고 내 마음마저도 그대한테 주려고

→ 그대 고픈 배를 채워 주고 내 마음마저도 그대한테 주려고

《숲에 들다》(박두규, 애지, 2008) 101쪽

배려의 마음

: **배려의 마음도 느낄**

→ 배려도 느낄

→ 마음을 쓴 모습도 느낄

→ 마음 씀씀이도 느낄

→ 따스한 마음도 느낄

> ○ **배려(配慮)** : 도와주거나 보살펴 주려고
> 마음을 씀

"마음을 씀"을 가리키는 한자말 '배려'이니 "배려의 마음"처럼 적으면 "마음을 쓰는 마음" 꼴이 되어 버립니다. 한자말 '배려'를 쓰고 싶다면 "배려도 느낄"처럼 적으면 됩니다. 한국말을 쓰려 한다면 "마음을 쓴 모습도 느낄"이나 "따스한 마음도 느낄"처럼 적을 만해요. "넉넉한 마음"이나 "푸근한 마음"처럼 적어도 어울리고,

"마음 씀씀이" 같은 말마디를 써 볼 수 있어요.

- **마을을 이룰 때 서로에 대해 가졌을 배려의 마음도 느낄 수 있다**
→ 마을을 이룰 때 서로한테 마음을 기울인 숨결도 느낄 수 있다
→ 마을을 이룰 때 서로서로 마음을 쓴 모습도 느낄 수 있다

《삼송, 사라지는 마을과 떠나는 사람들에 대한 기록》(강희정·김선주·김한담, 높빛, 2007) 12쪽

백발이 성성하다

: **백발이 성성한 할머니**
→ 흰머리가 가득한 할머니
→ 머리가 희끗희끗한 할머니
→ 머리카락이 센 할머니
→ 흰바구니가 된 할머니
→ 흰머리 할머니

> ○ **백발(白髮)** : 하얗게 센 머리털
> ○ **성성하다(星星-)** : 머리털 따위가 희끗희끗하게 세다
> ○ **세다** : 1. 머리카락이나 수염 따위의 털이 희어지다
>   2. 얼굴의 핏기가 없어지다
> ○ **희끗희끗하다** : 군데군데 희다

한자말 '백발'은 "하얗게 센" 머리털을 가리키고, '성성하다'는 "희끗희끗하게 세다"를 가리킨다고 하니, "백발이 성성한"이라 하면 겹말이에요. 더 헤아리면 '세다'라는 한국말은 "하얗게 되다(희어지다)"를 가리키지요. 한국말사전 뜻풀이는 모두 "하얗게(희끗희끗하게) 세다"로 풀이하니, 이 뜻풀이도 겹말이에요. "머리카락이 세다"라고 고쳐쓰거나 "흰머리가 되다"로 적어야 올바릅니다.

- **백발이 성성한 할머니가 되어 다시 바닷가 마을로 돌아옵니다**
→ 흰머리 가득한 할머니가 되어 다시 바닷가 마을로 돌아옵니다
→ 머리가 희끗희끗한 할머니가 되어 다시 바닷가 마을로 돌아옵니다
→ 흰머리 할머니가 되어 다시 바닷가 마을로 돌아옵니다

《포근하게 그림책처럼》(제님씨, 헤르츠나인, 2017) 321쪽

백지장처럼 하얗게

:　　**백지장처럼 하얗게 질려**

→　　하얗게 질려

> ◦ **백지장(白紙張)** : 1. 하얀 종이의 낱장 2. 핏기가 없이
> 창백한 얼굴빛을 비유적으로 이르는 말

'백지장'은 하얀 종이를 가리키고, 또는 파리한 낯빛을 가리킵니다. "하얗게 질린" 모습을 가리킬 적에 쓰니, "백지장처럼 하얗게 질려"처럼 쓰면 겹말이에요. "하얗게 질려"라고만 쓰면 돼요. "새하얗게 질려"라든지 "허옇게 질려"로 써 볼 수도 있습니다.

•　　**그 얼굴이 백지장처럼 하얗게 질려 있었다**

→　　그 얼굴이 하얗게 질렸다

→　　그 얼굴이 파리하게 질렸다

《노동자의 어머니, 이소선 평전》(민종덕, 돌베개, 2016) 29쪽

백지화하고 깨끗이 비워내서

:　　**깨끗이 비워내고 백지화해서**

→　　깨끗이 치우고 비워내서

→　　깨끗이 갈무리하고 비워내서

→　　깨끗이 비워내서

> ◦ **백지화하다(白紙化-)** : 1. 어떠한 대상에 대하여
> 아무것도 모르는 상태로 돌리다 2. 어떠한 일을 하기
> 이전의 상태로 돌리다 3. 잡념이나 선입관 따위가
> 없는 상태로 돌리다

아무것도 없도록 한다고 해서 '백지화' 같은 한자말을 씁니다만, '백지화 + 되다'처럼 쓰면 겹말이지요. 이 보기글에서는 '백지화하다'로 썼는데, 한국말사전에는 '백지화되다' 같은 겹말이 올림말로 실립니다. 아무튼 "깨끗이 비워내는" 일하고 '백지화'는 같은 모습이니, 두 말마디를 나란히 쓰면 겹말이에요. "깨끗이 비워내서"라고만 쓰면 됩니다. 힘주어 말하고 싶기에 굳이 꾸밈말을 더 붙이고 싶다면 "깨끗이 치우고 비워내서"나 "깨끗이 갈무리하고 비워내서"처럼 써 볼 만합니다.

- **인간의 정신을 깨끗이 비워내고 백지화해서 컴퓨터처럼 재프로그래밍하는 것은**
→ 사람들 마음을 깨끗이 비워내어 컴퓨터처럼 다시 짜기란
→ 사람들 마음을 깨끗이 치우고 비워내서 컴퓨터처럼 새로 짜기란

《너희 정말, 아무 말이나 다 믿는구나》 (소피 마제/배유선 옮김, 뿌리와이파리, 2016) 87쪽

뱉고 토하다

: **한숨을 뱉어냈다 ··· 한숨을 토해낸**
→ 한숨을 뱉어냈다 ··· 한숨을 뱉어낸
→ 한숨을 뱉어냈다 ··· 한숨을 내쉰
→ 한숨을 뱉어냈다 ··· 한숨을 쏟아낸

> ○ **토하다(吐−)** : 1. = 게우다 2. 밖으로 내뿜다 3. 느낌이나 생각을 소리나 말로 힘 있게 드러내다

한숨은 '쉽'니다. 한숨을 크게 쉰다고 한다면 '뱉는다'고도 하는데, 이보다 더 크게 뱉는다면 '내뱉는다'고 할 만합니다. '내쉰다'나 '쏟아낸다'고도 할 만합니다. 입에서 나오는 숨이기에 '쉬다 · 뱉다' 같은 낱말을 써요. 물이나 불이나 냄새나 빛이나 느낌을 밖으로 내놓을 적에는 '뿜다' 같은 낱말을 쓰고요. '게우다'를 가리키는 '토(吐)하다'로 한숨쉬기를 가리킬 만한지 아리송합니다. 같은 말을 잇달아 쓰고 싶지 않다면 '뱉다 · 내뱉다 · 쉬다 · 내쉬다'를 섞으면 됩니다.

- **한숨을 뱉어냈다 ··· 동시에 한숨을 토해낸 ··· 내뱉은 한숨이**
→ 한숨을 뱉어냈다 ··· 나란히 한숨을 내쉰 ··· 내뱉은 한숨이

《마음을 멈추고 부탄을 걷다》 (김경희, 공명, 2015) 5쪽

버릇 습관

: **나쁜 버릇 ··· 좋은 습관**
→ 나쁜 버릇 ··· 좋은 버릇
→ 나쁜 버릇 ··· 좋은 몸짓

> ○ **버릇** : 1. 오랫동안 자꾸 반복하여 몸에 익어 버린 행동 2. 윗사람에 대하여 지켜야 할 예의
> ○ **습관(習慣)** : 어떤 행위를 오랫동안 되풀이하는 과정에서 저절로 익혀진 행동 방식

'버릇'하고 '습관'은 같은 몸짓을 가리킵니다. '버릇'은 한국말이요, '습관'은 한자말입니다. 한국말사전 뜻풀이를 살피면 '버릇'은 "자꾸 반복(反復)하여"처럼 한자말을 쓰고, '습관'은 '되풀이하는'처럼 한국말을 써요. 한자말 '반복하다'는 '되풀이하다'를 가리켜요. 똑같은 몸짓을 가리키지만 뜻풀이에 쓰는 낱말만 다를 뿐이에요. 보기글에서는 앞뒤 모두 '버릇'을 쓰면 되는데, 뒤쪽에서 좀 다르게 써 보고 싶다면 '몸짓'이라는 낱말을 넣을 만합니다.

* **나쁜 버릇은 쉽게 만들어지지만 좋은 습관은 익히기 어렵다**
→ 나쁜 버릇은 쉽게 생기지만 좋은 버릇은 익히기 어렵다
→ 나쁜 버릇은 쉽게 들지만 좋은 몸짓은 익히기 어렵다

《혼자 알기 아까운 책 읽기의 비밀》 (이태우, 연지출판사, 2015) 70쪽

버림받은 유기견

: **버림받은 유기견인데**
→ 버림받은 개인데
→ 버려진 개인데

> ◦ **유기견** : x
> ◦ **유기(遺棄)** : 내다 버림

'유기견'은 한국말사전에 없는 낱말입니다. '유기'라는 한자말은 "내다 버림"을 뜻해요. "버림받은 유기견"이라 하면 겹말입니다. '유기견'이라고만 하거나 "버림받은 개"처럼 말해야 올바릅니다.

* **그 개는 버림받은 유기견인데**
→ 그 개는 버림받았는데
→ 그 개는 버려졌는데
→ 그 개는 기르는 임자가 없는데
→ 그 개는 돌보는 사람이 없는데

《다녀왔어 노래 1》 (후지모토 유키/김진수 옮김, 대원씨아이, 2011) 16쪽

버섯 균을 식균

: **버섯 균을 식균하러 나갔고**

→ 버섯 균을 심으러 나갔고

→ 버섯을 심으러 나갔고

> ◦ 식균 : x

한국말사전에는 '식균(植菌)'이라는 낱말이 안 나옵니다. '식균'하고 비슷한 얼거리로 '식목(植木)'이 있는데, 이는 '나무심기'를 가리켜요. '식균'은 '균심기'로 손볼 만해요. 씨앗을 심는다면 '씨앗심기'라 하면 될 테지요. 그나저나 "버섯 균을 식균하러"는 겹말입니다. "버섯 균을 심으러"로 손질합니다.

• **아침 식사 전에 아이들은 뒷산으로 버섯 균을 식균하러 나갔고**

→ 아침을 먹기 앞서 아이들은 뒷산으로 버섯 균을 심으러 나갔고

→ 아침을 먹기 앞서 아이들은 뒷산으로 버섯을 심으러 나갔고

《산촌 유학》 (고쿠분 히로코/손성애 옮김, 이후, 2008) 51쪽

벌초와 풀베기

: **산소에 벌초하러 갔다 … 풀을 베었다**

→ 무덤에 풀을 베러 갔다 … 풀을 베었다

→ 풀베기하러 갔다 … 풀을 베었다

> ◦ 벌초(伐草) : 무덤의 풀을 베어서 깨끗이 함

무덤에 자란 풀을 베는 일이 '벌초'라면 "벌초하러 갔다"라고만 써야 알맞습니다. "산소(무덤)에 벌초하러 갔다"처럼 쓰면 알맞지 않아요. '벌초 = 무덤 풀베기'입니다만, '풀베기'라고만 써도 됩니다. 보기글을 보면 뒤쪽에서 "낫으로 조심조심 풀을 베었다"라는 글월이 나와요. '벌초'하고 '풀베기'가 겹말 얼거리입니다. 앞뒤 모두 "풀을 베었다"라고만 써도 되고, 앞쪽에서는 '풀베기'처럼 써 볼 수 있습니다.

• **할머니 산소에 벌초하러 갔다. 가을 햇볕이 머리 위에 풀 위에 쨍쨍 내려왔다.**

아빠는 낫으로 조심조심 풀을 베었다

→ 할머니 무덤에 풀을 베러 갔다. 가을 햇볕이 머리에 풀에 쨍쨍 내려왔다. 아빠는 낫으로 살살 풀을 베었다

《먼지야, 자니?》(이상교, 산하, 2006) 48쪽

변하고 바뀌고 달라지고

: **변하고, 바뀌고, 달라진다**

→ 거듭나고, 바뀌고, 달라진다

→ 바뀌고, 달라진다

→ 바뀐다

> ○ **변하다(變-) :** 무엇이 다른 것이 되거나 혹은 다른 성질로 달라지다
> ○ **바뀌다 :** 원래 있던 것을 없애고 다른 것으로 채워 넣거나 대신하게 되다
> ○ **달라지다 :** 변하여 전과는 다르게 되다

외마디 한자말 '변하다'는 '달라지다'로 풀이하는데, '달라지다'는 '변하다'로 풀이해요. 돌림풀이입니다. '바뀌다'는 '달라지다'하고 비슷하지만 둘이 똑같지는 않아요. 한국말사전을 보면 "다르게 되다"라고 하는 풀이가 똑같이 나옵니다. '바꾸다'에서 비롯한 '바뀌다'이니 이러한 흐름을 짚으면서 '바뀌다·달라지다'가 어떻게 갈라지는가를 헤아려 주어야지 싶습니다. 보기글에서는 '변하고'만 털면 될 텐데, 굳이 세 낱말을 잇달아 쓰고 싶다면 "거듭나고, 바뀌고, 달라진다"나 "새로워지고, 바뀌고, 달라진다"로 손볼 만합니다.

· **계절만 매번 바뀌는 것은 아닐 터. 우리도 변하고, 바뀌고, 달라진다**

→ 철만 늘 바뀌지는 않을 터. 우리도 거듭나고, 바뀌고, 달라진다

→ 철만 늘 바뀌지는 않을 터. 우리도 바뀌고, 달라진다

→ 철만 늘 바뀌지는 않을 터. 우리도 바뀐다

《당신도 쿠바로 떠났으면 좋겠어요》(시골여자, 스토리닷, 2016) 122쪽

· **바뀌고 변하는 자연이 만드는 기호와 문자**

→ 늘 바뀌는 자연이 빚는 기호와 글씨

→ 늘 달라지는 자연이 짓는 무늬와 글씨

《걸레옷을 입은 구름》(이은봉, 실천문학사, 2013) 151쪽

변화에 따라 바뀌었다

: **계절 변화에 따라 바뀌었다**

→ 철에 따라 바뀌었다

→ 철이 바뀌며 함께 바뀌었다

→ 철 따라 바뀌었다

> • **변화(變化)** : 사물의 성질, 모양, 상태 따위가 바뀌어 달라짐
> • **바뀌다** : 원래 있던 것을 없애고 다른 것으로 채워 넣거나 대신하게 되다
> • **달라지다** : 변하여 전과는 다르게 되다

한국말사전은 '변화'를 "바뀌어 달라짐"으로 풀이합니다. '바뀌다'와 '달라지다'와 '바뀌어 달라지다'는 어떻게 다를는지요? 참으로 알쏭달쏭합니다. '달라지다' 풀이를 보니 '변하여' 다르게 된다고 적고, '변하다'는 '달라지다'로 풀이해요. 그러고 보면, '변(變)'이라는 한자는 '바뀔 변(變)'입니다. 이 한자를 넣은 한자말이라면 '바뀌다'라는 뜻을 나타내겠지요. "변화에 따라 바뀌었다"는 겹말입니다. "바뀜에 따라 바뀌었다" 꼴이거든요.

• **딩카 족의 삶은 계절 변화에 따라 바뀌었다**

→ 딩카족은 철에 따라 삶이 바뀌었다

→ 딩카족은 철에 따라 다르게 살았다

→ 딩카족은 철 흐름에 따라 달리 살았다

《잃어버린 소년들》 (벤슨 뎅·알폰시온 뎅·벤자민 아작/조유진 옮김, 현암사, 2008) 36쪽

• **뭔가를 바꿀 수 있다거나 적어도 변화를 이끌어내는 데 조금이라도 기여할**

→ 뭔가를 바꿀 수 있다거나 적어도 바뀌도록 하는 데 조금이라도 도울

→ 뭔가를 바꿀 수 있다거나 적어도 움직이도록 하는 데 조금이라도 이바지할

《우리는 플라스틱 없이 살기로 했다》 (산드라 크라우트바술/류동수 옮김, 양철북, 2016) 120쪽

별나고 색다른

: **별나고 색다른 인생 경험을**

→ 이 남다른 인생 경험을

→ 남다르고 새롭게 겪은 삶을

→   낯설면서 새롭게 겪은 삶을

> ○ **별나다(別−)** : 보통과는 다르게 특별하거나 이상하다
> ○ **특별하다(特別−)** : 보통과 구별되게 다르다
> ○ **보통(普通)** : 특별하지 아니하고 흔히 볼 수 있음
> ○ **이상하다(異常−)** : 1. 정상적인 상태와 다르다 2. 지금까지의
>   경험이나 지식과는 달리 별나거나 색다르다
> ○ **색다르다(色−)** : 동일한 종류에 속하는 보통의 것과 다른
>   특색이 있다

'별나다'는 '다른' 모습을 가리킵니다. '색다르다'도 '다른' 모습을 가리켜요. 한국말 사전 뜻풀이를 살피면 '별나다 = 보통과 다르게 + 특별하다 + 이상하다'라 하는데, 이는 다시 '별나다 = 다르고 + 다르게 + 다르다 + 다르다'인 얼거리예요. 그냥 '다르다' 한 마디만 하면 될 텐데 온갖 한자말을 잔뜩 넣은 뒤죽박죽 돌림풀이예요. 보기글은 "별나고 색다른"이라 하기에 겹말이에요. 단출하게 '남다르다' 한 마디만 넣어서 "이 남다른 인생 경험"이나 "이 새로운 인생 경험"으로 손볼 수 있고, "남다르고 새롭게 겪은 삶"이나 "낯설면서 새롭게 겪은 삶"으로 손볼 수 있습니다.

• **섬에서 보낸 세월을, 별나고 색다른 인생 경험을 되새겨 보았습니다**

→   섬에서 보낸 나날을, 남다르고 새롭게 겪은 삶을 되새겨 보았습니다

→   섬에서 보낸 나날을, 이 남다른 인생 경험을 되새겨 보았습니다

《아벨의 섬》 (윌리엄 스타이그/송영인 옮김, 다산기획, 2001) 170쪽

별다르다

:   **별다른 일**

→   다른 일

→   딱히 다른 일

→   뭔가 다른 일

> ○ **별다르다(別−)** : 다른 것과 특별히 다르다
> ○ **특별히(特別−)** : 보통과 구별되게 다르게
> ○ **보통(普通)** : 특별하지 아니하고 흔히 볼 수 있어 평범함
> ○ **구별되다(區別−)** : 성질이나 종류에 따라 차이가 나다
> ○ **차이(差異)** : 서로 같지 아니하고 다름

'별다르다'에서 '별(別)'은 '다르다'를 가리킵니다. '다를 별'이라는 한자예요. '별다르다 = 다르다 + 다르다' 꼴로 이룬 겹말입니다. '별다르다'는 '다르다'로 고쳐쓰거나 '남다르다'로 손질해 줍니다. 때로는 "딱히 다르다"나 "뭔가 다르다"나 "유난히

다르다"나 "크게 다르다"로 손질할 수 있어요. 그런데 '별다르다'를 둘러싼 겹말은 여기에서 그치지 않아요. '별다르다 = 다른 것과 특별히 다르다'로 풀이하니 이 말풀이도 겹말풀이인데, '특별히'는 "보통과 구별되게 다르게"이니 '별다르다 = 다른 것과 (보통과 구별되게 다르게) 다르다'예요. '보통 = 특별하지 아니한'을 가리키니 '별다르다 = 다른 것과 (특별하지 아니하도록 구별되게 다르게) 다르다' 꼴로 되어 뒤죽박죽이 되어요. '구별되다 = 차이가 나다'를 가리킨다고 하는데 '차이 = 다름'을 가리킨다고 하기에 '별다르다 = 다른 것과 (보통과 구별되게 다르게) + (구별되게 다르게) 다르다 = 다른 것과 (보통과 다르게 다르게) + (다르게 다르게) 다르다' 얼거리가 됩니다. 끝없이 맞물리는 돌림풀이를 살피면 '별다르다'를 비롯해서 '특별히·구별되다·차이'는 모두 '다르다·다름'을 가리키는 한자말이라는 대목을 엿볼 수 있어요.

- **그는 잠시 뒤에 말을 이었다. "별다른 일은?"**
→ 그는 조금 뒤에 말을 이었다. "다른 일은?"
→ 그는 조금 뒤에 말을 이었다. "딱히 다른 일은?"
→ 그는 조금 뒤에 말을 이었다. "뭔가 다른 일은?"

《별의 계승자》(제임스 P.호건/이동진 옮김, 아작, 2016) 11쪽

- **별다른 순서도 없이 노래를 부르고**
→ 따로 차례도 없이 노래를 부르고
→ 딱히 차례도 없이 노래를 부르고
→ 달리 차례도 없이 노래를 부르고

《노동자의 어머니, 이소선 평전》(민종덕, 돌베개, 2016) 256쪽

별다른 이견

: **별다른 이견을**
→ 다른 생각을
→ 딱히 다른 생각을

- **별다르다(別-)** : 다른 것과 특별히 다르다
- **이견(異見)** : 어떠한 의견에 대한 다른 의견

'별다르다'라는 낱말은 '다름(別) + 다르다'인 얼거리라서, 이 낱말부터 겹말입니

다. 한자말 '이견'은 '다른' 생각(의견)을 가리켜요. "별다른 이견"은 여러모로 겹말입니다. 손쉽게 "다른 생각"으로 손보면 되는데, 힘주어서 말하고 싶다면 "딱히 다른 생각을"이나 "굳이 다른 생각을"이나 "애써 다른 생각을"처럼 써 볼 만합니다.

- **이소선은 민종덕의 제안을 듣고 별다른 이견을 내지 않았다**
- → 이소선은 민종덕이 한 말을 듣고 다른 생각을 내지 않았다
- → 이소선은 민종덕이 한 말을 듣고 달리 따지지 않았다

《노동자의 어머니, 이소선 평전》 (민종덕, 돌베개, 2016) 603쪽

- **서울과 그 외 지역 사이에 이견이 발생하거나, 소년운동의 목표나 방식을 놓고 서로 다른 의견을 보이는 경우도 많았다**
- → 서울과 다른 고장 사이에 생각이 다르거나, 소년운동 목표나 방식을 놓고 서로 생각이 다른 때도 잦았다
- → 서울과 다른 고장 사이에 생각이 다르거나, 소년운동이 나아갈 뜻이나 길을 놓고 생각이 자주 갈렸다

《우리는 현재다》 (공현·전누리, 빨간소금, 2016) 51쪽

별반 다를 바 없다

: **별반 다를 바 없다**
- → 다를 바 없다
- → 그리 다를 바 없다
- → 거의 다를 바 없다

> ◦ **별반(別般)** : 1. 보통과 다름 2. 따로 별다르게
> ◦ **별다르다(別−)** : 다른 것과 특별히 다르다

"보통과 다름"이나 '별다르게'를 가리킨다는 '별반'이니, "별반 다를 바 없다"처럼 쓰면 겹말입니다. '별다르다'도 '다름(別) + 다르다'이니 겹말이지요. 사람들이 흔히 쓰는 말씨라고는 하나 '별다르다'는 '남다르다'로 손보거나 '다르다'라고만 써도 되리라 느낍니다.

- **신비한 극장에 대한 그의 계획과 별반 다를 바 없었다**
- → 신비한 극장과 얽힌 그이 계획과 그리 다를 바 없었다

→ 그가 세우려는 신비한 극장 계획하고 썩 다를 바 없었다

→ 그가 세우려 하는 신비한 극장하고 다를 바 없었다

《무신론자의 시대》 (피터 왓슨/정지인 옮김, 책과함께, 2016) 241쪽

- **사람 사는 곳은 별반 다를 것이 없다**

→ 사람 사는 곳은 다를 것이 없다

→ 사람 사는 곳은 그리 다를 것이 없다

→ 사람 사는 곳은 거의 비슷하다

《개.똥.승.》 (진엽, 책공장더불어, 2016) 121쪽

보고 관찰하고

: **보고 관찰하고 생각하는 것**

→ 보고, 또 보고, 생각하기

→ 보고, 다시 보고, 생각하기

→ 보고, 거듭 보고, 생각하기

→ 보고, 자꾸 보고, 생각하기

→ 바라보고 살펴보고 생각하기

→ 보고 느끼고 생각하기

> - **관찰(觀察)** : 사물이나 현상을 주의하여 자세히 살펴봄
> - **보다** : 1. 눈으로 대상의 존재나 형태적 특징을 알다 4. 대상의 내용이나 상태를 알기 위하여 살피다
> - **살펴보다** : 두루두루 자세히 보다
> - **살피다** : 두루두루 주의하여 자세히 보다

한자말 '관찰'은 "자세히 살펴봄"을 뜻한다는데, '보다'라는 낱말을 찾아보니 '살피다'로 풀이합니다. 한국말사전을 더 찾아보면 '살펴보다·살피다'를 모두 "자세히 보다"로 풀이합니다. '관찰'을 풀이하면서 "자세히 살펴봄"처럼 적으면 겹말풀이가 되지요. '자세히 살펴봄 = 자세히 + 자세히 보다' 꼴이 되거든요. 여러모로 헤아리면 "보고 관찰하고"는 같은 말을 되풀이한 셈입니다. 사진을 찍을 적에는 그만큼 '잘 보아야' 한다는 뜻을 나타낸다고 할 텐데, 이러한 뜻이라면 "보고 또 보고"나 "보고 다시 보고"처럼 손질해야지 싶어요. 아니면 "바라보고 살펴보고"처럼 '보는 모습이나 몸짓'을 달리 나타내야지 싶습니다.

- 사진가로서의 신조에 대한 질문에 잔더는 이렇게 답했다. "보고 관찰하고 그리고 생각하는 것."

→ 사진가다운 몸짓을 묻는 말에 잔더는 이렇게 대꾸했다. "보고 새로 보고 생각하기."

→ 사진가로서 지킬 다짐을 묻는 말에 잔더는 이렇게 얘기했다. "바라보고 살펴보고 생각하기."

《사진을 즐기다》(이자와 고타로/고성미 옮김, 한국출판마케팅연구소, 2009) 112쪽

보는 관점

: **보는 관점에 따라**

→ 관점에 따라

→ 보는 눈에 따라

→ 어떻게 보느냐에 따라

→ 어떤 눈으로 보느냐에 따라

> ◦ **관점(觀點)**: 사물이나 현상을 관찰할 때, 그 사람이 보고 생각하는 태도나 방향 또는 처지
> ◦ **관찰(觀察)**: 사물이나 현상을 주의하여 자세히 살펴봄

'볼 관(觀) + 대목(곳) 점(點)'으로 엮은 '관점'은 "보는 곳"이나 "보는 눈"을 가리킵니다. "보는 관점"으로 쓰면 겹말이에요. '관점'이라고만 쓰거나 "보는 눈"으로 손질해야 올바릅니다. 한국말사전은 '관점'을 풀이하며 '관찰'이라는 한자말을 쓰는데 '관찰'은 '살펴봄'을 가리켜요. '관점'은 "살피는 눈"이나 "살펴보는 눈"으로 손질할 수도 있어요.

• **연주는 보는 관점에 따라 세상이 얼마나 달라 보이는가를 깨닫게 되었다**

→ 연주는 보는 눈에 따라 세상이 얼마나 달라 보이는가를 깨달았다

→ 연주는 어떻게 보느냐에 따라 온누리가 얼마나 달라지는가를 깨달았다

《열정세대》(김진아와 아홉 사람, 양철북, 2009) 156쪽

보이지 않는 추상적

: **보이지 않는 추상적인 느낌**

→ 보이지 않는 느낌

→ 눈에 안 보이는 느낌

> ○ **추상적(抽象的)** : 1. 어떤 사물이 직접 경험하거나 지각할
> 수 있는 일정한 형태와 성질을 갖추고 있지 않은 2. 구체성이
> 없이 사실이나 현실에서 멀어져 막연하고 일반적인

눈에 안 보이는 모습을 이야기할 적에 '추상·추상적' 같은 한자말을 쓰곤 합니다. 눈에 또렷하게 보이는 모습을 이야기할 적에는 '구체·구체적' 같은 한자말을 쓰곤 하고요. "보이지 않는 추상적인 느낌"이라 하면 겹말입니다. "보이지 않는"만 쓰거나 '추상적'만 쓸 노릇이에요. 어느 모로 본다면 '추상적'이라는 한자말을 쓸 적에는 느낌이 잘 와닿지 않을 수 있어요. "보이지 않는" 같은 말마디를 덧달아야 한다고 느낄 수 있습니다. 처음부터 "눈에 보이다·눈에 안 보이다"라든지 "잘 보인다·잘 안 보인다"처럼 쉬운 한국말로 또렷하게 쓰면 훨씬 낫구나 싶어요.

- **연기의 구체적 제시보다는 보이지 않는 추상적인 느낌들을 은유하셨다**
→ 연기를 눈에 보이게 밝히기보다는 보이지 않는 느낌들을 넌지시 밝히셨다
→ 눈에 보이는 연기보다는 눈에 안 보이는 느낌들을 가만히 밝히셨다

《배우는 삶 배우의 삶》 (배종옥, 마음산책, 2016) 166쪽

본보기

: **훌륭한 본보기가 있는데도**
→ 훌륭한 보기가 있는데도
→ 훌륭한 거울이 있는데도

> ○ **본보기(本-)** : 1. 본을 받을 만한 대상 2. 어떤 사실을 설명하거나
> 증명하기 위하여 내세워 보이는 대표적인 것 3. 어떤 조치를 취하기
> 위하여 대표로 내세워 보이는 것 4. 본을 보이기 위한 물건
> ○ **본(本)** : 1. = 본보기 2. 버선이나 옷 따위를 만들 때에 쓰기 위하여
> 본보기로 만든 실물 크기의 물건
> ○ **보기** : = 본보기

본을 받을 만한 것이나 본을 보이는 것을 놓고 '본보기'라 한다는데, '본(本)'도 '= 본보기'라 하고, '보기'도 '= 본보기'라 하는군요. '본보기 = 본 = 보기'인 얼거리예요. 다시 말해서 '본 = 보기'이니 '본보기 = 보기 + 보기'라 할 만하지요. 처음부터 '보기'라고만 하면 될 텐데 '본(本)'이라는 한자가 군더더기로 붙은 셈이에요. "훌륭한 본보기"나 "사회에 본보기가 되었고"는 "훌륭한 보기"나 "사회에 좋은 보기가

되었고"로 손질해 줍니다. "좋은 본보기"는 "좋은 보기"로 손질하고, "모두한테 본보기가 된다"는 "모두한테 좋은 보기가 된다"로 손질할 만해요. 때로는 '거울'이나 '빛'으로 손질할 수 있어요.

- **코앞에 훌륭한 본보기가 있는데도 배우지 못하는 사람**
→ 코앞에 훌륭한 보기가 있는데도 배우지 못하는 사람
→ 코앞에 훌륭한 거울이 있는데도 배우지 못하는 사람

《유치원 일기》 (하이타니 겐지로/햇살과나무꾼 옮김, 양철북, 2010) 200쪽

본 적 없는 미지의

: 본 적이 없는 미지의 문자

→ 본 적이 없는 낯선 글자
→ 본 적이 없는 모르는 글씨
→ 본 적이 없는 글씨

> ◦ **미지(未知)** : 아직 알지 못함

본 적이 없으면 '낯설'거나 '모른다'고 할 만합니다. 본 적이 있어도 모를 수 있지만, 본 적조차 없으면 아예 알 수 없지요. "본 적이 없는 미지의 문자"라고 하면 겹말이 됩니다. "이제까지 본 적이 없다"고 한다면 '미지'라는 말은 붙이지 않아도 돼요. 힘주어서 말하고 싶다면 '낯선'이나 '모르는'을 넣을 만하기는 한데, "본 적이 없는"이라고만 단출하게 쓰면 가장 좋아요.

- **그것은 조프르가 지금까지 그와 비슷한 것조차 본 적이 없는 미지의 문자였다**
→ 이는 조프르가 이제까지 비슷한 것조차 본 적이 없는 낯선 글자였다
→ 이는 조프르가 이제까지 비슷한 것조차 본 적이 없는 글씨였다

《영원한 아담》 (쥘 베른/김석희 옮김, 열림원, 2015) 25쪽

부끄럽거나 민망스럽거나

:   **부끄럽거나 민망스럽거나**

→   부끄럽거나 창피하거나

→   부끄럽거나

> ○ **민망(憫惘)** : 1. 보기에 답답하고 딱하여 안타깝다
> 2. 낯을 들고 대하기가 부끄럽다

한자말 '민망하다'는 '부끄럽다'를 가리키니 "부끄럽거나 민망스럽거나"처럼 쓰면 겹말입니다. 같은 말을 되풀이하기보다는 "부끄럽거나 창피하거나"라든지 "부끄럽거나 남우세스럽거나"로 손보면 한결 낫습니다. 또는 '부끄럽거나'만 써 볼 수 있어요.

*   **그렇게 생각하는 우리는 조금도 부끄럽거나 민망스럽거나 위축될 까닭이 없었다**

→   그렇게 생각하는 우리는 조금도 부끄럽거나 창피하거나 움츠러들 까닭이 없었다

→   그렇게 생각하는 우리는 조금도 부끄럽거나 어깨가 눌릴 까닭이 없었다

《이 여자, 이숙의》(이숙의, 삼인, 2007) 139쪽

부드럽고 유연하게

:   **부드럽고 유연하게**

→   부드럽게

→   부드럽거나 무르게

→   부드럽고 다루기 좋게

> ○ **유연하다(柔軟-)** : 부드럽고 연하다
> ○ **연하다(軟-)** : 1. 재질이 무르고 부드럽다

"부드럽고 유연하게"는 겹말입니다. '유연'이 '부드러움'을 가리키니까요. 그런데 '유연하다'는 "부드럽고 연하다"로 풀이하네요. '연하다'도 '부드럽다'를 가리키니 한국말사전에 나온 '부드럽다' 말풀이는 겹말풀이가 되기도 합니다. '섬유 유연제'라는 세제를 쓰는 분이 제법 있는데, '유연제'란 '부드럽게' 해 주는 구실을 합니다. 이는 '섬유 부드럼이' 같은 이름을 써 볼 수 있을 테지요. 쉽게 생각해 보면 참말 쉽고 재미나게 이름을 붙여 볼 만해요.

- 이 석유 화학 물질은 플라스틱 제품을 부드럽고 유연하게 만들기 위해 사용된다
→ 이 석유 화학 물질은 플라스틱 제품을 부드럽게 하려고 쓴다
→ 이 석유 화학 물질은 플라스틱 제품을 부드럽게 다루려 할 적에 쓴다

《Living Green》 (그레그 혼/조원범·조향 옮김, 사이언스북스, 2008) 89쪽

부유물처럼 떠다니는

: **부유물처럼 떠다니는**
→ 떠다니는
→ 이리저리 떠다니는
→ 구름처럼 떠다니는

> ○ **부유물(浮遊物)** : 물 위나 물속, 또는 공기 중에 떠다니는 물질
> ○ **부유(浮遊/浮游)** : 1. 물 위나 물속, 또는 공기 중에 떠다님
>   2. 행선지를 정하지 아니하고 이리저리 떠돌아다님

'부유'라는 한자말은 '떠다니다'나 '떠돌아다니다'를 가리키고, '부유물'은 "떠다니는 것"을 가리켜요. "부유물처럼 떠다니는"이라 하면 겹말이에요. '부유물처럼'이라는 말마디를 덜기만 하면 되는데, 뜻을 힘주어 밝히고 싶다면 "이리저리 떠다니는"이나 "온누리를 떠다니는"이나 "가없이 떠다니는"처럼 쓸 만합니다. "구름처럼 떠다니는"이나 "개구리밥처럼 떠다니는"처럼 써도 어울리고요.

- **부유물처럼 떠다니는 믿음 끌어당겨 손에 쥔다**
→ 떠다니는 믿음 끌어당겨 손에 쥔다
→ 개구리밥처럼 떠다니는 믿음 끌어당겨 손에 쥔다
→ 구름처럼 떠다니는 믿음 끌어당겨 손에 쥔다

《y의 진술》 (변영희, 문학의전당, 2016) 57쪽

부정적이고 나쁜

: **부정적이고 나쁜 것으로 보는**
→ 바람직하지 않고 나쁘다고 보는

→ 나쁘다고 보는

→ 바람직하지 않다고 보는

→ 좋지 않다고 보는

→ 어둡거나 나쁘게 보는

> ◦ **부정적(否定的)** : 1. 그렇지 아니하다고 단정하거나 옳지 아니하다고 반대하는 2. 바람직하지 못한
> ◦ **나쁘다** : 1. 좋지 아니하다 2. 옳지 아니하다

'부정적'하고 맞서서 '긍정적'을 씁니다. '부정적'은 '그른'이나 '나쁜' 쪽을 가리키는 자리에 쓰고, '긍정적'은 '옳은'이나 '좋은' 쪽을 가리키는 자리에 써요. "부정적이고 나쁜"은 겹말이 되고, "긍정적이고 좋은"도 겹말이지요.

• **현대에는 고독을 부정적이고 나쁜 것으로 보는 경향이 강한 것도 같지만**

→ 오늘날에는 외로움을 바람직하지 않고 나쁘다고 보는 듯하지만

→ 요즈음에는 외로움을 마냥 나쁘다고 보는 듯하지만

《애니미즘이라는 희망》 (야마오 산세이/김경인 옮김, 달팽이, 2012) 30쪽

부족하고 모자란

: **부족하고 모자란**

→ 모자라고 모자란

→ 모자란

→ 참으로 모자란

> ◦ **모자라다** : 1. 기준이 되는 양이나 정도에 미치지 못하다 2. 지능이 정상적인 사람에 미치지 못하다
> ◦ **부족하다(不足-)** : 필요한 양이나 기준에 미치지 못해 충분하지 아니하다
> ◦ **충분하다(充分-)** : 모자람이 없이 넉넉하다
> ◦ **넉넉하다** : 1. 크기나 수량 따위가 기준에 차고도 남음이 있다 2. 살림살이가 모자라지 않고 여유가 있다

한자말 '부족하다'는 "충분하지 아니하다"를 가리킨다는데, '충분하다'는 "모자람 없이 넉넉하다"를 가리킨대요. '넉넉하다'는 "모자라지 않다"를 가리킨다고 합니다. '부족하다 = 충분하지 않다 = 모자람 없이 넉넉하다 + 않다 = 모자람 없이 + 모자라지 않다 + 않다'인 얼거리입니다. "부족하고 모자란"이라 하면 겹말인데, 한국말사전 말풀이부터 겹말풀이입니다. 같은 말을 되풀이하더라도 "모자라고 모자란"이라 하면 되고, "참으로 모자란"이나 "더없이 모자란"이나 "매우 모자란"이라 하면 돼요. 때로는 한쪽을 '떨어지다'나 '줄어들다'로 바꾸어 볼 수 있어요. 또는

'얕아지다'나 '낮아지다'를 써 볼 수 있어요.

- **부족하고 모자란 나**
- → 모자라고 모자란 나
- → 모자란 나
- → 참으로 모자란 나

《당신도 쿠바로 떠났으면 좋겠어요》 (시골여자, 스토리닷, 2016) 64쪽

- **학력은 높아졌지만 상식은 부족하고 지식은 많아졌지만 판단력은 모자라다**
- → 학력은 높아졌지만 상식은 모자라고 지식은 늘어났지만 판단력은 떨어진다
- → 학력은 높아졌지만 상식은 모자라고 지식은 늘어났지만 판단력은 줄어든다

《단순한 것이 아름답다》 (장석주, 문학세계사, 2016) 16쪽

부추겨서 조장하고

- : **계속 부추겨 물건을 사도록 조장하고**
- → 자꾸 부추겨 물건을 사도록 하고
- → 자꾸 부추겨 물건을 사도록 이끌고
- → 자꾸 물건을 사도록 부추기고

> ○ **조장(助長)** : 바람직하지 않은 일을 더 심해지도록 부추김

'부추김'을 뜻하는 한자말 '조장'입니다. "지역감정을 조장하다"나 "과소비를 조장하다"처럼 쓴다고 하는데, "지역감정을 부추기다"나 "과소비를 부추기다"로 손질할 노릇이라고 느낍니다. 이러한 말뜻이나 말쓰임을 미처 살피지 못하기에 겹말을 쓰고 말 테지요. 처음부터 '부추기다'라고 하는 한국말을 알맞게 살펴서 쓰면 됩니다.

- **소비생활에 만족하지 못하는 상태를 계속 부추겨 물건을 사도록 조장하고**
- → 소비생활에 만족하지 못하게 자꾸 부추겨 물건을 사도록 하고
- → 소비생활에 마음이 안 차게 자꾸 물건을 사도록 부추기고

《10대와 통하는 사회 이야기》 (손석춘, 철수와영희, 2015) 171쪽

-부터 시작

: **추상화부터 시작하세요**

→ 추상화부터 하세요

→ 추상그림부터 그리세요

> ○ **-부터** : 어떤 일이나 상태 따위에 관련된 범위의
> 시작임을 나타내는 보조사
> ○ **시작(始作)** : 어떤 일이나 행동의 처음 단계를
> 이루거나 그렇게 하게 함

처음을 이루거나 처음으로 한다고 할 적에 '시작'이라는 한자말을 써요. 이처럼 처음을 이루거나 처음으로 하는 모습을 나타내려고 '-부터'라는 토씨를 붙이지요. "-부터 시작" 같은 말씨는 겹말입니다. '시작'을 덜고 '-부터'만 쓰면 돼요. 보기글에서는 "추상화부터 하세요"나 "추상화부터 해 보세요"나 "추상화부터 즐겨요"나 "추상화부터 그려요"처럼 여러 가지로 손질할 수 있습니다.

• **그럴 때는 기본 형태를 이용한 추상화부터 시작하세요**

→ 그럴 때는 기본 모습을 살려 추상화부터 하세요

→ 그럴 때는 바탕 꼴을 살려 추상그림부터 그려요

《아티스트맘의 참 쉬운 미술놀이》 (안지영, 길벗, 2016) 45쪽

• **이야기는 오히려 지금부터 시작일 것이다**

→ 이야기는 오히려 이제부터일 것이다

→ 이야기는 오히려 이제부터이다

《과학을 읽다》 (정인경, 여문책, 2016) 198쪽

• **다른 생명도 소중히 여기는 마음, 그 마음부터가 시작이다**

→ 다른 생명도 소중히 여기는 마음, 그 마음부터가 첫걸음이다

→ 다른 목숨도 고이 여기는 마음, 그 마음부터가 한걸음이다

→ 다른 목숨도 고이 여기는 마음, 그 마음부터이다

《개.똥.승.》 (진엽, 책공장더불어, 2016) 119쪽

북쪽 방향

: **북쪽 방향에서**

→ 북쪽에서

→ 북녘에서

> • **방향(方向)** : 1. 어떤 방위(方位)를 향한 쪽 2. 어떤 뜻이나 현상이 일정한 목표를 향하여 나아가는 쪽

한자말 '방향'은 "어느 쪽"을 뜻합니다. 한국말사전을 보면 첫 보기글로 "동쪽 방향"을 싣습니다. 이 보기글은 "동 방향"으로 손질해야 올바릅니다. "북쪽 방향"도 "북 방향"으로 손질해야 올바르겠지요. 다만, 우리는 '동쪽'이나 '북쪽'이라고만 하면 돼요.

• **그 개는 북쪽 방향에서 왔다**

→ 그 개는 북쪽에서 왔다

→ 그 개는 북녘에서 왔다

《치유자 식물》(팸 몽고메리/박준신 옮김, 샨티, 2015) 155쪽

• **북쪽으로 방향을 돌려**

→ 북쪽으로 돌려

→ 북녘으로 키를 돌려

《오브 아프리카》(월레 소잉카/왕은철 옮김, 삼천리, 2017) 91쪽

분명 틀림없으나

: **분명 훌륭한 인물임에 틀림없으나**

→ 훌륭한 사람이 틀림없으나

→ 틀림없이 훌륭한 사람이나

> • **분명(分明)** : 틀림없이 확실하게
> • **틀림없다** : 조금도 어긋나는 일이 없다
> • **확실하다(確實–)** : 틀림없이 그러하다

한자말 '분명'은 '틀림없이'를 뜻합니다. "분명 틀림없으나"처럼 쓰면 겹말이지요. 한국말사전을 찾아보면 '분명'을 "틀림없이 확실하게"로 풀이해요. 여기에서 '확실(確實)하다'는 "틀림없이 그러하다"를 가리킨다고 나오니, '분명 = 틀림없이 틀림

없다' 꼴이 되어요. 한국말사전 말풀이도 겹말풀이인 셈입니다.

- **지폐 위에 찍혀 있는 이 퇴계는 분명 훌륭한 인물임에 틀림없으나**
→ 종이돈에 찍힌 이 퇴계는 틀림없이 훌륭한 분이나
→ 종이돈에 찍힌 이 퇴계는 틀림없이 훌륭하나

《탐라 기행》 (시바 료타로/박이엽 옮김, 학고재, 1998) 187쪽

불과 화재

: **불은 아주 대단한 화재였을 게 분명하다**
→ 불은 아주 대단했으리라
→ 불은 틀림없이 아주 대단했으리라

> ○ **불** : 1. 물질이 산소와 화합하여 높은 온도로 빛과 열을 내면서 타는 것 2. '화재(火災)'를 이르는
> 말 3. 빛을 내어 어둠을 밝히는 물체 4. 불이 타는 듯이 열렬하고 거세게 타오르는 정열이나 감정을
> 비유적으로 이르는 말
> ○ **화재(火災)** : 불이 나는 재앙. 또는 불로 인한 재난

불이 나는 재앙이나 재난을 가리켜 한자말로 '화재'라 한다는데, '불' 뜻풀이를 살
피면 둘째 뜻이 바로 '화재'하고 같은 뜻입니다. "불은 아주 대단한 화재"처럼 쓰면
겹말이에요. 한자말을 쓰고 싶다면 '화재'를 쓰고, 한자말을 안 쓰려 한다면 '불'을
쓰면 돼요. 불이 대단하거나 크게 났다면 '큰불'이라 하면 됩니다.

- **붉은 벽돌집을 홀랑 태워 버린 불은 아주 대단한 화재였을 게 분명하다**
→ 붉은 벽돌집을 홀랑 태워 버린 불은 아주 대단했을 게 틀림없다
→ 붉은 벽돌집을 홀랑 태워 버린 불은 틀림없이 아주 대단했으리라

《노란 집의 모팻 가족》 (엘레노어 에스테스/고정아 옮김, 웅진닷컴, 2003) 11쪽

불량 제품 유해 제품

: 불량 제품과 유해 제품

→ 나쁜 제품과 몹쓸 제품

→ 떨어지거나 나쁜 제품

→ 나쁜 제품

- **불량(不良) :** 1. 행실이나 성품이 나쁨 2. 성적이 나쁨 3. 물건 따위의 품질이나 상태가 나쁨
- **유해(有害) :** 해로움이 있음
- **해롭다(害-) :** 해가 되는 점이 있다
- **해(害) :** 이롭지 아니하게 하거나 손상을 입힘
- **손상(損傷) :** 1. 물체가 깨지거나 상함 2. 병이 들거나 다침 3. 품질이 변하여 나빠짐 4. 명예나 체면, 가치 따위가 떨어짐

한자말 '불량'하고 '유해'는 얼핏 보면 다른 낱말입니다. 그런데 말뜻을 곰곰이 짚으면 '불량 = 좋지(良) + 않음(不)'이요, '유해 = 나쁨(害) + 있음(有)'이에요. 하나는 "좋지 않음(불량)"을 가리킨다면, 다른 하나는 "나쁜 데가 있음(유해)"을 가리키니, 생김새는 달라도 뜻은 같다고 할 만합니다. 보기글에서는 하나로 묶어 "나쁜 제품"이라고 적을 수 있습니다. 둘로 가른다면 "떨어지거나 나쁜 제품"이라 할 수 있고 "나쁘거나 몹쓸 제품"이라 해 볼 만해요.

- **이익을 남기겠다는 목적이 더 컸습니다. 그래서 불량 제품과 유해 제품이 많이 만들어졌어요**
- → 이익을 남기겠다는 뜻이 더 컸습니다. 그래서 나쁘거나 몹쓸 제품이 많이 나왔어요
- → 돈을 남기겠다는 뜻이 더 컸습니다. 그래서 떨어지거나 나쁜 제품을 많이 만들었어요
- → 더 팔아서 돈을 남기겠다는 뜻이 더 컸습니다. 그래서 나쁜 제품을 많이 만들었어요

《10대와 통하는 농사 이야기》 (곽선미와 다섯 사람, 철수와영희, 2017) 109쪽

불량하다거나 나쁜

: 더 불량하다거나 나쁜

→ 더 나쁜

→ 더 거칠거나 나쁜

- **불량(不良) :** 1. 행실이나 성품이 나쁨 2. 성적이 나쁨 3. 물건 따위의 품질이나 상태가 나쁨

→ 더 못되거나 나쁜

→ 더 짓궂거나 나쁜

'불량'이라는 한자말은 '선량(善良)'이라는 한자말과 함께 쓰입니다. 한국말로는 '나쁜'하고 '좋은'을 함께 써요. "선량하고 착한"처럼 쓸 적에 겹말이요, "불량하고 나쁜"처럼 쓸 적에도 겹말이에요. 한자말을 쓰고 싶다면 '불량'만 쓸 노릇이요, 한자말을 안 써도 되면 '나쁜'만 씁니다. 또는 "거칠거나 나쁜"이라든지 "못되거나 나쁜"처럼 써 볼 만해요.

• **이 아이들이 또래 아이들보다 더 불량하다거나 나쁜 아이들은 결코 아니었다**

→ 이 아이들이 또래 아이들보다 더 나쁜 아이들은 도무지 아니었다

→ 이 아이들은 또래 아이들보다 조금도 더 나쁘거나 거칠지 않았다

《아이는 기다려 주지 않는다》 (요한 크리스토프 아놀드/전의우 옮김, 양철북, 2008) 151쪽

불쌍해서 측은해

: **불쌍한 이를 보면 측은해 하기도**

→ 불쌍한 이를 보면 마음이 아프기도

→ 불쌍한 이를 보면 마음이 아리기도

> • **불쌍하다** : 처지가 안되고 애처롭다
> • **안되다** : 1. 섭섭하거나 가엾어 마음이 언짢다
> 　　　　　　2. 근심이나 병 따위로 얼굴이 많이 상하다
> • **가엾다** : 마음이 아플 만큼 안되고 처연하다
> • **측은하다(惻隱-)** : 가엾고 불쌍하다

한자말 '측은하다'는 "가엾고 불쌍하다"를 가리킨다고 하니, "불쌍한 이를 보면 측은해 하기도"처럼 쓰면 겹말이에요. "불쌍한 이를 보면 불쌍해 하기도" 같은 얼거리가 되니까요. 그런데 '가엾다'하고 '불쌍하다'는 서로 비슷하면서 달리 쓰는 낱말이라 한국말사전에서 '측은하다'를 "가엾고 불쌍하다"로 풀이하면 엉뚱합니다. '가엾다·불쌍하다'를 풀이할 적에 '안되다'라는 낱말을 쓰는데, '안되다'를 풀이하며 "가엾어 마음이 언짢다"로 적으니 겹말풀이가 되고 맙니다.

• **불쌍한 이를 보면 측은해 하기도 하고, 어떨 때는 부끄러워하고**

→ 불쌍한 이를 보면 마음이 아프기도 하고, 어떨 때는 부끄러워하고

→ 불쌍한 이를 보면 마음이 아리기도 하고, 어떨 때는 부끄러워하고

《비판적 생명 철학》 (최종덕, 당대, 2016) 36쪽

- 동물 학대와 깊은 연결 고리를 맺고 있는 쇼라는 것을 알면 불쌍하고 측은한 마음이
  든다고도 말합니다

→ 동물 학대와 깊이 이어진 쇼인 줄 알면 불쌍한 마음이 든다고도 말합니다

→ 짐승을 괴롭히는 쇼인 줄 알면 불쌍하고 마음이 아프다고도 말합니다

《10대와 통하는 동물 권리 이야기》 (이유미, 철수와영희, 2017) 112쪽

불안이나 두려움

: 불안이나 두려움 같은 건

→ 두려움 따위는

→ 무서움이나 두려움 따위는

→ 떨림이나 두려움 따위는

- **불안(不安)** : 1. 마음이 편하지 아니하고 조마조마함 2. 분위기 따위가 술렁거리어 뒤숭숭함
- **두렵다** : 1. 어떤 대상을 무서워하여 마음이 불안하다 2. 마음에 꺼리거나 염려스럽다
- **조마조마하다** : 닥쳐올 일에 대하여 염려가 되어 마음이 초조하고 불안하다
- **뒤숭숭하다** : 1. 느낌이나 마음이 어수선하고 불안하다 2. 일이나 물건이 어수선하게 뒤섞이거나 흩어져 있다

한자말 '불안'은 '조마조마함'이나 '뒤숭숭함'을 가리킨다고 하는데, '조마조마하다'나 '뒤숭숭하다'를 찾아보면 '불안하다'로 풀이해요. '두렵다'라는 한국말도 '불안하다'로 풀이하지요. 이 같은 돌림풀이로는 말뜻을 옳게 짚지 못하기도 하고, 사람들도 낱말을 제대로 쓰도록 이끌지 못하겠지요. 여러모로 따진다면 '불안·불안하다'라는 한자말은 안 쓸 때에 가장 낫지 싶어요. '두려움·두렵다'만 쓰면 되고, "무서움이나 두려움"이라든지 "떨림이나 두려움"처럼 쓰면 되어요.

- **불안이나 두려움 같은 건 전부 내 선에서 차단하고**

→ 두려움 따위는 모두 내 자리에서 끊고

→ 무서움이나 두려움은 몽땅 내 쪽에서 자르고

《112일간의 엄마》 (시미즈 켄/신유희 옮김, 소담출판사, 2016) 86쪽

불안하고 초조하다

: **불안하고 초조하면**

→ 두렵고 조마조마하면

→ 두려워하면

→ 두렵거나 걱정스러우면

> ○ **불안(不安)** : 1. 마음이 편하지 아니하고 조마조마함 2. 분위기 따위가 술렁거리어 뒤숭숭함
> ○ **초조하다(焦燥-)** : 애가 타서 마음이 조마조마하다
> ○ **조마조마하다** : 닥쳐올 일에 대하여 염려가 되어 마음이 초조하고 불안하다

한자말 '불안'도 '초조'도 '조마조마'를 가리킨다고 해요. "불안하고 초조하면"이라 하면 겹말입니다. 한국말사전에서 '조마조마하다'를 찾아보니 "초조하고 불안하다"로 풀이해요. 세 낱말이 돌림풀이로 이어집니다. 홀가분하게 '조마조마하다'로 손볼 수 있고 "두렵고 조마조마하면"으로 손보거나 '두려워하면'으로 손보거나 "두렵거나 걱정스러우면"으로 손볼 수 있어요. "걱정이 가득하면"이나 "걱정이 넘치면"으로 손보아도 됩니다.

• **불안하고 초조하면 생각이 허둥대며 엇길로 빠지기 십상이다**

→ 두렵고 조마조마하면 허둥대며 생각이 엇길로 빠지기 쉽다

→ 두려워하면 허둥대며 생각이 엇길로 빠지기 마련이다

→ 두렵거나 걱정스러우면 허둥대며 생각이 엇길로 빠지곤 한다

《나는 이제 참지 않고 살기로 했다》 (니콜 슈타우딩거/장혜경 옮김, 갈매나무, 2016) 227쪽

붉게 상기

: **얼굴은 붉게 상기되기까지**

→ 얼굴은 붉어지기까지

→ 얼굴은 붉게 달아오르기까지

→ 얼굴은 붉은빛이 되기까지

> ○ **상기(上氣)** : 흥분이나 부끄러움으로 얼굴이 붉어짐

"얼굴이 붉어짐"을 가리키는 '상기'이니 "붉게 상기되기"처럼 쓰면 겹말이에요. 한국말사전에서 '상기'라는 낱말을 찾아보면, "황급히 오느라고 얼굴이 빨갛게 상기

되어 있었다"하고 "목소리와는 달리 붉게 상기돼 있었다" 같은 보기글이 실려요. 한국말사전 보기글조차 얄궂게 겹말로 적은 꼴이에요. 이런 글월은 "서둘러 오느라고 얼굴이 빨갛게 달아올랐다"나 "목소리와는 달리 붉어졌다"로 손질해 주어야겠습니다.

- **세 사람의 얼굴은 붉게 상기되기까지 했다**
→ 세 사람은 얼굴이 붉게 달아오르기까지 했다
→ 세 사람은 얼굴이 붉어지기까지 했다

《산동네 공부방》 (최수연, 책으로여는세상, 2009) 165쪽

붉게 충혈

: **눈들이 붉게 충혈됐다**
→ 눈에 피가 몰렸다
→ 눈이 붉어졌다
→ 눈이 붉다

> ○ **충혈(充血)** : 몸의 일정한 부분에 동맥피가 비정상적으로 많이 모임

피가 많이 모인다고 할 적에 '충혈'이 된다고 하는데, 피가 많이 모이면 '붉은' 빛깔이 되어요. 이 글월처럼 "붉게 충혈됐다"라 하면 겹말입니다. 그런데 "붉게 피가 몰렸다"로 손질하고 보면 어딘가 어설퍼요. 이 글월은 "피가 몰렸다"라든지 "붉어졌다"로 다시 손질을 해 봅니다.

- **토마토의 눈들이 붉게 충혈됐다**
→ 토마토 눈에 피가 몰려 빨갛다
→ 토마토 눈에 피가 몰렸다
→ 토마토 눈이 붉어졌다
→ 토마토 눈이 붉다

《부드러운 감옥》 (이경임, 문학과지성사, 1998) 79쪽

- **선생님의 눈이 언제나 붉게 충혈되어 있다는 이야기를**
→ 선생님 눈이 늘 붉다는 이야기를

→ 선생님은 눈이 언제나 붉다는 이야기를

《린하르트와 겔트루드》 (페스탈로찌/홍순명 옮김, 광개토, 1987) 201쪽

붐 바람

: **논술 붐이 일고, 고전읽기 바람이 불었다**

→ 논술 바람이 일고, 고전읽기 바람이 불었다

→ 논술 물결이 일고, 고전읽기 바람이 불었다

→ 논술이 물결치고, 고전읽기 바람이 불었다

> ◦ **붐(boom) :** 어떤 사회 현상이 갑작스레 유행하거나 번성하는 일. '대성황', '대유행',
>   '성황'으로 순화
> ◦ **성황(盛況) :** 모임 따위에 사람이 많이 모여 활기에 찬 분위기
> ◦ **유행(流行) :** 1. 전염병이 널리 퍼져 돌아다님 2. [사회] 특정한 행동 양식이나 사상 따위가
>   일시적으로 많은 사람의 추종을 받아서 널리 퍼짐
> ◦ **바람 :** 4. 사회적으로 일어나는 일시적인 유행이나 분위기 또는 사상적인 경향
> ◦ **물결 :** 2. 파도처럼 움직이는 어떤 모양이나 현상을 비유적으로 이르는 말

영어로 '붐'이라 하고, 한자말로는 '성황·유행'이라 한다면, 한국말로는 '바람·물결'이라 합니다. "붐이 일고 바람이 불었다"처럼 말하면 겹말이지요. 앞뒤 모두 '바람'으로 쓸 노릇이에요. 앞뒤에 다른 말을 쓰고 싶다면, 앞에는 '물결'을 넣고 뒤에는 '바람'을 넣을 수 있어요. '물결'은 '물결치다'로 쓸 수 있고, 커다란 물결이라는 뜻으로 '너울'을 쓸 수 있어요.

• **논술 붐이 일었다. 대학 입학에서 논술시험이 필수가 되었다. 고등학생, 중학생,**
   초등학생까지 논술 대비 고전읽기 바람이 불었다

→ 논술 바람이 일었다. 대학에 가려면 논술시험을 꼭 치러야 했다. 고등학생, 중학생,
   초등학생까지 논술 대비 고전읽기 바람이 불었다

→ 논술 물결이 일었다. 대학에 가려면 논술시험을 꼭 봐야 했다. 고등학생, 중학생,
   초등학생까지 논술 대비 고전읽기 바람이 불었다

《오늘 나는 대학을 그만둔다, 아니 거부한다》 (김예슬, 느린걸음, 2010) 46쪽

비해 상대적으로

: **다른 훨씬 매력적인 목표들에 비해 상대적으로 무시돼 왔고**

→ 다른 훨씬 멋진 목표에 대면 하찮게 다루었고

→ 다른 훨씬 멋진 목표와 견주어 가볍게 다루었고

→ 다른 훨씬 멋진 목표보다 낮게 여겼고

> ○ **비하다(比-)** : 1. 사물 따위를 다른 것에 비교하거나 견주다
> ○ **상대적(相對的)** : 서로 맞서거나 비교되는 관계에 있는
> ○ **-보다** : 서로 차이가 있는 것을 비교하는 경우, 비교의 대상이 되는 말에 붙어 '~에 비해서'의 뜻을
> 나타내는 격 조사
> ○ **비교(比較)** : 1. 둘 이상의 사물을 견주어 서로 간의 유사점, 차이점, 일반 법칙 따위를 고찰하는 일

'비하다(比-)'나 '상대적'은 여럿을 맞댈 적에 쓰는 낱말입니다. 두 낱말을 "-에 비해 상대적으로" 꼴로 쓰면 겹말 얼거리예요. 둘 가운데 하나만 골라서 써야 알맞습니다. "-에 비해"라고만 쓴지 '상대적으로'라고만 써야지요. 한국말사전을 보면 '비하다'를 "비교하거나 견주다"로 풀이하는데, '비교하다 = 견주다'예요. 말풀이가 겹말풀이입니다. 이 보기글은 "목표와 견주어" 꼴로 단출히 손볼 만합니다. "목표에 대면"으로 손볼 수도 있어요. 또는 '-보다'라는 토씨를 붙여서 더욱 단출하게 적을 수 있고요.

• **이후 30년 동안 수성은 다른 훨씬 매력적인 목표들에 비해 상대적으로 무시돼 왔고**

→ 그 뒤 서른 해 동안 수성은 다른 훨씬 멋진 목표와 견주어 가볍게 다루었고

→ 그때부터 서른 해 동안 수성은 다른 훨씬 멋진 목표보다 하찮게 여겼고

《우주 100, 1》 (자일스 스패로/강태길 옮김, 청아출판사, 2016) 206쪽

빈 공간

: **그러한 빈 공간**

→ 그러한 공간

→ 　그러한 빈 곳

→ 　그러한 자리

> ∘ **공간(空間)** : 1. 아무것도 없는 빈 곳 2. 물리적으로나
> 　심리적으로 널리 퍼져 있는 범위 3. 영역이나 세계를 이르는 말
> ∘ **곳** : 공간적인 또는 추상적인 일정한 자리나 지역
> ∘ **자리** : 1. 사람이나 물체가 차지하고 있는 공간

한자말 '공간'은 "빈 곳"을 뜻해요. '공간(空間) = 빈 + 사이(틈)'예요. "빈 공간"이라 하면 겹말입니다. 그런데 "문화 공간·생활 공간·휴식 공간"처럼 쓸 적에는 "빈 곳"을 가리키지 않아요. 이때에는 '자리'나 '터'나 '곳'을 가리켜요. '문화터·삶터(살림터)·쉼터'처럼 말이지요. 가만히 살피면 "빈 공간"이라고 쓸 적에는 언제나 '공간 1'을 가리키니, 이 말씨는 저절로 겹말이 되는 셈이기도 합니다. 어쩔 수 없는 겹말 쓰임새라고도 볼 만한데, 이러한 얼거리라면 '빈곳·빈터·빈자리'를 알맞으면서 새롭게 써 볼 수 있어요. 한국말사전을 살피면 '자리'를 '공간'으로 풀이하고, '곳'을 "공간적인 자리"로 풀이합니다. "공간적인 자리"란 말풀이는 "공간적인 공간"이란 소리인데, 참말로 무슨 뜻이 될까요? 영 뒤죽박죽인 돌림풀이입니다.

- 　**도시를 만들거나 설계할 때 중요한 것은 그러한 빈 공간을 설정하는 것인데도**
→ 　도시를 세우거나 설계할 때 그러한 빈 자리를 잡는 것이 중요한데도
→ 　도시를 세우거나 헤아릴 때 그러한 빈 곳을 중요하게 살펴야 하는데도

《보이지 않는 건축, 움직이는 도시》 (승효상, 돌베개, 2016) 55쪽

- 　**그 빈 공간을 나뭇가지로 찍어내는 놀이를 하며**
→ 　그 빈 자리를 나뭇가지로 찍어내는 놀이를 하며
→ 　그 빈 곳을 나뭇가지로 찍어내는 놀이를 하며

《플랜던 농업학교의 돼지》 (미야자와 겐지/차주연 옮김, 달팽이, 2016) 28쪽

빚 부채

:　　**가정이 가진 빚을 가계 부채라고 합니다**
→ 　집에서 진 빚을 '집빚'이라고 합니다
→ 　여느 집에서 진 빚을 '집빚'이라고 합니다
→ 　여느 살림집에서 진 빚을 '살림빚'이라고 합니다

> ○ **빚** : 1. 남에게 갚아야 할 돈. 꾸어 쓴 돈이나 외상값 따위를 이른다 2. 갚아야 할 은혜 따위를 비유적으로 이르는 말
> ○ **부채(負債)** : 1. 남에게 빚을 짐. 또는 그 빚 2. [경제] 제삼자에게 지고 있는 금전상의 의무

한자말 '부채'는 '빚'을 가리킵니다. 경제학에서는 한자말 '부채'만 전문 낱말로 삼을 뿐, 한국말 '빚'은 전문 낱말로 안 삼아요. 요새는 "가계 빚"이라는 말마디도 제법 쓰는데, '가계(家計)'는 '집살림'을 가리켜요. 곧 '가계 빚 = 집살림 빚'인 얼거리요, 이를 '집살림빚·집빚·살림빚'으로 쉽게 풀어내어 쓸 수 있어요. 나라에서 빚을 질 적에 한자말로는 "국가 부채"라 하지만, 쉬운 여느 말로는 '나라빚'이라 하지요. 나라는 '나라빚'이고, 여느 집은 '집빚'이에요. 살림을 꾸리다가 빚을 져야 한다는 뜻을 나타내려면 '살림빚'이라 할 수 있을 테고요.

• **대한민국에 있는 모든 가정이 여러 가지 형태로 가진 빚을 가계 부채라고 합니다**

→ 대한민국에 있는 모든 살림집이 여러 가지로 진 빚을 집빚이라고 합니다

→ 대한민국에 있는 모든 살림집이 여러 가지로 진 빚을 살림빚이라고 합니다

《위! 아래!》 (이월곡, 분홍고래, 2016) 83쪽

빛깔 색깔 채색

: 봄 빛깔을 머금은 색깔로 채색해

> ○ **빛깔** : 물체가 빛을 받을 때 빛의 파장에 따라 그 거죽에 나타나는 특유한 빛
> ○ **색깔(色-)** : 1. = 빛깔 2. 정치나 이념상의 경향
> ○ **채색(彩色)** : 1. 여러 가지의 고운 빛깔 2. 그림 따위에 색을 칠함

→ 봄 빛깔을 머금도록 입혀서

→ 봄 빛깔을 머금은 느낌으로 그려서

→ 봄 기운을 머금도록 빛깔을 입혀서

"봄 빛깔을 머금은 색깔"처럼 쓰면 겹말입니다. 겹말이기 앞서 말이 잘 안 됩니다. "빛깔을 머금은 빛깔"이란 무엇일까요? "빛깔을 머금은 기운"이나 "빛깔을 머금은 느낌"으로 고쳐써야지 싶어요. 한국말로는 '빛깔'이며, 때로는 한자 '색(色)'을 붙여서 '색깔'로 쓰기도 하지만, 그저 '빛깔'이라고 쓰면 될 뿐이라고 느낍니다. '채색'이라는 한자말은 '빛깔'을 가리키거나 "빛깔(색)을 입힘"을 가리키니, "색깔로 채색

해"처럼 쓰면 이때에도 겹말이에요. "빛깔로 입혀서"나 "빛깔로 그려서"로 손질해 줍니다.

- **오늘은 봄 빛깔을 듬뿍 머금은 색깔로 채색해 에너지 넘치는 휴지심 나무를 만들어요**
→ 오늘은 봄 빛깔을 듬뿍 머금도록 그려서 기운 넘치는 휴지심 나무를 빚어요
→ 오늘은 봄빛을 듬뿍 머금은 느낌으로 그려서 기운 넘치는 휴지심 나무를 빚어요

《아티스트맘의 참 쉬운 미술놀이》 (안지영, 길벗, 2016) 49쪽

−빛 −색

: **황금빛 단추, 보랏빛과 회색**
→ 황금빛 단추, 보랏빛과 잿빛
→ 샛노란 단추, 보랏빛과 잿빛

> - **−빛** : 7. (일부 명사 뒤에 붙어) '빛깔'의 뜻을 나타내는 말
> - **−색(色)** : 5. (일부 명사 뒤에 붙어) '색깔'의 뜻을 나타내는 말
> - **빛깔** : 물체가 빛을 받을 때 빛의 파장에 따라 그 거죽에 나타나는 특유한 빛
> - **색깔(色−)** : 1. = 빛깔

뒷가지 '−빛'은 '빛깔'을 가리킨다 하고, '−색'은 '색깔'을 가리킨다 해요. '색깔 = 빛깔'입니다. 굳이 뒷가지 '−색'을 쓸 까닭이 없이 '−빛'이라는 한국말을 알맞게 쓰면 됩니다. "파란빛 빨간색"이나 "푸른빛 노란색"처럼 섞는 겹말 얼거리를 쓰지 말고, "파란빛 빨간빛"하고 "푸른빛 노란빛"처럼 쓰면 돼요.

- **황금빛 단추, 보랏빛과 회색이 섞인 쥐의 눈**
→ 황금빛 단추, 보랏빛과 잿빛이 섞인 쥐 눈
→ 샛노란 단추, 보랏빛과 잿빛이 섞인 쥐 눈

《모두의 노래》 (파블로 네루다/고혜선 옮김, 문학과지성사, 2016) 343쪽

빼어난 절승

:	**빼어난 절승**
→	빼어난 경치
→	빼어난 모습

○ **절승(絕勝)** : 경치가 비할 데 없이 빼어나게 좋음

빼어나게 좋은 경치를 바라보며 '절승'이라는 한자말을 쓴다고 해요. "빼어난 절승"이라 하면 겹말이에요. "빼어난 경치"나 "빼어난 모습"으로 손질해 줍니다. 한자말 '절승'을 쓰고 싶다면 쓸 수도 있겠으나, 이 한자말을 알아들을 사람은 무척 드물리라 느껴요.

* 저 중국의 소상 8경을 압도하는 **빼어난 절승**이 주위를 감싸고 있다
→ 저 중국에 있는 소상 8경을 누르는 빼어난 모습이 둘레를 감싼다

《거문도와 백도》(김준옥·황의동, 대원사, 2005) 6쪽

뽐내기 위한 과시적

:	**뽐내기 위한 과시적 사치품**
→	뽐내거나 자랑하는 사치품
→	뽐낼 때 쓰는 사치품
→	뽐내려는 사치품

○ **과시적** : x
○ **과시(誇示)** : 1. 자랑하여 보임 2. 사실보다 크게 나타내어 보임
○ **뽐내다** : 1. 의기가 양양하여 우쭐거리다 2. 자신의 어떠한 능력을 보라는 듯이 자랑하다
○ **우쭐거리다** : 1. 몸이 큰 사람이나 짐승이 가볍게 율동적으로 자꾸 움직이다 2. 의기양양하여 자꾸 뽐내다
○ **자랑하다** : 자기 자신 또는 자기와 관계있는 사람이나 물건, 일 따위가 썩 훌륭하거나 남에게 칭찬을 받을 만한 것임을 드러내어 말하다

한자말 '과시'는 '자랑하는' 모습을 가리켜요. "뽐내기 위한 과시적"처럼 쓰면 겹말이에요. 한국말사전을 살피니 '뽐내다'를 '우쭐거리다'나 '자랑하다'로 풀이해요. 이러면서 '우쭐거리다'는 '뽐내다'로 풀이하네요. 돌림풀이입니다. 한국말사전은 '뽐

349

내다·우쭐거리다·자랑하다'가 저마다 어떻게 느낌이 다른가를 제대로 밝혀야 할 텐데요.

- **다시 강조하지만, 문학은 뽐내기 위한 과시적 사치품이 아닙니다**
→ 다시 말하지만, 문학은 뽐내려는 사치품이 아닙니다
→ 다시 밝히지만, 문학은 뽐내거나 자랑하는 사치품이 아닙니다

《문답으로 풀어 본 문학 이야기》 (백민, 현장문학사, 1990) 163쪽

뿌리는 근본

: **뿌리는 근본이다**
→ 뿌리는 밑바탕이다
→ 뿌리는 바탕을 이룬다

> • **뿌리** : 1. [식물] 식물의 밑동으로서 보통 땅속에 묻히거나 다른 물체에 박혀 수분과 양분을 빨아올리고 줄기를 지탱하는 작용을 하는 기관 2. 다른 물건에 깊숙이 박힌 물건의 밑동 3. 사물이나 현상을 이루는 근본을 비유적으로 이르는 말
> • **근본(根本)** : 1. 초목의 뿌리 2. 사물의 본질이나 본바탕

한자말 '근본'은 '뿌리'를 가리킵니다. 다시 말해 본다면, 한국말 '뿌리'를 한자말로 옮기면 '근본'이 되어요. "뿌리는 근본이다"라 할 적에는 "뿌리는 뿌리이다"라 말하는 꼴이라 겹말이에요. 한국말사전을 살피면 '뿌리'를 풀이하면서 셋째 뜻으로 "근본을 비유적으로 이르는 말"이라고 적기도 합니다. 이는 알맞지 못한 돌림풀이가 되지요. '근본'이라는 한자말은 '밑바탕'이나 '밑틀'이나 '바탕'으로 손질해 줍니다.

- **모든 식물에게 뿌리는 근본이다**
→ 모든 식물한테 뿌리는 밑바탕이다
→ 모든 풀은 뿌리가 바탕을 이룬다

《호미 한 자루 농법》 (안철환, 들녘, 2016) 108쪽

뿌리를 내려 안착하다

: **뿌리를 내려 안착해 사는 곳**

→ 뿌리를 내려 사는 곳

→ 자리를 잡고 사는 곳

> ○ **안착(安着) :** 1. 어떤 곳에 무사하게 잘 도착함 2. 마음의 흔들림 없이 어떤 곳에 착실하게 자리 잡음

"뿌리를 내린다"고 하면, 어느 곳에 자리를 잡으면서 사는 모습을 가리켜요. 한자말 '안착'은 바로 "뿌리를 내리는" 모습을 가리켜요. "뿌리를 내려 안착해"라 하면 겹말이 됩니다. 이때에는 "뿌리를 내려"라고만 쓰면 돼요. 또는 "자리를 잡고"로 손볼 만합니다.

• **원래 도시는 뿌리를 내려 안착해 사는 곳이 아니었다**

→ 워낙 도시는 뿌리를 내려 사는 곳이 아니었다

→ 처음에 도시는 자리를 잡고 사는 곳이 아니었다

《호미 한 자루 농법》(안철환, 들녘, 2016) 5쪽

사교적 사귐

: **사교적 사귐**을 잘 모르는

→ 사람을 잘 사귈 줄 모르는

→ 이웃을 잘 사귈 줄 모르는

> ○ **사교적(社交的)** : 여러 사람과 쉽게 잘 사귀는

다른 사람하고 "쉽게 잘 사귀는"을 가리키는 '사교적'이라면 "사교적 사귐"처럼 쓸 적에는 겹말이 됩니다. 그런데 "사교적 사귐"은 여러모로 말이 안 된다고 느낍니다. '사교적'이라면 '사교적'이라 하면 되지 왜 "사교적 사귐"처럼 써야 할까요? 사람이든 이웃이든 동무이든 잘 사귀지 못하면 "잘 사귈 줄 모르는"이라 하고, 잘 사귄다면 "잘 사귀는"이라 하면 됩니다. 잘 사귀지 못한다면 '낯가림'을 한다고 하고, 잘 사귄다면 '서글서글하다'나 '싹싹하다'나 '사근사근하다'라고 하면 돼요.

• **사교적 사귐**을 잘 모르는 이들, 특히 젊은 디지털 세대들의 경우에는

→ 사람을 잘 사귈 줄 모르는 이들, 더욱이 젊은 디지털 세대들은

→ 이웃과 잘 사귈 줄 모르는 이들, 더구나 젊은 디지털 세대는

《여성의 우정에 관하여》 (메릴린 옐롬·테리사 도너번 브라운/정지인 옮김, 책과함께, 2016) 339쪽

사나운 폭풍우

: **사나운 폭풍우**

→ 사나운 비바람

→ 폭풍우

> ○ **사납다** : 1. 성질이나 행동이 모질고 억세다 2. 생김새가 험하고 무섭다 3. 비, 바람 따위가 몹시 거칠고 심하다 4. 상황이나 사정 따위가 순탄하지 못하고 나쁘다 5. 음식물 따위가 거칠고 나쁘다
> ○ **폭풍우(暴風雨)** : 1. 몹시 세찬 바람이 불면서 쏟아지는 큰비 2. 생활이나 사업 따위에서의 몹시 어려운 고통이나 난관을 비유적으로 이르는 말
> ○ **세차다** : 1. 기세나 형세 따위가 힘 있고 억세다 2. 성미가 사납고 날카롭다. 또는 드세고 억척스럽다

한자말 '폭풍우'는 "세찬 바람과 쏟아지는 큰비"를 가리킨다고 해요. 한국말사전을 살피면 '세차다'를 풀이할 적에 '사납다'라는 낱말을 써요. '사납다' 말뜻을 살피면

비나 바람이 몹시 거칠고 센 모습을 가리킨다고 합니다. '폭풍우 = 사나운 비바람'
인 얼거리요, "사나운 폭풍우"처럼 쓰면 "사나운 사나운 비바람" 꼴이 되어 겹말입
니다. 한자말로는 '폭풍우'라고만 쓰거나, 한국말로는 "사나운 비바람"이나 "세찬
비바람"으로 손볼 노릇입니다.

- **이제 사나운 폭풍우가 몰려 오는 거야**
- → 이제 사나운 비바람이 몰려오는 거야
- → 이제 세찬 비바람이 몰려오지

《핑크트헨과 안톤》 (에리히 캐스트너/이희재 옮김, 시공주니어, 1995) 190쪽

- **폭풍우는 완전히 미쳐 버린 것처럼 사납게 날뛰고 있었습니다**
- → 비바람은 아주 미쳐 버린 듯이 사납게 몰아쳤습니다

《아벨의 섬》 (윌리엄 스타이그/송영인 옮김, 다산기획, 2001) 15쪽

사람과 멤버

: **또 한 사람의 멤버인 마크는**
- → 또 한 사람인 마크는
- → 또 한 사람 마크는
- → 같이 가는 또 한 사람인 마크는
- → 함께 움직일 또 한 사람인 마크는

> ◦ **멤버(member)**: 단체를 구성하는 일원(一員).
>   '구성원', '선수', '회원'으로 순화
> ◦ **일원(一員)**: 단체에 소속된 한 구성원
> ◦ **구성원(構成員)**: 어떤 조직이나 단체를 이루고
>   있는 사람들

영어 '멤버'는 "단체를 구성하는 일원"을 가리킨다고 합니다. '일원'은 "단체에 소속
된 구성원"이라는데, '구성원'은 "단체를 이루는 사람들"을 가리킨다고 해요. '멤버
→ 일원 → 구성원 → 사람들'인 셈입니다. "또 한 사람의 멤버"처럼 쓰면 "또 한 사
람의 사람들" 꼴이 되어 겹말입니다. 이 자리에서는 '멤버'만 덜면 되지요.

- **우리 둘은 셔틀버스를 타고 올버니 공항으로 갔다. 또 한 사람의 멤버인 마크는
  보스턴에서 출발해 우리와는 파리에서 만나기로 되어 있었다**
- → 우리 둘은 순환버스를 타고 올버니 공항으로 갔다. 함께 갈 또 한 사람인 마크는
  보스턴에서 떠나 우리와는 파리에서 만나기로 되었다

→ 우리 둘은 버스를 타고 올버니 공항으로 갔다. 함께 움직일 또 한 사람인 마크는
보스턴에서 떠나 우리와는 파리에서 만나기로 하였다

《나무 위 나의 인생》 (마거릿 D.로우먼/유시주 옮김, 눌와, 2002) 203쪽

사람과 인

: **조선사람과 일본인**

→ 조선사람과 일본사람

○ **-인(人)** : '사람'의 뜻을 더하는 접미사

한국말사전에 '한국인(-人)'은 실립니다만 '한국사람'은 안 실립니다. '-인(人)'이라
는 한자는 뒷가지로 한국말사전에 실리지만, '-사람'이라는 한국말은 뒷가지로 삼
지 않는 한국말사전입니다. '한국 사람'이나 '조선 사람'처럼 띄어서 적어야 오늘날
한국 맞춤법에 맞는 셈입니다. 같은 말이며 같은 누군가를 가리키는데도, 한국말
로 이야기를 하면 찬밥인 노릇입니다. 왜 이러해야 할까요? 사람이기에 '사람'이라
쓸 뿐인걸요. 조선도 일본도 한국도 미국도 모두 '조선사람'이요 '일본사람'이며 '한
국사람'이고 '미국사람'입니다.

* **6년 동안 담임선생은 조선사람과 일본인이 반반이었던 것으로 기억된다**
→ 여섯 해 동안 담임선생은 조선사람과 일본사람이 반반이었다고 떠오른다

《역사가의 시간》 (강만길, 창비, 2010) 25쪽

* **일본인 한 사람 한 사람이 셔터를 누르는 횟수도 가히 천문학적이라 할 수 있겠다**
→ 일본사람 하나하나가 사진기 단추를 누르는 횟수도 참말 끝없이 많다 할 수 있겠다
→ 일본사람 하나하나가 사진기 단추를 누르는 횟수도 셀 수 없이 많다 할 수 있겠다
→ 일본사람 하나하나가 사진기 단추를 누르는 횟수도 더할 나위 없이 많다 하겠다

《사진을 즐기다》 (이자와 고타로/고성미 옮김, 한국출판마케팅연구소, 2009) 5쪽

사람과 인간

: **우리들 인간은, 사람을 죽이기 위해**

→ 우리들 사람은, 다른 사람을 죽이려고

→ 우리들 사람은, 서로를 죽이려고

→ 우리들 사람은, 이웃을 죽이고자

→ 우리들 사람은, 동무를 죽일 생각으로

→ 우리들 사람은, 서로 죽이고 죽으려고

> ○ **인간(人間) :** = 사람
> ○ **사람 :** 생각을 하고 언어를 사용하며, 도구를 만들어 쓰고 사회를 이루어 사는 동물

한자말 '인간'은 '사람'을 가리켜요. "우리들 인간은, 사람을 죽이기 위해"처럼 쓰면 겹말입니다. 그런데 "대통령도 한 사람의 인간"이라든지 "한 사람의 인간으로서 말한다" 같은 말씨를 쓰는 분이 있습니다. 이때에는 "대통령도 똑같이 한 사람"이나 "똑같은 사람으로서 말한다"로 손질해야지 싶습니다.

• **우리들 인간은, 사람을 죽이기 위해 태어난 것은 아니라고 봅니다**

→ 우리들 사람은, 다른 사람을 죽이려고 태어나지는 않았다고 봅니다

→ 우리들 사람은, 서로를 죽이려고 태어나지는 않는다고 봅니다

→ 우리들 사람은, 이웃을 죽이고자 태어나지는 않는다고 봅니다

《여인의 사연들》 (미우라 아야코/박기동 옮김, 부림출판사, 1984) 115쪽

사람들의 집단적인 입맛

: **사람들의 집단적인 입맛**

→ 사람들 입맛

→ 여러 사람 입맛

> ○ **집단적(集團的) :** 집단을 이루거나 집단으로 하는
> ○ **집단(集團) :** 여럿이 모여 이룬 모임
> ○ **여럿 :** 많은 수의 사람이나 물건

'집단'은 "여러 사람"이나 "많은 사람"을 가리켜요. '사람들'이라 하면 바로 '여럿'을 가리키고, 이는 한자말 '집단'하고 뜻이 맞물려요. "사람들의 집단적인 입맛"이라고 하면 겹말이에요. '집단적'을 덜어내어 "사람들 입맛"으로 손보거나 "여러 사람

입맛"으로 손봅니다.

- **개인의 입맛도 그렇지만 이 땅에 살고 있는 사람들의 집단적인 입맛은 더 그렇다**
- → 한 사람 입맛도 그렇지만 이 땅에 사는 수많은 사람들 입맛은 더 그렇다
- → 한 사람 입맛도 그렇지만 이 땅에 사는 여러 사람 입맛은 더 그렇다

《우리 음식의 언어》(한성우, 어크로스, 2016) 29쪽

사람의 인간

- : **나 또한 한 사람의 인간이다**
- → 나 또한 사람이다
- → 나도 똑같은 사람이다
- → 나도 이 땅에서 사는 사람이다

> ◦ **인간(人間) :** = 사람
> ◦ **사람 :** 생각을 하고 언어를 사용하며, 도구를 만들어 쓰고 사회를 이루어 사는 동물

한자말 '인간'은 '사람'을 가리킨다는 대목을 슬기롭게 읽을 수 있어야 합니다. 이를 제대로 살피지 못한다면 "나 또한 한 사람의 인간이다" 같은 겹말을 쓰고 맙니다. "한 사람의 인간"이란 무엇일까요? "사람의 인간"이란 참말 무엇일까요? 나도 다른 사람하고 똑같은 사람이라는 뜻인지, 나도 이 지구라는 별에서 사는 사람이라는 뜻인지, 나도 너하고 같은 사람이라는 뜻인지 도무지 알 길이 없습니다. 수수하게 "나 또한 사람이다"라고 하면 될 노릇이지 싶어요.

- **직업은 동식물 연구가이자 과학자이지만 나 또한 한 사람의 인간이다**
- → 하는 일은 동식물 연구가이자 과학자이지만 나 또한 사람이다
- → 내 일은 동식물 연구가이자 과학자이지만 나도 똑같은 사람이다
- → 나는 동식물 연구가이자 과학자이지만 이 땅에서 살며 숨쉬는 사람이기도 하다

《홀로 숲으로 가다》(베른트 하인리히/정은석 옮김, 더숲, 2016) 6쪽

358

사랑과 애정

: **사랑과 애정으로 사진 찍기**

→ 사랑으로 사진 찍기

→ 사랑에 사랑, 또 사랑으로 사진 찍기

→ 사랑하는 마음으로 사진 찍기

→ 사랑과 믿음으로 사진 찍기

> ◦ **애정(愛情)**: 사랑하는 마음

"사랑하는 마음"을 한자말로는 '애정(愛情)'이라고 하니, "사랑과 애정"이라고 하면 겹말이에요. '사랑'이라고만 하든가, "사랑에 사랑, 또 사랑"처럼 잇달아 적으면서 힘주어 말하든가 해야지 싶습니다.

• **스트로보를 마구 터뜨리며 사진 찍는 나에게 사랑과 애정으로 사진 찍기**

→ 불빛을 마구 터뜨리며 사진 찍는 나한테 사랑으로 사진 찍기

《사진으로 생활하기》(최광호, 소동, 2008) 98쪽

사랑과 연애

: **연애를 해야 사랑을 학습할**

→ 사랑을 해야 사랑을 배울

> ◦ **연애(戀愛)**: 남녀가 서로 그리워하고 사랑함
> ◦ **사랑**: 1. 어떤 사람이나 존재를 몹시 아끼고 귀중히 여기는 마음 4. 남녀 간에 그리워하거나 좋아하는 마음

'사랑'하는 일을 한자말로 '연애'로도 적으니, "연애를 해야 사랑을 학습할"이라 하면 겹말이에요. 앞뒤 모두 "사랑을 해야 사랑을 배울"처럼 적어 줍니다. 또는 "사랑을 해야 삶을 배울"이나 "사랑을 해야 사람을 배울"처럼 써 볼 수 있어요. 참으로 그렇다고 할 만한데, 호미질을 하기에 호미질을 배워요. 노래를 하기에 노래를 배우지요. 사랑을 하기에 사랑을 배우고요.

• **제대로 된 연애를 해야 사랑을 학습할 수 있다**

→ 제대로 된 사랑을 해야 사랑을 배울 수 있다

→ 제대로 된 사랑을 해야 삶을 배울 수 있다

《우리말 꽃이 피었습니다》 (오리여인, 시드페이퍼, 2016) 145쪽

• **난 아직 사랑할 수 있어. 여자는 나이를 아무리 먹어도 연애할 수 있어**

→ 난 아직 사랑할 수 있어. 여자는 나이를 아무리 먹어도 사랑할 수 있어

《도쿄 후회망상 아가씨 3》 (히가시무라 아키코/최윤정 옮김, 학산문화사, 2017) 104쪽

사랑과 자비

: **사랑과 자비심을 가지도록**

→ 사랑하도록

→ 사랑하고 보살피도록

→ 사랑하고 아끼도록

> ◦ **자비(慈悲) :** 남을 깊이 사랑하고 가엾게 여김

한자말 '자비'는 '사랑'하는 몸짓을 가리켜요. "사랑과 자비심"처럼 쓰면 겹말이지요. '사랑' 한 마디만 쓰면 되고, "사랑하고 보살피도록"이나 "사랑하고 아끼도록"이나 "사랑하고 곱게 어루만지도록"이나 "사랑하고 고이 여기도록"처럼 손볼 만합니다.

• **티베트 어린이들은 어릴 때부터 모든 생명체에 사랑과 자비심을 가지도록 배웁니다**

→ 티베트 어린이들은 어릴 때부터 모든 목숨을 사랑하도록 배웁니다

→ 티베트 어린이들은 어릴 때부터 모든 목숨을 사랑하고 보살피도록 배웁니다

《평화를 그리는 티베트 친구들》 (티베트 난민 어린이들/베블링 북스 옮김, 초록개구리, 2008) 175쪽

사랑 애

: **자기 자신을 사랑한다고 하면 … '자기애'라는 말은**

→ 자기 자신을 사랑한다고 하면 … '자기사랑'이라는 말은

→ 나 <u>스스로를</u> 사랑한다고 하면 … '나사랑'이라는 말은	○ **-애(愛)** : '사랑'의 뜻을 더하는 접미사
→ 내가 나를 사랑한다고 하면 … '나사랑'이라는 말은	○ **-사랑** : x

한국말사전을 살피면 '-애(愛)'는 뒷가지로 실리지만, '-사랑'은 딱히 안 실립니다. '-애'를 붙이는 '동성애·동포애·모성애·인간애·인류애·조국애'가 보기글로 나와요. 가만히 생각해 보면 '동성사랑·동포사랑'처럼 '-사랑'을 붙여서 쓸 수 있어요. '어머니사랑·사람사랑'이라든지, 아니면 '모성사랑·인간사랑'처럼 얼마든지 쓸 수 있고요. "자기 자신을 사랑한다고"라 이르다가 '자기애'라 이르는 보기글은 겹말 얼거리입니다. '자기사랑'이라고 쓸 수 있어요. 또는 '나사랑'이라고 할 만합니다. 나를 사랑하기에 '나사랑'이에요.

- 우리 사회에선 누군가 자기 자신을 사랑한다고 하면 흔히 떨떠름한 반응을 보인다. '자기애'라는 말은

→ 우리 사회에선 누군가 나 스스로를 사랑한다고 하면 흔히 떨떠름해한다. '나사랑'이라는 말은

→ 우리 사회에선 누군가 내가 나를 사랑한다고 하면 흔히 떨떠름해한다. '나사랑'이라는 말은

《나는 이제 참지 않고 살기로 했다》(니콜 슈타우딩거/장혜경 옮김, 갈매나무, 2016) 79쪽

사려 깊다

: 매우 **사려 깊고도**	○ **사려(思慮)** : 여러 가지 일에 대하여 깊게 생각함
→ 매우 생각이 깊고도	
→ 매우 깊고도	
→ 매우 깊은 생각이 담기고도	

한자말 '사려'는 "깊게 생각함"을 가리킵니다. "사려 깊고도"처럼 쓰거나 "깊은 사려"처럼 쓰면 겹말이에요. 한국말사전에 나온 보기글 가운데 "사려가 깊은 사람이다"나 "사려를 깊게 하는"이 있네요. 한국말사전 보기글까지 겹말이군요. 한국말사

361

전 보기글은 "생각이 깊은 사람이다"나 "속이 깊은 사람이다"라든지 "생각을 깊게 하는"이나 "깊게 생각하는"으로 손질해 주어야겠습니다. 더 헤아린다면, '생각 + 깊다' 같은 얼거리로 '생각깊다' 같은 새 낱말을 써 볼 만합니다. 또는 '깊다 + 생각' 같은 얼거리로 '깊은생각'이라는 새말을 빚을 수 있어요. 이러면서 '생각얕다'라든 지 '얕은생각' 같은 새 낱말을 써 볼 만하고, '생각좁다 · 좁은생각'이나 '생각넓다 · 너른생각'이나 '생각좋다 · 좋은생각' 같은 새 낱말을 알맞게 써 볼 수 있겠지요.

- **니사의 이야기는 매우 사려 깊고도 유익했다**
→ 니사 이야기는 매우 깊고도 도움이 됐다
→ 니사가 들려준 이야기는 매우 생각이 깊고도 알찼다

《니사》 (마저리 쇼스탁/유나영 옮김, 삼인, 2008) 53쪽

- **침착하고 사려 깊은 상사를 만나는 행운이**
→ 차분하고 생각 깊은 웃사람을 만나는 행운이
→ 찬찬하고 마음 깊은 웃사람을 만나는 행운이

《나는 이제 참지 않고 살기로 했다》 (니콜 슈타우딩거/장혜경 옮김, 갈매나무, 2016) 147쪽

사방 곳곳

: **사방 곳곳**
→ 둘레 곳곳
→ 곳곳이
→ 이곳저곳

> ○ **사방(四方)** : 1. 동, 서, 남, 북 네 방위를 통틀어 이르는 말 3. 여러 곳
> ○ **곳곳** : 여러 곳 또는 이곳저곳

한자말 '사방'은 네 방위를 가리키기도 하지만, "여러 곳"을 가리키기도 합니다. "사방 곳곳"이라고 하면 겹말 얼거리가 돼요. 보기글에서는 '사방'보다는 "둘레 곳곳"으로 쓰면 한결 나으리라 봅니다. 한자말 '사방'을 꼭 쓰고 싶다면 '곳곳'을 덜고 '사방이'를 쓰면 돼요. '사방'을 안 쓰고 싶다면 '곳곳이'나 '이곳저곳'이나 "이곳도 저곳도"나 "어느 곳이나"로 손볼 만합니다.

- **사방 곳곳 물에 잠기지 않은 곳이 없어요**

- → 곳곳이 물에 잠기지 않은 곳이 없어요
- → 이곳저곳 물에 잠기지 않은 곳이 없어요

《이리 와!》 (미라 로베/김시형 옮김, 분홍고래, 2016) 2쪽

- **바람이 불면 사방 여러 군데가 삐걱대고 덜컹거려**
- → 바람이 불면 여러 군데가 삐걱대고 덜컹거려
- → 바람이 불면 이곳저곳 삐걱대고 덜컹거려
- → 바람이 불면 여기저기 삐걱대고 덜컹거려

《하이디》 (요한나 슈피리/한미희 옮김, 비룡소, 2003) 85쪽

사소하고 하찮은

: **사소하고 하찮은**
- → 하찮은
- → 자잘한

> - **사소하다(些少–)** : 보잘것없이 작거나 적다
> - **보잘것없다** : 볼만한 가치가 없을 정도로 하찮다

'사소하다'는 '보잘것없이' 작거나 적은 모습을 가리킨다고 해요. '보잘것없다'는 '하찮다'를 가리킨다고 합니다. "사소하고 하찮은"처럼 쓰면 겹말입니다. '하찮은' 으로 손보거나 '자잘한'으로 손보아야 합니다. '보잘것없다'하고 '하찮다'는 서로 비슷하지만 다른 낱말이니, 한국말사전은 돌림풀이를 털어내어 '보잘것없다'를 제대로 다루어야지 싶습니다.

- **카뮈에 의해 과학은 순식간에 삶에서 사소하고 하찮은 문제가 되어버렸다**
- → 카뮈 한마디에 과학은 갑자기 삶에서 하찮은 문제가 되어버렸다
- → 카뮈 한마디에 과학은 갑자기 삶에서 자잘한 문제가 되어버렸다

《과학을 읽다》 (정인경, 여문책, 2016) 8쪽

사악하고 나쁘다

: **사악한 사람들은 … 기분이 나쁠 수밖에**

→ 나쁜 사람들은 … 기분이 나쁠 수밖에

→ 짓궂은 사람들은 … 마음이 나쁠 수밖에

→ 못된 사람들은 … 나쁘게 느낄 수밖에

> ○ **사악하다(邪惡−)** : 간사하고 악하다
> ○ **간사하다(奸邪−)** : 1. 자기의 이익을 위하여 나쁜 꾀를 부리는 등 마음이 바르지 않다
> ○ **악하다(惡−)** : 인간의 도덕적 기준에 어긋나 나쁘다

"간사하고 악하다"를 뜻한다는 한자말 '사악하다'인데, '간사하다'도 '악하다'도 '나쁘다'라는 뜻을 나타내요. "사악한 사람들은 … 기분이 나쁠 수밖에"처럼 쓰면 겹말입니다. 앞뒤 모두 '나쁘다'로 적으면 됩니다. 앞뒤에 같은 말을 안 넣고 싶으면, 앞쪽은 '짓궂다'나 '궂다'나 '못되다' 같은 낱말을 넣을 만합니다.

• **그러니까 사악한 사람들은 허슈아이의 말을 들으면 자연스레 기분이 나쁠 수밖에 없었다**

→ 그러니까 나쁜 사람들은 허슈아이가 하는 말을 들으면 저절로 마음이 나쁠 수밖에 없었다

→ 그러니까 짓궂은 사람들은 허슈아이가 하는 말을 들으면 절로 나쁘게 느낄 수밖에 없었다

《뉴욕에 간 귀뚜라미 체스터》 (조지 셀던 톰프슨/김연수 옮김, 시공주니어, 1998) 68쪽

사이의 간극

: **점점 커지고 있는 생산과 소비 사이의 간극**

→ 차츰 커지는 생산과 소비 사이

→ 차츰 크게 벌어지는 생산과 소비

→ 생산과 소비가 차츰 벌어지는 일

> ○ **간극(間隙)** : 1. 사물 사이의 틈 2. 시간 사이의 틈 3. 두 가지 사건, 두 가지 현상 사이의 틈
> ○ **사이** : 1. 한 곳에서 다른 곳까지, 또는 한 물체에서 다른 물체까지의 거리나 공간 4. 서로 맺은 관계
> ○ **틈** : 1. 벌어져 사이가 난 자리 4. 사람들 사이에 생기는 거리

한자말 '간극'은 "사이의 틈"을 뜻한다고 합니다. '사이'랑 '틈'은 서로 다른 낱말이지만 똑같은 자리를 가리킬 적에 쓰기도 해요. 한국말사전은 '틈'을 풀이하면서 "사이가 난"이나 "사이에 생기는"으로 풀이하지요. 무척 얄궂은 돌림풀이입니다. 한자말 '간극'만 놓고 보아도 뜻풀이가 얄궂은데 보기글은 "사이의 간극"이라고 하니 더욱 얄궂은 겹말입니다. "사이의 간극"이라면 "사이의 사이의 틈"이라는 소리가 될 테지요. '사이' 한 마디만 쓰거나 "벌어진 자리"나 "벌어지는 일"로 손질해 줍니다.

- 점점 커지고 있는 생산과 소비 사이의 간극을 정당화하기 위해서는 산업화된 전통을 이용하는 것이 필요했다
→ 차츰 크게 벌어지는 생산과 소비를 옳다고 보도록 하려면 산업화 전통을 끌어들여야 했다
→ 생산과 소비 사이가 차츰 벌어지는 일을 옳다고 여기게 하려면 산업화 전통을 끌어들여야 했다

《그림자 노동》 (이반 일리치/노승영 옮김, 사월의책, 2015) 193쪽

삭제하듯 지우다

:   앱 삭제하듯 지워버릴

◦ 삭제하다(削除-) : 깎아 없애거나 지워 버리다

→ 앱 지우듯 지워버릴
→ 앱처럼 지워버릴
→ 앱마냥 쉽게 지워버릴

한자말 '삭제하다'는 '없애다'나 '지우다'를 가리키니, "앱 삭제하듯 지워버릴"이라 하면 겹말입니다. "앱 지우듯 지워버릴"로 손보면 되는데, "앱처럼 지워버릴"이나 "앱마냥 지워버릴"로 손본다거나 "앱처럼 가볍게 지워버릴"이나 "앱마냥 쉽게 지워버릴"로 손볼 만해요.

- 앱 삭제하듯 지워버릴 수도?
→ 앱 지우듯 지워버릴 수도?

→   앱처럼 쉽게 지워버릴 수도?

《연옥의 봄》 (황동규, 문학과지성사, 2016) 38쪽

산과 들에 야생

:   **산과 들에 야생하는 꽃과 새**

→   산과 들에 있는 꽃과 새

→   산과 들에서 자라는 꽃과 새

→   산과 들에서 사는 꽃과 새

> ◦ **야생(野生) :** 산이나 들에서 저절로 나서 자람

산이나 들에서 저절로 나거나 자란다고 해서 한자말로 '야생'을 붙이곤 합니다. "산과 들에 야생하는"처럼 쓰면 겹말이에요. 이 글월을 조금 더 헤아려 본다면 "들꽃과 멧새"처럼 쓸 만합니다.

•   **꽃새그림은 산과 들에 야생하는 꽃과 새를 소재로 하였으며**

→   꽃새그림은 산과 들에 있는 꽃과 새를 그림감으로 하였으며

→   꽃새그림은 산과 들에서 자라는 꽃과 새를 그림감으로 하였으며

→   꽃새그림은 들꽃과 멧새를 그림감으로 하였으며

《한국민화》 (김호연, 경미문화사, 1977) 17쪽

산미와 맛

:   **커피콩 자체의 산미와 맛이 사라지기 때문에**

→   커피콩은 신 기운이나 맛이 사라지기 때문에

→   커피콩은 신맛이나 냄새가 사라지기 때문에

→   커피콩은 시큼함이 사라지기 때문에

> ◦ **산미(酸味) :** = 신맛
> ◦ **신맛 :** 식초와 같은 맛
> ◦ **시큼하다 :** 맛이나 냄새 따위가
>   조금 시다

'산미'는 '신맛'으로 고쳐쓸 낱말입니다. 보기글 "산미와 맛"은 "신맛과 맛"이라 적

은 셈인데, 이는 무슨 뜻이 될까요? 아리송합니다. "신 기운이나 맛"을 이야기하고 싶었을까요? 아니면 "신 냄새나 맛"을 나타내고 싶었을까요? 한자말을 엉성하게 쓰면 무엇을 말하려고 했는지 흐려지거나 뒤죽박죽이 될 수 있습니다. 쉽고 또렷하게 적어야 겹말 굴레에서 벗어납니다.

- • 사향고양이가 소화하는 과정에서 발생하는 효소가 커피맛을 순하게 만드는 효과가 있을 뿐 커피콩 자체의 산미와 맛이 사라지기 때문에
- → 사향고양이가 삭이는 동안 생기는 효소가 커피맛을 부드럽게 해 줄 뿐 커피콩은 신맛이나 냄새가 사라지기 때문에
- → 사향고양이가 삭일 적에 생기는 효소가 커피맛을 부드럽게 해 줄 뿐 커피콩은 시큼함이 사라지기 때문에

《사향고양이의 눈물을 마시다》 (이형주, 책공장더불어, 2016) 126쪽

산의 산기슭

: **두 산의 산기슭에는**

→ 두 산 기슭에는

→ 두 멧기슭에는

> ○ **산기슭(山-)** : 산의 비탈이 끝나는 아랫부분

산에 있는 기슭이니 '산기슭'이에요. "산의 산기슭"이라고 하면 겹말입니다. 아리송한 겹말이지요. "산에서 캔 산나물"이나 "산에 사는 산짐승"처럼 쓰지 않아요. 한 번만 말하면 됩니다. "산의 산꼭대기"나 "산의 산밑"처럼 말하지도 않습니다.

- • 이 두 산의 산기슭에는 작은 읍과 마을이 군데군데 흩어져 있습니다
- → 두 산 기슭에는 작은 읍과 마을이 군데군데 있습니다
- → 두 멧기슭에는 작은 읍과 마을이 흩어져서 있습니다

《지렁이 카로》 (이마이즈미 미네코/최성현 옮김, 이후, 2004) 10쪽

산포로 퍼진

:　**종자 산포로 퍼진**

→　씨앗을 흩뜨려서 퍼진

→　씨앗으로 퍼진

→　씨앗으로 퍼뜨린

> ○ **산포(散布)** : 흩어져 퍼지거나 흩어 퍼뜨림
> ○ **퍼뜨리다** : 널리 퍼지게 하다
> ○ **퍼지다** : 5. 어떤 물질이나 현상 따위가 넓은 범위에 미치다

'산포'라는 한자말은 "흩어져 퍼지거나 흩어 퍼뜨림"을 나타내니, "종자 산포로 퍼진"처럼 쓰면 겹말입니다. 더 헤아려 보면 '산포'라는 한자말은 식물학 전문 낱말이라기보다는 어렵고 낯선 한자말로 여겨야지 싶어요. '흩뜨림'으로 손질해야지 싶습니다. 이 보기글은 "씨앗을 흩뜨려서 퍼진"으로 손볼 수 있는데, '퍼뜨리다'나 '퍼지다'는 넓은 곳에 두루 있도록 하는 모습을 가리키니, "씨앗으로 퍼진"이나 "씨앗으로 퍼뜨린"으로 손보아도 됩니다.

• **뿌리줄기에서보다는 종자 산포로 퍼진 것이 대부분이다**

→　뿌리줄기에서보다는 씨앗으로 퍼진 풀이 거의 모두이다

→　거의 모두 뿌리줄기에서보다는 씨앗을 흩뜨려서 퍼진다

→　거의 모두 뿌리줄기에서보다는 씨앗으로 퍼진다

《한국 식물 생태 보감 2》 (김종원, 자연과생태, 2016) 42쪽

살다가 거주했습니다

:　**흩어져 살다가 함께 거주했습니다**

→　흩어져 살다가 함께 살았습니다

→　흩어져 살다가 함께 지냈습니다

> ○ **거주(居住)** : = 주거(住居)
> ○ **주거(住居)** : 일정한 곳에 머물러 삶

'거주'라는 한자말은 '= 주거'를 가리킨다 하고, '주거'라는 한자말은 '살다'를 뜻한다고 해요. "흩어져 살다가 함께 거주했습니다"처럼 쓸 까닭이 없이 앞뒤 모두 '살다'를 쓰면 됩니다. 앞하고 뒤를 다르게 쓰고 싶다면 뒤쪽은 '지내다'나 '있다'나 '머

물다'를 쓸 만합니다. 살기 때문에 '살다'라 말하는 만큼, 따로 '거주'나 '주거'라는 한자말을 안 써도 되리라 봅니다. '거주지 · 주거지' 같은 한자말은 '삶터'나 '살림터'나 '사는 곳'으로 손볼 수 있습니다.

* **이곳저곳에서 흩어져 살다가 겨울이 되면 이곳으로 돌아와 함께 거주했습니다**
→ 이곳저곳에서 흩어져 살다가 겨울이 되면 이곳으로 돌아와 함께 지냈습니다
→ 이곳저곳에서 흩어져 살다가 겨울이 되면 이곳으로 돌아와 함께 있었습니다
→ 이곳저곳에서 흩어져 살다가 겨울이 되면 이곳으로 돌아와 함께 살았습니다

《문명의 산책자》 (이케자와 나쓰키/노재영 옮김, 산책자, 2009) 177쪽

* **자신을 아프리카인으로 생각하고 일컫는 사람들이 살고 있는 거주지일까**
→ 스스로 아프리카사람으로 생각하고 일컫는 사람들이 사는 곳일까
→ 스스로 아프리카사람으로 생각하고 일컫는 사람들이 사는 터전일까
→ 스스로 아프리카사람으로 생각하고 일컫는 사람들이 사는 자리일까

《오브 아프리카》 (월레 소잉카/왕은철 옮김, 삼천리, 2017) 41쪽

살아갈 여생

: **살아갈 여생이 있을 때라야만**
→ 살아갈 날이 남을 때라야만
→ 살아갈 날이 있을 때라야만
→ 남은 삶이 있을 때라야만

> ○ **여생(餘生)** : 앞으로 남은 인생. '남은 생애'로 순화
> ○ **인생(人生)** : 1. 사람이 세상을 살아가는 일 2. 어떤 사람과 그의 삶 모두를 낮잡아 이르는 말 3. 사람이 살아 있는 기간
> ○ **생애(生涯)** : 살아 있는 한평생의 기간

'여생'이라는 한자말은 "남은 인생"을 뜻하고, "남은 생애"로 고쳐써야 한답니다. '인생'은 '살아가는' 일을 가리킨다 하고, '생애'는 '살아서' 있는 동안을 가리킨다고 해요. "살아갈 여생"은 겹말 얼거리입니다. "살아갈 남은 삶"인 꼴이니까요. "살아갈 날"이나 "남은 삶"으로 고쳐 줍니다.

* **그 모든 컬렉션 판매도 살아갈 여생이 있을 때라야만 좋은 것이다**
→ 그 모든 수집품 장사도 살아갈 날이 있을 때라야만 좋다
→ 그 모든 수집품을 팔래도 남은 삶이 있을 때라야만 좋다

《내추럴 히스토리》 (존 앤더슨/최파일 옮김, 삼천리, 2016) 273쪽

살아생전

: **아버지 살아 생전**

→ 아버지 살아서

→ 아버지 사셔서

→ 아버지 사는 동안

→ 아버지 계실 적

> ○ **생전(生前)** : 1. 살아 있는 동안 2. 일전에 경험한 적이
> 없음을 나타내거나 자신의 표현 의도를 강조하는 말
> ○ **살아생전(-生前)** : 이 세상에 살아 있는 동안

'생전'이라는 한자말은 "살아 있는 동안"을 가리키니, "살아 생전"처럼 쓰면 겹말입니다. '살아서'나 "사는 동안"으로 손볼 수 있고, 높여서 쓸 적에는 '사셔서'나 "계실 적"으로 손볼 수 있어요. 그런데 한국말사전에 '살아생전'이 한 낱말로 실립니다. 한국말사전에 올림말로 실린 줄 안다면 붙여서 쓸 테고, 올림말로 실린 줄 모른다면 띄어서 쓸 텐데, 말뜻을 찬찬히 짚으면서 가다듬을 줄 안다면 '살아서' 한 마디로 단출하게 쓸 테지요.

• **아버지 살아 생전 그리도 소중히 하셨던 우리 집안의 묘소다**

→ 아버지 살아서 그리도 알뜰히 하셨던 우리 집안 무덤이다

→ 아버지 계실 적 그리도 고이 여기던 우리 집안 무덤이다

《토끼가 새라고??》 (고선윤, 안목, 2016) 266쪽

• **그토록 돋보이게 공헌한 국제적 신좌파의 발전을 살아생전에 보지 못했다**

→ 그토록 돋보이게 이바지한 국제 신좌파 발돋움을 살아서 보지 못했다

→ 그토록 돋보이게 이바지한 국제 신좌파 발돋움을 두 눈으로 보지 못했다

《C. 라이트 밀스》 (대니얼 기어리/정연복 옮김, 삼천리, 2016) 353쪽

살짝 미풍

: **살짝 미풍만 불어도**

→ 살짝 바람만 불어도

→ 산들바람만 불어도

> ○ **미풍(微風)** : 약하게 부는 바람
> ○ **약하다(弱-)** : 힘의 정도가 작다
> ○ **살짝** : 2. 힘들이지 아니하고 가볍게 3. 심하지
> 아니하게 아주 약간

→ 바람이 살짝만 불어도

한자말로 적는 '미풍'은 한국말로 치자면 '살짝바람'이라고 할 만합니다. 이 같은 '살짝바람'은 '산들바람'이기도 합니다. 가볍게 부는 바람이니까요. 가볍게 불기에 "가벼운 바람"이고, 살짝 불기에 "살짝 부는 바람"이나 "살며시 이는 바람"입니다.

- **침엽수 숲에 살짝 미풍만 불어도 거대한 먼지구름이 일어**
→ 바늘잎나무 숲에 살짝 바람만 불어도 커다란 먼지구름이 일어
→ 바늘잎나무 숲에 산들바람만 불어도 큼지막한 먼지구름이 일어
→ 바늘잎나무 숲에 바람이 살짝만 불어도 큰 먼지구름이 일어

《나무 수업》 (페터 볼레벤/장혜경 옮김, 이마, 2016) 38쪽

삶과 생활

ㅅ

: **삶과 생활**
→ 삶과 살림
→ 삶

> ○ **생활(生活)** : 사람이나 동물이 일정한 환경에서 활동하며 살아감
> ○ **살아가다** : 목숨을 이어 가거나 생활을 해 나가다

'살아간다'를 뜻하는 한자말 '생활'입니다. '삶'은 '살다'에서 비롯한 낱말입니다. "삶과 생활"이란 "삶과 삶"을 말하는 꼴이에요. 짧게 '삶'이라고만 하든지 "삶과 살림"처럼 말해야 알맞습니다. 한국말사전을 살피면 '생활 = 살아감'으로 풀이하고, '살아가다 = 생활하다'로 풀이하네요. 엉뚱한 돌림풀이입니다.

- **삶과 생활과 한데 어우러져 나오는 것이 아니라**
→ 삶과 살림이 한데 어우러져 나오지 않고
→ 삶이 한데 어우러져 나오지 않고

《사진으로 생활하기》 (최광호, 소동, 2008) 186쪽

- **사람은 어쨌든 일을 해야 삶을 영위하고 생활을 꾸려나갈 수 있습니다**
→ 사람은 어쨌든 일을 해야 삶을 짓고 살림을 꾸려나갈 수 있습니다
→ 사람은 어쨌든 일을 해야 삶을 짓거나 꾸려나갈 수 있습니다

《이어달리기》 (손문상과 여덟 사람, 길찾기, 2006) 2쪽

- **물고기들이 사는 곳과 생활하는 모습**
→ 물고기들이 사는 곳과 살아가는 모습
→ 물고기 보금자리와 사는 모습

《아기 낳는 아빠 해마》 (최영웅·박흥식, 지성사, 2012) 48쪽

삶과 실천

: **자비를 실천하는 삶을 살게 되었다**
→ 사랑을 실천하게 되었다
→ 사랑을 삶으로 옮겼다
→ 사랑을 몸으로 옮겼다
→ 사랑하며 살 수 있었다

> - **실천(實踐)** : 생각한 바를 실제로 행함
> - **실제로(實際-)** : 거짓이나 상상이 아니고 현실적으로
> - **현실적(現實的)** : 1. 현재 실제로 존재하거나 실현될 수 있는 2. 실제로 얻을 수 있는 이익 따위를 우선시하는
> - **행하다(行-)** : 어떤 일을 실제로 해 나가다

한자말 '실천'은 "실제로 행함"을 뜻한다는데, '행하다'는 "실제로 하다"를 뜻한다니, 한국말사전 뜻풀이는 겹말풀이가 됩니다. '실제로'는 '현실적으로'를 가리킨다는데, '현실적'은 '실제로' 이루거나 있는 모습을 가리킨다니 이는 돌림풀이예요. 이 대목에서 찬찬히 헤아려 보면, '실제로 행하는' 일이란 '사는(살아내는)' 일이라 할 수 있어요. 어느 모로는 '실천(실천하다) = 함(하다) = 삶(살다)'이 된다고 할 만해요. "그렇게 실천했니?"는 "그렇게 했니?"나 "그렇게 살았니?"나 "그렇게 살아냈니?"로 손볼 수 있거든요. "그 일을 실천했니?"는 "그 일을 했니?"나 "그 일을 하며 살았니?"로 손볼 수 있고요. 삶으로 옮기지 않는다면 실천이라 할 수 없어요. 이 보기글은 '실천'이라는 한자말을 쓰고 싶다면 "사랑을 실천하게 되었다"로 손볼 노릇이고, 딱히 한자말을 안 써도 된다면 "사랑을 몸으로 옮겼다"나 "사랑을 온몸으로 옮겼다"로 손볼 수 있으며, "사랑하며 살 수 있었다"나 "사랑을 삶으로 펼칠 수 있었다"나 "사랑으로 하루를 살 수 있었다"처럼 적어 볼 만합니다.

- **자비를 생각으로만 베푸는 게 아니라 자비를 실천하는 삶을 살게 되었다**
→ 사랑을 생각으로만 베풀지 않고 삶으로 옮길 수 있었다
→ 사랑을 생각으로만 베풀지 않고 삶으로 펼칠 수 있었다

《개.똥.승.》 (진엽, 책공장더불어, 2016) 36쪽

삶과 인생

:　　**내 인생, 내 삶**

→　내 하루, 내 삶

→　내 삶

→　내 삶, 내 나날

> ◦ **삶** : 1. 사는 일. 또는 살아 있음 2. 목숨 또는 생명
> ◦ **인생(人生)** : 1. 사람이 세상을 살아가는 일 2. 어떤 사람과 그의 삶 모두를 낮잡아 이르는 말 3. 사람이 살아 있는 기간
> ◦ **생(生)** : 1. 삶

한자말 '인생'은 '삶'을 가리킵니다. "내 인생, 내 삶"이라 하면 같은 말을 되풀이한 셈이에요. 이처럼 잇달아 "내 (무엇)" 꼴로 쓰고 싶다면 "내 하루, 내 삶"이나 "내 나날, 내 삶"처럼 손볼 만해요. 그냥 "내 삶"이라고만 단출하게 써도 돼요.

•　**내 인생, 내 삶, 제대로 흘러가는 중일까**

→　내 하루, 내 삶, 제대로 흘러갈까

→　내 삶, 제대로 흘러가는가

《우리말 꽃이 피었습니다》 (오리여인, 시드페이퍼, 2016) 203쪽

삶을 살다

:　　**우리 본성이 원하는 삶을 살아야 한다**

→　우리 마음이 바라는 대로 살아야 한다

→　우리 마음이 바라는 삶을 지어야 한다

> ◦ **삶** : 1. 사는 일. 또는 살아 있음 2. 목숨 또는 생명

'삶'이란 "사는 일"이니 "삶을 살다"처럼 쓰면 겹말입니다. 요즈음 들어 이 말씨가 부쩍 퍼지면서 '겹말이라기보다 입에 굳은 말씨(관용구)'가 되었다고 여길 수도 있습니다. 다만 말뜻을 살핀다면 틀림없이 겹말입니다. "삶을 살아야 한다"가 아니라 "삶을 지어야 한다"나 "삶을 누려야 한다"나 "삶을 가꾸어야 한다"처럼 손볼 만해요. '삶'을 '어떻게' 마주하느냐를 또렷하게 풀어낸다면 말뜻에서 겹말이 될 일이 없습니다. 앞뒤 흐름을 살피면 "원하는 삶을 살아야" 꼴은 "바라는 대로 살아야"로 손볼 만하지요. "내가 살려는 삶의 방식" 꼴은 "내가 살려는 길"로 손볼 만하고,

"그늘진 삶을 사는 사람들"은 "그늘진 삶인 사람들"로 손볼 만해요. "어떤 삶을 살다 죽어야 하는가" 꼴은 "어떻게 살다가 죽어야 하는가"로 손볼 만하고, "기쁜 삶을 살다" 꼴은 "기쁘게 살다"로 손볼 만합니다.

- **소외되고 그늘진 삶을 사는 사람들**
- → 따돌림받고 그늘지게 사는 사람들
- → 따돌림받고 그늘진 삶인 사람들
- → 따돌림받고 그늘진 곳에서 사는 사람들

《나는 어떤 삶을 살아야 할까?》 (홍세화와 여섯 사람, 철수와영희, 2016) 7쪽

- **덜 사고 덜 쓰며 단순하게 산다. 그게 내가 살려는 삶의 방식이다**
- → 덜 사고 덜 쓰며 단출하게 산다. 그게 내가 살려는 길이다
- → 덜 사고 덜 쓰며 가볍게 산다. 그게 내 삶이다
- → 덜 사고 덜 쓰며 조촐하게 산다. 그게 내가 지으려는 삶이다

《단순한 것이 아름답다》 (장석주, 문학세계사, 2016) 22쪽

삼복염천

: **삼복염천**
→ 무더위
→ 찌는 더위
→ 한여름더위

> ◦ **삼복염천(三伏炎天)** : = 삼복더위
> ◦ **삼복더위(三伏-)** : 삼복 기간의 몹시 심한 더위 ≒ 복달더위·복더위·삼복염천·삼복증염
> ◦ **삼복(三伏)** : 1. 초복, 중복, 말복을 통틀어 이르는 말 2. 여름철의 몹시 더운 기간
> ◦ **염천(炎天)** : 1. 몹시 더운 날씨 2. 구천(九天)의 하나

'삼복'은 세 가지 복날을 아울러 이르는 말일 수 있고, 몹시 더운 여름 날씨를 가리키는 말일 수 있어요. 복날에 찾아온 더위라면 '복더위'나 '복달더위'로 손질할 만합니다. 둘째 뜻인 더운 날씨를 나타내려 하면서 '삼복 + 염천'으로 적었다면 겹말이니 '무더위'나 "찌는 더위"나 "찌는 여름"으로 손질할 만해요. 가만히 헤아려 보면 첫째 뜻인 "세 가지 복날"을 가리킨다 하더라도 이 복날은 몹시 더운 날이에요. 한여름이기에 몹시 덥지요. '한여름더위'처럼 아예 새롭게 말을 지어 볼 수 있습니다.

- **공장일 휘청휘청 다니는 남편 삼복염천 잘 견디시라**
→ 공장일 휘청휘청 다니는 남편 복달더위 잘 견디시라
→ 공장일 휘청휘청 다니는 남편 무더위 잘 견디시라
→ 공장일 휘청휘청 다니는 남편 찌는 더위 잘 견디시라
→ 공장일 휘청휘청 다니는 남편 한여름더위 잘 견디시라

《봄비가 무겁다》(최부식, 문학의전당, 2015) 21쪽

삼세번

: **삼세번을 보고도**
→ 세 번을 보고도
→ 세 번이나 보고도
→ 세 번씩 보고도
→ 세 번씩이나 보고도

> ○ **삼세번(三-番)** : 더도 덜도 없이 꼭 세 번
> ○ **삼세판(三-)** : 더도 덜도 없이 꼭 세 판

한겨레는 셋이라는 숫자를 몹시 크게 여깁니다. 아주 뜻깊은 숫자요, 매우 사랑하는 숫자입니다. 이러다 보니, '삼세번'이나 '삼세판'처럼 '삼(三)'이라는 한자하고 '세(셋)'라는 한국말을 나란히 적는 겹말을 널리 쓰고 싶습니다. '삼세번·삼세판'은 틀림없이 겹말입니다. 그러나 이 말마디를 겹말로 여겨서 손질하거나 걸러내려고 하는 사람은 드뭅니다. 겹말인 줄 알면서 일부러 겹말로 쓴다고까지 할 만한 말마디입니다. 힘주어 말하려고 한다면 "꼭 세 번"이라 할 수 있습니다. "세 번씩"이나 "세 번이나"나 "세 번만"처럼 쓸 수 있습니다. 한겨레는 어떤 뜻을 힘주어서 밝히려고 할 적에 토씨를 다르게 붙이거나 꾸밈말을 앞에 붙입니다. "우리 삼세번으로 끝내자"는 "우리 꼭 세 번으로 끝내자"로 손볼 만하고, "삼세번에 득한다는 옛말"은 "꼭 세 번에 얻는다는 옛말"로 손볼 만하며, "가위바위보 삼세판으로"는 "가위바위보 세 판으로"로 손볼 만합니다.

- **기본으로 삼세번을 보고도 만족스럽지 못하면**
→ 적어도 세 번씩 보고도 마음에 차지 못하면
→ 적어도 세 차례 보고도 마음에 들지 못하면

《동사의 맛》(김정선, 유유, 2015) 46쪽

삼시 세끼

: **삼시 세끼**

→ 하루 세끼

→ 세끼

→ 세 끼니

> ○ **삼시(三時)** : 아침, 점심, 저녁의 세 끼니
> ○ **세끼** : 아침·점심·저녁으로 하루에 세 번 먹는 밥이라는 뜻으로, 하루하루의 끼니를 이르는 말

한국말은 '세끼'이고, 이를 한자말 '삼시'로 나타내기도 합니다. "삼시 세끼"처럼 쓴다면 겹말이에요. 네 글자로는 "하루 세끼"처럼 쓸 만하고, 다섯 글자로는 "날마다 세끼"로 쓸 만합니다. 세 글자로는 "세 끼니"라 하면 되고, 단출하게 두 글자로는 '세끼'라 하면 돼요.

• **엄마의 삼시 세끼 따신 밥상은**

→ 엄마가 하루 세끼 차린 따신 밥상은

→ 엄마가 차린 세 끼니 따신 밥상은

《다른 길》 (박노해, 느린걸음, 2014) 281쪽

• **한 치의 빈틈도 없이 삼시 세끼를 차려내는 친정어머니**

→ 한 치 빈틈도 없이 하루 세끼를 차려내는 친정어머니

→ 한 치 빈틈도 없이 나날이 세끼를 차려내는 친정어머니

《전라도, 촌스러움의 미학》 (황풍년, 행성B잎새, 2016) 98쪽

상호 간

: **상호 간에 겪었던 고통을 치유하기 위한**

→ 서로 겪었던 괴로움을 씻으려는

→ 서로 괴로웠던 삶을 달래려는

한자말로 엮은 "상호 간"은 한국말로는 "서로 사이"를 가리켜요. "상호 간"이라고 하면 겹말인지 미처 못 느낄는지 모르나 "서로 사이"라 하면 어딘가 얄궂은 말씨인 줄 느낄 수 있을까요? '서로'라는 낱말은 "둘 사이"라든지 "여럿 사이"를 나타내요. 한자말 '상호'도 '서로'하고 같아요. 한자 '간(間)'은 '사이'를 뜻하지요. "상호 간·서로 간·서로 사이"는 모두 겹말 얼거리입니다. 한자말을 쓰고 싶다면 '상호' 만 쓸 노릇이요, 한국말로 알맞게 쓰고 싶다면 '서로'만 쓸 노릇이에요. '서로서로' 를 써도 돼요. 보기글은 남녘과 북녘이 서로 겪은 아픔을 다룹니다. 그래서 "남북 이 겪었던"이나 "남북이 서로 겪었던"으로 손볼 수 있기도 한데요, "남북 사이에 겪었던"이나 "남북이 서로 사이에 겪었던"이라 적으면 무척 어설프지요.

- **지금까지 상호 간에 겪었던 고통을 치유하기 위한 자발적 노력들이 이루어질 것이고**
- → 이제까지 서로 겪었던 괴로움을 씻으려고 스스로 애쓸 테고
- → 여태까지 서로 겪어야 한 아픔을 달래려고 스스로 힘쓸 테고

《통일교육 어떻게 할까?》 (김현희와 다섯 사람, 철수와영희, 2016) 45쪽

새로 신접살림

: **새로 신접살림을 차린**

→ 새로 살림을 차린

→ 새살림을 차린

'신접'은 새로 살림을 차리거나 새로 자리를 잡고 사는 일을 가리킨다고 하니, '신 접살림'이라 하면 겹말입니다. 여기에 "새로 신접살림을 차린"이라 하면 겹겹말이 되어요. 겹말을 다시 겹치기로 쓴 얼거리예요. 한국말에 '새살림'이 있습니다. '새

살림'이라는 낱말을 쓴다면 "새로 새살림을 차린다"처럼 쓸 일이 없을 테지요. '신접'이라는 한자말을 꼭 쓰고 싶다면 쓸 수 있을 테지만, 한국말사전에서 '신접살림' 같은 겹말은 털어내고 '새살림'으로 고쳐쓰도록 알려주어야지 싶어요.

- **충청도 농부와 새로 신접살림을 차린 것이다**
→ 충청도 농부와 새로 살림을 차렸다
→ 충청도 농부와 새살림을 차렸다

《섬》(박미경, 봄날의책, 2016) 188쪽

새로운 변화

: **새로운 변화를 준비하고**
→ 새로운 길을 준비하고
→ 거듭날 길을 마련하고

> - **새롭다** : 1. 지금까지 있은 적이 없다 2. 전과 달리 생생하고 산뜻하게 느껴지는 맛이 있다
> - **변화(變化)** : 사물의 성질, 모양, 상태 따위가 바뀌어 달라짐
> - **바꾸다** : 1. 원래 있던 것을 없애고 다른 것으로 채워 넣거나 대신하게 하다
> - **달라지다** : 변하여 전과는 다르게 되다
> - **변하다(變-)** : 무엇이 다른 것이 되거나 혹은 다른 성질로 달라지다
> - **거듭나다** : 지금까지의 방식이나 태도를 버리고 새롭게 시작하다

한자말 '변화'는 "바뀌어 달라짐"을 뜻한다고 하는데 '바뀌다'하고 '달라지다'를 나란히 적으니 겹말풀이입니다. '바꾸다'나 '달라지다'는 모두 예전하고는 '다르게' 되는 모습을 나타내요. '새롭다'도 예전하고 '다르게' 될 때를 나타내고요. "새로운 변화"라 하면 겹말입니다. 두 낱말 가운데 하나만 쓸 노릇입니다. 더 헤아려 본다면 "새로운 길을 찾고"나 "달라질 길을 살피고"나 "거듭날 길을 마련하고"나 "새로 서는 길을 마련하고"처럼 힘주어 적어 볼 만합니다.

- **흐르지 않는 강둑에서도 여전히 새로운 변화를 준비하고**
→ 흐르지 않는 강둑에서도 늘 새로운 길을 마련하고
→ 흐르지 않는 강둑에서도 씩씩히 거듭날 길을 찾고

《숨통이 트인다》(황윤과 열 사람, 포도밭, 2015) 135쪽

새롭게 창출

: **새롭게 창출되어 가는**
→ 새롭게 지어 가는
→ 새롭게 가꾸어 가는
→ 새롭게 이루어 가는
→ 새롭게 일구어 가는

> ○ **창출(創出)** : 전에 없던 것을 처음으로 생각하여 지어내거나 만들어 냄. '새로 만듦'으로 순화

처음으로 지어내는 모습을 가리키는 '창출'은 "새로 만듦"으로 고쳐써야 한다고 합니다. "새로 만들다"를 가리키는 '창출하다'인 셈이에요. "새롭게 창출되어"처럼 쓰면 겹말이 되지요. '창출'이라는 한자말을 처음부터 안 쓴다면 이 같은 겹말이 안 나타나리라 봅니다.

• **어디까지나 발견되고 상상되고 새롭게 창출되어 가는 개념이다**
→ 어디까지나 찾아지고 상상되고 새롭게 일구어 가는 개념이다
→ 어디까지나 찾아내고 생각해 내고 새롭게 지어 가는 뜻이다

《기시 노부스케와 박정희》 (강상중·현무암/이목 옮김, 책과함께, 2012) 48쪽

새롭고 신선하다

: **새로운 무언가를 … 또한 신선합니다**
→ 새로운 무언가를 … 또한 새롭습니다
→ 새로운 무언가를 … 또한 산뜻합니다
→ 새로운 무언가를 … 또한 싱그럽습니다

> ○ **새롭다** : 1. 지금까지 있은 적이 없다 2. 전과 달리 생생하고 산뜻하게 느껴지는 맛이 있다
> ○ **신선하다(新鮮−)** : 1. 새롭고 산뜻하다 2. 채소나 과일, 생선 따위가 싱싱하다

먹을거리가 '싱싱하다'고 할 적에 한자말로 '신선하다'고 하기도 하며, '새롭다'고 할 적에 '신선하다'를 쓰곤 해요. 보기글은 "새로운 … 신선합니다"를 잇달아 쓰니 겹말 얼거리예요. 앞뒤 모두 '새롭다(새로운·새롭습니다)'를 쓰면 돼요. 앞뒤를 달리 쓰고 싶다면 뒤쪽을 '산뜻합니다'나 '싱그럽습니다'나 '새삼스럽습니다'나 '반짝

거립니다' 같은 낱말을 쓸 수 있어요. 보기글을 살피면 첫머리에 "전에 없던"이라는 말마디가 있어요. "전(前)에 없던 = 새로운"이에요. 그러니 보기글 첫머리도 겹말인 셈이라, 이 대목을 '새로운'으로만 쓰든지 "이제껏 없던"이나 "아직 없는"으로 손봅니다.

- **새로운 단어나 신선한 표현을 만들어 내어**
- → 새로운 말을 지어내어
- → 새로운 낱말이나 말씨를 지어내어
- → 새로운 낱말이나 산뜻한 말마디를 지어내어

《말한다는 것》 (연규동, 너머학교, 2016) 104쪽

새롭고 창조적

: **새롭고 창조적인 음식**

→ 새로운 음식

→ 새롭디새로운 먹을거리

> ○ **창조적(創造的)** : 새로운 것을 만들어 내는 일과 관련되는

한자말 '창조'는 "처음으로 만듦"을 가리킨다고 해요. 처음으로 무엇을 만들거나 짓는다고 한다면, 예전에 없던 것이 나타나게 하는 모습이고, 이는 바로 '새로운' 것을 나타나게 하는 몸짓이에요. '창조적'은 '새로운' 어떤 것을 짓는 일을 가리키는 자리에 쓰지요. "새롭고 창조적인 음식"이라 하면 "새롭고 새로운 음식" 꼴이 되니 겹말입니다. "새로운 음식"이라고 해 주면 돼요. "새롭디새로운 음식"이나 "매우 새로운 음식"이라고 해 보아도 됩니다.

- **매일 밤에 누군가가 열심히 요리를 해서 무언가 새롭고 창조적인 음식을 내왔다**
- → 밤마다 누군가 바지런히 요리를 해서 무언가 새로운 음식을 내왔다
- → 밤마다 누가 살뜰히 밥을 해서 무언가 새로운 먹을거리를 내왔다

《홀로 숲으로 가다》 (베른트 하인리히/정은석 옮김, 더숲, 2016) 259쪽

새벽 여명

: **새벽 여명과 함께**

→ 새벽빛과 함께

→ 새벽에 찾아드는 빛과 함께

→ 새벽을 밝히는 빛과 함께

→ 새벽녘 빛과 함께

> ○ **여명(黎明)** : 희미하게 날이 밝아 오는 빛
> ○ **새벽** : 먼동이 트려 할 무렵
> ○ **먼동** : 날이 밝아 올 무렵 동쪽
> ○ **새벽빛** : 날이 새려고 먼동이 트는 빛

"새벽 여명"이라는 말은 없습니다. 이 글월에서는 이러한 모습으로 나오지만, "새벽 여명"은 말이 안 됩니다. 왜 그러한가 하면, 한자말 '여명'은 '새벽빛'을 뜻하기 때문입니다. 이 글월대로 말을 한다면 "새벽 여명"은 "새벽 새벽빛"이라고 하는 셈입니다. 한국말은 '새벽빛'입니다. 이를 한자말로 옮기면 '여명(黎明)'입니다. 한자말을 쓰고 싶다면 "여명과 함께"처럼 쓸 노릇이고, 한국말로 쓰려 한다면 "새벽빛과 함께"처럼 쓸 노릇입니다. 꾸밈말을 넣고 싶다면 "새벽에 찾아드는 빛과 함께"라든지 "새벽을 밝히는 빛과 함께"처럼 쓸 수 있습니다.

- **새벽 여명과 함께 구름이 엷어지면서**

→ 새벽빛과 함께 구름이 엷어지면서

→ 새벽녘 빛과 함께 구름이 엷어지면서

《어디에도 없던 곳》(이희은, 호미, 2013) 15쪽

색색깔

: **색색깔 리본이**

→ 온갖 빛깔 끈이

→ 여러 빛깔 띠가

→ 알록달록 끈이

→ 무지갯빛 띠가

> ○ **색색깔** : x
> ○ **빛빛깔** : x
> ○ **색색(色色)** : 1. 여러 가지 색깔 2. 가지각색의 여러 가지
> ○ **빛빛** : x

한국말사전을 살피면 '색색' 한 가지만 나오고, '색색깔'이나 '빛빛깔'이나 '빛빛'은 나오지 않습니다. '색색'은 여러 가지 색깔을 가리킨다고 해요. '색깔 = 빛깔'이니 '색색 = 빛빛'인 얼거리가 될 테지요. 그러면 여러 가지 빛깔을 왜 '빛빛'으로 가리키지 않을까요? '빛빛'이나 '빛빛깔' 같은 낱말을 새롭게 지어도 재미있지 않을까요? 앞으로는 이런 새 낱말이 나타날는지 몰라요. 아직 이 같은 새말은 나타나지 않을 뿐입니다. 더 헤아린다면, "온갖 빛"이나 "여러 빛깔"처럼 '빛·빛깔' 앞에 꾸밈말을 넣으면 되기에 구태여 '빛빛·빛빛깔'처럼 겹치는 말마디를 안 쓴다고 할 수 있어요. 또 여러 가지 빛깔이 어우러지는 모습은 '알록달록'이라는 낱말로 나타내기도 하지요.

- **천막에는 색색깔 리본이 달려 있었다**
→ 천막에는 온갖 빛깔 끈이 달렸다
→ 천막에는 알록달록 띠가 달렸다

《떠돌이 할아버지와 집 없는 아이들》 (나탈리 새비지/박향주 옮김, 아이세움, 2001) 103쪽

생각 상상

: **온갖 생각과 상상들이**
→ 온갖 생각과 꿈이
→ 온갖 생각이
→ 온갖 생각과 그림이

> - **생각** : 1. 사람이 머리를 써서 사물을 헤아리고 판단하는 작용 2. 어떤 사람이나 일 따위에 대한 기억 3. 어떤 일을 하고 싶어 하거나 관심을 가짐 4. 어떤 일을 하려고 마음을 먹음 5. 앞으로 일어날 일에 대하여 상상해 봄
> - **상상(想像)** : 실제로 경험하지 않은 현상이나 사물에 대하여 마음속으로 그려 봄
> - **그리다** : 2. 생각, 현상 따위를 말이나 글, 음악 등으로 나타내다 4. 상상하거나 회상하다

한자말 '상상'은 우리가 하는 '생각' 가운데 한 가지를 나타냅니다. 한국말사전 뜻풀이를 살펴본다면, '생각 5 = 상상'이라 할 만합니다. "온갖 생각과 상상"이라 하면 겹말인 얼거리예요. 굳이 이처럼 쓰기보다는 "온갖 생각"이라고만 하면 됩니다. 때로는 "온갖 생각과 꿈"이나 "온갖 생각과 그림"이라 할 만해요. 흔히 "상상의 나래를 편다" 같은 말을 쓰지만, 이는 "생각 나래를 편다"로 손볼 수 있습니다. 그나저나 '생각 5 = 상상'으로 풀이하고, '상상 = 그려 봄'으로 풀이하다가, '그리다

= 상상하다'로 풀이하면, 이러한 돌림풀이는 어찌해야 하나요?

- **피노키오의 머릿속에는 온갖 생각과 상상들이 꼬리에 꼬리를 물고 떠올랐다.**
  피노키오는 상상의 나라를 헤매며
→ 피노키오 머릿속에는 온갖 생각과 꿈이 꼬리에 꼬리를 물고 떠올랐다. 피노키오는
  꿈나라를 헤매며
→ 피노키오 머릿속에는 온갖 생각과 그림이 꼬리에 꼬리를 물고 떠올랐다. 피노키오는
  꿈나라를 헤매며

《피노키오》 (카를로 콜로디/김홍래 옮김, 시공주니어, 2004) 51쪽

생각 아이디어

: **아이디어가 없었던 것이다. 단편적인 생각들을**
→ 생각이 없었던 셈이다. 짧은 생각들을
→ 알맹이가 없었던 셈이다. 짤막한 생각들을
→ 벼리가 없었던 셈이다. 조각난 생각들을

> - **아이디어(idea)** : 어떤 일에 대한 구상. '고안', '생각', '착상'으로 순화
> - **idea** : 발상, 생각, 방안, 계획, 감, 인상, 견해, 신념, 느낌, 목적
> - **구상(構想)** : 1. 앞으로 이루려는 일에 대하여 그 일의 내용이나 규모, 실현 방법 따위를 어떻게 정할
>   것인지 이리저리 생각함
> - **고안(考案)** : 연구하여 새로운 안을 생각해 냄
> - **착상(着想)** : 어떤 일이나 창작의 실마리가 되는 생각이나 구상 따위를 잡음
> - **생각** : 1. 사물을 헤아리고 판단하는 작용 3. 어떤 일을 하고 싶어 하거나 관심을 가짐 4. 어떤 일을
>   하려고 마음을 먹음 6. 어떤 일에 대한 의견이나 느낌을 가짐

'아이디어'는 영어입니다. 한국말사전은 '아이디어'를 '고안 · 생각 · 착상'으로 고쳐
쓰라 하면서 '구상'으로 풀이해요. 다시 한국말사전을 살피면 '고안 · 착상 · 구상'은
모두 '생각'을 가리켜요. 영어사전에 나오는 '발상 · 방안 · 계획'도 '생각'을 가리켜
요. 어떤 일을 하거나 마주할 적에 무엇을 마음에 담기에 '생각'을 하지요. 보기글
은 '아이디어 · 생각'을 잇달아 적는 겹말 얼거리입니다. 앞뒤 모두 '생각'으로 적으
면 돼요. 앞쪽에서 좀 다르게 쓰고 싶다면 "어떻게 써야 하는지 몰랐다"나 "어떻게

써야 좋을지 벼리가 없었다"나 "어떤 글을 쓰는지 줄거리가 없었다"처럼 손볼 수 있어요. 글에 담으려고 하는 '생각'이라면 '이야기(얘기) · 줄거리 · 알맹이 · 벼리'로 나타내 볼 만합니다.

- **어떤 내용을 쓸지 아이디어가 없었던 것이다. 단편적인 생각들을 짜맞추기 식으로 쓰려고 하니**
→ 어떤 얘기를 쓸지 생각이 없었던 셈이다. 짧은 생각들을 짜맞추기처럼 쓰려고 하니
→ 어떤 줄거리를 쓸지 생각이 없었다. 짤막한 생각을 짜맞추어 쓰려고 하니
→ 어떤 알맹이를 써야 좋을지 몰랐다. 조각난 생각을 짜맞추며 쓰려고 하니
→ 어떤 글을 쓸지 벼리가 없었다. 생각을 조각조각 짜맞추면서 쓰려고 하니

《내 안에 잠든 작가의 재능을 깨워라》(안성진, 가나북스, 2016) 55쪽

생각 전하고 의사 표현

: **생각을 전하고 서로의 의사를 표현한다**
→ 서로 생각을 주고받는다
→ 서로 생각을 나타낸다
→ 서로 생각과 뜻을 나눈다

> ◦ **의사(意思) :** 무엇을 하고자 하는 생각
> ◦ **표현(表現) :** 1. 생각이나 느낌 따위를 언어나 몸짓 따위의 형상으로 드러내어 나타냄
> ◦ **전하다(傳-) :** 3. 어떤 사실을 상대에게 알리다
> ◦ **알리다 :** 3. 어떠한 사실이나 현상을 나타내거나 표시하다

"생각을 전하고"하고 "의사를 표현한다"는 얼핏 보기에는 다른 말로 여길 수 있습니다만, 외마디 한자말 '전하다'는 '알리다'를 가리키고, '알리다'는 '나타내다'를 가리키지요. 한자말 '의사'는 '생각'을 뜻하고, '표현'은 '나타내다'를 뜻해요. "생각을 전하고 = 생각을 나타내고"인 셈이요, "의사를 표현한다 = 생각을 나타낸다"인 셈입니다. 겹말이에요. 말뜻을 찬찬히 짚고 헤아린다면 "생각을 나타낸다"나 "생각을 드러낸다"로 손볼 노릇입니다. 또는 "생각을 나눈다"나 "생각을 주고받는다"로 손볼 만해요.

- **사람과 사람은 말로 생각을 전하고 서로의 의사를 표현한다**
→ 사람과 사람은 서로 말로 생각을 주고받는다

→ 사람과 사람은 서로 말로 생각과 뜻을 나눈다

《우리말 꽃이 피었습니다》 (오리여인, 시드페이퍼, 2016) 86쪽

생각하고 판단하는

: **생각하고 판단할 수 있도록**

→ 생각하거나 살필 수 있도록

→ 생각하거나 따질 수 있도록

→ 생각할 수 있도록

→ 생각해 볼 수 있도록

> ◦ **생각** : 1. 사람이 머리를 써서 사물을 헤아리고 판단하는 작용
> ◦ **판단(判斷)** : 사물을 인식하여 논리나 기준 등에 따라 판정을 내림
> ◦ **판정(判定)** : 판별하여 결정함
> ◦ **판별(判別)** : 옳고 그름이나 좋고 나쁨을 판단하여 구별함

한국말사전에서 '생각'을 찾아보면 "헤아리고 판단하는" 일이라고 풀이합니다. '판단'은 '판정'하는 일이라 풀이하고, '판정'은 '판별'하는 일이라 풀이하며, '판별'은 다시 '판단'하는 일이라 풀이해요. 돌림풀이입니다. '판단 → 판정 → 판별'인 얼거리인데, '생각 = 판단'으로 풀이한다면 "생각하고 판단할"처럼 쓰면 겹말이에요. "생각하고 살필"이나 "생각하고 따질"이나 "생각하고 가릴"로 손질하거나, "생각할"이나 "생각해 볼"로 손질해 줍니다.

• **학생들 스스로 자유롭게 생각하고 판단할 수 있도록**

→ 학생들 스스로 자유롭게 생각하거나 살필 수 있도록

→ 학생들 스스로 홀가분하게 생각하거나 따질 수 있도록

→ 학생들 스스로 홀가분하게 생각해 볼 수 있도록

《나는 봄꽃과 다투지 않는 국화를 사랑한다》 (이유진, 동아일보사, 2001) 250쪽

생각하는 상상력

: **다르게 생각하는 상상력**

→ 다르게 생각하는 힘

→ 다르게 그리는 힘

→ 다르게 헤아리는 힘

→ 다르게 꿈꾸는 힘

○ **생각하다** : 5. 앞으로 일어날 일에 대하여 상상해 보다
○ **상상력(想像力)** : 실제로 경험하지 않은 현상이나 사물에 대하여 마음속으로 그려 보는 힘

한자말 '상상력'은 "생각하는 힘"을 가리킨다고 할 만합니다. "생각하는 상상력"이라 하면 겹말이에요. 한자말을 쓰고 싶다면 "새롭고 다른 상상력"이라 할 만한데, 보기글에서는 "새롭고 다르게 생각하는 힘"으로 손질하면 한결 낫구나 싶습니다. 느낌을 살려서 "다르게 꿈꾸는 힘"이나 "다르게 그리는 힘"이라 해 볼 수 있어요.

• **새롭게 보고 다르게 생각하는 상상력, 날카롭고도 세련된 이해력을 길러야 합니다**

→ 새롭게 보고 다르게 생각하는 힘, 날카롭고도 말끔히 읽는 힘을 길러야 합니다

《위! 아래!》(이월곡, 분홍고래, 2016) 6쪽

생을 살다

: **생을 살아온 뒤**

→ 삶을 누린 뒤

→ 삶을 보낸 뒤

→ 살아온 뒤

○ **생(生)** : = 삶
○ **삶** : 사는 일. 또는 살아 있음. ≒ 생(生)
○ **살다** : 어떤 생활을 영위하다
○ **생활(生活)** : 사람이나 동물이 일정한 환경에서 활동하며 살아감

"삶을 살다"나 "생을 살다" 같은 말이 요즈막 들어 널리 퍼졌습니다. 이러한 말씨는 먼 옛날부터 쓰지는 않았습니다. "잠을 자다"처럼 같은 말을 잇달아 쓰는 일이 더러 있으니 "삶을 살다"도 여러모로 쓸 만하다고 여길 수 있어요. 그런데 '생 = 삶'이고 '생활하다 = 살다'입니다. 한국말사전을 살피면 뜻이 오락가락 뒤죽박죽이기도 해요. 한국말사전조차 이렇게 오락가락 뒤죽박죽이니 사람들도 깊이 헤아리지 않고 함부로 말을 할는지 모르지요. '삶'을 앞에 넣어서 말할 적에는 "삶을 누리다"나 "삶을 보내다"나 "삶을 즐기다"나 "삶을 짓다"처럼 뒤엣말을 알맞게 넣으면 한결 낫습니다. '살다'를 뒤에 넣어서 말할 적에는 "어떤 나날을 살다"나 "어떤 날을 살다"나 "어떤 하루를 살다"처럼 앞엣말을 새롭게 넣어 볼 만해요.

- **그리 굴곡 많은 생을 살아온 뒤에도**
- → 그리 굽이 많은 삶을 누려온 뒤에도
- → 그리 굽이진 나날을 살아온 뒤에도
- → 그리 힘겨운 삶을 보내온 뒤에도

《기쁨의 정원》 (조병준, 샨티, 2016) 136쪽

생활방식으로 살면서

: 자연에 어긋난 생활방식으로 살면서
- → 자연에 어긋난 모습으로 살면서
- → 자연에 어긋나게 살면서

> ◦ **생활(生活) :** 사람이나 동물이 일정한 환경에서 활동하며 살아감

한자말 '생활'은 '살아감'을 가리킵니다. "생활방식으로 살면서"처럼 쓰면 겹말이 돼요. '생활방식'이라는 한자말을 쓰고 싶다면 "자연에 어긋난 생활방식이면서"로 손질해 줍니다. 쉽고 수수하게 손보고 싶다면 "자연에 어긋나게 살면서"로 적으면 됩니다.

- **자연에 어긋난 생활방식으로 살면서 행복도 건강도 느끼지 못하고 점점 다른 방향으로 달려가는 사람들**
- → 자연에 어긋난 모습으로 살면서 기쁨도 튼튼함도 느끼지 못하고 자꾸 다른 쪽으로 달려가는 사람들
- → 자연에 어긋나게 살면서 즐거움도 튼튼함도 느끼지 못하고 자꾸 다른 길로 달려가는 사람들

《잘 먹겠습니다》 (요시다 도시미찌/홍순명 옮김, 그물코, 2007) 99쪽

서로 간

: 서로 간에

→ 서로

→ 서로서로

> ° **서로** : 1. 짝을 이루거나 관계를 맺고 있는 상대 2. 관계를 이루는 둘 이상의 대상 사이에서, 각각 그 상대에 대하여. 또는 쌍방이 번갈아서
> ° **간(間)** : 1. 한 대상에서 다른 대상까지의 사이 2. '관계'의 뜻을 나타내는 말

"서로 간에 바라는 것"이나 "서로 간에 잡아먹는"이나 "서로 간에 갈등이 생긴"이나 "서로 간의 합의하에"나 "서로 간에 지킬"이나 "서로 간의 소통"처럼 '서로'하고 '간'을 나란히 쓰면 모두 겹말입니다. '서로'는 "여럿 사이"를 가리키고, '간(間)'이라는 한자는 '사이'를 뜻하거든요. "서로 간에"나 "서로 간의" 꼴에서는 '간에'나 '간의'를 덜면 돼요. '서로'만 쓰거나 '서로서로'로 쓰면 됩니다.

* **동물도 서로 간에 메시지와 감정을 전달한다**

→ 동물도 서로 생각과 느낌을 나눈다

→ 짐승도 서로서로 이야기와 마음을 주고받는다

→ 짐승도 서로 제 생각과 마음을 나눈다

《험담》 (로리 팰라트닉·밥 버그/김재홍 옮김, 씨앗을뿌리는사람, 2003) 34쪽

* **맹금류 서로 간의 경쟁을 최소화하는**

→ 맹금류가 서로 경쟁을 가장 적게 하는

→ 사나운 새들이 서로 덜 경쟁하게 하는

《나는 더불어 사는 세상을 꿈꾼다》 (김수일, 지영사, 2005) 58쪽

서로 교환

: **서로 교환하거나**

→ 서로 바꾸거나

→ 서로 나누거나

→ 주고받거나

> ° **교환(交換)** : 1. 서로 바꿈 2. 서로 주고받고 함
> ° **주고받다** : 서로 주기도 하고 받기도 하다

한자말 '교환'은 "서로 바꿈"을 뜻하니, "서로 교환하거나"라 하면 겹말입니다. 한자말을 쓰고 싶다면 '교환하거나'라고만 쓸 노릇이요, 한자말을 털어내려면 "서로 바꾸거나"로 손볼 노릇입니다. 그런데 '교환 2' 뜻풀이가 "서로 주고받고 함"이라

고 하지만, '주고받다'라는 낱말에는 '서로'라는 뜻이 깃듭니다. 한국말사전에 나오는 "서로 주고받고"라는 뜻풀이도 겹말입니다.

- **여러분들이 서로 교환하거나 그냥 다시 가져가시면 되겠죠**
- → 여러분들이 서로 바꾸거나 그냥 다시 가져가시면 되겠죠
- → 여러분들이 주고받거나 그냥 다시 가져가시면 되겠죠

《우리는 플라스틱 없이 살기로 했다》(산드라 크라우트바슐/류동수 옮김, 양철북, 2016) 129쪽

서로 상의

: **서로 만나서 상의를 하기도**
→ 서로 만나서 얘기를 하기도
→ 서로 만나서 묻기도

> ○ **상의(相議/商議)** : 어떤 일을 서로 의논함

"서로 의논"한다는 뜻을 나타내는 '상의'이니 "서로 만나서 상의를 하기도"라 하면 겹말이에요. '서로'를 덜든지 '상의'를 '얘기'로 고치든지 해야 알맞습니다. 곰곰이 따진다면 '서로'라는 뜻을 나타내는 한자말 '상의'를 쓰면서도 이 한자말이 어떤 뜻인가를 제대로 헤아리지 못하는 탓에 겹말 얼거리가 되고 만다고 할 만해요. 또는, 쉽고 수수하면서 또렷하게 한국말로만 쓰면 넉넉할 텐데, "서로 얘기를 한다"나 "서로 생각을 나눈다"처럼 못 쓰고 '상의'를 끌어들인 탓에 겹말 얼거리가 되고 만다고 할 수 있어요.

- **서로 만나서 어떻게 하면 좋을지 상의를 하기도 합니다**
- → 서로 만나서 어떻게 하면 좋을지 물어보기도 합니다
- → 서로 만나서 어떻게 하면 좋을지 묻기도 합니다
- → 서로 만나서 어떻게 하면 좋을지 얘기를 나누기도 합니다

《위! 아래!》(이월곡, 분홍고래, 2016) 76쪽

서울로 상경

: **서울로 상경해**
→ 서울로 와서
→ 시울로 가서
→ 서울로 찾아가

> • **상경(上京)** : 지방에서 서울로 올라옴

서울로 가거나 온대서 '상경'이라는 한자말을 씁니다. "서울로 상경"이라 하면 겹말이에요. '상경'이라는 낱말을 곰곰이 뜯으면 말뜻이 좀 얄궂습니다. 서울로 '가는' 일을 '올라온다(上)'고 하거든요. 서울에서 시골로 '가는' 일은 '내려가기'가 되겠지요. 서울은 위로 치고 시골(지방)은 아래로 여기는 뜻이나 느낌이 깃든 '상경' 같은 한자말은 이제 털어내야지 싶습니다.

• **확대기를 들고 서울로 상경해 온종일 집에서 인화를 했다**
→ 확대기를 들고 서울로 가서 하루 내내 집에서 인화를 했다
→ 확대기를 들고 서울마실을 해서 하루 내내 집에서 인화를 했다

《섬에 홀려 필름에 미쳐》(김영갑, 하날오름, 1996) 103쪽

서툴고 미숙하다

: **서툴고 미숙하고**
→ 서툴고
→ 서툴고 어리숙하고
→ 서툴고 어리고

> • **서투르다** : 1. 일 따위에 익숙하지 못하여 다루기에 설다 2. 전에 만난 적이 없어 어색하다
> • **미숙(未熟)** : 일 따위에 익숙하지 못하여 서투름. '서투름'으로 순화

한자말 '미숙하다'는 '서툴다'로 고쳐써야 합니다. 말뜻으로도 '미숙하다 = 서툴다' 예요. "서툴고 미숙하고"라 하면 겹말이니 '미숙하고'를 덜어서 '서툴고'로만 적으면 됩니다. 힘주어 말하고 싶다면 "서툴고 어리숙하고"나 "서툴고 어리고"나 "서툴고 어리석고"나 "서툴고 엉성하고"처럼 써 볼 만합니다.

- 서툴고 미숙하고 기우뚱한 내 분노에 차이면서도
→ 서툴고 기우뚱한 내 부아에 차이면서도
→ 서툴고 어리고 기우뚱한 내 부아에 차이면서도

《사월 바다》(도종환, 창비, 2016) 49쪽

선거로 뽑다

: **선거를 해서 뽑고 있어**
→ 선거를 해
→ 뽑아
→ 우리 손으로 뽑아

> ◦ **선거(選擧)** : 1. 일정한 조직이나 집단이 대표자나 임원을 뽑는 일 2. [정치] 선거권을 가진 사람이 공직에 임할 사람을 투표로 뽑는 일
> ◦ **뽑다** : 5. 여럿 가운데에서 골라내다

한자말 '선거'는 '뽑는' 일을 가리켜요. "선거를 해서 뽑고 있어"라 하면 겹말입니다. "선거를 해"라고 하든지 "우리 손으로 뽑아"나 "우리가 뽑아"나 '뽑아'로 손볼 노릇입니다. 가만히 헤아려 보면 한국말 '뽑다·뽑기'는 정치나 사회에서 두루 쓰지 못하는 흐름입니다. 대통령을 뽑는다면 "대통령 뽑기"라 하면 되고, 반장을 뽑는다면 "반장 뽑기"라 하면 돼요. '뽑다·뽑기'를 굳이 한자말 '선거하다·선거'로 바꾸어 쓰려고 하다 보니 "선거를 해서 뽑다"나 "선거로 뽑다" 같은 겹말이 불거지는구나 싶습니다.

- **지역을 대표하는 시장, 나라를 대표하는 대통령까지 선거를 해서 뽑고 있어**
→ 마을을 대표하는 시장, 나라를 대표하는 대통령까지 선거를 해
→ 마을일을 하는 시장, 나라일을 하는 대통령까지 우리 손으로 뽑아

《수다로 푸는 유쾌한 사회》(배성호, 책과함께어린이, 2016) 51쪽

선언하는 말

: **나 존에게 선언하는 말**

391

→ 나 존한테 하는 말

→ 나 존한테 외치는 말

→ 나 존한테 다짐하는 말

→ 나 존한테 들려주는 말

> ○ **선언(宣言)** : 1. 널리 펴서 말하다 2. 국가나 집단이 자기의 방침, 의견, 주장 따위를 외부에 정식으로 표명하다 3. 어떤 회의의 진행에 한계를 두기 위하여 말하다

'선언하다'는 '말하나'를 가리킵니다. "선언하는 말"은 겹말이에요. "하는 말"이나 "외치는 말"로 손질합니다. 힘주어 말하고 싶다면 "굳게 외치는 말"이나 "단단히 하는 말"이나 "힘주어 하는 말"이라 할 수 있습니다. "다짐하듯 하는 말"이나 "새기듯이 하는 말"처럼 써 볼 수도 있어요.

- **세상에 대해 하는 말인 동시에 사실은 나 존에게 선언하는 말이기도 했습니다**

→ 세상에 대고 하는 말이면서 바로 나 존한테 외치는 말이기도 했습니다

→ 온누리에 하는 말이면서 막상 나 존한테 하는 말이기도 했습니다

《존 레논, 신화와 비극 사이》 (안토니 포세트/이해성 편역, 일월서각, 1981) 157쪽

선천적으로 타고난

: **선천적으로 타고난 거야**

→ 처음부터 있어

→ 타고나지

→ 태어날 때부터 있어

> ○ **선천적(先天的)** : 태어날 때부터 지니고 있는
> ○ **타고나다** : 어떤 성품이나 능력, 운명 따위를 선천적으로 가지고 태어나다

"태어날 때부터 있는" 모습을 가리키는 '선천적'이라 합니다. 이러한 모습을 가리키는 한국말로 '타고나다'가 있어요. 두 낱말은 같은 모습을 가리키기에 "선천적으로 타고난"처럼 쓰면 겹말입니다. 한국말사전을 살피면 '타고나다'를 풀이하면서 '선천적으로'라는 낱말을 넣습니다. 이는 겹말풀이에요. '선천적'이라는 한자말은 '타고난'으로 손질할 만하고, 한국말사전 뜻풀이는 바로잡아야겠습니다.

- **저런 능력이야말로 다람쥐들에겐 선천적으로 타고난 거야**

→ 저런 재주야말로 다람쥐들한텐 처음부터 있어

→ 저런 솜씨야말로 다람쥐들은 타고나지

《마티아스와 다람쥐》 (한스 페터슨/김정희 옮김, 온누리, 2007) 155쪽

선호하는 기호

:　**선호하는 기호**

→　좋아하기

→　좋아하는 마음

→　좋게 여기기

→　즐기는 것

> ○ **선호하다(選好−)** : 여럿 가운데서 특별히 가려서 좋아하다
> ○ **기호(嗜好)** : 즐기고 좋아함

'선호'와 '기호'는 모두 '좋아함'을 나타내요. "선호하는 기호"라고 하면 "좋아하는 좋아함"이라 말하는 꼴이니 겹말입니다. '좋아하다'라고만 쓰면 됩니다. 살을 붙여서 "좋아하는 것"이나 "좋아하는 마음"이나 "좋게 생각하기"나 "좋게 여기기"로 적어 볼 수 있어요. 또는 "즐기는 것"이나 '즐기기'로 손볼 만합니다.

•　**이국적인 것을 선호하는 기호, 자기 문화에 대한 열등감**

→　다른 나라 것을 좋아하기, 제 문화를 부끄러워하기

→　다른 나라를 좋아하는 마음, 제 나라를 업신여기기

→　다른 나라를 좋아하고, 제 나라를 깔보기

《영화여 침을 뱉어라》 (이효인, 영화언어, 1995) 181쪽

설치해 놓다

:　**집 가까이에 설치해 놓았다**

→　집 가까이에 놓았다

→　집 가까이에 두었다

> ○ **설치(設置)** : 베풀어서 둠

베풀어서 둔다는 뜻을 나타내는 한자말 '설치'입니다. '설(設)'은 '베풀다'를 가리키고, '치(置)'는 '두다'나 '놓다'를 가리킨다고 합니다. 사람들은 흔히 "설치해 둔다"나 "설치해 놓는다" 같은 말씨를 쓰는데, 이는 겹말이에요. '설치해'를 털어내고 '둔다'나 '놓는다'라고만 하면 되어요. 보기글에서는 "긴 걸상을 세워 놓았다"라든지 "긴 걸상을 붙여 놓았다"라든지 "긴 걸상을 마련해 놓았다"로 적어 볼 수 있습니다. 한자말을 꼭 쓰고 싶다면 '설치했다'라고만 쓰면 돼요.

- **아재는 손수 만든 벤치를 집 가까이에 설치해 놓았다**
- → 아재는 손수 짠 긴 걸상을 집 가까이에 놓았다
- → 아재는 손수 짠 긴 걸상을 집 가까이에 두었다
- → 아재는 손수 짠 긴 걸상을 집 가까이에 세워 놓았다

《하이디》 (요한나 슈피리/한미희 옮김, 비룡소, 2003) 30쪽

성 화

: **성이 나면 무섭다네 … 화를 잘 낸다**
- → 성이 나면 무섭다네 … 성을 잘 낸다
- → 성이 나면 무섭다네 … 부아를 잘 낸다
- → 성이 나면 무섭다네 … 골을 잘 낸다

> ○ **성** : 노엽거나 언짢게 여겨 일어나는 불쾌한 감정
> ○ **화(火)** : 몹시 못마땅하거나 언짢아서 나는 성

'화나다·화내다'처럼 쓰는 '화(火)'는 '성'을 가리킨다고 해요. "성이 나면"으로 쓰다가 "화를 낸다"로 쓰면 겹말이 되어요. 앞뒤 모두 '성'이라는 낱말을 쓸 노릇입니다. 뒤쪽은 다른 낱말을 쓰고 싶다면 '부아'나 '골' 같은 낱말을 쓸 만해요.

- **비록 친절하고 관대하지만, 성이 나면 정말 무섭다네. 그리고 조심할 것은 그가 아주 화를 잘 낸다는 점이야**
- → 비록 따스하고 너그럽지만, 성이 나면 참말 무섭다네. 그리고 그는 아주 성을 잘 내니 조심하게
- → 비록 따스하고 너그럽지만, 성이 나면 참말 무섭다네. 그리고 그는 아주 골을 잘 내니 잘 살피게

《호비트의 모험 1》 (J.R.R.톨킨/최윤정 옮김, 창작과비평사, 1988) 181쪽

세분화해서 나누다

:   **세분화해서 24개의 절기로 나누었습니다**

→   잘게 스물네 절기로 나누었습니다

→   스물네 절기로 나누었습니다

> ○ **세분화(細分化)** : 사물이 여러 갈래로 자세히 갈라짐. 또는 그렇게 갈라지게 함
> ○ **세분하다(細分-)** : 사물을 여러 갈래로 자세히 나누거나 잘게 가르다
> ○ **나누다** : 1. 하나를 둘 이상으로 가르다 2. 여러 가지가 섞인 것을 구분하여 분류하다

여러 갈래로 갈라지게 한대서 '세분화'인데, 이는 '나누다'하고 뜻이 같아요. "세분화해서 나누었습니다"처럼 쓰면 겹말이에요. 그런데 '-화(化)'를 붙인 '세분화'는 일본 말씨입니다. 보기글은 "세분하여 스물네 절기로 삼았습니다"로 고쳐 줍니다. 더 헤아려 보면 '세분하다'는 '나누다'를 뜻하니 "스물네 절기로 나누었습니다"라고만 적으면 가장 단출하면서 알맞습니다.

•   **우리 조상들은 1년 열두 달을 세분화해서 24개의 절기로 나누었습니다**

→   우리 조상들은 한 해 열두 달을 잘게 스물네 절기로 나누었습니다

→   우리 옛사람들은 한 해 열두 달을 스물네 절기로 나누었습니다

《10대와 통하는 농사 이야기》 (곽선미와 다섯 사람, 철수와영희, 2017) 193쪽

세상에서 벗어나 은둔

:   **세상에서 벗어나 은둔할**

→   세상에서 벗어나 지낼

→   세상에서 벗어날

→   숨어 지낼

→   숨을

> ○ **은둔(隱遁/隱遯)** : 세상일을 피하여 숨음
> ○ **피하다(避-)** : 4. 몸을 숨기거나 다른 곳으로 옮기어 드러나지 않도록 하다

한자말 '은둔'은 "세상일을 피하여 숨음"을 가리킨다고 하는데, '피하다'는 '숨다'를

가리킨다고 해요. 한국말사전 뜻풀이부터 겹말입니다. '은둔 = 세상일을 피하다 / 숨다'인 셈이요, 보기글처럼 "세상에서 벗어나 은둔할"이라 하면 겹말입니다. "세상에서 벗어날"만 쓰든지 '은둔할'만 써야 올바릅니다. 단출하게 적어 본다면 "숨어 지낼"이나 '숨을'로 손볼 만하고, "조용히 지낼"로 손볼 수 있어요.

- **세상에서 벗어나 은둔할 골방조차 없는 비참한 처지의 사람들이라면 혹 모르겠으나**
→ 세상에서 벗어날 골방조차 없는 끔찍한 처지인 사람들이라면 또 모르겠으나
→ 숨을 골방조차 없는 안타까운 살림인 사람들이라면 또 모르겠으나

《내 방 여행하는 법》 (그자비에 드 메스트르/장석훈 옮김, 유유, 2016) 42쪽

세설 잔말

: **세설 잔말들이**
→ 잔말들이
→ 온갖 잔말들이
→ 갖은 잔말들이
→ 잔말과 군말이

> ○ **세설(細說)** : = 잔말
> ○ **잔말** : 쓸데없이 자질구레하게 늘어놓는 말

한자말 '세설'은 '= 잔말'을 가리킨다고 해요. "세설 잔말들이"처럼 쓰면 겹말입니다. '잔말들이'라고만 적을 노릇이에요. 또는 "잔말 군말"이라든지 "쓸데없고 자잘한 말"이라든지 "덧없고 부질없는 말"이라든지 "속없고 텅 빈 말"로 손질해 볼 만합니다.

- **세상에는 자전거에 대해 늘어놓는 세설 잔말들이 이미 많으니**
→ 세상에는 자전거를 놓고 늘어놓는 잔말들이 이미 많으니
→ 온누리에는 자전거를 놓고 늘어놓는 잔말이나 군말이 이미 많으니

《자전거, 도무지 헤어나올 수 없는 아홉 가지 매력》 (윤준호와 여덟 사람, 지성사, 2009) 190쪽

소극적으로 움츠러들다

: **우리를 소극적으로 만든다. 움츠러들게 만든다**

→ 우리를 움츠러들게 한다

→ 우리를 주눅들게 한다. 움츠러들게 한다

→ 우리를 작아지게 한다. 움츠러들게 한다

→ 우리를 쭈뼛거리게 한다. 움츠러들게 한다

> ◦ **소극적(消極的)** : 스스로 앞으로 나아가거나 상황을 개선하려는 기백이 부족하고 비활동적인
> ◦ **움츠러들다** : 1. 몸이나 몸의 일부가 몹시 오그라져 들어가거나 작아지다 2. 겁을 먹거나 위압감 때문에 기를 펴지 못하고 몹시 주눅이 들다

스스로 나아가지 못하는 모습을 두고 '소극적'이라고도 하는데, 이는 '머뭇거리'거나 '쭈뼛거리'거나 '망설이'는 모습이라고 할 만해요. "주눅이 든" 모습이요 '움츠러든' 모습이지요. 보기글처럼 "소극적으로 만든다. 움츠러들게 만든다"라 하면 겹말이에요. 단출하게 "움츠러들게 한다"라고만 해도 되고, 보기글처럼 뜻이나 느낌이 같거나 비슷한 말을 잇달아 적어서 힘있게 나타내고 싶다면 "풀이 죽게"나 "주눅이 들게"나 '작아지게'를 써 볼 만해요. 한국말사전에는 '풀죽다·주눅들다'가 따로 한 낱말로 안 나옵니다만, 앞으로는 이처럼 한국말을 알맞고 새롭게 써 보면 훨씬 좋으리라 생각합니다.

• **안 될지도 모른다는 생각은 우리를 소극적으로 만든다. 움츠러들게 만든다**

→ 안 될지도 모른다는 생각은 우리를 움츠러들게 한다

→ 안 될지도 모른다는 생각은 우리를 주눅들게 한다. 움츠러들게 한다

《내 안에 잠든 작가의 재능을 깨워라》 (안성진, 가나북스, 2016) 62쪽

소나무의 어린 묘

: **소나무의 어린 묘는**

→ 어린 소나무는

→ 소나무는 어린나무가

> ◦ **묘** : x
> ◦ **苗** : 모, 모종
> ◦ **모** : 1. = 볏모 2. = 모종
> ◦ **모종(-種)** : 옮겨 심으려고 가꾼, 벼 이외의 온갖 어린 식물
> ◦ **묘목(苗木)** : 옮겨 심는 어린나무. '나무', '나무모'로 순화

한국말사전에 '묘'라는 낱말은 안 나옵니다. '묘(苗)'는 한국말이 아닌 한자인 터라 안 나올밖에요. '모'는 볏모라든지 고추모라든지 배추모처럼, 곡식이나 남새를 심을 적에 먼저 싹을 틔우는 어린 풀을 가리키는 이름이에요. 나무도 '나무모'나 '모나무'처럼 '어린나무'를 가리킬 적에 쓴다고 해요. '모'는 '어린' 푸나무를 가리킬 적에 붙이는 이름이지요. "어린 모(묘)"라고 하면 겹말이에요. 보기글에서는 "어린 소나무는"이나 "소나무는 어린나무가"처럼 손볼 수 있어요.

- **소나무의 어린 묘는 2~3년이 지나면 본격적으로 자란다**
- → 어린 소나무는 두세 해가 지나면 바야흐로 자란다
- → 소나무는 어린나무가 두세 해 지나면 비로소 자란다

《소나무 인문 사전》 (한국지역인문자원연구소, 휴먼앤북스, 2016) 17쪽

소란스러운 소음

: **소란스러운 소음**
- → 소란스러운 소리
- → 소음
- → 시끄러운 소리

> ○ **소란스럽다(騷亂-)** : 시끄럽고 어수선한 데가 있다
> ○ **소음(騷音)** : 불규칙하게 뒤섞여 불쾌하고 시끄러운 소리

한자말 '소란스럽다'나 '소음'은 '시끄러움'을 나타내요. "소란스러운 소음"이라 하면 "시끄럽게 시끄러운 소리"라는 뜻이니 겹말입니다. 한자말을 쓰고 싶다면 "소란스러운 소리"나 '소음'으로 손봅니다. 한자말을 안 쓰려 한다면 "시끄러운 소리"로 손봅니다.

- **소란스러운 소음 속에서 문득 자신의 영혼의 희미한 숨소리를 듣는다**
- → 시끄러운 소리 사이에서 문득 내 넋이 내는 옅은 숨소리를 듣는다
- → 시끄러운 소리 사이에서 문득 내 넋이 가만히 숨쉬는 소리를 듣는다

《이야기가 있는 사랑수첩》 (후쿠나가 다케히코/김석중 옮김, 서커스, 2008) 13쪽

소싯적

: 이래 봬도 소싯적에는

→ 이래 봬도 젊을 적에는

→ 이래 봬도 한창때에는

→ 이래 봬도 옛날에는

> ○ **소싯적(少時-)** : 젊었을 때
> ○ **소시(少時)** : 젊었을 때
> ○ **때** : 1. 시간의 어떤 순간이나 부분
> ○ **적** : 그 동작이 진행되거나 그 상태가 나타나 있는 때

한자말 '소시'는 "젊었을 때"를 가리켜요. 그런데 '소시 + ㅅ + 적'도 "젊었을 때"를 가리킨다고 합니다. 아리송한 노릇이에요. '소시'에서 '시(時)'는 '때'를 뜻하고, '적'이라는 한국말은 '때'하고 같은 뜻으로 써요. '소싯적 = 어린(젊은) 때 + 적'인 겹말얼거리예요. 한자말을 꼭 쓰고 싶다면 "이래 봬도 소시에는"으로 써야 하는데, 곰곰이 생각해 보면 "젊은 날"이나 "젊을 적"이나 "젊은 때"로 쓰면 돼요. 한자말을 쓰고 안 쓰고를 떠나서 쉽고 또렷하게 쓰면 되는 "젊은 때"나 "젊을 적"이에요. '한창때'라는 낱말도 있지요.

• 이래 봬도 소싯적에는 잠수장비 없이 물밑에서 10분도 넘게 버틸 수 있었다고

→ 이래 봬도 젊을 적에는 잠수장비 없이 물밑에서 10분도 넘게 버틸 수 있었다고

→ 이래 봬도 한창때에는 잠수장비 없이 물밑에서 10분도 넘게 버틸 수 있었다고

《나비 탐미기》 (우밍이/허유영 옮김, 시루, 2016) 40쪽

소집하고 열다

: 비밀 회의를 소집했다 … 비밀 회의를 열었다

→ 비밀 회의를 했다 … 비밀 회의를 열었다

→ 비밀 회의를 열었다 … 비밀 회의를 열었다

> ○ **소집하다(召集-)** : 1. 단체나 조직체의 구성원을 불러서 모으다
> ○ **열다** : 2. 모임이나 회의 따위를 시작하다

한쪽에서는 "회의를 소집했다"고 하고, 다른 한쪽에서는 "회의를 열었다"고 합니다. 두 회의는 다른 자리가 아닙니다. '소집했다'하고 '열었다'가 같은 일을 가리켜

요. 앞뒤 모두 '열다'라는 낱말을 쓰면 되지요. 앞뒤를 다르게 적고 싶다면 앞쪽은 "비밀 회의를 했다"로 적으면 돼요. 또는 "비밀 모임을 꾸렸다"나 "비밀스레 모였다"로 적어 볼 만합니다.

- **판토펠 왕은 판티네 왕비만 참석할 수 있는 비밀 회의를 소집했다. 같은 시각에 카무펠 왕도 카멜레 왕비와 둘만의 비밀 회의를 열었다**
→ 판토펠 임금은 판티네 왕비만 올 수 있는 비밀 모임을 열었다. 같은 때에 카무펠 임금도 카멜레 왕비와 둘이서 비밀 모임을 열었다

《미하엘 엔데 동화 전집》 (미하엘 엔데/유혜자 옮김, 에프, 2016) 205쪽

소탈하고 솔직한

: **소탈하고 솔직한 이야기 속에**
→ 수수하게 털어놓는 이야기에
→ 털털하고 투박한 이야기에
→ 투박하고 꾸밈없는 이야기에
→ 꾸밈없고 무던한 이야기에

- **소탈하다(疏脫-)** : 예절이나 형식에 얽매이지 아니하고 수수하고 털털하다
- **솔직하다(率直-)** : 거짓이나 숨김이 없이 바르고 곧다
- **수수하다** : 사람의 성질이 꾸밈이나 거짓이 없고 까다롭지 않아 수월하고 무던하다
- **털털하다** : 사람의 성격이나 하는 짓 따위가 까다롭지 아니하고 소탈하다

한자말 '소탈하다'는 "수수하고 털털하다"를 가리킨다는데, '털털하다'는 '소탈하다'를 가리킨다고 합니다. 한자말 '솔직하다'는 "거짓이나 숨김이 없"는 모습을 가리킨다는데, '소탈하다'가 뜻한다는 '수수하다'는 "꾸밈이나 거짓이 없"는 모습을 가리켜요. "소탈하고 솔직한 이야기"라고 하면 뜻이 여러모로 맞물리는 겹말 얼거리입니다. 보기글에서는 '소탈'이나 '솔직' 가운데 하나만 골라서 써야 알맞습니다. 또는 "수수하게 털어놓는 이야기"나 "꾸밈없는 이야기"나 "털털한 이야기"로 손볼 수 있어요.

- **소탈하고 솔직한 이야기 속에 나도 같이 웃고 가슴이 찡해지기도 했다**
→ 수수하게 털어놓는 이야기에 나도 같이 웃고 가슴이 찡해지기도 했다
→ 털털하고 꾸밈없는 이야기에 나도 같이 웃고 가슴이 찡해지기도 했다

《언니, 같이 가자!》 (안미선, 삼인, 2016) 33쪽

속요량으로 헤아려

: **속요량으로 헤아려**
→ 속으로 헤아려
→ 속셈을 해

'요량'이든 '속요량'이든 '헤아림'을 가리킵니다. 한국말사전을 보면 두 낱말을 "헤아려 생각함"으로 풀이하는군요. 이 풀이는 겹말입니다. '헤아리다'나 '생각하다'는 모두 같은 뜻을 나타내니까요. 이 글월에서 글쓴이가 '속요량'이라는 낱말을 쓰고 싶다면 "속요량을 해 보았다"처럼 써야 올바릅니다. 굳이 '요량' 같은 한자말을 안 써도 된다면 "속으로 헤아려"나 "속셈을 해"처럼 쓰면 돼요. '셈'은 '헤아림'하고 같은 낱말입니다. '세다'와 '헤다'는 말밑이 같아요.

• **슬그머니 속요량으로 헤아려 보았었다**
→ 슬그머니 속으로 헤아려 보았다
→ 슬그머니 속셈을 해 보았다

《비 고인 하늘을 밟고 가는 길》 (여름, 최측의농간, 2016) 59쪽

손을 씻는 세숫물

: **세숫물로 충분하고 ⋯ 손을 씻을 때 사용되며**
→ 손 씻을 물로 넉넉하고 ⋯ 손을 씻을 때 쓰며
→ 손 씻는 물로 넉넉하고 ⋯ 손을 씻을 때 쓰며
→ 손씻이물로 넉넉하고 ⋯ 손을 씻을 때 쓰며

손을 씻는 물을 따로 '세숫물'이라고도 합니다. 보기글은 '세숫물'하고 "손을 씻을 물"을 나란히 이야기하면서 겹말이 됩니다. 앞뒤 모두 "손을 씻을 물"이라 하면 돼요. 더 헤아린다면, 손을 씻는 물을 따로 '손씻이물'처럼 새롭게 한 낱말로 써 볼 수 있습니다. 얼굴을 씻는다고 할 적에는 '얼굴씻이물·낯씻이물'이라 해 볼 만해요.

- 아침에 쓸 세숫물로는 충분하고, 그 물은 나중에 일하고 돌아와서 손을 씻을 때 사용되며
→ 아침에 손 씻을 물로 넉넉하고, 그 물은 나중에 일하고 돌아와서 손을 씻을 때 쓰며
→ 아침에 손씻이물로 넉넉하고, 그 물은 나중에 일하고 돌아와서 손씻이물로 쓰며

《홀로 숲으로 가다》 (베른트 하인리히/정은석 옮김, 더숲, 2016) 83쪽

수분과 물

: **수분을 제공해 주는 하트스프링의 순수한 물**

→ 물을 베풀어 주는 깨끗한 하트스프링

→ 물을 주는 깨끗한 하트스프링

> ◦ **수분(水分)** : = 물기(-氣)
> ◦ **물기(-氣)** : 축축한 물의 기운

보기글에 "수분을 주는 물"이라고 나오는데 '수분 = 물기 = 물 기운'입니다. 곰곰이 따지면 "물을 주는 물"이라는 얼거리가 되어요. 하트스프링이라는 곳에 있는 물이 깨끗하다(순수하다)면, 그래서 이 깨끗한 물을 누릴 수 있어서 좋다면, "물을 베풀어 주는 깨끗한 하트스프링"처럼 손볼 만합니다.

- 이 땅에 생명수를 주고 내 몸에 필요한 수분을 제공해 주는 하트스프링의 순수한 물에 감사한다
→ 이 땅에 생명수를 주고 내 몸에 쓰일 물을 주는 깨끗한 하트스프링이 고맙다
→ 이 땅에 생명 어린 물과 내 몸에 쓰일 물을 주는 깨끗한 하트스프링이 고맙다

《치유자 식물》 (팸 몽고메리/박준식 옮김, 샨티, 2015) 107쪽

수수하고 소박한

: **수수하고 소박한**

→ 수수하디수수한

→ 수수하고 투박한

> ◦ **소박하다(素朴-)** : 꾸밈이나 거짓이 없고 수수하다
> ◦ **수수하다** : 1. 물건의 품질이나 겉모양, 또는 사람의 옷차림 따위가 그리 좋지도 않고 나쁘지도 않고 제격에 어울리는 품이 어지간하다 2. 사람의 성질이 꾸밈이나 거짓이 없고 까다롭지 않아 수월하고 무던하다

→ 수수하고 무던한

한자말 '소박하다'는 '수수하다'를 가리킵니다. "수수하고 소박한"처럼 쓰면 겹말이에요. 한국말 '수수하다'만 쓰면 됩니다. '수수하다'를 풀이하면서 나타나는 '어지간하다'는 "1. 수준이 보통에 가깝거나 그보다 약간 더 하다 2. 정도나 형편이 기준에 크게 벗어나지 아니한 상태에 있다 3. 생각보다 꽤 무던하다"로 풀이하고, '무던하다'는 "1. 정도가 어지간하다 2. 성질이 너그럽고 수더분하다"로 풀이하며, 다시 '수더분하다'는 "성질이 까다롭지 아니하여 순하고 무던하다"로 풀이해요. 돌림풀이입니다. '어지간하다·무던하다·수더분하다'는 비슷하면서도 저마다 다른 낱말이니, 돌림풀이를 털어내고 새롭게 말풀이를 붙여 주어야지 싶습니다.

- **수수하고 소박한 외양과 태도는 대체로 촌스럽다며 이죽거리거나**
→ 수수하고 투박한 모습과 몸짓은 으레 시골스럽다며 이죽거리거나
→ 수수하고 무던한 겉모습과 몸짓은 흔히 시골스럽다며 이죽거리거나

《전라도, 촌스러움의 미학》 (황풍년, 행성B잎새, 2016) 19쪽

수작업으로 만든

: **수작업으로 만든 그림책**
→ 손수 엮은 그림책
→ 손수 묶은 그림책
→ 손으로 하나하나 엮은 그림책
→ 손수 하나하나 묶은 그림책

- **수작업(手作業)** : 손으로 직접 하는 작업
- **작업(作業)** : 1. 일을 함
- **직접(直接)** : 중간에 아무것도 개재시키지 아니하고 바로

'수작업'은 "손으로 하는 일"을 가리켜요. "수작업으로 만든"이라고 하면 '작업·만들다'가 맞물리면서 겹말 얼거리가 되어요. 한자말 '수작업'을 꼭 쓰고 싶다면 "수작업으로 태어난 그림책"이나 "수작업으로 나온 그림책"으로 손봅니다. 보기글을 살피면 '핸드메이드북·수작업' 같은 영어랑 한자말이 잇달아 나오는데, 손쉽게 "손수 묶은"이나 "손수 엮은"으로 손질해 줄 수 있고, '손묶음책'이나 '손엮음책'처럼 새말을 지어 볼 수 있어요. 손을 써서 어떤 것을 짓는다고 할 적에는 '손짓기'

같은 낱말을 써 보아도 돼요.

- **가장 주목받은 것은 핸드메이드북, 즉 수작업으로 만든 그림책 시리즈였다**
→ 가장 눈길받은 것은 손수 지은 책, 곧 손으로 엮은 그림책 꾸러미였다
→ 가장 사랑받은 책은 손으로 하나하나 엮은 그림책 꾸러미였다
→ 가장 사랑받은 책은 손지음책, 곧 손으로 하나하나 엮은 그림책 꾸러미였다

《일본 1인 출판사가 일하는 방식》(니시야마 마사코/김연한 옮김, 유유, 2017) 205쪽

수정하고 더하고 빼야

: **수정하고 더하고 빼야 된다**
→ 고치거나 더하고 빼야 된다
→ 손보아야 된다
→ 손질해야 된다
→ 더하고 빼야 된다

> ○ **수정하다(修正-)** : 바로잡아 고치다
> ○ **수정하다(修訂-)** : 글이나 글자의 잘못된 점을 고치다
> ○ **고치다** : 1. 고장이 나거나 못 쓰게 된 물건을 손질하여
>   제대로 되게 하다 3. 잘못되거나 틀린 것을 바로잡다
>   4. 모양이나 내용 따위를 바꾸다

한자말 '수정'은 두 가지가 있다는데, 한자를 달리 쓰더라도 '고치다'라는 뜻에서는 같습니다. 곧 '수정하다 = 고치다'요, 글을 '고친다'고 할 적에는 더할 대목은 더하고 뺄 대목은 빼요. 보기글은 겹말 얼거리입니다. "수정하고 더하고 빼야"를 "고치'거나' 더하고 빼야"로 손본다면 힘주어 말한다고도 여길 수 있습니다. "고치거나 손보거나 손질하거나 더하고 빼야"처럼 쓰면서 힘주어 말할 수 있을 테지요. 그러나 한 가지만 골라서 "더하고 빼야"나 '고쳐야'나 '손보아야'나 '손질해야'라고만 써도 넉넉하다고 느껴요.

- **글은 일단 쓰고 나서 수정하고 더하고 빼야 된다**
→ 글은 한번 쓰고 나서 고치거나 더하고 빼야 된다
→ 글은 한번 쓰고 나서 손보아야 된다
→ 글은 한번 쓰고 나서 더하고 빼야 된다

《내 안에 잠든 작가의 재능을 깨워라》(안성진, 가나북스, 2016) 145쪽

수풀로 우거진 숲

: **수풀로 우거진 숲에서는**

→ 숲에서는

→ 수풀에서는

→ 푸나무가 우거진 곳에서는

→ 푸나무가 빽빽한 곳에서는

> ◦ **수풀** : 1. 나무들이 무성하게 우거지거나 꽉 들어찬 것
> 2. 풀, 나무, 덩굴 따위가 한데 엉킨 것
> ◦ **숲** : '수풀'의 준말

나무가 우거진 곳을 가리켜 '수풀'이라 하고, 이를 줄여 '숲'이라 해요. "수풀로 우거진 숲"이라 하면 겹말이에요. 더욱이 나무가 '우거진' 곳이 숲인 터라 "우거진 숲"이라고 할 수도 없어요. 보기글은 '숲에서는'이나 '수풀에서는'처럼 단출하게 적으면 돼요. 또는 "푸나무가 우거진 곳"이나 "푸나무가 빽빽한 곳"이나 "푸나무가 잘 자라는 곳"으로 적어 볼 수 있어요.

• **산양은 주변이 탁 트인 곳을 좋아해서 그런 곳에 살아가지. 수풀로 우거진 숲에서는 살지 않아**

→ 산양은 둘레가 탁 트인 곳을 좋아해서 이런 곳에서 살지. 숲에서는 살지 않아

→ 산양은 탁 트인 곳을 좋아해서 이런 곳에서 살지. 푸나무가 우거진 곳에서는 살지 않아

《야생 동물은 왜 사라졌을까?》 (이주희, 철수와영희, 2017) 57쪽

수확을 거두다

: **200만 원어치밖에 수확을 거두지 못했다**

→ 200만 원어치밖에 거두지 못했다

→ 200만 원어치밖에 거두어들이지 못했다

→ 200만 원어치밖에 따지 못했다

> ◦ **수확(收穫)** : 1. 익은 농작물을 거두어들임. 또는 거두어들인 곡식
> ◦ **거두어들이다** : 1. 곡식이나 열매 따위를 한데 모으거나 수확하다
> ◦ **거두다** : 1. 곡식이나 열매 따위를 수확하다

씨앗을 심어서 돌본 뒤에 거둡니다. 거두는 일은 흔히 가을에 하기에 '가을걷이'라는 말이 있고, 벼를 가을걷이로 얻을 적에는 '벼베기'라는 말을 쓰기도 합니다. 한자말 '수확'은 '거두어들이다'를 뜻한다고 합니다. "수확을 거두지"처럼 쓰면 겹말이에요. 한자말을 쓰고 싶다면 '수확'만 쓸 노릇이고, 한자말을 안 쓰려 한다면 '거두다'나 '거두어들이다'를 쓸 일이지요. 한국말사전을 보면 '수확 = 거두어들이다'로 풀이하고, '거두어들이다·거두나 = 수확'으로 풀이합니다. 돌림풀이로군요.

- **5000평 포도밭에서 고작 200만 원어치밖에 수확을 거두지 못했다**
- → 5000평 포도밭에서 고작 200만 원어치밖에 거두지 못했다
- → 5000평 포도밭에서 고작 200만 원어치밖에 따지 못했다

《포도밭 편지》 (류기봉, 예담, 2006) 133쪽

숙련된 솜씨

: **숙련된 솜씨**

→ 숙련된 손길

→ 솜씨

→ 빼어난 솜씨

→ 훌륭한 솜씨

- **숙련(熟練/熟鍊)** : 연습을 많이 하여 능숙하게 익힘
- **능숙하다(能熟-)** : 능하고 익숙하다
- **능하다(能-)** : 어떤 일 따위에 뛰어나다
- **익숙하다** : 1. 어떤 일을 여러 번 하여 서투르지 않은 상태에 있다
- **익다** [그림씨] : 1. 자주 경험하여 조금도 서투르지 않다 2. 여러 번 겪어 설지 않다
- **솜씨** : 1. 손을 놀려 무엇을 만들거나 어떤 일을 하는 재주 2. 일을 처리하는 수단이나 수완
- **재주** : 1. 무엇을 잘할 수 있는 타고난 능력과 슬기

'숙련'은 "능숙하게 익힘"을 가리킨다는데, '능숙하다'는 "능하고 익숙하다"를 가리킨다 하고, '능하다 = 뛰어나다'요 '익숙하다 = 서투르지 않다'이며 '익다(익히다) = 서투르지 않다'라 해요. 이리하여 '숙련 = 능숙하게 익힘 = 능하고 익숙하게 익힘 = 뛰어나고 서투르지 않게 서투르지 않게 함'을 가리키는 꼴입니다. 겹말풀이예요. 이처럼 "숙련된 모습"은 바로 '솜씨'가 있는 모습이지요. "숙련된 솜씨"처럼 쓰면 겹말입니다. 한자말을 쓰려 한다면 "숙련된 손길"이나 "숙련된 모습"으로 쓰고, 한자말을 안 써도 된다면 '솜씨'라고만 하거나 "빼어난 솜씨"나 "훌륭한 솜씨"로 손봅니다.

- 여러 개의 나물을 버무려내는 숙련된 솜씨는
→ 여러 가지 나물을 버무려내는 솜씨는
→ 여러 나물을 버무려내는 빼어난 솜씨는

《전라도, 촌스러움의 미학》 (황풍년, 행성B잎새, 2016) 96쪽

순간이 왔을 때

:   그 특별한 순간이 왔을 때
→ 그 특별한 순간
→ 그 남다른 때가 오면
→ 그 남다른 때에

> - **순간(瞬間)** : 1. 아주 짧은 동안 2. 어떤 일이 일어난 바로 그때

'순간'은 '동안'이나 '그때'를 가리킨다고 합니다. "그 특별한 순간이 왔을 때"처럼 쓰면 겹말이에요. '순간'을 쓰고 싶다면 "그 특별한 순간"에서 끊어야 합니다. 그리고 "그 특별한 때"처럼 적어도 되어요. 말짜임을 손질해서 "그때가 오면"처럼 적을 수 있어요.

- 점프의 순간은 언제 오든 좋지만 그 특별한 순간이 왔을 때
→ 뛰어오르는 때는 언제 오든 좋지만 그 남다른 때가 오면
→ 박차고 뛰는 때는 언제 오든 좋지만 그 남다른 때에

《언니, 같이 가자!》 (안미선, 삼인, 2016) 133쪽

순순히 복종하다

:   순순히 복종하기를 바랐다
→ 고분고분 따르기를 바랐다
→ 그대로 따르기를 바랐다
→ 고분고분하기를 바랐다

> - **순순히(順順-)** : 1. 성질이나 태도가 매우 고분고분하고 온순하게
> - **복종하다(服從-)** : 남의 명령이나 의사를 그대로 따라서 좇다

→ 시키는 대로 하기를 바랐다

한자말 '복종'은 남이 시키는 대로 따르는 모습을 가리킵니다. 남이 시키면 '고분고분' 따를 적에 '복종'한다고 하지요. 한자말 '순순히'는 '고분고분' 구는 몸짓을 가리켜요. "순순히 복종하기를"이라고 하면 "고분고분 고분고분 따르기를"인 셈이니 겹말입니다. 보기글에서 '순순히'나 '복종'이라는 한자말을 살리고 싶다면 "순순히 따르기를 바랐다"나 "복종하기를 바랐다"라고만 적어 줍니다. 두 한자말을 털고 싶다면 "고분고분 따르기를 바랐다"나 "시키는 대로 하기를 바랐다"로 손볼 수 있어요.

- 박정희 정권은 국민들이 두려움 앞에 자유를 포기하고, 군말 없이 정부에 순순히 복종하기를 바랐다
→ 박정희 정권은 사람들이 두려움 앞에 자유를 버리고, 군말 없이 정부에 고분고분하기를 바랐다
→ 박정희 정권은 사람들이 두려움 앞에 자유를 버리고, 군말 없이 정부를 따르기를 바랐다

《우리는 현재다》 (공현·전누리, 빨간소금, 2016) 118쪽

술값 주점

: **술값 내고 나온 주점**
→ 술값 내고 나온 술집
→ 술값 내고 나온 술가게

> ◦ **술값** : 술을 마시는 데 드는 비용 ≒ 주가(酒價)·주자(酒資)·주전(酒錢)
> ◦ **주점(酒店)** : = 술집
> ◦ **술집** : 술을 파는 집 ≒ 주가(酒家)·주옥(酒屋)·주점(酒店)·주청(酒廳)·주포(酒鋪)

술을 마시는 데 드는 돈이 '술값'이라면, 술을 마시는 곳은 어디일까요? '술집'이나 '술가게'일 테지요. 보기글을 보면 '술'을 마시고 '값'을 치렀으나 '주점'에서 나온다고 적습니다. 술하고 얽힌 일이니 앞뒤 모두 '술-'로 적으면 돼요. 그런데 한국말 사전을 살피니 '술값'을 놓고서 '주가·주자·주전' 같은 한자말을 비슷한말로 실어요. '술집'을 놓고는 '주가·주옥·주점·주청·주포' 같은 한자말을 싣는군요. 이런

온갖 한자말을 굳이 써야 할까요? '술값·술집'으로 넉넉하지 않을까요?

- **술값 공손히 내고 나온 주점 앞에서**
→ 술값 얌전히 내고 나온 술집 앞에서
→ 술값 고이 내고 나온 술가게 앞에서
→ 술값 다소곳이 내고 나온 가게 앞에서

《노끈》 (이성목, 애지, 2012) 60쪽

숨겨진 비밀

: **숨겨진 비밀을**
→ 숨겨진 것을
→ 숨겨진 이야기를
→ 숨겨진 보물을

> ○ **숨기다** : 2. 어떤 사물을 남이 보이지 않는 곳에 두다. 또는 어떤
> 사실이나 행동을 남이 모르게 감추다
> ○ **감추다** : 1. 남이 보거나 찾아내지 못하도록 가리거나 숨기다
> ○ **비밀(秘密)** : 1. 숨기어 남에게 드러내거나 알리지 말아야 할 일

숨기는 일을 한자말로 '비밀'이라 합니다. "숨겨진 비밀"이라 하면 "숨겨진 숨긴 일"인 얼거리이니 겹말이에요. 한자말 '비밀'을 쓰고 싶다면 '비밀'이라고만 할 노릇입니다. 보기글에서는 '숨겨진'이라는 말마디를 살려서 "숨겨진 보물"이나 "숨겨진 이야기"로 손보면 한결 낫지 싶고, '수수께끼'로 손볼 수도 있습니다.

- **아는 사람은 거의 없기에 나는 숨겨진 비밀을 캐는 기분이었다**
→ 아는 사람은 거의 없기에 나는 숨겨진 보물을 캐는 느낌이었다
→ 아는 사람은 거의 없기에 나는 수수께끼를 캐는 느낌이었다

《홀로 숲으로 가다》 (베른트 하인리히/정은석 옮김, 더숲, 2016) 223쪽

숨은 은신처

: **숨어 있던 은신처**

→ 　숨었던 자리

→ 　몸을 숨기던 곳

→ 　은신처

> ○ **은신처(隱身處)** : 몸을 숨기는 곳

"몸을 숨기는 곳"을 가리키는 한자말 '은신처'입니다. "숨어 있던 은신처"처럼 말하면 "숨어 있던 숨은 곳"이라 말한 셈입니다. 한국말 "숨어 있던"을 덜든, 한자말 '은신처'를 '곳'이나 '데'나 '자리'로 고쳐써야 알맞습니다.

- **숨어 있던 은신처 밑에 거꾸로 매달려**

→ 　숨었던 곳 밑에 거꾸로 매달려

→ 　숨었던 보금자리 밑에 거꾸로 매달려

→ 　숨은 자리 밑에 거꾸로 매달려

《세밀화로 보는 나비 애벌레》 (권혁도, 길벗어린이, 2010) 15쪽

숨은 행간

:　　**숨은 행간까지**

→ 　숨은 뜻까지

→ 　숨은 곳까지

> ○ **행간(行間)** : 1. 쓰거나 인쇄한 글의 줄과 줄 사이. 또는 행과 행 사이
> 2. 글에 직접적으로 나타나 있지 아니하나 그 글을 통하여 나타내려고
> 하는 숨은 뜻을 비유적으로 이르는 말

한자말 '행간'은 "숨은 뜻"을 빗댈 적에 씁니다. "숨은 행간"이라 하면 겹말이에요. 한자말을 쓰려 한다면 '행간'만 쓸 노릇입니다. 한자말 없이 이야기를 펼쳐 보겠노라 한다면 "숨은 뜻"이나 "숨은 마음"으로 손질합니다. 또는 "숨은 곳"이나 "숨은 데"나 "숨은 자리"로 손질할 수 있어요.

- **저라는 인간을, 숨은 행간까지 낱낱이 읽어 버린 어머니 앞에서**

→ 　저라는 사람을, 숨은 마음까지 낱낱이 읽어 버린 어머니 앞에서

→ 　저라는 사람을, 숨은 곳까지 낱낱이 읽어 버린 어머니 앞에서

→ 　저라는 사람을, 숨은 데까지 낱낱이 읽어 버린 어머니 앞에서

《책 먹는 법》 (김이경, 유유, 2015) 10쪽

숲 삼림

:	소중하게 보호한 삼림, 간신히 살려 놓았던 숲

→ 알뜰히 지킨 숲, 겨우 살려 놓았던 숲

→ 고이 간직한 숲, 가까스로 살려 놓았던 숲

→ 아름다이 돌본 숲, 힘들게 살려 놓았던 숲

→ 사랑스레 가꾼 숲, 어렵게 살려 놓았던 숲

> ○ **삼림(森林)** : 나무가 많이 우거진 숲
> ○ **숲** : '수풀'의 준말
> ○ **수풀** : 나무들이 무성하게 우거지거나 꽉 들어찬 것
> ○ **무성하다(茂盛−)** : 풀이나 나무 따위가 자라서 우거져 있다

"나무가 많이 우거진 숲"을 가리키는 '삼림'이라고 하는데, '숲'은 '수풀'을 줄인 낱말이라 하고, '수풀'이란 "나무들이 무성하게 우거지거나 꽉 들어찬 것"을 가리키니 '숲 = 나무가 우거진 곳'이지요. 한국말사전은 '삼림'을 겹말풀이로 다룬 셈입니다. '숲 = 수풀 = 삼림'이기도 하니, 보기글처럼 '삼림'하고 '숲'을 섞어서 쓰면 겹말이 되겠지요. '무성(茂盛)'이란 무엇일까요. '수풀'을 풀이하면서 "나무들이 무성하게 우거지거나"라 적었거든요. 한자말 '무성'은 "풀이나 나무 따위가 자라서 우거져 있다"를 뜻한다고 나옵니다. '우거지는' 일이 '무성'이라는 소리인데, 이렇다면 '수풀' 말풀이도 겹말풀이인 셈입니다.

• 그렇게 소중하게 보호해 온 삼림을 억울하게도 90% 이상 빼앗기거나 파괴당해 버렸지만 … 그 와중에 간신히 살려 놓았던 숲이 무참히 사라져 가고 있다

→ 그렇게 알뜰히 건사해 온 숲을 안타깝게도 90% 넘게 빼앗기거나 망가지고 말았지만 … 그런데도 겨우 살려 놓았던 숲이 끔찍이 사라져 간다

→ 그렇게 고이 간직해 온 숲을 슬프게도 90% 넘게 빼앗기거나 망가지고 말았지만 … 그런데도 가까스로 살려 놓았던 숲이 끔찍이 사라져 간다

《지구에서 일어나고 있는 일들》 (이진아, 책장, 2008) 217쪽

• 삼림 감독관이 돌보는 숲처럼 아름답다

→ 숲 감독관이 돌보는 숲처럼 아름답다

→ 숲지기가 돌보는 숲처럼 아름답다

《홀로 숲으로 가다》 (베른트 하인리히/정은석 옮김, 더숲, 2016) 329쪽

쉬고 휴식하고

:   **그렇게 쉬다가 … 진짜 휴식을 즐긴다**

→   그렇게 쉬다가 … 참말 즐겁게 쉰다

→   그렇게 쉬다가 … 참답게 쉬는 맛을 즐긴다

> ○ **휴식(休息)** : 하던 일을 멈추고 잠깐 쉼

'쉬는' 일을 가리키는 한자말 '휴식'입니다. '쉬다'와 '휴식(휴식하다)'을 잇달아 쓰면 겹말이지요. 앞이나 뒤 모두 '쉬다'라는 낱말을 쓰면 됩니다. 쉬기에 '쉰다'고 하는데, '쉼터'처럼 '쉼날' 같은 낱말을 새롭게 써 볼 만하리라 생각합니다. 택시를 보면 '쉬는차'라는 이름을 흔히 쓰는데 '쉬는때'나 '쉬는날'이나 '쉬는이'를 따로 한 낱말로 삼을 수 있으리라 생각해요.

• 한참을 그렇게 쉬다가 데크에 앉은 채 물이나 오렌지쥬스, 과일 같은 걸 얻어먹고는
  다시 일어서서 걷는다. 모든 걸 벗어던지고 물로 씻을 수 있는 나의 집으로
  돌아와서야 진짜 휴식을 즐긴다

→ 한참을 그렇게 쉬다가 바깥마루에 앉은 채 물이나 오렌지주스, 과일 들을
  얻어먹고는 다시 일어서서 걷는다. 모든 걸 벗어던지고 물로 씻을 수 있는 우리
  집으로 돌아와서야 참말 즐겁게 쉰다

《점선뎐》 (김점선, 詩作, 2009) 291쪽

스스로를 돕고 자립하려고

:   **스스로를 돕고 자립하려고 노력하는**

→   스스로를 돕고 스스로 서려고 힘쓰는

→   스스로를 돕고 홀로 서려고 애쓰는

→   스스로를 돕고 우뚝 서려고 땀흘리는

→   스스로를 돕고 일어서려고 힘을 쏟는

> ○ **자립(自立)** : 남에게 예속되거나 의지하지 아니하고 스스로 섬

"스스로 서는" 일을 가리키는 '자립'입니다. 보기글을 살펴면 첫머리에 "스스로를

돕고"라 나와요. 이 말마디를 살려서 "스스로를 돕고 스스로 일어서려고"처럼 쓸 만하고, "스스로를 돕고 일어서려고"처럼 쓸 만합니다. '스스로'를 한자로 옮긴 '자(自)'를 넣은 낱말 '자립'을 붙여서 겹말이 되도록 하지 않아도 돼요. 또는 "스스로를 돕고 홀로 서려고"처럼 손볼 수 있어요.

- **스스로를 돕고 자립하려고 노력하는 여자를 지지하긴커녕 혐오하는 남자들은 응분의 대가를 치러야 한다**
→ 스스로를 돕고 일어서려고 애쓰는 여자한테 힘을 보태긴커녕 미워하는 사내들은 마땅한 값을 치러야 한다

《여자로 살기, 여성으로 말하기》 (우어줄라 쇼이 엮음/전옥례 옮김, 현실문화연구, 2003) 92쪽

- **스스로 일어날 수 있도록, 자립할 수 있도록 도와줘야 하는데**
→ 스스로 일어날 수 있도록, 스스로 설 수 있도록 도와줘야 하는데
→ 스스로 일어나거나 설 수 있도록 도와줘야 하는데

《언니, 같이 가자!》 (안미선, 삼인, 2016) 115쪽

스스로 자청

: **자청하여 스스로 시작하기에 이른**

◦ **자청(自請)** : 어떤 일에 나서기를 스스로 청함

→ 스스로 하겠다고 나서기에 이른
→ 스스로 나서서 하기에 이른
→ 스스로 바라면서 하기에 이른

스스로 바라면서 하는 일을 가리키는 '자청'이라 한다면, 이 낱말 앞뒤에 '스스로'를 넣으면 겹말이 됩니다. 한국말사전을 살피니 "자기가 만나러 오겠다고 자청했으니"나 "스스로 삼촌의 뒤를 잇겠다고 자청하고 나왔었다" 같은 보기글이 나와요. 한국말사전 보기글도 겹말입니다. 이 글월은 "스스로 만나러 오겠다고 했으니"나 "스스로 삼촌 뒤를 잇겠다고 나왔다"로 손질해 줍니다.

- **양치기 생활을 흔연히 자청하여 스스로 시작하기에 이른 것이다**
→ 양치기 삶을 기쁘게 받아들여 스스로 하기에 이르렀다

413

→ 양치기를 하겠다고 스스로 기꺼이 나서서 하기에 이르렀다

《양치는 성자》(백운, 해뜸, 1988) 113쪽

스테디셀러는 꾸준해

: **꾸준히 많이 나가는 스테디셀러**
→ 꾸준히 많이 나가는 책
→ 꾸준히 사랑받는 책

> ○ **스테디셀러(steady seller)** : 오랜 기간에 걸쳐 꾸준히 잘 팔리는 책

영어로 '스테디셀러'는 꾸준히 팔리는 책을 가리킵니다. "꾸준히 많이 나가는 스테디셀러"처럼 쓰면 겹말이에요. 영어를 쓰려 한다면 '스테디셀러'라고만 할 노릇이고, 한국말로 쓰려 한다면 "꾸준히 나가는 책"이나 "꾸준히 사랑받는 책"이나 "꾸준히 팔리는 책"이나 "꾸준히 읽히는 책"으로 손질합니다.

• **이 책은 선생님의 말씀과는 달리 30년이 가깝도록 꾸준히 많이 나가는 스테디셀러로 자리잡았다**
→ 이 책은 선생님 말씀과는 달리 서른 해가 가깝도록 꾸준히 많이 나가는 책으로 자리 잡았다
→ 이 책은 선생님 말씀과는 달리 서른 해가 되도록 꾸준히 사랑받는 책으로 자리 잡았다

《출판 현장의 이모저모》(김성재, 일지사, 1999) 47쪽

슬기와 지혜

: **슬기와 지혜가**
→ 슬기가
→ 슬기와 솜씨가

> ○ **지혜(智慧/知慧)** : 사물의 이치를 빨리 깨닫고 사물을 정확하게 처리하는 정신적 능력
> ○ **슬기** : 사리를 바르게 판단하고 일을 잘 처리해 내는 재능

한국말사전에서 '슬기'를 찾아보면 "사리(事理)를 바르게 판단(判斷)하고"로 풀이말이 달립니다. 한자말 '지혜'를 찾아보면 "사물의 이치를 빠르게 깨닫고" 같은 풀이말이 달려요. '사리'란 "사물의 이치"입니다. "바르게 판단"이란 "바르게 깨닫는" 일이기도 합니다. 그러니까 한국말사전은 '슬기'와 '지혜'를 풀이하면서 '다른 낱말을 쓸' 뿐인 셈입니다. "슬기와 지혜"라고 하면 똑같은 말을 나란히 쓴 셈이고요. '슬기'라고만 하든지 "슬기와 재주"나 "슬기와 솜씨"로 손질해야지 싶어요. 한국말사전을 더 살피니, '재주'는 "무엇을 잘할 수 있는 타고난 능력과 슬기"로 풀이하고, '솜씨'는 "손을 놀려 무엇을 만들거나 어떤 일을 하는 재주"로 풀이합니다. '재주'를 풀이하며 '슬기'라는 낱말을 쓰고, '솜씨'를 풀이하며 '재주'라는 낱말을 쓰는 돌림풀이입니다.

- **아름다운 세상을 이루어 갈 수 있는 슬기와 지혜가 인간에게 주어졌음을**
- → 아름다운 세상을 이루어 갈 수 있는 슬기가 사람한테 주어졌음을
- → 아름다운 터전을 이루어 갈 수 있는 슬기와 솜씨가 사람한테 주어졌음을

《단순하고 소박한 삶, 아미쉬로부터 배운다》 (임세근, 리수, 2009) 145쪽

습윤하고 추진 땅

: **습윤하고 추진 땅**
→ 추진 땅
→ 물기가 밴 땅

> - **습윤하다(濕潤-)** : 습기가 많은 느낌이 있다
> - **습기(濕氣)** : 물기가 많아 젖은 듯한 기운
> - **습하다(濕-)** : 메마르지 않고 물기가 많아 축축하다
> - **추지다** : 물기가 배어 눅눅하다
> - **축축하다** : 물기가 있어 젖은 듯하다

한자말 '습윤하다'는 '습기'가 많은 느낌을 가리킨다는데, '습기'는 '물기'를 가리켜요. 외마디 한자말 '습하다'는 '축축하다'를 가리킨다지요. "습윤하고 추진 땅"이라 하면 겹말이에요. "추진 땅"이라고만 하거나 "축축한 땅"이나 "눅눅한 땅"으로 손질해 줍니다. "물기 있는 땅"이나 "물기 많은 땅"이나 "물이 많은 땅"이나 "물을 많이 머금은 땅"이라 할 수도 있어요.

- **큰구슬붕이는 더욱 습윤하고 추진 땅에 분포하고, 봄구슬붕이는 그보다 더욱 습한**

땅에서 산다

→ 큰구슬붕이는 더욱 추진 땅에 퍼지고, 봄구슬붕이는 그보다 더욱 축축한 땅에서
산다

→ 큰구슬붕이는 더욱 눅눅한 땅에서 살고, 봄구슬붕이는 그보다 더욱 축축한 땅에서
산다

《한국 식물 생태 보감 2》(김종원, 자연과생태, 2016) 282쪽

시골을 벗어난 촌뜨기

: **갓 시골을 벗어난 촌뜨기인데**

→ 갓 시골을 벗어난 사람인데

→ 갓 시골을 벗어났는데

→ 갓 시골뜨기를 벗어났는데

→ 갓 시골 티를 벗는데

> ○ **촌뜨기(村−)** : '촌사람'을 낮잡아 이르는 말
> ○ **촌사람(村−)** : 시골에 사는 사람

'촌뜨기'나 '촌사람'이라 할 때 앞에 붙는 '촌(村)'은 '시골 촌'이라는 한자입니다. 소
리는 '촌'이고 뜻은 '시골'입니다. 한자 '촌(村)'에 익숙한 분이라면 '촌뜨기'나 '촌사
람'이라 말하고, 한국말 '시골'에 익숙한 분이라면 '시골뜨기'나 '시골사람'이라 말
합니다. 한국말사전에는 '시골사람'이라는 낱말이 실리지 않습니다. '촌사람'만 실
어요. 시골에 사니 '시골사람'이요, 도시에 사니 '도시사람'이건만, 한자로 '−인
(人)'을 붙이는 '도시인'까지 한국말사전에 실으면서도 '도시 + 사람'으로 쓰는 '도
시사람'은 안 싣습니다. '촌뜨기'를 풀이하는 한국말사전에 실린 보기글도 얄궂습
니다. "시골 촌뜨기"라는 보기글이 실리는데, '촌(村)'이 '시골'을 가리키는 말이니
겹말이에요.

• **이제 갓 시골을 벗어난 촌뜨기인데 내게 무엇을 기대한다는 것인지**

→ 이제 갓 시골을 벗어난 사람인데 내게 무엇을 바란다는 것인지

→ 이제 갓 시골을 벗어났는데 내게 무엇을 바란다는지

《이 여자, 이숙의》(이숙의, 삼인, 2007) 180쪽

시골 촌닭

:   시골 촌닭이라

→   시골닭이라

→   시골스러운 닭이라

> ○ **촌닭(村-)** : 1. 시골의 닭 2. 촌스럽고 어릿어릿하는 사람을 속되게 이르는 말
> ○ **촌스럽다(村-)** : 어울린 맛과 세련됨이 없이 어수룩한 데가 있다
> ○ **시골스럽다** : 보기에 시골의 분위기와 같은 데가 있다

시골에 있는 닭이라 '촌닭'이요, 촌스러운 사람이라 '촌닭'이라 한답니다. "시골 촌닭"은 겹말입니다. 한국말사전을 보니 '촌스럽다'는 "시골에 사는 사람답다"라든지 '시골스럽다'로 풀이하지 않아요. 어수룩한 데가 있는 사람을 가리켜 '촌스럽다'라 한다네요. 시골이라는 터전을 얕보거나 낮보거나 깔보려는 생각이 '촌닭·촌스럽다' 같은 낱말에 스미는구나 싶습니다.

·   제가 시골 촌닭이라 이거지유?

→   제가 시골닭이라 이거지유?

→   제가 시골스럽다 이거지유?

《달려라 하니 2》(이진주, 바다그림판, 2001) 113쪽

시도 때도 없이

:   시도 때도 없이

→   때를 가리지 않고

→   아무 때나

→   자주

→   언제나

> ○ **시(時)** : 1. 사람이 태어난 시각 2. 차례가 정하여진 시각을 이르는 말 3. 어떤 일이나 현상이 일어날 때나 경우

'때'를 가리키는 한자 '시(時)'입니다. "시도 때도 없다"처럼 쓰는 말마디는 "때도 때도 없다"나 "시도 시도 없다" 꼴인 셈이에요. 힘주어 말하려고 쓴다 할 수 있지만, 이보다는 겹말이 된다고 해야지 싶습니다. 아무래도 "때도 때도 없다"나 "시도 시

도 없다"처럼 말하지는 않기 때문입니다. "때를 가리지 않고"나 "아무 때나"로 손
볼 만하고 '자주'나 '으레'나 '흔히'나 '늘'이나 '언제나'로 손볼 수 있습니다.

- **온갖 고기들이 시도 때도 없이 상에 오르는 흔전만전 육식의 시대가 낳은**
- → 온갖 고기들이 아무 때나 상에 오르는 흔전만전 육식 시대가 낳은
- → 온갖 고기들이 때를 가리지 않고 상에 오르는 흔전만전 육식 시대가 낳은

《전라도, 촌스러움의 미학》 (황풍년, 행성B잎새, 2016) 21쪽

시도하다

: **시도조차 하지 않아서요**

- → 하려고조차 하지 않아서요
- → 하려고조차 않아서요
- → 하려고 나서지조차 않아서요
- → 하려고도 않아서요
- → 그처럼 하려고도 않아서요

> ○ **시도(試圖)** : 어떤 것을 이루어 보려고 계획하거나 행동함
> ○ **행동하다(行動-)** : 몸을 움직여 동작을 하거나 어떤 일을 하다
> ○ **하다** : 1. 사람이나 동물, 물체 따위가 행동이나 작용을 이루다

'시도'라는 한자말은 '행동함'을 가리키고, '행동하다'는 '하다'를 가리켜요. '시도하
다'나 '행동하다'라고 말할 적에는 그냥 '하다'를 나타낸다고 할 만해요. 어느 모로
본다면 힘주어 말하려고 '시도·행동'을 '하다' 앞에 붙인 셈이지만, 가만히 들여다
본다면 겹말인 얼거리입니다. 한국말 '하다'는 '시도하다'나 '행동하다'를 뜻하거든
요. '하다'만 쓰면 되는데, 좀 힘주어 말하고 싶다면 "그처럼 하다"나 "그렇게 하
다"나 "힘껏 하다"나 "해 보다"나 "하려고 들다"나 "하려고 나서다"처럼 앞뒤에 꾸
밈말을 붙이면 돼요.

- **그 내용을 이해할 만큼 머리가 굵어진 뒤에도 시도조차 하지 않아서요**
- → 그 줄거리를 알 만큼 머리가 굵어진 뒤에도 하려고조차 않아서요
- → 그 이야기를 알 만큼 머리가 굵어진 뒤에도 하려고 나서지조차 않아서요
- → 그 얼거리를 알 만큼 머리가 굵어진 뒤에도 하려고 들지조차 않아서요

《리처드 도킨스 자서전 1》 (리처드 도킨스/김명남 옮김, 김영사, 2016) 39쪽

시범적으로 한번

: **시범적으로 한번 길러 보는**

→ 한번 길러 보는

→ 길러 보는

- **시범적(示範的)** : 모범을 보이는
- **모범(模範)** : 본받아 배울 만한 대상
- **본받다(本-)** : 본보기로 하여 그대로 따라 하다
- **한번(-番)** : 1. 어떤 일을 시험 삼아 시도함을 나타내는 말

'시범적'은 "모범을 보이는"을 뜻한다고 해요. '모범'은 "본받아 배울 대상"을 가리킨다 하고, '본받다'는 본보기로 삼아서 따라 하는 일을 가리킨다 하지요. 이러한 뜻풀이를 헤아리면 '시범적'이 무엇을 나타내는지 오히려 헷갈릴 만합니다. "네가 시범을 보이렴" 하고 말할 적에는 네가 '한번' 해 보면서 알 수 있도록 이끌라는 뜻이에요. 곧 "시범적으로 한번 길러 보는"이라 하면 "한번 한번 길러 보는" 꼴이 되기에 겹말이에요. 이 보기글은 "시범으로 길러 보는"이나 "시험 삼아 길러 보는"으로 손질하거나 "한번 길러 보는"으로 손질해 줍니다.

- **그렇지만 시범적으로 한번 길러 보는 거야**

→ 그렇지만 한번 길러 보자

→ 그렇지만 길러 보자

《뉴욕에 간 귀뚜라미 체스터》 (조지 셀던 톰프슨/김연수 옮김, 시공주니어, 1998) 27쪽

시스템의 구조

: **기업식 시스템의 구조**

→ 기업 구조

→ 기업 얼개

→ 기업 얼거리

- **시스템(system)** : 필요한 기능을 실현하기 위하여 관련 요소를 어떤 법칙에 따라 조합한 집합체
- **구조(構造)** : 부분이나 요소가 어떤 전체를 짜 이룸. 그렇게 이루어진 얼개

영어가 마음에 들면 "기업 시스템"처럼 쓸 수 있고, 한자말이 마음에 들면 "기업 구조"처럼 쓸 수 있어요. 영어하고 한자말이 모두 마음에 들어 "기업식 시스템의

구조"처럼 쓴다면, 이는 얄궂게도 겹말입니다. 한 가지로만 써야지요. 조금 더 헤아린다면, 한국말이 마음에 들어서 "기업 얼개"나 "기업 얼거리"나 "기업 짜임새"나 "기업 틀"이나 "기업 틀거리"로 손볼 수 있습니다.

- 기업식 시스템에서는 동물을 기르는 게 불가능하다. 노동자들은 동물들을 보살펴 주고, 아껴 주며, 책임을 느끼고, 또 동물들을 배려하며 말하고 싶어 한다. 하지만 기업식 시스템의 구조는 이를 허용하지 않는다
→ 기업 얼거리에서는 짐승을 기를 수 없다. 노동자들은 짐승들을 보살펴 주고, 아껴 주며, 책임을 느끼고, 또 짐승들을 헤아리며 말하고 싶어 한다. 그러나 기업 얼거리는 이를 받아들이지 않는다

《우리 안에 돼지》 (조슬린 포르셰·크리스틴 트리봉도/배영란 옮김, 숲속여우비, 2010) 50쪽

시시때때로

: **시시때때로**
→ 때때로
→ 때때때로

> ○ **시시때때로(時時−)** : '때때로'를 강조하여 이르는 말
> ○ **시시로(時時−)** : = 때때로
> ○ **때때로** : 경우에 따라서 가끔
> ○ **때로** : 1. 경우에 따라서 2. 잦지 아니하게 이따금

한국말사전을 살피면 '시시때때로'를 놓고 '때때로'를 힘주어 이르는 말로 풀이합니다. 아무래도 '시시로 + 때때로 = 시시때때로'로 여기는구나 싶습니다. '시시로 = 때때로'입니다. 한국말 '때'를 한자로 옮기면 '시(時)'이거든요. 한국말사전은 '시시로 = 때때로'처럼 다루지만 '시시로 → 때때로'로 다루어야지 싶어요. '때때로'라는 한국말이 있으니 구태여 '시시로'를 써야 하지 않아요. 그리고 '때때로'는 '때로'를 힘주어 이르는 말이에요. 이 '때때로'를 더 힘주어 이르려 한다면 차라리 '때때때로'나 '때때때때로'처럼 쓰면 되겠지요. 재미난 말놀이를 하듯이 말이에요.

- **몇몇 통치 측면에서 잔혹성으로 시시때때로 비난을 받았지만**
→ 몇몇 통치 측면에서 끔찍하다고 때때로 손가락질을 받았지만
→ 다스릴 적에 여러모로 끔찍했다고 가끔 손가락질을 받았지만

《내추럴 히스토리》 (존 앤더슨/최파일 옮김, 삼천리, 2016) 266쪽

- **시시때때로 들여다보며 훈수, 훈계를 늘어놓는다는 하소연이다**
→ 때때로 들여다보며 훈수, 훈계를 늘어놓는다는 하소연이다
→ 자꾸 들여다보며 끼어들거나 타이른다는 하소연이다

《전라도, 촌스러움의 미학》 (황풍년, 행성B잎새, 2016) 25쪽

시원한 냉기

: **시원한 냉기**
→ 시원한 기운
→ 시원함
→ 냉기

> • **시원하다** : 1. 덥거나 춥지 아니하고 알맞게 서늘하다
> 2. 음식이 차고 산뜻하거나, 뜨거우면서 속을 후련하게 하는 점이 있다
> • **냉기(冷氣)** : 1. 찬 기운 2. 찬 공기

'시원하다'라는 낱말은 덥거나 춥지 않도록 알맞게 서늘한 기운을 가리키기도 하지만, 밥이나 물이 차고 산뜻한 기운을 가리키기도 합니다. "찬 기운"을 가리키는 '냉기'를 붙인 "시원한 냉기"는 겹말입니다. 둘 가운데 하나만 골라서 쓸 노릇입니다.

- **들이켜는 순간 오싹하도록 시원한 냉기에 아짐은 순간 어깨를 들썩 치켜올리고**
→ 들이켤 적에 오싹하도록 시원한 기운에 아짐은 문득 어깨를 들썩 치켜올리고
→ 들이켤 적에 오싹하도록 시원하기에 아짐은 불쑥 어깨를 들썩 치켜올리고

《전라도, 촌스러움의 미학》 (황풍년, 행성B잎새, 2016) 27쪽

시의적절한 때

: **딱 시의적절한 때에**
→ 딱 알맞은 때에
→ 딱 알맞게

> • **시의적절(時宜適切)** : 그 당시의 사정이나 요구에 아주 알맞음
> • **시의(時宜)** : 그 당시의 사정에 알맞음
> • **적절하다(適切-)** : 꼭 알맞다

'시의적절'이라는 한자말에서 '시(時)'는 '때'를 뜻하고, '의(宜)'는 '마땅하다·알맞다'

를 뜻해요. '시의 = 때 + 알맞다'라서 "알맞은 때"를 나타냅니다. 한자말 '적절'도 '알맞음'을 나타내요. 가만히 보면 '시의적절'은 겹말 얼거리인 한자말입니다. "시의적절한 때에"라고 하면 여러모로 겹말이에요. "알맞은 때에"로 손질하거나 '알맞게'나 '알맞춤하게'로 손질해 줍니다.

- **딱 시의직절한 때에 레너드 니모이의 《전신 프로젝트》가 마치 선물처럼 내 품에 들어왔다**
- → 딱 알맞은 때에 레너드 니모이가 쓴 《전신 프로젝트》가 마치 선물처럼 내 품에 들어왔다
- → 딱 알맞게 레너드 니모이 책 《전신 프로젝트》가 마치 선물처럼 내 품에 들어왔다

《나는 당당한 페미니스트로 살기로 했다》 (린디 웨스트/정혜윤 옮김, 세종서적, 2017) 117쪽

시인하고 받아들여

:   **죄를 시인하고 받아들이라고**
→ 죄를 밝히고 받아들이라고
→ 잘못을 그대로 받아들이라고

> ○ **시인(是認)** : 어떤 내용이나 사실이 옳거나 그러하다고 인정함
> ○ **인정(認定)** : 확실히 그렇다고 여김
> ○ **받아들이다** : 5. 어떤 사실 따위를 인정하고 용납하거나 이해하고 수용하다 6. 다른 사람의 의견이나 비판 따위를 찬성하여 따르다. 또는 옳다고 인정하다
> ○ **수용(受容)** : 어떠한 것을 받아들임

한자말 '시인'은 "그러하다고 인정함"을 뜻한다는데, '인정'은 "그렇다고 여김"을 뜻한다고 합니다. 이 말풀이는 겹말입니다. '시인 = 그러하다고 인정함 = 그러하다고 그렇다고 여김'인 꼴이 되지요. "그러하다고(그렇다고) 여김"은 '받아들임'을 가리키는데, 한국말사전을 살피면 '받아들이다'를 '인정'으로 풀이합니다. 이때에는 돌림풀이로군요. "죄를 시인하고 받아들이라고" 꼴로 적으면 겹말입니다. 둘 모두 '받아들이고'로 적을 수 있고, 앞쪽은 '밝히고'로 적을 수 있어요. 앞쪽을 '받아들이고'로 손본 다음에 뒤쪽을 "달게 받으라고"로 손보아도 어울립니다.

- **지은 죄를 시인하고 신이 내린 벌을 묵묵히 받아들이라고 돌아가며 설득한다**
- → 지은 죄를 밝히고 신이 내린 벌을 고이 받아들이라고 돌아가며 설득한다

→   지은 잘못을 받아들이고 신이 내린 벌도 달게 받으라고 돌아가며 달랜다

《여성의 우정에 관하여》 (메릴린 옐롬·테리사 도너번 브라운/정지인 옮김, 책과함께, 2016) 29쪽

시작은 시작합니다

:   **이야기의 시작은 아이들과 만나는 데서부터 시작합니다**

→   이야기는 아이들과 만나는 데서 비롯합니다

→   이야기는 아이들과 만나는 데서부터입니다

> • **시작(始作)** : 어떤 일이나
> 행동의 처음 단계를
> 이루거나 그렇게 하게 함

"시작은 시작합니다" 꼴처럼 쓰니 무엇을 말하려는지 아리송한 겹말입니다. 보기 글 첫머리에 나오는 '시작'은 덜고 끝자락에 나오는 '시작'은 '비롯'으로 손봅니다. 또는 앞뒤에 나오는 '시작'을 모두 덜어도 돼요. "이야기는 아이들과 만나는 데서 부터입니다"처럼 단출하게 쓰면 되지요.

•   **우리 이야기의 시작은 아이들과 만나는 데서부터 시작합니다**

→   우리 이야기는 아이들과 만나는 데서 비롯합니다

→   우리 이야기는 아이들과 만나는 데서부터입니다

→   우리 이야기는 아이들과 만나는 데서 엽니다

→   우리 이야기는 아이들과 만나는 데서 처음 엽니다

《똥교회 목사의 들꽃피는마을 이야기》 (김현수, 청어람미디어, 2004) 20쪽

시작한 것이 시작입니다

:   **혼자 쓰기 시작한 것이 제 시의 시작입니다**

→   혼자 쓰면서 제 시가 나왔습니다

→   혼자 쓰면서부터 제 시가 되었습니다

→   혼자 시를 써 보았습니다

→   처음으로 혼자 시를 써 보았습니다

> • **시작(始作)** : 어떤 일이나 행동의 처음
> 단계를 이루거나 그렇게 하게 함

"혼자 쓰기 시작한 것이 시작입니다"라고 하면 겹말입니다. '시작'이라는 말이 겹칩니다. 앞쪽은 '쓰면서'나 '쓰면서부터'로 손보고, 뒤쪽은 '나왔습니다'나 '태어났습니다'나 '되었습니다'로 손볼 만합니다. 또는 통째로 손질해서 "시를 써 보았습니다"나 "시를 썼습니다"나 "처음으로 시를 썼습니다"처럼 수수하고 단출하게 써 볼 만합니다.

- **답답해서 종이에 혼자 쓰기 시작한 것이 제 시의 시작입니다**
- → 답답해서 종이에 혼자 쓰면서부터 제 시가 나왔습니다
- → 답답해서 종이에 혼자 쓰면서부터 제 시가 태어났습니다
- → 답답해서 종이에 혼자 시를 써 보았습니다
- → 답답해서 종이에 혼자 써 보니 시가 되었습니다

《세상에서 가장 값진 보석》(김경원, 푸른길, 2016) 4쪽

시작한 시발점

: **벌어지기 시작한 시발점이다**
→ 처음 벌어지는 자리이다

> ○ **시작(始作)** : 어떤 일이나 행동의 처음 단계를 이루거나 그렇게 하게 함
> ○ **시발점(始發點)** : 1. 첫 출발을 하는 지점 2. 일이 처음 시작되는 계기

한자말 '시작'은 '처음'을 가리킵니다. 한자말 '시발점'도 '처음'을 가리키지요. "시작한 시발점"이라고 하는 말마디는 같은 말을 되풀이하는 셈입니다. 한자말을 쓰고 싶다면 "벌어지는 시발점이다"처럼 쓰든지 "벌어지기 시작하는 곳이다"처럼 쓸 노릇입니다. 굳이 한자말을 안 쓰려 한다면 "처음 벌어지는 자리이다"나 "처음으로 벌어지는 곳이다"처럼 쓰면 됩니다.

- **투기의 시작이며 빈부의 격차가 벌어지기 시작한 시발점이다**
- → 투기가 비롯하며 빈부 격차가 처음 벌어지는 자리이다

《기억의 풍경》(김정일, 눈빛, 2015) 3쪽

시절인 시대

: **호시절인 시대**
→ 좋았던 때
→ 좋던 날
→ 좋은 나날
→ 좋던 한때

> ◦ **호시절(好時節)** : 좋은 때
> ◦ **시절(時節)** : 1. 일정한 시기나 때
> ◦ **시대(時代)** : 1. 역사적으로 어떤 표준에 의하여 구분한 일정한 기간
>   2. 지금 있는 그 시기
> ◦ **기간(其間)** : 어느 때부터 다른 어느 때까지의 동안
> ◦ **시기(時期)** : 어떤 일이나 현상이 진행되는 시점. '때'로 순화

'호시절'은 "좋은 때"를 가리켜요. '시절 = 때'라는 얼거리입니다. '시대'라는 한자말은 '기간·시기'라는 말마디로 풀이하는데, '기간'은 '때'라는 말마디로 풀이를 하고, '시기'는 '때'로 고쳐써야 한다고 합니다. 한국말사전은 '시절'을 "시기나 때"로 풀이하지만, 이 말풀이는 "때나 때"로 풀이한 셈이라 얄궂습니다. '시절·시대·기간·시기'는 생김새가 다른 한자말이기는 하되, 말뜻으로 보자면 '때'하고 맞물리는 얼거리입니다. "호시절인 시대"는 "좋은 때인 때"인 셈이니 겹말이에요. 여러 가지 한자말을 알맞게 쓸 수 있습니다만, '때' 한 가지를 쓰면 될 뿐이기도 하며, '날·나날·한때·무렵·즈음' 같은 낱말을 찬찬히 살펴서 써 볼 수 있어요.

• **붉게 밀어올린 꽃대가 호시절인 시대는 갔군요**
→ 붉게 밀어올린 꽃대가 좋았던 때는 갔군요
→ 붉게 밀어올린 꽃대가 좋던 날은 갔군요

《그윽》 (이정자, 문학의전당, 2016) 34쪽

시즌과 계절

: **짝짓기 시즌이기 때문인데, 이 계절의 수다람쥐에게는**
→ 짝짓기 철이기 때문인데, 이 철에 수다람쥐한테는
→ 짝짓기 철이기 때문인데, 이때에 수다람쥐한테는
→ 짝짓기 철이기 때문인데, 이무렵 수다람쥐한테는

◦ **시즌(season)** : 어떤 활동이 활발히 이루어지는 시기. 또는 어떤 활동을 하기에 적절한 시기. '계절', '철'로 순화
◦ **계절(季節)** : 규칙적으로 되풀이되는 자연 현상에 따라서 일 년을 구분한 것
◦ **철** : 1. = 계절(季節) 2. 한 해 가운데서 어떤 일을 하기에 좋은 시기나 때 3. = 제철

영어 '시즌'은 '계절'이나 '철'로 고쳐써야 한다고 합니다. '계절'은 한자말이고, '철'은 한국말이에요. 한 해 가운데 어떤 일을 하기에 좋거나 널리 이루어지는 때를 가리킬 적에는 '철'을 써야 알맞습니다. "짝짓기 철"이나 "물놀이 철"이고 "수박 철"이며 "입시 철"이지요. 보기글에서는 "짝짓기 시즌"과 "짝짓기 계절"처럼 영어와 한자말을 잇달아 쓰며 겹말이 되는데, 모두 '철'로 손질하거나 뒤쪽을 '때·무렵·즈음'으로 손질할 수 있습니다.

- **짝짓기 시즌이기 때문인데, 이 계절의 수다람쥐에게는 암다람쥐 외에는 뵈는 게 없다**
→ 짝짓기 철이기 때문인데, 이즈음 수다람쥐한테는 암다람쥐 말고는 뵈는 게 없다
→ 짝짓기 철이기 때문인데, 이무렵 수다람쥐한테는 암다람쥐 말고는 안 보인다

《후투티를 기다리며》(송명규, 따님, 2010) 160쪽

시합에서 졌을 때

: **줄넘기 시합에서 졌을 때**
→ 줄넘기에서 졌을 때
→ 줄넘기를 겨루다 졌을 때
→ 줄넘기를 다투다 졌을 때

◦ **시합(試合)** : 운동이나 그 밖의 경기 따위에서 서로 재주를 부려 승부를 겨루는 일. '겨루기'로 순화
◦ **승부(勝負)** : 이김과 짐
◦ **겨루기** : [운동] 태권도에서, 기본 기술과 품세로 익힌 기술을 활용하여, 두 사람이 서로 기량을 겨루어 보는 일
◦ **겨루다** : 서로 버티어 승부를 다투다

일본 한자말 '시합'은 '겨루기'로 고쳐써야 한다고 합니다. 한국말사전은 '겨루기'를 태권도에서 쓰는 낱말로만 풀이합니다. 좀 엉뚱하지요. 태권도에서 쓰는 낱말은 따로 둘째 뜻으로 삼고, 첫째 뜻은 "겨루는 일"이 무엇인가 하고 알맞게 풀이해 주어야겠지요. "줄넘기 시합에서 졌을"이라고 나온 보기글은 "줄넘기를 겨루다 졌을"로 손질할 수도 있으나 "줄넘기에서 졌을"로 손질할 수도 있어요. 사이에 '시합'

이라는 일본 한자말을 넣지 않아도, 또 이를 '겨루다'로 손질해 주지 않아도, "줄넘기에서 '졌을'"이라 하면, '이기고 지는 겨루기'를 했구나 하고 알아차릴 수 있어요. '지다'나 '이기다'라는 낱말을 넣으면 '겨루다'를 나타내 줍니다.

- 줄넘기 시합에서 졌을 때의 마음. **"딱 한 개 차이로 졌다니까."**
- → 줄넘기에서 졌을 때 드는 마음. "딱 한 개 모자라 졌다니까."
- → 줄넘기를 겨루다 졌을 때 마음. "딱 하나 적어 졌다니까."

《아홉 살 마음 사전》 (박성우, 창비, 2017) 99쪽

신뢰성 및 신념

: **신뢰성·정확성 및 신념을 가지고**
- → 굳게 믿고 정확하게
- → 굳게 믿고 올바르게
- → 굳게 믿고 또 믿으며 올바로

> ◦ **신뢰성(信賴性)** : 굳게 믿고 의지할 수 있는 성질
> ≒ 믿음성
> ◦ **신념(信念)** : 굳게 믿는 마음

한자말 '신뢰성'은 '믿을' 수 있는 성질을 가리키고, '신념'은 '믿는' 마음을 가리킵니다. '신뢰·신념'은 모두 '믿음'을 가리키니 "신뢰성 및 신념을 가지고"처럼 쓰면 겹말이에요. 참말로 굳게 믿어야 한다는 뜻을 밝히려 한다면 "믿고 또 믿고"나 "믿고 다시 믿고"처럼 적어 볼 수 있어요. 처음부터 '믿다'라는 한국말을 쓰면 이처럼 겹말이 나타나지 않습니다.

- 작가는 진리인 것을 **신뢰성·정확성 및 신념을 가지고** 독자들에게 말해야 한다는 것으로 요약될 수 있다
- → 작가는 참다운 것을 굳게 믿고 올바르게 독자들한테 말해야 한다고 간추릴 수 있다
- → 작가는 참다운 길을 굳게 믿으면서 올바로 사람들한테 말해야 한다고 할 수 있다

《조지 오웰 읽기의 즐거움》 (박경서, 살림, 2005) 77쪽

신음소리

: **고통에 찬 신음소리가**
→ 괴로운 신음이
› 끙끙거리는 소리가
→ 괴롭게 내는 소리가
→ 괴로운 소리가

> ○ **신음(呻吟) :** 1. 앓는 소리를 냄. 또는 그 소리 2. 고통이나 괴로움으로 고생하며 허덕임

한자말 '신음'은 "앓는 소리"를 가리켜요. "신음소리(신음 소리)"처럼 쓰면 겹말입니다. 그런데 한국말사전을 살피면 "신음 소리"를 보기글로 싣습니다. 잘못 쓰는 겹말을 한국말사전도 그대로 쓰는 셈이에요. '신음'이라는 한자말을 쓰고 싶다면 '신음'만 쓸 노릇이고, 이 한자말을 털고 싶다면 "앓는 소리"로 손볼 노릇입니다. 보기글에서는 "괴롭게 내는 소리"나 "괴로운 소리"로 손볼 수도 있습니다.

• **고통에 찬 신음소리가 터져나올 것만 같은 기분이 들었다**
→ 괴롭게 내는 소리가 터져나올 듯한 느낌이 들었다
→ 끙끙 앓는 소리가 터져나올 듯한 생각이 들었다

《하이타니 겐지로의 생각들》 (하이타니 겐지로/햇살과나무꾼 옮김, 양철북, 2016) 9쪽

신입자가 들어오면

: **신입자가 들어오면**
→ 새 사람이 들어오면
→ 새로 누가 들어오면
→ 새내기가 들어오면

> ○ **신입(新入) :** 어떤 모임이나 단체에 새로 들어옴
> ○ **신입자 :** x
> ○ **새내기 :** 대학이나 직장 등에 새로 갓 들어온 사람

한국말사전에 '신입자'는 없습니다. 한국말사전에 '새내기'는 있습니다. 우리는 한국말 '새내기'를 쓰면 됩니다. 또는 '새사람'을 새말로 지을 수 있어요. 한자말 '신입'은 "새로 들어옴"을 뜻하니 "신입자가 들어오면"이라 하면 겹말입니다. 굳이 '신

입·신입자' 같은 한자말을 써야겠다면 "신입자가 있으면"이나 "신입자가 생기면"으로 손보아야 올바릅니다. 다만 구태여 이렇게 적기보다는 "새로 누가 들어오면"이나 "새로운 사람이 들어오면"으로 손보면 한결 나아요.

- **신입자가 들어오면 어김없이 시작하는 일입니다**
→ 새 사람이 들어오면 어김없이 하는 일입니다
→ 새로 누가 들어오면 어김없이 하는 일입니다

《냇물아 흘러흘러 어디로 가니》 (신영복, 돌베개, 2017) 34쪽

실용적으로는 쓸 만할

: **실용적으로는 쓸 만할**
→ 쓸 만한
→ 여러모로 쓸 만할
→ 이럭저럭 쓸 만할
→ 꽤 쓸 만할

> ○ **실용적(實用的)** : 실제로 쓰기에 알맞은

"쓰기에 알맞은"을 가리키는 '실용적'이니, "실용적으로 쓸 만할"이라 하면 겹말입니다. '실용적으로'를 덜면 됩니다. 또는 꾸밈말을 앞에 넣어서 "여러모로 쓸 만할"이나 "제법 쓸 만할"이나 "그럭저럭 쓸 만할"처럼 써 볼 수 있어요.

- **꽤 낡았지만 실용적으로는 쓸 만할 거야**
→ 꽤 낡았지만 쓰임새는 있어
→ 꽤 낡았지만 여러모로 쓸 만해
→ 꽤 낡았지만 퍽 쓸 만해
→ 꽤 낡았지만 쓸 만하지

《제2차한국전쟁》 (고바야시 모토후비/박맹렬 옮김, 초록배매직스, 2001) 21쪽

실용적으로 유용한

: **실용적으로 당장 유용한**

→ 바로 쓸 만한

› 바로 쓰기에 알맞은

→ 곧바로 쓸모있는

→ 곧장 쓸 수 있는

> ° **실용적(實用的)** : 실제로 쓰기에 알맞은
> ° **유용하다(有用-)** : 쓸모가 있다

'실용적'이나 '유용한'은 "쓸 만한"이나 "쓸모가 있는"을 가리키니, "실용적으로 유용한"이라 하면 겹말이에요. 둘 가운데 하나만 써야 할 텐데, 말뜻대로 "쓸 만한"이나 "쓰기에 알맞은"이나 "쓸모가 있는"이나 "쓸 수 있는"이나 '쓸모있는'이나 "쓰임새가 많은"이나 "쓰기에 좋은"으로 손볼 수 있어요.

• **둘 다 실용적으로 당장 유용한 결과를 냈다기보다는**

→ 둘 다 바로 쓸 만한 결과를 냈다기보다는

→ 둘 다 곧장 쓸 수 있는 열매를 맺었다기보다는

《리처드 도킨스 자서전 1》 (리처드 도킨스/김명남 옮김, 김영사, 2016) 308쪽

실행하다

: **빼먹지 않고 실행하는 것이다. 꾸준히 해내는 것이다**

→ 빼먹지 않고 하는 것이다. 꾸준히 해내는 것이다

→ 빼먹지 않고 해야 한다. 꾸준히 해내야 한다

> ° **실행하다(實行-)** : 1. 실제로 행하다
> ° **행하다(行-)** : 어떤 일을 실제로 해 나가다
> ° **실제로(實際-)** : 거짓이나 상상이 아니고 현실적으로
> ° **현실적(現實的)** : 1. 현재 실제로 존재하거나 실현될 수 있는
> ° **해내다** : 2. 맡은 일이나 닥친 일을 능히 처리하다
> ° **하다** : 25. 어떤 방식으로 행위를 이루다

"실제로 행한다"고 해서 '실행하다'라는 한자말을 쓰는데, '행하다'는 "실제로 하는" 일을 가리킨다고 하니 돌림풀이입니다. 한국말사전은 '실제로'를 '현실적'을 써서 풀이하는데, '현실적'은 '실제로'를 써서 풀이해요. 이 또한 돌림풀이예요. 여러모로 따지면 '실행하다·행하다 = 하다'라고 할 수 있습니다. 보기글처럼 "실행하는 것이다. 꾸준히 해내는 것이다"처럼 쓰면 겹말이 돼요. 앞뒤 모두 '해내다'를 쓰면 되고, 앞쪽은 '하다'를 쓸 수 있어요. 좀 힘주어 말하고 싶다면 "몸소 하다"나 "스스로 하다"로 쓸 만합니다.

- **하나 더 있다. 그것을 매일 빼먹지 않고 실행하는 것이다. 꾸준히 해내는 것이다**
→ 하나 더 있다. 이를 날마다 빼먹지 않고 하는 것이다. 꾸준히 해내는 것이다
→ 하나 더 있다. 이를 늘 빼먹지 않고 해야 한다. 꾸준히 해내야 한다

《내 안에 잠든 작가의 재능을 깨워라》 (안성진, 가나북스, 2016) 22쪽

심심하고 무료한

: **심심하게도 다가왔지만 무료한 적은**
→ 심심하기도 했지만 싫은 적은
→ 심심하기도 했지만 꺼린 적은
→ 심심하기도 했지만 나쁘지는

> ○ **무료(無聊)** : 흥미 있는 일이 없어 심심하고 지루함

한자말 '무료하다'는 한국말 '심심하다'를 가리킵니다. "심심하게도 다가왔지만 무료한 적은 없었다"처럼 말하면, 아주 엉뚱합니다. "심심했지만 심심한 적은 없었다"처럼 말한 셈이니까요. 심심하기는 했으되 그리 싫거나 나쁘거나 꺼리지는 않았다고 해야 알맞을 테지요.

- **바다를 보는 일은 차츰 덤덤해졌고, 가끔 심심하게도 다가왔지만 무료한 적은 없었다**
→ 바다를 보는 일은 차츰 덤덤해졌고, 가끔 심심하기도 했지만 나쁘지는 않았다
→ 바다를 보는 일은 차츰 덤덤해졌고, 가끔 심심하기도 했지만 꺼린 적은 없었다

《아내와 걸었다》 (김종휘, 산티, 2007) 54쪽

심플하고 단순한

:   **심플해지고 작아지려는 … 작고 단순함에서**

→   단순해지고 작아지려는 … 작고 단순함에서

→   수수해지고 작아지려는 … 작고 수수함에서

→   깔끔해지고 작아지려는 … 작고 깔끔함에서

> - **simple** : 1. 간단한 2. 단순한, 소박한, 간소한 3. 순전한
> - **단순하다(單純−)** : 1. 복잡하지 않고 간단하다 2. 외곬으로 순진하고 어수룩하다
> - **간단하다(簡單−)** : 1. 단순하고 간략하다 2. 간편하고 단출하다 3. 단순하고 손쉽다
> - **간소하다(簡素−)** : 간략하고 소박하다
> - **간략하다(簡略−)** : 간단하고 짤막하다

영어 '심플'은 '간단한'이나 '단순한' 같은 뜻을 나타낸다고 합니다. 한자말 '단순하다'는 '간단하다'로 풀이하고, '간단하다'는 '단순하다'로 풀이해요. 이런 한자말을 살펴보노라면 '간소하다 · 간략하다'도 나오는데, 이 모든 한자말은 서로 돌림풀이입니다. 그래서 '심플'이나 '단순한' 같은 낱말이 무엇을 가리키는지는 참 흐리멍덩하지요. 이러니 겹말로 쓸밖에 없구나 싶기도 합니다. 말뜻이 제대로 서지 않았기 때문입니다. 여러모로 뜻을 헤아린다면 "수수해지고 작아지려는"이나 "깔끔해지고 작아지려는"으로 손보면 어떠할까 싶습니다. 이밖에 보기글을 살피면 "화사(華奢)함과 아름다움" 같은 말마디가 보이는데 한자말 '화사하다'는 '곱다'를 가리켜요. 이 대목도 겹말입니다.

- **심플해지고 작아지려는 흐름이 문명의 새 패러다임이다. 작고 단순함에서 화사함과 아름다움을 새롭게 발견하려는**

→   수수해지고 작아지려는 흐름이 문명에서 새 줄기이다. 작고 수수함에서 아름다움을 새롭게 찾아내려는

→   깔끔해지고 작아지려는 흐름이 문명에서 새 길이다. 작고 깔끔함에서 아름다움을 새롭게 찾아내려는

《단순한 것이 아름답다》 (장석주, 문학세계사, 2016) 7쪽

심호흡을 길게 하다

: **심호흡을 한 번 길게 하고는**

→ 깊은숨을 한 번 쉬고는

→ 깊게 숨을 한 번 쉬고는

→ 길게 숨을 한 번 쉬고는

→ 숨을 한껏 들이마시고는

> ◦ **심호흡(深呼吸)** : 의식적으로 허파 속에 공기가 많이 드나들도록 숨 쉬는 방법 ≒ 구허호흡·깊은숨
> ◦ **깊은숨** : = 심호흡

'심호흡'은 공기가 많이 드나들도록 숨을 쉬는 몸짓을 가리킨다고 합니다. 숨을 길게 쉬거나 깊이 쉬는 모습이지요. 한국말사전은 '심호흡'을 풀이하면서 비슷한말로 '깊은숨'이 있다고 다루는데, '깊은숨'은 "= 심호흡"으로만 풀이해요. 이는 올바르지 않아요. 한국말 '깊은숨'을 제대로 풀이한 뒤에 '심호흡 : → 깊은숨'처럼 다루어야지요. "심호흡을 한 번 길게 하고는"은 겹말 얼거리입니다. 이 글월은 "깊은숨을 한 번 쉬고는"이나 "길게 숨을 한 번 쉬고는"이나 "숨을 잔뜩 들이마시고는"이나 "숨을 아주 많이 마시고는"으로 손볼 수 있습니다.

• **병식이는 심호흡을 한 번 길게 하고는 용감하게 한 입을 베어 우적우적 씹어 먹기 시작했다**

→ 병식이는 깊은숨을 한 번 쉬고는 씩씩하게 한 입을 베어 우적우적 씹어 먹었다

→ 병식이는 숨을 잔뜩 들이마시고는 씩씩하게 한 입을 베어 우적우적 씹어 먹었다

《우리 엄마는 응우웬티기에우짱》 (신채연, 노란돼지, 2015) 51쪽

싸우고 투쟁하고

: **어두움의 힘들과 싸우는 힘겨운 투쟁**

→ 어두운 힘들과 싸우는 힘겨운 일

→ 어두운 힘들과 힘겨이 싸우는 삶

→ 어두운 힘들과 맞서는 힘겨운 싸움

→ 어두운 힘들과 한판 붙는 힘겨운 싸움

> ◦ **투쟁(鬪爭)** : 1. 어떤 대상을 이기거나 극복하기 위한 싸움 2. 사회 운동, 노동 운동 따위에서 무엇인가를 쟁취하고자 견해가 다른 사람이나 집단 간에 싸우는 일

싸우는 일을 가리켜, 한국말로는 '싸움'이라 하고 한자말로는 '투쟁'이라 합니다. "싸우는 힘겨운 투쟁"은 겹말이에요. "싸우는 힘겨운 일"이나 "힘겨운 싸움"으로 손질해야 올바릅니다.

- **엘리야에게 그것은 어두움의 힘들과 싸우는 힘겨운 투쟁이었다네**
→ 엘리야한테 이는 어두운 힘들과 싸우는 힘겨운 일이었다네
→ 엘리야한테 이는 어두운 힘들과 힘겨이 싸우는 일이었다네

《숨어 있는 예수》 (크리스토프 프리드리히 블룸하르트/원충연 옮김, 달팽이, 2008) 106쪽

싹을 틔우고 발아

:   **싹을 틔운다 … 발아한 지**
→   싹을 틔운다 … 싹을 틔운 지
→   싹을 틔운다 … 싹이 난 지
→   싹을 틔운다 … 싹튼 지

> - **싹트다** : 어떤 생각이나 감정, 현상 따위가 처음 생겨나다
> - **움트다** : 1. 초목 따위의 싹이 새로 돋아 나오기 시작하다
>   2. 기운이나 생각 따위가 새로이 일어나다
> - **발아하다(發芽-)** : 1. [식물] 초목의 눈이 트다 2. [식물] 씨앗에서 싹이 트다 3. 어떤 사물이나 사태가 비롯하다

한국말사전에서 '싹트다'라는 낱말을 살피면 빗대는 뜻으로만 풀이를 하고, 막상 "푸나무에서 싹이 트는 일"을 가리키는 뜻풀이가 없습니다. '움트다'는 "푸나무에서 움이 트는 일"을 제대로 풀이해 놓습니다. 한자말 '발아'는 '싹틈'이나 '움틈'을 가리켜요. "싹을 틔운다"하고 '발아하다'를 섞어서 쓰면 겹말입니다. 한국말사전을 보니 '발아하다'라는 한자말은 식물학에서 쓰는 전문 낱말로 다루네요. '싹트다·움트다'는 식물학에서 쓰는 전문 낱말로 안 다뤄요. 이런 말풀이는 알맞을까요? 한국말사전을 더 살피면 '싹나다'라는 낱말도 없습니다.

- **3~4주 지나면 싹을 틔운다 … 발아한 지 5~6주가 지나면**
→ 서너 주 지나면 싹을 틔운다 … 싹을 틔운 지 대여섯 주가 지나면
→ 서너 주 지나면 싹을 틔운다 … 싹튼 지 대여섯 주가 지나면

《소나무 인문 사전》 (한국지역인문자원연구소, 휴먼앤북스, 2016) 16쪽

싹이 나서 새순

:	**싹이 나서 새순이 올라오면**

→ 싹이 나면

→ 싹이 새로 나면

→ 새싹이 올라오면

→ 싹눈이 올라오면

> ○ **싹** : 1. 씨, 줄기, 뿌리 따위에서 처음 돋아나는 어린잎이나 줄기 2. 움트기 시작하는 현상 따위의 시초를 비유적으로 이르는 말
> ○ **새싹** : 1. 새로 돋아나는 싹 2. 사물의 근원이 될 수 있는 새로운 시초를 비유적으로 이르는 말
> ○ **싹눈** : = 싹
> ○ **새순(-筍)** : 새로 돋아나는 순
> ○ **순(筍)** : 나무의 가지나 풀의 줄기에서 새로 돋아 나온 연한 싹

'새순'은 "새로 돋는 순"이라고 한답니다. '순'은 "새로 돋는 싹"이라고 한답니다. '새순 = 새로 돋는 새로 돋는 싹'인 셈일까요? 한자말 '순(筍)'은 한국말로 '싹'을 가리켜요. '새순 = 새싹'이라 할 만합니다. 보기글처럼 "싹이 나서 새순이 올라오면"이라 하면 "싹이 나서 새싹이 올라오면"이라는 말이 되니 겹말이에요. "싹이 나면"이나 "새싹이 나면"이나 "싹이 올라오면"이나 "새싹이 올라오면"으로 손질해 줍니다.

• **싹이 나서 새순이 올라오면 세 마디가 될 때까지 키운다**

→ 싹이 나면 세 마디가 될 때까지 키운다

→ 새싹이 올라오면 세 마디가 될 때까지 키운다

《호미 한 자루 농법》(안철환, 들녘, 2016) 175쪽

• **싹이 날 거다 자고 나면 호박순 몇 가닥 줄기로 뻗어나고**

→ 싹이 날 거다 자고 나면 호박싹 몇 가닥 줄기로 뻗어나고

→ 싹이 날 거다 자고 나면 호박 떡잎 몇 가닥 줄기로 뻗어나고

《봄비가 무겁다》(최부식, 문학의전당, 2015) 84쪽

쓰고 사용

:	**어떤 방법을 쓰더라도 한 번 사용하고 난**

→ 어떤 방법이더라도 한 번 쓰고 난

→ 어떻게 하더라도 한 번 쓰고 난

> ○ **사용(使用)** : 1. 일정한 목적이나 기능에 맞게 씀 2. 사람을 다루어 이용함. '부림', '씀'으로 순화

한자말 '사용'은 '씀'을 가리켜요. "어떤 방법을 쓰더라도 한 번 사용하고"처럼 쓰면 겹말이에요. 다만 이 보기글은 "어떤 방법을 쓰더라도 한 번 쓰고" 꼴이 되면 똑같은 낱말이 잇달아 나오는 셈이라 덜 매끄럽다고 할 만하기에 뒤쪽은 '사용'이라는 한자말을 썼구나 싶어요. 이때에는 앞쪽을 손질해서 "어떻게 하더라도 한 번 쓰고"처럼 적을 수 있어요.

- **어떤 방법을 쓰더라도 한 번 사용하고 난 비닐봉투는 골칫거리이다**
→ 어떤 방법이더라도 한 번 쓰고 난 비닐자루는 골칫거리이다
→ 어떻게 하더라도 한 번 쓰고 난 비닐자루는 골칫거리이다

《바다로 간 플라스틱》 (홍선욱·심원준, 지성사, 2008) 93쪽

- **축하 박은 엄마가 퇴원했을 때 썼던 것 재사용했으니까**
→ 축하 박은 엄마가 퇴원했을 때 썼던 것 다시 썼으니까
→ 축하 박은 엄마가 퇴원했을 때 썼던 것 또 썼으니까

《은빛 숟가락 11》 (오자와 마리/노미영, 삼양출판사, 2016) 84쪽

쓰라린 고통

: **쓰라린 고통**
→ 쓰라림과 아픔
→ 쓰라림

> ○ **쓰라리다** : 1. 상처가 쓰리고 아리다 2. 마음이 몹시 괴롭다
> ○ **고통(苦痛)** : 몸이나 마음의 괴로움과 아픔

"쓰라린 고통"이라 하면 겹말입니다. '쓰라리다'라 할 적에는 아픔하고 괴로움을 나타내는데, 한자말 '고통'도 괴로움하고 아픔을 나타내기 때문입니다. '아리다'하고 '쓰라리다'는 살짝 다르고, '아프다'도 두 낱말하고는 살짝 다른 결이니 "쓰라린 고통"은 "쓰라림과 아픔"으로 손볼 수도 있어요. 보기글에서는 '쓰라림'으로만 손질해도 어울립니다.

- **그중에서도 특히 가난한 농촌의 굴욕과 비애와 쓰라린 고통이 아니었을까**
→ 그 가운데에서도 무엇보다 가난한 농촌에서 받은 굴욕과 슬픔과 쓰라림이 아니었을까

→   그 가운데에서도 더더욱 가난한 농촌에서 받은 업신여김과 슬픔과 쓰라림이
　　아니었을까

《기시 노부스케와 박정희》 (강상중·현무암/이목 옮김, 책과함께, 2012) 34쪽

쓰레기와 오물

:　**쓰레기와 오물로 뒤덮인**

→   쓰레기로 뒤덮인

→   쓰레기와 똥오줌으로 뒤덮인

> ◦ **오물(汚物)** : 지저분하고 더러운 물건.
>   쓰레기나 배설물 따위를 이른다

한자말 '오물'은 '쓰레기'나 '배설물'을 가리킨다고 합니다. "쓰레기와 오물"처럼 쓰면 겹말이에요. '배설물(排泄物)'은 "생물체의 물질대사에 의하여 생물체 밖으로 배설되는 물질. 똥, 오줌, 땀 따위를 이른다"고 해요. '똥오줌'을 한자말로 '배설물'로 가리키는 셈입니다. "쓰레기와 오물"은 '쓰레기'로 손보거나 "쓰레기와 똥오줌"으로 손봅니다.

•   **주변은 나무와 꽃들이 아니라 쓰레기와 오물로 뒤덮인 어수선한 풍경이 둘러싸고 있었다**

→   둘레는 나무와 꽃들이 아니라 쓰레기로 뒤덮인 어수선한 모습이었다

→   둘레는 나무와 꽃들이 아니라 쓰레기와 똥오줌으로 뒤덮여 어수선했다

《풍부한 유산》 (P.라핀/오영숙 옮김, 성바오로출판사, 1991) 165쪽

씨로 심는 직파

:　**씨로 심는 것을 직파라 하는데, 직파하면**

→   씨로 바로 심으면 곧뿌림인데, 곧뿌림을 하면

→   씨로 바로 심으면

→   씨로 바로 심어 보면

> ◦ **직파(直播)** : 모내기를 아니 하고 논밭에
>   직접 씨를 뿌리는 일. '바로 뿌림'으로 순화
> ◦ **곧뿌림** : = 직파(直播)

→   곧뿌림을 하면

'직파'는 "바로 뿌림"으로 고쳐쓸 낱말이라 합니다. 씨앗을 바로 심는 일을 나타내는 낱말로 '곧뿌림'이 있어요. "씨로 심는 것을 직파라 히는데"는 "씨로 바로 심으면 곧뿌림인데"로 바로잡을 노릇입니다. 또는 "씨로 바로 심으면"으로 보기글을 단출하게 기다듬을 수 있습니다. 씨를 뿌리는 일은 '씨뿌리기'요, '곧뿌림'은 씨뿌리기 가운데 하나예요. 한국말사전을 보면 '곧뿌림 = 직파'로 다룹니다. '직파'가 고쳐쓸 낱말인 만큼 뜻풀이는 '곧뿌림'에서 해야 옳고, '직파 → 곧뿌림'으로 다루어야 알맞습니다.

- **모종이 아닌 씨로 심는 것을 직파라 하는데, 직파하면 늘 새나 벌레 피해가 문제다**
→   모종이 아닌 씨로 심으면 곧뿌림인데, 곧뿌림을 하면 늘 새나 벌레로 골치이다
→   모종이 아닌 씨로 바로 심으면 늘 새나 벌레가 꼬여 골칫거리이다
→   싹을 키우지 않고 곧뿌림을 하면 늘 새나 벌레가 파먹어 말썽이다
→   싹을 옮겨심지 않고 씨로 바로 심으면 늘 새나 벌레가 꼬여 힘들다

《호미 한 자루 농법》(안철환, 들녘, 2016) 22쪽

씨를 채종

:   **씨를 채종할 수 있는**
→   씨를 받을 수 있는
→   씨받이를 할 수 있는
→   씨앗받이를 할 수 있는

> ◦ **채종(採種)** : 좋은 씨앗을 골라서 받음
> ◦ **씨받이** : 1. 동식물의 씨를 거두어 마련하는 일

'채종'은 씨앗을 받는 일을 가리켜요. "씨를 채종할"처럼 쓰면 겹말입니다. "씨를 받을"로 손질해 줍니다. 한국말사전에는 '씨받이'라는 낱말이 실리니, "씨받이를 할"로 손질할 수 있고, "씨앗받이를 할"로 손질해도 됩니다.

- **조선배추는 얼마든지 씨를 채종할 수 있는 이른바 '가임종자'인 반면**
→   조선배추는 얼마든지 씨를 받을 수 있는 '참씨앗'이지만

→   조선배추는 얼마든지 씨받이를 할 수 있는 '참씨앗'이지만

《호미 한 자루 농법》(안철환, 들녘, 2016) 18쪽

씨앗을 파종

:   **씨앗을 파종하고**
→   씨앗을 뿌리고
→   씨뿌리기를 하고

> ◦ **파종(播種)** : 곡식이나 채소 따위를 키우기 위하여 논밭에 씨를 뿌림. '씨뿌리기', '씨 뿌림'으로 순화

'파종'이라는 한자말은 '씨뿌리기'로 고쳐써야 한다고 합니다. "씨앗을 파종하고"처럼 말하면 "씨앗을 씨뿌리기하고" 꼴이 될 테지요. 그냥 "씨앗을 뿌리고"나 "씨앗을 심고"처럼 쓰면 쉬우면서 올바릅니다.

•   **씨앗을 파종하고 첫 번째 싹이 흙을 뚫고 뾰족이 올라왔을 때의 그 감격이란**
→   씨앗을 뿌리고 첫 싹이 흙을 뚫고 뾰족이 올라왔을 때 그 기쁨이란
→   씨앗을 심고 첫 싹이 흙을 뚫고 뾰족이 올라왔을 때 그 반가움이란

《바람이 흙이 가르쳐 주네》(박효신, 여성신문사, 2007) 25쪽

•   **씨를 파종하면 가뭄에 강하다**
→   씨를 뿌리면 가뭄을 잘 견딘다
→   씨를 바로 심으면 가뭄에 세다

《호미 한 자루 농법》(안철환, 들녘, 2016) 119쪽

-씩 규칙적으로

:   **하루 두 번씩 규칙적으로**
→   하루 두 번씩
→   하루 두 번씩 꾸준히

> ◦ **-씩** : 1. '그 수량이나 크기로 나뉘거나 되풀이됨'의 뜻을 더하는 접미사
> ◦ **규칙적(規則的)** : 일정한 질서가 있거나 규칙을 따르는

'-씩'이라는 말을 붙여서 어떤 일을 되풀이하는 모습을 나타내요. "하루 두 번씩"이라 하면 하루에 두 번 되풀이한다는 뜻입니다. '규칙적'이라는 한자말은 "규칙을 따르는"이나 "일정한 질서가 있는"을 뜻하는데, 이는 어떤 일을 되풀이하는 모습을 나타내기도 합니다. "하루에 두 번씩 규치저으로"리 하면 겹말이에요. 보기글에서는 '규칙적으로'를 덜어 "하루 두 번씩"으로만 적으면 되어요. 힘주어 말하고 싶다면 '꾸준히'나 "잊지 않고"나 '빠짐없이'를 넣어 볼 만합니다.

- **할아버지는 하루에 두 번씩 규칙적으로 산에 가신다**
→ 할아버지는 하루에 두 번씩 산에 가신다
→ 할아버지는 하루에 두 번씩 꾸준히 산에 가신다

《지율 스님의 산막일지》 (지율, 사계절, 2017) 56쪽

아기를 임신하다

: **아기를 임신하신 겁니다**
→ 임신하셨습니다
→ 아기를 배셨습니다

> ◦ **임신(妊娠/姙娠) :** 아이나 새끼를 뱀

'임신'이라는 한자말이 "아이를 뱀"을 나타내니 "아기를 임신하신"처럼 쓰면 겹말이에요. 한자말을 꼭 쓰고 싶다면 '임신하신'으로 적으면 되어요. 한자말을 안 써도 넉넉하다면 "아기를 배신"으로 적으면 되지요. 또는 "아기가 배 속에서 자랍니다"라든지 "아기가 배 속에 있습니다"처럼 써 볼 수 있어요.

• **신이 될 아기를 임신하신 겁니다**
→ 신이 될 아기를 배셨습니다
→ 신이 될 아기가 배 속에 있습니다

《동과풀이 1》 (우나영, 학산문화사, 2017) 20~21쪽

아래로 낙하

: **아래로 낙하하는 건데**
→ 아래로 가는데
→ 내려오는데
→ 떨어지는데

> ◦ **아래 :** 1. 어떤 기준보다 낮은 위치
> ◦ **낙하하다(落下−) :** 높은 데서 낮은 데로 떨어짐

'낙하'라는 한자말은 '떨어지다 + 아래'인 얼거리예요. "아래로 낙하하는 건데"라 하면 겹말입니다. 한자말을 쓰고 싶다면 '낙하하는데'로 손보고, 한자말도 손보고 싶다면 "아래로 가는데"나 '내려오는데'나 '떨어지는데'로 적을 수 있습니다.

• **내 생각에 새는 그냥 아래로 낙하하는 건데 밑으로 내려오기 때문에**
→ 내 생각에 새는 그냥 밑으로 가는데, 밑으로 내려오기 때문에

→ 내 생각에 새는 그냥 내려오는데, 밑으로 내려오기 때문에

《홀로 숲으로 가다》 (베른트 하인리히/정은석 옮김, 더숲, 2016) 335쪽

아름다운 여성미

: **아름다운 여성미**

→ 아름다운 여성스러움

> ◦ **여성미(女性美)** : 체격이나 성질에서 여성만이 갖는 특유의 아름다움

'여성미'는 "여성한테서 느끼는 아름다움"을 가리키니, "아름다운 여성미"처럼 적으면 겹말입니다. "아름다운 여성스러움"처럼 고쳐야지요. 한국말사전을 보면 '여성미'를 풀이하면서 "여성만이 갖는 특유의 아름다움"으로 적어요. 여기에서 '특유(特有)'는 "일정한 사물만이 특별히 갖추고 있음"을 가리켜요. "여성만이 갖는 '특별히 갖추고 있는' 아름다움" 같은 말풀이가 되는 꼴이라서, 이 말풀이도 겹말입니다. "여성한테만 있는 아름다움"처럼 한국말사전 말풀이를 바로잡아야겠습니다.

• **그 건강한 모습처럼 아름다운 여성미는 없는 것 같다**

→ 그 튼튼한 모습처럼 아름다운 여성스러움은 없는 듯하다

《아쉬움 속의 계절》 (송건호, 진문출판사, 1977) 82쪽

아름답고 화려한

: **아름답고 화려한**

→ 아름답고 아름다운

→ 아름답고 환한

→ 아름답게 빛나는

> ◦ **화려하다(華麗−)** : 환하게 빛나며 곱고 아름답다

한자말 '화려하다'는 '아름답다'를 뜻한다고 합니다. 한국말사전을 보니 "곱고 아름답다"로 풀이하지요. 그나저나 '곱다'와 '아름답다'를 풀이말로 함께 쓸 수 있을까

443

요? 더군다나 '빛나다'를 한국말사전에서 찾아보면 "빛이 환하게 비치다"를 뜻한다고 나와요. "환하게 빛나다"처럼 쓰면 겹말이에요. "곱고 아름답다" 같은 풀이말도 겹말이고요.

- **아름답고 화려한 문장이다**
- → 아름답고 환한 글이나
- → 아름답디아름다운 글이다
- → 아름답고 훌륭한 글이다
- → 아름답게 빛나는 글이다

《고추장 담그는 아버지》 (윤희진, 책과함께어린이, 2009) 70쪽

아름답지 않으나 우아하고

: **아름답지는 않지만 용모가 매우 우아하고**
- → 아름답지는 않지만 얼굴이 매우 깔끔하고
- → 아름답지는 않지만 얼굴이 매우 귀엽고
- → 아름답지는 않지만 얼굴이 매우 사랑스럽고
- → 아름답지는 않지만 얼굴이 매우 밝고

> - **우아하다(優雅-)** : 고상하고 기품이 있으며 아름답다
> - **아름답다** : 보이는 대상이나 음향, 목소리 따위가 균형과 조화를 이루어 눈과 귀에 즐거움과 만족을 줄 만하다
> - **곱다** : 모양, 생김새, 행동거지 따위가 산뜻하고 아름답다

'우아미(優雅美)'라는 한자말을 쓰는 분이 꽤 있습니다. 이 한자말은 '우아(優雅) + 미(美)'이니, '아름다움 + 아름다움' 꼴로 지은 낱말입니다. 이 얼거리가 겹말인 줄 모르는 채 그냥 쓰다 보면 "우아하고 아름다운"이라든지 "아름답지 않으나 매우 우아하고" 같은 겹말까지 쓰고 말아요. 한국말사전에서 '곱다'를 찾아보면 '아름답다'로 풀이합니다. 두 낱말 '곱다'하고 '아름답다'는 비슷하면서도 다른 낱말일 텐데 이처럼 돌림풀이를 하면 말뜻을 어떻게 헤아려야 할까요.

- **천연두의 흔적이 남아 있어서 아름답지는 않지만 용모가 매우 우아하고 매력이 있어**
- → 천연두 자국이 남아서 아름답지는 않지만 얼굴이 매우 예쁘장하고 눈길을 끌어
- → 천연두 자국이 남아서 아름답지는 않지만 얼굴이 매우 귀엽고 눈길을 사로잡아

《세상에서 가장 아름다운 편지》 (빈센트 반 고흐/박홍규 옮김, 아트북스, 2009) 201쪽

아무 때나 수시로

: **아무 때나 수시로**
→ 아무 때나
→ 아무 때나 자꾸
→ 툭하면

'수시로'는 "아무 때나 늘"을 뜻하니, "아무 때나 수시로"라 하면 겹말입니다. '수시'라는 한자말이 어떤 뜻인지 제대로 살피지 않기에 이 같은 겹말을 쓰리라 봅니다. 더 생각해 보면, "아무 때나"라고만 하면 넉넉할 텐데 굳이 '수시로'를 붙여서 군더더기가 된 셈입니다. 힘주어 말하고 싶다면 "아무 때나 자꾸"나 "아무 때나 마구"나 "아무 때나 함부로"처럼 써 볼 수 있어요.

• **위아래가 한번 정해지면 영원히 불변하는 관계가 좋은 걸까요? 아무 때나 수시로 바뀌는 것이 좋은 걸까요?**
→ 위아래가 한번 잡히면 언제까지나 안 바뀌는 사이가 좋을까요? 아무 때나 바뀌면 좋을까요?
→ 위아래가 한번 서면 앞으로도 그대로인 사이가 좋을까요? 아무 때나 자꾸 바뀌면 좋을까요?

《위! 아래!》 (이월곡, 분홍고래, 2016) 51쪽

아직 시기상조

: **아직 시기상조이다**
→ 아직 때가 이르다
→ 아직 이르다
→ 아직 멀다
→ 아직 아니다

아직 때가 이르다고 할 적에 '시기상조'라고 하니, "아직 시기상조"라 하면 겹말이에요. 한국말사전을 살피면 "사랑의 고백이란 아직 시기상조임에 틀림없었다" 같은 보기글을 싣습니다. 한국말사전을 엮는 이조차 "아직 시기상조"가 겹말인 줄 모릅니다. 한국말사전 보기글은 "사랑을 털어놓기에는 틀림없이 아직 이르다"로 손볼 만해요. "아직 멀다"로 손볼 수 있고 "아직 아니다"라든지 "아직 섣부르다"로 손볼 수 있습니다.

- **이런 지역들로부터 어떤 획기적인 결론을 내리기에는 아직 시기상조이다**
→ 이런 곳에서 어떤 새로운 마무리를 내리기에는 아직 이르다
→ 이런 곳에서 어떤 놀라운 맺음말을 짓기에는 아직 때가 멀다

《사라진 고대 문명의 수수께끼》 (필립 코펜스/이종인 옮김, 책과함께, 2014) 123쪽

아침조회

: **아침조회를 한다**
→ 조회를 한다
→ 아침모임을 한다

> ○ **조회(朝會)** : 학교나 관청 따위에서 아침에 모든 구성원이 한자리에 모이는 일

아침에 모이는 일을 놓고 '조회'라 합니다. 이런 일은 일제강점기부터 생기면서 한자말로 가리키는데, '조(朝) + 회(會) = 아침 + 모임'인 터라 '아침조회'처럼 쓰면 겹말이에요. 그런데 '아침조회' 같은 겹말뿐 아니라 '저녁조회' 같은 엉뚱한 말까지 퍼졌어요. 아침에 모여서 '조회'인데, 이 한자말을 "그냥 모이는 일"로 여겼기 때문이로구나 싶습니다. 이제는 '아침모임·저녁모임'처럼 쓴다면 겹말로 잘못 쓰거나 엉뚱한 '저녁조회' 같은 말마디가 사라질 만하지 싶어요. 낮에 모이면 '낮모임'이라 하면 되고, '새벽모임·밤모임'을 할 수 있어요.

- **중학교와 고등학교를 합쳐 학생 3천여 명이 운동장에서 아침조회를 한다**
→ 중학교와 고등학교를 더해 학생 3천 명 남짓이 운동장에서 아침모임을 한다

《내 인생의 첫 수업》 (박원순과 52명, 두리미디어, 2009) 25쪽

- **아침 조회시간마다 교장선생님이**

→ 아침모임마다 교장선생님이

→ 아침마다 교장선생님이

《부엌은 내게 사랑하는 법을 가르쳐 주었다》 (사샤 마틴/이은선 옮김, 북하우스, 2016) 96쪽

아픔도 고통도

: **아픔도 고통도 느껴지지 않았고**

→ 아픔도 괴로움도 느끼지 않았고

→ 아프거나 괴롭지도 않았고

> ◦ **아픔** : 육체적으로나 정신적으로 괴로운 느낌
> ◦ **고통(苦痛)** : 몸이나 마음의 괴로움과 아픔
> ◦ **괴로움** : 몸이나 마음이 편하지 않고 고통스러운 상태

한자말 '고통'은 "괴로움과 아픔"을 뜻한다고 하니, "아픔도 고통도 느껴지지 않았고"라 하면 겹말입니다. 한국말사전은 '아픔 = 괴로움'으로 풀이하고, '괴로움 = 고통'으로 풀이해요. 뒤죽박죽입니다. 돌림풀이가 되지 않도록 한국말사전을 고쳐야겠습니다. 보기글에서는 "아픔도 괴로움도 느끼지 않았고"나 "아프거나 괴롭지도 않았고"로 손볼 만해요. 또는 "아프지 않았고"나 "괴롭지 않았고"처럼 한 가지만 적어 볼 수 있어요.

• **난 아픔도 고통도 느껴지지 않았고 그저 너무너무 졸려서 왠지 평소보다 깊은 잠에 빠지는 듯한 느낌이 들었다**

→ 난 아픔도 괴로움도 느끼지 않았고 그저 너무너무 졸려서 왠지 여느 때보다 깊은 잠에 빠지는 듯한 느낌이 들었다

→ 난 아프거나 괴롭지도 않았고 그저 너무너무 졸려서 왠지 여느 날보다 깊은 잠에 빠지는 듯했다

《묘한 고양이 쿠로 9》 (스기사쿠/최윤희 옮김, 시공사, 2006) 92쪽

악덕 기업인들이 나쁜 일을

: **악덕 기업인들이 나쁜 일을 저지르고**

→ 나쁜 기업인들이 나쁜 일을 저지르고

→ 못된 기업인들이 나쁜 일을 저지르고

→ 몹쓸 기업꾼들이 나쁜 일을 저지르고

> ○ **악덕(惡德)** : 도덕에 어긋나는 나쁜 마음이나 나쁜 짓

나쁜 일을 저지르기에 "악덕 기업주"라고 한다면, "악덕 기업인이 나쁜 일을 저지르고"처럼 쓸 적에는 겹말인 셈이에요. "나쁜 기업인이 나쁜 일을 저지르고"처럼 손보아야지 싶습니다. 또는 "못된 기업인"이나 "몹쓸 기업인"처럼 앞쪽을 다르게 손볼 수 있습니다.

- **혼란의 시기에는 악덕 기업인들이 부를 독차지하기 위해 온갖 나쁜 일을 저지르고 있다**

→ 어지러운 때에는 나쁜 기업인들이 부를 독차지하려고 온갖 나쁜 일을 저지른다

→ 어지러운 때에는 못된 기업인들이 돈을 혼자 차지하려고 온갖 나쁜 일을 저지른다

《지구를 걸으며 나무를 심는 사람, 폴 콜먼》(폴 콜먼/마용운 옮김, 그물코, 2008) 246쪽

악수하고 손을 붙잡고

: **악수하는 것은 … 누군가의 손을 붙잡는 것만큼은**

→ 손을 잡기는 … 누구와 손을 붙잡기만큼은

→ 손잡기는 … 누구와 손을 잡기만큼은

> ○ **악수(握手)** : 인사, 감사, 친애, 화해 따위의 뜻을 나타내기 위하여 두 사람이 각자 한 손을 마주 내어 잡는 일

한자말 '악수'는 "손을 잡는" 몸짓을 가리킵니다. 보기글처럼 '악수하다'하고 "손을 붙잡는"을 나란히 적으면 겹말이에요. 이 자리에서는 앞뒤 모두 '잡다'나 '붙잡다'라는 낱말을 쓰면 돼요. '쥐다'라든지 '만지다'를 써 볼 수 있어요. 보기글에서는 오랫동안 다른 누구도 못 만난 채 지내다가 처음으로 다른 누구를 보았다는 뜻을 나타내니, "다른 살내음을 느끼는 일만큼"이라든지 "다른 살결을 느껴 보기만큼은"이라 해 보아도 어울립니다.

- **이 개구리 친구하고 악수하는 것은 전혀 즐겁지 않았지만 누군가의 손을 붙잡는 것만큼은 즐거웠습니다**

→ 이 개구리 친구하고 손을 잡기는 하나도 안 즐거웠지만 누구와 손을 붙잡기만큼은
　즐거웠습니다

《아벨의 섬》 (윌리엄 스타이그/송영인 옮김, 다산기획, 2001) 136쪽

악인과 나쁜 사람

:　**'악인'과 '나쁜 사람'은**

> ○ **악인(惡人) :** 악한 사람
> ○ **악하다(惡-) :** 인간의 도덕적 기준에
> 　어긋나 나쁘다

→ '나쁜 사람'과 '못된 사람'은

→ '나쁜 사람'과 '끔찍한 사람'은

→ '나쁜 사람'과 '몹쓸 사람'은

→ '나쁜 사람'과 '지저분한 사람'은

→ 나쁜 사람들은

'악인'은 "악한 사람"을 가리켜요. '악하다 = 나쁘다'예요. 그러니 '악인 = 나쁜 사람'이지요. 이 글월처럼 "'악인'과 '나쁜 사람'"처럼 쓰면 겹말이에요. 두 갈래로 어떤 사람들을 나누려 한다면 "'나쁜 사람'과 '못된 사람'"이라든지 "'나쁜 사람'과 '끔찍한 사람'"처럼 써 볼 만하리라 생각합니다. 아니면 "나쁜 사람들"처럼 하나로 쓰면 될 테고요.

•　**'악인'과 '나쁜 사람'은 다소 차이는 있겠지만, 결국 저마다의 번뇌에 빠진 인간이라
　할 수 있을 것입니다**

→ '나쁜 사람'과 '못된 사람'은 조금씩 다르겠지만, 끝내 저마다 괴로움에 빠진 사람이라
　할 수 있습니다

→ 나쁜 사람들은 조금씩 다르겠지만, 저마다 괴로운 사람이라 할 수 있습니다

《아톰의 슬픔》 (데즈카 오사무/하연수 옮김, 문학동네, 2009) 140쪽

–안 –가

: **어느 해안과 태평양 갯가**

→ 어느 바닷가와 태평양 갯가

> ◦ **해안(海岸)** : 바다와 육지가 맞닿은 부분
> ◦ **바닷가** : 바닷물과 땅이 서로 닿은 곳이나 그 근처
> ◦ **–안(岸)** : x
> ◦ **가** : 4. (일부 명사 뒤에 붙어) '주변'의 뜻을 나타내는 말

바다랑 뭍이 닿거나 맞닿은 곳이라면 '바닷가'입니다. '바닷가'를 한자말로는 '해안'이라고 해요. 한국말사전을 살피면 '해안'을 풀이할 적에 "육지가 맞닿은 부분"이라 하면서 '육지 · 부분' 같은 한자말을 쓰고, '바닷가'를 풀이할 적에 "땅이 서로 닿은 곳"이라 하면서 '땅 · 곳' 같은 한국말을 써요. 그러니까 '바닷가(← 해안)'랑 '땅(← 육지)'이랑 '곳(← 부분)'이라는 낱말을 알맞게 쓰면 되는 셈입니다. 바닷물이 드나드는 곳을 '개'라 하니 '–가'를 붙여 '갯가'예요. 바다하고 닿은 곳이라면 '바다 + 가' 얼거리로 '바닷가'라 하면 되고요. 보기글처럼 '–안(岸)'하고 '–가'를 겹말 얼거리로 쓰지 않아도 돼요.

• **인도양 어느 해안과 태평양 갯가 그 푸른 소라로 만들었다는 고둥빗**

→ 인도양 어느 바닷가와 태평양 갯가 그 푸른 소라로 지었다는 고둥빗

《뒤가 이쁜》 (전해선, 문학의전당, 2016) 22쪽

안내할 가이드

: **길을 안내할 가이드**

→ 길을 이끌 사람

→ 길을 알려줄 사람

→ 길잡이

> ◦ **안내하다(案內-)** : 1. 어떤 내용을 소개하여 알려 주다 2. 사정을 잘 모르는 어떤 사람을 가고자 하는 곳까지 데려다주거나 그에게 여러 가지 사정을 알려 주다
> ◦ **가이드(guide)** : 1. 관광 따위를 안내하는 사람. '길잡이', '안내원', '안내자'로 순화 2. = 가이드북(guidebook). '길잡이', '안내서', '지침서'로 순화

'가이드'라는 영어는 "안내하는 사람"을 가리켜요. "안내할 가이드"라 하면 겹말입

니다. 더욱이 '가이드'는 '길잡이'로 고쳐쓸 낱말이기도 해요. 길을 이끌기에 길잡이라고 해요. '길라잡이'라는 말도 쓰는데, 새롭게 '길알림이' 같은 낱말을 써 볼 수도 있어요.

- **소로는 여기에서 카타딘 산으로 가는 길을 안내할 가이드 폴리스Polis를 고용했다**
- → 소로는 여기에서 카타딘산으로 가는 길을 이끌 폴리스를 두었다
- → 소로는 여기에서 카타딘산으로 가는 길을 알려줄 사람을 두었다
- → 소로는 여기에서 카타딘산으로 가며 길잡이를 두었다

《홀로 숲으로 가다》 (베른트 하인리히/정은석 옮김, 더숲, 2016) 25쪽

안목으로 보다

: **긴 안목으로 본다면**
- → 길게 본다면
- → 길게 보는 눈이라면
- → 길게 볼 수 있다면
- → 길게 내다본다면
- → 길게 바라본다면

> ○ **안목(眼目)** : 사물을 보고 분별하는 견식
> ○ **견식(見識)** : 견문과 학식
> ○ **견문(見聞)** : 1. 보고 들음 2. 보거나 듣거나 하여 깨달아 얻은 지식

한자말 '안목'은 "보고 분별하는 견식"을 가리킨다는데, '견식 = 견문 + 학식'이라 하고, '견문'은 "보고 들음"이나 "보거나 들어서 얻은 지식"을 가리킨다고 해요. '안목 = 보고 분별하는 견식 = 보고 분별하는 + (보거나 들어서 얻은 지식) + 학식'인 셈이에요. 겹말풀이입니다. 더욱이 '안목(眼目)'이라는 한자말은 '눈 + 눈'이거나 '보다 + 보다'인 얼거리예요. "긴 안목으로 본다"처럼 쓸 적에는 겹말이 돼요. "길게 본다면"이나 "길게 볼 수 있다면"으로 손질합니다. 다만 '보다'를 "눈으로 알다"가 아닌 "생각하다 · 살피다"라는 뜻으로 썼다면 "안목으로 보다"는 겹말이 아니라고 여길 수 있습니다. 아무래도 헷갈리거나 겹말이 되기 쉬우니 '안목'이라는 한자말을 쓰려 한다면 "긴 안목으로 생각한다면"이나 "긴 안목으로 살핀다면"으로 손질합니다.

- **전후 시대의 지성사를 좀더 긴 안목으로 본다면**
- → 전후 시대 지성사를 좀더 길게 내다본다면

→ 전쟁이 끝난 뒤 지성사를 좀더 길게 본다면
→ 전쟁 뒤 지성 역사를 좀더 길게 보는 눈이라면

《C. 라이트 밀스》 (대니얼 기어리/정연복 옮김, 삼천리, 2016) 26쪽

알록달록 형형색색

: **알록달록 형형색색 팽이**

→ 알록달록 팽이

→ 알록달록 고운 팽이

> ○ **알록달록** : 여러 가지 밝은 빛깔의 점이나 줄 따위가 고르지 아니하게 무늬를 이룬 모양
> ○ **형형색색(形形色色)** : 형상과 빛깔 따위가 서로 다른 여러 가지

여러 가지 빛깔이 있다고 할 적에 '알록달록'이라 하고, 이를 '형형색색'이라는 한 자말로 나타내기도 합니다. 두 낱말은 같은 모습을 가리켜요. "알록달록 형형색색"이라 하면 겹말이에요. 이처럼 겹말로 쓰기보다는 "알록달록 고운 팽이"나 "알록달록 눈부신 팽이"나 "알록달록 이쁘장한 팽이"나 "알록달록 귀여운 팽이"라고 하면 느낌이 한결 잘 살아납니다.

• **알록달록 형형색색 팽이는 잘 돌아간다**

→ 알록달록 팽이는 잘 돌아간다

→ 알록달록 고운 팽이는 잘 돌아간다

→ 알록달록 예쁜 팽이는 잘 돌아간다

《콩이나 쪼매 심고 놀지머》 (칠곡 할매 119명, 삶창, 2016) 106쪽

알맞은 적기

: **알맞은 適期이다**

→ 알맞은 때이다

→ 알맞다

> ○ **적기(適期)** : 알맞은 시기

한자말 '적기'는 "알맞은 때"를 가리켜요. "알맞은 적기"처럼 쓰면 겹말입니다. '적기'라는 한자말을 쓰고 싶다면 "적기이다"처럼 쓸 수 있습니다만, 굳이 '적기'처럼 적기보다는 "알맞은 때"라 적을 때에 한결 낫고, "알맞다"처럼 단출하게 쓸 수도 있어요.

- **여러 가지의 몸의 변화에 대해서 중점적으로 학습하기에 알맞은 適期이다**
→ 여러 가지로 몸이 바뀌는 까닭을 찬찬히 배우기에 알맞은 때이다
→ 여러 가지로 몸이 달라지는 모습을 깊이 배우기에 알맞다

《어머니가 들려주는 성교육》 (E.레멘/박준희 옮김, 중앙일보사, 1978) 214쪽

암묵적인 침묵의 약속

: **암묵적인 침묵의 약속이**
→ 암묵하는 약속이
→ 침묵하는 약속이
→ 말하지 않으려는 다짐이
→ 말하지 않는 다짐이
→ 아무 말도 하지 않는 다짐이

> ○ **암묵적(暗默的)** : 자기의 의사를 밖으로 나타내지 아니한
> ○ **침묵(沈默)** : 1. 아무 말도 없이 잠잠히 있음. 또는 그런 상태
> 2. 정적(靜寂)이 흐름 3. 어떤 일에 대하여 그 내용을 밝히지
> 아니하거나 비밀을 지킴 4. 일의 진행 상태나 기계 따위가
> 멈춤

내 뜻이나 생각을 밖으로 나타내지 않는다는 '암묵적'이요, 어떤 일을 놓고 줄거리나 생각을 밝히지 않는다는 '침묵'입니다. 두 한자말은 '말하지 않는' 모습을 나타내요. "암묵적인 침묵의 약속"은 겹말입니다. 한자말을 쓰고 싶다면 하나만 골라서 "암묵하는 약속"이나 "침묵하는 약속"으로 손봅니다. 또는 "말하지 않으려는 다짐"이나 "아무것도 안 밝히려는 다짐"으로 손볼 수 있습니다.

- **이처럼 암묵적인 침묵의 약속이 지켜지고 있기에**
→ 이처럼 아무 말도 않는 다짐이 지켜지기에
→ 이처럼 아무것도 안 밝히려는 다짐이 지켜지기에

《다시 아기를 기다리며》 (앤 더글러스·존 R.서스먼/황근하 옮김, 삼인, 2010) 39쪽

압사하거나 질식해서 죽는

: **압사하거나 질식해서 죽는**
→ 눌려 죽거나 숨막혀 죽는
→ 깔리거나 숨막혀서 죽는

> ○ **압사(壓死)** : 무거운 것에 눌려 죽음. '깔려 죽음'으로 순화

죽음을 놓고 한국말로는 '죽다·죽음'이라 합니다. 말 그대로예요. 이를 한자로 옮기면 '사(死)'입니다. 보기글은 '사(死)'하고 '죽다'를 잇달아 적으면서 겹말 얼거리입니다. 앞뒤 모두 '죽다'로 적으면 돼요. 더욱이 '압사'라는 한자말은 "깔려 죽음"으로 고쳐쓸 낱말이기도 합니다. "눌리거나 숨막혀서 죽는"이나 "깔리거나 숨막혀서 죽는"으로 손질하면 됩니다.

• **케이지 안에서 압사하거나 질식해서 죽는 개들도 많다**
→ 그물집에서 눌려 죽거나 숨막혀 죽는 개들도 많다
→ 짐수레에서 깔리거나 숨막혀서 죽는 개들도 많다

《사향고양이의 눈물을 마시다》 (이형주, 책공장더불어, 2016) 223쪽

앞서간 선각자

: **앞서간 선각자**
→ 앞서간 사람
→ 앞서간 분
→ 앞서 깨달은 분

> ○ **앞서가다** : 1. 남보다 앞서서 가거나 먼저 가다
> ○ **선각자(先覺者)** : 남보다 먼저 사물이나 세상일을 깨달은 사람

앞서서 가거나 먼저 가기에 '앞서가다'라 해요. 먼저 깨달은 사람을 '선각자'라 하지요. "앞서간 선각자"라 하면 "앞서간 앞선 사람"이나 "먼저 먼저 깨달은 사람"이란 뜻이기에 겹말입니다. '선각자'라는 한자말을 쓰고 싶다면 '앞서간'을 덜 노릇이고, 한결 쉽게 쓰고 싶다면 "앞서간 사람"이나 "앞서간 분"이나 "먼저 깨달은 분"처럼 적으면 돼요.

- **스콧 니어링과 헬렌 니어링 부부도 시대를 앞서간 선각자입니다**
→ 스콧 니어링과 헬렌 니어링 부부도 시대를 앞서간 사람입니다
→ 스콧 니어링과 헬렌 니어링 부부도 이 삶을 앞서간 분입니다

《10대와 통하는 농사 이야기》 (곽선미와 다섯 사람, 철수와영희, 2017) 112쪽

앞으로 펼쳐질 미래

: **앞으로 펼쳐질 미래**
→ 앞으로 펼쳐질 날
→ 앞으로 펼쳐질 길

- **미래(未來)** : 앞으로 올 때. '앞날'로 순화
- **앞날** : 1. 앞으로 닥쳐올 날 2. = 앞길
- **앞길** : 1. 집이나 마을의 앞에 있는 길 2. 앞으로 가야 할 길
  3. 장차 살아갈 길
- **장차(將次)** : 앞으로의 뜻으로, 미래의 어느 때를
  나타내는 말

앞으로 올 날을 가리켜 '앞날'이라 합니다. 이 낱말을 한자로 옮기면 '미래'가 됩니다. "앞으로 펼쳐질 미래"처럼 쓰면 겹말이에요. "앞으로 펼쳐질 날"이라고 쓰든지 '앞날'로 써야지요. 때로는 '앞길'처럼 쓸 수 있어요. 한국말사전에서 '앞길'을 찾아보면 "장차 살아갈 길"이라고도 풀이하는데 '장차'는 '앞으로'를 뜻해요. '앞으로'는 '앞으로'로 쓰면 되고, 앞으로 올 날은 '앞날'이라 쓰면 됩니다.

- **앞으로 펼쳐질 미래의 나와 우리 가족, 지훈이, 주호, 홍시를 비롯한 내 사람들에게 부끄럽지 않도록**
→ 앞으로 펼쳐질 날에 나와 우리 식구, 지훈이, 주호, 홍시를 비롯한 내 사람들한테 부끄럽지 않도록
→ 앞으로 펼쳐질 길에 나와 우리 식구, 지훈이, 주호, 홍시를 비롯한 내 사람들한테 부끄럽지 않도록

《당신에게 말을 걸다》 (백성현, 북하우스, 2008) 303쪽

애정 담긴 연애

: **진정한 애정이 담긴 연애**

→ 참다운 마음이 담긴 사랑

→ 참다운 사랑

> ° **애정(愛情)** : 1. 사랑하는 마음 2. 남녀 간에 서로
>   그리워하는 마음
> ° **연애(戀愛)** : 남녀가 서로 그리워하고 사랑함

한자말 '애정'이나 '연애'는 모두 '사랑'을 가리킵니다. 또는 '그리움'을 가리킨다고
해요. "애정이 담긴 연애"란 무엇을 나타낼까요? "사랑이 담긴 사랑" 꼴이기에 겹
말이 되는데, 이렇게 말한다고 해서 사랑을 더욱 힘주어 밝힌다고 할 수는 없습니
다. '사랑'이라고만 하면 돼요.

• **두 사람의 교제는 서로에게 진정한 애정이 담긴 연애였던 것 같다**

→ 두 사람은 서로한테 참다운 마음이 담긴 사랑으로 사귄 듯하다

→ 두 사람은 서로 참다운 마음이 되어 사랑하는 사이인 듯하다

→ 두 사람은 참다운 마음으로 사랑하는 사이인 듯하다

→ 두 사람은 참다운 사랑으로 사귀는 사이인 듯하다

《내추럴 히스토리》 (존 앤더슨/최파일 옮김, 삼천리, 2016) 207쪽

애초에 시작한 일

: **애초에 시작한 일**

→ 처음 한 일

→ 맨 처음 한 일

> ° **애초(-初)** : 맨 처음
> ° **시작하다(始作-)** : 1. 어떤 일이나 행동의 처음 단계를
>   이루거나 그렇게 하게 하다 2. 어떤 일이나 행동이 어떤
>   사건이나 장소에서 처음으로 발생하다

"맨 처음"을 가리키는 '애초'이고, '처음'을 이루거나 '처음으로' 나타나는 것을 가리
키는 '시작'이니, "애초에 시작한 일"처럼 쓰면 겹말입니다. 손쉽게 "처음 한 일"이
나 "맨 처음 한 일"이라 적으면 됩니다.

- 원숭이들은 애초에 시작한 일을 끝맺는 법이 없지
→ 원숭이들은 처음 한 일을 끝맺는 법이 없지
→ 원숭이들은 맨 처음 한 일을 끝맺는 법이 없지

《정글 이야기》 (러드야드 키플링/햇살과나무꾼 옮김, 시공주니어, 2005) 61쪽

야밤

: **야밤**
→ 한밤
→ 깊은 밤
→ 밤

> ○ **야밤(夜-)** : 깊은 밤

'야(夜)'라는 한자는 '밤'을 가리킵니다. '야밤 = 밤밤'인 얼거리이니 겹말입니다. 우리는 밤이 깊다고 할 적에 "깊은 밤"이나 '한밤'이라 말할 뿐, '밤밤'이라 말하지 않아요. 그냥 '밤'이라고만 해도 넉넉하지요. 한국말사전을 살피면 '야밤'을 올림말로 다룰 뿐 아니라, 이 낱말이 겹말인 줄 느끼지 못합니다.

- 도깨비들과 힘을 합해 야밤에 산에서 가장 가까운 마을을
→ 도깨비들과 힘을 모아 한밤에 산에서 가장 가까운 마을을
→ 도깨비들과 힘을 더해 깊은 밤에 산에서 가장 가까운 마을을

《호비트의 모험 1》 (J.R.R.톨킨/최윤정 옮김, 창작과비평사, 1988) 164쪽

- 야밤의 합창 소리를 들으니
→ 한밤 합창 소리를 들으니
→ 깊은 밤에 떼노래 소리를 들으니

《홀로 숲으로 가다》 (베른트 하인리히/정은석 옮김, 더숲, 2016) 43쪽

야생 산딸기

:　**야생 산딸기**

→　산딸기

→　멧딸기

→　들딸기

> ○ **야생(野生)** : 산이나 들에서 저절로 나서 자람

산에서 저절로 나기에 '산딸기'입니다. '산(山)'은 '메(뫼)'를 가리키는 한자이기에 '멧딸기'라고도 해요. 멧토끼나 멧돼지나 멧나물처럼 말이지요. 딸기가 들에서 저절로 나면 '들딸기'예요. 따로 밭을 일구어 사람이 심고 가꾸고 거둘 적에는 '밭딸기'라고 해요. 한자말 '야생'은 산이나 들에서 저절로 자라는 모습을 가리킨다고 해요. "야생 산딸기"라 하면 겹말입니다. '산딸기'라고만 하거나 '멧딸기'로 손보거나 '들딸기'로 손질해 줍니다.

● **어린 발삼전나무도 있고 야생 산딸기와 블루베리도 군데군데 있었다**

→　어린 발삼전나무도 있고 들딸기와 블루베리도 군데군데 있었다

→　어린 발삼전나무도 있고 멧딸기와 블루베리도 군데군데 있었다

《홀로 숲으로 가다》 (베른트 하인리히/정은석 옮김, 더숲, 2016) 19쪽

어깨에 견장

:　**어깨에 견장처럼 올라 앉아**

→　어깨에 계급장처럼 올라앉아

→　어깨표처럼 올라앉아

→　어깨띠처럼 올라앉아

→　어깨에 살그머니 올라앉아

> ○ **견장(肩章)** : 군인, 경찰관 등이 제복의 어깨에 붙이는, 직위나 계급을 밝히는 표장

'견장'은 '어깨'에 붙이는 계급장을 가리키니 "어깨에 견장처럼 올라 앉아"라 하면 겹말입니다. "어깨에 계급장처럼 올라앉아"로 손볼 노릇입니다. 어깨에 붙이는 계

급장을 '어깨표' 같은 이름으로 가리키면서 "어깨표처럼 올라앉아"로 손볼 수 있어요. 딱히 계급장이나 계급표를 가리키려는 뜻은 아니라면 "어깨띠처럼 올라앉아"나 "어깨에 살그머니 올라앉아"로 적어 볼 수 있습니다.

- **원래 사람의 것이 아니었다 본명의 어깨에 견장처럼 올라 앉아**
- → 워낙 사람 것이 아니었다 제 이름에 견장처럼 올라앉아
- → 처음에 사람 것이 아니었다 제 이름에 어깨띠처럼 올라앉아
- → 처음에 사람 것이 아니었다 제 이름에 살그머니 올라앉아

《이름의 풍장》 (김윤환, 애지, 2015) 19쪽

어디에나 지천으로

: **어디에나 땅은 있고 돌은 지천으로 굴러다닌다**
- → 어디에나 땅은 있고 돌이 굴러다닌다
- → 어디에나 땅은 있고 돌은 흔히 굴러다닌다
- → 어디에나 땅은 있고 돌은 수없이 굴러다닌다

> ◦ **지천(至賤)** : 1. 더할 나위 없이 천함
> 2. 매우 흔함
> ◦ **흔하다** : 보통보다 더 자주 있거나
> 일어나서 쉽게 접할 수 있다

'지천'으로 있다면 '흔하게(흔히)' 있다고 합니다. 흔하게 있다면 둘레에 많이 있거나 '어디에서나' 볼 수 있다는 뜻입니다. "어디에나 있고 지천으로 굴러다닌다"처럼 쓰면 겹말이에요. '지천으로'를 빼거나 '흔하게'를 넣으면 됩니다.

- **어디에나 땅은 있고 돌은 지천으로 굴러다니기 때문이다**
- → 어디에나 땅은 있고 돌이 굴러다니기 때문이다
- → 어디에나 땅은 있고 돌은 흔히 굴러다니기 때문이다

《아이들은 놀기 위해 세상에 온다》 (편해문, 소나무, 2007) 190쪽

- **우리 주변에 너무나 지천으로 널려 있다는 게**
- → 우리 둘레에 너무나 널렸다는 게
- → 우리 곁에 너무나 많이 있다는 게

《우리는 플라스틱 없이 살기로 했다》 (산드라 크라우트바슐/류동수 옮김, 양철북, 2016) 33쪽

어떤 종류의

: 어떤 종류의 떡을 주느냐

→ 어떤 떡을 주느냐

→ 어떠한 떡을 주느냐

→ 무슨 떡을 주느냐

> ◦ **어떤** : 1. 사람이나 사물의 특성, 내용, 상태, 성격이 무엇인지 물을 때 쓰는 말 2. 주어진 여러 사물 중 대상으로 삼는 것이 무엇인지 물을 때 쓰는 말
> ◦ **무슨** : 무엇인지 모르는 일이나 대상, 물건 따위를 물을 때 쓰는 말
> ◦ **종류(種類)** : 1. 사물의 부문을 나누는 갈래 2. 갈래의 수를 세는 단위

한자말 '종류'는 '갈래'를 가리켜요. "어떤 종류"인가 하고 물을 적에는 "어떤 갈래"인가 하고 묻는 셈이에요. '어떤'은 사람이나 사물이 '어떠한가'를 물으면서 쓰지요. '갈래·종류'를 알려고 '어떤'이라는 말을 써서 물어요. "어떤 종류의 떡을 주느냐"는 겹말이에요. "어떤 떡을 주느냐"로 손질해야 알맞아요. "어떠한 떡"이나 "무슨 떡"으로 손질해 볼 수 있어요. '어떤·어떠한·무슨'만 있으면 되어요. 비슷한 얼거리로 "새로운 종류의 책"이나 "어려운 종류의 책"도 겹말이에요. "새로운 책"이나 "어려운 책"으로 손질해 줍니다.

• **왜 하필 떡이며 어떤 종류의 떡을 주느냐고 꼬치꼬치 물었다**

→ 왜 떡이며 어떤 떡을 주느냐고 꼬치꼬치 물었다

→ 왜 꼭 떡이며 어떠한 떡을 주느냐고 꼬치꼬치 물었다

→ 왜 반드시 떡이며 무슨 떡을 주느냐고 꼬치꼬치 물었다

《남편이 일본인입니다만》(케이, 모요사, 2016) 128쪽

• **새로운 숭배 의식에 참여하는 것이 새로운 종류의 사회적 권력의 기반이 되었다**

→ 새로운 숭배 의식에 함께하는 일이 새로운 사회 권력에서 밑바탕이 되었다

→ 새롭게 기리는 의식에 함께하는 일이 새로운 사회 권력을 다지는 바탕이 되었다

《말, 바퀴, 언어》(데이비드 앤서니/공원국 옮김, 에코리브르, 2015) 282쪽

어리고 미성숙

: 어리고 미성숙했던 터라

→   어렸던 터라

→   어리고 철없던 터라

> ○ **미성숙하다(未成熟-)** : 아직 성숙하지 못하다
> ○ **성숙하다(成熟-)** : 1. 생물의 발육이 완전히 이루어지다
> 2. 몸과 마음이 자라서 어른스럽게 되다

"성숙하지 못한" 모습이기에 '미성숙'이라 한다는데, '성숙하다'는 '어른스럽게' 되는 모습을 가리켜요. "어리고 미성숙했던"이라 하면 "어리고 어른스럽지 못했던"이라 말하는 셈이니 겹말입니다. '어렸던'이라고만 해야 알맞고, 힘주어서 말하려는 뜻이었다면 "어리고 철없던"이나 "어리고 바보스러웠던"으로 적어 볼 만합니다.

•   **게다가 참으로 어리고 미성숙했던 터라**

→   게다가 참으로 어렸던 터라

→   게다가 참으로 어리고 철없던 터라

《리처드 도킨스 자서전 1》 (리처드 도킨스/김명남 옮김, 김영사, 2016) 211쪽

어린 묘목

:   **발삼전나무 어린 묘목들이**

→   발삼전나무 어린 싹이

→   어린 발삼전나무가

> ○ **묘목(苗木)** : 옮겨 심는 어린나무. '나무', '나무모'로 순화
> ○ **어린나무** : 나서 한두 해쯤 자란 나무
> ○ **나무모** : = 묘목

한자말 '묘목'은 '어린나무'를 가리켜요. '어린나무'는 어른나무와는 사뭇 달라 나무로는 안 보일 수 있습니다. 고작 한두 해쯤 자란 '어린나무'라고 해 보았자 아기 손가락 길이밖에 안 될 수 있기 때문입니다. 나무를 잘 모르는 분은 어린나무를 그냥 풀포기로 여기기도 해요. '어린나무'를 가리키는 '묘목'이기 때문에 "어린 묘목"이라 하면 겹말입니다. '어린나무'로 바로잡습니다. 한국말사전을 살피면 '묘목'을 '나무모'로 고쳐쓰라 하면서도 정작 '나무모'를 '= 묘목'으로 풀이하니 얄궂습니다.

•   **발삼전나무 어린 묘목들이, 성숙한 전나무 아래의 그늘지고 헐벗은 땅을 벨벳이나 이끼처럼 거의 덮고 있다**

→   어린 발삼전나무가 다 큰 전나무 밑 그늘지고 헐벗은 땅을 비단이나 이끼처럼 거의

덮는다

→ 발삼전나무 어린 싹이 커다란 전나무 밑 그늘지고 헐벗은 땅을 비단이나 이끼처럼
거의 덮는다

《홀로 숲으로 가다》 (베른트 하인리히/정은석 옮김, 더숲, 2016) 50쪽

어미 잃은 고아

: **어미 잃은 고아인가 봐요**

→ 고아인가 봐요

→ 어미 잃은 새끼인가 봐요

→ 어미를 잃었나 봐요

> ○ **고아(孤兒)** : 부모를 여의거나 부모에게
> 버림받아 몸 붙일 곳이 없는 아이

어미를 잃은 아이를 한자말로 가리키면 '고아'입니다. "어미 잃은 고아"는 겹말이
에요. "어미 잃은 아기"나 "어미 잃은 새끼"로 손질해야 올바릅니다. 또는 한자말
로 '고아'라고만 적을 수 있고, "어미를 잃었다"라고만 적어도 됩니다.

• **선원이 대답했어요. "이 아기 물개는 어미가 없었어요. 어미 잃은 고아인가 봐요."**

→ 선원이 말했어요. "이 아기 물개는 어미가 없었어요. 어미 잃은 새끼인가 봐요."

→ 선원이 얘기했어요. "이 아기 물개는 어미가 없었어요. 어미를 잃었나 봐요."

《아기 물개를 바다로 보내 주세요》 (마리 홀 에츠/이선오 옮김, 미래M&B, 2007) 3쪽

어질고 지혜로운

: **어진 마음 키우며 지혜로운 사람이 되게**

→ 어진 마음 키우며 슬기로운 사람이 되게

→ 어진 마음 키우는 사람이 되게

→ 슬기로운 마음 키우는 사람이 되게

> ○ **어질다** : 마음이 너그럽고 착하며 슬기롭고
> 덕행이 높다
> ○ **지혜롭다(智慧-)** : 사물의 이치를 빨리 깨닫고
> 사물을 정확하게 처리하는 정신적 능력이 있다
> ○ **슬기롭다** : 슬기가 있다
> ○ **슬기** : 사리를 바르게 판단하고 일을 잘 처리해
> 내는 재능

한국말 '어질다'는 뜻이 깊습니다. 너그럽고 착하며 '슬기로운' 모습을 가리켜요. '슬기롭다'는 슬기가 있는 모습을 가리키는데, 이는 '지혜롭다·지혜'하고 뜻이 맞물립니다. 보기글처럼 "어진 마음 키우며 지혜로운 사람"을 이야기하면 겹말이지요. '지혜로운'을 덜면 돼요. 힘주어 말하고 싶다면 "어진 마음 키우며 슬기로운 사람이 되게" 꼴로 쓸 만하지만, 이렇게 적으면 어쩐지 어정쩡합니다. "어진 마음"이라고만 하든가 "슬기로운 마음"이라고만 해야 알맞아요. 보기글을 더 살피면 "깊은 생각"하고 "사려(思慮) 깊고"라는 대목에서도 겹말이에요. '사려 = 깊은 생각'인 얼개이거든요.

- **깊은 생각, 어진 마음 키우며 매사에 사려 깊고 지혜로운 가을의 사람이 되게 해 주십시오**
- → 깊은 생각, 어진 마음을 늘 키우는 가을 사람이 되게 해 주십시오
- → 모든 일에 깊은 생각, 어진 마음 키우는 가을 사람이 되게 해 주십시오
- → 언제나 깊은 생각, 슬기로운 마음 키우는 가을 사람이 되게 해 주십시오

《풀꽃 단상》 (이해인, 분도출판사, 2006) 17쪽

어촌마을

: **어촌마을**

→ 바닷마을

→ 갯마을

→ 어촌

∘ **어촌(漁村)** : 어민(漁民)들이 모여 사는 바닷가 마을
∘ **갯마을** : 갯가에 자리 잡고 있는 마을
∘ **바닷마을** : x
∘ **뱃마을** : x
∘ **촌마을(村-)** : 시골에 있는 마을

한자말 '어촌'은 "바닷가 마을"을 뜻한다고 해요. '어촌 = 바닷마을'입니다. '어촌마을(어촌 마을)'이라 하면 겹말이에요. 이와 비슷한 얼거리로 '농촌마을'이나 '산촌마을'이라 하면 이때에도 겹말입니다. 한국말사전을 살피면 '촌마을'이라는 낱말이 올라요. 엉뚱하지요. '촌(村)'이라는 한자가 '마을'을 뜻하니, '촌마을 = 마을마을'이에요. 다만 '촌마을'에서 '촌(村)'이 '시골'을 뜻한다면 '시골마을'이라 하면 됩니다. 한국말사전이 엉뚱한 올림말을 올린 탓에 사람들도 '촌마을'을 비롯해서 '어촌마을·농촌마을·산촌마을' 같은 겹말을 얄궂게 쓰는구나 싶어요. 이러면서 '바닷마

을'이나 '뱃마을'뿐 아니라 '시골마을'은 한국말사전에 아직 없습니다.

- **한적한 이 어촌마을이 없었다면**
→ 한갓진 이 바닷마을이 없었다면
→ 조용한 이 갯마을이 없었다면

《당신도 쿠바로 떠났으면 좋겠어요》 (시골여자, 스토리닷, 2016) 159쪽

- **인구가 3500명밖에 되지 않는 작은 어촌 마을이다**
→ 3500명밖에 살지 않는 작은 바닷마을이다
→ 3500명밖에 살지 않는 작은 갯마을이다

《사향고양이의 눈물을 마시다》 (이형주, 책공장더불어, 2016) 91쪽

억누르고 억제하는

: **억누르고 억제하는 수많은 법률들**
→ 억누르고 괴롭히는 수많은 법률들
→ 억누르고 짓누르는 수많은 법률들
→ 억누르고 들볶는 수많은 법률들
→ 억누르는 수많은 법률들

> ○ **억누르다** : 1. 어떤 감정이나 심리 현상 따위가
> 일어나거나 나타나지 아니하도록 스스로 참다
> 2. 자유롭게 행동하지 못하도록 압력을 가하다
> ○ **억제하다(抑制-)** : 1. 감정이나 욕망, 충동적 행동
> 따위를 내리눌러서 그치게 하다 2. 정도나 한도를 넘어서
> 나아가려는 것을 억눌러 그치게 하다

어떤 일을 그치게 하려고 누르는 일을 가리켜 '억누르다'라 해요. 이를 한자말로
옮기면 '억제'예요. "억누르고 억제하는"처럼 쓰면 겹말이지요. '억누르는'으로만
쓰면 되는데, "억누르고 짓누르는"이나 "억누르고 괴롭히는"처럼 힘주어 말할 수
있겠지요.

- **우리 국민을 억누르고 억제하는 수많은 법률들은 실제로 국민들이 합의한 것이
아닙니다**
→ 사람들을 억누르는 수많은 법률들은 알고 보면 사람들이 바라지 않았습니다
→ 사람들을 억누르고 짓누르는 수많은 법률들은 가만히 보면 사람들 뜻이 아닙니다

《분단시대의 성찰과 평화》 (천주교사회문제연구소, 일과놀이, 1990) 28쪽

언어를 잘 구사, 말을 잘해

: **어쩌면 그렇게 언어를 잘 구사할까?**

→ 어쩌면 그렇게 말을 잘할까?

→ 어쩌면 그렇게 말솜씨가 좋을까?

→ 어쩌면 그렇게 말재주가 좋을까?

> ◦ **언어구사** : x
> ◦ **언어(言語)** : 생각, 느낌 따위를 나타내거나
>   전달하는 데에 쓰는 음성, 문자 따위의 수단
> ◦ **구사(驅使)** : 1. 사람이나 동물을 함부로 몰아쳐
>   부림 2. 말이나 수사법, 기교, 수단 따위를 능숙하게
>   마음대로 부려 씀

한자말 '언어'는 한국말로 '말'을 가리켜요. 한자말 '구사'는 '잘 다루는' 모습을 가리키고요. "언어 구사"라 하면 "말 잘함"을 나타내지요. 보기글은 "언어를 잘 구사할까"하고 "말만 잘하는"을 잇달아 적으며 겹말 얼거리가 됩니다. 앞뒤 모두 "말을 잘하다"라 해도 되고, 앞쪽을 '말솜씨'나 '말재주'로 손질해도 됩니다.

• **어쩌면 그렇게 언어를 잘 구사할까? 물론 말만 잘하는 건 아니다**

→ 어쩌면 그렇게 말을 잘할까? 그러나 말만 잘하지는 않는다

→ 어쩌면 그렇게 말솜씨가 좋을까? 다만 말만 잘하지는 않는다

《배우는 삶 배우의 삶》 (배종옥, 마음산책, 2016) 137쪽

언제나 변함없이 항상

: **언제나 변함없이 항상**

→ 언제나

→ 한결같이

→ 언제나 한결같이

→ 언제나 그대로

→ 언제나 그 모습으로

> ◦ **언제나** : 모든 시간 범위에 걸쳐서. 또는 때에 따라
>   달라짐이 없이 항상
> ◦ **변함없다(變-)** : 달라지지 않고 항상 같다
> ◦ **항상(恒常)** : 언제나 변함없이

한국말사전은 '언제나'를 '항상'으로 풀이하고, '항상'은 "언제나 변함없이"로 풀이하며, '변함없이'를 '항상'으로 풀이합니다. 아주 뒤죽박죽인 돌림풀이에다가 겹말

풀이입니다. 보기글처럼 "언제나 변함없이 항상"이라 하면 같은 말을 세 차례 되풀이한 셈이에요. 일부러 이렇게 쓰려고 할 수 있겠지요. 참으로 일부러 쓰려고 했다면 이렇게 쓸 수도 있습니다. 그러나 '언제나'나 '한결같이'만 써도 넉넉해요. "언제나 한결같이"라 적거나 "언제나 그대로"로 적을 수 있어요. "언제 보아도 그대로"라든지 "언제라도 그렇게"로 적어도 되어요.

- **저 두 사람이 언제나 변함없이 항상 저 자리에 계속 있어 줬어요**
- → 저 두 사람이 언제나 한결같이 저 자리에 줄곧 있어 줬어요
- → 저 두 사람이 언제나 그대로 저 자리에 내내 있어 줬어요

《일하지 않는 두 사람 4》 (요시다 사토루/문기업 옮김, 대원씨아이, 2016) 106쪽

얼굴은 소탈한 상

: **얼굴생김은 소탈한 상인데**
→ 얼굴생김은 수수한데
→ 얼굴은 꾸밈없고 수수한데
→ 얼굴은 수수하게 생겼는데
→ 흔히 볼 수 있는 얼굴생김인데

> ◦ **상(相)** : 1. 관상에서, 얼굴이나 체격의 됨됨이 2. 각 종류의 모양과 태도 3. 그때그때 나타나는 얼굴 표정

'상'이라는 외마디 한자말은 '얼굴'을 가리켜요. "얼굴생김은 소탈한 상"처럼 쓰면 겹말이에요. "소탈하게 생긴 얼굴"이나 "얼굴은 소탈하게 생긴"처럼 손질해야 올바릅니다. '소탈(疏脫)'은 '수수한'이나 '털털한'으로 손볼 수 있어요.

- **얼굴생김은 욕심없이 소탈한 상인데**
- → 얼굴은 욕심없이 수수한데
- → 얼굴은 꾸밈없이 수수한데
- → 얼굴은 꾸밈없이 생겼는데
- → 얼굴은 수수하게 생겼는데

《슬픈 미나마타》 (이시무레 미치코/김경인 옮김, 달팽이, 2007) 119쪽

얼굴 표정

: **얼굴 표정을 살펴서라도**

→ 얼굴을 살펴서라도

→ 얼굴빛을 살펴서라도

> ○ **얼굴** : 1. 눈, 코, 입이 있는 머리의 앞면 3. 주위에 잘 알려져서 얻은 평판이나 명예. 또는 체면 4. 어떤 심리 상태가 나타난 형색(形色)
> ○ **얼굴빛** : 얼굴에 나타나는 표정이나 빛깔
> ○ **낯빛** : 얼굴의 빛깔이나 기색
> ○ **표정(表情)** : 마음속에 품은 감정이나 정서 따위의 심리 상태가 겉으로 드러남. 또는 그런 모습
> ○ **기색(氣色)** : 1. 마음의 작용으로 얼굴에 드러나는 빛

한자말 '표정'은 '얼굴'이나 '얼굴빛'을 가리킵니다. "얼굴 표정"이라고 하면 겹말이에요. '얼굴'이라고만 하거나 '얼굴빛'으로 손질합니다. 또는 '낯빛'으로 적을 만해요. 한국말사전을 살피니 '얼굴빛 = 얼굴에 나타나는 표정'으로 풀이합니다. 이는 뚱딴지같은 겹말풀이입니다. '낯빛'을 두고도 "얼굴의 기색"으로 풀이하는데, 이 말풀이도 겹말풀이가 되고 말아요.

• **난 그 애가 도대체 무엇을 원하는지 얼굴 표정을 살펴서라도 알아볼 생각으로**

→ 난 그 애가 참으로 무엇을 바라는지 얼굴을 살펴서라도 알아볼 생각으로

→ 난 그 애가 참말 무엇을 바라는지 얼굴빛을 살펴서라도 알아볼 생각으로

《미하엘 엔데 동화 전집》(미하엘 엔데/유혜자 옮김, 에프, 2016) 147쪽

엄청난 대규모

: **엄청난 대규모 농장**

→ 엄청나게 큰 농장

→ 엄청난 농장

→ 큰 농장

> ○ **대규모(大規模)** : 넓고 큰 범위나 크기
> ○ **규모(規模)** : 2. 사물이나 현상의 크기나 범위
> ○ **엄청나다** : 짐작이나 생각보다 정도가 아주 심하다

한자말 '대규모'는 "큰 크기"를 가리킵니다. '규모'라는 한자말이 '크기'를 나타내니, '대규모'라 하면 겹말 얼거리입니다. 보기글을 보면 "소규모 농장·대규모 농

장"을 얘기하는데, 한자말로 쓰려 한다면 "소농장·대농장"이라고 하면 돼요. '소 (小)·대(大)'라는 한자를 굳이 쓰지 않으려 하면 "작은농장·큰농장(작은 농장·큰 농장)"으로 쓰면 되고요. 우리는 "작은 크기 농장"이나 "큰 크기 농장"처럼 말하지 않습니다. 말을 할 적에는 '크기(규모)'라는 낱말을 덜어요. "엄청난 대규모 농장" 이라 하면 "엄청난 큰 크기 농장"이라는 뜻이니 아무래도 얄궂습니다. "엄청난 농 장"이나 "큰 농장"이나 "엄청난 대농장"으로 손질합니다.

- **전 세계적으로 카카오는 두 가지 방식으로 경작된다. 소규모 농장과 엄청난 대규모 농장이다**
- → 세계를 통틀면 카카오는 두 가지로 기른다. 작은 농장과 큰 농장이다
- → 온누리를 보면 카카오는 두 가지로 키운다. 작은 농장과 엄청나게 큰 농장이다

《카카오》 (안드레아 더리·토마스 쉬퍼/조규희 옮김, 자연과생태, 2014) 49쪽

엄청난 폭설

: **엄청난 폭설이 내렸는데**
→ 엄청난 눈이 왔는데
→ 눈이 엄청나게 왔는데
→ 눈이 갑자기 많이 왔는데
→ 눈이 갑자기 쏟아졌는데
→ 소나기눈이 내렸는데
→ 큰눈이 내렸는데
→ 눈보라가 쳤는데

> ◦ **폭설(暴雪)** : 갑자기 많이 내리는 눈
> ◦ **엄청나다** : 짐작이나 생각보다 정도가 아주 심하다

눈이 많이 내린대서 한자말로 '폭설'이라 하지요. '엄청나다'는 "아주 많다"를 가리 켜요. "엄청난 폭설"이라 하면 겹말입니다. "엄청난 눈이 내렸는데"나 "눈이 엄청 나게 내렸는데"로 손질해 줍니다. '소나기눈'이나 '큰눈'이나 '눈보라' 같은 낱말을 써 볼 수 있고, '엄청눈'처럼 새말을 지어 볼 수 있어요. 또는 "눈이 갑자기 많이 왔 는데"나 "눈이 갑자기 쏟아졌는데"나 "눈이 갑자기 퍼부었는데"나 "눈이 갑자기 내리부었는데"처럼 수수하게 써도 어울려요.

- **엄청난 폭설이 내렸는데 그때 저지대로 내려왔다가 사람들에게 잡힌 산양**
→ 눈이 엄청나게 내렸는데 그때 낮은 데로 내려왔다가 사람들한테 잡힌 산양
→ 소나기눈이 내렸는데 그때 낮은 곳으로 내려왔다가 사람들한테 잡힌 산양

《야생 동물은 왜 사라졌을까?》 (이주희, 철수와영희, 2017) 58쪽

여명의 빛

: **여명의 빛**
→ 새벽빛
→ 새벽을 여는 빛
→ 먼동이 트는 빛
→ 날이 밝는 빛

> ◦ **여명(黎明)** : 1. 희미하게 날이 밝아 오는 빛. 또는 그런 무렵 2. 희망의 빛

날이 밝아 오는 빛을 가리키는 '여명'이니 "여명의 빛"처럼 쓰면 겹말이에요. '새벽빛'이나 '먼동빛'처럼 손질할 수 있고, "새벽을 여는 빛"이나 "먼동이 트는 빛"처럼 손질할 만합니다. 새로운 하루를 여는 빛을 가리킨다고 할 테니 "새로운 빛"이나 "새 아침 빛"이라 해 보아도 어울려요.

- **나의 인식이 여명의 빛으로 눈떴을 때**
→ 내 넋이 새벽빛으로 눈떴을 때
→ 내 생각이 새벽을 여는 빛으로 눈떴을 때

《허공이 키우는 나무》 (김완하, 천년의시작, 2007) 106쪽

여운으로 남다

: **쿠슐라가 한 말이 여운으로 남습니다**
→ 쿠슐라가 한 말이 마음에 남습니다
→ 쿠슐라가 한 말이 마음에 맴돕니다

> ◦ **여운(餘韻)** : 1. 아직 가시지 않고 남아 있는 운치

→ 쿠슐라가 한 말이 마음에 머뭅니다

→ 쿠슐라가 한 말이 마음을 사로잡습니다

→ 쿠슐라가 한 말이 마음을 흔듭니다

"남은 운치"를 가리키는 '여운'이니, "여운으로 남다"라 하면 겹말이에요. 그러나 한국말사전조차 "감동의 여운을 남기다" 같은 보기글을 싣고 말아요. '남는' 느낌을 가리키는 '여운'이니, 이 낱말만 써야 할 텐데 말이지요. '여운'이나 '남다' 가운데 하나를 가려서 써야 알맞습니다. "여운이 됩니다"라든지 "마음에 남습니다"로 손질해 줍니다.

- **책장을 덮고도 오랫동안 쿠슐라가 한 말이 여운으로 남습니다**
→ 책장을 덮고도 오랫동안 쿠슐라가 한 말이 마음에 남습니다

→ 책을 덮고도 오랫동안 쿠슐라가 한 말이 마음에 맴돕니다

→ 책을 덮고도 오랫동안 쿠슐라가 한 말이 마음에 머뭅니다

→ 책을 덮고도 오랫동안 쿠슐라가 한 말이 마음을 사로잡습니다

→ 책을 덮고도 오랫동안 쿠슐라가 한 말이 마음을 흔듭니다

《포근하게 그림책처럼》 (제님씨, 헤르츠나인, 2017) 37쪽

- **꿈까지 부정하기에는 많은 여운이 남아 있었다**
→ 꿈까지 내젓기에는 아쉬움이 많이 남았다

→ 꿈까지 손사래치기에는 안타까움이 많이 남았다

→ 꿈까지 아니라 하기에는 씁쓸함이 많이 남았다

《우리동네 이장님은 출근중》 (김지연, 아카이브북스, 2008) 머리말

여유 공간이 남아서

: **여유 공간이 남아서**

→ 자리가 남아서

→ 자리가 넉넉히 남아서

> ∘ **여유(餘裕)** : 1. 물질적·공간적·시간적으로 넉넉하여 남음이 있는 상태

한자말 '여유'는 '남는' 모습을 가리켜요. "여유 공간이 남아서"처럼 쓰면 겹말이지

요. "공간이 남아서"라 하거나 "여유 공간이 있어서"로 손질할 노릇입니다. 또는 "자리가 남아서"나 "자리가 넉넉히 남아서"로 손질할 수 있어요.

- **오븐 안에 여유 공간이 남아서**
→ 오븐에 자리가 남아서
→ 오븐에 더 넣을 자리가 남아서

《홀로 숲으로 가다》 (베른트 하인리히/정은석 옮김, 더숲, 2016) 97쪽

역할을 맡다

: **많은 역할을 맡았던**

→ 많은 일을 맡았던

→ 많은 몫을 맡았던

→ 많은 구실을 했던

- **역할(役割)** : 1. 자기가 마땅히 하여야 할 맡은 바 직책이나 임무. '구실', '소임', '할 일'로 순화 2. = 역(役)
- **직책(職責)** : 직무상의 책임
- **직무(職務)** : 직책이나 직업상에서 책임을 지고 담당하여 맡은 사무. '맡은 일'로 순화
- **책임(責任)** : 1. 맡아서 해야 할 임무나 의무
- **임무(任務)** : 맡은 일. 또는 맡겨진 일
- **소임(所任)** : 1. 맡은 바 직책이나 임무
- **역(役)** : 1. 영화나 연극 따위에서 배우가 맡아서 하는 소임 ≒ 역할 2. 특별히 맡은 소임
- **맡다** : 1. 어떤 일에 대한 책임을 지고 담당하다
- **담당하다(擔當–)** : 어떤 일을 맡다

일본한자말 '역할'은 "맡은 바 직책이나 임무"를 뜻한다는데, '직책 = 직무상의 책임 = 맡은 일의 맡은 임무 = 맡은 일의 맡은 맡은 일'이요 '임무 = 맡은 일'이니, '역할 = 맡은 바 맡은 일의 맡은 맡은 일이나 맡은 일'인 꼴입니다. 한국말사전은 '역할' 말풀이에서만도 '맡다'라는 낱말이 다섯 차례나 나오는 순 엉터리인 셈입니다. '역할 = 맡은 일'이니, "맡은 역할"이라든지 "역할을 맡다"라고 하면 겹말이에 요. '역할'은 '구실'이나 '소임' 같은 낱말로 고쳐써야 한다고 하지요. '소임 = 맡은 직책이나 임무'라 하니, 또 말풀이가 수없이 돌림풀이가 됩니다. '역'이라는 외마디 한자말도 이와 같아요. 가만히 보면 '역할·직책·직무·책임·임무·소임·역 = 맡은 일'이라 할 수 있어요. 처음부터 한국말 '맡다'나 '구실'을 썼다면 이 같은 뒤죽박 죽 말풀이나 돌림·겹말풀이는 없었구나 싶은데요, 한국말사전은 '맡다'를 '담당하

다'라는 한자말로 넣어서 "책임을 지고 담당하다"로 풀이하면서 돌림 · 겹말풀이가 되고, '담당하다'는 다시 '맡다'로 풀이하면서 끝없이 돌림풀이입니다.

- **시위 준비에 필요한 많은 역할을 맡았던 주모자였다**
→ 시위를 준비하며 많은 몫을 맡고 이끌던 사람이었다
→ 시위를 앞두고 많은 일을 맡아서 이끌던 사람이었다

《우리는 현재다》 (공현·전누리, 빨간소금, 2016) 22쪽

연거푸

: **연거푸**
→ 거푸
→ 거푸거푸

> - **연거푸(連-) :** 잇따라 여러 번 되풀이하여
> - **거푸 :** 잇따라 거듭
> - **거듭 :** 어떤 일을 되풀이하여

'연거푸'에서 '연(連)'은 '잇다'를 가리킵니다. '연거푸 = 잇따라 거푸/잇달아 거푸'를 나타내지요. '거푸'라는 한국말은 "잇따라 거듭"을 뜻해요. '거푸'라는 낱말에 '잇따라'가 깃들기에 '연 + 거푸'는 겹말입니다. '거푸'만 쓰거나 '잇따라 · 잇달아'를 쓸 노릇입니다.

- **그 후로 나는 물을 3잔 연거푸 마시고**
→ 그 뒤로 나는 물을 석 잔 거푸 마시고
→ 그 뒤로 나는 물을 석 잔 거푸거푸 마시고
→ 그 뒤로 나는 물을 석 잔 잇따라 마시고

《사랑이 샘솟는다》 (타니카와 후미코/도노랑 옮김, AK 코믹스, 2016) 118쪽

- **그림책에 대해서도 이런 질문들이 연거푸 쏟아진다**
→ 그림책을 놓고도 이런 물음이 거푸 쏟아진다
→ 그림책을 놓고도 이렇게 잇달아 물어본다
→ 그림책을 놓고도 이렇게 자꾸 묻는다

《0~7세 판타스틱 그림책 육아》 (박지현, 예담friend, 2016) 308쪽

연기에 그스르느라

:　**연기에 그스르느라고**

→　연기로 익히느라고

→　그으느라고 ('그을다'를 쓰면)

→　그을리느라고 ('그을리다'를 쓰면)

○ **훈제(燻製)** : 소금에 절인 고기를 연기에 그슬려
　말리면서 그 연기의 성분이 흡수되게 함
○ **그슬다** : 불에 겉만 약간 타게 하다
○ **그을다** : 햇볕이나 연기 따위를 오래 쐬어 검게 되다

'그슬다'하고 '그을다'는 다릅니다. '그슬다'는 불에 겉을 살짝 익힐 때를 가리키고, '그을다'는 연기로 익힐 때를 가리켜요. 불기운으로 익히기에 '그슬다·그슬리다'요, 연기 기운으로 익히기에 '그을다·그을리다'입니다. 이 두 가지 가운데 연기로 익히는 일을 한자말로 '훈제'라고도 해요. 한국말사전을 찾아보면 "연기에 그슬려 말리면서"로 풀이합니다. '그슬다'는 불기운으로 익히는 일을 가리키니, 이 말풀이는 틀립니다. "연기에 그스르느라고"는 겹말은 아니지요. '그슬다·그을다' 두 낱말을 헷갈려서 잘못 쓴 셈입니다. "연기에 그을어 먹는다"처럼 쓸 적에 겹말이에요. 더 헤아려 본다면, 한국말사전 뜻풀이를 새롭게 손질해야지 싶습니다. 이를테면, '그슬다'는 "1. 불에 겉이 살짝 타다 2. 불을 써서 먹음직스럽게 만들다"로 뜻풀이를 손질하고, '그을다'는 "1. 햇볕이나 연기를 쐬어 검게 되다 2. 연기를 써서 먹음직스럽게 만들다"로 손질할 수 있습니다.

・　**작은 사냥감을 연기에 그스르느라고 바빠서, 정확한 날짜를 확인해 보지 못했다**

→　작은 사냥감을 연기에 익히느라고 바빠서, 제 날짜를 살펴보지 못했다

→　작은 사냥감을 그으느라고 바빠서, 제 날짜를 알아보지 못했다

《나의 산에서》 (진 C.조지/김원구 옮김, 비룡소, 1995) 20쪽

연세와 나이

:　**연세 드신 분들 … 어머니도 나이가 들수록**

→　나이 드신 분들 … 어머니도 나이가 들수록

→　나이 많은 분들 … 어머니도 나이가 들수록

한국말사전을 살피면 '연세'를 높임말로 다룹니다만, '연세'는 높임말이라기보다 한자말입니다. "살아온 햇수"를 놓고 한국말로는 '나이'로 가리키고, 한자말로는 '연세'로 가리킬 뿐입니다. 나이를 셀 적에 한국말로는 '살'로 세고, 한자말로는 '세'로 셀 뿐이에요. 한국말은 "스무 살"이요, 한자말은 "이십 세"입니다. 한자말로 적기에 높임말이 되지 않아요. 말씨를 높이거나 마음으로 섬기기에 비로소 높임말이 됩니다.

- **연세 드신 분들이 다 그렇겠지만 우리 어머니도 나이가 들수록 아픈 곳이 늘어 간다**
- → 나이 드신 분들이 다 그렇겠지만 우리 어머니도 나이가 들수록 아픈 곳이 늘어 간다
- → 나이 많은 분들이 다 그렇겠지만 우리 어머니도 나이가 들수록 아픈 곳이 늘어 간다

《풀무질, 세상을 벼리다》 (은종복, 이후, 2010) 104쪽

연이어

: **연이어**
→ 이어(이어서)
→ 잇달아(잇따라)

'연이어(연잇다)'는 겹말입니다. '연(連)'이라는 한자가 '잇다'를 가리키거든요. '잇다(連) + 잇다'인 꼴인 '연잇다'예요. '잇다'만 쓰면 되고, '잇달다'나 '잇따르다'로 손볼 수 있습니다.

- **책 두 권을 연이어 번역하면서**
- → 책 두 권을 이어서 옮기면서
- → 책 두 권을 잇달아 옮기면서

《오스카리아나》 (오스카 와일드/박명숙 옮김, 민음사, 2016) 8쪽

- **연이어 떠오르는 생각을 적어내느라**
- → 잇달아 떠오르는 생각을 적어내느라
- → 자꾸 떠오르는 생각을 적어내느라
- → 쉬지 않고 떠오르는 생각을 적어내느라

《내 안에 잠든 작가의 재능을 깨워라》 (안성진, 가나북스, 2016) 30쪽

연타로 때리다

: **연타로 때리는 바람에**

○ **연타(連打)** : 계속하여 때리거나 침

- → 연타하는 바람에
- → 잇달아 때리는 바람에
- → 자꾸 때리는 바람에

잇달아 때리거나 친다고 할 적에 한자말로 '연타'라 나타내니, "연타로 때리는 바람에"라 하면 겹말이에요. 한자말을 살리고 싶으면 "연타하는 바람에"나 "연타를 하는 바람에"로 손봅니다. 한자말을 털어내고 싶으면 "잇달아 때리는 바람에"나 "자꾸 때리는 바람에"나 "수없이 때리는 바람에"나 "자꾸자꾸 때리는 바람에"로 손보고요. 보기글에서는 '앉아'라는 말을 마치 때리듯이 외친다고 하니, "자꾸 외치는"이나 "잇달아 외치는"으로 손볼 만해요.

- **그 녀석이 '앉아'를 연타로 때리는 바람에 허리 아파 죽겠네**
- → 그 녀석이 '앉아'를 잇달아 외치는 바람에 허리 아파 죽겠네
- → 그 녀석이 '앉아'를 자꾸 외치는 바람에 허리 아파 죽겠네

《이누야샤 3》 (타카하시 루미코/서현아 옮김, 학산문화사, 2002) 98쪽

연하고 부드럽다

: **연하고 부드럽다**

→ 여리고 부드럽다

→ 무르고 부드럽다

→ 매우 부드럽다

> • **연하다(軟-)** : 1. 재질이 무르고 부드럽다 2. 빛깔이 옅고 산뜻하다 3. 액체의 농도가 흐리다
> • **무르다** : 1. 여리고 단단하지 않다
> • **부드럽다** : 1. 닿거나 스치는 느낌이 거칠거나 뻣뻣하지 아니하다

'무르다'나 '부드럽다'를 가리키는 한자 '연(軟)'입니다. "연하고 부드럽다"처럼 쓰면 겹말이에요. "무르고 부드럽다"로 손질하든지 "매우 부드럽다"로 손질하든지 해야 올바릅니다. 비슷한 느낌을 살려서 '말랑거리다·말랑말랑'이나 '물렁거리다·물렁물렁'을 써 볼 수 있습니다.

* **입 안에서 그대로 녹는 것처럼 연하고 부드럽다**

→ 입안에서 그대로 녹듯이 무르고 부드럽다

→ 입안에서 그대로 녹듯이 참으로 부드럽다

《농부의 밥상》 (안혜령, 소나무, 2007) 182쪽

* **최상급이라 여기는 연하고 부드러운 송아지 고기**

→ 가장 좋다고 여기는 부드러운 송아지 고기

→ 가장 좋다고 여기는 아주 부드러운 송아지 고기

《10대와 통하는 동물 권리 이야기》 (이유미, 철수와영희, 2017) 54쪽

연하고 옅다

: **옅고 연한 색**

→ 옅은 빛깔

→ 옅은 빛

→ 옅디옅은 빛깔

> • **옅다** : 1. 빛깔이 진하지 아니하다
> • **연하다(軟-)** : 1. 재질이 무르고 부드럽다 2. 빛깔이 옅고 산뜻하다 3. 액체의 농도가 흐리다
> • **열다** : 4. 빛깔이 보통의 정도보다 흐릿하다

빛깔이 옅거나 옅을 적에는 '옅다·옅다'고 하면 됩니다. '옅다·옅다'를 가리키는 외마디 한자말 '연하다'를 넣은 "옅고 연한 색"처럼 쓰면 겹말이에요. 빛깔이 무척 옅거나 옅다고 한다면 '옅디옅다'나 '옅디옅은'처럼 쓸 수 있어요. 이 보기글에서는 '옅다'가 아닌 '부드럽다'를 넣어야 하는데 '연하다'로 잘못 넣었을 수 있습니다.

- **엷고 밝은 연한 색**
→ 엷고 밝은 빛깔
→ 엷고 밝은 빛
→ 엷고 밝으며 부드러운 빛깔

《색의 놀라운 힘》 (장 가브리엘 코스/김희경 옮김, 이숲, 2016) 51쪽

열리고 개최

:　**축제는 겨울에 열고, 포틀래치 역시 겨울에 개최되었습니다**
→ 잔치는 겨울에 열고, 포틀래치도 겨울에 열렸습니다
→ 잔치도 포틀래치도 겨울에 열렸습니다

> ∘ **개최하다(開催−)** : 모임이나 회의 따위를 주최하여 열다
> ∘ **열다** : 2. 모임이나 회의 따위를 시작하다

모임이나 잔치를 하는 일을 놓고 '열다'라는 낱말로 가리켜요. 올림픽이나 세계대회도 '열다'라는 낱말로 가리키지요. 이를 한자말로는 '개최하다'로 나타냅니다. "잔치(축제)를 열고 개최한다(개최되다)"처럼 쓰면 겹말입니다. 보기글에 나오는 잔치(축제)도 포틀래치도 모두 '열다'라는 낱말로 나타내면 됩니다.

- **축제는 겨울에 열렸습니다. 포틀래치 역시 겨울에 개최되었습니다**
→ 잔치는 겨울에 열렸습니다. 포틀래치도 겨울에 열렸습니다

《문명의 산책자》 (이케자와 나쓰키/노재영 옮김, 산책자, 2009) 177쪽

- **올림픽을 개최한 나라에서는 정식으로 올림픽의 시작을 알리는 개막식을 열어**
→ 올림픽을 여는 나라에서는 정식으로 올림픽 첫머리를 알리는 개막식을 해
→ 올림픽을 여는 나라에서는 정식으로 올림픽 첫머리를 알리는 잔치를 해

《수다로 푸는 유쾌한 사회》 (배성호, 책과함께어린이, 2016) 114쪽

열정적 정열적

: **열정적으로 … 정열적으로**

→ 뜨겁게 … 뜨겁게

→ 애타게 … 애틋하게

→ 들불처럼 … 불태우듯

> ◦ **열정적(熱情的)** : 어떤 일에 열렬한 애정을 가지고 열중하는
> ◦ **열렬(熱烈)** : 어떤 것에 대한 애정이나 태도가 매우 맹렬함
> ◦ **열중(熱中)** : 한 가지 일에 정신을 쏟음
> ◦ **맹렬(猛烈)** : 기세가 몹시 사납고 세참
> ◦ **애정(愛情)** : 사랑하는 마음
> ◦ **정열적(情熱的)** : 정열에 불타는
> ◦ **정열(情熱)** : 가슴속에서 맹렬하게 일어나는 적극적인 감정

'열정적'하고 '정열적'은 한자말 앞뒤만 다릅니다. '열정적'은 '열렬·열중'을 거쳐 '맹렬'로 풀이하고, '정열적'은 '정열'을 거쳐 '맹렬'로 풀이합니다. 한자 앞뒤만 바꾸는 '−적'붙이 일본 말씨로도 재미나게 말놀이를 할 만하다고 생각합니다. 그러나 뜻이나 쓰임새가 비슷한 '열정적·정열적'을 잇달아 쓰기보다는 '뜨겁게'나 '애타게'로 마음이나 느낌을 잘 나타낼 만하지 싶습니다.

● **열정적으로 그대를 찾지 않고 정열적으로 목메어 울지 않는다**

→ 뜨겁게 그대를 찾지 않고 뜨겁게 목메어 울지 않는다

→ 애타게 그대를 찾지 않고 애틋하게 목메어 울지 않는다

→ 들불처럼 그대를 찾지 않고 불태우듯 목메어 울지 않는다

《우리말 꽃이 피었습니다》 (오리여인, 시드페이퍼, 2016) 175쪽

열 줄

: **열을 잘 맞추어야 … 체리 묘목이 줄을 섰어요**

→ 줄을 맞추어야 … 어린 체리나무가 줄을 섰어요

> ◦ **열(列)** : 사람이나 물건이 죽 벌여 늘어선 줄
> ◦ **줄** : 1. 노, 새끼 따위와 같이 무엇을 묶거나 동이는 데에 쓸 수 있는 가늘고 긴 물건을 통틀어 이르는 말 2. 길이로 죽 벌이거나 늘여 있는 것

외마디 한자말 '열'은 '줄'을 가리킵니다. 보기글처럼 '열'하고 '줄'을 잇달아 쓰면 겹말 얼거리예요. 줄을 서거나 지을 적에는 '줄'만 쓰면 됩니다. 일제강점기부터 퍼진 군대질서 때문에 '일렬종대·일렬횡대' 같은 말을 아직 쓰기도 하는데 '가로한줄·세로한줄'이나 '뒷줄서기·뒷줄짓기(뒤로 한 줄)·옆줄서기·옆줄짓기(옆으로 한줄)'처럼 고쳐서 쓸 수 있어야지 싶어요.

- **열을 잘 맞추어야 나중에 열매 따기도 쉬워요 … 밭 한가득 체리 묘목이 줄을 섰어요**
→ 줄을 맞추어야 나중에 열매 따기도 쉬워요 … 밭 한가득 어린 체리나무가 줄을 섰어요

《우리는 꿈꿀 거예요!》 (윤지영·김수경, 분홍고래, 2016) 139쪽

예전과 기존

: **예전 규칙이 옳지 않다 … 기존 규칙으로**
→ 예전 규칙이 옳지 않다 … 예전 규칙으로

> ◦ **예전** : 꽤 오래된 지난날
> ◦ **기존(旣存)** : 이미 존재함

"예전 규칙"은 오늘이 아닌 지난날에 마련한 규칙입니다. "기존 규칙"은 이미 있던 규칙이니, 바로 "예전에 마련한 규칙"을 가리켜요. '예전'하고 '기존'을 섞어서 쓰면 겹말입니다. 앞뒤 모두 "예전 규칙"으로 쓰면 돼요. 또는 뒤쪽을 "이미 있던 규칙"으로 적으면 되지요.

- **우리가 믿고 있던 예전 규칙이 옳지 않다는 것을 드러내기 때문이다. 기존 규칙으로 설명할 수 없는 예외가 존재한다는 사실을 알고 나면**
→ 우리가 믿던 예전 규칙이 옳지 않다고 드러내기 때문이다. 예전 규칙으로 밝힐 수 없도록 벗어나기도 하는 줄 알고 나면

《파인만의 과학이란 무엇인가?》 (리처드 파인만/정무광·정재승 옮김, 승산, 2008) 28쪽

옛날부터 전해 내려온 전설

:　　**옛날부터 전해 내려온 전설**

→　　옛날부터 이어 내려온 이야기

›　　옛날부터 흘러 내려온 이야기

> ○ **전설(傳說)** : 1. 옛날부터 민간에서 전하여
> 　내려오는 이야기

옛날부터 이어서 내려오는 이야기를 한자말로 '전설'이라고 합니다. 보기글처럼 "옛날부터 전해 내려온 전설"이라 하면 겹말이에요. 말 그대로 "옛날부터 이어 내려오는 이야기"라 적으면 됩니다. '전설'이라는 한자말을 쓰고 싶으면 보기글을 손질해서 "아버지가 아이한테 들려주는 전설"로 적을 만해요. 전설이란 '옛이야기'나 '옛날이야기'를 가리키기도 하니 "아버지가 아이한테 들려주는 옛이야기"로 손질할 수도 있어요.

•　　**아버지한테서 자식한테로 옛날부터 전해 내려온 오랜 전설을**

→　　아버지한테서 아이한테 옛날부터 이어 내려온 오랜 이야기를

→　　아버지한테서 딸아들한테 옛날부터 흘러 내려온 오랜 이야기를

→　　아버지가 아이한테 들려주는 옛이야기를

《영원한 아담》 (쥘 베른/김석희 옮김, 열림원, 2015) 23쪽

오고 방문하고

:　　**멀리서 오는 친구들의 방문은**

→　　멀리서 오는 친구들은

→　　멀리서 친구들이 오면

→　　멀리서 동무들이 찾아오면

→　　멀리서 동무들이 마실하면

→　　멀리서 벗들이 나들이하면

> ○ **방문(訪問)** : 어떤 사람이나 장소를
> 　찾아가서 만나거나 봄

누가 우리한테 '오는' 일을 한자말로 '방문'이라고 해요. "멀리서 오는 친구들의 방

문"처럼 쓰면 겹말이에요. '-의 방문'을 덜어 "멀리서 오는 친구들"이라고만 쓰면 되고, 말씨를 손질해서 "멀리서 친구들이 오면"으로 쓸 수 있어요. 이밖에 '찾아가다'나 '찾아들다'나 '찾아오다'나 '가다'나 '마실'이나 '나들이' 같은 낱말을 써 볼 만합니다.

- **멀리서 오는 소중한 친구들의 방문은 우리에게 귀한 선물이고 기쁨이죠**
→ 멀리서 오는 좋은 벗들은 우리한테 고마운 선물이고 기쁨이죠
→ 멀리서 오는 둘도 없는 벗들은 우리한테 반가운 선물이고 기쁨이죠

《희망을 여행하라》 (임영신·이혜영, 소나무, 2009) 319쪽

오류가 없는 무오류성

: **오류가 없는 책이니, 그 무오류성을 전제로**
→ 오류가 없는 책이니, 그 모습을 바탕으로
→ 그릇된 곳이 없는 책이니, 이를 바탕으로

> ◦ **무오류성** : x
> ◦ **무오류** : x
> ◦ **오류성** : x
> ◦ **오류(誤謬)** : 그릇되어 이치에 맞지 않는 일

"오류가 없는" 책은 "오류가 없"지요. '무 + 오류'라고 하지 않아도 됩니다. "오류가 없는" 책을 '무오류'라고 가리킨다면 겹말인 셈이에요. 이 글월에서는 뒤쪽에서도 "오류가 없는 모습을 바탕으로"처럼 적어도 되고, 단출하게 "이를 바탕으로"처럼 손보아도 됩니다.

- **실로 경서야말로 오류가 없는 책이다. 그 무오류성을 전제로**
→ 참으로 경서야말로 오류가 없는 책이다. 그 같은 모습을 바탕으로
→ 참으로 경서야말로 그릇된 곳이 없는 책이다. 이를 바탕으로

《일본인은 어떻게 공부했을까?》 (츠지모토 마사시/이기원 옮김, 知와사랑, 2009) 233쪽

오밤중

: **오밤중에**

→ 한밤에

› 밤이 깊어

- **오밤중(午-中)** : = 한밤중
- **한밤중(-中)** : 깊은 밤
- **한밤** : = 한밤중
- **밤중(-中)** : 밤이 깊은 때

'한밤중'하고 뜻이 같다는 '오밤중'입니다. '한밤중'은 겹말입니다. '오밤중'도 '오(午)-'를 앞에 군더더기로 붙여서 겹말인 얼거리입니다. '오밤중'도 '한밤중'도 아닌 '한밤'으로 단출하게 쓰면 됩니다. 또는 "깊은 밤"이나 "밤이 깊어"로 손볼 만합니다.

- **손님 밥상 내온다는 기 오밤중이야**
→ 손님 밥상 내온다는 기 한밤이야
→ 손님 밥상 내온다는 기 밤이 깊어야

《내 어머니 이야기 1》 (김은성, 새만화책, 2008) 111쪽

- **새벽에 나가 오밤중에 들어오느라**
→ 새벽에 나가 한밤에 들어오느라
→ 새벽에 나가 밤이 깊어 들어오느라

《전라도, 촌스러움의 미학》 (황풍년, 행성B잎새, 2016) 210쪽

온화함과 따뜻함

: **온화함과 따뜻함은**

→ 따뜻함은

→ 부드러움과 따뜻함은

→ 넉넉함과 따뜻함은

- **온화(溫和)** : 1. 날씨가 맑고 따뜻하며 바람이 부드러움
  2. 성격, 태도 따위가 온순하고 부드러움
- **온순하다(溫順-)** : 성질이나 마음씨가 온화하고 양순하다

한자말 '온화'는 "따뜻함과 부드러움"을 함께 나타내요. "온화함과 따뜻함"처럼 쓰

면 겹말입니다. '온화함'이라고만 쓰든지 '따뜻함'이라고만 쓰든지 "부드럽고 따뜻함"처럼 써야 올바릅니다. 또는 "넉넉함과 따뜻함"이라든지 "너그러움과 따뜻함"이라든지 "보드라움과 따뜻함"처럼 써 볼 만해요.

- **그 온화함과 따뜻함은 천성에서 온 것인지, 아니면 신념이 그렇게 만든 것인지**
→ 그 부드러움과 따뜻함은 타고났는지, 아니면 믿음이 그렇게 이끌었는지
→ 그 넉넉함과 따뜻함은 어릴 때부터 있었는지, 아니면 믿음으로 생겼는지

《산촌유학》 (고쿠분 히로코/손성애 옮김, 이후, 2008) 172쪽

올바르고 정확한

: **올바르고 정확한 인식을 하기 어렵습니다**
→ 올바르게 알기 어렵습니다
→ 올바로 살피기 어렵습니다
→ 올바로 헤아리기 어렵습니다
→ 올바르거나 똑똑히 알기 어렵습니다

> - **올바르다** : 말이나 생각, 행동 따위가 이치나 규범에서 벗어남이 없이 옳고 바르다
> - **정확하다(正確-)** : 바르고 확실하다

'올바르다'는 '옳다 + 바르다'예요. 한자말 '정확하다'는 '바르다 + 확실하다'예요. "올바르고 정확한 인식을 하기"라 하면 겹말이 되어요. 이 보기글에서는 손쉽게 "올바르게 알기"나 "올바로 생각하기"로 손볼 만해요. 또는 "올바르고 똑똑히 알기"나 "올바르고 제대로 알기"로 손볼 수 있을 테고요.

- **이분법적인 사고방식에 갇히면 올바르고 정확한 인식을 하기 어렵습니다**
→ 둘로 가르는 생각에 갇히면 올바르게 알기 어렵습니다
→ 둘로 금을 긋는 생각에 갇히면 올바로 살피기 어렵습니다
→ 둘로 쪼개는 생각에 갇히면 올바로 헤아리기 어렵습니다

《위! 아래!》 (이월곡, 분홍고래, 2016) 5쪽

옷 의류

: **옷, 의류를 받고 싶어 하는**

→ 옷을 받고 싶어 하는

→ 옷가지를 받고 싶어 하는

→ 옷, 신, 모자를 받고 싶어 하는

> ° **옷** : 몸을 싸서 가리거나 보호하기 위하여 피륙 따위로 만들어 입는 물건
> ° **의류(衣類)** : 옷 등속(等屬)을 통틀어 이르는 말
> ° **옷가지** : 몇 가지의 옷. 또는 몇 벌의 옷
> ° **등속(等屬)** : 나열한 사물과 같은 종류의 것들을 몰아서 이르는 말

한자말 '의류'는 "여러 가지 옷"을 뜻한다고 합니다. "옷, 의류"라고 하면 겹말이에요. "옷이나 신이나 모자"로 고쳐쓰거나, '옷가지'로 고쳐 줍니다. '옷'이라고만 해도 될 테고, "여러 가지 옷"이나 "옷이나 여러 가지"로 적어 볼 수 있어요.

• **옷, 의류를 받고 싶어 하는 아빠들이 뒤를 이었다**

→ 옷을 받고 싶어 하는 아빠들이 뒤를 이었다

→ 옷이나 신이나 모자를 받고 싶어 하는 아빠들이 뒤를 이었다

《남편이 일본인입니다만》 (케이, 모요사, 2016) 123쪽

완두콩

: **완두콩**

→ 동글콩

→ 푸른콩

→ 동글풋콩

> ° **완두콩(豌豆-)** : 완두의 열매
> ° **완두(豌豆)** : 콩과의 두해살이 덩굴풀

'완두'는 콩을 가리키는 이름입니다. 이 낱말에 '−콩'을 붙이면 겹말이에요. '완두'에서 '완(豌)'은 '완두 완'이요, '두(豆)'는 '콩 두'예요. '완두'는 '완콩'인 셈이지만, '완콩'에서 '완(豌) = 완두'라 하니 아주 뒤죽박죽입니다. 사람들이 익숙한 대로 쓰자면 '완두'라고만 해야겠지요. 적어도 '−콩'을 안 붙여야 합니다. '완두'라는 이름을 살필 적에 이 한자말조차 겹말인 얼거리이니, 새롭게 한국말 하나를 지어 보면 어

떠할까 싶어요. 이를테면 '완두'라 일컫는 콩은 유난히 동글고 푸르며, 이 콩처럼 동글거나 푸른 콩은 찾아보기 어려우니, '동글콩'이나 '푸른콩'이나 '풋콩'이라는 이름을 붙일 만해요. 또는 '동글풋콩'이나 '풋동글콩'이라 해 볼 수 있어요. 한번 슬기를 모아 보면 좋겠어요.

- **완두콩과 강낭콩, 당근과 감자, 시금치도 가리지 않고 다 잘 먹었어요**
→ 동글콩과 강낭콩, 당근과 감자, 시금치도 가리지 않고 다 잘 먹었어요
→ 푸른콩과 강낭콩, 당근과 감자, 시금치도 가리지 않고 다 잘 먹었어요

《마녀 위니와 슈퍼 호박》 (코키 폴·밸러리 토머스/노은정 옮김, 비룡소, 2010) 2쪽

- **여린 순 젖빛 같은 완두콩**
→ 여린 싹 젖빛 같은 동글콩
→ 여린 떡잎 젖빛 같은 푸른콩

《목련의 방식》 (서정연, 실천문학사, 2012) 84쪽

- **내가 싫어하는 완두콩이 들어 있었던 적도 없다**
→ 내가 싫어하는 동글콩이 들었던 적도 없다
→ 내가 싫어하는 푸른콩이 들었던 적도 없다

《112일간의 엄마》 (시미즈 켄/신유희 옮김, 소담출판사, 2016) 112쪽

왜 하필

: **왜 하필**
→ 왜
→ 왜 꼭
→ 왜 참말
→ 왜 바로

> ◦ **왜** : 무슨 까닭으로. 또는 어째서
> ◦ **하필(何必)** : 다른 방도를 취하지 아니하고 어찌하여 꼭
> ◦ **어째서** : '어찌하여서'가 줄어든 말
> ◦ **어찌하다** : '어떠한 이유 때문에'의 뜻을 나타낸다

한자말 '하필'은 "어찌하여 꼭"을 뜻하니, "왜 하필"이라 하면 겹말입니다. '왜'를 쓰고 싶다면 '하필'을 덜 노릇이고, '하필'을 쓰고 싶다면 '왜'를 덜 노릇이에요. 둘 가운데 하나만 써야 알맞습니다. 좀 힘주어 말하고 싶다면 "왜 꼭"이나 "왜 반드시"나 "왜 참말"이나 "왜 바로"나 "그러니까 왜"나 "그런데 왜"처럼 써 보면 돼요.

- **식당이 텅텅 비었는데 왜 하필 이 자리야**

→ 식당이 텅텅 비었는데 왜 이 자리야

→ 식당이 텅텅 비었는데 왜 꼭 이 자리야

《스토커플》 (우니타 유미/김완 옮김, 애니북스, 2008) 61쪽

- **왜 하필 지금 여행을 하냐고 물으면, 너는 왜 지금 여행을 하지 않느냐고 되묻고 싶다**

→ 왜 오늘 여행을 하냐고 물으면, 너는 왜 오늘 여행을 하지 않느냐고 되묻고 싶다

→ 왜 꼭 이때에 여행을 하냐고 물으면, 너는 왜 이때에 여행을 하지 않느냐고 되묻고 싶다

《우물밖 여고생》 (슬구, 푸른향기, 2016) 120쪽

외가댁 · 외갓집

: **외가댁**

→ 외가

→ 어머니 식구가 사는 집

> - **외가댁(外家宅)** : '외가'를 높여 이르는 말
> - **외가(外家)** : 어머니의 친정
> - **외갓집(外家-)** : = 외가
> - **친정(親庭)** : 결혼한 여자의 부모 형제 등이 살고 있는 집

'외가 · 친정 · 친가'는 모두 '집'을 가리키기에, 이 낱말에 '-집'을 붙이면 겹말이에요. 이 세 낱말 가운데 '외가 · 친정'은 '외갓집 · 친정집'으로 흔히 쓰지만, '친가'는 '친갓집'으로 쓰는 일이 거의 없습니다. 국립국어원은 이처럼 겹말로 쓰는 '외갓집 · 친정집 · 처갓집'뿐 아니라 '상갓집 · 종갓집 · 초가집'을 겹말로 여기지 않고 한국말사전에 올림말로 실어 놓습니다. 적어도 한국말사전에서 낱말을 올바로 다룬다면 사람들이 잘못 쓰는 말씨가 줄어들 텐데 말이에요. 더 헤아리자면 '처갓집'은 사이시옷을 붙이고 '초가집'은 사이시옷을 안 붙이기까지 해서, 사람들은 더 헷갈릴 수밖에 없습니다. 그리고 '댁(宅)'은 '집'을 가리키는 한자 가운데 하나이기에, '외가댁'도 겹말이에요.

- **전쟁통에 동생을 잃고 저는 외가댁에 맡겨져요**

→ 전쟁통에 동생을 잃고 저는 외가에 맡겨져요

→   전쟁통에 동생을 잃고 저는 어머니 식구가 사는 집에 맡겨져요

《나는 어떤 삶을 살아야 할까?》 (홍세화와 여섯 사람, 철수와영희, 2016) 19쪽

- **외갓집에서 사과 따는 일을 도운 적이 있다**

→   외가에서 사과 따는 일을 도운 적이 있다

《우리말 꽃이 피었습니다》 (오리여인, 시드페이퍼, 2016) 224쪽

외부를 차단한 배타적

:   **외부를 차단한 배타적 모습이었다**

→   바깥을 막은 모습이었다

→   바깥을 막거나 내치는 모습이었다

→   바깥하고 등진 모습이었다

> - **차단하다(遮斷−)** : 1. 액체나 기체 따위의 흐름 또는 통로를 막거나 끊어서 통하지 못하게 하다 2.다른 것과의 관계나 접촉을 막거나 끊다
> - **배타적(排他的)** : 남을 배척하는
> - **배척하다(排斥−)** : 따돌리거나 거부하여 밀어 내치다
> - **거부하다(拒否−)** : 요구나 제의 따위를 받아들이지 않고 물리치다

"외부를 차단한다"고 하면 "바깥을 막는다"는 소리요, "바깥을 받아들이지 않는다"거나 "바깥을 물리친다"는 뜻입니다. '배타적'은 "남을 내친다"는 소리요, "남을 받아들이지 않는다"거나 "남을 물리친다"는 뜻이에요. '차단·배타적'은 뜻이 서로 맞물리면서 겹칩니다. 이 같은 한자말을 쓰려 한다면 하나만 고를 노릇이요, 쉽게 풀어내어 "바깥을 막는다"고 하거나 "바깥을 등진다"고 할 만합니다.

- **성벽을 쌓고 그 밖으로 해자를 깊게 파서 철저히 외부를 차단한 배타적 모습이었다**

→   성벽을 쌓고 도랑못을 깊게 파서 밖을 빈틈없이 막은 모습이었다

→   성벽을 쌓고 못도랑을 깊게 파서 바깥을 빈틈없이 막거나 내치는 모습이었다

《보이지 않는 건축, 움직이는 도시》 (승효상, 돌베개, 2016) 78쪽

요란한 소음

: **요란한 소음으로**
→ 시끄러운 소리로
→ 떠들썩한 소리로

- **요란(搖亂/擾亂)** : 시끄럽고 떠들썩함
- **소음(騷音)** : 불규칙하게 뒤섞여 불쾌하고 시끄러운 소리

한자말 '요란'이 '시끄러움'을 뜻하고, '소음'은 '시끄러운 소리'를 가리키는 줄 미처 깨닫지 못하기에 "요란한 소음" 같은 겹말을 쓰는 분이 꽤 많습니다. 한자말을 쓰고 싶다면 "요란한 소리"나 "소음"이라고만 적어야 올바릅니다. 구태여 한자말을 안 쓰려 한다면 "시끄러운 소리"나 "떠들썩한 소리"로 적으면 돼요.

- **당시에는 요란한 소음으로 마법의 주문을 깨뜨릴 수 있다고 믿었고**
→ 그때에는 시끄러운 소리로 마법 주문을 깨뜨릴 수 있다고 믿었고
→ 그무렵에는 떠들썩한 소리로 마법 주문을 깨뜨릴 수 있다고 믿었고

《문학을 읽는다는 것은》 (테리 이글턴/이미애 옮김, 책읽는수요일, 2016) 24쪽

요즘 나온 신곡

: **요즘 나온 신곡**
→ 요즘 나온 노래
→ 새로 나온 노래

- **요즘** : = 요즈음
- **요즈음** : 바로 얼마 전부터 이제까지의 무렵
- **신곡(新曲)** : 새로 지은 곡

새로 지은 노래이기에 '신곡'이고, 새로 지은 노래란 '요즘' 지은 노래예요. "요즘 나온 신곡"은 겹말입니다. "요즘 나온 노래"라고 하거나 "새로 나온 노래"라고 해야 올바릅니다.

- **할 수 없이 요즘 나온 신곡을 이것저것 부르는 것으로 만족해야 했다**
→ 할 수 없이 요즘 나온 노래를 이것저것 부르며 즐겨야 했다
→ 할 수 없이 새로 나온 노래를 이것저것 부르며 즐겨야 했다

《청소녀 백과사전》 (김옥, 낮은산, 2006) 48쪽

욕심은 과욕

: 잘하겠다는 욕심은 과욕이다

→ 잘하겠다는 욕심은 지나치다

→ 잘하겠다는 생각은 지나치다

→ 잘하겠다는 마음은 섣부르다

> ○ **욕심(欲心/慾心) :** 분수에 넘치게 무엇을 탐내거나 누리고자 하는 마음
> ○ **과욕(過慾) :** 욕심이 지나침

'과욕'은 "욕심이 지나침"을 가리키니, "욕심은 과욕이다"라 하면 겹말입니다. "욕심은 지나치다"로 손질해야 올발라요. 또는 "욕심은 섣부르다"라든지 "욕심은 안 좋다"라든지 "욕심은 도움이 안 된다"로 손질해 볼 만합니다. 보기글을 통째로 손보면서 "처음부터 잘하겠다는 마음은 섣부르다"로 적어도 어울립니다.

• 처음부터 잘하겠다는 욕심은 과욕이다

→ 처음부터 잘하겠다는 생각은 좀 지나치다

→ 처음부터 잘하겠다는 마음은 섣부르다

《내 안에 잠든 작가의 재능을 깨워라》 (안성진, 가나북스, 2016) 170쪽

용도로 쓰다

: 지금의 용도로 쓰고 있다

→ 요즘처럼 쓴다

→ 이렇게 쓴다

> ○ **용도(用途) :** 쓰이는 길. 또는 쓰이는 곳

'용도'는 "쓰이는 길"을 뜻하니 "용도로 쓰고"처럼 쓰는 글은 "쓰이는 길로 쓰고" 꼴입니다. '쓰다'라는 말이 잇달아 나옵니다. "잠을 잔다"나 "꿈을 꾼다"처럼 "씀(쓰임새)을 쓴다"고 말할 수도 있다고 한다면 이렇게도 쓸 테지만, "씀을 쓰다"라든지 "쓰임새를 쓰다"처럼 쓰는 일은 없다고 할 만합니다. 한국말사전을 들추면 "개인적인 용도로 사용하다" 같은 보기글이 나오는데, '사용(私用)'이라는 한자말은 "공공의 물건을 사사로이 씀"을 뜻하고, '사용(使用)'이라는 한자말은 '씀'으로 고쳐써

야 한다고 합니다. 그러니 "개인적인 용도로 사용하다" 같은 한국말사전 보기글은 여러모로 엉뚱한 겹말인 셈입니다.

- **할 수 없이 지금의 용도로 쓰고 있다 한다**
  → 할 수 없이 요즘처럼 쓴다고 한다
  → 할 수 없이 이렇게 쓴다고 한다
  → 할 수 없이 이러한 쓰임새라고 한다
  → 할 수 없이 이 쓰임새가 되었다고 한다

  《쓴맛이 사는 맛》 (채현국·정운현, 비아북, 2015) 36쪽

- **어떤 물건이 원래의 용도 말고 다른 용도로도 쓰일 수 있다는 것을 경험한다면**
  → 어떤 물건이 처음 쓰임새 말고 다른 쓰임새도 있다고 겪어 본다면
  → 어떤 물건이 처음과 다르게 쓰일 수 있는 줄 겪어 본다면

  《아티스트맘의 참 쉬운 미술놀이》 (안지영, 길벗, 2016) 77쪽

용도 용처

: **용도조차 불분명하여 그 용처를 찾느라**
→ 쓰임새조차 흐리멍덩하여 쓸 곳을 찾느라
→ 쓰임새조차 뚜렷하지 않아

> • **용도(用途)** : 쓰이는 길. 또는 쓰이는 곳
> • **용처(用處)** : 돈이나 물품 따위의 쓸 곳

한자말 '용도'는 "쓰이는 곳"을 가리키고, '용처'는 "쓸 곳"을 가리키니, 두 낱말은 거의 같다고 할 만합니다. 두 한자말을 잇달아 쓰면 겹말 얼거리입니다. 말뜻대로 '쓰임새'나 "쓸 곳"으로 손볼 수 있는데, 이렇게 손보더라도 보기글은 어쩐지 엉성합니다. 앞쪽은 '쓰임새'로 손본 뒤, 뒤쪽은 털어내 보면 비로소 글월이 매끄럽습니다.

- **이 비싼 건축이 용도조차 불분명하여 그 용처를 찾느라 애를 먹어야 했다**
  → 이 비싼 건축이 쓰임새조차 흐리멍덩하여 쓸 곳을 찾느라 애를 먹어야 했다
  → 이 비싼 건축이 쓰임새조차 뚜렷하지 않아 애를 먹어야 했다

  《보이지 않는 건축, 움직이는 도시》 (승효상, 돌베개, 2016) 166쪽

−용 사용

: **심심풀이용으로 사용하고 있지만**

→ 심심풀이로 쓰지만

→ 심심풀이 삼아서 쓰지만

→ 심심풀이로 다루지만

→ 심심풀이로 즐기지만

> ° **−용(用)** : '용도'의 뜻을 더하는 접미사
> ° **용도(用途)** : 쓰이는 길. 또는 쓰이는 곳
> ° **사용하다(使用−)** : 1. 일정한 목적이나 기능에 맞게 쓰다 2. 사람을 다루어 이용하다
> ° **이용하다(利用−)** : 1. 대상을 필요에 따라 이롭게 쓰다 2. 다른 사람이나 대상을 자신의 이익을 채우기 위한 방편(方便)으로 쓰다

"심심풀이용으로 사용하고" 꼴은 겹말입니다. '−용'하고 '사용'이 겹쳐요. '−용'은 '용도'를 가리킨다는데, '용도'는 "쓰이는 길"을 뜻해요. '사용하다'는 '쓰다 · 이용하다'를 가리킨다는데, '이용하다'도 '쓰다'를 가리켜요. '−용 · 용도 · 사용 · 이용' 모두 '쓰다 · 쓰임새 · 씀씀이 · 쓰는 길 · 쓰는 곳'을 가리키지요. 쓰기에 '쓴다'고 하는데, 때로는 '다루'고, 때로는 '삼으'며, 때로는 '즐겨'요. '쓰다' 한 마디로 손질해도 되고, 여러 가지 말을 헤아리며 손볼 수 있어요.

• **아직은 그냥 심심풀이용으로 사용하고 있지만 나중에는 정말 여기저기서 쓰이지 않을까 싶어**

→ 아직은 그냥 심심풀이로 쓰지만 나중에는 참말 여기저기서 쓰지 않을까 싶어

→ 아직은 그냥 심심풀이로 삼지만 나중에는 참말 여기저기서 쓰지 않을까 싶어

→ 아직은 그냥 심심풀이이지만 나중에는 참말 여기저기서 쓰지 않을까 싶어

《바 레몬하트 1》 (후루야 미츠토시/편집부 옮김, AK 코믹스, 2011) 207쪽

우리의 고유한 말

: **우리의 고유한 말이라서**

→ 우리말이라서

→ 텃말이라서

→ 한국말이라서

> ° **고유하다(固有−)** : 본래부터 가지고 있어 특유하다
> ° **우리말** : 우리나라 사람의 말
> ° **고유어(固有語)** : 1. 해당 언어에 본디부터 있던 말이나 그것에 기초하여 새로 만들어진 말 ≒ 토박이말
> ° **토박이말(土−)** : = 고유어

"고유한 말"이란 '고유어'예요. '고유어'는 '토박이말'하고 거의 같은 낱말이라지요. 한국에서는 '토박이말'은 '우리말'을 가리킨다고 할 만합니다. 보기글처럼 "우리의 고유한 말"이라고 하면 겹말이에요. "우리한테 고유어라서"나 '고유어라서'나 '우리말이라서'로 손질해 줍니다. 그리고 '텃밭·텃새' 같은 낱말을 헤아리면서 '텃말'을 새로 지어서 쓸 만합니다. 한국말사전은 '고유하다'를 풀이하며 '특유하다'라는 한사말을 씁니다. '특유하다(特有-)'는 "일정한 사물만이 특별히 갖추고 있다"를 가리키고, '특별히(特別-)'는 "보통과 구별되게 다르게"를 가리키며, '구별되다(區別-)'는 "성질이나 종류에 따라 차이가 나다"를 가리키고, '차이(差異)'는 "서로 같지 아니하고 다름"을 가리킨대요. 말풀이를 찬찬히 살피면 '특유하다·특별히·구별되다·차이'는 모두 '다르다·다름'을 가리켜요. 쉽게 '다르다' 한 마디를 하면 넉넉한데, 괜히 네 가지 한자말을 써서 빙글빙글 돌아요.

- **지짐과 부침은 우리의 고유한 말이라서 그 느낌이 훨씬 더 빨리 와 닿는다**
→ 지짐과 부침은 우리말이라서 느낌이 훨씬 빨리 와닿는다
→ 지짐과 부침은 텃말이라서 느낌이 훨씬 빨리 와닿는다

《우리 음식의 언어》 (한성우, 어크로스, 2016) 282쪽

우울하고 슬프다

: **좀 우울하고 슬펐다**

→ 좀 슬펐다

→ 좀 쓸쓸하고 슬펐다

- **우울(憂鬱)** : 1. 근심스럽거나 답답하여 활기가 없음
  2. [심리] 반성과 공상이 따르는 가벼운 슬픔
- **슬프다** : 원통한 일을 겪거나 불쌍한 일을 보고 마음이 아프고 괴롭다

한자말 '우울'은 두 가지 느낌을 나타냅니다. 첫째 '처지다'이고, 둘째 '슬프다'입니다. 이 한자말을 쓰려 한다면 두 느낌을 찬찬히 살펴야 합니다. 보기글은 "우울하고 슬펐다"라 하면서 첫째 느낌 '처지다'를 나타내고 싶었구나 싶은데, 이때에는 아무래도 말뜻이 겹칠 수 있으니 "쓸쓸하고 슬펐다"나 "무겁고 슬펐다"나 "처지면서 슬펐다"로 적을 때가 한결 나으리라 생각해요. 또는 '슬펐다' 한 마디만 써 볼 수 있어요.

- 그것이 마지막 연주라는 것을 알고 있었기 때문에 좀 우울하고 슬펐다
→ 오늘이 마지막 연주인 줄 알기 때문에 좀 슬펐다
→ 오늘이 마지막 연주인 줄 알기 때문에 좀 쓸쓸하고 슬펐다

《뉴욕에 간 귀뚜라미 체스터》 (조지 셀던 톰프슨/김연수 옮김, 시공주니어, 1998) 178쪽

울울창창 우거진

: 울울창창 초록만 우거진 거대한 협곡
→ 빽빽하게 풀빛만 우거진 커다란 골
→ 풀빛만 우거진 커다란 골짜기

> ◦ 울울창창하다(鬱鬱蒼蒼-) : 큰 나무들이 아주 빽빽하고 푸르게 우거져 있다
> ◦ 우거지다 : 풀, 나무 따위가 자라서 무성해지다
> ◦ 무성하다(茂盛-) : 풀이나 나무 따위가 자라서 우거져 있다

'울울창창'은 "아주 우거진" 모습을 가리킵니다. 한국말사전을 살피면 한국말 '우거지다'를 한자말 '무성하다'를 써서 풀이하는데, 한자말 '무성하다'는 다시 한국말 '우거지다'를 써서 풀이하지요. 오락가락합니다. 더구나 '울울창창'이 '우거진' 모습을 가리키니 이래저래 뒤죽박죽입니다. '울울창창'이라는 한자말을 쓰고 싶다면 이 글월에서 '우거진'을 덜어야 합니다. 두 낱말을 함께 쓸 수 없습니다. 이밖에 이 글월을 보면 "거대한 협곡"이라는 대목이 있는데, '협곡(峽谷)'은 "좁은 골짜기"를 가리켜요. 좁은 골짜기가 '거대'하다고 하는 말은 어쩐지 안 어울립니다. "커다랗게 좁은 골짜기"란 무엇일까요?

- 꽃은 지고 울울창창 초록만 우거진 거대한 협곡 아스라한 절벽
→ 꽃은 지고 풀빛만 짙게 우거진 크고 거친 골짜기 아스라한 벼랑
→ 꽃은 지고 풀빛만 빽빽하게 우거진 큰골 아스라한 벼랑
→ 꽃은 지고 풀빛만 몹시 우거진 큰골 아스라한 벼랑

《슬픔의 뼈대》 (곽효환, 문학과지성사, 2014) 89쪽

울음소리로 울다

: **울음소리로 울기 시작했다**

→ 울음소리를 냈다

→ 우는 소리가 났다

→ 울었다

> ◦ **울음소리** : 우는 소리
> ◦ **울다** : 2. 짐승, 벌레, 바람 따위가 소리를 내다

코요테가 '우는' 소리를 들었대요. 소리를 들었다는 데에 눈길을 맞춘다면 "울음소리가 났다"나 "우는 소리가 났다"로 적으면 되고, 코요테가 내는 소리에 눈길을 맞춘다면 "울음소리를 냈다"나 '울었다'로 적으면 됩니다. "우는 소리"를 가리키는 '울음소리'인데, "울음소리로 울기 시작했다"처럼 쓰면 겹말이에요.

• **코요테가 느리고 낮은 울음소리로 울기 시작했다**

→ 코요테가 느리고 낮게 울었다

→ 코요테가 느리고 낮은 울음소리를 냈다

《홀로 숲으로 가다》 (베른트 하인리히/정은석 옮김, 더숲, 2016) 172쪽

움직이고 행동하고

: **움직이고, 행동하고**

→ 움직이고

→ 움직이고, 일하고

> ◦ **움직이다** : 1. 멈추어 있던 자세나 자리가 바뀌다 3. 어떤 목적을 가지고 활동하다
> ◦ **행동하다(行動-)** : 몸을 움직여 동작을 하거나 어떤 일을 하다
> ◦ **동작(動作)** : 1. 몸이나 손발 따위를 움직임 2. 무술이나 춤 따위에서, 특정한 형식을 갖는 몸이나 손발의 움직임

한자말 '행동하다'는 "움직여 동작을 하거나 일을 하다"를 가리키니, "움직이고, 행동하고"처럼 쓰면 겹말입니다. 한국말사전을 더 살피면 '동작 = 움직임'이에요. "움직여 동작을 하거나 = 움직여 움직임을 하거나"인 꼴이니 말풀이도 겹말풀이입니다. 보기글에서는 '움직이고'라고만 쓰면 될 텐데, 따로 두 가지를 나타내려는 마음이라면 "움직이고, 일하고"나 "움직이고, 무언가 짓고"처럼 써 볼 수 있습니다.

- **움직이고, 행동하고, 수색하고, 사냥하고, 헤엄치고, 달리고**
→ 움직이고, 찾고, 사냥하고, 헤엄치고, 달리고
→ 움직이고, 일하고, 찾고, 사냥하고, 헤엄치고, 달리고

《리처드 도킨스 자서전 1》 (리처드 도킨스/김명남 옮김, 김영사, 2016) 341쪽

움트기 시작하는 싹

: **이제 막 움트기 시작하는 자작나무의 싹**
→ 이제 막 움트려는 자작나무
→ 이제 막 자작나무에서 나는 움
→ 이제 막 터지는 자작나무 겨울눈

> ◦ **움트다** : 1. 초목 따위의 싹이 새로 돋아 나오기 시작하다 2. 기운이나 생각 따위가 새로이 일어나다
> ◦ **움** : 1. 풀이나 나무에 새로 돋아 나오는 싹 2. 나무를 베어 낸 뿌리에서 나는 싹
> ◦ **싹** : 1. 씨, 줄기, 뿌리 따위에서 처음 돋아나는 어린잎이나 줄기 2. 움트기 시작하는 현상 따위의 시초를 비유적으로 이르는 말
> ◦ **움싹** : 갓 돋아나는 어린싹
> ◦ **떡잎** : 씨앗에서 움이 트면서 최초로 나오는 잎
> ◦ **눈** : 새로 막 터져 돋아나려는 초목의 싹. 꽃눈, 잎눈 따위이다

한국말사전을 살피면 '움트다'를 "싹이 새로 돋는" 모습을 가리킨다고 풀이합니다. 그나마 '싹 1'을 '움'으로 풀이하지 않으나 '싹 2'는 '움트는' 모습을 빗댄다고 풀이합니다. 한국말사전은 '움 = 싹'으로 풀이하는데, 이 풀이는 얼마나 알맞을까요? 싹하고 움은 같을까요, 다를까요, 비슷할까요? '움'하고 '싹'을 가르지 못한다면 '움싹'이라는 낱말은 또 어떻게 다루어야 할까요? 한국말사전은 "처음 돋아나는 어린잎이나 줄기"를 '싹'으로 풀이하지만, "처음 돋는 어린잎"은 '떡잎'입니다. '움·싹·눈·떡잎·움싹'을 몽땅 어지럽게 얽어 놓은 겹말풀이인 터라, 사람들도 헷갈리며 아무렇게나 쓰는구나 싶습니다.

- **이제 막 움트기 시작하는 자작나무의 싹을 황홀한 눈빛으로 바라보았습니다**
→ 이제 막 움트려는 자작나무를 들뜬 눈빛으로 바라보았습니다
→ 이제 막 자작나무에 나는 움을 설레는 눈빛으로 바라보았습니다
→ 이제 막 자작나무에서 터지는 겨울눈을 달뜬 눈빛으로 바라보았습니다

《아벨의 섬》 (윌리엄 스타이그/송영인 옮김, 다산기획, 2001) 131쪽

웃기는 희극영화

: **'웃기는' 희극영화다**

→ '희극'영화다

→ '웃기는' 영화다

> ○ **희극영화(喜劇映畵)** : 보는 사람들의 웃음을 사아내는 영화

사람들을 웃게 하는 영화는 '웃기는' 영화입니다. 이를 '희극영화'라고도 하고요. "웃기는 희극영화"처럼 쓰면 겹말이에요. 이와 비슷한 얼거리일 텐데, 슬픈 영화는 '슬픈' 영화라고 합니다. "슬픈 비극영화"라 하지 않아요. "웃기는 영화·슬픈 영화"처럼 쓰든지 "희극영화·비극영화"처럼 써야겠습니다.

• **천하무적 흡혈귀로 변해 슈퍼맨처럼 활약한다는 '웃기는' 희극영화다**

→ 천하무적 흡혈귀로 바뀌어 슈퍼맨처럼 날아다닌다는 '웃기는' 영화다

《전태일 통신》(전태일기념사업회 엮음, 후마니타스, 2006) 248쪽

원폭에 피폭당하다

: **원폭에 피폭당하였지만**

→ 원폭 피해가 있었지만

→ 원폭을 맞았지만

→ 원자폭탄을 맞았지만

> ○ **피폭(被爆)** : 1. 폭격을 받음 2. 원자탄이나 수소탄의 폭격을 받음. 또는 그 방사능으로 피해를 입음

원자폭탄 공격(폭격)을 받을 적에 '피폭'이라는 한자말을 씁니다. "원폭에 피폭당하다"는 겹말이에요. '피폭당하다'에서 '당(當)하다'를 붙이면 다시 겹말이니, 이 글월은 곱으로 겹말입니다. "원자폭탄(원폭)을 맞다"나 "원폭 피해가 있다"나 "피폭을 했다"로 손질해 줍니다.

• **한국 원폭피해자들은 1945년 히로시마와 나가사키에서 원폭에 피폭당하였지만, 59년 동안 일본 정부의 차별적인 피폭자 원호법 정책으로 인권이 유린된 삶을**

살아가고 계십니다

→ 한국 원폭피해자들은 1945년 히로시마와 나가사키에서 원폭에 맞았지만, 59년 동안 일본 정부가 피해자를 차별하는 정책을 써서 인권이 짓밟힌 채 살아가십니다

→ 한국 원폭피해자들은 1945년 히로시마와 나가사키에서 원폭 피해가 있었지만, 쉰아홉 해 동안 일본 정부가 피해자를 차별하는 정책을 펴서 인권이 짓밟힌 채 살아가십니다

《삶은 계속되어야 한다》 (전진성, 휴머니스트, 2008) 290쪽

원하다 바라다

:	**원하고 바라는**

→ 바라고 바라는

→ 바라 마지않는

→ 바라는

> ◦ **원하다(願-)** : = 소원하다
> ◦ **소원하다(所願-)** : 바라고 원하다
> ◦ **바라다** : 1. 생각이나 바람대로 어떤 일이나 상태가 이루어지거나 그렇게 되었으면 하고 생각하다 2. 원하는 사물을 얻거나 가졌으면 하고 생각하다 3. 어떤 것을 향하여 보다

한국말사전에서 '원하다' 같은 외마디 한자말을 찾아볼 사람이 있을까요? '원하다'는 '소원하다'하고 뜻이 같다고 하는데, '소원하다'는 "바라고 원하다"를 뜻한다고 합니다. 아주 돌림풀이입니다. 이래서야 말뜻을 짚을 수조차 없습니다. 다시 '바라다'를 찾아보면, "원하는 사물을 얻거나 가졌으면 하고 생각하다"로 풀이합니다. '바라다 = 원하다'로 풀이하는 셈입니다. 한국말사전 말풀이부터 겹말풀이인 터라, "원하고 바라는"처럼 쓰는 분이 많은 일도 어쩔 수 없는 노릇일는지 모릅니다. 애타게 바란다면 같은 말을 되풀이하면서까지 말할 수도 있을 테지만, 참으로 애타게 바란다면 "바라고 바라는"이나 "바라 마지않는"이나 "애타게 바라는"처럼 쓰면 됩니다.

• **원하고 바라는 그것을 꺼내세요**

→ 참으로 바라는 그것을 꺼내세요

→ 더없이 바라는 그것을 꺼내세요

《내가 제일 잘한 일》 (박금선, 샨티, 2015) 6쪽

위조지폐 가짜 돈

: **위조지폐를 막기 위해서야. 가짜 돈을 만들면**
→ 거짓돈을 막으려고 그래. 거짓돈을 만들면

> ○ **위조지폐(偽造紙幣)** : 진짜처럼 보이게
> 만든 가짜 지폐
> ○ **가짜(假-)** : 거짓을 참인 것처럼 꾸민 것

'위조지폐'는 "가짜 돈"을 가리켜요. 웬만한 어른이라면 '위조지폐'라고만 해도 알아들을 수 있으나, 어린이한테 '위조지폐'는 쉽지 않은 말이기에 따로 "가짜 돈"으로 풀어서 쓰기도 합니다. 그러면 처음부터 '가짜돈'이라는 낱말을 써도 되지 않았을까요? '돈'이라는 한국말보다 '지폐'라는 한자말을 써야만 했을까요? 더 헤아려 보면, '위조'는 '가짜'를 가리키고, '가짜'는 다시 '거짓'을 가리킵니다. 이리하여 '거짓돈'이라는 낱말을 얻을 수 있어요. 거짓으로 만든 돈을 '거짓돈'이라 한다면, 거짓이 아닌 돈은 참이라는 뜻으로 '참돈'이라 할 수 있어요. 쉽게 바라보면서 쉽게 새말을 지을 적에는 겹말이 끼어들 틈이 없어요.

• **바로 위조지폐를 막기 위해서야. 가짜 돈을 만들면 경제가 큰 혼란을 겪기 때문에**
→ 바로 거짓돈을 막으려고 그래. 거짓돈을 만들면 경제가 크게 어지러워지기 때문에

《수다로 푸는 유쾌한 사회》 (배성호, 책과함께어린이, 2016) 25쪽

위태하게 아슬아슬하게

: **위태하게, 아슬아슬하게**
→ 조마조마하게, 아슬아슬하게
→ 아찔하게, 아슬아슬하게
→ 두려운 듯, 아슬아슬하게
→ 찰랑거리며, 아슬아슬하게

> ○ **위태하다(危殆-)** : 어떤 형세가 마음을 놓을 수 없을 만큼
> 위험하다
> ○ **위험하다(危險-)** : 해로움이나 손실이 생길 우려가 있다
> ○ **아슬아슬하다** : 1. 소름이 끼칠 정도로 약간 차가운 느낌이
> 잇따라 드는 듯하다 2. 일 따위가 잘 안될까 봐 두려워서
> 소름이 끼칠 정도로 마음이 약간 위태롭거나 조마조마하다

'위태하다'나 '아슬아슬하다'는 같은 모습을 가리킵니다. 두 낱말을 잇달아 적으면 겹말이에요. 한국말사전을 보면 '아슬아슬하다 = 약간 위태롭거나 조마조마하다'

로 풀이하지요. 돌림풀이입니다. '아슬아슬'하고 '조마조마'는 똑같은 낱말이 아니
니 한국말사전 말풀이는 앞으로 고쳐야 할 테고, 이 보기글에서는 "조마조마하게,
아슬아슬하게"라든지 "아찔하게, 아슬아슬하게"로 손볼 만합니다.

- **아야 마음속에 있는 컵도 흔들리고 있다. 위태하게, 아슬아슬하게**
- → 아야 마음속에 있는 컵도 흔들린다. 조마조마하게, 아슬아슬하게
- → 아야 마음속에 있는 컵도 흔들린다. 넘칠 듯이, 아슬아슬하게

《졸업》 (시게마츠 기요시/고향옥 옮김, 양철북, 2007) 90쪽

위하거나 아끼다

: **위하거나 아끼지 않는다**
→ 돌보거나 아끼지 않는다
→ 사랑하거나 아끼지 않는다
→ 애틋이 여기거나 아끼지 않는다

> ○ **위하다(爲-)** : 2. 물건이나 사람을 소중하게 여기다
> ○ **아끼다** : 2. 물건이나 사람을 소중하게 여겨 보살피거나 위하는 마음을 가지다

외마디 한자말로 쓰는 '위(爲)하다'가 무엇을 가리키는지 잘 모르는 분이 많습니다.
"위하거나 아끼다" 같은 꼴로 잘못 말하기도 해요. 한국말사전 뜻풀이에서 엿볼
수 있듯이 '위하다 = 아끼다'를 가리킵니다. 한국말사전은 '아끼다 = 위하다'로 풀
이하고 말지요. 돌림풀이입니다. 우리는 '아끼다'를 비롯해서 '돌보다·보살피다'를
헤아릴 만하고, '사랑하다·좋아하다'를 헤아린다면, 겹쳐 쓰는 말이 아닌 즐겁게
살리는 말이 되리라 봅니다.

- **아무도 소를 이처럼 위하거나 아끼지 않는다**
- → 아무도 소를 이처럼 사랑하거나 아끼지 않는다
- → 아무도 소를 이처럼 보살피거나 아끼지 않는다

《시냇가로 물러나 사는 즐거움》 (김태완, 호미, 2012) 91쪽

유독 두드러져

: **유독 내가 좀더 두드러져 보인 건가**

→ 내가 좀더 두드러져 보였나

→ 내가 더 두드러져 보였나

→ 내가 두드러져 보였나

> ◦ **유독(唯獨/惟獨)** : 많은 것 가운데 홀로 두드러지게
> ◦ **두드러지다** : 1. 가운데가 쑥 나와서 불룩하다
> 　　2. 겉으로 드러나서 뚜렷하다

한자말 '유독'은 "홀로 두드러지게"를 뜻한다고 합니다. "유독 내가 좀더 두드러져" 꼴로 쓰면 겹말이에요. 보기글에서는 '유독'만 덜면 됩니다. 더 헤아려 보면, "두드러져 보인 건가" 앞에 '좀더'라는 꾸밈말이 있으니 힘주어 말하는 얼거리예요. '유독'은 군더더기입니다. 힘줌말로 '좀더'를 써도 좋고, '더'를 써도 좋으며, '더욱·더구나·게다가'를 써도 좋아요. 이 힘줌말을 덜어도 '두드러지다' 한 마디로 넉넉하기도 합니다.

• **다른 작품들도 많이 했는데 유독 그녀(노희경)의 작품에서 내가 좀더 두드러져 보인 건가 싶다**

→ 다른 작품도 많이 했는데 노희경 작품에서 내가 좀더 두드러져 보였나 싶다

→ 다른 작품도 많이 했는데 노희경이 쓴 작품에서 내가 두드러져 보였나 싶다

《배우는 삶 배우의 삶》 (배종옥, 마음산책, 2016) 63쪽

유동하고 흐르는

: **유동하고 흐르는**

→ 흐르는

→ 흐르고 흐르는

> ◦ **유동하다(流動-)** : 1. 액체 상태의 물질이나 전류 따위가 흘러 움직이다 2. 이리저리 자주 옮겨 다니다

'흐르다'를 가리키는 한자말 '유동하다'이니, "유동하고 흐르는"처럼 쓰면 겹말이에요. '흐르는'으로 손질해 줍니다. 때로는 "흐르고 흘러서"라든지 "흐르고 흐르고 또 흘러서"처럼 적으면서 힘주어 말할 수 있겠지요.

- **끊임없이 유동하고 흐르는 변화의 한가운데에서**
- → 끊임없이 흘러서 달라지는 한가운데에서
- → 끊임없이 흐르고 흘러서 달라지는 곳에서

《무신론자의 시대》 (피터 왓슨/정지인 옮김, 책과함께, 2016) 133쪽

유성 혹은 별똥별

: **유성 혹은 별똥별**
→ 별똥별이나 별똥
→ 별똥이나 별똥별

> ◦ **유성(流星)** : [천문] 지구의 대기권 안으로 들어와 빛을 내며 떨어지는 작은 물체
> ◦ **별똥별** : '유성(流星)'을 일상적으로 이르는 말
> ◦ **별똥** : '유성(流星)'을 일상적으로 이르는 말

천문학에서 쓰는 한자말은 '유성'이지만, 사람들은 흔히 '별똥별'이나 '별똥'이라 합니다. '유성 = 별똥별·별똥'이에요. 보기글은 "유성 혹은 별똥별"이라 하지만, 두 낱말은 같은 것을 가리킵니다. 굳이 한자말하고 한국말을 잇달아 써야 하지 않습니다. 학문을 하는 자리에서도 한국말을 쓰면 됩니다. 한국말사전 말풀이도 '유성 → 별똥별·별똥'으로 고치고, '별똥별·별똥'을 제대로 풀이해야지 싶어요. '유성(流星)'이나 '슈팅 스타(shooting star)'는 똑같이 외국말입니다. 한글로 '유성'이나 '슈팅 스타'라고 적는다 하더라도 한국말이 되지 않아요.

- **이때 대기권 상층부에 있는 가스는 자극을 받아 빛을 발한다. 이러한 현상을 유성 혹은 별똥별이라 한다**
- → 이때 대기권 위쪽에 있는 가스는 자극을 받아 빛을 뿜는다. 이러한 것을 별똥별이나 별똥이라 한다
- → 이때 대기권 위쪽에 있는 가스는 자극을 받아 빛을 낸다. 이러한 모습을 별똥이나 별똥별이라 한다

《먼지 보고서》 (옌스 죈트겐·크누트 푈스케 엮음/강정민 옮김, 자연과생태, 2012) 92쪽

유쾌하고 즐겁고 좋아

: 즐거웠다. 너무나 기분이 좋고 유쾌해서

→ 즐거웠다. 더없이 즐겁고 산뜻해서

→ 즐거웠다. 참으로 즐겁고 시원해서

- 유쾌(愉快) : 즐겁고 상쾌함
- 상쾌(爽快) : 느낌이 시원하고 산뜻함
- 좋다 : 10. 어떤 일이나 대상이 마음에 들 만큼 흡족하다 11. 감정 따위가 기쁘고 만족스럽다
- 흡족(洽足) : 조금도 모자람이 없을 정도로 넉넉하여 만족함
- 만족(滿足) : 1. 마음에 흡족함 2. 모자람이 없이 충분하고 넉넉함
- 충분(充分) : 모자람이 없이 넉넉함
- 즐겁다 : 마음에 거슬림이 없이 흐뭇하고 기쁘다
- 기쁘다 : 욕구가 충족되어 마음이 흐뭇하고 흡족하다
- 흐뭇하다 : 마음에 흡족하여 매우 만족스럽다

한자말 '유쾌'는 "즐겁고 상쾌함"을 가리킨다는데, '상쾌'는 "시원하고 산뜻함"을 가리킨다 합니다. '유쾌하다 → 즐겁다'요, '상쾌하다 → 시원하다'라 할 수 있습니다. 이 보기글을 살피면 '즐겁다·기분이 좋다·유쾌하다'처럼 세 가지 말마디가 나오는데, 셋은 모두 같은 느낌이나 기운을 나타낸다고 할 만한 겹말 얼거리입니다. "기분이 좋다"에서 '좋다'는 '흡족·만족·기쁨'을 가리킨다고 하는데, 한국말사전을 보면 '흡족'은 '만족'으로 풀이하고, '만족'은 '흡족'으로 풀이하는 돌림풀이입니다. 더구나 '만족 2'는 "충분하고 넉넉함"으로 풀이하지만 '충분 = 넉넉함'이기 때문에, 이때에는 겹말풀이예요. 이밖에 한국말사전은 '즐겁다·기쁘다·흐뭇하다'가 서로 뒤섞이는 돌림풀이에다가 겹말풀이입니다. 아주 뒤죽박죽이에요.

- 모든 것이 즐거웠다. 로라는 너무나 기분이 좋고 유쾌해서

→ 모든 것이 즐거웠다. 로라는 더없이 좋고 즐겁고 산뜻해서

→ 모두 다 즐거웠다. 로라는 참으로 좋고 즐겁고 시원해서

《초원의 집 1》 (로라 잉걸스 와일더/김석희 옮김, 비룡소, 2005) 171쪽

유쾌함 즐거움

: 　내게 유쾌함과 즐거움을 안겨 준다

→　나를 즐겁게 해 준다

→　나를 아주 즐겁게 해 준다

→　내가 즐거이 웃게 해 준다

→　내가 즐겁도록 해 준다

> ○ **유쾌하다(愉快-)** : 즐겁고 상쾌하다
> ○ **상쾌하다(爽快-)** : 느낌이 시원하고 산뜻하다
> ○ **즐겁다** : 마음에 거슬림이 없이 흐뭇하고 기쁘다

한자말 '유쾌하다'는 "즐겁고 상쾌하다"를 가리키니, "유쾌함과 즐거움"처럼 쓰면 겹말이에요. 그런데 '유쾌'는 '상쾌'하고도 이어진다지요. 이 대목에서 찬찬히 짚을 수 있어야 하는데, 한국말 '시원하다'에는 '산뜻한 기운'도 함께 감돕니다. 그래서 '상쾌하다 → 시원하다'처럼 고쳐쓸 만합니다. '즐겁다'라는 낱말에는 시원스러운 기운이 함께 서려요. '유쾌하다 → 즐겁다'처럼 고쳐쓸 만합니다.

• **내 아이디어들을 잘못 해석하는 전형적인 영국인들의 방식은 내게 유쾌함과 즐거움을 안겨 준다**

→　내 생각을 잘못 읽는 바로 그 영국사람 모습은 나를 즐겁게 해 준다

→　내 생각을 잘못 헤아리는 흔한 영국사람 모습은 내가 즐겁도록 해 준다

《오스카리아나》 (오스카 와일드/박명숙 옮김, 민음사, 2016) 552쪽

• **지금도 돌아보면 즐겁고 유쾌해지는 추억이다**

→　요즘도 돌아보면 즐겁고 신나는 추억이다

→　아직도 돌아보면 무척 즐거운 옛일이다

《우리는 60년을 연애했습니다》 (라오 핑루/남혜선 옮김, 월북, 2016) 137쪽

유토피아 이상향

: 　유토피아의 사회가 이상향이었을까

→　유토피아 사회가 좋았을까

→　이상향인 사회가 아름다웠을까

> ○ **유토피아(Utopia)** : = 이상향
> ○ **이상향(理想鄕)** : 인간이 생각할 수 있는 최선의 상태를 갖춘 완전한 사회

→ 꿈나라 같은 곳이 훌륭했을까

→ 아름나라다운 곳이 멋졌을까

영어 '유토피아'는 한자말로 '이상향'을 뜻한다고 해요. "유토피아의 사회가 이상향이었을까"라 하면 "유토피아의 사회가 유토피아였을까"나 "이상향의 사회가 이상향이었을까"인 얼거리이니 겹말입니다. 영어든 한자말이든 하나만 골라서 쓸 노릇입니다. 한국말로 '꿈나라 · 꿈누리'나 '아름나라 · 아름누리'처럼 새롭게 써 볼 수 있어요. '좋은나라'나 '기쁨나라'나 '사랑누리'나 '웃음누리' 같은 말도 지을 만합니다.

- **그렇게 실현한 유토피아의 사회가 그야말로 이상향이었을까**

→ 그렇게 이룬 꿈나라 같은 사회가 그야말로 아름다웠을까

→ 그렇게 이룬 아름나라 같은 곳이 그야말로 좋았을까

→ 그렇게 이룬 사회가 그야말로 아름다웠을까

→ 그렇게 이룬 곳이 그야말로 좋았을까

《보이지 않는 건축, 움직이는 도시》 (승효상, 돌베개, 2016) 78쪽

윤기가 반질반질

: **윤기가 반질반질**

→ 반질반질

→ 반질반질하며

> ◦ **윤기(潤氣)** : 반질반질하고 매끄러운 기운
> ◦ **윤(潤)** : = 윤기
> ◦ **반질반질** : 1. 거죽이 윤기가 흐르고 매우 매끄러운 모양
> ◦ **번지르르하다** : 1. 거죽에 기름기나 물기 따위가 묻어서 윤이 나고 미끄럽다

'윤기'는 '반질반질'한 기운을 가리킨다고 합니다. '반질반질'은 '윤기'가 흐르는 모습이라고 해요. 돌림풀이입니다. "윤기가 반질반질"처럼 쓰면 겹말인데, 한국말사전을 살펴서는 '윤기'도 '반질반질'도 제대로 헤아리기 어렵습니다. "윤이 번지르르하게"도 겹말이에요. 그런데 '번지르르하다'는 '윤'으로 풀이하고, '윤 = 윤기'이니, 이 대목에서도 뜻을 제대로 알기 어려워요.

- **의자 구실을 하여 윤이 번지르르하게 났다**
→ 걸상 구실을 하여 번지르르했다
→ 걸상 구실을 하여 번지르르하게 빛났다

《나의 문화유산답사기 8》 (유홍준, 창비, 2015) 350쪽

- **윤기가 반질반질 먹음직스럽다**
→ 반질반질 먹음직스럽다
→ 반질반질하며 먹음직스럽다

《전라도, 촌스러움의 미학》 (황풍년, 행성B잎새, 2016) 157쪽

은근슬쩍

: **은근슬쩍**
→ 슬쩍
→ 슬그머니

> ◦ **은근하다(慇懃-)** : 1. 야단스럽지 아니하고 꾸준하다 2. 정취가 깊고 그윽하다 3. 행동 따위가 함부로 드러나지 아니하고 은밀하다
> ◦ **은근슬쩍(慇懃-)** : 은근하게 슬쩍
> ◦ **슬쩍** : 1. 남의 눈을 피하여 재빠르게 2. 힘들이지 않고 거볍게 3. 심하지 않게 약간 4. 표 나지 않게 넌지시

'은근'이라는 한자말은 시끄럽지 않거나 겉으로 잘 드러나지 않도록 하는 몸짓이나 모습을 가리킵니다. '슬쩍'도 이 같은 몸짓이나 모습을 가리켜요. '은근슬쩍'은 어느 모로 본다면 힘주어 가리키는 낱말일 수 있지만, 겹말이 되기도 합니다. 왜냐하면 한국말에서는 '살짝'이라는 낱말을 힘주어 '슬쩍'으로 쓰거든요. '살짝'은 또 '살작'보다 센 낱말입니다. 뜻이나 느낌은 비슷하면서 세기나 깊이가 다른 '슬며시'나 '살며시'가 있고, '슬그머니'나 '살그머니'가 있으며, '살살·살살살'이나 '슬슬·슬슬슬'이 있어요. 이밖에도 말끝을 살살 바꾸면서 여러모로 재미나게 쓸 만합니다. 굳이 '은근슬쩍' 같은 겹말을 안 써도 말느낌을 수없이 나타낼 만합니다.

- **내가 그저 발 가까이 오도록 꼬이려고 은근슬쩍 무엇인가를 하고 있는 게 아니라는**
→ 내가 그저 발 가까이 오도록 꼬이려고 슬쩍 무엇인가를 하지 않는다는
→ 내가 그저 발 가까이 오도록 꼬이려고 슬그머니 무엇인가를 하지 않는다는

《홀로 숲으로 가다》 (베른트 하인리히/정은석 옮김, 더숲, 2016) 241쪽

- **그러면서 은근슬쩍 나를 마을 계획단에 넣었다**

→ 그러면서 슬쩍 나를 마을 계획단에 넣었다

→ 그러면서 슬며시 나를 마을 계획단에 넣었다

《되찾은: 시간》 (박성민, 책읽는고양이, 2016) 227쪽

은밀한 수수께끼가 숨다

: **은밀한 수수께끼가 숨어 있다**

→ 수수께끼가 있다

→ 숨은 이야기가 있다

> ○ **은밀하다(隱密-)** : 숨어 있어서 겉으로 드러나지 아니하다
> ○ **수수께끼** : 1. 어떤 사물에 대하여 바로 말하지 아니하고 빗대어 말하여 알아맞히는 놀이 2. 어떤 사물이나 현상이 복잡하고 이상하게 얽혀 그 내막을 쉽게 알 수 없는 것
> ○ **숨다** : 1. 보이지 않게 몸을 감추다 2. 겉으로 드러나지 아니하다. 또는 잠재되어 있다

한자말 '은밀하다'는 '숨다'를 가리킵니다. "은밀하게 숨어 있다" 꼴로 쓰면 겹말입니다. "숨었다"라고만 짧게 쓰면 됩니다. 보기글에는 "은밀한 수수께끼가 숨어 있다"로 나오는데 '수수께끼'는 속내를 쉽게 알 수 없는 이야기나 모습을 가리켜요. '수수께끼 = 숨은 이야기나 모습'이 되고, '은밀하다'하고 '수수께끼'하고 '숨다'는 모두 같은 한 가지를 가리키는 셈입니다. 이 글월은 "수수께끼가 있다"라고만 쓰든지 "숨은 이야기가 있다"로 써야 올발라요.

• **러시아를 정복하여 식민지로 삼고 그로부터 조공을 받는 일은 식은 죽 먹기였을 것인데, 바로 여기에 은밀한 수수께끼가 숨어 있다**

→ 러시아를 정복하여 식민지로 삼고 러시아한테서 조공을 받는 일은 식은 죽 먹기였을 텐데, 바로 여기에 수수께끼가 있다

→ 러시아를 짓밟아 식민지로 삼고 러시아한테서 돈을 받는 일은 식은 죽 먹기였을 텐데, 바로 여기에 숨은 이야기가 있다

《아나스타시아 7 삶의 에너지》 (블라지미르 메그레/한병석 옮김, 한글샘, 2012) 186쪽

의미를 뜻하다

: **또 다른 의미의 자원을 뜻했습니다**

→ 또 다른 뜻에서 자원이었습니다

→ 또 다른 자원을 뜻했습니다

→ 또 다른 자원이 되었습니다

→ 또다시 쓰는 자원이었습니다

> ○ **의미(意味)** : 1. 말이나 글의 뜻 2. 행위나 현상이 지닌 뜻
> ○ **뜻하다** : 1. 무엇을 할 마음을 먹다 2. 미리 생각하거나 헤아리다 3. 어떤 의미를 가지다

한자말 '의미'는 '뜻'을 가리킵니다. "또 다른 의미의 자원을 뜻했습니다"는 "또 다른 뜻의 자원을 뜻했습니다" 꼴이 되어 겹말입니다. 한국말사전을 살피면 '의미'는 '뜻'으로 풀이하고, '뜻'은 '의미'로 풀이하고 맙니다. 돌림풀이예요. 한국말 '뜻'만 써도 넉넉하니, '의미 → 뜻'처럼 손질할 노릇이지 싶습니다.

• 선조들은 설사 쓰레기를 만들었다 하더라도 쓰레기는 '버려지는 것'이 아니라 또 다른 의미의 자원을 뜻했습니다

→ 옛사람은 때때로 쓰레기를 만들었다 하더라도 쓰레기는 '버려지는 것'이 아니라 또 다른 자원을 뜻했습니다

→ 옛사람은 어쩌다 쓰레기를 내놓았다 하더라도 쓰레기는 '버려지는 것'이 아니라 또 다른 뜻에서 자원이었습니다

《인간과 디자인의 교감 빅터 파파넥》 (조영식, 디자인하우스, 2000) 29쪽

이동하고 가다

: **걸어서 이동해야만 했다. 태평양까지 가는**

→ 걸어서 가야만 했다. 태평양까지 가는

→ 걸어서 나아가야만 했다. 태평양까지 가는

→ 걸어가야만 했다. 태평양까지 가는

> ○ **이동하다(移動-)** : 1. 움직여 옮기다. 또는 움직여 자리를 바꾸다
> ○ **가다** : 1. 한 곳에서 다른 곳으로 장소를 이동하다 3. 일정한 목적을 가진 모임에 참석하기 위하여 이동하다 4. 지금 있는 곳에서 어떠한 목적을 가지고 다른 곳으로 옮기다

움직여 옮기는 몸짓을 가리키는 한자말 '이동하다'는 '가다'하고 뜻이 맞물려요. "이동해야만 했다. 태평양까지 가는"처럼 쓸 적에는 겹말입니다. 한국말사전을 살피니 '가다'를 '이동하다'나 '옮기다'로 풀이합니다. 얄궂고 엉성한 돌림풀이입니다. 보기글에서는 앞뒤 모두 '가다'로 적으면 되는데, 앞뒤를 좀 다르게 적고 싶다면 앞쪽을 "걸어서 나아가야만 했다"나 "걸어가야만 했다"로 적어 볼 수 있어요.

- **결국에는 걸어서 이동해야만 했다. 태평양까지 가는 수월한 항행 하천 경로는 결코 없을 것이었다**
→ 마침내 걸어서 가야만 했다. 태평양까지 배로 수월하게 가는 길은 도무지 없으리라
→ 끝내 걸어서 가야만 했다. 태평양까지 배로 수월하게 가는 길은 참말 없으리라

《내추럴 히스토리》 (존 앤더슨/최파일 옮김, 삼천리, 2016) 295쪽

이디쉬어 이디쉬말

: **이디쉬어 … 이디쉬말**
→ 이디시말 … 이디시말

> ◦ **-어(語)** : '말' 또는 '단어'의 뜻을 더하는 접미사
> ◦ **-말** : x

한국사람이 쓰는 말이라면 '한국말'이에요. 한국에서도 전라도에서 쓰는 말이라면 '전라말'입니다. 곰곰이 따져 보면, 어느 누구도 "경상도에서 쓰는 '어(語)'는 무엇인가?"처럼 말하지 않아요. "경상도에서 쓰는 '말'"이라고 말합니다. 우리가 말할 적에는 '말'이지, '어'가 아니기 때문입니다. 한국말사전에는 '-어(語)'만 뒷가지로 실릴 뿐, '-말'은 뒷가지로 안 실립니다. 한국사람이 쓰는 말은 '한국 말'처럼 띄어서 적어야 맞춤법에 맞다지요. 한국에서 사는 사람도 '한국사람'으로 적으면 될 텐데 '-사람'도 뒷가지로 안 실리기에 '한국 사람'처럼 띄어야 한다고 합니다. 아쉽고 얄궂은 한국말사전을 슬기롭게 가다듬어야 한다고 느낍니다.

- **이디쉬어로 씌어지는 작품은 점점 더 희귀해 간다. 요즘 와선 보기가 참 힘들다. 그러나 아직도 이디쉬말을 사용하고 이해하는 사람은 전 세계에 300만 가량이 있다**
→ 이디시말로 쓰는 작품은 차츰 더 줄어든다. 요즘 와선 보기가 참 힘들다. 그러나 아직도 이디시말을 쓰고 아는 사람은 온 세계에 300만 즈음이 있다

《바보 김펠》 (아이작 B.싱거/김창활 옮김, 명지사, 1978) 288쪽

이따금씩

<table>
<tr><td>:</td><td>**이따금씩**</td><td rowspan="2">
○ **이따금** : 얼마쯤씩 있다가 가끔
○ **가끔** : 시간적·공간적 간격이 얼마쯤씩 있게
○ **−씩** : '그 수량이나 크기로 나뉘거나 되풀이됨'의 뜻을 더하는 접미사
</td></tr>
<tr><td>→</td><td>이따금</td></tr>
</table>

'가끔씩'처럼 쓸 적에 겹말이듯이, '이따금씩'처럼 쓸 적에도 겹말입니다. 한국말사전 뜻풀이를 보면 '이따금'을 "얼마쯤씩 있다가 가끔"으로 적고, '가끔'을 "간격이 얼마쯤씩 있게"로 적어요. 이러면 '이따금'은 "얼마쯤씩 있다가 + 얼마쯤씩 있게" 꼴이 되어요. 한국말사전은 '가끔'하고 '이따금'을 똑똑히 가리지 못합니다.

- **가넷은 이따금씩 그런 상상을 하곤 했다**
→ 가넷은 이따금 그런 생각을 하곤 했다
→ 가넷은 이따금 그런 꿈을 꾸곤 했다

《마법 골무가 가져온 여름 이야기》 (엘리자베스 엔라이트/햇살과나무꾼 옮김, 비룡소, 2000) 13쪽

- **그때부터 이따금씩 찾아가곤 했다**
→ 그때부터 이따금 찾아가곤 했다

《오키나와에서 헌책방을 열었습니다》 (우다 도모코/김민정 옮김, 효형출판, 2015) 75쪽

이런 타입의

<table>
<tr><td>:</td><td>**이런 타입의 여자였지**</td><td rowspan="4">
○ **이런** : 상태, 모양, 성질 따위가 이러한
○ **이렇다** : 상태, 모양, 성질 따위가 이와 같다
○ **타입(type)** : 어떤 부류의 형식이나 형태. '모양',
'생김새', '유형'으로 순화
</td></tr>
<tr><td>→</td><td>이런 여자였지</td></tr>
<tr><td>→</td><td>이러한 여자였지</td></tr>
<tr><td>→</td><td>이 같은 여자였지</td></tr>
</table>

→ 이와 같은 여자였지

'모양', '생김새', '유형'으로 고쳐쓸 영어 '타입'입니다. '이런'은 상태나 모양이나 성질이 '이러한'을 나타낸다고 하지요. "이런 타입의 여자"라고 하면 겹말입니다. 한

국말에서는 '이런·이러한'이라는 말씨로 상태든 모양이든 성질이든 모습이든 생 김새든 유형이든 두루 나타냅니다. '타입의'를 덜어 "이런 여자"라고만 하면 돼요. 또는 "이 같은"이나 "이와 같은"이라 할 수 있어요. 더 헤아려 본다면 "이런 타입 의"뿐 아니라 "이런 유형의"나 "이런 모양의"라 해도 겹말 얼거리예요. 모두 '이런' 으로 적으면 돼요. 또는 "이런 갈래인"이나 "이렇게 생긴"이나 "이런 모습인"처럼 적을 수 있습니다.

- **예전부터 사귀는 건 이런 타입의 여자였지**
→ 예전부터 사귈 적에는 이런 여자였지
→ 예전부터 사귈 적에는 이 같은 여자였지

《코우다이 家 사람들 4》 (모리모토 코즈에코/양여명 옮김, 삼양출판사, 2017) 65쪽

이룩할 수 없던 꿈을 실현

: **이룩할 수 없던 꿈을 실현한 것이라고까지**
→ 이룰 수 없던 꿈을 이루었다고까지

> - **이룩하다** : 1. 어떤 큰 현상이나 사업 따위를 이루다 2. 나라, 도읍, 집 따위를 새로 세우다
> - **이루다** : 1. 어떤 대상이 일정한 상태나 결과를 생기게 하거나 일으키거나 만들다 2. 뜻한 대로 되게 하다 3. 몇 가지 부분이나 요소들을 모아 일정한 성질이나 모양을 가진 존재가 되게 하다 4. 예식이나 계약 따위를 진행되게 하다
> - **실현(實現)** : 꿈, 기대 따위를 실제로 이룸. '실제 이루어짐'으로 순화

'이룩하다'하고 '이루다'는 다른 낱말입니다. 나라나 집을 새로 세운다고 할 적에 '이룩하다'를 써요. 또는 큰일이 일어나게 할 적에 씁니다. '이루다'는 바라거나 뜻 한 일이 되도록 할 적에 쓰고, 어떤 일이 생기는구나 싶을 적에 써요. 한국말사전 은 '이룩하다' 첫째 뜻풀이를 '이루다'로 풀이합니다. 잘못 붙인 돌림풀이입니다. 한자말 '실현'은 '이룸·이루다'로 고쳐쓸 낱말이라고 합니다. "이룩할 수 없던 꿈을 실현한"처럼 쓰면 겹말이면서 잘못 쓴 말마디입니다. '이룩할'은 '이룰'로 고쳐야 맞고, '실현한'도 '이룰'로 손질해야지요.

- **좀처럼 이룩할 수 없었던 꿈을 실현한 것이라고까지 말할 수 있다**
- → 좀처럼 이룰 수 없었던 꿈을 이루었다고까지 말할 수 있다

《기시 노부스케와 박정희》 (강상중·현무암/이목 옮김, 책과함께, 2012) 23쪽

이름 쓰는 서명

:   **이름 밑에다 서명을 하세요 … 이름도 쓸 줄**

→   이 자리에다 이름을 쓰세요 … 이름도 쓸 줄

→   이름 밑에다 손글을 쓰세요 … 이름도 쓸 줄

> ○ **서명(署名)** : 1. 자기의 이름을 써넣음.
> 또는 써넣은 것 2. [법률] 본인 고유의
> 필체로 자신의 이름을 제3자가 알아볼 수
> 있도록 씀
> ○ **사인(sign)** : 1. 자기만의 독특한 방법으로
> 자신의 이름을 적음. 또는 그렇게 적은
> 문자. '서명', '수결'로 순화 2. 몸짓이나 눈짓
> 따위로 어떤 의사를 전달하는 일. 또는 그런
> 동작. '신호', '암호'로 순화

영어로는 '사인'이라 하고, 한자말로는 '서명'이라 합니다. 사인이나 서명은 "이름을 쓰는" 일을 가리켜요. 법률 낱말로는 '서명'을 쓴다고 하는데, 한국말로도 얼마든지 새로운 전문 낱말을 지어서 써 볼 만하지 싶습니다. 먼저 '이름쓰기'라 할 수 있어요. 가장 쉬운 말이지요. 이름을 쓰는 일이니 '이름쓰기'라 하면 됩니다. 그리고 '손글'이나 '손글씨'라 해 볼 만합니다. 손으로 쓰는 글이나 글씨라는 뜻이에요. '손이름'이라 해 볼 수 있어요. 손수 이름을 쓴다는 뜻입니다. "이름 밑에다 서명을 하세요"라 하면 "이름 밑에다 이름을 쓰세요"라 말하는 꼴이에요. 겹말이지요. 이런 말씨를 법률 낱말이라고만 여기지 말고, 우리가 앞으로 새롭게 가다듬을 말씨로 바라볼 수 있기를 빕니다.

- **"여기 이름 밑에다 서명을 하세요." "나는 무식해서 이름도 쓸 줄 모른다니까요."**
- → "여기 이 자리에다 이름을 쓰세요." "나는 배운 게 없어서 이름도 쓸 줄 모른다니까요."
- → "여기 이름 밑에다 손글을 쓰세요." "나는 배운 게 없어서 이름도 쓸 줄 모른다니까요."

《노동자의 어머니, 이소선 평전》 (민종덕, 돌베개, 2016) 350쪽

이름을 따서 명명된

: **비너스의 이름을 따서 명명된 금성**

→ 비너스 이름을 딴 금성

→ 비너스라고 이름을 붙인 금성

→ 비너스라고 이름을 지은 금성

→ 비너스라는 이름인 금성

> ° **명명(命名)** : 사람, 사물, 사건 등의 대상에 이름을 지어 붙임

"이름을 지어 붙임"을 뜻하는 '명명'이니, "비너스의 이름을 따서 명명된 금성"이라 하면 겹말입니다. "이름을 따서"만 쓰든 '명명된'만 쓰든 해야지요. 또는 "비너스라고 이름을 붙인 금성"이나 "비너스라는 이름인 금성"으로 써 볼 수 있어요. "이름을 비너스라고 붙인 금성"이나 "이름을 비너스로 지은 금성"으로도 써 볼 만합니다.

• **비너스의 이름을 따서 명명된 금성은 밤하늘에서 달 다음으로 밝은 천체이다**

→ 비너스 이름을 딴 금성은 밤하늘에서 달 다음으로 밝은 별이다

→ 비너스라고 이름을 붙인 금성은 밤하늘에서 달 다음으로 밝다

《우주 100, 1》 (자일스 스패로/강태길 옮김, 청아출판사, 2016) 215쪽

이름이 호명되다

: **이름이 호명된 분은**

→ 호명된 분은

→ 이름이 불린 분은

→ 이름을 들은 분은

> ° **호명(呼名)** : 이름을 부름

이름을 부른다고 할 적에 한자말로 '호명'이라 하니, "이름이 호명된 분"이라 하면 겹말이에요. 한자말을 쓰려면 "호명된 분"이라고만 할 노릇입니다. 한자말을 안 쓰고 싶다면 "이름이 불린 분"이나 "이름을 들은 분"이라 하면 돼요. 또는 "이름을 들으면"이나 "이름을 듣고 나서"나 "이름을 들은 뒤에는"처럼 적어 볼 수 있어요.

- 이름이 호명된 분은 각자 옆방에서 최종면접에 응해 주십시오
→ 이름이 불린 분은 저마다 옆방에서 마지막 면접을 해 주십시오
→ 이름을 들은 분은 따로따로 옆방에서 마지막 면접을 해 주십시오

《중쇄를 찍자! 1》 (마츠다 나오코/주원일 옮김, 애니북스, 2015) 9쪽

−이면서 동시에

: **창조적이면서 동시에 독자적이야**
→ 창조스러우면서 독자스러워
→ 새로우면서 남달라
→ 새로운 길이면서 홀로 서지

> ◦ **−면서·−이면서** : 1. 두 가지 이상의 움직임이나 사태 따위가 동시에 겸하여 있음을 나타내는 연결 어미 2. 두 가지 이상의 움직임이나 사태가 서로 맞서는 관계에 있음을 나타내는 연결 어미
> ◦ **동시(同時)** : 1. 같은 때나 시기 2. (주로 '동시에' 꼴로 쓰여) 어떤 사실을 겸함
> ◦ **겸하다(兼−)** : 1. 한 사람이 본무(本務) 외에 다른 직무를 더 맡아 하다 2. 두 가지 이상의 기능을 함께 지니다

'−면서·−이면서'를 토씨로 붙여서 "같이 있음(동시에 있음)"을 나타내기에 "−이면서 동시에" 같은 말씨는 겹말입니다. '동시에'를 털어야지요. 한국말사전은 '−면서'를 풀이하며 "동시에 겸하여 있음을"로 적는데, '겸하여'는 '함께'를 가리키고 '함께 = 같이'이니, '동시에 겸하여 있음을 = 같이 같이 있음을' 꼴이 되는 겹말풀이입니다.

- **동양 사상은 과거의 사상이면서 동시에 미래의 사상입니다**
→ 동양 사상은 과거 사상이면서 미래 사상입니다
→ 동양 사상은 옛날 사상이면서 앞으로 나아가는 사상입니다
→ 동양 사상은 옛 사상이면서 앞을 바라보는 사상입니다

《당신이 축복입니다》 (기탄교육) 1호(2007.1.) 14쪽

- **사실, 비평은 창조적이면서 동시에 독자적이야**
→ 따져 보면, 비평은 새로운 길이면서 홀로 서지
→ 가만 보면, 비평은 새로우면서 남달라

《오스카리아나》 (오스카 와일드/박명숙 옮김, 민음사, 2016) 324쪽

−이므로 고로

:   **토끼는 새이므로, 고로**

→   토끼는 새이므로

→   토끼는 새이다. 그러므로

> ○ **고로(故-)** : 1. 문어체에서, '까닭에'의 뜻을 나타내는 말
>   2. = 그러므로
> ○ **−므로** : 까닭이나 근거를 나타내는 연결 어미
> ○ **그러므로** : 앞의 내용이 뒤의 내용의 이유나 원인, 근거가
>   될 때 쓰는 접속 부사

'그러므로'를 가리키는 '고로'입니다. 이 보기글처럼 "새이므로, 고로"처럼 쓰면 겹
말이에요. '−이므로/−므로'하고 '고로'가 겹치거든요. '고로'만 덜면 되고, 또는 "토
끼는 새이다. 그러므로"나 "토끼는 새이다. 그래서"처럼 글월을 둘로 나누어 볼 수
있습니다.

• **즉, 토끼는 새이므로, 고로 먹을 수 있다**

→   곧, 토끼는 새이므로, 먹을 수 있다

→   곧, 토끼는 새이다. 그러므로 먹을 수 있다

→   곧, 토끼는 새이기 때문에, 먹을 수 있다

《토끼가 새라고??》 (고선윤, 안목, 2016) 29쪽

이야기하고 거론

:   **이야기하는 사람들 … 거론할 때**

→   이야기하는 사람들 … 이야기할 때

→   이야기하는 사람들 … 말할 때

→   이야기하는 사람들 … 짚을 때

→   이야기하는 사람들 … 다룰 때

> ○ **이야기하다** : 1. 어떤 사물이나 사실, 현상에 대하여 일정한
>   줄거리를 가지고 말을 하거나 글로 쓰다 2. 자신이 경험한
>   지난 일이나 마음속에 있는 생각을 남에게 일러 주다 4. 다른
>   사람과 말을 주고받다
> ○ **거론하다(擧論-)** : 어떤 사항을 논제로 삼아 제기하거나
>   논의하다
> ○ **논의하다(論議-)** : 어떤 문제에 대하여 서로 의견을 내어
>   토의하다
> ○ **토의하다(討議-)** : 어떤 문제에 대하여 검토하고 협의하다
> ○ **협의하다(協議-)** : 여러 사람이 모여 서로 의논하다
> ○ **의논하다(議論-)** : 어떤 일에 대하여 서로 의견을 주고받다
> ○ **의견(意見)** : 어떤 대상에 대하여 가지는 생각

'이야기하다'라 하다가 '거론하다'라 하면 겹말 얼거리입니다. 한국말사전에서 '거론하다'를 살피면 '거론 → 논의 → 토의 → 협의 → 의논 → 의견 주고받다'로 이어져요. 여러 가지 한자말을 돌고 도는데, "의견 주고받다 = 생각 주고받다"이고, 이는 '이야기'예요. 곰곰이 헤아려 보면 '거론·논의·토의·협의·의논'은 한자로 다르게 적을 뿐이지만 모두 '이야기'를 가리키는 셈입니다. 구태여 이런저런 한자말을 쓰려고 하기보다는 '이야기·이야기하다'를 쓰면 됩니다. 그리고 '말하다·짚다·다루다·건드리다·살피다·밝히다·따지다' 같은 낱말을 알맞게 살펴서 써 볼 수 있어요.

- **안 좋은 일들에 대해 이야기하는 사람들은 많잖아. 이제 좋은 부분에 대해서 거론할 때도 되지 않았을까**
→ 안 좋은 일을 이야기하는 사람은 많잖아. 이제 좋은 곳을 이야기할 때도 되지 않았을까
→ 안 좋은 일을 이야기하는 사람은 많잖아. 이제 좋은 곳을 말할 때도 되지 않았을까

《부엌은 내게 사랑하는 법을 가르쳐 주었다》 (사샤 마틴/이은선 옮김, 북하우스, 2016) 295쪽

이어지는 연속

: **넘치도록 이어지는 스케줄의 연속이었다**
→ 넘치도록 이어지는 일거리가 있었다
→ 넘치도록 일거리가 이어졌다
→ 넘치도록 온갖 만남과 일이 이어졌다
→ 넘치도록 수많은 일거리가 이어졌다

> ◦ **연속(連續) :** 끊이지 아니하고 죽 이어지거나 지속함
> ◦ **지속(持續) :** 어떤 상태가 오래 계속됨
> ◦ **계속(繼續) :** 끊이지 않고 이어 나감

한자말 '연속'은 '이어지는' 모습을 가리켜요. "이어지는 스케줄의 연속"처럼 쓰면 겹말이에요. 한국말사전을 보면 '연속 = 이어지거나 지속함'으로 풀이합니다. '지속'은 "어떤 상태가 오래 계속됨"으로 풀이하고, '계속'은 "끊이지 않고 이어 나감"으로 풀이합니다. 이리하여 '연속 = 이어짐 + 지속'이고, '지속 = 계속'이며, '계속 = 이어짐'이 되는 꼴이니 '연속 = 이어짐 + 이어짐'인 셈입니다. 돌림풀이예요.

- **나의 일상은 다이어리의 칸이 넘치도록 이어지는 스케줄의 연속이었다**
→ 내 하루는 수첩 칸이 넘치도록 이어지는 일거리였다
→ 내 하루는 수첩 칸이 넘치도록 일거리가 이어졌다

《17+i, 사진의 발견》 (김윤수, 바람구두, 2007) 165쪽

이어지는 일련의

: **영세기업 등으로 이어지는 일련의 가치사슬**
→ 영세기업 들로 이어지는 가치사슬
→ 영세기업 들로 죽 이어지는 가치사슬
→ 영세기업 들로 이어지는 여러 가치사슬

> ○ **일련(一連)** : 하나로 이어지는 것
> ○ **이어지다** : 1. 끊어졌거나 본래 따로 있던 것이 서로 잇대어지다 2. 끊어지지 않고 계속되다
> ○ **계속되다(繼續-)** : 1. 끊이지 않고 이어져 나가다

"하나로 이어지는" 것을 나타내는 '일련'이기에 "이어지는 일련의 가치사슬"처럼 쓰면 겹말이에요. '일련의'를 덜어내야 알맞습니다. "이어지는 가치사슬"이라고만 하면 돼요. "죽 이어지는 가치사슬"이나 "줄줄이 이어지는 가치사슬"이나 "이어지는 여러 가치사슬"이나 "이어지는 온갖 가치사슬"로 손볼 수도 있어요.

- **영세기업 등으로 이어지는 일련의 가치사슬로 편성되어 있다**
→ 영세기업 들로 이어지는 가치사슬로 엮어 놓았다
→ 영세기업 들로 이어지는 이른바 가치사슬로 이루어졌다
→ 영세기업 들로 이어지는 온갖 가치사슬로 짜 놓았다

《더불어 교육혁명》 (강수돌, 삼인, 2015) 189쪽

이웃 간에 이간질

: **이웃 간에 이간질하고 다녀서**
→ 이웃 사이에 헐뜯고 다녀서

→ 이웃 사이에 나쁜 말을 하고 다녀서

→ 이웃을 헐뜯고 다녀서

> ○ **간(間)** : 1. 한 대상에서 다른 대상까지의 사이
> 2. '관계'의 뜻을 나타내는 말
> ○ **이간질(離間−)** : 두 사람이나 나라 따위의 중간에서 서로를 멀어지게 하는 짓

'이간질'은 "사이(間)가 멀어지게(離) 하는 짓"을 가리킵니다. "이웃 간에 이간질하고"라 하면 "이웃 사이에 사이가 멀어지게 하고"를 나타내니 겹말이에요. '이간질'이라는 말마디를 쓰고 싶다면 "이웃 간에"를 덜고 '이간질하고'만 쓰면 돼요. '간'하고 '이간'이라는 한자말 때문에 겹말 얼거리이니, '간'도 '이간'도 손보고 싶다면 "이웃 사이에 헐뜯고 다녀서"처럼 풀어내 주면 되고요.

- **철거업체에서 나온 아저씨들이 이웃 간에 이간질하고 다녀서 어른들은 점점 적이 되어 가는 듯했다**
→ 철거업체에서 나온 아저씨들이 이웃 사이에 헐뜯고 다녀서 어른들은 자꾸 적이 되어 가는 듯했다
→ 철거업체에서 나온 아저씨들이 이웃을 헐뜯고 다녀서 어른들은 자꾸 서로 미워하는 듯했다

《미래로 가는 희망 버스, 행복한 재개발》 (이은영, 분홍고래, 2015) 70쪽

−이자 동시에

: **못하게 하려는 것이자 동시에**

→ 못하게 하려는 것이자

→ 못하게 하면서

> ○ **−자** : 1. 한 동작이 막 끝남과 동시에 다른 동작이나 사실이 잇따라 일어남을 나타내는 연결 어미 2. 앞의 일이 원인이나 동기가 되어 뒤의 일이 일어남을 나타내는 연결 어미 3. 일정한 자격과 함께 다른 자격이 있음을 나타내는 연결 어미
> ○ **동시(同時)** : 1. 같은 때나 시기 2. (주로 '동시에' 꼴로 쓰여) 어떤 사실을 겸함

한국말은 토씨를 어떻게 붙이느냐에 따라 뜻과 느낌이 달라집니다. 토씨를 제대로 살핀다면 말맛이 살고, 토씨를 제대로 못 살핀다면 말맛이 죽어요. '−자·−이자'라는 토씨는 어떤 일이 '한꺼번에' 일어나는 모습을 가리킬 적에 붙입니다. 보기

글처럼 '-이자 + 동시에' 꼴로 쓰면 겹말 얼거리예요. '동시에'를 털어야 합니다. 이 자리에서는 "못하게 하면서"처럼 토씨를 다르게 붙이면 말맛도 살짝 달라지면서 뜻은 그대로 흐릅니다.

- **가까이 오지 못하게 하려는 것이자 동시에 암놈들은 환영한다는 소리이기도 하다**
- → 가까이 오지 못하게 하려는 것이자 암놈들은 반긴다는 소리이기도 하다
- → 가까이 오지 못하게 하면서 암놈들은 반긴다는 소리이기도 하다

《홀로 숲으로 가다》 (베른트 하인리히/정은석 옮김, 더숲, 2016) 54쪽

이제 막 본격적으로

: **이제 막 본격적으로 나다니기 시작한다**
- → 이제 막 나다닌다
- → 이제부터 나다닌다
- → 바야흐로 나다닌다

> · **본격적(本格的)** : 제 궤도에 올라 제격에 맞게 적극적인
> · **바야흐로** : 이제 한창. 또는 지금 바로

'-적'을 붙이는 말씨인 '본격적'은 '바야흐로'하고 뜻이 맞물립니다. 이제 자리를 잡아 한창 일어나는 모습을 가리키는 '본격적'하고 '바야흐로'예요. 보기글은 "이제 막 본격적으로"로 적는데, "이제 막(= 바야흐로)"하고 '본격적으로'가 겹말이 됩니다. '본격적으로'를 털어낼 노릇이에요. 또는 '바야흐로'로만 적어 볼 수 있고, '이제부터'나 '이즈음부터'로 적어도 어울립니다.

- **꽤 어둑어둑해졌고 갈색지빠귀들이 이제 막 본격적으로 나다니기 시작한다**
- → 꽤 어둑어둑해졌고 밤빛지빠귀들이 이제 막 나다닌다
- → 꽤 어둑어둑해졌고 밤빛지빠귀들이 바야흐로 나다닌다

《홀로 숲으로 가다》 (베른트 하인리히/정은석 옮김, 더숲, 2016) 42쪽

이 치아

: **이도 아팠고, 치아 건강에 나쁜 습관**

→ 이도 아팠고, 이에 나쁜 버릇

→ 이도 아팠고, 이가 튼튼할 수 없는 나쁜 버릇

> ○ **치아(齒牙)** : '이'를 점잖게 이르는 말
> ○ **이** : 척추동물의 입 안에 있으며 무엇을 물거나 음식물을 씹는 역할을 하는 기관

'이'와 '치아'는 같은 곳을 가리키기에 두 낱말을 나란히 쓰면 겹말이에요. 한국말 사전은 '치아'라는 한자말이 '이'를 점잖게 이른다고 풀이합니다. 이러한 풀이는 예전 사회에서 신분과 계급으로 가르던 틀에서 벗어나지 못하는 모습입니다. 한국말은 낮잡고 한자말은 높이던 슬픈 버릇이지요. 이제는 한국사람이 한국말을 낮잡는 바보스러운 굴레를 털어낼 수 있어야지 싶어요. '치아'는 '이'를 점잖게 이르는 말이 아니라, 그저 '이'를 가리킬 뿐인 한자말입니다.

• **입술도 아프고 이도 아팠다. 입술과 치아 건강에 나쁜 습관이다**

→ 입술도 아프고 이도 아팠다. 입술과 이 건강에 나쁜 버릇이다

→ 입술도 아프고 이도 아팠다. 입술과 이에 나쁜 버릇이다

《나의 린드그렌 선생님》 (유은실, 창비, 2005) 28쪽

• **빗장을 이빨로 물어뜯어 치아가 다 닳아 없어질 지경이었다**

→ 빗장을 이빨로 물어뜯어 이가 다 닳아 없어질 노릇이었다

→ 빗장을 이빨로 물어뜯어 이빨이 다 닳아 없어질 노릇이었다

《사향고양이의 눈물을 마시다》 (이형주, 책공장더불어, 2016) 141쪽

일 노동

: **일을 회피하고 싶지는 … 단지 노동을 하려고**

→ 일을 꺼리고 싶지는 … 그저 일만 하려고

→ 일을 멀리하고 싶지는 … 그냥 일만 하려고

→ 일을 안 하고 싶지는 … 오직 일만 하려고

> ○ **일** : 1. 무엇을 이루거나 적절한 대가를 받기 위하여 어떤 장소에서 일정한 시간 동안 몸을 움직이거나 머리를 쓰는 활동
> ○ **노동(勞動)** : [경제] 사람이 생활에 필요한 물자를 얻기 위하여 육체적 노력이나 정신적 노력을 들이는 행위

한국말사전을 살피면, '일'은 "몸을 움직이거나 머리를 쓰는" 때를 가리킨다고 해요. '노동'은 "육체적 노력이나 정신적 노력을 들이는" 때를 가리킨다고 하고요. 한국말 '일'은 한국말로 풀이하는 모습이고, 한자말 '노동'은 한자말로 풀이하는 얼거리예요. '일'이든 '노동'이든 똑같은 모습을 가리킵니다. 보기글처럼 두 낱말을 섞으면 겹말이 돼요. 앞이나 뒤 모두 '일'이라는 낱말을 쓰면 넉넉합니다.

- **일을 회피하고 싶지는 않지만 이곳에 단지 노동을 하려고 온 것은 아니기 때문이다**
- → 일을 꺼리고 싶지는 않지만 이곳에 그저 일만 하려고 오지는 않았기 때문이다
- → 일을 멀리하고 싶지는 않지만 이곳에 그냥 일만 하려고 오지는 않았기 때문이다
- → 일을 안 하고 싶지는 않지만 이곳에 오직 일만 하려고 오지는 않았기 때문이다

《홀로 숲으로 가다》 (베른트 하인리히/정은석 옮김, 더숲, 2016) 82쪽

일 사건

: **엄청난 일이 생겼어요. 모든 걸 바꿔 놓을 만한 사건이었지요**
- → 엄청난 일이 생겼어요. 모든 걸 바꿔 놓을 만한 일이었지요
- → 엄청난 일이 생겼어요. 모든 걸 바꿔 놓을 만했지요

> ◦ **사건(事件)** : 사회적으로 문제를 일으키거나 주목을 받을 만한 뜻밖의 일

'사건'이란 무엇일까요? "침몰 사건"이나 "역사 사건"이라고 하는 자리에서는 이 한자말을 쓸 만하지만 "배가 가라앉은 사건"이나 "역사에 남을 사건"이라고 하는 자리에서는 "배가 가라앉은 일"이나 "역사에 남을 일"처럼 쓸 만합니다. "사건이 터지다"나 "사건을 풀다"나 "사건이 생기다"는 "일이 터지다"나 "일을 풀다"나 "일이 생기다"로 손질해서 쓸 만해요. 한국말사전 뜻풀이에서도 알 수 있듯이 '사건'은 바로 '일'을 가리킵니다. 보기글에서는 앞뒤 모두 '일'로 적을 만하고, 뒤쪽을 단출하게 "바꿔 놓을 만했지요"로 손볼 수 있어요.

- **학교에서 엄청난 일이 생겼어요. 모든 걸 바꿔 놓을 만한 사건이었지요**
- → 학교에서 엄청난 일이 생겼어요. 모든 걸 바꿔 놓을 만한 일이었지요

→　학교에서 엄청난 일이 생겼어요. 모든 걸 바꿔 놓을 만했지요

《뜨개질하는 소년》 (크레이그 팜랜즈/천미나 옮김, 책과콩나무, 2015) 18쪽

일상은 삶입니다

： 일상은 대부분 산기슭의 삶입니다

→　삶은 거의 산기슭에서 보냅니다

→　우리 삶은 거의 멧기슭에 있습니다

→　우리는 거의 멧기슭에서 하루를 보냅니다

→　우리는 거의 멧기슭에 삽니다

→　우리는 거의 멧기슭에서 지냅니다

> ○ **일상(日常) :** 날마다 반복되는 생활
> ○ **생활(生活) :** 1. 사람이나 동물이 일정한 환경에서 활동하며 살아감 4. 어떤 행위를 하며 살아감
> ○ **삶 :** 1. 사는 일. 또는 살아 있음

날마다 되풀이되는 '생활'을 '일상'이라 한다는데, '생활 ＝ 삶'이에요. "일상은 산기슭의 삶입니다"라 하면 겹말 얼거리입니다. 보기글은 앞쪽에 '삶'을 넣어 "삶은 거의 멧기슭에서 보냅니다"로 손보거나, 뒤쪽에 '살다'를 넣어 "우리는 거의 멧기슭에서 삽니다"로 손보아야지 싶어요. '일상'이라는 한자말을 꼭 쓰고 싶다면 "일상은 거의 산기슭에서 보냅니다"로 적을 수 있어요.

• 산 정상에 올라가야 숨 막히는 전경을 볼 수 있지만 그곳에 오래 머무를 수는 없습니다. 일상은 대부분 산기슭의 삶입니다

→　산꼭대기에 올라가야 숨 막히는 모습을 볼 수 있지만 그곳에 오래 머무를 수는 없습니다. 삶은 거의 산기슭에서 보냅니다

→　멧꼭대기에 올라가야 숨 막히는 모습을 볼 수 있지만 그곳에 오래 머무를 수는 없습니다. 우리는 거의 멧기슭에 삽니다

《새로운 길을 가는 사람》 (조정민, 두란노, 2013) 13쪽

일상의 나날

: **아이들과 함께하는 일상의 나날**

→ 아이들과 함께하는 나날

→ 아이들과 함께하는 하루

→ 아이들과 함께하는 살림

> ○ **일상(日常)** : 날마다 반복되는 생활
> ○ **나날** : 계속 이어지는 하루하루의 날들

날마다 되풀이되는 삶을 한자말로 '일상'이라 한다는데, 한국말 '나날'도 '일상'하고 뜻이 맞물립니다. "일상의 나날"이라 하면 겹말이에요. 한자말 '일상'만 쓰든지 한국말 '나날'만 써야 올발라요. 또는 '하루'나 '삶'이나 '살림'으로 손볼 수 있습니다. 꾸밈말을 붙여서 "여느 살림"이나 "수수한 삶"이나 "오늘 하루"로 손볼 만합니다.

• **아이들과 함께하는 일상의 나날을 가능한 한 친환경적이고 건강에 유해하지 않도록**

→ 아이들과 함께하는 나날을 되도록 환경에 좋고 몸에 나쁘지 않도록

→ 아이들과 함께하는 살림을 되도록 좋은 환경이고 몸에 나쁘지 않도록

《우리는 플라스틱 없이 살기로 했다》 (산드라 크라우트바슐/류동수 옮김, 양철북, 2016) 60쪽

일상의 삶

: **일상의 평온한 삶**

→ 평온한 삶

→ 조용한 삶

→ 수수하고 조용한 삶

→ 수수하고 따스한 삶

> ○ **삶** : 1. 사는 일. 또는 살아 있음 2. 목숨 또는 생
> ○ **일상(日常)** : 날마다 반복되는 생활
> ○ **생활(生活)** : 1. 사람이나 동물이 일정한 환경에서 활동하며 살아감 2. 생계나 살림을 꾸려 나감 3. 조직체에서 그 구성원으로 활동함 4. 어떤 행위를 하며 살아감

'일상'은 '생활'을 가리킨다 하고, '생활'은 '삶'을 가리킵니다. "일상의 평온한 삶"처럼 쓰면 "삶의 평온한 삶" 같은 꼴이라 겹말입니다. '일상의'를 덜어서 "평온한 삶"이라고만 쓰면 됩니다. 또는 "수수하고 따스한 삶"이라든지 "수수한 삶"이라든지 "조용한 삶"으로 손볼 만해요.

- **전쟁이 일어나면 사랑하는 가족과 일상의 평온한 삶 모두를 잃어버린다**
→ 전쟁이 일어나면 사랑하는 한식구와 수수한 삶 모두를 잃어버린다
→ 전쟁이 일어나면 사랑하는 사람과 수수하고 따스한 삶 모두를 잃어버린다

《과학을 읽다》 (정인경, 여문책, 2016) 79쪽

일을 작파

: **일을 작파하고**
→ 일을 그만두고
→ 일을 그치고
→ 일을 끝내고
→ 일을 놓고

> ◦ **작파(作破)** : 1. 어떤 계획이나 일을 중도에서 그만두어 버림 2. 무엇을 부수어 버림
> ◦ **그만두다** : 1. 하던 일을 그치고 안 하다 2. 할 일이나 하려고 하던 일을 안 하다
> ◦ **그치다** : 1. 계속되던 일이나 움직임이 멈추거나 끝나다 2. 더 이상의 진전이 없이 어떤 상태에 머무르다
> ◦ **멈추다** : 1. 사물의 움직임이나 동작이 그치다 2. 비나 눈 따위가 그치다
> 3. 사물의 움직임이나 동작을 그치게 하다

'작파'라는 한자말은 '일(作) + 그만두다(破)' 꼴이기에 "일을 그만두다"를 가리키니, "일을 작파하고"처럼 쓰면 겹말이 됩니다. 한자말을 쓸 생각이라면 '작파하고'라고만 쓸 노릇인데, 말뜻 그대로 쉽게 "일을 그만두고"나 "일을 그치고"로 손볼 때에 한결 낫다고 느낍니다. 한국말사전에서 '작파'를 찾아보면 "공장 일을 작파하고 집에서 쉬고 있다"나 "생업을 작파하고" 같은 보기글이 나옵니다. 모두 겹말로 잘못 쓴 보기글입니다. 이런 글월은 "공장에서 작파하고 집에서 쉰다"나 "공장 일을 그치고 집에서 쉰다"라든지 "생업을 그만두고"나 "먹고사는 일을 그만두고"로 손질해 줍니다. 한국말사전에서 '그만두다'를 찾아보면 '그치다'로 풀이하고, '그치다'는 다시 '멈추다'로 풀이하는데, '멈추다'는 '그치다'로 풀이하는 돌림풀이 얼거리입니다.

- **서둘러 하던 일을 작파하고 뒤따라 나섰다**
→ 서둘러 하던 일을 그만두고 뒤따라 나섰다
→ 서둘러 하던 일을 그치고 뒤따라 나섰다

《전라도, 촌스러움의 미학》 (황풍년, 행성B잎새, 2016) 96쪽

일일이 개인적으로

:   **일일이 개인적으로 인사를 나누었다**
→   하나하나 인사를 나누었다
→   따로따로 인사를 나누었다
→   모두한테 인사를 나누었다

◦ **일일이(－－－)** : 1. 하나씩 하나씩 2. 한 사람씩
  한 사람씩 3. 이것저것 자세히. 또는 꼬박꼬박
  세심한 정성을 들여 4. 여러 가지 조건에
  그때그때마다 ≒ 하나하나
◦ **하나하나** : 1. 어떠한 것을 이루는 낱낱의 대상
  2. = 일일이
◦ **개인적(個人的)** : 개인에 속하거나 관계되는
◦ **개인(個人)** : 국가나 사회, 단체 등을 구성하는
  낱낱의 사람

한자말 '일일이'는 '하나하나'하고 뜻이 같습니다. '낱낱'을 가리키는 '일일이'요, '개인적·개인'도 '낱낱'을 가리키지요. "일일이 개인적으로"라 하면 겹말이에요. 두 한자말이 어떤 뜻인가를 헤아리면 '하나하나'나 '하나씩'이나 '따로'나 '따로따로'로 손볼 만해요. 또는 "하나씩 따로"나 '모두한테'나 "모든 염소랑"으로 손볼 수 있습니다.

•   **이 염소한테 갔다 저 염소한테 갔다 하며 일일이 개인적으로 인사를 나누었다**
→   이 염소한테 갔다 저 염소한테 갔다 하며 하나하나 인사를 나누었다
→   이 염소한테 갔다 저 염소한테 갔다 하며 따로따로 인사를 나누었다
→   이 염소한테 갔다 저 염소한테 갔다 하며 모든 염소랑 인사를 나누었다

《하이디》(요한나 슈피리/한미희 옮김, 비룡소, 2003) 58쪽

일 작업

:   **작업 허가받기 같은 일**
→   일을 허가받는 일
→   허가를 받는 일

◦ **작업(作業)** : 1. 일을 함 2. 일정한
  목적과 계획 아래 하는 일

한자말 '작업'은 '일함·일'을 뜻합니다. '작업'하고 '일'을 나란히 적으면 겹말이에

요. "작업 허가받기 같은 일"이란 "일 허가받기 같은 일"인 셈인데, 이는 무엇을 나타낼까요? 아리송하지요. 어떤 일인가를 뚜렷하게 밝히지 않는다면 이런 겹말 얼거리가 자꾸 불거집니다.

- **난 어려운 일을 해 보았기 때문이다. 이를테면 작업 허가받기 같은 일 말이다**
- → 난 어려운 일을 해 보았기 때문이다. 이를테면 허가받기 같은 일 말이다
- → 난 어려운 일을 해 보았기 때문이다. 이를테면 어떤 허가를 받는 일 말이다

《홀로 숲으로 가다》 (베른트 하인리히/정은석 옮김, 더숲, 2016) 14쪽

일정한 간격으로 나란히

: **일정한 간격으로 나란히 서 있다**
→ 나란히 있다
→ 나란히 섰다

> ○ **일정하다(一定-)** : 1. 어떤 것의 크기, 모양, 범위, 시간 따위가 하나로 정하여져 있다 2. 어떤 것의 양, 성질, 상태, 계획 따위가 달라지지 아니하고 한결같다 3. 전체적으로 흐름이나 절차가 규칙적이다
> ○ **규칙적(規則的)** : 일정한 질서가 있거나 규칙을 따르는
> ○ **나란하다** : 1. 여럿이 줄지어 늘어선 모양이 가지런하다 2. 여러 줄이 평행하다
> ○ **가지런하다** : 여럿이 층이 나지 않고 고르게 되어 있다
> ○ **고르다** : 1. 여럿이 다 높낮이, 크기, 양 따위의 차이가 없이 한결같다

"일정한 간격"을 헤아려 봅니다. "한결같은 간격"이나 "규칙적인 간격"이 될 텐데, '규칙적 = 일정한 질서가 있는'이라고 하니, 돌림풀이입니다. 보기글은 "일정한 간격으로 나란히"라고 적은 겹말입니다. 왜 이 보기글이 겹말인가 하면 '나란히'라는 낱말이 '나란히 = 가지런히 = 고르게 = 한결같이'로 빙글빙글 돌면서 '일정한'하고 만나기 때문이에요. 다시 말해서 "일정한 간격으로 나란히"는 "나란히 나란히"로 적은 꼴입니다.

- **논 위에 커다란 삿갓 모양의 짚가리 여섯 개가 일정한 간격으로 나란히 서 있다**
- → 논에 커다란 삿갓 같은 짚가리 여섯이 나란히 있다
- → 논에 커다란 삿갓 같은 짚가리 여섯이 나란히 섰다

《씨앗은 힘이 세다》 (강분석, 푸르메, 2006) 106쪽

일찍 선행

: **일찍 선행해 온 존재**
→ 일찍 살아온 것
→ 일찍 있던 숨결

○ **선행(先行)** : 1. 어떠한 것보다 앞서가거나 앞에 있음 2. 딴 일에 앞서 행함
○ **일찍** : = 일찍이
○ **일찍이** : 1. 일정한 시간보다 이르게 2. 예전에

'선행'이라는 한자말은 '앞'에 있는 어떤 것이나 몸짓을 가리킵니다. '일찍'이라는 한국말은 다른 것보다 이른 것이나 몸짓을 가리켜요. '선행'도 '일찍'도 앞에 있는 것이나 먼저 이루는 것을 가리키지요. 두 낱말 가운데 하나만 골라서 쓸 노릇이고, 아니면 '먼저' 같은 말을 넣어 볼 수 있습니다.

• **연어는 이 지구상에서 인간보다 일찍 선행해 온 존재다**
→ 연어는 이 지구에서 사람보다 일찍 살아온 목숨이다
→ 연어는 이 지구에서 사람보다 먼저 살았다
→ 연어는 이 지구에서 사람보다 앞서서 살았다

《은빛 물고기》 (고형렬, 최측의농간, 2016) 252쪽

읽고 독파하다

: **책도 다 안 읽고 … 한 권 한 권 독파해**
→ 책도 다 안 읽고 … 한 권 한 권 읽어
→ 책도 다 안 읽고 … 한 권 한 권 다 읽어
→ 책도 다 안 읽고 … 한 권 한 권 끝까지 읽어

○ **독파(讀破)** : 많은 분량의 책이나 글을 처음부터 끝까지 다 읽음

'독파'는 '읽는' 몸짓을 가리킵니다. "읽고 독파하다" 얼거리로 쓰면 겹말이 되어요. 앞뒤를 다른 낱말로 쓰고 싶다든지, 뒤쪽에서는 좀 힘주어 말하고 싶다면, "끝까지 읽어 나가자"나 "다 읽어 나가자"로 손볼 만하고, "읽어 치우자"나 "읽어 내자"나 "모조리 읽어 내자"로 손볼 수 있습니다.

- 여기 있는 책도 다 안 읽고 불평만 했으니 오만했구나. 처음부터 한 권 한 권 독파해 나가자
→ 여기 있는 책도 다 안 읽고 투덜대기만 했으니 건방졌구나. 처음부터 한 권 한 권 다 읽어 나가자
→ 여기 있는 책도 다 안 읽고 투덜대기만 했으니 건방졌구나. 처음부터 한 권 한 권 읽어 치우자

《아! 인생찬란 유구무언》 (신현림, 문학동네, 2004) 10쪽

읽는 독법

: **읽는 독법을 갖고 있는데도**
→ 읽는 법을 아는데도
→ 읽는 솜씨가 있는데도
→ 읽을 줄 아는데도
→ 읽어 내는데도

> ◦ **독법(讀法)** : 글이나 책을 읽는 방법

'독법(讀法)'은 글이나 책을 읽는 법을 말하고, '독서법(讀書法)'은 책을 읽는 법을 말한다고 합니다. '독법'이란 '글읽기법'인 셈이고, '독서법'은 '책읽기법'인 셈입니다. "읽는 독법"처럼 쓰면 겹말이에요. "읽는 법"으로 손볼 노릇입니다.

- **요점을 정확히 이해하며 읽는 독법을 갖고 있는데도**
→ 줄거리를 제대로 헤아리며 읽을 줄 아는데도
→ 고갱이를 올바로 살피며 읽을 수 있는데도

《생각의 안과 밖》 (김병익, 문이당, 1997) 203쪽

- **그러나 그 연관은 너무나 희미해서 하루키를 읽는 독법에 따라 큰 차이를 낳는다**
→ 그러나 그리 연관되지 않으니 하루키를 읽는 법에 따라 크게 다르다
→ 그러나 너무나 옅게 얽혀서 하루키를 읽는 눈길에 따라 크게 다르다
→ 그러나 그다지 얽히지 않아서 하루키를 어떻게 읽느냐에 따라 크게 다르다
→ 그러나 그다지 얽히지 않으니 하루키를 어찌 읽느냐에 따라 크게 다르다

《장정일의 독서일기》 (장정일, 범우사, 1994) 23쪽

임금 왕

:   **왕이 되려고 … 임금님은 어떻게 해서든지**

→   임금이 되려고 … 임금님은 어떻게 해서든지

> ◦ **임금** : 군주 국가에서 나라를 다스리는
>   우두머리
> ◦ **왕(王)** : 1. = 임금 2. 일정한 분야나 범위
>   안에서 으뜸이 되는 사람이나 동물 따위를
>   비유적으로 이르는 말

한국말 '임금'을 한자말로는 '왕(王)'으로 적어요. 두 낱말을 섞어서 쓰지 말고 모두 '임금'으로 쓰면 돼요. 한국말사전을 살피면 어떤 일을 아주 잘해서 으뜸이 될 적에 '왕'을 붙인다고 하는데, 이때에도 '임금'을 붙여 볼 만해요. 아니면 뜻 그대로 '으뜸'이라 하면 되고요.

- "나를 몰아내고 이 나라의 왕이 되려고 할 게 틀림없어." 그렇게 생각한 임금님은 어떻게 해서든지 그 남자를 없애버리지 않으면 안 되겠다고 생각했습니다
- → "틀림없이 나를 몰아내고 이 나라 임금이 되려고 할 테지." 그렇게 생각한 임금님은 어떻게 해서든지 그 사내를 없애버리지 않으면 안 되겠다고 생각했습니다

《임금님과 아홉 형제》 (아카바 수에키치/박지민 옮김, 북뱅크, 2003) 19쪽

입맛에 맞게 가미

:   **입맛에 맞게 가미된다**

→   입맛에 맞게 더한다

→   입맛에 맞게 더 넣는다

> ◦ **가미(加味)** : 1. 음식에 양념이나 식료품을 더 넣어 맛이 나게 함
>   2. 본래의 것에 다른 요소를 보태어 넣음

더 넣어 맛이 나게 한다는 '가미'이니, "입맛에 맞게 가미된다"처럼 쓰면 겹말입니다. 한자말이 좋으면 '가미된다'라고만 쓴지, 한자말을 굳이 안 쓰고 싶다면 "입맛에 맞게 더한다"로 손질합니다. 이 보기글이 실린 책을 살피면 바로 뒤에서는 "국수의 맛을 더한다"로 적습니다. 이 대목에서는 "국수의 맛을 가미한다"처럼 안 써요. "맛을 더한다 = 가미한다"라는 얼거리를 잘 살펴서 겹말이 안 되도록 다듬

어 주기를 바랍니다.

- **액젓 또한 입맛에 맞게 가미된다. 그 모든 것들이 어우러져 국수의 맛을 더한다**
- → 액젓 또한 입맛에 맞게 더한다. 그 모두가 어우러져 국수 맛을 더한다
- → 액젓 또한 입맛에 맞게 더 넣는다. 그 모두가 어우러져 국수 맛을 더한다

《우리 음식의 언어》 (한성우, 어크로스, 2016) 140쪽

입문에 발을 들이다

:   **입문에 발을 들인 정도인데**
→ 입문했을 뿐인데
→ 발을 들였을 뿐인데
→ 발을 들인 셈인데

> ◦ **입문(入門)** : 1. 무엇을 배우는 길에 처음 들어섬 2. 어떤 학문의 길에 처음 들어섬. 또는 그때 초보적으로 배우는 과정

어느 길에 처음 들어서는 모습을 놓고 '입문'이라는 한자말을 씁니다. 이러한 모습을 두고 "발을 들인다"고도 하지요. "입문에 발을 들인"처럼 쓰면 겹말이에요. 한자말을 쓰고 싶으면 '입문한'이라 해 줍니다. 한국말을 쓰려 한다면 "발을 들인"이라 하면 되고요. 한 낱말로는 '들어서기·들어서다'라 할 수 있고, '발들이기·발들이다' 같은 낱말을 새롭게 지어 볼 수 있어요.

- **이제 겨우 입문에 발을 들인 정도인데**
- → 이제 겨우 발을 들인 셈인데
- → 이제 겨우 발을 들였을 뿐인데
- → 이제 겨우 발을 들였다 할 텐데

《바 레몬하트 1》 (후루유 미츠토시/편집부 옮김, AK 코믹스, 2011) 133쪽

- 있다

> ○ **있다** : [동사] 3. 사람이나 동물이 어떤 상태를 계속 유지하다
> [형용사] 7. 사람이나 사물 또는 어떤 사실이나 현상 따위가
> 어떤 곳에 자리나 공간을 차지하고 존재하는 상태이다
> [보조동사] 2. 앞말이 뜻하는 행동이 계속 진행되고 있거나 그
> 행동의 결과가 지속됨을 나타내는 말

한국말은 한국말이기 때문에 한국 말씨랑 말법이 있어요. 이를 영어나 일본말 틀이나 결에 짜맞추면 여러모로 엉성합니다. 잠을 자면 '자·잔다'라 하고, 글을 쓰면 '써·쓴다'라 하며, 하늘을 보면 '봐·본다'고 하지요. 이를 "자고 있다"나 "쓰고 있다"나 "보고 있다"처럼 '있다'를 군더더기로 붙여야 하지 않아요. 영어나 일본말이나 번역 말씨 때문에 "(하)고 있다" 꼴로 현재진행형을 그린다고 흔히 다루고 마는데, 한국 말씨로는 '있다'를 붙이지 않아도 '이 자리에서 그대로 이루어지는 결'을 넉넉히 나타냅니다. '늘어섰'는지 '있'는지, '앞두었'는지 '있'는지, '누웠'는지 '있'는지 똑똑히 말해야 올발라요.

* **고교 입시를 앞두고 있다고**
→ 고교 입시를 앞두었다고
→ 고교 입시가 있다고

《이누야샤 3》 (타카하시 루미코/서현아 옮김, 학산문화사, 2002) 85쪽

* **저기 누워 있는 아빠한테 물어보면 되잖아**
→ 저기 누운 아빠한테 물어보면 되잖아
→ 저기 있는 아빠한테 물어보면 되잖아

《아따 맘마 7》 (케라 에이코/이정화 옮김, 대원씨아이, 2005) 4쪽

* **그저 글씨가 늘어서 있을 뿐인데, 어째서 나는 우는 걸까**
→ 그저 글씨가 늘어섰을 뿐인데, 어째서 나는 울까
→ 그저 글씨가 있을 뿐인데, 어째서 나는 울까

《중쇄를 찍자! 1》 (마츠다 나오코/주원일 옮김, 애니북스, 2015) 97쪽

자고로 예부터

: 자고로 예부터

→ 예부터

→ 옛날부터

→ 옛날 옛적부터

'예 + 부터'로 씁니다. 한국말사전은 '예 + 로 + 부터'로 쓰는데, 이 대목은 바로잡 아야지 싶어요. 아무튼 한자말 '자고로'는 '= 자고이래로'라 하고, '자고이래로'는 '= 예부터'라고 해요. "자고로 예부터"라 하면 겹말입니다. '예부터'라고만 하면 돼 요. 또는 '옛날부터'나 '옛적부터'나 '옛날 옛적부터'라 해 볼 수 있습니다.

• **자고로 예부터 농부를 구분하길**

→ 예부터 농부를 가르길

→ 옛날부터 시골 일꾼을 나누길

《호미 한 자루 농법》(안철환, 들녘, 2016) 42쪽

자기네 본국

: 자기네 본국으로

→ 저희 나라로

→ 제 나라로

→ 제가 살던 나라로

→ 제가 있던 나라로

"자기 나라"를 가리키는 한자말 '본국'이니, "자기네 본국"이라고 하면 겹말입니 다. "자기네 나라"로 손질하든가 '본국'이라고만 적어야 올발라요. 또는 "저희 나 라"나 "제 나라"로 손볼 수 있어요. "제 고향나라"처럼 써 볼 수 있고, "제가 살던 나라"로 풀어서 써도 돼요.

- **자기네 본국으로 송환되는 중일 걸세**
→ 저희 나라로 보내지는 걸세
→ 제 나라로 돌려보내는 걸세

《겁없는 허수아비의 모험》 (필립 풀먼/양원경 옮김, 비룡소, 2009) 54쪽

자기 손으로 직접

: **자기 손으로 직접 해야 하는**
→ 저희 손으로 해야 하는
→ 제 손으로 해야 하는
→ 손수 해야 하는

> ○ **직접(直接)** : 중간에 아무것도 개재시키지 아니하고 바로
> ○ **개재(介在)** : 어떤 것들 사이에 끼여 있음. '끼어듦', '끼여 있음'으로 순화
> ○ **손수** : 남의 힘을 빌리지 아니하고 제 손으로 직접

한국말사전에서 '직접'을 찾아보면 "사이에 아무것도 개재시키지 않고 바로"로 풀이하는데, '개재'는 '끼어듦'이나 '끼었음(←끼여 있음)'으로 고쳐쓰라고 나와요. 한국말사전은 스스로 뒤죽박죽이라고 밝히는 얼거리입니다. 아무튼 "사이에 아무것도 끼지 않으면서 바로"를 가리키는 '직접'이기에, 이는 다른 사람 손을 거치지 않는다는 뜻이요, 다른 사람이 내 일을 딱히 끼어들어서 해 주거나 맡지 않는다는 뜻입니다. 그러니까 '내 일'은 내가 '손수' 한다는 뜻이에요. 한국말사전은 '손수'를 "제 손으로 직접"으로 풀이합니다. 돌림풀이로군요. "자기 손으로 직접 해야" 꼴로 쓰면 겹말이 됩니다. "직접 해야"처럼 쓰든지 "자기 손으로 해야"처럼 쓸 노릇이에요. 또는 "제 손으로 해야"나 "손수 해야"로 손볼 수 있습니다.

- **가난한 사람들은 자기 손으로 직접 해야 하는 일이 특별히 주목받을 만큼 가치 있다고 생각하지 않는다**
→ 가난한 사람들은 제 손으로 해야 하는 일이 딱히 눈길받을 만큼 값어치 있다고 생각하지 않는다
→ 가난한 사람들은 저희 손으로 해야 하는 일이 남달리 눈길받을 만큼 값있다고 생각하지 않는다

《사도 바오로》 (E.P.샌더스/전경훈 옮김, 뿌리와이파리, 2016) 29쪽

자기 스스로

:   자기 스스로 안데르센이 되기 때문이다

→   스스로 안데르센이 되기 때문이다

→   저희가 바로 안데르센이 되기 때문이다

> • **자기(自己)** : 1. 그 사람 자신 2. [철학] =
>   자아(自我) 3. 앞에서 이미 말하였거나 나온 바
>   있는 사람을 도로 가리키는 삼인칭 대명사
> • **스스로** : 1. 자기 자신 2. 자신의 힘으로 3. 남이
>   시키지 아니하였는데도 자기의 결심에 따라서

한국말사전을 살피면 '스스로'를 "자기 자신"으로 풀이하거나, '자기'랑 '자신'이라는 한자말을 써서 풀이를 해요. 한자말 '자기'는 '자신'이라는 다른 한자말로 풀이를 하지요. 이러한 얼거리라면 '스스로'나 '자기'가 무엇을 가리키는지 알 노릇이 없습니다. 다만 '스스로'나 '자기'를 가만히 살피면 모두 '나'를 가리킵니다. "자기 스스로"는 겹말입니다. "자기 자신"이라는 겹말에서 '자신'을 '스스로'라는 한국말로 바꿔 주었을 뿐입니다. "자기 자신"은 "나 자신"이나 "나 스스로"로 바꿔서 쓸 수도 있겠지요. 이때에는 낱말을 한국말로 바꾸기만 할 뿐, 아직 겹말 얼거리에서 벗어난 모습은 아닙니다. 겹말이 아닌 제대로 된 한국말로 쓰려 한다면 "나 스스로"가 아니라 "내가 스스로"처럼 토씨를 알맞게 붙이면서 다듬어 주어야 합니다. 또는 "내가 나를"로 고쳐쓸 수 있을 테고, '스스로'만 써 볼 수 있어요.

* **아이들은 읽을 동화가 없으면 자기 스스로 안데르센, 그림, 예르쇼프가 되기**
  때문이다
→   아이들은 읽을 동화가 없으면 스스로 안데르센, 그림, 에르쇼프가 되기 때문이다
→   아이들은 읽을 동화가 없으면 저희가 바로 안데르센, 그림, 에르쇼프가 되기
  때문이다

《두 살에서 다섯 살까지》 (코르네이 추콥스키/홍한별 옮김, 양철북, 2006) 187쪽

* **자기 스스로를 객관적인 웃음거리로 삼아 소설을 쓰는 행위를 통해**
→   바로 나를 사람들한테 웃음거리로 삼아 소설을 쓰는 몸짓을 보이며
→   내가 나를 사람들한테 웃음거리로 삼아 소설을 쓰면서
→   스스로를 사람들한테 웃음거리로 삼아 소설을 쓰면서

《강상중과 함께 읽는 나쓰메 소세키》 (강상중, 에이케이커뮤니케이션즈, 2016) 22쪽

자기 자신

: **자기 자신을 우스꽝스럽게 만들 때**

→ 저를 스스로 우스꽝스럽게 할 때

→ 내가 나를 우스꽝스럽게 다룰 때

> ○ **자기(自己) :** 1. 그 사람 자신 2. [철학] = 자아(自我)
>   3. 앞에서 이미 말하였거나 나온 바 있는 사람을 도로
>   가리키는 삼인칭 대명사
> ○ **자신(自身) :** 1. 그 사람의 몸 또는 바로 그 사람을
>   이르는 말 2. 다름이 아니고 앞에서 가리킨 바로 그
>   사람임을 강조하여 이르는 말
> ○ **나 :** 1. 말하는 이가 대등한 관계에 있는 사람이나
>   아랫사람을 상대하여 자기를 가리키는 일인칭 대명사
>   2. 남이 아닌 자기 자신 3. [철학] = 자아(自我)

"자기 자신"이 겹말이라고 느끼기는 쉽지 않으리라 봅니다. 말뜻과 말결을 차근차근 살핀다면 이 말씨는, 겹말인 줄 느끼면서, 알맞게 가다듬을 길을 생각해 볼 수 있습니다. 한국말사전을 찾아보면 "자기 자신"이라는 말마디를 아무렇지 않게 씁니다. 아무래도 사전을 엮은 분 스스로 이 말씨를 깊이 헤아린 적이 없기 때문이라고 느낍니다. 우리가 스스로 말을 생각할 수 있다면 "자기 자신을 가르치다"라 하지 않고, "내가 나를 가르치다"나 "내가 바로 나를 가르치다"처럼 쓸 수 있어요. 내가 스스로 말을 돌아볼 수 있으면 "자기 자신을 못 믿는다"라 하지 않고 "내가 나를 못 믿는다"나 "내가 바로 나를 못 믿는다"처럼 쓸 수 있습니다. '나'를 힘주어 말하려는 뜻에서 "나 + 나 = 나 나"인 꼴로 "자기 자신"을 쓰는구나 싶은데, 이러한 느낌을 살리고 싶다면 "바로 나"라 하면 힘줌꼴이 되어요.

• **가장 큰 웃음은 자기 자신을 우스꽝스럽게 만들 때 나오는 법이 아닌가**

→ 가장 큰 웃음은 저를 스스로 우스꽝스럽게 할 때 나오는 법이 아닌가

→ 가장 큰 웃음은 내가 나를 우스꽝스럽게 다룰 때 나오는 법이 아닌가

《아이를 읽는다는 것》 (한미화, 어크로스, 2014) 25쪽

• **사람이 달라지는 것은 자기 자신의 문제이지만**

→ 사람이 달라지는 것은 바로 내 문제이지만

→ 사람이 달라지는 것은 언제나 내 일이지만

→ 사람이 달라지기란 늘 나하고 얽힌 일이지만

《거짓말하는 어른》 (김지은, 문학동네, 2016) 105쪽

자동차를 주차

: **자동차를 주차하지 않아도**

→ 자동차를 대지 않아도

→ 자동차를 대 놓지 않아도

> ○ **주차(駐車)** : 자동차를 일정한 곳에 세워 둠

한자말 '주차'는 "자동차를 세우는" 일을 가리켜요. "자동차를 주차하지"처럼 쓰면 겹말입니다. '주차하지'라고만 쓰든지 "자동차를 대지"나 "자동차를 세우지"나 "자동차를 놓지"로 손질해야 올바릅니다. 더 헤아린다면 '차 + 대다' 얼거리로 '차대다' 같은 낱말도 새롭게 지어서 쓸 만하지 싶어요. 자동차를 대는 곳은 '차 + 대다 + 터' 얼거리로 '차댐터'라는 낱말을 지어 볼 만합니다.

• **하지만 일부러 신사 안에 자동차를 주차하지 않아도 되잖아**

→ 그렇지만 일부러 신사에 자동차를 대지 않아도 되잖아

→ 그런데 일부러 신사에 차를 세우지 않아도 되잖아

《별로 돌아간 소녀》 (스에요시 아키코/이경옥 옮김, 사계절, 2008) 33쪽

자라고 성숙하다

: **자라고 성숙해지고 있는 뼈**

→ 자라는 뼈

→ 쑥쑥 자라는 뼈

→ 한창 자라는 뼈

> ○ **자라다** : 1. 생물체가 세포의 증식으로 부분적으로 또는 전체적으로 점점 커지다 2. 생물이 생장하거나 성숙하여지다
> ○ **성숙하다(成熟~)** : 1. 생물의 발육이 완전히 이루어지다 2. 몸과 마음이 자라서 어른스럽게 되다

한자말 '성숙하다'는 '자라다'를 가리켜요. 한국말사전을 살피니 '자라다'를 '성숙하다'로 풀이하기도 합니다. 돌림풀이예요. "자라고 성숙해지고 있는"으로 쓰면 겹말이고요. 보기글에서는 '자라는'이라고만 하면 됩니다. 날개가 단단해지지 않고 자란다는 뜻을 밝히는 터라 "돌아서 자라는"이라 적어 볼 수도 있습니다.

- 곧 성숙해질 날개가 아니라 바야흐로 자라고 성숙해지고 있는 **뼈**였다
→ 곧 무르익을 날개가 아니라 바야흐로 자라는 **뼈**였다
→ 곧 단단해질 날개가 아니라 바야흐로 돋아서 자라는 **뼈**였다

《나비 탐미기》 (우밍이/허유영 옮김, 시루, 2016) 8쪽

자라며 성장통

: **자라는 과정에서 겪는 성장통**
→ 자라면서 겪는 아픔
→ 자라며 아픔을 겪다

> - **성장(成長)** : 사람이나 동식물 따위가 자라서 점점 커짐
> - **성장통(成長痛)** : [의학] 어린이나 청소년이 갑자기 성장하면서 생기는 통증
> - **통증(痛症)** : 아픈 증세
> - **자라다** : 생물체가 세포의 증식으로 부분적으로 또는 전체적으로 점점 커지다
> - **크다** : 1. 동식물이 몸의 길이가 자라다 2. 사람이 자라서 어른이 되다

한자말 '성장'은 "자라서 점점 커짐"을 가리키니, "자라며 겪는 성장통"처럼 쓰면 겹말입니다. '성장통'을 의학말로 삼는다는데 "자라는 아픔"으로 쓰면 또렷하면서 쉬우리라 느껴요. 한국말사전을 보면 '자라다'를 '크다(커지다)'로 풀이하고, '크다'는 '자라다'로 풀이해요. 돌림풀이예요.

- 어른들은 "크려고 그러나 보다"고 말합니다. 자라는 과정에서 겪는 '성장통'이라는 것이지요
→ 어른들은 "크려고 그러나 보다"고 말합니다. 자라며 겪는 아픔이라는 것이지요
→ 어른들은 "크려고 그러나 보다"고 말합니다. 자라면서 아프다는 얘기이지요

《어린이, 넌 누구니?》 (최기숙, 보림, 2006) 198쪽

자세히 살펴보다

: **모든 것을 자세히 살펴보았다**

→ 모든 것을 살펴보았다	**자세하다(仔細/子細-)** : 1. 사소한 부분까지 아주 구체적이고 분명하다 2. 성질 따위가 꼼꼼하고 찬찬하다
→ 모두를 가만히 보았다	**살펴보다** : 1. 두루두루 자세히 보다 2. 무엇을 찾거나 알아보다 3. 자세히 따져서 생각하다
→ 모두를 찬찬히 보았다	

작은 데까지 살피는 모습, 이른바 꼼꼼하거나 찬찬한 모습을 가리키는 한자말 '자세하다'입니다. 한국말 '살펴보다'는 "자세히 보다"를 가리킨다고 해요. "자세히 살펴보다"라 하면 겹말입니다. 한자말 '자세하다'를 쓰고 싶다면 "자세히 보다"를 쓸 노릇이고, 이 한자말을 안 써도 된다면 '살펴보다'만 쓰면 되어요. 또는 "가만히 보다"나 "찬찬히 보다"나 "꼼꼼히 보다"로 손질해 볼 수 있습니다.

- **하이디는 가만히 있지 않았다. 주변을 둘러보고 눈에 띄는 모든 것을 자세히 살펴보았다**
- → 하이디는 가만히 있지 않았다. 곳곳을 둘러보고 눈에 띄는 모두를 살펴보았다
- → 하이디는 가만히 있지 않았다. 둘레를 살펴보고 눈에 띄는 모두를 찬찬히 보았다
- → 하이디는 가만히 있지 않았다. 여기저기 보고 눈에 띄는 모두를 가만히 보았다

《하이디》 (요한나 슈피리/한미희 옮김, 비룡소, 2003) 85쪽

자신이 직접 자청

: **자신이 직접 자청했다**	**자신(自身)** : 1. 그 사람의 몸 또는 바로 그 사람을 이르는 말
→ 자청했다	**직접(直接)** : 중간에 아무것도 개재시키지 아니하고 바로
→ 스스로 나섰다	**몸소** : 직접 제 몸으로
→ 몸소 나섰다	**자청(自請)** : 어떤 일에 나서기를 스스로 청함

한자말 '자신'은 '나'나 '스스로'를 가리킵니다. "자신이 직접"이나 "내가 직접"처럼 말하는 분이 꽤 많은데, 한자말 '직접'은 '몸소'를 가리키기에, "자신이 직접"이라고 하면 겹말이에요. '몸소'라고만 하면 되어요. 한자말을 쓰고 싶다면 '직접'만 쓰거나 '자신'만 쓰면 되고요. 보기글에서는 뒤쪽에 '자청했다'라는 말이 나오기에 다시 겹말 얼거리입니다. '자신·직접·자청'이 서로 맞물리는 겹말이에요. 세 군데에 '나(내)'를 가리키는 말마디가 깃드니 두 가지를 털고 한 가지만 쓸 노릇입니다. 한

자말을 쓰더라도 '자신·직접·자청' 가운데 하나만 쓸 노릇이고, 한국말로 쓰려면 '나'나 '스스로'나 '몸소' 가운데 하나만 골라서 쓰고, 글 끝은 '나섰다'로 손봅니다.

- **이소선은 안 되겠다 싶어 자신이 직접 후생식당에 가서 일을 하겠다고 자청했다**
→ 이소선은 안 되겠다 싶어 스스로 후생식당에 가서 일을 하겠다고 나섰다
→ 이소선은 안 되겠다 싶어 몸소 후생식당에 가서 일을 하겠다고 나섰다

《노동자의 어머니, 이소선 평전》 (민종덕, 돌베개, 2016) 187쪽

자주 등장하는 단골

: 자주 등장하는 단골입니다
→ 자주 나오는 사람입니다
→ 단골로 나옵니다

> ○ **단골** : 1. 늘 정하여 놓고 거래를 하는 곳 2. = 단골손님
> ○ **단골손님** : 늘 정하여 놓고 거래를 하는 손

어느 가게를 자주 찾는 사람을 가리켜 '단골'이라 합니다. "자주 등장하는 단골"처럼 쓰면 겹말이에요. "자주 나오는"으로 손보거나 "단골로 나오는"으로 손보아야 올바릅니다.

- **호랑이는 옛이야기에 자주 등장하는 단골 캐릭터입니다**
→ 범은 옛이야기에 자주 나오는 짐승입니다
→ 범은 옛이야기에 단골로 나옵니다

《나는 어떤 삶을 살아야 할까?》 (홍세화와 여섯 사람, 철수와영희, 2016) 205쪽

작게 축소된

: 작게 축소된
→ 작아진
→ 줄어든

> ○ **축소(縮小)** : 모양이나 규모 따위를 줄여서 작게 함

→ 좁아진

작게 하거나 줄어든대서 한자말로 '축소'라 하니, "작게 축소된"은 겹말이에요. 한자말을 쓰고 싶다면 '축소된'이라고만 씁니다. 한자말을 안 쓰려 한다면 '작아진'이나 '줄어든'이라고 하면 됩니다.

* **그 몇 십 년 동안 세계는 작게 축소된 듯 보였다**
→ 그 몇십 해 동안 세계는 작아진 듯 보였다
→ 그 몇십 해 동안 세계는 줄어든 듯 보였다

《아랍, 그곳에도 사람들이 살고 있다》 (팀 매킨토시 스미스/신해경 옮김, 봄날의책, 2016) 28쪽

작열하는 태양이 내리쬐는

: **작열하는 태양이 내리쬐는 긴 도로**
→ 이글거리는 햇볕을 받는 긴 길
→ 볕이 내리쬐는 긴 길
→ 불볕이 내리쬐는 긴 길
→ 햇볕이 이글거리는 긴 길

> ○ **작열(灼熱)** : 1. 불 따위가 이글이글 뜨겁게 타오름
> 2. 몹시 흥분하거나 하여 이글거리듯 들끓음을 비유적으로 이르는 말
> ○ **내리쬐다** : 볕 따위가 세차게 아래로 비치다

해가 '이글거릴' 적에는 무척 덥습니다. 햇볕이 '뜨거울' 적에는 참으로 더운 날씨이지요. '이글거리다'나 '뜨겁다'를 가리키는 한자말 '작열'입니다. "작열하는 태양이 내리쬐는 긴 도로"라 하면 겹말 얼거리예요. "태양이 작열하는 긴 길"이나 "불볕이 이글거리는 긴 길"로 손보거나 "볕이 내리쬐는 긴 길"이나 "햇볕이 이글거리는 긴 길"로 손보아야지 싶습니다. '작열하는'이나 '내리쬐는'을 살릴 수 있고, '작열하는'을 '이글거리다'로 손질해 볼 수 있어요.

* **박사는 작열하는 태양이 내리쬐는 바시드라의 긴 도로를 걸으면서**
→ 박사는 바시드라에서 이글거리는 햇볕을 받는 긴 길을 걸으면서
→ 박사는 바시드라에서 볕이 내리쬐는 긴 길을 걸으면서
→ 박사는 바시드라에서 불볕을 받으며 긴 길을 걸으면서

《영원한 아담》 (쥘 베른/김석희 옮김, 열림원, 2015) 14쪽

작은 소녀

: **나의 작은 소녀가**
→ 우리 집 소녀가
→ 우리 딸아이가
→ 우리 어린 딸이
→ 우리 작은 가시내가

∘ **소녀(小女)** : 1. 키나 몸집이 작은 여자아이
∘ **소녀(少女)** : 아직 완전히 성숙하지 아니한 어린 여자아이

한자말 '소녀'는 두 가지가 있어요. 두 한자말 '소녀'는 모두 '작다/적다(小/少)'라는 뜻을 나타내는 한자가 앞가지로 붙어요. 여자 가운데 작거나 적은 사람이라는 뜻으로 '소녀(小女/少女)'라는 한자말을 쓰지요. "작은 소녀"라 하면 어느 한자말을 쓰든 겹말입니다. "작은 소년"이라고 할 적에도 똑같이 겹말이에요. '소녀·소년'은 "작은 여자·작은 남자"를 가리키니, '소녀·소년'만 쓰든, 이 한자말을 손질해서 "작은 가시내·작은 사내"라 하든 "작은 딸·작은 아들"이라 해야 올발라요. 보기글에서는 "우리 딸"이나 "우리 어린 딸"이라고 해 보아도 어울립니다.

• **나의 작은 소녀가 이렇게 빨리 자랄 줄 알았다면**
→ 우리 딸아이가 이렇게 빨리 자랄 줄 알았다면
→ 우리 어린 딸이 이렇게 빨리 자랄 줄 알았다면

《내가 제일 아끼는 사진》 (셔터 시스터스 엮음/윤영삼·김성순 옮김, 이봄, 2012) 59쪽

ㅈ

작은 소집단

: **작은 소집단으로 나뉘어서**
→ 작은 모임으로 나누어서
→ 작은 갈래로 나누어서
→ 작은 무리로 나누어서
→ 작게 나누어서

∘ **소집단(小集團)** : 구성원 서로 간의 직접적인 접촉과 친밀한 의사소통이 가능하도록 소수 인원으로 이루어진 집단
∘ **소(小)** : '작은'의 뜻을 더하는 접두사

'소집단'은 이 이름 그대로 "작은 집단"입니다. 이 앞에 '작은'을 붙일 수 없습니다. 겹말이지요. "작은 집단"으로 손질하거나, "작은 무리"나 "작은 모임"이나 "작은 갈래"로 손질해 줍니다. 또는 "작게 나누어서"처럼 적어 볼 수 있어요.

- **각자의 의견을 밝히고 토론에 참여할 수 있도록 작은 소집단으로 니뉘어서**
- → 저마다 생각을 밝히고 모임에 함께할 수 있도록 작은 갈래로 나누어서
- → 저마다 생각을 밝히고 함께할 수 있도록 작은 모임으로 나누어서
- → 저마다 생각을 밝히고 함께 얘기할 수 있도록 작게 나누어서

《혁명을 표절하라》 (트래피즈 컬렉티브/황성원 옮김, 이후, 2009) 128쪽

작은 숙부

: **작은 숙부와 안창호는**

> ◦ **숙부(叔父)** : = 작은아버지

→ 작은아버지와 안창호는

→ (몇째) 작은아버지와 안창호는

한자말 '숙부(叔父)'는 '작은아버지'를 가리킵니다. "작은 숙부"라고 하면 엉뚱합니다. 작은아버지가 여럿이라면 '첫째 둘째 셋째'라든지 '막내'처럼 앞에 다른 이름을 붙여 주면 됩니다.

- **작은 숙부와 안창호는 의형제를 맺고 구국활동을 하였지요**
- → 작은아버지와 안창호는 의형제를 맺고 나라살리기를 하였지요
- → 작은아버지와 안창호는 믿음으로 형제가 되고 나라살리기를 하였지요
- → 작은아버지와 안창호는 서로 형제를 맺고 나라 살리는 일을 하였지요

《10대와 통하는 독립운동가 이야기》 (김삼웅, 철수와영희, 2014) 64쪽

잘못되거나 오탈자

: **잘못되거나 오탈자가 아닌데도**
→ 잘못되거나 빠진 글자가 아닌데도

> ◦ **오탈자** : x
> ◦ **오자(誤字)** : 잘못 쓴 글자
> ◦ **탈자(脫字)** : 빠진 글자

한국말사전에는 '오탈자'라는 한자말이 안 나옵니다. 다만 '오자'나 '탈자'를 살피면 '오탈자(誤脫字)'는 "잘못 쓰거나 빠진 글자"라든지 "잘못되거나 빠뜨린 글자"인 줄 알 만합니다. 이 보기글처럼 "잘못되거나 오탈자가 아닌데도"처럼 쓴다면 겹말이 에요. 한자말을 쓰고 싶다면 "오탈자가 아닌데도"라고만 쓸 노릇이요, 쉽게 쓰고 싶다면 "잘못되거나 빠진 글자가 아닌데도"로 쓰면 됩니다.

• **잘못되거나 오탈자가 아닌데도 잘못된 단어로 간주된다**
→ 잘못되거나 어긋난 글자가 아닌데도 잘못된 낱말로 여긴다
→ 잘못되거나 빠진 글자가 아닌데도 잘못된 말로 다룬다

《역사 교육으로 읽는 한국 현대사》(김한종, 책과함께, 2013) 19쪽

잘못 실수

: **잘못 실수하면**
→ 잘못하면
→ 잘못 발을 디디면
→ 아차하면
→ 아차하는 사이에

> ◦ **실수(失手)** : 조심하지 아니하여 잘못함

한자말 '실수(失手)'는 "조심하지 아니하여 잘못함"을 뜻합니다. '실수 = 잘못'인 셈 이요, 보기글은 겹말로 잘못 쓰고도 잘못인 줄 알아채지 못한 셈입니다. 잘 생각 하지 못하니 잘못을 저지르고, 잘 살피지 못하기에 잘못 쓰고 맙니다.

- **잘못 실수하면 산책하는 탐방객이 골짜기로 추락할 수도 있는 길이지만**
→ 잘못하면 산책하는 탐방객이 골짜기로 떨어질 수도 있는 길이지만
→ 잘못 발을 디디면 탐방객이 골짜기로 떨어질 수도 있는 길이지만
→ 아차하면 나들잇손님이 골짜기로 떨어질 수도 있는 길이지만
→ 산길을 걷던 사람이 아차하는 사이에 골짜기로 떨어질 수도 있는 길이지만

《미국의 국립공원에서 배운다》 (이지훈, 한울, 2010) 101쪽

- **혹시 실수로 잘못 온 거니**
→ 어쩌다가 잘못 온 거니
→ 어쩌다가 여기 잘못 왔니

《십일 분의 일 9》 (나카무라 타카토시/최윤정 옮김, 학산문화사, 2016) 245쪽

잘못 알거나 오해

: **잘못 아셨거나 무슨 오해가 있었을 겁니다**
→ 잘못 아셨을 겁니다
→ 잘못 아시거나 엉뚱하게 생각하셨을 겁니다

> ◦ **오해(誤解)** : 그릇되게 해석하거나
> 뜻을 잘못 앎

한자말 '오해'는 "잘못 앎"을 가리켜요. "잘못 아셨거나 무슨 오해가 있었을 겁니다"라 하면 겹말이에요. "잘못 아셨을 겁니다"라고만 하면 됩니다. 또는 "잘못 알거나 보셨을 겁니다"라든지 "잘못 알거나 들으셨을 겁니다"로 손볼 만해요. "잘못 아시거나 엉뚱하게 생각하셨을"처럼 적어 보아도 됩니다.

- **그럴 리가 없어요. 선생님이 잘못 아셨거나 무슨 오해가 있었을 겁니다**
→ 그럴 수가 없어요. 선생님이 잘못 아셨을 겁니다
→ 그럴 턱이 없어요. 선생님이 잘못 아시거나 엉뚱하게 생각하셨을 겁니다

《콩팥풀 삼총사》 (유승희, 책읽는곰, 2017) 29쪽

잘하는 장점

: **장점은 무엇일까? 특히 잘할 수 있는 것은 무엇일까?**

→ 무엇을 잘할까? 무엇을 남달리 잘할 수 있을까?

→ 무엇을 잘할까? 무엇을 한결 훌륭히 할 수 있을까?

○ **장점(長點)** : 좋거나 잘하거나 긍정적인 점
○ **긍정적(肯定的)** : 1. 그러하거나 옳다고 인정하는 2. 바람직한
○ **바람직하다** : 바랄 만한 가치가 있다
○ **잘하다** : 1. 옳고 바르게 하다 2. 좋고 훌륭하게 하다 3. 익숙하고 능란하게 하다

"잘하는 점"을 '장점'이라고 합니다. '장점'하고 "잘할 수 있는 것"을 나란히 적으면 겹말이에요. '장점'이라는 한자말을 꼭 쓰고 싶다면 앞뒤를 다 '장점'으로 쓰면 됩니다. '잘하다'라는 한국말로 써도 넉넉하다면 앞뒤 모두 '잘하다'로 쓰면 되고요. 앞쪽은 '잘하다'를 쓰고, 뒤쪽은 '훌륭하다'나 '뛰어나다'나 '빼어나다'나 '멋지다'를 써 보아도 돼요.

• **당신의 장점은 무엇일까? 당신이 특히 잘할 수 있는 것은 무엇일까?**

→ 그대는 무엇을 잘할까? 그대가 무엇을 남달리 잘할 수 있을까?

→ 우리는 무엇을 잘할까? 우리가 무엇을 한결 훌륭히 할 수 있을까?

《나는 이제 참지 않고 살기로 했다》 (니콜 슈타우딩거/장혜경 옮김, 갈매나무, 2016) 83쪽

잠이 덜 깨 몽롱했는지

: **잠이 덜 깨 몽롱했는지**

→ 잠이 덜 깼는지

→ 잠이 덜 깨 멍했는지

→ 아직 잠이 덜 깼는지

○ **몽롱하다(朦朧−)** : 1. 달빛이 흐릿하다 2. 어른어른하여 희미하다 3. 의식이 흐리멍덩하다
○ **흐리멍덩하다** : 1. 정신이 맑지 못하고 흐리다 2. 옳고 그름의 구별이나 하는 일 따위가 아주 흐릿하여 분명하지 아니하다 3. 기억이 또렷하지 아니하고 흐릿하다 4. 귀에 들리는 것이 희미하다

잠이 덜 깰 적에는 아직 머리나 생각이나 마음이 또렷하지 않습니다. 이때에는 '흐

리다'거나 '흐리멍덩하다'고 하지요. 때로는 '멍하다'나 '얼떨하다'나 '얼떨떨하다'로 나타내요. "잠이 덜 깨 몽롱했는지"라고 하면 겹말이에요. '몽롱했는지'를 덜어냅니다. "잠이 덜 깨"라고만 하면 넉넉합니다. 힘주어 말하고 싶다면 '멍했는지'이든 '흐리멍덩했는지'이든 '얼떨했는지'를 뒤쪽에 붙일 수 있습니다. 그러나 이렇게 뒤에 꾸밈말을 붙이기보다는 앞쪽에 '아직'을 넣어 "아직 잠이 덜 깼는지"처럼 적을 적에 한결 매ㅗ러우면서 뜻이 잘 살아날 만하리라 생각해요.

- 잠이 덜 깨 몽롱했는지, 늘 받던 부모님 전화에서의 습관 때문이었는지
→ 잠이 덜 깼는지, 늘 받던 부모님 전화라 버릇 때문이었는지
→ 잠이 덜 깨 멍했는지, 어머니 아버지한테서 늘 받던 전화라 버릇 때문이었는지
→ 아직 잠이 덜 깼는지, 어버이한테서 늘 받던 전화라 버릇 때문이었는지

《당신에게 말을 건다, 속초 동아서점 이야기》 (김영건, 알마, 2017) 17쪽

잠재 능력을 숨기는

: **잠재 능력을 숨기고 있는 걸까**
→ 힘을 숨겼을까
→ 힘을 감추었을까
→ 숨은 힘이 있을까

> ◦ **잠재(潛在) :** 겉으로 드러나지 않고 속에 잠겨 있거나 숨어 있음

속에 잠기거나 숨었다고 해서 한자말로 '잠재'를 씁니다. "잠재 능력"이란 "숨은 능력", 곧 "숨은 재주"나 "숨은 솜씨"나 "숨은 힘"을 가리켜요. 이러한 "잠재 능력"을 다시 숨길 수는 없겠지요. "재주를 숨겼을까"나 "숨은 재주가 있을까"처럼 손질해 줍니다.

- 이상철이란 놈은 도대체 어디까지 잠재 능력을 숨기고 있는 걸까
→ 이상철이란 놈은 그야말로 어디까지 제 힘을 숨기는 걸까
→ 이상철이란 놈은 참으로 어디까지 제 솜씨를 숨겼을까
→ 이상철이란 놈은 참말로 어디까지 숨은 재주가 있을까

《4번 타자 왕종훈 32》 (산바치 카와/정선희 옮김, 서울문화사, 1997) 132쪽

장식하고 꾸미고

:   **꾸미고 장식하기 시작했어요**

→   꾸몄어요

→   꾸미고 가꾸었어요

> ◦ **장식(裝飾)** : 1. 옷이나 액세서리 따위로 치장함. 또는 그 꾸밈새 2. 그릇, 가구, 옷 등에 쇠붙이·헝겊·뿔·돌 따위로 여러 모양을 만들어 다는 데 쓰는 물건
> ◦ **치장(治粧)** : 잘 매만져 곱게 꾸밈

한자말 '장식'은 '치장'을 가리킨다고 해요. 또는 '꾸밈새'를 가리킨다지요. '치장'은 '꾸미는' 일을 가리켜요. 곧 '장식 = 치장 = 꾸밈(꾸미기)'이니, "꾸미고 장식하기"는 겹말입니다. '꾸미다'는 보기에 좋도록 매만지는 일을 가리킵니다. 이와 비슷하지만 다른 낱말인 '가꾸다'는 잘 있도록 보살피는 일을 가리켜요. 보기글은 "꾸몄어요"로 손보거나 "꾸미고 가꾸었어요"로 손볼 만합니다.

•   **그 공간을 자신이 원하는 대로 꾸미고 장식하기 시작했어요**

→   그곳을 스스로 바라는 대로 꾸몄어요

→   그 자리를 스스로 바라는 대로 꾸미고 가꾸었어요

《아티스트맘의 참 쉬운 미술놀이》 (안지영, 길벗, 2016) 37쪽

재미나고 흥미롭기

:   **재미나고 흥미롭기 때문에**

→   재미나고 신나기 때문에

→   재미나기 때문에

> ◦ **흥미(興味)** : 흥을 느끼는 재미

'흥미(興味)'는 "흥을 느끼는 재미"라 하는데, '흥(興)'은 "재미나 즐거움을 일어나게 하는 감정"이라고 합니다. 그렇다면 '흥'은 '재미'나 '즐거움'으로 이어진다는 뜻이요, '흥미 = 재미를 느끼는 재미'인 셈이 됩니다. 이러한 느낌을 가리키는 다른 한국말로 '신'이 있고, 한국말사전은 "어떤 일에 흥미나 열성이 생겨 매우 좋아진 기분"으로 풀이합니다. 이렇게 되면, 한국말 '신'과 '재미'는 뜻이 같고 말아, 저마다

어느 자리에 어떻게 써야 알맞은가를 도무지 알기 어렵습니다. 한국말사전은 '흥미 = 흥 = 재미' 같은 얼거리로 돌림풀이를 할 노릇이 아니라 '재미'하고 '신'이라는 낱말이 어떻게 달리 쓰는가를 찬찬히 밝혀 주어야지 싶습니다.

* **재미나고 흥미롭기 때문에 혼자만 알고 있기에는 아깝다고 생각하여**
→ 재미나기 때문에 혼자만 알기에는 아깝다고 생각하여
→ 재미나고 신나기 때문에 혼자만 알기에는 아깝다고 생각하여

《10대와 통하는 옛이야기》 (정숙영·조선영, 철수와영희, 2015) 146쪽

저급한 수준으로 낮추다

: 저급한 수준으로 자신을 낮추지 않는다
→ 미련하게 나를 낮추지 않는다
→ 덜떨어지게 나를 낮추지 않는다
→ 어리석게 나를 낮추지 않는다
→ 나를 낮추지 않는다

> ○ **저급하다(低級-)** : 내용, 성질, 품질 따위의 정도가 낮다
> ○ **낮추다** : 3. 품위, 능력, 품질 따위가 바라는 기준보다 못하거나 보통 정도에 미치지 못하는 상태에 있게 하다

'낮다'를 가리키는 한자말 '저급하다'입니다. 보기글은 "저급한 수준으로 자신을 낮추지"처럼 쓰기에 겹말입니다. '저급한'을 '낮은'으로 고쳐 주어도 됩니다. 앞뒤에 '낮다·낮추다'가 잇달아 나오니 앞쪽은 '미련하게'나 '덜떨어지게'나 '어리석게'나 '어리숙하게'나 '엉성하게'로 써 볼 수 있어요. "나를 낮추지 않는다"로 단출하게 써도 되고, "나를 낮추거나 깎아내리지 않는다"처럼 뒤쪽에 한 마디를 보태어 볼 수 있어요.

* **공격한 상대와 같은 저급한 수준으로 자신을 낮추지 않는다**
→ 공격한 이처럼 덜떨어지게 나를 낮추지 않는다
→ 헐뜯는 이처럼 나를 낮추지 않는다

《나는 이제 참지 않고 살기로 했다》 (니콜 슈타우딩거/장혜경 옮김, 갈매나무, 2016) 220쪽

저녁 석양

: **저녁 석양이 질 때까지**
→ 저녁노을이 질 때까지
→ 저녁이 될 때까지
→ 저녁빛이 저물 때까지
→ 저녁해가 질 때까지

> ∘ **석양(夕陽)** : 저녁때의 햇빛. 또는 저녁때의 저무는 해

한자말 '석양(夕陽)'은 "저녁때에 저무는 해"를 가리키니 "저녁 석양"이라고 적으면 겹말입니다. "저녁 저녁해"나 "저녁 저녁빛"이 될 테니까요. '저녁해'나 '저녁빛' 같은 낱말을 알맞게 쓰면 됩니다. '저녁노을'이라고 써도 어울립니다. 이밖에 '아침빛·아침해'나 '낮빛·낮해' 같은 낱말을 새롭게 쓸 수 있겠지요.

• **수업만 마치면 저녁 석양이 질 때까지, 운동장을 뛰어다니며 연습했다**
→ 수업만 마치면 저녁노을이 질 때까지 운동장을 뛰어다니며 연습했다

《빨간 풍선》 (김수박, 수다, 2012) 73쪽

저녁의 만찬

: **저녁의 만찬을 위해**
→ 저녁을 즐기려고
→ 저녁밥을 즐기려고
→ 저녁잔치를 하려고

> ∘ **만찬(晚餐)** : 1. 저녁 식사로 먹기 위하여 차린 음식
> 2. 손님을 초대하여 함께 먹는 저녁 식사

저녁에 먹는 밥을 한자말로 '만찬'이라 한답니다. 한국말로는 저녁에 먹는 밥은 '저녁'이거나 '저녁밥'입니다. 아침에 먹으니 '아침'이거나 '아침밥'입니다. 낮에 먹으니 '낮밥'이고요. 이 글월처럼 "저녁의 만찬"처럼 적으면 "저녁의 저녁밥" 꼴이 되어서 겹말입니다.

- **저녁의 만찬을 위해 낮에는 힘겹게 일했다**
→ 저녁을 즐기려고 낮에는 힘겹게 일했다
→ 저녁잔치를 즐기려고 낮에는 힘겹게 일했다

《열정시대》(한기호, 교양인, 2006) 188쪽

- **수백 명의 저녁 만찬 손님이 해변을 메웠다**
→ 수백 명에 이르는 저녁 손님이 바닷가를 메웠다
→ 수백 명이나 되는 저녁잔치 손님이 바닷가를 메웠다

《싸구려 모텔에서 미국을 만나다》(마이클 예이츠/추선영 옮김, 이후, 2008) 305쪽

저렴하고 적게 들고

: **학비도 저렴하고 생활비도 적게 들고**

> ◦ **저렴하다(低廉−)** : 물건 따위의 값이 싸다

→ 학비도 적게 들고 생활비도 적게 들고
→ 배움삯도 싸고 살림돈도 적게 들고
→ 배우는 돈도 살림돈도 적게 들고

"값이 싸다"를 뜻한다는 한자말 '저렴하다'는 "돈이 적게 들다"를 나타냅니다. 보기 글처럼 "저렴하고 … 적게 들고"라 하면 겹말이지요. 앞뒤 모두 "적게 들고"라 할 수 있고, 앞쪽은 '싸고'나 '값싸고'나 "값이 싸고"로 손볼 만합니다. 앞뒤를 묶어 "학비도 생활비도 적게 들고"나 "학비도 생활비도 싸고"처럼 써 볼 수 있고요.

- **아바나 대학교 어학당에서 공부할까? 학비도 저렴하고 생활비도 적게 들고**
→ 아바나 대학교 어학당에서 공부할까? 학비도 적게 들고 생활비도 적게 들고
→ 아바나 대학교 어학당에서 배울까? 배움삯도 싸고 살림돈도 적게 들고
→ 아바나 대학교 어학당에서 배울까? 배우는 돈도 싸고 살림돈도 적게 들고
→ 아바나 대학교 어학당에서 배울까? 배우는 돈도 살림돈도 적게 들고

《당신도 쿠바로 떠났으면 좋겠어요》(시골여자, 스토리닷, 2016) 228쪽

저마다 각양각색

: **저마다 각양각색이지**

→ 저마다 다르지

→ 저마다 다른 모습이지

→ 저마다 온갖 모습이지

→ 저마다 느낌이 다르지

> ∘ **각양각색(各樣各色)** : 각기 다른 여러 가지 모양과 빛깔
> ∘ **각기(各其)** : 1. 저마다의 사람이나 사물 2. 각각 저마다

'각양각색'은 "각기 다른 여러 가지"를 가리킨다 하는데, '각기'는 '저마다'나 "각각 저마다"를 가리킨다고 해요. "저마다 각양각색"처럼 쓰면 겹말이에요. 그런데 한국말사전을 보니 '각기'를 "각각 저마다"로 풀이하기도 하는데 '각각(各各)'은 '저마다'를 가리키니까, 말풀이까지 겹말풀이입니다.

∙ **애인도 저마다 각양각색이지**

→ 애인도 저마다 다르지

→ 사랑하는 사람도 저마다 다른 모습이지

《니사》(마저리 쇼스탁/유나영 옮김, 삼인, 2008) 388쪽

ㅈ

저만 잘난 거만한 독불장군

: **저만 잘났다고 거만한 틀이 잡혀서 독불장군식 인간이 되어**

→ 저만 잘났다고 하는 틀이 잡혀서 마구 날뛰는 사람이 되어

→ 건방진 틀이 잡혀서 함부로 날뛰는 사람이 되어

→ 저만 잘난 줄 아는 사람이 되어

→ 건방진 사람이 되어

> ∘ **거만하다(倨慢-)** : 잘난 체하며 남을 업신여기는 데가 있다
> ∘ **독불장군(獨不將軍)** : 1. 무슨 일이든 자기 생각대로 혼자서 처리하는 사람

'거만하다'는 "잘난 체하"며 남을 업신여기는 모습을 가리켜요. '독불장군'은 제 생

각대로 혼자 하는 사람을 가리켜요. "저만 잘났다고 거만한 틀"이라 하면 겹말이고, 여기에 "독불장군식 인간"이라고 붙이면 다시 겹말이에요. 보기글은 앞쪽을 "저만 잘났다고 하는"으로 손보면서 뒤쪽은 "마구 날뛰는 사람이 되어"로 손볼 수 있어요. 단출하게 "저만 잘난 줄 아는 사람이 되어"나 "건방진 사람이 되어"나 "함부로 날뛰는 사람이 되어"로 손볼 수 있고요.

- **아이도 따라서 저만 잘났다고 거만한 틀이 잡혀서 독불장군식 인간이 되어 버릴는지도 모릅니다**
- → 아이도 따라서 저만 잘났다고 하는 틀이 잡혀서 마구 날뛰는 사람이 되어 버릴는지도 모릅니다
- → 아이도 따라서 건방진 틀이 잡혀서 함부로 날뛰는 사람이 되어 버릴는지도 모릅니다
- → 아이도 따라서 저만 잘난 줄 아는 사람이 되어 버릴는지도 모릅니다
- → 아이도 따라서 버릇이 들어 건방진 사람이 되어 버릴는지도 모릅니다

《이런 사람이 되기를》(일본 가톨릭 아동국 엮음/이선구 옮김, 성바오로출판사, 1972) 120쪽

저물어가는 저녁놀

: **저물어가는 저녁놀**
- → 저물어가는 하늘
- → 저녁놀

- **저물다** : 1. 해가 저서 어두워지다
- **저녁놀** : '저녁노을'의 준말
- **저녁노을** : 해가 질 때의 노을
- **노을** : 해가 뜨거나 질 무렵에, 하늘이 햇빛에 물들어 벌겋게 보이는 현상

'저녁놀'은 해가 질 무렵에 생기는 하늘빛입니다. 저물녘에 저녁놀이 생겨요. "저물어가는 저녁놀"이라 하면 겹말입니다. "저물어가는 하늘"이라 하거나 '저녁놀'이라고만 해야 알맞습니다. 또는 "저물어가는 고운 하늘"이나 "저무는 고운 하늘빛"이나 "고운 저녁놀"이나 "눈부신 저녁놀"처럼 써 볼 수 있어요.

- **해지기 전에 퇴근해서 저물어가는 저녁놀도 즐기고, 가족들과 함께 저녁식사도 하는 생활은**
- → 해지기 앞서 일 마치고 저물어가는 하늘도 즐기고, 식구들과 함께 저녁도 먹는 삶은

→ 해지기 앞서 일 마치고 저녁놀도 즐기고, 식구들과 함께 저녁도 먹는 살림은

《숨통이 트인다》 (황윤과 열 사람, 포도밭, 2015) 153쪽

적기에 파종, 제때에 뿌림

: **적기에 파종해서 … 제때에 뿌림으로써**

→ 제때에 뿌려서 … 제때에 뿌려서

→ 제철에 뿌려서 … 제때에 뿌리면서

> ◦ **적기(適期)** : 알맞은 시기
> ◦ **파종(播種)** : [농업] 곡식이나 채소 따위를 키우기 위하여 논밭에 씨를 뿌림. '씨뿌리기', '씨뿌림'으로 순화
> ◦ **제때** : 알맞은 때
> ◦ **씨뿌리기** : = 파종

'적기'는 "알맞은 때"를 가리키고, '파종'은 '씨뿌리기'로 고쳐쓸 낱말이에요. "적기에 파종해서"는 "알맞은 때에 씨를 뿌려서"를 뜻하고, 이 보기글은 겹말입니다. 한국말사전을 살피니 '파종'은 '씨뿌리기'로 고쳐쓰라 하면서도, '씨뿌리기'라는 한국말을 제대로 풀이하지 않습니다. 뜻풀이는 '씨뿌리기'라는 낱말에 붙이고, '파종 → 씨뿌리기'처럼 다루어야 올바릅니다. 보기글은 앞뒤를 똑같이 적어 볼 수 있고, 앞쪽에서는 '제철'이나 "알맞은 때"로 손볼 수 있습니다.

• **자연농의 씨 뿌리기란?** 자가 채종한 씨앗을 적기에 파종해서 수많은 열매를 얻는다 … 채소 씨앗을 받아 보관하고, 그것을 제때에 뿌림으로써 수많은 열매를 얻을 수 있습니다

→ 자연농에서 씨뿌리기란? 손수 받은 씨앗을 제때에 뿌려서 수많은 열매를 얻는다 … 남새 씨앗을 받아 건사하고, 이를 제때에 뿌림으로써 수많은 열매를 얻을 수 있습니다

《가와구치 요시카즈의 자연농 교실》 (아라이 요시미·가가미야마 에츠코/최성현 옮김, 정신세계사, 2017) 26쪽

전기에 감전

: **전기에 감전된 것 같은**

→ 전기에 옮은 듯한

→ 전기를 쐰 듯한

> ◦ **감전되다(感電-)** : 신체의 일부가 전기에 감응되다

"전기에 감응되다"를 가리키는 '감전되다'이니, "전기에 감전된 것 같은"이라 하면 겹말이에요. "감전된 듯한"처럼 쓰든지 "전기에 옮은 듯한"으로 손질해 줍니다. "전기를 쐰 듯한"이나 "전기를 뒤집어쓴 듯한"으로 손질해 볼 수 있습니다.

• **이 섬뜩한 삽날을 보자 여우 씨는 전기에 감전된 것 같은 충격을 받았어요**

→ 이 섬뜩한 삽날을 보자 여우 씨는 전기에 옮은 듯한 충격을 받았어요

→ 이 섬뜩한 삽날을 보자 여우 씨는 전기를 쐰 듯이 크게 놀랐어요

《멋진 여우 씨》 (로알드 달/햇살과나무꾼 옮김, 논장, 2007) 30쪽

전이되고 옮겨오고

: **동물과 사람 사이에 전이될 수 있는 … 사람에게 옮겨왔다는**

→ 짐승과 사람 사이에 옮길 수 있는 … 사람한테 옮겨왔다는

→ 짐승과 사람 사이에 퍼질 수 있는 … 사람한테 옮겨왔다는

→ 짐승과 사람 사이에 번질 수 있는 … 사람한테 옮겨왔다는

> ◦ **전이(轉移)** : 1. 자리나 위치 따위를 다른 곳으로 옮김 7. [의학] 병원체나 종양 세포가 혈류나 림프류를 타고 흘러서 다른 장소로 이행(移行)·정착하여 원발 병터와 같은 변화를 일으킴

'전이'라는 한자말은 '옮기는' 일이나 모습을 가리킵니다. 어떤 병이 '전이될' 수 있다고 하면서 사람한테 '옮겨'왔다고 하면 겹말이에요. 앞뒤 모두 '옮기다'를 쓰면됩니다. 앞쪽에서 다르게 적어 보고 싶다면 '퍼지다'나 '번지다'를 쓸 만해요.

- 조류인플루엔자 등 신종 전염병은 대부분 동물과 사람 사이에 전이될 수 있는 인수공통전염병이다 … 메르스 경우에도 박쥐의 바이러스가 사람에게 옮겨왔다는 설이 유력하다

→ 조류인플루엔자 같은 새 전염병은 거의 다 짐승과 사람 사이에 옮길 수 있다 … 메르스도 박쥐 바이러스가 사람한테 옮겨왔다고 여긴다

→ 조류인플루엔자 같은 새로운 돌림병은 거의 다 짐승과 사람 사이에 퍼질 수 있다 … 메르스도 박쥐 바이러스가 사람한테 옮겨왔다고 여긴다

《사향고양이의 눈물을 마시다》 (이형주, 책공장더불어, 2016) 115쪽

전 지구적

: **전 지구적으로 벌어지는**

→ 온 지구에서 벌어지는

→ 지구 모든 곳에서 벌어지는

→ 지구 어디에서나 벌어지는

> ○ **전(全)** : '모든' 또는 '전체'의 뜻을 나타내는 말
> ○ **지구적(地球的)** : 범위나 규모가 지구 전체에 미치는

'전(全)'이라는 한자는 '모든'이나 '전체'를 가리킨다 하고, '지구적'이라는 한자말은 "지구 전체"에 미치는 테두리나 크기를 가리킨다고 해요. "전 지구적으로"라고 하면 겹말입니다. 한자로 빚은 낱말을 쓰더라도 "전 지구에서"라고만 하거나 '지구적으로'라고만 해야 올바릅니다. 더 헤아린다면 '전'이라는 한자를 쓰기보다는 한국말 '모든'이나 '온'을 쓸 수 있습니다. '지구적'에서는 '-적'을 덜 만해요. "지구 어디에서나"라든지 "지구 모든 곳"으로 손볼 수 있어요.

- **전 지구적으로 벌어지는 플라스틱 제품의 무분별한 사용은**

→ 지구 어디에서나 마구잡이로 플라스틱 제품을 쓰는 일은

→ 온 지구에서 플라스틱 제품을 마구 쓰는 일은

→ 지구 모든 곳에서 플라스틱 제품을 아무 생각 없이 쓰면

《우리는 플라스틱 없이 살기로 했다》 (산드라 크라우트바슐/류동수 옮김, 양철북, 2016) 29쪽

젊고 혈기왕성

: **젊고 혈기왕성할 때라**

→ 젊을 때라

→ 한창때라

> ○ **젊다** : 1. 나이가 한창때에 있다 2. 혈기 따위가 왕성하다 3. 보기에 나이가 제 나이보다 적은 듯하다
> ○ **한창때** : 기운이나 의욕 따위가 가장 왕성한 때
> ○ **혈기왕성** : x
> ○ **혈기(血氣)** : 1. 피의 기운이라는 뜻으로, 힘을 쓰고 활동하게 하는 원기를 이르는 말 2. 격동하기 쉬운 의기
> ○ **왕성(旺盛)** : 한창 성함
> ○ **성하다(盛−)** : 1. 기운이나 세력이 한창 왕성하다 2. 나무나 풀이 싱싱하게 우거져 있다

'젊다'는 "나이가 한창때"를 가리키거나 "혈기가 왕성하다"를 가리킨다고 해요. "젊고 혈기왕성할"이라 하면 겹말입니다. '혈기왕성'이라는 낱말은 따로 한국말사전에 없습니다. '혈기'하고 '왕성'을 따로 살펴야 하는데, '왕성 = 한창 성함'으로 풀이하고, '성하다 = 한창 왕성하다'로 풀이해요. 뜬금없다 싶은 돌림풀이입니다. 아무튼 '혈기왕성 = 젊음/한창때'를 가리킵니다. '젊다 · 젊음'이나 '한창때'라는 낱말을 알맞게 쓰면 됩니다.

• **젊고 혈기왕성할 때라 그냥 메이탕이 말도 안 되는 소리를 한다는 생각만 들어**

→ 젊을 때라 그냥 메이탕이 말도 안 되는 소리를 한다는 생각만 들어

《우리는 60년을 연애했습니다》 (라오 핑루/남혜선 옮김, 월북, 2016) 157쪽

젊은 청년

: **젊은 청년**

→ 젊은이

→ 젊은 사람

→ 젊은 사내

> ○ **청년(青年)** : 신체적·정신적으로 한창 성장하거나 무르익은 시기에 있는 사람
> ○ **젊은이** : 1. 나이가 젊은 사람 2. 혈기가 왕성한 사람
> ○ **젊다** : 1. 나이가 한창때에 있다 2. 혈기 따위가 왕성하다

한자말 '청년(青年)'은 "젊은 사람"을 가리키지요. '젊은이'를 한자말로 '청년'으로

가리키곤 합니다. "젊은 청년"이라 하면 "젊은 젊은이" 꼴이 되어요. 한자말을 쓰고 싶으면 "청년이 말했습니다"로 적고, 한국말을 쓰려 한다면 "젊은이가 말했습니다"로 적으면 됩니다.

- **"고마운 인사를 드리려고 다시 왔습니다." 젊은 청년이 말했습니다**
- → "고마운 인사를 드리려고 다시 왔습니다." 젊은이가 말했습니다

《또야 너구리가 기운 바지를 입었어요》 (권정생, 우리교육, 2000) 96쪽

점점 더

: **점점 더**

→ 더

→ 더더욱

→ 자꾸

→ 조금씩

- ○ **점점(漸漸)** : 조금씩 더하거나 덜하여지는 모양
- ○ **조금씩** : 많지 않게 계속하여
- ○ **더** : 1. 계속하여. 또는 그 위에 보태어 2. 어떤 기준보다 정도가 심하게

한자말 '점점'은 '조금씩' 더하거나 덜하는 모습을 가리킨다고 하는데, '조금씩'은 '계속하여' 일어나는 모습을 가리킨다고 해요. '더'는 바로 '계속하는' 모습을 가리킬 적에 씁니다. "점점 더"라고 하면 겹말이에요. 보기글에서는 '더'만 쓰면 돼요. 힘주어 말하고 싶다면 '더더욱'이나 '더욱더'나 '더욱'을 쓸 수 있고, '자꾸'나 '자꾸만'이라 해 볼 수 있습니다.

- **괜히 결혼해서 나오만 점점 더 힘들어지는 건 아닌지**
- → 괜히 혼인해서 나오만 더 힘들어지지 않는지
- → 괜히 혼인해서 나오만 자꾸 힘들어지지 않는지

《112일간의 엄마》 (시미즈 켄/신유희 옮김, 소담출판사, 2016) 31쪽

- **동물원에 돈을 주고 가면 점점 더 많은 동물들이 불쌍해지는 거야**
- → 동물원에 돈을 주고 가면 더 많은 동물들이 불쌍해져
- → 동물원에 돈을 주고 가면 더욱더 많은 짐승들이 불쌍해져

《개.똥.승.》 (진엽, 책공장더불어, 2016) 118쪽

ㅈ

점차 꾸준히

:　**꾸준히 일어나거나 점차 줄어들기 마련**

→　꾸준히 일어나거나 줄어들기 마련

→　꾸준히 일어나거나 차츰 줄어들기 마련

→　꾸준히 일어나거나 조금씩 줄어들기 마련

> ○ **점차(漸次)** : 차례를 따라 조금씩
> ○ **조금씩** : 많지 않게 계속하여
> ○ **계속하다(繼續-)** : 1. 끊지 않고 이어 나가다
> ○ **꾸준히** : 한결같이 부지런하고 끈기가 있는
>   태도로

'점차'하고 '꾸준히'는 뜻이 다르지만, 끊이지 않고 잇는 모습을 나타내는 대목에서는 같습니다. "꾸준히 일어나거나 점차 줄어들기 마련"이라 하면 겹말 얼거리예요. '점차'를 덜어 "꾸준히 일어나거나 줄어들기 마련"이라고만 적어도 넉넉합니다. 조금 더 힘주어 말하고 싶다면 사이에 '조금씩'이나 '차츰' 같은 꾸밈말을 넣을 수 있어요.

- **충돌은 꾸준히 일어나거나 점차 줄어들기 마련이며 충돌의 위치는**

→　충돌은 꾸준히 일어나거나 줄어들기 마련이며, 충돌하는 곳은

→　충돌은 꾸준히 일어나거나 조금씩 줄어들기 마련이며, 부딪히는 곳은

→　꾸준히 부딪히거나 차츰 덜 부딪힐 수 있으며, 부딪히는 곳은

《우주 100, 1》(자일스 스패로/강태길 옮김, 청아출판사, 2016) 156쪽

점프와 도약

:　**높이 점프할 수 있다. 도약할 때**

→　높이 뛸 수 있다. 뛸 때

→　높이 뛰어오를 수 있다. 뛰어오를 때

→　높이 펄쩍 뛸 수 있다. 펄쩍 뛸 때

→　높이 솟구쳐 오를 수 있다. 솟구쳐 오를 때

> ○ **점프(jump)** : 몸을 날리어 높은 곳으로
>   오름
> ○ **도약(跳躍)** : 1. 몸을 위로 솟구쳐 뛰는 일
> ○ **뛰다** : 1. 있던 자리로부터 몸을 높이
>   솟구쳐 오르다
> ○ **뛰어오르다** : 1. 몸을 날리어 높은 곳으로
>   단숨에 오르다

영어로 '점프'를 쓸 수 있고, 한자말로 '도약'을 쓸 수 있어요. 그리고 한국말로 '뛰

다'나 '뛰어오르다'를 쓸 수 있어요. 다만 '점프·도약'은 모두 '뛰다·뛰어오르다'를 가리키는 낱말입니다. 이 글월에서는 영어와 한자말을 겹치기로 썼어요. 굳이 앞뒤를 다르게 써야 하지는 않으니 앞이나 뒤 모두 '뛰다'로 손보거나 '뛰어오르다'로 손보면 됩니다.

- **더 높이 점프할 수 있다. 도약할 때 근육이 받쳐 주면, 마치 새처럼 높이 올라간다**
→ 더 높이 뛸 수 있다. 뛸 때 근육이 받쳐 주면, 마치 새처럼 높이 올라간다
→ 더 높이 뛰어오를 수 있다. 뛰어오를 때 힘살이 받쳐 주면, 마치 새처럼 높이 올라간다

《빌리 엘리어트》 (멜빈 버지스/정해영 옮김, 프로메테우스출판사, 2007) 59쪽

정의롭거나 올바르다

: **정의롭거나 올바르지 않다는**
→ 올바르지 않다는
→ 알맞거나 올바르지 않다는

> ○ **정의롭다(正義-)** : 정의에 벗어남이 없이 올바르다
> ○ **올바르다** : 말이나 생각, 행동 따위가 이치나 규범에서 벗어남이 없이 옳고 바르다

한자말 '정의롭다'는 '올바르다'를 가리킵니다. "정의롭거나 올바르지 않다는"처럼 쓰면 겹말이에요. 한자말을 쓰고 싶다면 "정의롭지 않다는"이라 하면 되고, 한국말을 쓰고 싶다면 "올바르지 않다는"이라 하면 됩니다. 또는 "알맞거나 올바르지 않다는"으로 손볼 만합니다.

- **우리가 살고 있는 세계가 정의롭거나 올바르지 않다는 불편한 진실**
→ 우리가 사는 세계가 올바르지 않다는 거북한 진실
→ 우리가 사는 세계가 알맞거나 올바르지 않다는 거북한 참모습

《과학을 읽다》 (정인경, 여문책, 2016) 74쪽

정장차림

: **정장차림 한 여자**

→ 정장을 한 여자

→ 말끔한 차림 한 여자

→ 말쑥이 차려입은 여자

- **정장(正裝)** : 정식의 복장을 함
- **정식(正式)** : 정당한 격식이나 의식
- **정당하다(正當-)** : 이치에 맞아 올바르고 마땅하다
- **복장(服裝)** : = 옷차림
- **차리다** : 3. 마땅히 해야 할 도리, 법식 따위를 갖추다
- **차림** : 옷이나 물건 따위를 입거나 꾸려서 갖춘 상태
- **차림옷** : 잘 차리기 위하여 입는 옷
- **옷차림** : 1. 옷을 갖추어 입음 2. 옷을 차려입은 모양

"정식 복장"을 하기에 '정장'이라 한다는데, '정식'은 "정당한 격식"을 가리키고, '복장'은 '옷차림'을 가리킨다고 해요. '정장 = 정당한 격식인 옷차림'인 셈이니 '정장차림'이라 하면 겹말이에요. 그런데 '차림·옷차림'은 "옷을 갖추어 입는" 모습을 가리키는데, "마땅히 해야 할 도리, 법식을 갖추"어서 입는 모습을 가리켜요. '정당한 격식 = 차린 매무새 = 차림새'인 터라, '정장 = 정당한 격식인 옷차림 = 차린 매무새인 옷차림'을 나타내는 셈이기도 합니다. 한국말사전을 차근차근 살피노라면 '정장' 뜻풀이가 영 말이 안 됩니다. 곰곰이 따지면 '정장 = 차림옷'이에요. '정장'이라는 한자말을 꼭 쓰고 싶다면 '−차림'을 덜고 '정장'으로만 쓸 노릇이지만, '차림옷'이라는 낱말로 고쳐쓸 적에 한결 나으리라 생각합니다. 또는 "말끔한 차림"이나 "말쑥한 옷차림"처럼 써 볼 수 있어요.

- **백화점 출입문 앞에 낯익은 정장차림 한 여자**

→ 백화점 문 앞에 낯익은 옷차림 한 여자

→ 백화점 어귀에 말쑥이 차려입은 낯익은 여자

《본전 생각》 (김성렬, 문학의전당, 2015) 56쪽

정적과 고요

: **정적과 고요 그리고**

→ 고요하고

→ 고요하며 차분한

→ 고요하디고요한

- **정적(靜寂)** : 고요하여 괴괴함
- **고요하다** : 조용하고 잠잠하다
- **괴괴하다** : 쓸쓸한 느낌이 들 정도로 아주 고요하다
- **잠잠하다(潛潛-)** : 분위기나 활동 따위가 소란하지 않고 조용하다
- **조용하다** : 아무런 소리도 들리지 않고 고요하다

한자말 '정적' 풀이를 살피면 "고요하여 괴괴함"이라 나오는데, 한국말사전에서 '괴괴하다'는 "쓸쓸한 느낌이 들 만큼 아주 고요하다"라 나옵니다. '괴괴하다'도 '고요한' 모습인 셈이니, "고요하여 괴괴함 = 고요하여 쓸쓸하도록 아주 고요하다"인 꼴입니다. 한국말사전은 '고요하다'를 '조용하다'와 '잠잠하다'를 들어서 풀이하지요. 한자말 '잠잠하다' 뜻풀이를 살피면 '조용하다'로 적어요. 곧 '고요하다 = 조용하다 + 조용하다(잠잠하다)'인 꼴이기도 해요. 다시 한국말사전에서 '조용하다'를 찾아보면 '고요하다'로 풀이하니까, 이래저래 아주 뒤죽박죽이 되고 맙니다. 아무튼 '정적'이라는 한자말은 '고요'를 가리킵니다.

- **완전한 정적과 고요 그리고 평화의 시간으로**

→ 오직 고요하고 평화로운 시간으로

→ 그저 고요하고 아늑하던 때로

《사티쉬 쿠마르》 (사티쉬 쿠마르/서계인 옮김, 한민사, 1997) 14쪽

젖을 떼고 이유식

: **젖을 떼고 이유식을 하면서**

→ 젖을 떼고 밥을 먹으면서

→ 젖떼기밥을 먹으면서

→ 젖을 떼면서

- **젖떼기** : 1. 젖을 뗄 때가 되게 자란 어린아이나 어린 짐승 2. 아이의 젖을 떼는 방법
- **이유식(離乳食)** : 젖을 떼는 시기의 아기에게 먹이는 젖 이외의 음식

젖먹이짐승은 젖을 먹으며 자라요. 그러니 '젖먹이짐승'이라는 이름이에요. 젖을 먹고 자라는 짐승은 젖을 떼면서 '밥'을 먹어요. 다만 어른하고 똑같은 밥을 먹기 어려울 수 있기에 '젖'하고 '밥' 사이에 '젖떼기밥'이 있어요. 젖떼기밥을 한자말로 '이유식'이라 하지요. 보기글은 "젖을 떼고 이유식을 하면서"라 하니 아주 틀린 말

은 아니지만 좀 엉성합니다. 살짝 겹말 얼거리라고 할까요. '이유식'을 손질해서 "젖을 떼고 젖떼기밥을 먹으면서"라 적어 보아도 어쩐지 군더더기라는 느낌이에요. 한자말로 "이유를 하고 이유식을 하면서"라 해도 참으로 어설퍼 보입니다. 이 보기글은 "젖을 떼고 밥을 먹으면서"라고 하든지 "젖떼기밥을 먹으면서"라고 하든지 "젖을 떼면서"라고 해야 말끔합니다.

- **새끼들은 젖을 떼고 이유식을 하면서 하루가 다르게 쑥쑥 자랐다**
→ 새끼들은 젖떼기밥을 먹으면서 하루가 다르게 쑥쑥 자랐다
→ 새끼들은 젖을 떼면서 하루가 다르게 쑥쑥 자랐다

《개.똥.승.》 (진엽, 책공장더불어, 2016) 62쪽

제가 안 내도 된다는 자괴감

: **굳이 제가 안 내도 되는 책이라는 자괴감도 있었어요**
→ 굳이 제가 안 내도 되는 책이라는 생각에 부끄러웠어요
→ 굳이 제가 안 내도 되는 책이라는 생각도 있었어요
→ 굳이 제가 안 내도 되기에 부끄럽다는 마음도 있었어요
→ 굳이 제가 안 내도 되기에 부끄러웠어요
→ 굳이 제가 안 내도 되는 책이었어요

> ○ **자괴감(自愧感)**: 스스로 부끄러워하는 마음
> ○ **부끄럽다**: 1. 일을 잘 못하거나 양심에 거리끼어 볼 낯이 없거나 매우 떳떳하지 못하다 2. 스스러움을 느끼어 매우 수줍다

스스로 부끄러워하는 마음을 한자말로 '자괴감'이라 한답니다. 부끄러워하는 마음이라면 '부끄러움'이라고만 하면 되어요. 보기글은 "굳이 제가 안 내도 되는 책이라는 자괴감"이라 나오기에 얼핏 살피면 겹말은 아닌데 하고 느낄 만합니다. 이 글월은 "굳이 제가 안 내도 되는 책이라는 부끄러움"으로 손질하기만 해도 될 만해요. 이 대목에서 더 헤아려 보면 "굳이 제가 안 내도 되는"이라는 말마디에서 '스스로 부끄러이' 여기는 마음이 묻어나요. '부끄러움'이란 떳떳하지 못한 마음이에요. 다른 출판사에서 벌써 낸 책을 굳이 낸 터라 '안 내도 되는 책을 또 냈다'고 밝히니, 부끄러움은 앞말 "굳이 제가 안 내도 되는"에서 드러나요. 단출하게 "굳이 제가 안 내도 되는 책이었어요"로 적으면 되고, 힘주어 말하려는 뜻에서 "굳이 제가 안 내도 되기에 부끄러웠어요"로 적을 수 있는 셈입니다.

- 이와나미 문고에도 있었기 때문에 굳이 제가 안 내도 되는 책이라는 자괴감도 있었어요
→ 이와나미 문고에도 있기 때문에 굳이 제가 안 내도 되는 책이라는 생각에 부끄러웠어요
→ 이와나미 문고에도 있기 때문에 굳이 제가 안 내도 되기에 부끄럽다는 생각도 있었어요
→ 이와나미 문고에도 있기 때문에 굳이 제가 안 내도 되기에 부끄러웠어요
→ 이와나미 문고에도 있기 때문에 굳이 제가 안 내도 되는 책이었어요

《일본 1인 출판사가 일하는 방식》 (니시야마 마사코/김연한 옮김, 유유, 2017) 52쪽

제각기

: **발과 입과 손이 제각기**
→ 발과 입과 손이 저마다
→ 발과 입과 손이 따로따로

◦ **제각기(-各其)** : 1. 저마다 각기 2. 저마다 따로따로
◦ **각기(各其)** : 1. 저마다의 사람이나 사물 2. 각각 저마다
◦ **저마다** : 1. 각각의 사람이나 사물마다 2. 각각의 사람이나 사물
◦ **각각(各各)** : 1. 사람이나 물건의 하나하나 2. 사람이나 물건의 하나하나마다. '따로따로'로 순화

'제각기'는 "저마다 각기"나 "저마다 따로따로"를 가리킨다는데, '각기'는 "각각 저마다"로 풀이해요. 겹말풀이입니다. '저마다'를 '각각'으로 풀이하고, '각각'은 '따로따로'로 고쳐쓰라 하니, 이 대목에서도 돌림풀이에다가 겹말풀이입니다. '저마다'라는 낱말이 있으니 '각기·각각' 같은 한자말은 굳이 안 써도 될 뿐 아니라, 두 한자말은 모두 '저마다'나 '따로따로'로 고쳐쓰면 되지 싶어요. '제각기'는 '각기'에 '제'를 붙이기에 "저마다 각기"가 되고, "저마다 각각 저마다"가 되다가 "저마다 따로따로 저마다"가 되니, 이는 "저마다 저마다 저마다"라 하는 셈이에요. '각기'라는 한자말은 말풀이만 보아도 겹말인 얼거리입니다.

- **발과 입과 손이 제각기 다른 일을 동시에 해내는 것이다**
→ 발과 입과 손이 저마다 다른 일을 한꺼번에 해낸다
→ 발과 입과 손이 따로따로 다른 일을 함께 해낸다

《제주민속의 멋 1》 (진성기, 열화당, 1979) 64쪽

- 그 다양한 겉모습으로 인해 제각기 달라 보여도
→ 그 여러 가지 겉모습 때문에 저마다 달라 보여도
→ 그 숱한 겉모습 때문에 다들 서로 달라 보여도

《언니, 같이 가재!》 (안미선, 삼인, 2016) 55쪽

제 손으로 직접

: 제 손으로 직접 만들어 낼 수 있는
→ 제 손으로 지어 낼 수 있는
→ 손수 지어 낼 수 있는

> ○ **직접(直接)** : [부사] 중간에 아무것도 개재시키지 아니하고 바로
> ○ **손수** : 남의 힘을 빌리지 아니하고 제 손으로 직접
> ○ **몸소** : 1. 직접 제 몸으로

"제 손으로" 무엇을 만든다면, 다른 힘을 빌리지 않는다는 뜻이요, 이는 '손수' 한다고 할 만해요. 한국말사전에서 '손수'를 찾아보면 "제 손으로 직접"으로 풀이해요. '직접'이라는 한자말은 사이에 아무것도 넣지 않고 바로 하는 모습을 가리킨다고 풀이해요. '손수'하고 '직접'은 풀이말이 맞물립니다. "제 손으로 직접"으로 풀이하면 겹말이에요. '몸소'라는 낱말은 "직접 제 몸으로"로 풀이해 놓아서, 이때에도 겹말풀이입니다. "제 손으로"라고만 하든지, '손수'라고만 쓰든지, '직접'이라는 한자말만 넣든지 해야 알맞습니다. 겹말풀이인 한국말사전은 바로잡아야 할 테고요.

- 뭔가 제 손으로 직접 만들어 낼 수 있는 능력을 키워 주는 것임을 잘 알고 있습니다
→ 뭔가 제 손으로 지어 낼 수 있는 솜씨를 키워 주는 것인 줄 잘 압니다
→ 뭔가 제가 손수 지어 낼 수 있는 힘을 키워 주는 것인 줄 잘 압니다

《지렁이 카로》 (이마이즈미 미네코/최성현 옮김, 이후, 2004) 82쪽

제자리 자기 자리

: 제자리로 돌아가셔요 … 자기 자리로 돌아가

→   제자리로 돌아가셔요 … 제자리로 돌아가

→   제자리로 돌아가셔요 … 저희 자리로 돌아가

> ○ **자기(自己)** : 1. 그 사람 자신 2. 앞에서 이미 말하였거나 나온 바 있는 사람을 도로
>   가리키는 삼인칭 대명사
> ○ **저** : 1. 말하는 이가 윗사람이나 그다지 가깝지 아니한 사람을 상대하여 자기를 낮추어
>   가리키는 일인칭 대명사. 주격 조사 '가'나 보격 조사 '가'가 붙으면 '제'가 된다 2. 앞에서
>   이미 말하였거나 나온 바 있는 사람을 도로 가리키는 삼인칭 대명사. '자기(自己)'보다
>   낮잡는 느낌을 준다. 주격 조사 '가'나 보격 조사 '가'가 붙으면 '제'가 된다

한국말사전을 살피면 '저(제)'를 '자기'보다 낮잡는 느낌이 있는 낱말이라고 풀이합니다. 이는 올바르지 않습니다. '자기'는 '저(제)'를 가리키는 한자말일 뿐입니다. '제자리'나 "자기 자리"는 똑같은 말마디예요. '제자리'는 "자기 자리"보다 낮잡는 말마디가 될 수 없습니다. 이 보기글처럼 '제자리'하고 "자기 자리"를 섞어서 쓰는 겹말은 잘 손질해 주어야겠어요.

•   **"여러분, 이제 제자리로 돌아가셔요. 지금 누가 오고 있습니다." 그 말을 듣고
    아이들은 다 자기 자리로 돌아가 말없이 기다리고 있었습니다**

→   "여러분, 이제 제자리로 돌아가셔요. 이제 누가 옵니다." 그 말을 듣고 아이들은 다
    제자리로 돌아가 말없이 기다립니다

《고집장이 꼬마 여동생》 (도로시 에드워즈/최경림 옮김, 동서문화사, 1982) 91쪽

조명하고 비추다

:   **다르게 조명해 보라는 … 너무 많은 조명을 그곳으로 비추지는 말라는**

→   다르게 비추어 보라는 … 너무 많은 빛을 그곳으로 보내지는 말라는

→   다르게 바라보라는 … 그곳을 너무 많이 비추지는 말라는

→   다르게 바라보라는 … 그곳을 너무 많이 바라보지는 말라는

> ○ **조명하다(照明−)** : 1. 광선으로 밝게 비추다 2. 어떤 대상을
>   일정한 관점으로 바라보다
> ○ **비추다** : 1. 빛을 내는 대상이 다른 대상에 빛을 보내어 밝게 하다
>   4. 어떤 것과 관련하여 견주어 보다

'비추다'를 한자말로 '조명하다'라고도 합니다. '조명등'이라 흔히 일컫는데, '비춤등(비추는 등)'이에요. '비추다'나 '조명하다'는 "빛을 보내는" 뜻이 있기도 하지만, '바라보'거나 '견주'는 자리에서도 써요. 보기글처럼 '조명하다·조명'하고 '비추다'를 섞어 놓으면 겹말이 돼요. "조명을 비추다"라 하면 더더욱 겹말이지요. '비추다'라고만 하거나 "빛을 보내다"로 고쳐써야 올바릅니다.

- **나의 성격을 다르게 조명해 보라는 말이 부정적 면모를 보지 말라는 뜻은 아니다. 그저 너무 많은 조명을 그곳으로 비추지는 말라는 뜻이다**
→ 내 성격을 다르게 비추어 보라는 말이 나쁜 모습을 보지 말라는 뜻은 아니다. 그저 너무 많은 빛을 그곳으로 보내지는 말라는 뜻이다
→ 내 성격을 다르게 바라보라는 말이 안 좋은 모습을 보지 말라는 뜻은 아니다. 그저 그곳을 너무 많이 바라보지는 말라는 뜻이다

《나는 이제 참지 않고 살기로 했다》(니콜 슈타우딩거/장혜경 옮김, 갈매나무, 2016) 82쪽

조언과 도움

: **조언과 도움을 구할 수 있는**
→ 도움말을 들을 수 있는
→ 도움을 받을 수 있는
→ 길잡이가 되어 주는
→ 길동무가 되어 주는
→ 돕는 손길을 내밀어 주는
→ 곁에서 도와주는

> ○ **조언(助言)** : 말로 거들거나 깨우쳐 주어서 도움. 또는 그 말
> ○ **도움말** : = 조언(助言)

"도와주는 말"을 한자말로 '조언'이라고 적으니 "조언과 도움"처럼 적으면 겹말입니다. 한국말사전을 보면 '도움말 = 조언'으로 풀이하는군요. 이는 올바르지 않습니다. '조언 = 도움말'로 풀이하거나 '조언 → 도움말'처럼 적어야 옳지 싶어요. 도움말을 들려주거나 돕는 구실을 한다면 "돕는 손길"이기도 하고 '길동무' 구실을 한다고도 할 만합니다. 이 보기글에서는 "곁에서 도와주는"이나 "곁에서 함께하는"으로 손볼 수 있어요.

566

- **평생 조언과 도움을 구할 수 있는 아버지가 있는 아이들은 행복하다**
- → 평생 도움말을 들을 수 있는 아버지가 있는 아이들은 즐겁다
- → 늘 도우며 길동무가 되는 아버지가 있는 아이들은 기쁘다

《아이는 기다려 주지 않는다》 (요한 크리스토프 아놀드/전의우 옮김, 양철북, 2008) 157쪽

종이 판지

: 종이 판지가 있었고
- → 판종이가 있었고
- → 두꺼운 종이가 있었고

> ○ **판지(板紙)** : 두껍고 단단하게 널빤지 모양으로 만든 종이

'판지'는 널처럼 생긴 두꺼운 '종이'를 가리켜요. "종이 판지"라고 하면 "종이 판종이"라 말하는 꼴이니 겹말이에요. 이 대목에서는 '판종이'라고만 하면 되어요. 또는 '골판종이'나 '널종이'라 할 수 있고, "두꺼운 종이"라 해도 되어요.

- **아름다운 종이꽃으로 바뀌는 종이 판지가 있었고**
- → 아름다운 종이꽃으로 바뀌는 판종이가 있었고
- → 아름다운 종이꽃으로 바뀌는 두꺼운 종이가 있었고

《뉴욕에 간 귀뚜라미 체스터》 (조지 셀던 톰프슨/김연수 옮김, 시공주니어, 1998) 62쪽

종자는 파종한 뒤

: 소나무의 종자는 파종한 뒤 2~4주 지나면
- → 소나무 씨앗은 땅에 떨어진 지 두 주나 넉 주면
- → 솔씨는 땅에 떨어진 지 두 주에서 넉 주 사이에

> ○ **종자(種子)** : 1. 식물에서 나온 씨 또는 씨앗
> ○ **파종(播種)** : 곡식이나 채소 따위를 키우기 위하여 논밭에 씨를 뿌림. '씨뿌리기', '씨 뿌림'으로 순화

한자말 '종자'는 '씨앗'을 가리키고, '파종'은 '씨뿌리기'를 가리킵니다. "종자는 파

종한 뒤"라 하면 "씨앗은 씨앗을 뿌린 뒤"인 꼴이라 겹말입니다. 보기글에서는 소나무 씨앗을 말하는데, 소나무 씨앗은 사람이 일부러 뿌리지 않아요. 소나무가 스스로 퍼뜨려요. 소나무 씨앗을 '뿌린다'고 하는 말마디는 안 어울리니, "소나무 씨앗은 땅에 떨어진 지"나 "솔씨는 땅에 떨어진 지"처럼 고쳐써야 알맞습니다.

- **소나무의 종자는 파종한 뒤 2~4주 지나면 싹을 틔운다. 자엽은 모두 종피를 쓴 채 땅 위로 올라오는데**
→ 소나무 씨앗은 땅에 떨어진 지 두 주나 넉 주면 싹을 틔운다. 떡잎은 모두 껍질을 쓴 채 올라오는데
→ 솔씨는 땅에 떨어진 지 두 주에서 넉 주 사이에 싹을 틔운다. 떡잎은 모두 껍질을 쓴 채 올라오는데

《소나무 인문 사전》 (한국지역인문자원연구소, 휴먼앤북스, 2016) 16쪽

종자 씨앗

: **종자를 장악하라고 … 씨앗의 중요성을**
→ 씨앗을 거머쥐라고 … 씨앗이 중요하다고

> ○ **종자(種子)** : 1. 식물에서 나온 씨 또는 씨앗 2. 동물의 혈통이나 품종. 또는 그로부터 번식된 새끼 3. 사람의 혈통을 낮잡아 이르는 말
> ○ **씨앗** : 1. 곡식이나 채소 따위의 씨 2. 앞으로 커질 수 있는 근원을 비유적으로 이르는 말 3. 어떤 가문의 혈통이나 근원을 낮잡아 이르는 말

'종자'는 한자말입니다. '씨앗'을 가리켜요. 지난날에는 누구나 '씨앗'을 말했지만, 농협이나 대학교나 공공기관에서는 '씨앗'이라는 한국말보다 '종자'라는 한자말을 널리 씁니다. '씨앗'하고 '종자'는 같은 것을 가리키니, 보기글처럼 두 낱말을 잇달아 적으면 겹말이에요. 꽃이 피고 열매를 맺고 씨앗이 굵어지는 흐름을 헤아리면서 '씨앗'이라는 낱말을 슬기롭게 쓸 수 있기를 바랍니다.

- **세계를 지배하려면 종자를 장악하라고 말할 정도로 씨앗의 중요성을 강조했던**
→ 세계를 다스리려면 씨앗을 거머쥐라고 말할 만큼 씨앗이 중요하다고 강조했던
→ 온누리를 다스리려면 씨앗을 거머쥐라고 말할 만큼 씨앗이 중요하다고 힘주어 밝힌

《나는 어떤 삶을 살아야 할까?》(홍세화와 여섯 사람, 철수와영희, 2016) 129쪽

- 우리 씨앗으로 농사를 지어 토종 종자의 씨앗을 받아 보면 어떨까
→ 우리 씨앗으로 농사를 지어 씨앗을 받아 보면 어떨까
→ 우리 씨앗으로 농사를 지어 텃씨를 꾸준히 받아 보면 어떨까

《10대와 통하는 농사 이야기》 (곽선미와 다섯 사람, 철수와영희, 2017) 150~152쪽

좋고 긍정적

: **좋은 거로 생각했다. 긍정적이고 희망적인 의미라고**
→ 좋은 거로 생각했다. 좋고 희망이 담긴 뜻이라고
→ 좋은 거로 생각했다. 좋고 밝은 뜻이라고
→ 좋은 거로 생각했다. 참말로 좋고 밝은 뜻이라고
→ 좋고 밝은 뜻이라고 생각했다

> • **긍정적(肯定的)** : 1. 그러하거나 옳다고 인정하는 2. 바람직한
> • **바람직하다** : 바랄 만한 가치가 있다

'긍정적'하고 '부정적'은 나란히 쓰이곤 합니다. '긍정적 = 좋은'으로 으레 쓰고, '부정적 = 나쁜'으로 흔히 써요. 한국말사전을 보면 '긍정적 = 좋은' 같은 말풀이는 찾아볼 수 없습니다. 사람들이 느낌으로 '긍정적 = 좋은'으로 쓰는 셈이지 싶습니다. 보기글처럼 "좋은 거로 생각했다. 긍정적이고"처럼 겹말 얼거리로 쓰기도 해요. 그러나 좋으면 '좋은'이라 하면 되고, 나쁘면 '나쁜'이라 하면 돼요. 힘주어 말하고 싶다면, "좋은 거로 생각했다. 참말로 좋은"처럼 '참말로' 같은 꾸밈말을 넣어 줍니다.

- **개발과 발전은 좋은 거로 생각했다. 긍정적이고 희망적인 의미라고 생각했다**
→ 개발과 발전은 좋은 거로 생각했다. 참말로 좋고 밝은 뜻이라고 생각했다
→ 개발과 발전은 좋고 밝은 뜻이라고 생각했다

《미래로 가는 희망 버스, 행복한 재개발》 (이은영, 분홍고래, 2015) 95쪽

- **내가 가지고 있는 좋은 점 하나를 꼽으라면 긍정적인 마음이 부정적인 마음보다 훨씬 크다는 것이다**
→ 나한테 좋은 대목 하나를 꼽으라면 밝은 마음이 어두운 마음보다 훨씬 크다
→ 나한테 있는 좋은 대목 하나를 꼽으라면 어두운 마음보다 훨씬 큰 밝은 마음이다

《우리말 꽃이 피었습니다》 (오리여인, 시드페이퍼, 2016) 13쪽

주관적인 나의 느낌

: **지극히 주관적인 나의 느낌**

→ 더할 나위 없는 내 느낌

→ 오로지 내 느낌

→ 다만 내 느낌

→ 내 느낌

○ **주관적(主觀的)** : 자기의 견해나 관점을 기초로 하는
○ **자기(自己)** : 1. 그 사람 자신 2. [철학] = 자아(自我)
○ **자신(自身)** : 1. 그 사람의 몸 또는 바로 그 사람을 이르는 말

'주관적'이라고 할 적에는 '자기' 생각이나 눈길을 가리킨다고 해요. '자기'는 '자신'을 가리킨다고 해요. '자기·자신'은 누구를 가리킬까요? 바로 '나'를 가리킵니다. "주관적인 나의 느낌"이라 하면 "내 + 나의 느낌"인 셈입니다. "내 느낌"이라고 손보면 됩니다. 힘주어 말하고 싶다면 "오로지 내 느낌"이나 "바로 내 느낌"처럼 꾸밈말을 앞에 넣어 줍니다.

• **그냥, 지극히 주관적인 나의 느낌**

→ 그냥, 오로지 내 느낌

→ 그냥, 바로 내 느낌

→ 그냥, 내 느낌

《당신도 쿠바로 떠났으면 좋겠어요》 (시골여자, 스토리닷, 2016) 214쪽

주위를 둘러보다

: **주위를 둘러보니**

→ 둘레를 살펴보니

→ 옆을 살펴보니

→ 둘러보니

→ 여기저기 살피니

○ **주위(周圍)** : 1. 어떤 곳의 바깥 둘레 2. 어떤 사물이나 사람을 둘러싸고 있는 것
○ **둘레** : 1. 사물의 테두리나 바깥 언저리
○ **둘러보다** : 주위를 이리저리 두루 살펴보다

한자말 '주위'는 한국말로 '둘레'를 가리킵니다. 한국말 '둘러보다'는 "주위를 살펴

보다"를 뜻한다고 해요. "주위를 둘러보니"라 하면 겹말이 됩니다. 한자말 '주위'를 쓰고 싶다면 "주위를 살펴보니"나 "주위를 보니"로 고쳐씁니다. 말뜻대로 한국말 '둘레'를 쓰려 한다면 "둘레를 살피니"나 "둘레를 보니"로 고쳐쓰면 되고, '둘러보니'라고 단출하게 적어도 돼요.

- **고개를 들어 주위를 휘휘 둘러보니**
- → 고개를 들어 둘러보니
- → 고개를 들어 둘레를 휘휘 살펴보니
- → 고개를 들어 여기저기 휘휘 보니
- → 고개를 들어 옆을 휘휘 살펴보니

《옹고집》(홍영우, 보리, 2011) 23쪽

- **그럼 주위를 둘러보고 올게요**
- → 그럼 둘레를 보고 올게요
- → 그럼 둘러보고 올게요
- → 그럼 둘레를 살피고 올게요

《백귀야행 25》(이미 이치코/한나리 옮김, 시공사, 2017) 6쪽

주장과 목소리를 말한다

:	**내지 않던 주장도 목소리를 더 높여 말한다**
→	내지 않던 목소리도 더 높인다
→	내지 않던 말소리도 더 높인다
→	밝히지 않던 얘기도 더 높인다

> ∘ **주장(主張)** : 1. 자기의 의견이나 주의를 굳게 내세움. 또는 그런 의견이나 주의
> ∘ **목소리** : 1. 목구멍에서 나는 소리 2. 의견이나 주장을 비유적으로 이르는 말
> ∘ **말하다** : 1. 생각이나 느낌 따위를 말로 나타내다 5. 평하거나 논하다

제 뜻이나 생각을 내세울 적에 이를 한자말로 '주장'이라고 해요. 이러한 '주장'은 '말'이기도 합니다. 입에서 나오는 소리도 '말'이지만, 저마다 뜻이나 생각을 담은 소리가 바로 '말'이기도 하거든요. '목소리'는 목에서 나는 소리뿐 아니라 '의견·주장'을 가리키기도 하지요. 보기글에서는 '주장·목소리·말하다'가 잇달아 나오는데, 세 말마디는 모두 같은 뜻을 나타내요. 세 가지로 겹말입니다. 셋 가운데 하나

만 골라서 쓰면 좋겠습니다.

- **눈을 떠서 다른 생명의 삶을 볼 수 있게 되었다. 그리고 그동안 내지 않던 주장도 목소리를 더 높여 말한다**
- → 눈을 떠서 다른 생명이 누리는 삶을 볼 수 있었다. 그리고 그동안 내지 않던 목소리도 더 높인다
- → 눈을 떠서 다른 목숨이 누리는 삶을 볼 수 있었다. 그리고 그동안 내지 않던 말소리도 더 높인다

《개.똥.승.》 (진엽, 책공장더불어, 2016) 36쪽

죽은 망자

: **죽은 망자**
→ 죽은 이
→ 죽은 사람
→ 죽은 넋

- **망자(亡者)** : = 망인(亡人)
- **망인(亡人)** : 생명이 끊어진 사람. '돌아가신 이', '죽은 사람', '죽은 이'로 순화

한자말 '망자'는 '= 망인'이라 하고, '망인'은 "죽은 사람"이나 "죽은 이"로 고쳐써야 한다고 해요. '망자·망인'은 "죽은 사람·죽은 이"를 뜻하면서 이러한 말마디로 고쳐쓸 노릇일 테지요. 보기글 "죽은 망자"는 겹말이면서 고쳐쓸 말마디인 셈입니다. 말뜻처럼 "죽은 이"나 "죽은 사람"으로 고치면 되는데, "죽은 넋"이나 "죽은 목숨"이나 "죽은 숨결"로 적어 볼 수 있어요.

- **악행을 저지르다가 죽은 이, 전사한 이 등등 죽은 망자들을 분류하는 일을 맡았다**
- → 나쁜 짓을 저지르다가 죽은 이, 싸우다 죽은 이처럼 죽은 이를 가르는 일을 맡았다
- → 나쁜 짓을 저지르다가 죽은 이, 싸우다 죽은 이처럼 죽은 넋을 나누는 일을 맡았다

《나비 탐미기》 (우밍이/허유영 옮김, 시루, 2016) 87쪽

죽은 시체

: 죽은 시체를
→ 죽은 사람을
→ 송장을
→ 주검을

○ **시체(屍體) :** = 송장
○ **송장 :** 죽은 사람의 몸을 이르는 말
○ **주검 :** = 송장

한자말 '시체'는 '송장'을 가리켜요. '송장'은 죽은 사람 몸을 가리키지요. 한자말 '시체'든 한국말 '송장'이나 '주검'이든 이 낱말 앞에 '죽은'을 붙이면 겹말이에요. "죽은 시체"가 아니라 "죽은 사람"이라 하거나 '시체'라 하거나 '송장'이라 해야 올바릅니다.

- **죽은 시체를 굴 들머리에 쌓아 빗발처럼 쏟아지는 총알을 막았다**
→ 죽은 사람을 굴 들머리에 쌓아 빗발처럼 쏟아지는 총알을 막았다
→ 송장을 굴 들머리에 쌓아 빗발처럼 쏟아지는 총알을 막았다

《풀무질, 세상을 벼리다》(은종복, 이후, 2010) 236쪽

죽은 이유와 사인

: 아기가 죽은 이유 … 사인에 대해
→ 아기가 죽은 까닭 … 죽은 까닭을
→ 아기가 죽은 까닭 … 왜 죽었는지를
→ 아기가 죽은 까닭 … 어쩌다 죽었는지를

○ **사인(死因) :** 죽게 된 원인

"죽은 까닭"을 한자말로 적으니 '사인'이 됩니다. 보기글처럼 앞쪽에서는 "죽은 이유"라 하다가 뒤쪽에서는 '사인'이라 하면 겹말이에요. 앞뒤 모두 "죽은 까닭"으로 쓰면 되고, 뒤쪽에서는 다르게 쓰고 싶다면 "왜 죽었는지"나 "어쩌다 죽었는지"나 "어떻게 죽었는지"나 "무슨 까닭으로 죽었는지"로 손볼 수 있습니다.

- 켈리는 아기가 죽은 이유에 대한 애초의 설명이 부정확한 것으로 드러나고, 의사들이 아기의 사인에 대해 아무것도 알아내지 못했다는 것을 알았을 때
→ 켈리는 아기가 죽은 까닭을 놓고 처음부터 설명이 옳지 않았다고 드러나고, 의사들이 아기가 어쩌다 죽었는지를 아무것도 알아내지 못한 줄 알았을 때
→ 켈리는 아기가 죽은 까닭을 놓고 처음부터 옳게 밝히지 못했다고 드러나고, 의사들이 아기가 왜 죽었는지를 아무것도 알아내지 못한 줄 알았을 때

《다시 아기를 기다리며》 (앤 더글러스·존 R.서스먼/황근하 옮김, 삼인, 2010) 29쪽

줄곧 계속

: **줄곧 계속되었어요**

→ 줄곧 그랬어요

→ 줄곧 그렇게 했어요

→ 줄곧 그리 했어요

→ 줄곧 그 모습이었어요

> ○ **계속(繼續)** : 1. 끊이지 않고 이어 나감 2. 끊어졌던 행위나 상태를 다시 이어 나감 3. 끊이지 않고 잇따라
> ○ **줄곧** : 끊임없이 잇따라

"끊임없이 잇따라"를 뜻하는 '줄곧'이고, "끊이지 않고 잇따라"를 뜻하는 '계속'이에요. 두 낱말은 똑같은 모습을 가리킵니다. 그러니 "줄곧 계속되었어요"처럼 쓰면 겹말이지요. '줄곧'이나 '계속' 가운데 하나만 쓰거나, 말뜻처럼 "끊임없이 잇따라"를 쓸 노릇입니다.

- **매일같이 1면에 일본계인의 험담을 쓰기 시작하더니 그것이 줄곧 계속되었어요**
→ 날마다 1쪽에 일본계 사람들을 헐뜯는 글을 싣더니 줄곧 실었어요
→ 날마다 첫 쪽에 일본계 사람들을 헐뜯는 글을 쓰더니 줄곧 그랬어요

《에콜로지와 평화의 교차점》 (C.더글러스 러미스·쓰지 신이치/김경인 옮김, 녹색평론사, 2010) 21쪽

즐거움을 만끽하다

- **즐겁다** : 마음에 거슬림이 없이 흐뭇하고 기쁘다
- **흐뭇하다** : 마음에 흡족하여 매우 만족스럽다
- **흡족하다(洽足-)** : 조금도 모자람이 없을 정도로 넉넉하여 만족하다
- **만족하다(滿足-)** : 1. 마음에 흡족하다 2. 모자람이 없이 충분하고 넉넉하다
- **만끽(滿喫)** : 1. 마음껏 먹고 마심 2. 욕망을 마음껏 충족함
- **충족하다(充足-)** : 일정한 분량을 채워 모자람이 없게 하다
- **누리다** : 생활 속에서 마음껏 즐기거나 맛보다

한자말 '만끽'은 "마음껏 충족함"을 가리킨다는데, '충족'은 "모자람이 없도록 하는" 일을 가리켜요. 이는 '누림·누리다'하고 이어져요. 어떤 일을 마음껏 즐기거나 맛본다고 하기에 '누리다'요, 이를 한자말로 '만끽'으로 가리키니, "즐거움을 만끽했다"라 하면 겹말입니다. '만끽'이라는 한자말을 쓰고 싶다면 '만끽했다'만 적을 노릇입니다. '즐거움'이라는 한국말을 쓰고 싶으면 "한껏 즐겼다"나 "즐거움을 맛봤다"로 손질합니다. "즐겁게 놀았다"나 "즐겁게 지냈다"나 "즐겁게 있었다"로 손질할 수도 있어요. '즐거움·즐겁다' 뜻을 살피려고 한국말사전을 살피니 '흐뭇하다'하고 이어지고, '흐뭇하다 = 흡족 + 만족'이라는데, '흡족'하고 '만족'이라는 한자말은 돌림풀이에 겹말풀이로군요.

- (수용소)캠프에서의 비참한 삶에도 불구하고 해변의 즐거움을 만끽했다
→ 수용소살이가 끔찍하지만 바닷가에서 즐겁게 놀았다
→ 수용소살이가 끔찍해도 바닷가에서 즐거움을 한껏 맛봤다
→ 수용소에서 지내기가 끔찍해도 바닷가를 마음껏 즐겼다
→ 수용소에서 지내기가 끔찍해도 바닷가를 누렸다

《어느 아나키스트의 고백》 (안토니오 알바리타·킴/해바라기 프로젝트 옮김, 길찾기, 2013) 79쪽

- 당신이 원하는 즐거움을 만끽하는 모습을 보는 것만큼
→ 그대가 바라는 즐거움을 맛보는 모습을 볼 때만큼
→ 그대가 바라는 대로 즐기는 모습을 볼 때만큼
→ 그대가 바라는 대로 누리는 모습을 볼 때만큼

《내 방 여행하는 법》 (그자비에 드 메스트르/장석훈 옮김, 유유, 2016) 161쪽

즐겁고 행복한

: **즐겁고 행복한**

→ 즐겁고 즐거운

→ 무척 즐거운

→ 즐겁고 신나는

- **즐겁다** : 마음에 거슬림이 없이 흐뭇하고 기쁘다
- **행복(幸福)** : 1. 복된 좋은 운수 2. 생활에서 충분한 만족과 기쁨을 느끼어 흐뭇함
- **만족(滿足)** : 1. 마음에 흡족함 2. 모자람이 없이 충분하고 넉넉함
- **기쁨** : 욕구가 충족되었을 때의 흐뭇하고 흡족한 마음이나 느낌
- **흐뭇하다** : 마음에 흡족하여 매우 만족스럽다
- **흡족(洽足)** : 조금도 모자람이 없을 정도로 넉넉하여 만족함

'즐겁다'라는 낱말을 한국말사전에서는 '흐뭇하다 + 기쁘다'로 풀이합니다. '흐뭇하다'는 '흡족 + 만족'으로 풀이하고, '기쁘다'는 '흐뭇하다 + 흡족'으로 풀이해요. 이런 뜻풀이라면 벌써 겹말풀이가 됩니다. '만족 = 흡족'으로 풀이하고, '흡족 = 만족'으로 풀이하는 한국말사전이에요. 더구나 '행복 = 만족 + 기쁨 + 흐뭇함'으로 풀이하니 아주 뒤죽박죽입니다. '즐겁다'하고 '기쁘다'하고 '흐뭇하다'는 틀림없이 다른 낱말이에요. '행복'이라는 한자말을 꼭 써야 한다면 '행복'만 쓸 노릇이면서, '즐겁다'나 '기쁘다'나 '흐뭇하다'가 어떻게 다른가를 알맞게 살펴서 써야겠습니다. 한국말사전은 몽땅 뜯어고쳐야 할 테고요.

- **그 생활 안에 즐겁고 행복한 놀이가 있어야 한다고**
→ 그 삶에 즐겁고 신나는 놀이가 있어야 한다고
→ 그 삶에 즐겁고 재미나는 놀이가 있어야 한다고
→ 그 삶에 즐거운 놀이가 있어야 한다고

《놀이가 아이를 바꾼다》 (김민아와 다섯 사람, 시사일본어사, 2016) 54쪽

증가 증대 늘어나다

: **생산량 증가가 수입 증대를 의미하는 … 카카오 재배가 늘어날수록**

→ 생산량이 는다고 벌이가 는다는 뜻은 … 카카오 재배가 늘어날수록
→ 생산량이 는다고 벌이가 는다는 뜻은 … 카카오를 더 기를수록

한자말 '증가'나 '증대'는 모두 '늘다 · 늘리다'를 가리킵니다. 이 한자말에 한국말 '늘어나다'를 섞어서 쓰니 겹말 얼거리예요. '늘다'나 '늘어나다'를 알맞게 쓰면 됩니다. 이 자리에서는 '더'라는 낱말을 써서 앞뒤를 다르게 해 볼 수 있기도 합니다. '늘어난다'고 할 적에는 "더 있다"나 "더 기른다"나 "더 나온다"는 뜻이 되거든요.

- **생산량 증가가 반드시 수입 증대를 의미하는 것도 아니다. 세계시장이 포화 상태에 이르면 카카오 가격이 하락한다. 카카오 재배가 늘어날수록 가난으로 귀결되는**

→ 생산량이 는다고 반드시 벌이가 는다는 뜻도 아니다. 세계시장이 꽉 차면 카카오 값이 떨어진다. 카카오를 더 기를수록 가난해지고 마는

→ 더 거둔다고 반드시 더 번다는 뜻이 되지도 않는다. 세계시장이 꽉 차고 말면 카카오 값이 떨어진다. 카카오를 기르는 곳이 늘어날수록 가난해지는

《카카오》 (안드레아 더리 · 토마스 쉬퍼/조규희 옮김, 자연과생태, 2014) 81쪽

지금 당면한

: **지금 당면한**

→ 바로 맞닥뜨린

→ 오늘 맞닥뜨린

→ 오늘 이곳에서 마주하는

→ 바로 여기에서 부딪히는

"바로 이때"를 가리키는 한자말 '지금'이고, "바로 눈앞"을 나타내는 한자말 '당면' 입니다. 두 한자말은 '바로'라고 하는 뜻에서 겹말 얼거리입니다. 두 한자말은 따로 써야 올바르니, "지금 부딪히는 문제"라든지 "당면한 문제"처럼 손볼 노릇입니다. 더 헤아린다면 "오늘 부딪히는 문제"나 "바로 여기에서 부딪히는 문제"처럼 한결 부드러이 손볼 만합니다.

- 현대성은 지금 당면한 문제에 대한 탐색이다. 아이들이 현재 경험하는 세계 그리고 그들이 부딪히는 문제를 다룬 그림책이 현대적인 그림책이다
→ 현대성은 오늘 부딪히는 문제를 살핀다. 아이들이 오늘 겪는 세계와 부딪히는 문제를 다룬 그림책이 현대 그림책이다
→ 현대성은 바로 이곳에서 맞닥뜨리는 문제를 살핀다. 아이들이 오늘 겪는 세계와 부딪히는 문제를 다룰 적에 현대 그림책이다

《그림책으로 읽는 아이들 마음》(서천석, 창비, 2015) 83쪽

지금 막

: **지금 남해안에서 막**

→ 남해안에서 막

→ 이제 남녘 바닷가에서

> ○ **지금(只今)** : 말하는 바로 이때
> ○ **이때** : 바로 지금의 때
> ○ **이제** : 바로 이때
> ○ **막** : 1. 바로 지금 2. 바로 그때

"지금 막"이라고 하면 겹말인데, 이를 못 느끼는 분이 제법 많습니다. 한자말 '지금'은 "바로 이때"를 가리키고, 한국말 '막'은 "바로 지금"을 가리킨다니, 뜻이 겹치면서 돌림풀이가 되기도 합니다. 한국말사전을 살피면 '지금'을 "바로 이때"로 풀이하면서, '이때'를 "바로 지금의 때"로 풀이하니 이때에도 돌림풀이입니다. '지금'이라는 한자말을 쓰고 싶으면 이 낱말만 쓸 일이고, 아니면 '이때·이제·막'이라는 한국말을 알맞게 가려서 쓸 일입니다.

- **지금 남해안에서 막 유성우(流星雨)를 맞고 있다는 문자가 떴다**
→ 남해안에서 막 별똥비를 맞는다는 쪽글이 떴다
→ 이제 남녘 바닷가에서 별비를 맞는다는 쪽글이 떴다

《연옥의 봄》(황동규, 문학과지성사, 2016) 85쪽

지금의 현주소

: **이게 지금의 대한민국 군대의 현주소야**

→ 이게 오늘 대한민국 군대 모습이야

→ 이게 오늘날 대한민국 군대 참모습이야

→ 이게 바로 대한민국 군대라는 데야

> ○ **지금(只今)** : 말하는 바로 이때
> ○ **현주소(現住所)** : 1. 현재 살고 있는 곳의
>   주소 2. 현재의 상황, 처지, 실태 따위를
>   비유적으로 이르는 말
> ○ **현재(現在)** : 지금의 시간

'현주소'는 "현재의 상황"을 가리키고, '현재'는 "지금의 시간"을 가리킨다고 해요. "지금의 현주소"처럼 쓰면 겹말이 되어요. "지금의 지금의 주소" 꼴이 될 테니까요. '지금'은 "바로 이때"를 가리키니 "지금의 현주소"는 "바로 이 모습"으로 손볼 수 있고 "오늘날 모습"이나 "오늘 모습"이나 "요즈음 모습"으로 손볼 만합니다.

● **그걸 미연에 방지하지 못한 국가가 오히려 유족들 앞에 무릎을 꿇지는 못할망정, 아이들을 죄인 취급하고 명예 회복도 시켜 주지 않는 이 상황. 이게 지금의 대한민국 군대의 현주소야**

→ 이를 미리 막지 못한 나라가 오히려 유족들 앞에 무릎을 꿇지는 못할망정, 아이들을 죄인으로 다루고 이름이나마도 살려 주지 않는 이 모습. 이게 오늘날 대한민국 군대 참모습이야

《돌아오지 않는 내 아들》 (군의문사진상규명위원회, 삼인, 2008) 99쪽

지금 현재

: **지금 현재는 불필요한**

→ 이제는 쓸모없는

→ 이제부터는 쓸데없는

→ 이제 더 쓸 길 없는

→ 이제 와서는 쓸 일 없는

> ○ **지금(只今)** : [명사] 말하는 바로 이때 [부사]
>   말하는 바로 이때에
> ○ **현재(現在)** : [명사] 지금의 시간 [부사] 지금
>   이 시점에
> ○ **이때** : 바로 지금의 때

한자말 '지금'은 "바로 이때"를 가리킨다고 합니다. 한국말사전은 '이때'를 "바로 지

금"인 때를 가리킨다고 풀이해요. '지금 → 이때'이고, '이때 → 지금'인 꼴입니다. 돌림풀이예요. '현재'라는 한자말은 '지금'으로 풀이합니다. 이리하여 '지금 = 현재'이면서 '지금 = 현재 = 이때'인 꼴이 되겠지요. 보기글에 나오는 "지금 현재"는 겹말입니다. 이 글월에서는 '이때'보다는 '이제'를 넣어서 손질하면 어울립니다.

- 얼마 전까지는 필요했지만 지금 현재는 불필요한, 그런 물건이 잔뜩 있었다
→ 얼마 앞서까지는 쓸모있었지만 이제는 쓸모없는, 그런 물건이 잔뜩 있었다

《동거종료 일기》 (오리하라 사치코/도노랑 옮김, AK 코믹스, 2016) 116쪽

- 지금 현재 위치보다 1600킬로미터 남쪽에 있었다
→ 오늘날 자리보다 1600킬로미터 남쪽에 있었다

《홀로 숲으로 가다》 (베른트 하인리히/정은석 옮김, 더숲, 2016) 75쪽

지나가는 행인

: **지나가는 행인**
→ 지나가는 사람
→ 지나가는 이

○ **행인(行人)** : 길을 가는 사람

'행인'은 "길을 가는 사람", 곧 "지나가는 사람"을 가리켜요. "지나가는 행인"이라 하면 겹말입니다. 한자말로 '행인'이라 하든지 한국말로 "지나가는 사람"이라 할 노릇입니다. 또는 '나그네'라 할 수 있고 '손님'이나 '거넒꾼'이나 '마실꾼'이라 해 볼 수 있어요.

- 사내가 지나가는 행인인 줄 알고 인사를 하고는
→ 사내가 지나가는 사람인 줄 알고 인사를 하고는

《핑크트헨과 안톤》 (에리히 캐스트너/이희재 옮김, 시공주니어, 1995) 147쪽

- 하마터면 지나가던 행인을 칠 뻔했다
→ 하마터면 지나가던 사람을 칠 뻔했다

《나는 이제 참지 않고 살기로 했다》 (니콜 슈타우딩거/장혜경 옮김, 갈매나무, 2016) 97쪽

지나치고 심하다

: **그 지나친 정도는 더 심해지고 있으니**

→ 그 지나친 모습은 더 커지니

→ 그 지나친 모습은 더 깊어지니

→ 그 모습은 더 지나치니

> ◦ **지나치다** : 1. 어떤 곳을 머무르거나 들르지 않고
> 지나가거나 지나오다 2. 어떤 일이나 현상을 문제
> 삼거나 관심을 가지지 아니하고 그냥 넘기다
> 3. 일정한 한도를 넘어 정도가 심하다
> ◦ **심하다(甚−)** : 정도가 지나치다

'지나친' 모습이 '심해진'다고 하면 겹말입니다. 앞뒤 모두 '지나치다'를 쓰면 되는데, 뒤쪽에 다른 낱말을 쓰고 싶다면 '깊어지다'나 '커지다'를 넣을 만합니다. 또는 말짜임을 통째로 손보면서 '지나치다'를 한 번만 쓸 수 있어요. 한국말사전을 살피면 '지나치다'를 '심하다'로 풀이하고, '심하다'는 '지나치다'로 풀이해요. 돌림풀이입니다.

• **그 지나친 정도는 해가 갈수록 더 심해지고 있으니**

→ 그 지나친 모습은 해가 갈수록 더 커지니

→ 그 지나친 모습은 해가 갈수록 더 깊어지니

→ 그 모습은 해가 갈수록 더 지나치니

《우리는 플라스틱 없이 살기로 했다》 (산드라 크라우트바슐/류동수 옮김, 양철북, 2016) 165쪽

지나친 과대평가

: **지나친 과대평가나**

→ 지나치게 높은 평가나

→ 지나치게 띄우는 말이나

→ 지나치게 치켜세운 말이나

> ◦ **과대평가(過大評價)** : 실제보다 지나치게
> 높이 평가함

'과대평가'는 "지나친 평가"를 가리키니 "지나친 과대평가"는 겹말이에요. 이와 비슷한 꼴로 "지나친 과소평가"나 "지나친 과찬"이나 "지나친 과장"이나 "지나친 과식"처럼 쓰는 분을 더러 볼 수 있습니다만, 이 말마디는 모두 겹말이에요. "지나치

게 깎아내림"이나 "지나친 칭찬"이나 "지나치게 부풀림"이나 "지나치게 먹음"처럼 손질해 줍니다.

- **시장 매커니즘에 대한 지나친 과대평가나 그의 역사는 종말을 고할 수밖에 없을 것입니다**
→ 지나치게 높이 평가한 시장 구조나 이러한 역사는 사라질 수밖에 없을 것입니다
→ 지나치게 추어올린 시장 구조나 이러한 역사는 사라질 수밖에 없습니다

《희망의 근거》(김근태, 당대, 1995) 301쪽

지나친 과장

: **지나친 과장이라고**
→ 지나치게 부풀렸다고
→ 지나치게 불렸다고
→ 지나치게 그렸다고
→ 지나치다고

> ◦ **과장(誇張)** : 사실보다 지나치게 불려서 나타냄

"지나치게 불리는" 모습을 가리키는 한자말 '과장'이니, "지나친 과장이라고"라 하면 겹말입니다. '지나치다고'로 손보거나 "지나치게 불렸다고"나 "지나치게 부풀렸다고"로 손봅니다. 보기글은 "지나치게 그렸다고"나 "지나치게 보여준다고"나 "지나치게 말한다고"로 손볼 수 있습니다.

- **알렉스가 그 문제에 관해 지레 경계를 하며 모든 게 지나친 과장이라고 주장한다나**
→ 알렉스가 그 문제를 지레 경계하며 모두 지나치게 그렸다고 한다나
→ 알렉스가 그 일을 놓고 지레 금을 그으며 모두 지나치게 불렸다고 한다나

《우리는 플라스틱 없이 살기로 했다》(산드라 크라우트바슐/류동수 옮김, 양철북, 2016) 176쪽

지나친 광신

：　지나친 광신도 아닙니다

→　지나친 믿음도 아닙니다

→　미친 믿음도 아닙니다

→　얼빠진 믿음도 아닙니다

> ◦ **광신(狂信)** : 신앙이나 사상 따위에 대하여
>   이성을 잃고 무비판적으로 믿음

지나치게 믿으니 '광신'이 됩니다. 알맞춤하게 믿는 마음이 아니라, 제 얼이나 넋까지 내어준 채 믿으니 '광신'이 됩니다. "지나친 광신"처럼 쓸 적에는 겹말인 셈입니다. '광신'이라고만 하거나 "지나친 믿음"으로 손보아야지 싶습니다. "미친 믿음"이나 "넋나간 믿음"이나 "제길 잃은 믿음"처럼 써 볼 수도 있습니다.

• **그것은 맹목적 신앙이나 지나친 광신도 아닙니다**

→　이는 눈먼 믿음이나 지나친 믿음도 아닙니다

→　이는 눈먼 믿음이나 얼빠진 믿음도 아닙니다

《늙음은 하느님의 은총》 (요시야마 노보루/김동섭 옮김, 성바오로출판사, 1991) 130쪽

지상의 대지

：　지상의 식물과 동물과 대지라면

→　지구에 있는 식물과 동물과 땅이라면

→　지구에 있는 식물과 동물과 흙이라면

> ◦ **지상(地上)** : 1. 땅의 위 2. 이 세상.
>   현실 세계를 이른다
> ◦ **대지(大地)** : 1. 대자연의 넓고 큰 땅
>   2. 좋은 묏자리

땅 위쪽을 가리킨다는 '지상'이고, 넓고 큰 땅을 가리킨다는 '대지'입니다. 두 한자말을 쓰는 자리는 안 같으리라 생각합니다만, "지상의 대지" 같은 꼴로 쓴다면 무엇을 말하려 하는지 무척 알쏭달쏭합니다. "땅 위쪽에서 넓고 큰 땅"이라는 얼거리인데, 참말로 무슨 소리가 될까요? 보기글은 흐름을 살펴서 손질합니다. 하늘에서 지구를 내려다보면서 '지상'이라는 한자말을 썼으니 이때에는 '지구'로 손봅니다. 식물하고 동물하고 맞물려서 가리키는 '대지'라면 이때에는 '땅'으로 손볼 만하

지만 '흙'으로 손볼 적에 한결 어울리겠구나 싶습니다. "지구에 있는 흙"이나 "지구별 흙"쯤으로 말해야 비로소 알아들을 만합니다.

- **남편이 말한 자연이 지상의 식물과 동물과 대지라면**
→ 남편이 말한 자연이 지구에 있는 식물과 동물과 땅이라면
→ 남편이 말한 사연이 지구에 있는 식물과 동물과 흙이라면

《토성 맨션 5》 (이와오카 히사에/송치민 옮김, 세미콜론, 2015) 19쪽

지속적으로 이어지다

: **지속적으로 이어졌더라면**
→ 이어졌더라면
→ 꾸준히 이어졌더라면
→ 그대로 이어졌더라면
→ 고이 이어졌더라면

> ○ **지속적(持續的)** : 어떤 상태가 오래 계속되는
> ○ **계속되다(繼續-)** : 1. 끊이지 않고 이어져 나가다
>   2. 끊어졌던 행위나 상태가 다시 이어져 나가다
> ○ **이어지다** : 1. 끊어졌거나 본래 따로 있던 것이 서로 잇대어지다 2. 끊어지지 않고 계속되다

'지속적'은 '계속되는'을 가리키고, '계속되다'는 '이어지다'를 가리키며, '이어지다'는 '계속되다'를 가리킨다고 해요. "지속적으로 이어지다"는 겹말입니다. 한국말사전 뜻풀이는 돌림풀이입니다. 보기글은 '이어졌더라면'이라고만 적어도 됩니다. 꾸밈말을 넣어 보고 싶다면 '꾸준히'나 '그대로'나 '고이'나 '한결같이'나 '오늘날에도'를 넣어 볼 만합니다.

- **그 후에도 지속적으로 이어졌더라면 군대를 닮았던 학교의 모습은 많이 바뀔 수 있었을지**
→ 그 뒤에도 꾸준히 이어졌더라면 군대를 닮았던 학교는 많이 바뀔 수 있었을지
→ 그 뒤에도 그대로 이어졌더라면 군대를 닮았던 학교는 많이 바뀔 수 있었을지
→ 그 뒤에도 고이 이어졌더라면 군대를 닮았던 학교는 많이 바뀔 수 있었을지
→ 그 뒤에도 이어졌더라면 군대를 닮았던 학교는 많이 바뀔 수 있었을지

《우리는 현재다》 (공현·전누리, 빨간소금, 2016) 116쪽

지인과 아는 사람

: **지인에게 이 말을 했더니 … 아는 사람의 소개로**
→ 아는 분한테 이 말을 했더니 … 아는 사람 소개로
→ 이웃한테 이 말을 했더니 … 아는 사람이 다리를 놓아

> ∘ **지인(知人)** : 아는 사람

"아는 사람"을 가리키는 한자말 '지인'이기에 '지인'하고 "아는 사람"을 섞어서 쓰면 겹말이에요. 아는 사람은 말 그대로 "아는 사람"일 테니 "아는 사람"으로 쓰면 되는데, "아는 이"나 "아는 분"으로 쓸 수도 있어요. "아는 사람" 가운데에는 '이웃'이나 '동무'가 있으니 '이웃'이나 '동무'를 써 볼 수 있습니다.

• **지인에게 이 말을 했더니 내가 아직 오염이 되지 않았기 때문이란다 … 나는 아는 사람의 소개로 선을 여러 번 봤었다**
→ 아는 이한테 이 말을 했더니 내가 아직 더러워지지 않았기 때문이란다 … 나는 아는 사람 소개로 선을 여러 번 봤었다
→ 이웃한테 이 말을 했더니 내가 아직 더러워지지 않았기 때문이란다 … 나는 아는 사람이 다리를 놓아 선을 여러 번 봤었다

《포도밭 편지》 (류기봉, 예담, 2006) 53, 80쪽

ㅈ

지저분하고 더러운

: **지저분하고 더러운 땅**
→ 지저분한 땅
→ 더러운 땅
→ 더럽혀진 땅

> ∘ **지저분하다** : 1. 정돈이 되어 있지 아니하고 어수선하다 2. 보기 싫게 더럽다 3. 말이나 행동이 추잡하고 더럽다
> ∘ **더럽다** : 1. 때나 찌꺼기 따위가 있어 지저분하다 2. 언행이 순수하지 못하거나 인색하다 3. 못마땅하거나 불쾌하다 4. 순조롭지 않거나 고약하다 5. 어떤 정도가 심하거나 지나치다

"지저분하고 더러운 땅"은 어떤 모습일는지 아리송합니다. 한국말사전을 살피면 '지저분하다'를 풀이하며 '더럽다'라는 낱말을 쓰고, '더럽다'를 풀이하면서 '지저분하다'라는 낱말을 썼어요. 돌림풀이입니다. 보기글에서는 "매우 지저분한 땅"을 가

리키려는 뜻일 수 있고, "매우 더럽혀진 땅"을 가리키려는 마음일 수 있습니다. 어느 쪽인지 또렷하게 살펴서 한 낱말만 써야겠습니다.

- **소리쟁이가 더욱 지저분하고 더러운 땅에 잘 산다면**
→ 소리쟁이가 더욱 지저분한 땅에 잘 산다면
→ 소리쟁이가 더욱 더럽혀진 땅에 잘 산다면

《한국 식물 생태 보감 2》(김종원, 자연과생태, 2016) 47쪽

지천으로 널려 있어

: **지천으로 널려 있어**
→ 아주 흔해서
→ 널려서
→ 넘쳐나서
→ 가득가득 있어서
→ 많아서

> ○ **지천(至賤)** : 2. 매우 흔함
> ○ **널리다** : 2. 여기저기 많이 흩어져 놓이다

'지천으로'는 "매우 흔하게"를 가리킵니다. 매우 흔하다고 할 적에는 '많다'는 뜻입니다. '널리다'는 여기저기에 '많이' 있는 모습을 가리킵니다. "지천으로 널려 있어"라 하면 겹말이 되지요. 한자말 '지천'을 쓰고 싶으면 "지천으로 있다"라 할 노릇이요, 이 한자말을 털고 싶으면 '널렸다'라고만 하면 돼요. 또는 "흔하게 있다"라든지 "많이 있다"라든지 '많다'라고 해 볼 수 있습니다.

- **갯벌에는 굴, 조개가 지천으로 널려 있어 부자동네라는 소리를 들었다**
→ 갯벌에는 굴, 조개가 흔하게 있어서 잘사는 마을 소리를 들었다
→ 갯벌에는 굴, 조개가 널려서 잘사는 마을 소리를 들었다
→ 갯벌에는 굴, 조개가 아주 많아서 넉넉한 마을 소리를 들었다
→ 갯벌에는 굴, 조개가 가득해서 넉넉한 마을이란 소리를 들었다
→ 갯벌에는 굴, 조개가 넘쳐나서 넉넉한 마을이란 소리를 들었다

《그리운 매화향기》(장주식, 한겨레아이들, 2001) 16쪽

- **우리가 먹을 과일과 식물은 지천에 널려 있었다**
- → 우리가 먹을 열매와 풀은 흔하게 있었다
- → 우리가 먹을 열매와 풀은 널렸다
- → 우리가 먹을 열매와 풀은 매우 많았다

《숲속의 꼬마 인디언》 (루터 스탠딩 베어/배윤진 옮김, 갈라파고스, 2005) 124쪽

- **과일이 지천에 널려 있는 자연 속에서 성장한다**
- → 열매가 널린 자연에서 자란다
- → 열매가 잔뜩 있는 숲에서 자란다
- → 열매가 한가득 있는 숲에서 자란다

《여행하는 카메라》 (김정화, 샨티, 2014) 28쪽

지켜 주고 보호해 주리라

: **지켜 주고 보호해 주리라는**
- → 지켜 주리라는
- → 지켜 주고 보살펴 주리라는
- → 지켜 주고 사랑해 주리라는
- → 지켜 주고 어루만져 주리라는

- **지키다** : 재산, 이익, 안전 따위를 잃거나 침해당하지 아니하도록 보호하거나 감시하여 막다
- **보호(保護)** : 1. 위험이나 곤란 따위가 미치지 아니하도록 잘 보살펴 돌봄 2. 잘 지켜 원래대로 보존되게 함
- **보살피다** : 1. 정성을 기울여 보호하며 돕다 2. 이리저리 보아서 살피다 3. 일 따위를 관심을 가지고 관리하거나 맡아서 하다
- **돌보다** : 관심을 가지고 보살피다
- **보존(保存)** : 잘 보호하고 간수하여 남김

"지켜 주고 보호해 주리라는"은 겹말입니다. 한국말사전을 살피면 아주 뒤죽박죽으로 돌림풀이입니다. '지키다 → 보호하다'로 풀이하고, '보호하다 → 보살피다 + 돌보다 + 지키다 + 보존하다'로 풀이해요. '보살피다 → 보호하다'로 풀이하고, '돌보다 → 보살피다'로 풀이하며, '보존 → 보호'로 풀이하지요. 이래서야 말뜻을 하나도 제대로 알 수 없습니다. 흔히 '자연보호' 같은 말을 씁니다만 '자연지키기'로 고쳐쓰거나 '자연돌보기·자연가꾸기·자연사랑'으로 고쳐써야지 싶어요. 또는 '숲사랑·바다사랑'처럼 새롭게 써 볼 수 있을 테고요.

- **어머니가 언제나 우리를 지켜 주고 보호해 주리라는 믿음**
- → 어머니가 언제나 우리를 지켜 주리라는 믿음

587

→ 어머니가 언제나 우리를 지켜 주고 보살펴 주리라는 믿음

《아름다운 그늘》(신경숙, 문학동네, 1995) 111쪽

지켜 주는 수호신

: **마을을 지켜 주는 수호신으로**

→ 마을을 지켜 주는 님으로

→ 마을 지킴이로

→ 마을 지킴님으로

> ○ **수호신(守護神)** : 국가, 민족, 개인 등을 지키고
>   보호하여 주는 신
> ○ **지키다** : 재산, 이익, 안전 따위를 잃거나 침해당하지
>   아니하도록 보호하거나 감시하여 막다
> ○ **보호(保護)** : 1. 위험이나 곤란 따위가 미치지
>   아니하도록 잘 보살펴 돌봄 2. 잘 지켜 원래대로
>   보존되게 함

'수호신'은 "지키고 보호하는 신"이라고 하니, "지켜 주는 수호신"처럼 쓰면 겹말이에요. '수호신'이라고만 쓰든지 "지켜 주는 님"이나 "지켜 주기에"처럼 손질해야 올바릅니다. 한국말사전을 보면 "지키고 보호하는"처럼 말풀이를 붙입니다. '지키는' 일을 한자말로 옮겨서 '보호(保護)'이니, 이 말풀이는 겹말풀이예요. 더 헤아려 본다면, 지키기에 '지킴이'이니, 지키는 님은 '지킴님'이라 할 수 있어요. 돌보는 사람을 '돌봄이'라고 하는데, 돌보는 분을 높여서 '돌봄님'처럼 써 볼 만합니다.

- **우리 조상들은 마을을 지켜 주는 수호신으로 나무를 받들었어요**
→ 우리 조상들은 마을을 지켜 주는 님으로 나무를 받들었어요
→ 우리 조상들은 마을 지킴이로 나무를 받들었어요

《우리 조상들은 얼마나 지혜롭게 살았을까?》(강난숙, 청년사, 2008) 15쪽

- **이 섬에는 말이지, 마을을 지켜 주는 중요한 수호신이 살고 있단다**
→ 이 섬에는 말이지, 마을을 지켜 주는 중요한 신이 산단다
→ 이 섬에는 말이지, 중요한 마을 지킴이가 산단다

《동토의 여행자》(다니구치 지로/김성구 옮김, 샘터, 2008) 168쪽

지키고 유지하다

: 민주주의를 지키고 유지하기 위한

→ 민주주의를 지키려는

→ 민주주의를 지키고 가꾸려는

> ○ **지키다** : 1. 재산, 이익, 안전 따위를 잃거나
> 침해당하지 아니하도록 보호하거나 감시하여 막다
> 3. 규정, 약속, 법, 예의 따위를 어기지 아니하고
> 그대로 실행하다 5. 어떠한 상태나 태도 따위를
> 그대로 계속 유지하다
> ○ **유지하다(維持-)** : 어떤 상태나 상황을 그대로
> 보존하거나 변함없이 계속하여 지탱하다
> ○ **보존하다(保存-)** : 잘 보호하고 간수하여 남기다
> ○ **보호하다(保護-)** : 1. 위험이나 곤란 따위가 미치지
> 아니하도록 잘 보살펴 돌보다 2. 잘 지켜 원래대로
> 보존되게 하다

'지키다'라는 낱말은 한자말로 '보호'나 '유지'하는 모습을 가리킨다고 해요. "지키고 유지하기 위한"처럼 쓰면 겹말입니다. '유지하다'라는 한자말은 '보존'하는 일을 가리킨다는데, '보존'은 '보호'로 이어지고, '보호'는 다시 '보존'을 가리킨다고 하는 돌림풀이예요. '유지'할 적에도 '보호'하는 셈이기에 "지키고 유지하기 위한"이라고 말하면 이래저래 겹말입니다. 보기글에서는 "민주주의를 지키려는"으로 손보면 되는데, 힘주어 말하고 싶다면 "민주주의를 지키고 가꾸려는"이나 "민주주의를 지키고 북돋우려는"이나 "민주주의를 지키고 이으려는"으로 손질해 줍니다.

• 일상에서 민주주의를 지키고 유지하기 위한 다양한 시민단체

→ 여느 삶에서 민주주의를 지키려는 여러 시민단체

→ 언제나 민주주의를 지키고 가꾸려는 여러 시민단체

《위! 아래!》 (이월곡, 분홍고래, 2016) 111쪽

지탱하는 버팀목

: 그를 지탱해 주는 버팀목

→ 그한테 버팀나무

→ 그를 버티어 주는 나무

→   그를 버티게 해 주는 나무
→   그가 버틸 수 있는 나무

> ○ **지탱(支撑)** : 오래 버티거나 배겨 냄
> ○ **버팀목(-木)** : 물건이 쓰러지지 않게 받치어 세우는 나무
> ○ **버티다** : 1. 어려운 일이나 외부의 압력을 참고 견디다
> 2. 어떤 대상이 주변 상황에 움쩍 않고 든든히 자리 잡다
> 3. 주위 상황이 어려운 상태에서도 굽히지 않고 맞서
>   견디어 내다 4. 쓰러지지 않거나 밀리지 않으려고 팔, 다리
>   따위로 몸을 지탱하다

한자말 '지탱'은 '버티'거나 '배기'는 모습을 가리킨다고 해요. "지탱해 주는 버팀목"
처럼 쓰면 겹말이에요. "버티어 주는 나무"로 손질하든지 '버팀나무'로 손질하면
됩니다. 한국말사전을 살피니 '버티다' 뜻풀이 가운데 "몸을 지탱하다"가 나와요.
돌림풀이로군요.

•   **"평화적인 방향을 향해 해결해 나가자는 민족의식"은 당시 그를 지탱해 주는**
  버팀목이었다
→   "평화로운 쪽으로 풀어 나가자는 겨레의식"은 그때 그한테 버팀나무였다
→   "평화롭게 풀어 나가자는 겨레넋"은 그때 그를 버텨 주는 마음이었다
→   "평화롭게 풀어 나가자는 겨레얼"은 그무렵 그를 버텨 주는 생각이었다

《또 하나의 일본, 오끼나와 이야기》 (아라사끼 모리테루/김경자 옮김, 역사비평사, 1998) 134쪽

직감적으로 느낌이

:   **직감적으로 느낌이 이상했다**

→   직감으로 이상했다

→   느낌이 무언가 달랐다

> ○ **직감적(直感的)** : 사물이나 현상을 접하였을 때 설명하거나
> 증명하지 아니하고 진상을 곧바로 느껴 알아차리는
> ○ **직감(直感)** : 사물이나 현상을 접하였을 때에 설명하거나
> 증명하지 아니하고 진상을 곧바로 느껴 앎

곧바로 느껴서 아는 일을 한자말로 '직감'이라 합니다. "직감으로 느낀다"나 "직감
적으로 느낀다"라 하면 모두 겹말이에요. 그냥 "직감이었다"라고만 쓰든지 "몸으
로 느꼈다"나 "곧바로 느꼈다"나 "바로 느꼈다"나 "그 자리에서 느꼈다"로 쓰면 됩
니다.

- **직감적으로 느낌이 이상했다**
→ 느낌이 이상했다
→ 문득 느낌이 달랐다
→ 무언가 느낌이 달랐다

《사회부기자》 (이상현, 문리사, 1977) 42쪽

직접 대면한

: **직접 대면한 첫 인디언**
→ 맞바로 만난 첫 인디언
→ 얼굴을 본 첫 인디언
→ 얼굴을 보며 만난 첫 인디언

> ○ **직접(直接)** : 중간에 아무것도 개재시키지 아니하고 바로
> ○ **대면하다(對面-)** : 서로 얼굴을 마주 보고 대하다

얼굴을 서로 보면서 만난다고 하기에 '대면'이라고 해요. 다른 사람을 거치지 않고 만나기에, 그러니까 "직접 만나"기에 '대면'이에요. "직접 대면한"이라고 하면 겹말입니다. '직접'이라는 한자말을 쓰고 싶다면 "직접 만난"으로 적을 노릇이고, '대면'이라는 한자말을 쓰고 싶다면 '대면한'이라고만 적을 노릇이에요. 두 한자말을 모두 손질하고 싶으면 "맞바로 만난"이나 "얼굴을 본"이나 "얼굴을 마주한"처럼 적을 만합니다.

- **그녀는 내가 직접 대면한 첫 인디언이었다**
→ 그 여자는 내가 맞바로 만난 첫 인디언이었다
→ 그 여자는 내가 얼굴을 본 첫 인디언이었다

《사랑과, 사랑을 둘러싼 것들》 (한강, 열림원, 2003) 9쪽

직접 몸으로 체험

: **직접 몸으로 체험해서**

→ 몸으로 겪어서

→ 몸소 겪어서

→ 스스로 겪어서

> ○ **직접(直接)**: [부사] 중간에 아무것도 개재시키지 아니하고 바로
> ○ **몸소**: 직접 제 몸으로
> ○ **체험(體驗)**: 자기가 몸소 겪음. 또는 그런 경험
> ○ **경험(經驗)**: 자신이 실제로 해 보거나 겪어 봄. 또는 거기서 얻은 지식이나 기능
> ○ **겪다**: 1. 어렵거나 경험될 만한 일을 당하여 치르다

"직접 몸으로"는 겹말이고, "몸으로 체험해서"도 겹말입니다. "직접 몸으로 체험해서"라 하면 겹으로 겹말입니다. 보기글은 짤막하지만 퍽 어수선합니다. 손쉽게 "몸으로 겪어서"나 "몸소 겪어서"나 "스스로 겪어서"로 고쳐쓰면 좋겠어요. 보기글을 죽 살피면 "책읽기를 몸으로 겪으라"는 이야기입니다. 이때에는 "스스로 찾아 읽어서"나 "몸소 찾아 읽어서"로 손질하면 한결 나아요. 책을 '읽는다'고 하면 스스로 몸으로 겪는 일이 될 테니 "즐겁게 찾아 읽어서"나 "신나게 찾아 읽어서"나 "기쁘게 찾아 읽어서"나 "꾸준히 찾아 읽어서"로 손질해 볼 수 있어요.

- 한 권 한 권 직접 몸으로 체험해서 그림책을 보는 눈이 몸으로 체화되어야 합니다

→ 한 권 한 권 스스로 찾아 읽어서 그림책을 보는 눈이 몸에 배어야 합니다

→ 한 권 한 권 몸소 찾아 읽어서 그림책을 보는 눈을 몸에 익혀야 합니다

→ 한 권 한 권 즐겁게 찾아 읽어서 그림책을 보는 눈을 몸으로 익혀야 합니다

《포근하게 그림책처럼》(제님씨, 헤르츠나인, 2017) 209쪽

진이 빠져 힘없이

: **진이 빠진 터라 힘없이 건배하고**

→ 힘이 빠진 터라 가까스로 건배하고

→ 기운이 빠진 터라 겨우 잔을 부딪히고

> ○ **진(津)**: 1. 풀이나 나무의 껍질 따위에서 분비되는 끈끈한 물질 2. 김이나 연기 또는 눅눅한 기운이 서려서 생기는 끈끈한 물질
> ○ **진(津)이 빠지다**: 실망을 하거나 싫증이 나서 더 이상의 의욕을 상실하다. 또는 힘을 다 써서 기진맥진해지다
> ○ **기진맥진(氣盡脈盡)**: 기운이 다하고 맥이 다 빠져 스스로 가누지 못할 지경이 됨
> ○ **힘없다**: 1. 기운이나 의욕 따위가 없다

'진'이라는 낱말은 끈끈한 것을 가리킵니다. "진을 빼다"나 "진이 빠지다"처럼 쓸 적에는 '힘·기운·의욕'을 가리켜요. 보기글은 "진이 빠진 터라 힘없이 건배하고"로 나옵니다. '진(진이 빠진)'하고 '힘(힘없이)'이 맞물리면서 겹말 얼거리입니다. '진'을 손질해서 "힘이 빠진 터라 가까스로 건배하고"로 적든지, "진이 빠진"을 꼭 넣고 싶다면 '힘없이'를 덜어야 알맞아요. 한국말사전에서 "진이 빠지다" 뜻풀이를 찾아보면 "힘을 다 써서 기진맥진해지다"로 풀이하는데 '기진맥진'은 "기운이 다하고 맥이 다 빠져"로 풀이하지요. 겹말풀이입니다. 이 뜻풀이는 "힘을 다 써서 어떤 일을 하기 어렵다"쯤으로 고쳐써야지 싶어요.

- **나도 진이 빠진 터라 힘없이 건배하고, 허기진 배를 달래느라 허겁지겁**
→ 나도 힘이 빠진 터라 가까스로 건배하고, 고픈 배를 달래느라 허겁지겁
→ 나도 기운이 빠진 터라 겨우 잔을 부딪히고, 고픈 배를 달래느라 허겁지겁

《남편이 일본인입니다만》 (케이, 모요사, 2016) 126쪽

진정 참일까

: **진정 참일까**
→ 참으로 옳을까
→ 참일까
→ 그야말로 참일까

> ◦ **참** : 사실이나 이치에 조금도 어긋남이 없는 것
> ◦ **진정(眞正)** : 거짓이 없이 참으로

한자말 '진정'은 '참으로'를 뜻합니다. "진정 참일까"처럼 쓰면 "참으로 참일까"라 하는 셈이니 겹말이에요. "참말 옳을까"나 '참일까'로 손봅니다. "참으로 맞을까"나 "참으로 올바를까"로 손볼 수도 있어요.

- **철학자들이 말하는 진리는 진정 참일까**
→ 철학자들이 말하는 진리는 참일까
→ 철학자들이 말하는 진리는 그야말로 참일까

《과학을 읽다》 (정인경, 여문책, 2016) 107쪽

질투나 시기

: **질투나 시기심 따위는**

→ 시샘이나 미움 따위는

→ 샘하거나 미워하지는

→ 시새움 따위는

→ 미움 따위는

- **질투(嫉妬)** : 1. 부부 사이나 사랑하는 이성(異性) 사이에서 상대되는 이성이 다른 이성을 좋아할 경우에 지나치게 시기함 2. 다른 사람이 잘되거나 좋은 처지에 있는 것 따위를 공연히 미워하고 깎아내리려 함
- **시기(猜忌)** : 남이 잘되는 것을 샘하여 미워함
- **샘하다** : 남의 처지나 물건을 탐내거나, 자기보다 나은 처지에 있는 사람이나 적수를 미워하다
- **강샘** : = 질투
- **시샘** : '시새움'의 준말
- **시새움** : 자기보다 잘되거나 나은 사람을 공연히 미워하고 싫어함

'질투'는 '시기'하거나 '미워하'는 모습을 가리킨다고 해요. '시기'는 '샘하'거나 '미워하'는 모습을 가리킨다고 합니다. 한국말사전은 '샘하다'를 '미워하다'로 풀이합니다. 이 말풀이를 헤아린다면 '시기 = 샘하거나 미워함 = 미워하거나 미워함'인 얼거리이니 겹말풀이입니다. 이보다 '샘하다 = 미워하다'로 풀이하니 무척 얄궂지요. "질투나 시기심"이라 하면 그저 '미움'이나 '샘(시샘·시새움·강샘)'을 가리키는 셈이에요. 보기글은 "시샘이나 미움"으로 손보거나 '시새움'이나 '미움'으로 손보면 됩니다.

- **모두가 진심으로 축하해 주었다. 질투나 시기심 따위는 찾아볼 수 없었다**
- → 모두가 참으로 축하해 주었다. 샘이나 미움 따위는 찾아볼 수 없었다
- → 모두가 참으로 기뻐해 주었다. 시샘하거나 미워하지는 않았다

《나는 이제 참지 않고 살기로 했다》 (니콜 슈타우딩거/장혜경 옮김, 갈매나무, 2016) 47쪽

집단 난민촌

: **집단 난민촌**

→ 난민촌

→ 난민마을

- **집단(集團)** : 여럿이 모여 이룬 모임
- **-촌(村)** : '마을' 또는 '지역'의 뜻을 더하는 접미사
- **난민촌(難民村)** : 내전이나 기아 등으로 인하여 생긴 난민들이 모여 사는 곳

'난민촌'은 난민이 모인 곳이에요. '난민마을'입니다. '마을'이든 '–촌'이든 사람들이 모이는 곳을 가리켜요. 한자말 '집단'은 사람들이 모이도록 하는 모습을 가리키지요. "집단 난민촌"이라고 하면 겹말입니다. '난민으로 집단을 이루'기에 '난민촌·난민마을'이거든요.

- **그런 구호의 손길도 인도네시아 정부가 조성한 집단 난민촌에만 집중되고 있었다**
→ 그런 구호 손길도 인도네시아 정부가 마련한 난민마을에만 쏠렸다
→ 그처럼 돕는 손길도 인도네시아 정부가 세운 난민마을에만 쏠렸다

《아체는 너무 오래 울고 있다》 (박노해, 느린걸음, 2005) 49쪽

집중적으로 몰려 있다

: **집중적으로 몰려 있는 지역**
→ 몰린 곳
→ 잔뜩 몰린 곳
→ 많이 있는 곳

> ◦ **집중적(集中的)** : 한곳을 중심으로 모이거나 모으는
> ◦ **몰리다** : 3. 여럿이 한곳으로 모여들다

한곳에 모인다고 해서 '몰리다'나 '집중적' 같은 낱말을 쓰니, "집중적으로 몰려 있는"처럼 쓰면 겹말이에요. '몰린'으로 손질하면 됩니다. 몰린 모습을 나타내려 하는데 힘주어 말하고 싶다면 "잔뜩 몰린"이나 "많이 몰린"처럼 쓸 수 있어요. "줄줄이 몰린"이나 "제법 몰린"처럼 써 보아도 어울립니다.

- **학원, 고서점이 집중적으로 몰려 있는 지역**
→ 학원, 헌책방이 몰린 곳
→ 학원, 헌책방이 잔뜩 몰린 곳
→ 학원, 헌책방이 많이 있는 곳

《아버지가 버렸다》 (고도원 외, 오상사, 1983) 36쪽

집 혹은 주택

<table>
<tr><td>

: **집 혹은 주택**

→ 집

→ 보금자리

</td><td>

◦ **집** : 1. 사람이나 동물이 추위, 더위, 비바람 따위를 막고 그 속에 들어 살기 위하여 지은 건물
◦ **주택(住宅)** : 1. 사람이 들어가 살 수 있게 지은 건물 2. = 단독 주택

</td></tr>
</table>

'집'을 한자로 옮겨 적으니 '주택'입니다. '주택공사'나 '주택복권' 같은 이름이 쓰이는데, 관공서 이름이나 복권 이름을 처음부터 한자로만 지어 버릇했기 때문에, 이런 자리에 '집'을 넣기는 어렵습니다. 어울리지 않는다고 여기고 맙니다. 워낙 한국사람 스스로 한국말을 업신여기면서 내친 탓이에요. 이러다 보니 "집 혹은 주택"처럼 얄궂구나 싶은 겹말을 쓰지요.

• **인류의 삶에서 집 혹은 주택이 불가결한 요소가 된 것은**

→ 사람이 살아오며 집이 없어서는 안 되던 때는

→ 사람이 살면서 집이 꼭 있어야 된 때는

《아파트에 미치다》 (전상인, 이숲, 2009) 17쪽

짓고 건축하고

<table>
<tr><td>

: **마을회관을 재건축하거나 학교 식당을 짓고**

→ 마을회관을 다시 짓거나 학교 식당을 짓고

→ 마을회관을 새로 올리거나 학교 식당을 짓고

</td><td>

◦ **재건축하다(再建築−)** : 기존에 있던 건축물을 허물고 다시 세우거나 쌓아 만들다
◦ **짓다** : 1. 재료를 들여 밥, 옷, 집 따위를 만들다

</td></tr>
</table>

한자말로 '건축한다'고 할 적에는 집이나 건물을 '짓는' 모습을 가리킵니다. 집이나 건물을 '짓는' 모습을 놓고는 '올리다'나 '세우다' 같은 낱말을 쓰기도 합니다. '재건축하다 = 다시 짓다'가 될 터이니, 보기글처럼 겹말 얼거리로 쓰기보다는 앞뒤 모두 '짓다'라는 낱말을 써 주면 한결 나아요. 앞뒤를 다르게 쓰고 싶다면 앞쪽에서는 '올리다'나 '세우다'를 써 볼 수 있어요. 더 헤아린다면, '다시짓기'나 '새로짓기' 같은

낱말을 새롭게 쓸 만합니다. 굳이 '재건축'만 전문 낱말로 삼아야 하지 않습니다.

- **마을회관을 재건축하거나 학교 식당을 짓고 학교를 보수했다**
→ 마을회관을 다시 세우거나 학교 식당을 짓고 학교를 고쳤다
→ 마을회관을 새로 올리거나 학교 식당을 짓고 학교를 손질했다

《카카오》 (안드레아 더리·토마스 쉬퍼/조규희 옮김, 자연과생태, 2014) 95쪽

징수하고 걷고

: **세금을 징수하고 걷고**
→ 세금을 걷고
→ 세금을 거둬들이고

> - **징수(徵收)** : 나라, 공공 단체, 지주 등이 돈, 곡식, 물품 따위를 거두어들임
> - **걷다** : '거두다'의 준말
> - **거두다** : 7. 여러 사람에게서 돈이나 물건 따위를 받아들이다
> - **거두어들이다** : 12. 여러 사람에게서 돈이나 물건 따위를 받아서 들여오다

한자말 '징수하다'는 '거두어들이다'를 뜻해요. '거두어들이다'는 돈이나 물건을 받아서 들이는 일을 가리키고, 비슷한말로 '걷다·거두다'가 있어요. '징수하다 = 거두어들이다·거두다·걷다'라고 할 만해요. "징수하고 걷고"라 하면 겹말이에요. '징수하고'만 덜면 되지요.

- **무덤에서도 세금을 징수하고 걷고 다닌다**
→ 무덤에서도 세금을 걷고 다닌다
→ 무덤에서도 세금을 거둬들이고 다닌다

《모두의 노래》 (파블로 네루다/고혜선 옮김, 문학과지성사, 2016) 527쪽

짧은 단발

: **짧은 흰 단발이**

→ 짧고 흰 머리가

→ 짧으면서 흰 머리가

> ○ **단발(斷髮)** : 머리털을 짧게 깎거나 자름

머리털을 짧게 깎는다고 해서 한자말로 '단발'이라 합니다. "짧은 흰 단발"처럼 적으면 겹말이에요. "짧고 흰 머리"라 하든지 "흰 단발"이라 해야 올바릅니다. 더 헤아린다면, '짧나 + 머리' 얼거리로 '짧은머리'라는 낱말을 새롭게 쓸 만합니다. '길다 + 머리' 얼거리로 '긴머리'라는 낱말도 쓸 만해요. 오늘날에는 '짧은머리·긴머리'라는 낱말을 널리 쓰는 만큼, 앞으로 이 같은 낱말은 한국말사전에도 실려야지 싶어요.

- **귀밑에서 자른 짧은 흰 단발이 아침나절의 빛 속에서 나풀거린다**

→ 귀밑에서 자른 짧고 흰 머리가 아침나절 빛을 받아 나풀거린다

《따뜻한 뿌리》 (서숙, 녹색평론사, 2003) 170쪽

짧은 미니스커트

: **아주 짧은 미니스커트 차림**

→ 아주 짧은 치마 차림

→ 아주 깡뚱한 치마 차림

> ○ **미니스커트(miniskirt)** : 옷자락이 무릎 윗부분까지만 내려오는 아주 짧은 길이의 서양식 치마. '깡동치마', '짧은 치마'로 순화

영어 '미니스커트'는 "짧은 치마"를 가리켜요. "짧은 미니스커트"라 하면 겹말입니다. '짧다'보다 센 말은 '짧디짧다'입니다. '짧디짧다'보다 센 말은 '깡뚱하다'입니다. '깡뚱하다'는 '강동하다'보다 센 말이기도 합니다. 한국말사전을 살피면 '미니스커트'는 '깡동치마'나 '짧은 치마'로 고쳐쓰라고 나옵니다. 치마 길이를 놓고 짧다면 '짧은치마'라 한 낱말로 삼아 볼 만하고, 길다면 '긴치마'라 한 낱말로 삼아 볼 만합니다.

- **딸은 고집이 세 보였는데, 아주 짧은 미니스커트 차림이었죠**

→ 딸은 고집이 세 보였는데, 아주 짧은 치마 차림이었죠

→ 딸은 고집이 세 보였는데, 아주 깡뚱한 치마 차림이었죠

《우리와 안녕하려면》 (하이타니 겐지로/햇살과나무꾼 옮김, 양철북, 2007) 83쪽

짧은 일별

:　짧은 일별은 불편했다

→　짧게 스친 자리는 거북했다

→　흘낏 볼 적에 거북했다

→　흘낏 보는 눈은 거북했다

→　흘겨보는 눈은 거북했다

- **일별(一瞥)** : 한 번 흘낏 봄
- **흘낏** : 가볍게 한 번 흘겨보는 모양
- **흘낏** : 가볍게 한 번 흘겨보는 모양. '흘낏'보다 센 느낌을 준다
- **흘겨보다** : 흘기는 눈으로 보다

한 번 흘낏 볼 적에 이를 '일별'이라는 한자말로 적는다고 하는데, "흘낏 보다"나 '흘겨보다'로 손볼 만합니다. "짧은 일별"이라고 하면 "짧게 한 번 흘낏 봄"이 됩니다. 딱히 말썽이 없다고 여길 수 있으나, '흘낏'은 "한 번 흘겨보는" 모습을 가리켜요. 한자말 '일별'은 말풀이부터 겹말이에요. '일별'이라는 한자말을 쓰지 말고 "흘낏 보다"나 "흘낏 보다"나 '흘겨보다'를 쓰면 아무 말썽이 없어요.

- **어떤 시선과 의구심을 받는지 느꼈다. 짧은 일별은 불편했다**

→　어떤 눈길과 눈총을 받는지 느꼈다. 흘낏 보는 눈은 거북했다

→　어떤 눈길과 눈살을 받는지 느꼈다. 흘겨보는 눈은 거북했다

《언니, 같이 가자!》 (안미선, 삼인, 2016) 285쪽

ㅈ

쪽 면

:　양쪽 면에

→　두 쪽에

→　두 쪽 모두

- **쪽** : 1. 책이나 장부 따위의 한 면 ≒ 페이지 2. 책이나 장부 따위의 면을 세는 단위
- **면(面)** : 1. 사물의 겉으로 드러난 쪽의 평평한 바닥 2. 입체의 평면이나 표면 3. 무엇을 향하고 있는 쪽 4. 어떤 측면이나 방면 6. 책이나 신문 따위의 지면을 세는 단위
- **페이지(page)** : 1. = 쪽 2. (수량을 나타내는 말 뒤에 쓰여) = 쪽. '쪽', '면'으로 순화

책이나 공책에서 어느 한 자리를 통틀어 놓고 '쪽'이라고 해요. 한국말사전을 살피

니 '쪽'을 '면(面)'이라는 한자말로 풀이하고 '페이지(page)'라는 영어가 비슷한말이라고 다루기까지 합니다. '쪽'은 그저 '쪽'으로 다뤄야 올바를 텐데요. '면'을 살피면 '쪽'이라는 낱말로 풀이하지요. 그나마 '페이지'는 "= 쪽"으로 풀이하니 낫습니다만, '페이지'뿐 아니라 '면'도 '쪽'으로 고쳐쓰도록 풀이해야지 싶어요. '면'도 '쪽'을 가리키니까요. "양쪽 면"이라는 겹말은 "두 쪽"으로 손질해 줍니다.

- **오돌토돌한 느낌의 그림이 생동감 있게 양쪽 면에 가득 펼쳐져 있습니다**
→ 오돌토돌한 느낌인 그림이 힘차게 두 쪽에 가득 펼쳐졌습니다
→ 오돌토돌한 그림이 기운차게 두 쪽 모두 가득 펼쳐졌습니다

《포근하게 그림책처럼》 (제남씨, 헤르츠나인, 2017) 236쪽

쪽을 향해

: 꼭대기 쪽을 향해 가면서
→ 꼭대기 쪽을 보며 가면서
→ 꼭대기 쪽으로 가면서

> ○ **쪽** : 1. 방향을 가리키는 말 2. 서로 갈라지거나 맞서는 것 하나를 가리키는 말
> ○ **향하다(向−)** : 1. 어느 한쪽을 정면이 되게 대하다 2. 어느 한쪽을 목표로 하여 나아가다 3. 마음을 기울이다 4. 무엇이 어느 한 방향을 취하게 하다

'향하다(向−)'는 어느 '한쪽'을 바라보거나 어느 '한쪽'으로 가는 모습을 가리킵니다. "꼭대기 쪽을 향해"처럼 쓰면 겹말이에요. "꼭대기 쪽으로"로 손봅니다. "꼭대기 쪽을 보며"나 "꼭대기를 바라보며"나 '꼭대기로'로 손볼 수도 있습니다.

- **언덕 꼭대기 쪽을 향해 가면서 내가 말한다**
→ 언덕 꼭대기 쪽으로 가면서 내가 말한다
→ 언덕 꼭대기로 가면서 내가 말한다

《마르코스와 안토니오 할아버지》 (마르코스/박정훈 옮김, 다빈치, 2001) 13쪽

찌개 국 탕

:　　**찌개, 국, 탕을 해 먹을 때**

→　찌개, 국을 해 먹을 때

→　찌개나 국을 해 먹을 때

> ○ **찌개** : 뚝배기나 작은 냄비에 국물을 바특하게 잡아
>   고기·채소·두부 따위를 넣고, 간장·된장·고추장·젓국
>   따위를 쳐서 갖은양념을 하여 끓인 반찬
> ○ **국** : 1. 고기, 생선, 채소 따위에 물을 많이 붓고 간을 맞추어
>   끓인 음식 2. = 국물
> ○ **탕(湯)** : 1. '국'의 높임말 2. 제사에 쓰는, 건더기가 많고
>   국물이 적은 국

한국말사전을 살피면 한자말 '탕'은 '국'을 높이는 낱말이거나 "건더기가 많고 국물이 적은 국"을 가리킨다고 나옵니다. 이는 올바른 뜻풀이일까요? 이 뜻풀이대로라면 "찌개, 국, 탕"이라고 할 적에는 겹말인 셈이에요. "찌개, 국, 국"이라 말한 꼴이니까요. '국'은 물을 많이 붓고 끓인 먹을거리입니다. '찌개'는 물을 적게 하고 건더기를 많이 넣고 끓인 먹을거리예요. 다시 말해서 '탕'이라는 한자말은 '국'을 가리킨다고도 하고 '찌개'를 가리킨다고도 할 만한 얼거리입니다. 이러한 뜻풀이 때문인지 '감자탕·조개탕·연포탕·매운탕·곰탕·닭도리탕'처럼 아무 자리에나 아무렇게나 쓰이곤 해요. 간추리자면, '탕'은 높임말이 아니라 한자말입니다. 한자로 적기 때문에 높임말이 되지 않습니다. 한자로 적으면 그저 한자말입니다. 여러 가지 '탕'은 '감자찌개·감자볶음·감자섞어찌개·돼지고기감자찌개'나 '조갯국'이나 '연폿국'이나 '매운찌개·매운국'이나 '곰국'이나 '닭볶음찌개'로 고쳐써야 올바릅니다.

• **각종 찌개, 국, 탕을 해 먹을 때 넣어 끓이면 국물이 시원하고**

→　여러 찌개, 국을 해 먹을 때 넣어 끓이면 국물이 시원하고

→　찌개나 국을 해 먹을 때 넣어 끓이면 국물이 시원하고

《호미 한 자루 농법》 (안철환, 들녘, 2016) 155쪽

• **북어탕과 콩나물국에 바쳐진 믿음에 대하여 다시 생각할 일이다**

→　북엇국과 콩나물국에 바쳐진 믿음을 다시 생각할 일이다

《y의 진술》 (변영희, 문학의전당, 2016) 18쪽

차가운 냉기

: **차가운 냉기**
→ 차가운 기운
→ 차가운 바람
→ 차가움

> ○ **냉기(冷氣)** : 1. 찬 기운 2. 찬 공기

차가운 기운이라면 "차가운 기운"이라고만 말하면 돼요. "차가운 냉기"처럼 쓰니 겹말이 되고 맙니다. 차갑게 스치는 기운이라면 "차가운 기운"이라 하고, 바람이 차갑게 분다면 "차가운 바람"이라 하면 됩니다.

• **쏴 하게 뺨을 스치는 차가운 냉기를 피해 갈 순 없습니다**
→ 쏴 하고 뺨을 스치는 차가운 기운을 벗어날 순 없습니다
→ 쏴 하고 뺨을 스치는 차가운 바람을 벗어날 순 없습니다

《숲에서 크는 아이들》 (이마이즈미 미네코·안네테 마이자/은미경 옮김, 파란자전거, 2007) 100쪽

차를 운전

: **차를 운전하여**
→ 운전하여
→ 차를 몰아

> ○ **운전하다(運轉-)** : 기계나 자동차 따위를 움직여 부리다

'운전하다'라는 한자말은 "자동차를 움직여 부리다"를 가리켜요. "차를 운전하여"는 겹말입니다. '운전하여'만 쓰든지 "차를 몰아"로 손보아야 합니다. 또는 "차를 끌어"나 "차를 움직여"나 "자동차를 달려"로 써 볼 만합니다.

• **처음으로 차를 운전하여 삼천 원덕 호산리까지 나들이할 때**
→ 처음으로 차를 몰아 삼천 원덕 호산리까지 나들이할 때

《낙타는 십리 밖 물 냄새를 맡는다》 (허만하, 최측의농간, 2016) 93쪽

차에 승차

: **차에 승차해**

→ 차에 타

→ 차에 올라타

° **승차(乘車)** : 차를 탐

한자말 '승차'는 "차를 탐"을 가리켜요. "차에 승차해"처럼 쓰면 겹말이에요. '승차해'라고만 쓰거나 "차에 타서"나 "차를 타서"로 손질해 줍니다. 이밖에 '승차'하고 맞물려서 '하차(下車)'라는 말도 쓰고 '승하차(乘下車)'라는 말도 쓰는데, '타다(←승차하다)'나 '내리다(←하차하다)'나 '타고내리다(←승하차하다)'로 고쳐쓰면 한결 좋으리라 봅니다.

• **통역을 포함한 네 명은 조선적십자회 간부의 마중을 받고 차에 승차해 폭넓은 스탈린 가의 가로수 사이를 지나 호텔에 도착했다**

→ 통역까지 네 사람은 조선적십자회 간부한테서 마중을 받고 차에 타서 드넓은 스탈린 거리 나무들 사이를 지나 호텔에 닿았다

《북한행 엑서더스》(테사 모리스-스즈키/한철호 옮김, 책과함께, 2008) 153쪽

차이가 있어 별종

: **차이가 있어 별종으로 보이는 개체**

→ 달라서 새로 나누어야 하는 개체

→ 다르기에 새로 갈라야 하는 개체

° **차이(差異)** : 서로 같지 아니하고 다름
• **별종(別種)** : 1. 다른 종류 2. 예사의 것과 달리 이상한 행동 따위를 보이는 별다른 종류

'차이'는 '다름'을 가리킵니다. '별종'은 "다른 종류"를 가리켜요. "차이가 있어 별종으로 보이는"은 "달라서 다른 종류로 보이는" 꼴이 되어요. '다르'니까 '다른' 갈래일 테지요. 이처럼 쓰면 뒤죽박죽입니다. '다르다'고 하기에 "새로운 갈래로 나누어야"로 손질해 주어야 비로소 뜻이 살아나지 싶어요. 보기글을 보면 "별종으로 보이는 개체도 관찰된다(觀察−)"로 끝맺는데 '보이다'하고 '관찰되다'는 뜻이 같아

요. 두 군데에서 겹말이 나타나니, "달라서 새롭게 나누어야 하는 개체도 보인다"처럼 통째로 손질해 봅니다.

- **한반도에서도 날개의 무늬에 상당한 차이가 있어 별종으로 보이는 개체도 관찰된다**
→ 한반도에서도 날개 무늬가 퍽 달라 새로운 갈래로 나누어야 하는 개체도 보인다
→ 한반도에서도 날개 무늬가 꽤 달라 새롭게 갈라야 하는 개체도 보인다

《잠자리 표본 도감》 (정상우·배연재·안승락·백운기 엮음, 자연과생태, 2016) 155쪽

차이에 따른 차이

: **기후 차이에 따른 외형적인 차이가 거의 없어**
→ 날씨가 달라도 겉모습은 거의 다르지 않아
→ 어느 날씨여도 겉모습은 거의 같아
→ 어느 곳에서도 겉모습은 거의 같아

> ∘ **차이(差異)** : 서로 같지 아니하고 다름

"기후 차이에 따른 외형적인 차이가 거의 없어"는 무슨 뜻일까 하고 헤아려 봅니다. "다른 날씨"에 따른 "다른 겉모습"이 거의 없다는 소리인데 여러모로 아리송합니다. 보기글을 살피면 사자는 온대나 열대에서 산다는데, 온대에서든 열대에서든 "다른 겉모습이 아니"라는 뜻이지 싶어요. 이 보기글은 '차이'라는 한자말을 잇달아 쓰거나, '차이'를 '다르다(다름)'로 손질하기보다는 "어느 곳에서든 겉모습은 거의 다르지 않아"나 "여느 고장에서든 겉모습은 거의 같아"로 손질할 적에 뜻이 또렷하리라 느낍니다.

- **사자들은 기후가 따뜻한 온대와 열대에만 주로 살아. 그래서 기후 차이에 따른 외형적인 차이가 거의 없어**
→ 사자는 거의 온대와 열대에만 살아. 그래서 어느 곳에서든 겉모습은 거의 다르지 않아
→ 사자는 날씨가 따뜻한 곳에서 살아. 그래서 어느 곳에 살아도 겉모습은 거의 같아

《야생 동물은 왜 사라졌을까?》 (이주희, 철수와영희, 2017) 19쪽

차츰차츰 조금씩 점점

: **해가 조금씩 길어지고, 눈도 차츰차츰 녹고 점점 작아져**

→ 해가 조금씩 길어지고, 눈도 차츰차츰 녹고 자꾸 작아져

→ 해가 조금씩 길어지고, 눈도 차츰차츰 녹고 작아져

> ○ **점점(漸漸)** : 조금씩 더하거나 덜하여지는 모양
> ○ **차츰** : = 차차
> ○ **차차(次次)** : 어떤 사물의 상태가 시간의 흐름에 따라 일정한 방향으로 조금씩 진행하는 모양
> ○ **조금씩** : 많지 않게 계속하여
> ○ **점차(漸次)** : 차례를 따라 조금씩

한자말 '점점'은 '조금씩'을 가리킵니다. 많지는 않으나 잇달아 어떤 모습이 이루어 지거나 나타날 적에 '조금씩'이나 '차츰' 같은 낱말을 써요. 한국말사전은 '차츰'을 한자말 '차차'로 풀이하고, 한자말 '차차 = 조금씩'이라고 해요. 한자말 '점점·차 차 = 조금씩'인 셈입니다. 이밖에 '점차'라는 한자말도 '조금씩'을 가리켜요. 여러 가지 낱말을 골고루 쓰고 싶다면 '조금씩·차츰·자꾸'를 쓰면 되고, '꾸준히·잇달 아·천천히·이내'를 써 볼 만합니다.

• **해가 조금씩 길어지고 햇볕에 따뜻한 기운이 더해가면 녹을 것 같지 않던 눈도 차츰차츰 녹는 것이었다. 눈은 겉에서부터 녹아 들어가 하루가 다르게 점점 작아져 갔다**

→ 해가 조금씩 길어지고 햇볕에 따뜻한 기운이 더해가면 녹을 듯하지 않던 눈도 차츰차츰 녹는다. 눈은 겉에서부터 녹아 들어가 하루가 다르게 자꾸 작아져 갔다

《거기, 내 마음의 산골마을》 (박희병, 그물코, 2007) 95쪽

• **분홍빛이 차츰 짙어진다. 그리고 분홍빛은 점점 하늘 높이 올라간다**

→ 분홍빛이 차츰 짙어진다. 그리고 분홍빛은 자꾸 하늘 높이 올라간다

《초원의 집 3》 (로라 잉걸스 와일더/김석희 옮김, 비룡소, 2005) 59쪽

착각하는 실수

: **착각하는 실수는**

→ 다르게 아는 잘못은

→ 잘못 아는 일은

> · **착각하다(錯覺−)** : 어떤 사물이나 사실을 실제와 다르게 지각하거나 생각하다
> · **실수(失手)** : 조심하지 아니하여 잘못함

'착(錯)'이라는 한자는 어긋나거나 잘못되는 모습이나 몸짓을 가리키면서 흔히 씁니다. '착각하다'라는 한자말은 참과 다르게 알거나 생각하는 모습을 가리켜요. 참과 다르게 안다고 할 적에는 "그냥 다르게 아는" 때도 있으나 "잘못 아는" 때도 있지요. 한자말 '실수'는 '잘못'을 가리켜요. "착각하는 실수"는 "잘못 아는 잘못" 꼴이 되어 겹말입니다. "다르게 아는 잘못"이나 "잘못 아는 일"로 손질합니다.

• **어처구니없이 지명을 착각하는 실수는 길고도 뚜렷한 역사를 가지고 있다**

→ 어처구니없이 땅이름을 잘못 아는 일은 길고도 뚜렷한 역사가 있다

→ 어처구니없이 땅이름을 잘못 아는 역사는 길고도 뚜렷하다

《아랍, 그곳에도 사람들이 살고 있다》(팀 매킨토시 스미스/신해경 옮김, 봄날의책, 2016) 38쪽

착상이라고 생각

: **아주 좋은 착상이라고 생각했다**

→ 아주 좋은 생각이라고 여겼다

→ 아주 좋은 생각이라고 보았다

→ 아주 좋다고 생각했다

→ 아주 좋겠다고 생각했다

> · **착상(着想)** : 어떤 일이나 창작의 실마리가 되는 생각이나 구상 따위를 잡음

생각을 잡는 일이 '착상'이니, "좋은 착상이라고 생각했다"는 "좋은 생각이라고 생각했다" 꼴이 됩니다. 겹말이에요. 다만 이 말씨는 아주 틀리지는 않습니다. 그래도 매끄럽지는 않기 때문에 '생각했다'로 끝맺기보다는 '느꼈다'나 '여겼다'나 '보았다'로 손보면 한결 나아요. 또는 "아주 좋다고 생각했다"처럼 손질할 수 있습니다.

- 나는 소설을 쓴다는 것이 아주 좋은 착상이라고 생각했다
- → 나는 소설 쓰기가 아주 좋은 생각이라고 느꼈다
- → 나는 소설 쓰기가 아주 좋은 생각이라고 보았다
- → 나는 소설 쓰기가 아주 좋겠다고 생각했다

《노랑 가방》 (리지아 누네스/길우경 옮김, 민음사, 1991) 26쪽

찬물 냉수

: **냉수도 위아래가 있어. 찬물을 마실 때도**

→ 찬물도 위아래가 있어. 찬물을 마실 때도

→ 찬물도 위아래가 있어. 차가운 물을 마실 때도

◦ **찬물** : 차가운 물
◦ **냉수(冷水)** : = 찬물

차가운 물이기에 '찬물'이에요. '찬물'을 한자말로 '냉수'라고도 한다는데, '찬물' 한 가지만 쓰면 돼요. 두 낱말을 섞지 않아도 되어요. 따뜻하게 해 놓은 물은 '더운물' 이지요. '더운물'이라는 낱말이 있으니 '온수(溫水)' 같은 한자말을 안 써도 됩니다. 알맞고 쉬우며 바르게 쓰면 되는 낱말을 찬찬히 헤아려 줍니다.

- **"냉수도 위아래가 있어."** 찬물을 마실 때도 윗사람이 먼저 마셔야 하거늘
- → **"찬물도 위아래가 있어."** 찬물을 마실 때도 윗사람이 먼저 마셔야 하거늘

《위! 아래!》 (이월곡, 분홍고래, 2016) 98쪽

ㅊ

참견하고 끼어들고

: **남의 일에 참견하거나 끼어들지 마**

→ 남 일에 끼어들지 마

→ 남 일에 이래라저래라 끼어들지 마

→ 남 일에 토를 달거나 끼어들지 마

◦ **참견(參見)** : 자기와 별로 관계없는 일이나 말 따위에 끼어들어 쓸데없이 아는 체하거나 이래라저래라 함
◦ **간섭(干涉)** : 직접 관계가 없는 남의 일에 부당하게 참견함

한자말 '참견'은 '끼어들기'나 "이래라저래라 함"을 뜻합니다. '간섭(干涉)'이라는 한자말도 있는데, 말뜻을 살피면 '간섭 = 참견'입니다. 참견이든 간섭이든 한국말로는 '끼어들다'로 손질하면 됩니다. '참견쟁이'처럼 쓰기도 하는데, 이처럼 재미나게 쓰려면 쓰되, 섣불리 겹말을 쓰지 않도록 잘 살필 수 있기를 빕니다.

- 얼마 안 가서 식구들이 **참견하기 시작했어요.** 모두들 샘이 났는지 이래라 저래라 내 일에 끼어들지 뭐예요
→ 얼마 안 가서 식구들이 **끼어들었어요.** 모두들 샘이 났는지 이래라저래라 내 일에 끼어들지 뭐예요
→ 얼마 안 가서 식구들이 **한마디씩 했어요.** 모두들 샘이 났는지 이래라저래라 내 일에 끼어들지 뭐예요

《나는 사랑 수집가》 (마리 데플레셍/김민정 옮김, 비룡소, 2007) 9쪽

참고 인내하라

: **"참아야 한단다"라며 인내하라고 가르쳐**
→ **"참아야 한단다"는 말씀으로 가르쳐**
→ **"참아야 한단다"라고 하면서 가르쳐**
→ **"참아야 한단다" 하고 가르쳐**

> ○ **인내(忍耐)** : 괴로움이나 어려움을 참고 견딤
> ○ **참다** : 1. 웃음, 울음, 아픔 따위를 억누르고 견디다 2. 충동, 감정 따위를 억누르고 다스리다
>   3. 어떤 기회나 때를 견디어 기다리다
> ○ **견디다** : 사람이나 생물이 일정한 기간 동안 어려운 환경에 굴복하거나 죽지 않고 계속해서
>   버티면서 살아 나가는 상태가 되다
> ○ **버티다** : 어려운 일이나 외부의 압력을 참고 견디다

'참아야' 한다는 이야기가 '인내'하라는 가르침이었다고 적는 보기글은 겹말입니다. 한국말사전을 보면 한자말 '인내'를 "참고 견딤"으로 풀이하고, '참다'는 '견디다'라는 낱말을 써서 풀이합니다. '견디다'는 '버티다'라는 낱말로 풀이하고, '버티다'는 "참고 견디다"로 풀이해요. 말풀이가 온통 돌림풀이입니다.

- "많이 괴로웠지? 참고, 참고, 또 참아야 한단다"라며 끝까지 인내하라고 가르쳐 주었습니다

→ "많이 괴로웠지? 참고, 참고, 또 참아야 한단다" 하고 끝까지 참으라고 가르쳐 주었습니다

→ "많이 괴로웠지? 참고, 참고, 또 참아야 한단다" 하고 끝까지 견디라고 가르쳐 주었습니다

《아톰의 슬픔》(데즈카 오사무/하연수 옮김, 문학동네, 2009) 3쪽

창작하는 글쓰기

: **글을 쓰며 창작을 하는 일은**

→ 글쓰기는

→ 글을 새로 쓰기는

→ 새로운 글을 쓰기는

> - **창작(創作)** : 1. 방안이나 물건 따위를 처음으로 만들어 냄
>   2. 예술 작품을 독창적으로 지어냄
> - **작가(作家)** : 문학 작품, 사진, 그림, 조각 따위의 예술품을 창작하는 사람
> - **짓다** : 3. 시, 소설, 편지, 노래 가사 따위와 같은 글을 쓰다
> - **글쓰기** : 생각이나 사실 따위를 글로 써서 표현하는 일

보기글을 살피면 "글을 쓰는·전업 작가·글을 쓰며·창작을 하는"처럼 '글쓰기'를 나타내는 말마디가 네 차례 나옵니다. 겹말도 겹말이지만 글이 좀 어수선해요. "글을 쓰는 전업 작가"는 "글을 쓰는 이"나 "글만 쓰는 이"나 '작가'나 '전업 작가'로 손질합니다. "글을 쓰며 창작을 하는 일은"은 '글쓰기는'이나 "글을 쓰는 일은"이나 "글을 새로 쓰기는"이나 "이야기를 새로 짓기는"으로 손질해 주고요. 한자말로 '작가'는 "쓰는 사람"이나 "짓는 사람"이나 '글쓴이'를 가리킵니다. '창작'은 '쓰기'나 '짓기'나 '글쓰기'나 '글짓기'를 가리켜요.

- **글을 쓰는 전업 작가라 하더라도 글을 쓰며 창작을 하는 일은 늘 부담이다**

→ 글을 쓰는 이라 하더라도 글쓰기는 늘 짐스럽다

→ 글만 쓰는 이라 하더라도 글을 새로 쓰기는 늘 벅차다

→ 글만 쓰는 이라 하더라도 이야기를 새로 짓기는 늘 힘겹다

《내 안에 잠든 작가의 재능을 깨워라》(안성진, 가나북스, 2016) 119쪽

찾고 발견하고

: **한 번 발견하고 나면 … 열매를 찾은 아이들**

→ 한 번 찾고 나면 … 열매를 찾은 아이들

→ 한 번 찾아내고 나면 … 열매를 찾은 아이들

> ○ **발견(發見)** : 미처 찾아내지 못하였거나 아직 알려지지 아니한 사물이나 현상, 사실 따위를 찾아냄

한자말 '발견'은 '찾아내는' 일을 가리킵니다. '발견하다'하고 '찾다'를 겹쳐서 쓰기보다는 '찾다'라는 낱말만 알맞게 쓰면 되고, '찾아내다'하고 '찾다'를 섞어서 쓸 수 있습니다. 때로는 '보다'나 "눈에 뜨이다"를 써 볼 수 있어요.

• 처음에는 좀체 보이지 않지만, 한 번 **발견**하고 나면 자꾸자꾸 눈에 띄지요. 열매를 찾은 아이들은 선생님에게 잘라 달라고 부탁했습니다

→ 처음에는 좀체 보이지 않지만, 한번 찾고 나면 자꾸자꾸 눈에 띄지요. 열매를 찾은 아이들은 선생님한테 잘라 달라고 했습니다

《숲에서 크는 아이들》 (이마이즈미 미네코·안네테 마이자/은미경 옮김, 파란자전거, 2007) 77쪽

채종한 씨앗

: **자가 채종한 씨앗은**

→ 손수 받은 씨앗은

→ 스스로 갈무리한 씨앗은

→ 손수 씨받이를 하면

> ○ **채종(採種)** : 좋은 씨앗을 골라서 받음
> ○ **씨받이** : 1. 동식물의 씨를 거두어 마련하는 일 2. 집안의 혈통을 이을 아이를 다른 여자가 대신 낳아 주는 일

씨앗을 받는다고 해서 '씨받이(씨앗받이)'입니다. 예부터 사람들은 손수 흙을 지어서 살림을 가꾸었기에 '씨받이'는 아주 커다란 일이었어요. "씨앗을 받는 일"을 가리키는 '씨받이'를 한자말로는 '채종'이라 합니다. "채종한 씨앗"이라 하면 "씨앗을 받은 씨앗"이라 하는 얼거리이니 겹말이에요. "손수 받은 씨앗"이나 "손수 씨받이를 하면"으로 고쳐 줍니다.

- 그 땅에 맞기 때문에 자가 채종한 씨앗은 발아율이 높고, 튼튼하게 잘 자란다
→ 그 땅에 맞기 때문에 손수 받은 씨앗은 싹이 잘 트고, 튼튼하게 잘 자란다
→ 그 땅에 맞기 때문에 손수 씨받이를 하면 싹이 잘 트고, 튼튼하게 잘 자란다

《가와구치 요시카즈의 자연농 교실》 (아라이 요시미·가가미야마 에츠코/최성현 옮김, 정신세계사, 2017) 58쪽

책 서

: **발견의 서書를 … 이 책을**

→ '발견'이라는 책을 … 이 책을

→ '발견'을 다룬 책을 … 이 책을

→ '발견하는 책'을 … 이 책을

> ○ 서(書) : x
> ○ 書 : 글. 책

'서(書)'라는 한자는 한자일 뿐, 한국말이 아니기에 한국말사전에 안 나옵니다. 한자로는 '書'로 적고, 한국말로는 '글'이나 '책'으로 적어야 올바릅니다. 보기글에서도 앞에서는 "발견의 서書"처럼 쓰지만, 뒤에서는 "이 책을"처럼 써요. 그리고 "-의 서(書)"처럼 쓰면 일본 말씨예요. "-の 書" 꼴로 쓰는 일본 말씨를 껍데기만 한글로 적은 셈입니다. "-의 서"라는 말씨는 "-라는 책"이나 "-을/-를 다루는 책"이나 "-와/-과 얽힌 책"으로 옮겨야 알맞아요.

- **발견의 서書를 손에 들고 배웠다는 이들 앞에 나타나는 건 자랑스러운 일이 아닐 수 없다. 더는 이 책을 내 안에만 품고 있지 않으련다**
→ '발견하는 책'을 손에 들고 배웠다는 이들 앞에 나타난다면 자랑스러운 일이 아닐 수 없다. 더는 이 책을 내 안에만 품지 않으련다
→ '발견'이란 책을 손에 들고 배웠다는 이들 앞에 나타난다면 자랑스러운 일이 아닐 수 없다. 더는 이 책을 나 혼자서 품지 않으련다

《내 방 여행하는 법》 (그자비에 드 메스트르/장석훈 옮김, 유유, 2016) 11쪽

책을 쓰는 저술가

: **책을 쓰는 저술가**

→ 책을 쓰는 사람

→ 책을 쓰는 이

> ◦ **저술가(著述家)** : 글이나 책 따위를 쓰는 일을 직업으로 하는 사람

'저술가'는 "책을 쓰는 사람"을 가리키니, "책을 쓰는 저술가"라고 하면 겹말입니다. '저술가'라고만 하거나 "책을 쓰는 사람"으로 손볼 노릇입니다. 곰곰이 돌아보면, 글을 쓴 사람을 가리켜 '글쓴이'라 하니, 책을 쓴 사람은 '책쓴이'라 해 볼 수 있습니다. 새롭게 말을 지어 보려 한다면 '글님·책님' 같은 말을 지어서 글을 쓰거나 책을 쓴 사람을 가리킬 수 있어요. 또는 '글쟁이·책쟁이'나 '글지기·책지기' 같은 이름을 지어서 써 볼 수 있고요.

• **책을 쓰는 저술가들도 주로 책을 쓰기 위해 책을 읽는다**

→ 책을 쓰는 사람들도 으레 책을 쓰려고 책을 읽는다

→ 책을 쓰는 이도 무엇보다 책을 쓰려고 책을 읽는다

《혼자 알기 아까운 책 읽기의 비밀》(이태우, 연지출판사, 2015) 142쪽

책의 저자

: **우리 책의 저자는**

→ 우리 책을 쓴 사람은

→ 우리 책을 쓴 이는

→ 우리 책을 쓴 분은

> ◦ **저자(著者)** : 글로 써서 책을 지어낸 사람

글을 써서 책을 지은 사람을 한자말로 '저자'라고 하니, "책의 저자"라고 하면 겹말이에요. "우리 책을 쓴 사람"으로 고쳐쓰거나 "우리 글쓴이"나 "우리 지은이"로 손질해 줍니다. 또는 "우리 출판사 글쓴이"나 "우리 출판사 지은이"로 손질할 수 있어요. 책을 쓴 사람을 가리키는 만큼 '책쓴이'처럼 새말을 지어 보아도 됩니다.

- **지금도 우리 책의 저자는 친구 관계에서 발전한 경우가 많아요**
→ 요새도 우리 책을 쓴 분은 친구 사이에서 나아간 때가 잦아요
→ 요즘도 우리 책 지은이는 동무에서 발돋움하기 일쑤예요
→ 요즈음도 우리 책은 동무였다가 글쓴이가 되는 사람이 많아요
→ 요즈음도 우리 출판사는 동무 사이던 글쓴이가 많아요

《일본 1인 출판사가 일하는 방식》 (니시야마 마사코/김연한 옮김, 유유, 2017) 240쪽

처음 맞는 전대미문

: **처음 맞는 전대미문의 봄**
→ 이제껏 처음 맞는 봄
→ 처음 맞는 봄

> ◦ **전대미문(前代未聞)** : 이제까지 들어 본 적이 없음

한자말 '전대미문'은 "이제까지 들어 본 적이 없음"을 가리킨다고 합니다. 이제까지 들어 본 적이 없다면 '처음'이라는 뜻입니다. "처음 맞는 전대미문" 꼴로 쓰면 겹말이지요. 힘주어 말하려는 뜻이라면 "이제껏 없던 처음 맞는 봄"처럼 쓸 수도 있습니다. "처음 맞는 새로운 봄"이나 "이제껏 없던 새로운 봄"처럼 쓸 수 있을 테고요.

- **내 생에서 처음 맞는 전대미문의 봄이다**
→ 내 삶에서 이제껏 없던 처음 맞는 봄이다
→ 내 삶에서 처음 맞는 새로운 봄이다
→ 내가 살며 처음 맞는 봄이다

《단순한 것이 아름답다》 (장석주, 문학세계사, 2016) 36쪽

처음 시작했다

: **조각을 처음 시작했다고 한다**

→ 조각을 처음 했다고 한다

→ 조각을 처음 해 보았다고 한다

→ 조각을 처음 배웠다고 한다

> **시작하다(始作-)** : 1. 어떤 일이나 행동의 처음 단계를 이루거나 그렇게 하게 하다 2. 어떤 일이나 행동이 어떤 사건이나 장소에서 처음으로 발생하다

한자말 '시작'은 '처음(始) + 하다(作)'로 이루어집니다. "처음 한다"가 '시작'입니다. 보기글처럼 "처음 시작했다"로 쓰면 "처음 처음 했다"가 될 테지요. 한자말 '시작'을 꼭 쓰고 싶다면, "조각을 시작했다고 한다"처럼 적을 노릇입니다.

- **정년 퇴직한 뒤에 조각을 처음 시작했다고 한다**

→ 정년퇴직한 뒤에 조각을 처음 했다고 한다

→ 정년으로 물러난 뒤에 조각을 처음 해 보았다고 한다

→ 정년으로 물러난 뒤에 조각을 처음 배웠다고 한다

《아빠의 만세발가락》 (리타 페르스휘르/유혜자 옮김, 두레아이들, 2007) 31쪽

- **처음부터 다시 시작해서 보금자리를 새로 건설해야 한다는 게 두려웠지만**

→ 처음부터 다시 해서 보금자리를 새로 지어야 한다니 두려웠지만

→ 처음부터 다시 보금자리를 새로 지어야 한다니 두려웠지만

→ 처음부터 새롭게 보금자리를 지어야 한다니 두려웠지만

《부엌은 내게 사랑하는 법을 가르쳐 주었다》 (사샤 마틴/이은선 옮김, 북하우스, 2016) 131쪽

처음 잉태되다

: **처음 잉태된 순간**

→ 처음 생겨난 때

→ 갓 움튼 때

→ 막 싹튼 때

> **잉태(孕胎)** : 1. = 임신(妊娠) 2. 어떤 사실이나 현상이 내부에서 생겨 자라남

한자말 '잉태'는 '임신'을 가리킨다 하고, 이러한 뜻을 바탕으로 어떤 것이 "속에서 생겨 자라남"을 가리키기도 한답니다. '잉태'는 '싹트다'나 '움트다'라는 한국말처럼 "속에서 생겨 자라"더라도 '처음' 생겨서 자라는 모습을 가리킨다고 할 수 있습니다. 어미 몸에서 생겨나 자라는 목숨은 '한 번' 깃들이며 생겨서 자라요. 두 번 세

번 깃들이며 생겨서 자라지 않습니다. "처음 잉태된 순간"이라고 하면 겹말 얼거리예요. '처음'을 빼고 "잉태된 순간"이라고만 하든가 '처음'을 살려서 "처음 생겨난 때"로 손보아야 알맞습니다. 또는 "갓 움튼 때"나 "막 싹튼 때"로 손볼 수 있어요.

- **10년 뒤에 탄생할 《이기적 유전자》의 발상이 처음 잉태된 순간이 아니었나 싶다**
- → 10년 뒤에 나올 《이기적 유전자》를 이룬 생각이 처음 생긴 때가 아니었나 싶다
- → 열 해 뒤에 쓸 《이기적 유전자》를 처음 생각한 때가 아니었나 싶다
- → 열 해 뒤에 《이기적 유전자》를 쓰자는 생각이 갓 움튼 때가 아니었나 싶다

《리처드 도킨스 자서전 1》 (리처드 도킨스/김명남 옮김, 김영사, 2016) 264쪽

처한 처지

: **그가 처한 처지**
→ 그가 놓인 자리
→ 그가 선 자리
→ 그가 있는 곳
→ 그 사람 살림
→ 그 사람 삶

> ◦ **처하다(處-)** : 1. 어떤 형편이나 처지에 놓이다
> ◦ **처지(處地)** : 처하여 있는 사정이나 형편

"처한 처지"는 겹말인데 한국말사전 말풀이도 겹말풀이에 사로잡힙니다. '처하다 = 처지에 놓이다'라면 '처지 = 처하여 있는 사정 = 처지에 놓여 있는 사정'인 얼거리이니 말이 안 되어요. '처하다'는 '놓이다'나 '서다'나 '있다'로 손질해 줍니다. '처지'는 '자리'나 '곳'이나 '살림'이나 '삶'으로 손질하고요. 보기글은 "놓인 자리"나 "선 곳"이나 "있는 자리"로 적으면 되고, "그 사람 살림"이나 "그 사람 삶"으로 써 볼 만합니다.

- **어느 개인에 대한 이해는 그가 처한 처지와 그 개인을 함께 고려해서**
- → 어느 개인을 이해하려면 그가 놓인 자리와 그 사람을 함께 살펴서
- → 어느 한 사람을 알려면 이이가 선 자리와 이 사람을 함께 헤아려서
- → 누구를 알려면 이 사람 삶을 함께 생각해서

《냇물아 흘러흘러 어디로 가니》 (신영복, 돌베개, 2017) 37쪽

척박하고 메마른

: **척박하고 메마른**

→ 메마른

→ 몹시 메마른

→ 더없이 메마른

> ○ **척박하다(瘠薄-)** : 땅이 기름지지 못하고 몹시 메마르다
> ○ **메마르다** : 땅이 물기가 없고 기름지지 아니하다

한자말 '척박하다'는 "몹시 메마르다"를 가리킨다고 하니, "척박하고 메마른"처럼 쓰면 겹말입니다. "몹시 메마른"으로 손보면 됩니다. '척박하다 = 몹시 메마르다' 인 줄 헤아리지 못하면서 "극도로 척박하고 메마른"처럼 말한다면 '극도로' 때문에 다시 겹말입니다. '극도(極度)'는 '더없이'나 "더할 나위 없이"를 가리키거든요.

• **나무가 들어갈 수 없을 만큼 극도로 척박하고 메마른 츠렁모바위**

→ 나무가 들어설 수 없을 만큼 몹시 메마른 츠렁모바위

→ 나무가 들어설 수 없을 만큼 더없이 메마른 츠렁모바위

《한국 식물 생태 보감 2》 (김종원, 자연과생태, 2016) 10쪽

첫날을 시작

: **첫날을 시작하며**

→ 첫날을 열며

→ 첫날을 맞으며

> ○ **첫날** : 1. 어떤 일이 처음으로 시작되는 날 2. 시집가거나 장가드는 날
> ○ **시작(始作)** : 어떤 일이나 행동의 처음 단계를 이루거나 그렇게 하게 함

한국말사전을 살피면 '첫날'을 "처음으로 시작되는 날"로 풀이합니다. 한자말 '시 작'은 "처음을 이루는" 모습을 가리킨다고 합니다. 뜻풀이가 서로 겹칩니다. "첫날 을 시작하며"라 하면 겹말입니다. "첫날을 열며"나 "첫날을 맞으며"나 "첫날을 맞 이하며"나 "첫날을 누리며"로 손질해 줍니다.

• **6월 초 숲 속에서의 첫날을 시작하며 창밖을 보니**

→ 6월 첫머리 숲속에서 첫날을 열며 창밖을 보니

→ 6월 첫무렵 숲속에서 첫날을 맞으며 창밖을 보니

《홀로 숲으로 가다》 (베른트 하인리히/정은석 옮김, 더숲, 2016) 20쪽

청결하고 깨끗해

: **"깨끗?" "청결하다는 뜻인가요?"**

> ○ **청결하다(清潔-) :** 맑고 깨끗하다

→ *"깨끗?" "깔끔하다는 뜻인가요?"*

→ *"깨끗?" "정갈하다는 뜻인가요?"*

→ *"깨끗?" "티가 없다는 뜻인가요?"*

여러 사람이 이야기를 나누는 자리에서 한 사람이 '깨끗하다'를 말하는데, 곁에서 '청결하다'는 뜻이냐고 물었다고 합니다. 한자말 '청결하다'는 '깨끗하다'를 뜻하는데, 이 한자말을 쓴 분은 '깨끗하다'로는 머리에 느낌이 닿지 않는다고 여기는구나 싶습니다. 어쩌면 곁에서 또 다른 사람은 '클린(clean)'을 가리키느냐고 물을 수 있겠지요. 어느 한 가지를 놓고 여러 가지로 나타낼 수 있습니다만, '깨끗하다·정갈하다·깔끔하다' 같은 한국말을 잊은 채 '청결하다'를 꼭 써야 할는지 헤아릴 노릇이지 싶어요.

• **"정말 깨끗하더군요." "깨끗?" "청결하다는 뜻인가요?"**

→ *"참말 깨끗하더군요." "깨끗?" "깔끔하다는 뜻인가요?"*

→ *"참으로 깨끗하더군요." "깨끗?" "정갈하다는 뜻인가요?"*

→ *"대단히 깨끗하더군요." "깨끗?" "티가 없다는 뜻인가요?"*

《바 레몬하트 1》 (후루야 미츠토시/편집부 옮김, AK 코믹스, 2011) 27쪽

ㅊ

청명하고 밝은

: **청명하고 밝은 세상**

→ 밝디밝은 세상

→ 곱고 밝은 세상

→ 맑고 밝은 세상

> • **청명하다(淸明−)** : 1. 날씨가 맑고 밝다 2. 소리가 맑고 밝다 3. 형상이 깨끗하고 선명하다

맑고 밝은 날씨나 소리를 가리키는 한자말 '청명'이니, "청명하고 밝은 세상"처럼 쓰면 겹말입니다. "맑고 밝은 세상"으로 손보거나 "밝은 세상"처럼 쓸 노릇이에요. 아니면 "곱고 밝은 세상"이나 "아름답고 밝은 세상"이나 "눈부시게 밝은 세상"처럼 써 볼 만합니다.

• **폭풍우가 지나간 아침, 눈을 뜨니 그지없이 청명하고 밝은 세상이 펼쳐진다**

→ 비바람이 지나간 아침, 눈을 뜨니 그지없이 맑고 밝은 세상이 펼쳐진다

→ 세찬 비바람이 지나간 아침, 눈을 뜨니 그지없이 밝은 하늘이 펼쳐진다

《내가 만난 사람은 모두 다 이상했다》 (김해자, 아비요, 2013) 142쪽

청빈하여 가난

: **청빈하여 늘 가난하게 살았어**

→ 깨끗하여 늘 가난하게 살았어

→ 늘 깨끗하면서 가난하게 살림을 가꾸었어

> • **청빈(淸貧)** : 성품이 깨끗하고 재물에 대한 욕심이 없어 가난함

마음결이 깨끗하면서 가난하게 사는 모습을 가리켜 '청빈'이라고 해요. "청빈하여 가난하게 살았어"처럼 쓰면 겹말이에요. "가난하여 가난하게 살았어" 꼴이 되거든 요. "깨끗하여 가난하게 살았어"처럼 손보거나, "깨끗하여 가난하게 살림을 가꾸 었어"처럼 손볼 수 있습니다.

• **높은 벼슬을 살았으나 청빈하여 늘 가난하게 살았어**

→ 높은 벼슬을 살았으나 깨끗하여 늘 가난하게 살았어

→ 높은 벼슬을 살았으나 늘 깨끗하면서 가난하게 살림을 가꾸었어

《짚신 신고 도롱이 입고 동네 한 바퀴》 (정인수, 분홍고래, 2016) 132쪽

체중 감량

: **체중 감량했구나**
→ 감량했구나
→ 몸무게 뺐구나
→ 몸무게 줄였구나
→ 살 뺐구나

> ○ **체중(體重)** : = 몸무게
> ○ **감량(減量)** : 1. 수량이나 무게를 줄임

사회에서는 "체중 감량"을 으레 묶어서 써 버릇하지만, 이는 겹말입니다. '감량'이라고만 쓰든지 "몸무게 줄이기"나 "몸무게 빼기"나 '살빼기'로 써야 알맞아요. '감량'이라는 한자말은 '줄이다(減) + 무게(量)'예요. '감량 = 몸무게 줄이기'라는 얼거리예요. '체중'이라는 한자말을 쓰고 싶다면 "체중 줄이기"나 "체중 빼기"로 쓸 수 있는데, '체중'이라는 한자말은 '몸무게'로 고쳐써야 알맞지요. 아직 한국말사전에 안 오릅니다만, 사회에서 아주 널리 쓰는 낱말로 '살빼기'가 있으니 '살빼기'라고 하면 되고, '무게빼기'처럼 새 낱말을 지어 볼 수 있어요.

• **"체중 감량했구나." "응, 조금 뺐어."**
→ "몸무게 뺐구나." "응, 조금 뺐어."
→ "살 뺐구나." "응, 조금 뺐어."
→ "몸무게 줄였구나." "응, 조금 줄였어."

《나는 이제 참지 않고 살기로 했다》 (니콜 슈타우딩거/장혜경 옮김, 갈매나무, 2016) 169쪽

체증으로 막히다

: **교통체증으로 막혔고**
→ 교통체증이 대단했고
→ 길이 막혔고

> ○ **체증(滯症)** : 1. [한의학] 먹은 음식이 잘 소화되지 아니하는 증상
> 2. 교통의 흐름이 순조롭지 아니하여 길이 막히는 상태

길이 막힌다고 할 적에 흔히 '교통체증' 같은 말을 써요. '체증'이 "길이 막힘"을 뜻

하니 "교통체증으로 막혔고"라 하면 겹말이에요. "교통체증이 있었고"나 "교통체증이 대단했고"로 손보거나 "길이 막혔고"로 손봅니다. 또는 '길막힘·길막하다' 같은 낱말을 새롭게 지어서 써 볼 수 있습니다.

- **벌클리로 가는 길은 동맥경화 같은 교통체증으로 막혔고**
→ 벌클리로 가는 길은 동맥이 막히듯이 꽉 막혔고
→ 벌클리로 가는 길은 동맥이 막히듯이 답답하게 막혔고

《아랍, 그곳에도 사람들이 살고 있다》 (팀 매킨토시 스미스/신해경 옮김, 봄날의책, 2016) 100쪽

체험과 경험

: **우리의 체험과 경험을**
→ 우리가 겪은 일을
→ 우리가 여러모로 겪은 일을
→ 우리가 몸소 겪은 온갖 얘기를
→ 우리가 겪거나 치른 이야기를

> ○ **체험(體驗)** : 자기가 몸소 겪음. 또는 그런 경험
> ○ **경험(經驗)** : 자신이 실제로 해 보거나 겪어 봄. 또는 거기서 얻은 지식이나 기능
> ○ **겪다** : 1. 어렵거나 경험될 만한 일을 당하여 치르다 2. 여러 사람을 청하여 음식을 차려 대접하다 3. 사람을 사귀어 지내다
> ○ **치르다** : 1. 주어야 할 돈을 내주다 2. 무슨 일을 겪어 내다 3. 아침, 점심 따위를 먹다

한자말 '체험'이나 '경험'은 모두 '겪는' 일을 가리켜요. 몸으로든 참으로(실제로)든 '겪'기에 '겪는다'고 하지요. "우리의 체험과 경험을" 같은 겹말은 "우리가 겪은 일을"로 손봅니다. 또는 "우리가 여러모로 겪은 일을"이나 "우리가 겪거나 치른 일을"로 손볼 만해요. 한국말사전을 보면 '겪다'를 '경험하다'로 풀이하면서 '치르다'라는 낱말까지 씁니다. "경험될 만한 일을 치르다"가 '겪다'라면, 또 "겪어 내다"가 '치르다'라면, 이러한 돌림풀이로는 말뜻을 짚을 수 없어요.

- **블로그는 우리의 체험과 경험을 수많은 대중에게 실어 나를 것이다**
→ 블로그는 우리가 겪은 이야기를 수많은 사람들한테 실어 나르리라
→ 누리사랑방은 우리가 겪거나 치른 일을 수많은 사람들한테 실어 나르리라

《우리는 플라스틱 없이 살기로 했다》 (산드라 크라우트바슐/류동수 옮김, 양철북, 2016) 120쪽

쳇바퀴 무한반복

:　　**쳇바퀴에서 벗어나는 … 무한 반복에서 벗어날**

→　쳇바퀴에서 벗어나는 … 쳇바퀴에서 벗어날

→　쳇바퀴에서 벗어나는 … 수렁에서 벗어날

→　쳇바퀴에서 벗어나는 … 제자리걸음에서 벗어날

> ◦ **쳇바퀴** : 체의 몸이 되는 부분.
>   얇은 나무나 널빤지를 둥글게 휘어
>   만든 테로, 이 테에 쳇불을 메워
>   체를 만든다
> ◦ **무한(無限)** : 수(數), 양(量), 공간,
>   시간 따위에 제한이나 한계가 없음
> ◦ **반복(反復)** : 같은 일을 되풀이함

한국말사전에서 '쳇바퀴'를 찾아보면 체에서 몸이 되는 곳을 가리킨다는 뜻풀이만 나옵니다. 사람들이 오늘날 빗댐말로 널리 쓰는 '쳇바퀴'는 한국말사전에 나오지 않습니다. '쳇바퀴'는 "다람쥐 쳇바퀴"처럼 쓰곤 하는데, 늘 똑같은 몸짓이나 일을 되풀이한다고 하는 모습을 가리켜요. 이런 모습을 한자말로 옮긴다면 "무한 반복" 이 되겠지요. 끝없이 되풀이하기에 '쳇바퀴'나 "다람쥐 쳇바퀴 돌기"입니다. '쳇바퀴돌이·쳇바퀴돌기'처럼 새롭게 한 낱말을 지어 볼 수 있어요. 이런 모습은 '제자리걸음'이라고도 해요. '맴돌이'라든지 '도돌이표·되돌이표'라 해 볼 만하며, '수렁' 으로 빗댈 만합니다.

• **쳇바퀴에서 벗어나는 길은 없는가? 어디에 이 무한 반복에서 벗어날 'esc' 버튼이 숨어 있는 것일까?**

→　쳇바퀴에서 벗어나는 길은 없는가? 어디에 이 쳇바퀴에서 벗어날 '나옴' 단추가 숨었을까?

→　쳇바퀴에서 벗어나는 길은 없는가? 어디에 이 맴돌이에서 벗어날 '나옴' 단추가 숨었을까?

→　쳇바퀴에서 벗어나는 길은 없는가? 어디에 이 도돌이표에서 벗어날 단추가 숨었을까?

《우리는 플라스틱 없이 살기로 했다》 (산드라 크라우트바슐/류동수 옮김, 양철북, 2016) 168쪽

초가집

:   **고향 초가집을**

→   고향 풀집을

→   고향 흙집을

→   시골집을

> ○ **초가집(草家−)** : = 초가(草家)
> ○ **초가(草家)** : 짚이나 갈대 따위로 지붕을 인 집
> ▪ **풀집** : 예전에, 가난한 사람들이 살던 풀로 이엉을 한 집
> ○ **흙집** : 흙으로 지은 집

한거레 시골집을 두고 흔히 '초가집'이라 일컬었습니다. 지난날 시골에서 기와를 지붕에 얹은 집은 아주 드물고, 참으로 거의 모든 집이 짚으로 지붕을 이었거든요. 짚으로 지붕을 이은 집은 바로 '풀(草)'을 지붕으로 삼기에 '풀집'인데, 이를 한자말로는 '초가'라 합니다. '초가'는 '풀(草) + 집(家)'인 얼거리예요. 지붕을 풀로 이은 집은 으레 바닥이나 벽을 흙으로 다집니다. 지붕을 얹을 적에도 서까래에 흙을 얹었어요. '풀집'은 '흙집'이기도 해요. 어느 모로 본다면 '풀흙집'인 셈입니다. 예부터 집은 '집'이라 했기에, 돌집이든 풀집이든 흙집이든 나무집이든 '−집'을 붙입니다. 한자를 쓰던 옛사람은 풀집을 두고 '초가'라는 이름을 따로 붙였는데, 어느새 '초가'라는 이름에 '−집'이 달라붙어서 '초가집' 같은 겹말이 생겼어요. '풀집 집'인 꼴인 '초가집'이에요. 오늘날 '시골집'은 옛날하고 달라서 풀집이나 흙집은 아니기도 하지만, 예전 시골에 있던 집을 가리키는 자리라면 '시골집'이라는 낱말로도 풀집이나 흙집을 가리킬 만해요.

- **낡은 초가집을 아직도 볼 수 있다**
→   낡은 풀집을 아직도 볼 수 있다
→   낡은 시골집을 아직도 볼 수 있다

《탐라 기행》 (시바 료타로/박이엽 옮김, 학고재, 1998) 55쪽

- **곰이는 앵두나무가 함박꽃을 피우던 고향 초가집을 떠올렸습니다**
→   곰이는 앵두나무가 함박꽃을 피우던 시골 흙집을 떠올렸습니다
→   곰이는 앵두나무가 함박꽃을 피우던 시골집을 떠올렸습니다

《곰이와 오푼돌이 아저씨》 (권정생·이담, 보리, 2007) 8쪽

- **알바라도는 초가집을 짓밟고**
→   알바라도는 흙집을 짓밟고
→   알바라도는 시골집을 짓밟고

→   알바라도는 마을집을 짓밟고

《모두의 노래》 (파블로 네루다/고혜선 옮김, 문학과지성사, 2016) 83쪽

초록빛 녹음

:   **초록빛 녹음으로**

→   푸른빛 그늘로

→   푸른 그늘로

→   푸른 나무그늘로

→   푸른 그림자로

→   푸른 잎사귀로

→   푸른 물결로

> ◦ **녹음(綠陰) :** 푸른 잎이 우거진 나무나 수풀.
>   또는 그 나무의 그늘
> ◦ **초록빛(草綠-) :** 파랑과 노랑의 중간 빛
> ◦ **초록(草綠) :** 1. = 초록색 2. = 초록빛

한자말 '녹음'은 "푸른 잎"이나 "푸른 잎이 우거진 나무가 드리우는 그늘"을 가리킨다고 해요. "초록빛 녹음"은 겹말입니다. '초록빛 = 풀빛'이요, '풀빛 = 푸른 빛깔'이기 때문입니다. "푸른 그늘"이나 "푸른 그림자"나 "풀빛 그늘"이나 "풀빛 그림자"로 손질해 줍니다.

•   **6월 하순의 남산은 사방이 눈이 시리도록 고운 초록빛 녹음으로 아름다운 동화
     나라였습니다**

→   6월 끝무렵 남산은 곳곳이 눈이 시리도록 고운 풀빛 그늘로 아름다운 동화
     나라였습니다

→   6월 막바지 남산은 어디나 눈이 시리도록 곱게 푸른 그림자로 아름다운 동화
     나라였습니다

《사람, 참 따뜻하다》 (유선진, 지성사, 2009) 15쪽

ㅊ

초록은 녹색으로

: **연초록 빛깔은 진한 녹색으로 익어**

→ 옅푸른 빛깔은 짙푸른 빛깔로 익어

→ 옅푸른 빛깔은 짙푸르게 익어

◦ **연초록(軟草綠)** : = 연초록색
◦ **연초록색(軟草綠色)** : 연한 초록색
◦ **초록색(草綠色)** : 파랑과 노랑의 중간색
◦ **녹색(綠色)** : = 초록색
◦ **풀빛** : 풀의 빛깔과 같은 진한 연둣빛
◦ **연둣빛(軟荳-)** : 완두콩 빛깔과 같이 연한 초록빛

한국말은 '풀빛'입니다. 풀빛을 두고 한자말로는 '초록·초록색'이나 '녹색'을 씁니다. 이 가운데 '녹색'은 일본에서 흔히 쓰는 한자말입니다. 풀빛이 옅다면 '옅푸르다·옅은풀빛·옅푸름'을 쓰면 되고, 풀빛이 짙다면 '짙푸르다·짙은풀빛·짙푸름'을 쓰면 돼요.

• **연초록 빛깔은 진한 녹색으로 익어 윤기가 반질반질 먹음직스럽다**

→ 옅푸른 빛깔은 짙푸른 빛깔로 익어 반질반질 먹음직스럽다

→ 옅푸른 빛깔은 짙푸르게 익어 반질반질 먹음직스럽다

《전라도, 촌스러움의 미학》(황풍년, 행성B잎새, 2016) 157쪽

초목 풀나무

: **안녕, 초목아! 가만히 불렀는데도 풀나무는**

→ 반가워, 풀나무! 가만히 불렀는데도 풀나무는

→ 반가워, 풀! 나무! 가만히 불렀는데도 풀나무는

→ 잘 있었니, 푸나무! 가만히 불렀는데도 푸나무는

◦ **초목(草木)** : 풀과 나무를 아울러 이르는 말
◦ **풀나무** : x
◦ **푸나무** : 풀과 나무를 아울러 이르는 말

한자말 '초목'하고 한국말 '풀나무'는 서로 같은 뜻인 낱말입니다. 두 가지 낱말을 겹쳐서 써 볼 수 있을 테지만, '풀 + 나무'를 굳이 '초(草) + 목(木)'으로도 써야 할는지 생각해 보아야지 싶어요. 풀을 바라보면 '풀'이라 하면 되고, 나무를 마주하면 '나무'라 하면 되어요. 한국말사전에는 '풀나무'가 안 실립니다. '푸나무'만 실려

요. 풀하고 나무를 아우를 적에는 ㄹ이 떨어지며 '푸나무'가 된다고 합니다. 보기
글처럼 '풀나무'라고 해도 어울리고 쓸 만하지 싶어요.

- **안녕, 초목아! 가만히 불렀는데도 풀나무는 무슨 고민 있는지 움찟 놀랜다**
→ 반가워, 풀나무! 가만히 불렀는데도 풀나무는 무슨 걱정 있는지 움찟 놀란다
→ 잘 있었니, 푸나무! 가만히 불렀는데도 푸나무는 무슨 걱정 있는지 움찟 놀란다

《무당거미》 (이종호, 북산, 2016) 26쪽

초심자의 첫마음

: **초심자의 첫마음으로 돌아가**
→ 초심자 마음으로 돌아가
→ 첫마음으로 돌아가
→ 처음 배우는 마음으로 돌아가
→ 첫걸음 떼는 마음으로 돌아가
→ 첫발 내딛는 마음으로 돌아가

> ○ **초심자(初心者)** : 1. 어떤 일을 처음 배우는 사람
> 2. 어떤 일에 익숙하지 않은 사람
> ○ **첫마음** : x
> ○ **첫** : 맨 처음의

처음 배우는 사람을 한자말로 '초심자'라고 하니, "초심자의 첫마음"이라 하면 겹
말이에요. "초심자 마음"으로 고치거나 "처음 배우는 마음"으로 고쳐야 알맞아요.
또는 "첫걸음 떼는 마음"이나 "첫발 내딛는 마음"으로 손볼 만해요. "새내기 마음"
이라 해 볼 수 있고, 한국말사전에 안 실리기는 합니다만 '첫마음'을 즐겁게 새말
로 지어서 쓸 만해요.

- **나의 옛 노트를 읽으면서 나는 다시 초심자의 첫마음으로 돌아가 행복해졌다**
→ 내 옛 공책을 읽으면서 나는 다시 첫마음으로 돌아가 기뻤다
→ 내 옛 공책을 읽으면서 나는 다시 처음 배우는 마음으로 돌아가 즐거웠다
→ 내 옛 공책을 읽으면서 나는 다시 첫발 내딛는 마음으로 돌아가 즐거웠다

《풀꽃 단상》 (이해인, 분도출판사, 2006) 45쪽

ㅊ

초원과 들판

: **들판과 초원이 스쳐 지나갔고**

→ 들판이 스쳐 지나갔고

→ 들과 숲이 스쳐 지나갔고

> ◦ **초원(草原)** : 풀이 나 있는 들판

한국말은 '들'이나 '들판'입니다. 이를 한자말로 옮기면 '초원(草原)'입니다. "들판과 초원"이 창밖으로 스쳐 지나갔다고 말할 수 없습니다. 이렇게 말하면 좀 얄궂지요. 일부러 같은 말을 되풀이하려는 생각이 아니라면 하나만 적어야 마땅합니다. 시골을 기차나 버스나 자동차를 타고 달린다면, 들을 지나기도 하고 숲을 지나기도 합니다. 이 보기글에서는 아무래도 "들과 숲"으로 고쳐서 적어야 알맞으리라 느낍니다.

• **창밖으로 들판과 초원이 스쳐 지나갔고**

→ 창밖으로 들과 숲이 스쳐 지나갔고

→ 창밖으로 들판이 스쳐 지나갔고

《행복이 찾아오면 의자를 내주세요》 (미리암 프레슬리/유혜자 옮김, 사계절, 1997) 211쪽

추가로 더

: **추가 구속자가 더 있다**

→ 추가 구속자가 있다

→ 구속된 사람이 더 있다

→ 또 구속된 사람이 있다

→ 사람들을 또 구속시켰다

> ◦ **추가(追加)** : 나중에 더 보탬
> • **더** : 1. 계속하여. 또는 그 위에 보태어 2. 어떤 기준보다 정도가 심하게. 또는 그 이상으로
> • **보태다** : 1. 모자라는 것을 더하여 채우다 2. 이미 있던 것에 더하여 많아지게 하다

'추가'는 '더' 하는 모습을 가리켜요. '추가'를 한다면서 '더' 한다고 잇달아 말하면 겹말 얼거리예요. 한국말사전을 살피면 '추가'는 "더 보탬"으로 풀이해요. 이 말풀이처럼 '추가'는 털어내고 '더'를 쓰면 돼요. 그런데 '더'라는 낱말도 '보태다'라는 낱

말로 풀이하는 한국말사전이에요. '보태다'를 다시 살피면 '더하다'로 풀이해요. 여러모로 돌림풀이가 됩니다. 한국말사전 보기글에 "추가로 100만 원이 더 들었다"가 보이는군요. "추가로 100만 원이 들었다"로 고치든지 "100만 원이 더 들었다"로 바로잡아야 올바릅니다.

- **추가 구속자가 더 있다는 이야기도 있습니다**
→ 구속된 사람이 더 있다는 이야기도 있습니다
→ 또 구속된 사람이 있다는 이야기도 있습니다
→ 사람들을 또 구속시켰다는 이야기도 있습니다

《골리앗 삼성재벌에 맞선 다윗의 투쟁》 (김성환, 삶이보이는창, 2007) 137쪽

- **그러면 또 추가로 음식 만드느라 더 많은 에너지를 써야 할걸요**
→ 그러면 또 밥을 더 하느라 더 많은 힘을 써야 할걸요
→ 그러면 또 밥을 하느라 더 많은 기운을 써야 할걸요

《우리는 플라스틱 없이 살기로 했다》 (산드라 크라우트바슐/류동수 옮김, 양철북, 2016) 88쪽

추운 한파

- : **추운 한파가 온다고**
→ 추운 날씨가 온다고
→ 추위가 닥쳐온다고
→ 추운 날씨가 된다고
→ 추워진다고
→ 춥다고

> ◦ **추위** : 기온이 낮거나 기타의 이유로 몸에 느끼는 기운이 차다
> ◦ **한파(寒波)** : 겨울철에 기온이 갑자기 내려가는 현상

날이 추워지는 일을 '한파'라는 한자말로 가리키니, "추운 한파"라고 하면 겹말이에요. "추운 추위" 꼴이 되거든요. "추운 날씨"로 고쳐쓰거나 '추워진다고'나 '춥다고'로 손질해 줍니다.

- **그 겨울 중 가장 추운 한파가 온다고 뉴스에서 알려준 날**
→ 그 겨울 가운데 가장 춥다고 방송에서 알려준 날

→ 그 겨울 가운데 가장 추운 날이라고 방송에서 알려준 날

《고마워, 엄마》 (유모토 가즈미/양억관 옮김, 푸른숲, 2009) 113쪽

추운 혹한

: **가장 추운 혹한의 날들로**

| ∘ **혹한(酷寒)** : 몹시 심한 추위 |

→ 가장 추운 날로

→ 가장 매섭게 추운 날로

한자말 '혹한'은 모진 추위를 가리켜요. "추운 혹한" 꼴로 쓰면 겹말이에요. 한자말을 쓰고 싶다면 '혹한'이라고만 쓸 노릇이요, 한자말을 안 쓰려 한다면 '추운'이라는 말마디만 쓸 일입니다. 보기글에서는 "가장 추운 날"이라고 손보면 되는데, 꾸밈말을 넣어서 "가장 매섭게 추운 날"이나 "가장 모질게 추운 날"처럼 쓸 만하고, "가장 춥디추운 날"처럼 써 보아도 됩니다.

• **겨울이 가장 추운 혹한의 날들로 접어들면**

→ 겨울이 가장 추운 날로 접어들면

→ 겨울이 가장 매서운 날로 접어들면

《우리는 60년을 연애했습니다》 (라오 핑루/남혜선 옮김, 월북, 2016) 234쪽

축적되고 쌓여

: **계속 축적되고 차곡차곡 쌓여 갔다**

| ∘ **축적(蓄積)** : 지식, 경험, 자금 따위를 모아서 쌓음 |

→ 꾸준히 늘고 차곡차곡 쌓여 갔다

→ 자꾸 커지고 차곡차곡 쌓여 갔다

→ 더욱 커지고 차곡차곡 쌓여 갔다

한자말 '축적'은 '쌓는' 일을 가리켜요. 이 글월처럼 "축적되고 쌓여"처럼 쓰면 겹말

이에요. 앞뒤에 다른 낱말을 넣을 생각으로 앞쪽은 한자말을 쓰고 뒤쪽은 한국말을 썼을는지 모르는데, 앞뒤에 다른 낱말을 넣으려 한다면 앞쪽은 '늘다'나 '커지다'를 넣을 만해요.

* **모비 딕에 대한 그들의 공포는 계속 축적되고 차곡차곡 쌓여 갔다**
→ 모비 딕을 두려워하는 마음은 자꾸 커지고 차곡차곡 쌓여 갔다
→ 그들은 모비 딕이 자꾸 두려웠고 차츰 무서워졌다

《모비딕》 (허먼 멜빌/김석희 옮김, 작가정신, 2010) 268쪽

출현하고 나타나고

* **생명이 출현한 것은 … 많은 생물이 나타났다 사라졌지**
→ 생명이 나타난 때는 … 많은 생물이 나타났다 사라졌지
→ 생명이 생겨난 때는 … 많은 생물이 나타났다 사라졌지

> ○ **출현(出現) :** 나타나거나 또는 나타나서 보임

'나타난다'고 할 적에 한자말 '출현'을 써요. 보기글은 "생명이 출현한"하고 "생물이 나타났다"를 섞어서 쓰며 겹말입니다. 앞뒤 모두 '나타나다'를 쓰면 돼요. 또는 앞쪽에서 '생긴'이나 '생겨난'이나 '태어난'을 써 볼 수 있습니다.

* **지구에 생명이 출현한 것은 38억 년 전이야. 38억 년 전부터 지금까지 그 사이에 헤아릴 수 없이 많은 생물들이 나타났다 사라졌지**
→ 지구에 생명이 나타난 때는 38억 년 앞서야. 38억 년 앞서부터 오늘까지 그 사이에 헤아릴 수 없이 많은 생물이 나타났다 사라졌지

《야생 동물은 왜 사라졌을까?》 (이주희, 철수와영희, 2017) 147쪽

측정하거나 재다

:　**측정하거나 무게를 재 보지 않은 것 같다**

→　무게나 크기를 재 보지 않은 듯하다

→　무게나 여러 가지를 재 보지 않은 듯하다

→　무게나 크기를 재거나 살피지 않은 듯하다

> ◦ **측정하다(測定-)** : 1. 일정한 양을 기준으로
> 하여 같은 종류의 다른 양의 크기를 재다
> 2. 헤아려 결정하다
> ◦ **재다** : 1. 자, 저울 따위의 계기를 이용하여
> 길이, 너비, 높이, 깊이, 무게, 온도, 속도
> 따위의 정도를 알아보다 2. 여러모로 따져
> 보고 헤아리다

한자말 '측정하다'는 '재다'를 뜻합니다. "측정하거나 무게를 재 보지"라 하면 겹말
이에요. '측정하다'라는 한자말은 학문하는 이들이 널리 씁니다. 한국말 '재다'가
어떤 뜻인지 제대로 살피지 않은 탓이지 싶습니다. 보기글에서는 '재다' 한 마디만
쓰면 됩니다. 좀 힘주어 말하고 싶어서 여러 마디를 잇달아 쓰고 싶다면 "재거나
살피지 않은 듯하다"나 "재거나 따지지 않은 듯하다"나 "재거나 살펴보지 않은 듯
하다"로 적어 볼 만합니다.

•　**그 동물들을 실제로 보지도 않았고 측정하거나 무게를 재 보지 않은 것 같다**

→　그 짐승들을 참말로 보지도 않았고 무게나 크기를 재 보지 않은 듯하다

→　그 짐승들을 참말로 보지도 않았고 무게나 여러 가지를 재 보지 않은 듯하다

《내추럴 히스토리》 (존 앤더슨/최파일 옮김, 삼천리, 2016) 290쪽

친밀하게 가깝게

:　**좀더 가깝고 친밀하게**

→　좀더 가깝게

→　좀더 가깝고 살갑게

→　좀더 가깝고 따스하게

> ◦ **가깝다** : 서로의 사이가 다정하고 친하다
> ◦ **친밀하다(親密-)** : 지내는 사이가 매우 친하고 가깝다
> ◦ **친하다(親-)** : 가까이 사귀어 정이 두텁다

한자말 '친밀하다'는 "친하고 가깝다"를 뜻한다는데, '친하다'는 '가까이(가깝게)' 사

귀는 모습을 가리킨다고 해요. '친밀하다 = 가깝고 가깝다'인 셈입니다. 한국말 '가깝다'를 찾아보면 '친하다'로 풀이해요. 한국말사전 말풀이는 돌림풀이와 겹말풀이입니다. "가깝고 친밀하게"라 할 적에도 겹말이에요. '가깝게'라 하면 되고, 힘주어 말하고 싶다면 "가깝고 살갑게"나 "가깝고 포근하게"나 "가깝고 따스히"처럼 써 볼 만해요.

- 좀더 가깝고 친밀하게 낭독 도서는 사계절, 워크룸, 엣눈북스의 책으로 진행되었으며
→ 좀더 가깝게 낭독 도서는 사계절, 워크룸, 엣눈북스 책으로 이끌었으며
→ 좀더 가깝고 살갑게 '읽을 책'은 사계절, 워크룸, 엣눈북스 책으로 했으며

《되찾은: 시간》 (박성민, 책읽는고양이, 2016) 239쪽

친하거나 가까운

: **친하거나 집이 가까운 데 따라**
→ 도탑거나 집이 가까운 데 따라
→ 사이좋거나 집이 가까운 데 따라
→ 살갑거나 집이 가까운 데 따라

> ○ **친하다(親-)** : 가까이 사귀어 정이 두텁다
> ○ **가깝다** : 1. 어느 한 곳에서 다른 곳까지의 거리가 짧다 2. 서로의 사이가 다정하고 친하다

'친하다'는 '가깝다'를 가리켜요. 한국말사전을 보면 '가깝다'를 '친하다'로 풀이합니다. 돌림풀이예요. 보기글을 보면 "친하거나 집이 가까운"처럼 나오는데, "가깝거나 집이 가까운"처럼 쓰면 아무래도 말결이 부드럽지는 않구나 싶어요. 그래서 앞쪽을 '친하거나'처럼 썼구나 싶은데, 이럴 때에는 "도탑거나 집이 가까운"이나 "살갑거나 집이 가까운"처럼 손보면 됩니다. 또는 "서로 얼마나 가까운 데 따라"처럼 '가깝다'를 한 번만 쓸 수 있습니다.

- 더 친하거나 집이 가까운 데 따라 끼리끼리 무리짓는 일이 아주 없지는 않았어
→ 더 도탑거나 집이 가까운 데 따라 끼리끼리 무리짓는 일이 아주 없지는 않았어
→ 더 살갑거나 집이 가까운 데 따라 끼리끼리 무리짓는 일이 아주 없지는 않았어

《낙타굼》 (박기범, 낮은산, 2008) 15쪽

친한 친구

: **친한 친구**
→ 가까운 사이
→ 친구
→ 동무

> ○ **친하다(親-)** : 가까이 사귀어 정이 두텁다
> ○ **친구(親舊)** : 1. 가깝게 오래 사귄 사람 2. 나이가 비슷하거나 아래인 사람을 낮추거나 친근하게 이르는 말
> ○ **동무** : 1. 늘 친하게 어울리는 사람 2. 어떤 일을 짝이 되어 함께 하는 사람

한자말 '친구'는 '가깝게' 사귀는 사람을 가리켜요. 이는 한국말로 '동무'입니다. 외마디 한자말 '친하다'는 '가까이' 사귀는 모습을 가리켜요. "친한 친구"라 하면 어쩐지 엉성한 겹말이 됩니다. "친한 사이"라 하든가 '친구'라고만 해야지요. 또는 한국말로 말끔하게 "가까운 사이"로 손보든가 '동무'라는 이름을 써 볼 만합니다.

* **그날 이후로 제인과 멀리건 아저씨는 아주 친한 친구가 되었다**
→ 그날 뒤로 제인과 멀리건 아저씨는 아주 가까운 사이가 되었다
→ 그날부터 제인과 멀리건 아저씨는 아주 좋은 동무가 되었다

《노란 집의 모팻 가족》(엘레노어 에스테스/고정아 옮김, 웅진닷컴, 2003) 42쪽

칠하다 그리다

: **예쁘게 그리고 칠해 줄 수 있다**
→ 예쁘게 그려 줄 수 있다
→ 예쁘게 그림으로 나타낼 수 있다
→ 예쁜 그림을 빚을 수 있다

> ○ **칠하다(漆-)** : 1. = 옻칠하다 2. 면이 있는 사물에 기름이나 액체, 물감 따위를 바르다
> ○ **그리다** : 연필, 붓 따위로 어떤 사물의 모양을 그와 닮게 선이나 색으로 나타내다

외마디 한자말 '칠하다'는 "물감을 바르는" 몸짓을 가리켜요. 이는 '그리다'하고 뜻이 맞물리지요. '그리다'는 어떤 모습을 금이나 빛깔로 나타내는 몸짓을 가리키거든요. '물감 바르기 = 빛깔 나타내기'예요. "예쁘게 그리고 칠해 줄 수 있다"라 하면 겹말입니다. '그리다'만 쓰든 '칠하다'만 쓰든 할 노릇입니다. 또는 "그림으로 나타낼"이나 "그림으로 빚을"이나 "그림을 꾸밀"이나 "그림을 지을"처럼 써 볼 만해요.

- **아이들의 마음은 하얀 도화지와 같아서 무엇이든 예쁘게 그리고 칠해 줄 수 있다**
→ 아이들 마음은 하얀 그림종이와 같아서 무엇이든 예쁘게 그려 줄 수 있다
→ 아이들 마음은 하얀 종이와 같아서 무엇이든 예쁘게 그림으로 나타낼 수 있다

《개.똥.승.》 (진엽, 책공장더불어, 2016) 20쪽

- **종이에 붓으로 나무 기둥을 그리고, 원하는 색으로 나무 기둥과 바탕을 칠합니다**
→ 종이에 붓으로 나무 기둥을 그리고, 바라는 빛깔로 나무 기둥과 바탕을 그립니다
→ 종이에 붓으로 나무 기둥을 그리고, 바라는 빛깔로 나무 기둥과 바탕을 바릅니다

《아티스트맘의 참 쉬운 미술놀이》 (안지영, 길벗, 2016) 50쪽

ㅊ

카메라와 사진기

: **카메라와 사진 장비**

→ 사진기와 사진 장비

> ◦ **카메라(camera)** : 1. = 사진기 2. = 촬영기

사진을 찍는 기계는 '사진기'예요. 이 사진기를 영어로 '카메라'라 하지요. 보기글을 보면 사진기는 영어로 '카메라'라 하면서, 사진을 찍을 적에 쓰는 여러 장비는 '사진 장비'로 적습니다. 둘 모두 '사진'이라는 낱말을 쓰면 되겠지요.

• **책상 위에는 카메라와 사진 장비가 놓여 있다**

→ 책상에는 사진기와 사진 장비가 놓였다

→ 책상에는 사진기와 사진 장비가 있다

《선생님, 우리 그림책 읽어요》(강승숙, 보리, 2010) 206쪽

칼럼으로 연재한 글

: **…라는 제하의 칼럼으로 연재한 글**

→ …라는 이름을 붙여 이어쓴 글

→ …라는 이름으로 꾸준히 쓴 글

→ …라는 이름을 달고 써 온 글

> ◦ **칼럼(column)** : 신문, 잡지 따위의 특별 기고. 또는 그 기고란. 주로 시사, 사회, 풍속 따위에 관하여 짧게 평을 한다. '기고란', '시사 평론', '시평'으로 순화
> • **기고(寄稿)** : 신문, 잡지 따위에 싣기 위하여 원고를 써서 보냄. 또는 그 원고
> ◦ **원고(原稿)** : 1. 인쇄하거나 발표하기 위하여 쓴 글이나 그림 따위

'칼럼'은 '기고·기고란'을 가리킨다고 해요. '기고'는 '원고'를 가리킨다 하고, '원고'는 '글·그림'을 가리킨다고 합니다. 곧 '칼럼 → 기고 → 원고 → 글'인 얼거리입니다. "칼럼으로 연재한 글"이라고 하면 겹말이에요. 영어 '칼럼'이나 한자말 '기고·원고'를 써 볼 수도 있을 테지만, 한국말 '글'만 써도 넉넉합니다. 어떤 모습이 되든 글은 '글'이에요.

- '보이지 않는 건축, 움직이는 도시'라는 제하의 칼럼으로 연재한 글
→ '보이지 않는 건축, 움직이는 도시'라는 이름을 붙여 써 온 글
→ '보이지 않는 건축, 움직이는 도시'라는 이름을 달고 꾸준히 쓴 글

《보이지 않는 건축, 움직이는 도시》 (승효상, 돌베개, 2016) 4쪽

캣맘 길고양이

: 길고양이에게 밥을 주는 캣맘
→ 길고양이한테 밥을 주는 고양이엄마
→ 길고양이한테 밥을 주는 냥어미
→ 길고양이한테 밥을 주는 나비엄마

> ◦ cat : 고양이
> ◦ mom : 엄마

영어를 쓰는 나라에서는 'cat mom'을 어떤 자리에 쓸까요? 한국이나 일본에서는 '고양이를 사랑하는 가시내'를 '캣맘'이라는 영어로 나타내기도 합니다. '고양이를 사랑하는 사내'라면 '캣대디'라는 영어로 나타낼 수 있겠지요. 한국말에 '고양이 · 나비'가 있고, '야옹 · 냥 · 냥이'처럼 고양이를 빗대는 이름이 있어요. 집이나 들이 아닌 길에서 사는 고양이를 '길고양이'라 하고, 요새는 '골목고양이 · 마을고양이'라는 이름을 새로 짓듯이, 고양이를 아끼는 사람을 가리키는 이름도 '고양이엄마 · 고양이아빠'나 '냥어미 · 냥이엄마'라든지 '나비엄마 · 나비아빠'처럼 새롭게 써 볼 만합니다. 영어로도 나타낼 수 있지만, 한국말로도 얼마든지 재미나며 살갑고 알맞은 이름을 곱게 지을 만해요.

- 배고픈 길고양이에게 밥을 주는 캣맘의 모습을 흐뭇하게 바라보는 것
→ 배고픈 길고양이한테 밥을 주는 냥어미 모습을 흐뭇하게 바라보기
→ 배고픈 길고양이한테 밥을 주는 야옹엄마 모습을 흐뭇하게 바라보기

《개.똥.승.》 (진엽, 책공장더불어, 2016) 88쪽

ㅋ

코트와 외투

: **코트 깃을 여미면서 외투를 건네주었다**
→ 겉옷 깃을 여미면서 겉옷을 건네주었다
→ 겉옷 깃을 여미면서 이 옷을 건네주었다

> ◦ **코트(coat)** : 추위를 막기 위하여 겉옷 위에
>   입는 옷. '외투'로 순화
> ◦ **외투(外套)** : 추위를 막기 위하여 겉옷 위에 입는
>   옷을 통틀어 이르는 말
> ◦ **겉옷** : 1. 겉에 입는 옷 2. '외투'를 달리 이르는 말
>   3. 겉으로 나타난 것을 비유적으로 이르는 말
> ◦ **덧옷** : 겉에 덧입는 옷

'겉옷'과 '외투'와 '코트'는 어떻게 다를까요? 언뜻 보기에는 다 다른 옷으로 여길 수 있을 테지요. 한국말사전을 찾아보면 영어 '코트'는 한자말 '외투'로 고쳐쓰라고 나옵니다. '외투'는 겉옷에 껴입는 옷이라고 나옵니다. '겉옷'을 찾아보면 '외투'를 가리키는 이름이라고 나옵니다. 세 낱말은 모두 같은 옷을 가리켜요. 속에 입는 옷을 속옷이라 하는데, 또 속에 입는 옷을 '속속옷'이라고도 해요. 겉에 입는 옷인 겉옷이 있으면, 다시 겉에 더 입는 옷은 '겉겉옷'이라 할 수 있습니다. 또는 '덧옷'이라 할 수 있고 '덧겉옷' 같은 이름을 새로 지어서 쓸 수 있어요.

• **두꺼운 코트 깃을 여미면서 호세에게 외투를 건네주었다**
→ 두꺼운 겉옷 깃을 여미면서 호세한테 겉옷을 건네주었다
→ 두꺼운 겉옷 깃을 여미면서 호세한테 이 옷을 건네주었다

《흐느끼는 낙타》 (싼마오/조은 옮김, 막내집게, 2009) 26쪽

크게 확대하다

: **확대해서 보니 멋진데. 더 크게 볼 수 없어?**
→ 크게 해서 보니 멋진데. 더 크게 볼 수 없어?
→ 크게 보니 멋진데. 더 크게 볼 수 없어?

> ◦ **확대(擴大)** : 모양이나 규모 따위를
>   더 크게 함

크게 한다고 하기에 한자말로 '확대'라 합니다. "확대해서 보니"하고 "크게 볼"을

나란히 쓰면 겹말 얼거리예요. 앞뒤 모두 '크게'를 쓰면 됩니다. 앞쪽을 "크게 해서 보니"나 "키워서 보니"로 적어 볼 만하고, "커다랗게 보니"나 "큼지막하게 보니"로 적어 볼 수 있어요.

- 내가 봐도 난 정말 최고야. 확대해서 보니 더 멋진데. 더 크게 볼 수 없어?
→ 내가 봐도 난 참말 훌륭해. 크게 해서 보니 멋진데. 더 크게 볼 수 없어?
→ 내가 봐도 난 아주 대단해. 크게 보니 멋진데. 더 크게 볼 수 없어?

《나는 이제 참지 않고 살기로 했다》 (니콜 슈타우딩거/장혜경 옮김, 갈매나무, 2016) 80쪽

크고 웅장한

: **크고 웅장한 박물관**
→ 큰 박물관
→ 커다란 박물관
→ 대단히 큰 박물관
→ 으리으리한 박물관

- **웅장하다(雄壯-)** : 규모 따위가 거대하고 성대하다
- **거대하다(巨大-)** : 엄청나게 크다. '커다랗다', '크다'로 순화
- **성대하다(盛大-)** : 행사의 규모 따위가 풍성하고 크다

한자말 '웅장하다'는 '거대하다 + 성대하다'를 가리킨다고 하는데, '거대하다'는 '크다'로 고쳐쓸 낱말이라고 해요. '성대하다'도 '크다'를 가리킨다지요. '웅장하다 = 크다 + 크다'인 셈입니다. '거대하다'는 '크다'로 고쳐써야 한다면 '웅장하다' 같은 한자말도 쉽게 '크다'로 고쳐쓸 낱말인 셈입니다. 이밖에 '커다랗다'나 '큼지막하다' 같은 낱말을 써 볼 수 있고, '크디크다'나 '크나크다' 같은 낱말을 쓸 수 있어요. '대단하다'나 '으리으리하다' 같은 말을 써도 어울립니다.

- 건물부터 크고 웅장한 국립중앙박물관. 하지만 너무 커서
→ 건물부터 큰 국립중앙박물관. 그렇지만 너무 커서
→ 건물부터 으리으리한 국립중앙박물관. 그런데 너무 커서
→ 건물부터 엄청난 국립중앙박물관. 그러나 너무 커서

《수다로 푸는 유쾌한 사회》 (배성호, 책과함께어린이, 2016) 89쪽

크

크고 작은 광장

: **크고 작은 광장**

→ 크고 작은 마당

→ 크고 작은 빈터

○ **광장(廣場)** : 1. 많은 사람이 모일 수 있게 거리에 만들어 놓은, 넓은 빈 터

'광장'이라고 할 적에는 "넓은 빈 터"를 가리킵니다. 넓은 자리를 가리키니, "큰 광장"이나 "작은 광장"이라는 말은 어울리지 않아요. "큰 광장"이라 하면 겹말이고, "작은 광장"이라 하면 얄궂습니다. "크고 작은 마당"이나 "크고 작은 빈터"로 손질해야 알맞아요. '빈터'라는 낱말은 아직 한국말사전에 못 실리지만, 앞으로는 이러한 낱말을 새롭게 지어서 쓸 수 있어야지 싶습니다.

• **크고 작은 광장의 인파를 헤치면서**

→ 크고 작은 마당에 가득한 사람물결을 헤치면서

→ 크고 작은 빈터에 넘치는 사람들을 헤치면서

《아랍, 그곳에도 사람들이 살고 있다》 (팀 매킨토시 스미스/신해경 옮김, 봄날의책, 2016) 44쪽

크기와 규모

: **건물의 크기와 규모를**

→ 건물 크기를

→ 건물 크기와 넓이를

○ **크기** : 사물의 넓이, 부피, 양 따위의 큰 정도
○ **규모(規模)** : 1. 본보기가 될 만한 틀이나 제도 2. 사물이나 현상의 크기나 범위

한자말 '규모'는 '크기'를 가리키지요. "크기와 규모"로 적으면 겹말이에요. '크기'라고만 쓰면 되어요. 또는 "크기와 넓이"처럼 써 볼 수 있습니다.

• **도시 내 건물의 크기와 규모를 제한하였다**

→ 도시에 있는 건물 크기를 제한하였다

→ 도시에 짓는 건물 크기와 넓이를 묶었다

《문화도시, 지역발전의 새로운 패러다임》 (유승호, 일신사, 2008) 18쪽

크리에이티브한 창의성 새롭게

: **창의성을 중요하게 여기고 … 크리에이티브한 일인데 … 새롭게 일을 만들어서**

→ 새로운 생각을 크게 여기고 … 새로운 일인데 … 새롭게 일을 짜서

→ 새로짓기를 크게 여기고 … 새로운 일인데 … 새롭게 일을 지어서

> ◦ **창의성(創意性) :** 새로운 것을 생각해 내는 특성
> ◦ **creative :** 창조적인, 창의적인
> ◦ **새롭다 :** 1. 지금까지 있은 적이 없다 2. 전과 달리 생생하고 산뜻하게 느껴지는 맛이 있다

한자말 '창의성'하고 영어 '크리에이티브'는 같은 것을 가리킵니다. 아니, 영어 '크리에이티브'를 '창조적'이나 '창의적'으로 옮기니, 두 낱말은 쓰는 나라가 다를 뿐 같은 낱말이라고 할 만합니다. 한국말로는 '창의(성)·크리에이티브'를 어떻게 나타낼까요? 바로 '새롭다·새로운'이에요. 보기글은 '창의성·크리에이티브·새롭게'를 잇달아 적으면서 겹말 얼거리입니다. 세 군데 모두 '새롭다·새로운'을 적어도 돼요. 한 군데쯤은 '새로짓기'로 적을 만하고, "새로 해 보기"나 "새롭게 짓기"로 적을 수 있습니다.

• **A사는 사훈마저 창의성을 굉장히 중요하게 여기고, 거기에 들어가서 할 일도 굉장히 크리에이티브한 일인데, 자기소개서에 자신은 새롭게 일을 만들어서 하는 일보다 주어진 일을 잘한다고 쓰면 어찌 되겠는가**

→ ㄱ사는 회사 다짐마저 새로움을 무척 크게 여기고, 거기에 들어가서 할 일도 매우 새로운 일인데, 자기소개서에 나는 새롭게 일을 짜서 하는 일보다 주어진 일을 잘한다고 쓰면 어찌 되겠는가

《글쓰기 어떻게 시작할까》 (이정하, 스토리닷, 2016) 146쪽

ㅋ

큰길과 대로

: **큰길로 다니다가 대로를 벗어나서**

→ 큰길로 다니다가 이 길을 벗어나서

→ 큰길로 다니다가 한길을 벗어나서

> ° **큰길** : 1. 크고 넓은 길 2. 사람과 자동차가 많이 오가는 넓은 길 3. 어떤 뜻이나 일을 이루고자 나아가는
> 큰 흐름이나 줄거리
> ° **한길** : 사람이나 차가 많이 다니는 넓은 길
> ° **대로(大路)** : 1. = 큰길 2. 어떤 목적을 향하여 나아가는 활동의 큰 방향

한자말 '대로'는 '= 큰길'입니다. '큰(大) + 길(路)'이기에 '대로' 같은 한자말이 나오
는구나 싶은데, 한국말로는 '큰길'이에요. 이러한 '큰길'하고 같은 뜻으로 '한길'을
쓰기도 합니다. 앞뒤 모두 '큰길'을 쓰면 되고, 앞뒤를 좀 다르게 쓰고 싶다면 한쪽
을 '한길'로 써 볼 만합니다. 또는 "너른 길"이나 "넓은 길"로 써 볼 수 있어요.

- 어떤 사람이 1919년에 서울을 방문하여 큰길로만 다녔거나 전차만 타고 다녔으면,
  아마 서울도 극동의 여느 도시들처럼 부분적으로 서구화된 지저분하고 재미없는
  도시라고 생각했을지 모른다. 하지만 일단 대로를 벗어나서 구불구불한 골목길에
  들어서면
→ 어떤 사람이 1919년에 서울을 찾아와서 큰길로만 다녔거나 전차만 타고 다녔으면,
  아마 서울도 동아시아 여느 도시들처럼 군데군데 서양처럼 된 지저분하고 재미없는
  도시라고 생각했을지 모른다. 그러나 한번 큰길을 벗어나서 구불구불한 골목길에
  들어서면

《영국화가 엘리자베스 키스의 코리아 1920~1940》 (엘리자베스 키스·엘스펫 키스 로버트슨 스콧/송영달 옮김,
책과함께, 2006) 48~49쪽

큰 대형 동물

: **덩치가 큰 대형 동물**

> ° **대형(大型)** : 같은 종류의 사물 가운데 큰 규격이나
> 규모. '큰'으로 순화

→ 덩치가 큰 동물
→ 덩치 큰 짐승
→ 큰 덩치 짐승

'큰'을 가리키는 한자말 '대형'입니다. 이 한자말은 '큰'으로 고쳐써야 한다고 합니

다. 보기글은 "큰 대형 동물"이라 적으니 겹말이에요. 한국말 '큰'이 있으니 굳이 '대형'을 쓰지 않아도 되는데, 이와 맞서는 '소형'은 '작은'으로 고쳐쓰면 되어요.

- 곳곳에서 덩치가 큰 대형 동물들이 멸종했다는 건 고고학적 기록으로 충분히 뒷받침되고 있어
→ 곳곳에서 덩치가 큰 짐승들이 사라졌다는 건 고고학 기록으로 잘 뒷받침되었어

《야생 동물은 왜 사라졌을까?》(이주희, 철수와영희, 2017) 148쪽

큰 소리로 고함을

: **큰 소리로 고함을 쳤습니다**
→ 크게 소리를 쳤습니다
→ 외쳤습니다

> ◦ **고함(高喊)** : 크게 부르짖거나 외치는 소리

크게 외치는 소리를 한자말로 가리켜 '고함'이라 합니다. "큰 소리로 고함을 치다"처럼 쓰면 겹말이에요. 한자말을 쓰려면 "고함을 치다"라고만 할 노릇이고, 한국말을 쓰려면 "크게 소리를 치다"라고 하면 됩니다.

- 왕자님은 큰 소리로 고함을 쳤습니다
→ 왕자님은 크게 소리를 쳤습니다

《워거즐튼무아》(마츠오카 쿄오코/송영숙 옮김, 바람의아이들, 2013) 53쪽

ㅋ

큰 스케일

: **엄청나게 큰 스케일을 가지고 있었다**
→ 엄청난 크기였다
→ 엄청나게 컸다
→ 엄청나게 큰 곳이었다

> ◦ **스케일(scale)** : 일이나 계획 따위의 틀이나 범위. '규모', '축척', '크기', '통'으로 순화
> ◦ **규모(規模)** : 1. 본보기가 될 만한 틀이나 제도
> 2. 사물이나 현상의 크기나 범위

한국말사전을 보면 영어 '스케일'은 '규모'나 '크기'로 고쳐쓰라고 나오는데 '규모 = 크기'이기도 합니다. 처음부터 '크기'로 쓰면 돼요. "큰 스케일"은 "큰 크기"를 가리키는 셈인데, 이 말씨는 겹말인 듯하면서 겹말이 아닌 듯하다고 여길 만합니다. 왜냐하면 크고 작은 모습을 잴 적에 '크기'를 쓰니까요. "크기가 크다"나 "크기가 작다"처럼 써요. 이 보기글에서는 "공항은 엄청나게 큰 크기였다"처럼 말하는 셈인데, 이 글월은 틀리지는 않지만 썩 매끄럽지는 않아요. 여기에서는 "공항은 엄청난 크기였다"나 "공항은 엄청나게 컸다"처럼 '크기·크다'를 한 번만 쓸 적에 한결 매끄럽습니다.

- **드골 공항은 생각보다 엄청나게 큰 스케일을 가지고 있었다**
- → 드골 공항은 생각보다 엄청나게 컸다
- → 드골 공항은 생각보다 엄청난 크기였다
- → 드골 공항은 생각보다 엄청나게 큰 곳이었다

《당신에게 말을 걸다》 (백성현, 북하우스, 2008) 241쪽

큰 저택

: **큰 저택**
→ 저택
→ 큰집

> ○ **저택(邸宅)** : 1. 규모가 아주 큰 집 2. 예전에, 왕후나 귀족의 집

한자말 '저택'은 "큰 집"을 가리킵니다. "큰 저택"처럼 쓰면 겹말이에요. '저택'이라고만 쓰든지 "큰 집"으로 손보아야 합니다. 또는 "아주 큰 집"이나 "매우 큰 집"처럼 써 볼 수 있습니다.

- **큰 저택에서 살고 있었다**
- → 큰 집에서 살았다

《핑크트헨과 안톤》 (에리히 캐스트너/이희재 옮김, 시공주니어, 1995) 16쪽

- **아, 그 큰 저택이요?**
- → 아, 그 큰 집이오?

→   아, 그 커다란 집이오?

《바 레몬하트 30》 (후루야 미츠토시/이기선 옮김, AK 코믹스, 2016) 86쪽

클래스였던 특수 학급

:   **자유분방한 클래스였던 특수 학급**

→   자유가 넘치던 특수 학급

→   마음껏 뛰놀던 특수 학급

→   홀가분하던 특수반

→   거리낌이 없었던 특수반

> ○ **class** : 1. 종류, 부류 2. (학교의) 클래스, 학급, 반

영어 'class'를 한국말로 옮기면 '반'이나 '학급'입니다. "클래스였던 특수 학급"은 겹말이지요. 이 글월은 "자유분방한 특수 학급"이라고만 적어도 됩니다. 조금 더 손질해서 "마음껏 뛰놀던 특수 학급"이나 "거리낌이 없었던 특수반"으로 적어 볼 수있어요.

•   **자유분방한 클래스였던 특수 학급의 친구들과 헤어지지 않으면 안 된다는**

→   자유가 넘치던 특수 학급 친구들과 헤어지지 않으면 안 된다는

→   마음껏 뛰놀던 특수 학급 동무들과 헤어지지 않으면 안 된다는

→   홀가분하던 특수반 동무들과 헤어지지 않으면 안 된다는

《산 자의 길》 (마루야마 겐지/조양욱 옮김, 현대문학북스, 2001) 33쪽

ㅋ

클럽과 모임

:   **축구 클럽 등 몇몇 동호인 모임**

→   축구 모임 같은 몇몇 모임

→   축구 모임 같은 몇몇 동아리

'클럽'은 '단체'를 가리킨다고 합니다. '단체'는 '모인' 사람들이 이룬 '조직체'나 '집단'이라고 합니다. '조직체'는 '단체'라 하고, '집단'은 '모임'이라고 합니다. 낱말이 돌고 돌아서 '모임'으로 마무리를 지어요. '클럽·단체·조직체·집단'은 모두 '모임'을 나타내는 셈이에요. "축구 클럽 등 몇몇 동호인 모임"이라 하면 겹말인 얼거리예요. 모두 '모임'이라 하면 됩니다. 때로는 '동아리'라 해 볼 수 있어요.

- **우리는 취주악과 축구 클럽 등 몇몇 동호인 모임에서 적극적으로 활동하고 있다**
- → 우리는 취주악과 축구 모임 같은 몇몇 모임을 바지런히 다닌다
- → 우리는 취주악과 축구 모임처럼 몇몇 모임을 즐겁게 한다
- → 우리는 취주악과 축구 모임처럼 몇몇 동아리를 신나게 나간다

《우리는 플라스틱 없이 살기로 했다》 (산드라 크라우트바슐/류동수 옮김, 양철북, 2016) 12쪽

타고난 능력이 생득적

: **타고난 언어 능력이 존재하는가? 그것이 생득적이건 그렇지 않건**

→ 타고난 말솜씨가 있는가? 타고나건 아니건

→ 타고난 말솜씨가 있는가? 이를 타고나건 아니건

→ 타고난 말솜씨가 있는가? 그러하건 그렇지 않건

> ○ **타고나다** : 어떤 성품이나 능력, 운명 따위를 선천적으로 가지고 태어나다
> ○ **생득적(生得的)** : 태어날 때부터 가지고 난

태어날 적부터 있다면 '타고나다'라고 합니다. 이 낱말을 한자로 옮기면 '생득적'이라고 합니다. "타고난 언어 능력이 … 생득적이건 그렇지 않건"이라 하면 겹말이에요. 앞뒤 모두 '타고나다'라는 낱말을 쓰면 되어요. 뒤쪽에서는 '생득적'을 털어내어 "그러하건 그렇지 않건"으로 손볼 수 있어요.

● **타고난 언어 능력과 기능이 존재하는가? 그것이 생득적이건 그렇지 않건, 언어는 언어활동 능력에 필요한 도구로서 남아 있다**

→ 타고난 말솜씨와 말재주가 있는가? 타고나건 아니건, 말은 말을 하거나 글을 쓸 적에 꼭 있어야 하는 도구이다

→ 타고난 말솜씨와 말재주가 있는가? 그러하건 그렇지 않건, 말은 생각을 밝히거나 글을 쓸 적에 꼭 있어야 한다

《소쉬르의 마지막 강의》 (페르디낭 드 소쉬르/김성도 옮김, 민음사, 2017) 266쪽

타이밍 적기

: **농사는 타이밍(timing)이다. 적기에 심어야**

→ 농사는 제때를 맞춰야 한다. 제때에 심어야

→ 농사는 때맞춤이다. 제때에 심어야

→ 농사는 철맞춤이다. 제철에 심어야

'때맞춤'이나 '적기'로 고쳐쓰라는 영어 '타이밍'입니다. "타이밍이다. 적기에 심어야"처럼 '타이밍·적기'를 나란히 쓰면 겹말이에요. '적기'는 "알맞은 때"를 뜻하고, 이는 '제때'입니다. 보기글은 "농사는 제때에 맞추어 해야 한다"나 "농사는 제철에 맞추어 해야 한다"로 손볼 만합니다. 또는 "농사를 하려면 제때를 맞추어야 한다"나 "농사를 하려면 제철을 맞추어야 한다"로 손볼 수 있어요.

- 농사는 타이밍(timing)이다. 적기에 심어야 하는 것이다
→ 농사는 제철에 짓는다. 제철에 심어야 한다
→ 농사는 제때를 맞춰야 한다. 제때에 심어야 한다
→ 농사는 때맞춤이다. 때맞춰 심어야 한다
→ 농사는 철을 제대로 맞추어 해야 한다
→ 농사를 하려면 제철에 맞추어야 한다

《호미 한 자루 농법》(안철환, 들녘, 2016) 82쪽

탐독하고 읽다

: 《백경》을 탐독했다. 거듭 되풀이해서 읽었다
→ 《백경》을 읽었다. 거듭 되풀이해서 읽었다
→ 《백경》을 파고들었다. 거듭 되풀이해서 읽었다
→ 《백경》을 즐겨읽었다. 거듭 되풀이해서 읽었다

한자말 '탐독'은 '읽는' 몸짓을 가리켜요. 보기글처럼 '탐독했다'하고 '읽었다'를 되풀이하면 겹말 얼거리입니다. '탐독'을 '그냥 읽기'가 아니라고 여기려 한다면 "즐겁게 읽다"나 "깊이 읽다"로 적어 볼 만해요. '즐겨읽다'라는 낱말을 새롭게 지어서 써도 좋습니다. '파고들다'나 '파헤치다'라는 낱말을 써도 어울립니다.

- 나는 《백경》을 탐독했다. 거듭 되풀이해서 읽었다. 읽을 때마다 새로운 발견과 감동이 솟았으며

→ 나는 《백경》을 읽었다. 거듭 되풀이해서 읽었다. 읽을 때마다 새로움을 보고 감동이 솟았으며

→ 나는 《백경》을 파고들었다. 거듭 되풀이해서 읽었다. 읽을 때마다 새롭고 마음이 움직였으며

→ 나는 《백경》을 즐겨읽었다. 거듭 되풀이해서 읽었다. 읽을 때마다 새롭고 가슴이 벅찼으며

《산 자의 길》 (마루야마 겐지/조양욱 옮김, 현대문학북스, 2001) 52쪽

태양의 햇빛

: **태양의 햇빛을**

→ 햇볕을

→ 해가 내리쬐는 볕을

→ 해가 베푸는 볕을

○ **태양(太陽)** : 태양계의 중심이 되는 별
○ **해** : '태양'을 일상적으로 이르는 말

한국말사전은 '해 = 태양'으로 풀이합니다. 한국말은 '해'일 뿐입니다. 한자말로는 '태양·태양계'처럼 쓴다면, 한국말로는 '해·해누리'로 쓸 수 있어요. 아무튼 해는 지구라는 별에 빛하고 볕하고 살을 베풉니다. 해가 베푸는 빛은 '햇빛'이고, 해가 베푸는 볕은 '햇볕'이며, 해가 베푸는 살은 '햇살'이에요. 이 가운데 지구를 따뜻하게 해 주는 기운은 볕인 '햇볕'입니다.

- **따뜻하게 되는 것은 태양의 햇빛을 받았기 때문이다**

→ 따뜻하게 되는 까닭은 햇볕을 받았기 때문이다

→ 따뜻하게 되는 까닭은 해가 내리쬐는 볕을 받았기 때문이다

→ 따뜻하게 되는 까닭은 해가 베푸는 볕을 받았기 때문이다

《의산문답》 (홍대용/이숙경·김영호 옮김, 꿈이있는세상, 2006) 124쪽

- "저녁 해는 왜 이렇게 더 빨갛게 보여요?" "태양 빛은 말이지, 여러 색깔로 이루어져 있단다."

→ "저녁 해는 왜 이렇게 더 빨갛게 보여요?" "햇빛은 말이지, 여러 빛깔로
이루어졌단다."

《아빠 엄마 잘 먹겠습니다》 (나가사키 나쓰미/주혜란 옮김, 와이즈아이, 2009) 60쪽

태어난 출생지

: **태어난 출생지는**

→ 태어난 곳은

→ 태어난 마을은

→ 태어난 삶터는

→ 태어난 터전은

> ○ **출생지(出生地)** : 사람이 태어난 곳

태어난 곳을 가리키는 한자말 '출생지'이니, "태어난 출생지"처럼 쓰면 겹말이에
요. 이 겹말이 드러난 보기글을 살피면 "글의 문체(文體)"라는 말마디도 나오는데,
'문체 = 글투'입니다. "글의 문체 = 글의 글투"이니 이 또한 겹말이에요.

• **당신이 태어난 출생지는 글의 문체와 언어구조 면에 엄청난 영향을 끼친다**

→ 그대가 태어난 곳에 따라 글씨와 말씨가 크게 달라진다

→ 그대가 태어나고 자란 곳에 따라 쓰는 글과 말이 사뭇 달라진다

→ 그대가 어디에서 태어났느냐에 따라 글버릇과 말버릇이 달라지기 마련이다

《뼛속까지 내려가서 써라》 (나탈리 골드버그/권진욱 옮김, 한문화, 2000) 236쪽

태어날 때부터 천부적인

: **태어날 때부터 천부적인 재능이 있었던**

→ 태어날 때부터 재주가 있었던

→ 어릴 적부터 타고난 재주가 있었던

→ 처음부터 하늘이 내린 재주가 있었던

> ○ **천부적(天賦的)** : 태어날 때부터 지닌

→ 타고난 재주가 있었던

'천부(天賦)'란 하늘에서 내린, 곧 태어난 무엇, 다시 말하자면 타고난 무엇을 가리키는 한자말입니다. 타고났다는 이야기는 태어날 때부터 있었다는 이야기예요. "태어날 때부터 천부적인"처럼 쓰면 겹말이에요. "태어날 때부터"로 손보거나 '타고난'으로 손보거나 "어릴 적부터 타고난"으로 손봅니다.

- **레오폴드는 태어날 때부터 천부적인 재능이 있었던 건 아니며**
→ 레오폴드는 태어날 때부터 재주가 있지는 않았으며
→ 레오폴드는 타고난 재주가 있지는 않았으며

《야생의 푸른 불꽃 알도 레오폴드》 (메리베드 로비엑스키/작은 우주 옮김, 달팽이, 2004) 14쪽

태연하니 아무렇지도 않아

:   **아무렇지도 않은 듯 뱃머리에 태연히 앉아**
→ 아무렇지도 않은 듯 뱃머리에 앉아
→ 아무렇지도 않은 듯 뱃머리에 멀쩡히 앉아
→ 참말로 아무렇지도 않은 듯 뱃머리에 앉아

> ○ **태연(泰然)** : 마땅히 머뭇거리거나
> 두려워할 상황에서 태도나 기색이
> 아무렇지도 않은 듯이 예사로움

"아무렇지도 않다"는 느낌을 나타내는 한자말 '태연'입니다. 보기글처럼 "아무렇지도 않은 듯 태연히 앉아"라 하면 겹말이에요. '태연히'를 덜어내 줍니다. 아무렇지도 않은 모습을 힘주어 말하고 싶다면 뒤쪽에 '멀쩡히'나 '가만히'나 '버젓이' 같은 꾸밈말을 넣을 만합니다. 또는 앞쪽에 '참말로'나 '하나도'나 '조금도'나 '아주' 같은 꾸밈말을 넣을 수 있어요.

- **선생님은 아무렇지도 않은 듯 뱃머리에 태연히 앉아 있었고**
→ 선생님은 아무렇지도 않은 듯 뱃머리에 앉으셨고
→ 선생님은 아무렇지도 않은 듯 뱃머리에 멀쩡히 앉으셨고
→ 선생님은 하나도 아무렇지도 않은 듯 뱃머리에 앉으셨고

《물고기는 알고 있다》 (조너선 밸컴/양병찬 옮김, 에이도스, 2017) 5쪽

테니스를 치고

: **테니스를 치고 있는**

→ 테니스를 하는

→ 테니스를 즐기는

→ 테니스를 하며 노는

> ∘ **테니스(tennis)** : 중앙에 네트를 치고, 양쪽에서 라켓으로
> 공을 주고받아 승부를 겨루는 구기 경기

테니스는 '경기'입니다. 공을 서로 치거니 받거니 하면서 벌이는 '경기'가 바로 테니스입니다. "테니스를 '치다'"처럼 쓰면 잘못 쓰는 말이에요. 어느 모로 보면 겹말이지요. "테니스(공을 치는 경기)를 치다 = 공을 치는 경기를 치다" 꼴이거든요. 이와 비슷하게 "탁구를 치다"나 "당구를 치다"도 겹말이에요. "탁구를 하다"나 "당구를 하다"로 바로잡아야 합니다. "축구를 차다"도 겹말이지요. "축구를 하다"처럼 바로잡을 노릇입니다. 조금 더 생각해 보면 왜 이러한 말씨가 겹말인가를 알아차릴 수 있어요. 이를테면 "야구를 치다"나 "배구를 때린다"나 "농구를 넣는다"처럼 말하지 않습니다.

- **저는 요리는 못하지만 테니스는 칠 줄 알아요**
- → 저는 요리는 못하지만 테니스는 할 줄 알아요

  《핑크트헨과 안톤》 (에리히 캐스트너/이희재 옮김, 시공주니어, 1995) 40쪽

- **날마다 사람들이 테니스를 치고 있는 초록 운동장 말이에요**
- → 날마다 사람들이 테니스를 하는 푸른 운동장 말이에요
- → 날마다 사람들이 테니스를 즐기는 푸른 운동장 말이에요

  《할머니》 (페터 헤르틀링/박양규 옮김, 비룡소, 1999) 77쪽

통찰 꿰뚫어보기

: **꿰뚫어보는 통찰을 의미하는 것이라**

→ 꿰뚫어보는 눈을 뜻한다고

→ 꿰뚫어보는 마음을 가리킨다고

> ∘ **통찰(洞察)** : 예리한 관찰력으로 사물을 꿰뚫어 봄
> ∘ **꿰뚫다** : 3. 어떤 일의 내용이나 본질을 잘 알다

'꿰뚫어보다'라는 낱말을 쓰는 분이 퍽 많습니다. 아직 한 낱말로 한국말사전에 오르지는 않으나, 앞으로 한국말사전에 넉넉히 실릴 만하다고 느껴요. 한자말 '통찰'은 바로 '꿰뚫어보는' 모습을 가리킵니다. "꿰뚫어보는 통찰"이라 하면 겹말이지요. "꿰뚫어보는 눈"이나 "꿰뚫어보는 마음"으로 손질해 줍니다.

- **부분이 아닌 전체를 꿰뚫어보는 통찰을 의미하는 것이라 할 수 있습니다**
→ 작은 곳이 아닌 모두를 꿰뚫어보는 눈을 뜻한다고 할 수 있습니다
→ 조각이 아닌 모두를 꿰뚫어보는 마음을 가리킨다고 할 수 있습니다

《10대와 통하는 사찰벽화 이야기》 (강호진, 철수와영희, 2014) 22쪽

퇴적물이 쌓이다

: **퇴적물이 쌓이면서**
→ 온갖 것이 쌓이면서
→ 여러 가지가 쌓이면서

○ **퇴적물(堆積物)** : 1. 많이 덮쳐 쌓인 물건 2. [지리] 암석의 파편이나 생물의 유해 따위가 물, 빙하, 바람, 중력 따위의 작용으로 운반되어 땅 표면에 쌓인 물질

"쌓이는 것"을 가리키는 한자말 '퇴적물'이니, "퇴적물이 쌓이면서"라 하면 겹말입니다. '퇴적물'을 꼭 쓰고 싶다면 "퇴적물이 생기면서"나 "퇴적물이 나오면서"로 손봅니다. 쉽고 또렷하게 쓰고 싶다면 "온갖 것이 쌓이면서"나 "이것저것 쌓이면서"처럼 손질해 줍니다.

- **물속에 퇴적물이 쌓이면서 물이 탁해지고**
→ 물속에 온갖 것이 쌓이면서 물이 흐려지고
→ 물속에 여러 가지가 쌓이면서 물이 지저분해지고

《야생 동물은 왜 사라졌을까?》 (이주희, 철수와영희, 2017) 134쪽

투명하고 깨끗한

: **투명하고 깨끗한 이미지로**

→ 깨끗한 느낌으로

→ 맑은 느낌으로

> ○ **투명(透明)** : 1. 물 따위가 속까지 환히 비치도록 맑음
> ○ **깨끗하다** : 1. 사물이 더럽지 않다 2. 빛깔 따위가 흐리지 않고 맑다
> ○ **맑다** : 1. 잡스럽고 탁한 것이 섞이지 아니하다

한자말 '투명하다'는 '맑은' 모습을 가리킨대요. 한국말 '깨끗하다'도 '맑은' 모습을 가리킨다고 합니다. 뜻이 같으니 "투명하고 깨끗한"처럼 쓰면 겹말이 돼요. 둘 가운데 하나만 골라서 쓸 노릇인데, 말뜻처럼 "맑은 느낌"으로 손볼 수 있어요. 힘주어 말하고 싶다면 "더없이 깨끗한 느낌으로"나 "매우 맑은 느낌으로"처럼 적어 볼 만합니다.

• **투명하고 깨끗한 이미지로 우리 마음에 깊이 스며들었다**

→ 깨끗한 느낌으로 우리 마음에 깊이 스며들었다

→ 매우 깨끗한 모습으로 우리 마음에 깊이 스며들었다

《하이타니 겐지로의 생각들》 (하이타니 겐지로/햇살과나무꾼 옮김, 양철북, 2016) 157쪽

툭하면 수시로

: **툭하면 수시로 거리로 나가**

→ 툭하면 거리로 나가

→ 버릇처럼 거리로 나가

→ 아무 때나 거리로 나가

> ○ **툭하면** : 조금이라도 일이 있기만 하면 버릇처럼 곧
> ○ **수시로(隨時-)** : 아무 때나 늘

'툭하면'은 조금이라도 일이 있으면 움직이는 모습을 가리키고, '수시로'는 때를 가리지 않으면서 늘 움직이는 모습을 가리킵니다. 두 낱말은 뜻이 살짝 다르지만, 쓰이는 자리는 서로 맞물려서 겹말 얼거리입니다. '툭하면'도 아무 때나 가리지 않고 움직이는 모습이고, '수시로'도 조금이라도 일이 있으면 움직이는 모습을 가리킨다고 할 만해요. 어느 한 낱말만 골라서 쓸 노릇입니다.

- 우리 둘은 툭하면 수시로 거리로 나가 사 먹으러 다녔더랬다
→ 우리 둘은 툭하면 거리로 나가 사 먹으러 다녔더랬다

《우리는 60년을 연애했습니다》 (라오 핑루/남혜선 옮김, 월북, 2016) 190쪽

트렌드 흐름

: **지금의 트렌드 흐름을**
→ 오늘날 흐름을
→ 요즈음 흐름을

> ○ trend : 동향, 추세
> ● **동향(動向)** : 1. 사람들의 사고, 사상, 활동이나 일의 형세 따위가 움직여 가는 방향 2. 어떤 특정한 사람이나 사물의 낱낱의 움직임. '움직임새'로 순화
> ○ **추세(趨勢)** : 어떤 현상이 일정한 방향으로 나아가는 경향

영어 '트렌드'는 '동향'이나 '추세'를 뜻한다고 합니다. 한자말 '동향'이나 '추세'는 어느 한쪽으로 움직이거나 나아가는 모습을 가리킨다고 합니다. '동향'은 '움직임새'로 고쳐쓸 낱말이라고도 하는데, 움직이거나 나아가는 결이란 곧 '흐름'입니다. '트렌드 흐름'은 영어하고 한국말을 나란히 쓰기는 했으나, 똑같은 말을 되풀이한 셈입니다. 영어를 쓰고 싶다면 영어를 써도 될 터이나, 굳이 영어로 말하기보다는 한국말로 손쉽게 '흐름'이라고 적으면 넉넉하리라 봅니다.

- 도시 비즈니스를 경험한 사람이라면 지금의 트렌드 흐름을 잘 파악하고 있을 것이다
→ 도시에서 사업을 해 본 사람이라면 오늘날 흐름을 잘 읽으리라 본다

《우리는 섬에서 미래를 보았다》 (아베 히로시·노부오카 료스케/정영희 옮김, 남해의봄날, 2015) 120쪽

특별한 맛인 별미

: **특별한 맛이 없지만 … 별미로 여겨진다**
→ 딱히 맛이 없지만 … 남다른 맛으로 여긴다
→ 딱히 맛이 없지만 … 딴맛으로 여긴다
→ 딱히 다른 맛이 없지만 … 새로운 맛으로 여긴다

→ 감칠맛이 없지만 … 새맛으로 여긴다

> ○ **별미(別味)** : 특별히 좋은 맛. 또는 그 맛을 지닌 음식 ≒ 별맛
> ○ **별맛(別-)** : 1. 특별한 맛 2. = 별미(別味)
> ○ **특별하다(特別-)** : 보통과 구별되게 다르다
> ○ **딴맛** : 1. 본래의 맛과는 다르게 변한 맛 2. 다른 보통의 맛과 구별되는 색다른 맛

"특별히 좋은 맛"을 가리킨다는 '별미'예요. '특별'은 '다른' 모습을 가리켜요. 가만히 보면 '특별·별미'에서 '별(別)'은 '다른'을 뜻해요. "특별한 맛"하고 '별미'를 섞어서 쓰면 겹말 얼거리입니다. 둘 모두 "다른 맛"이나 "남다른 맛"을 나타냅니다. '별미'는 '별맛'이라고도 하는데, '딴맛'이라는 낱말이 있어요. 다르게 느끼는 맛이라면 '딴맛'이라 하면 돼요. 그리고 '새맛'이라는 낱말을 지어 볼 만해요. 다르게 느낀다면 이제껏 없던 맛이라고 여길 수 있으니, 새롭게 느끼는 맛이라는 뜻으로 '새맛'이라 해 보아도 어울려요.

- **상어 지느러미 자체는 특별한 맛이나 향이 없지만 다른 재료와 함께 요리했을 때 특유의 쫄깃한 식감 때문에 별미로 여겨진다**
→ 상어 지느러미는 딱히 맛이나 냄새가 없지만 다른 재료와 함께 요리했을 때 남달리 쫄깃한 느낌 때문에 감칠맛으로 여긴다
→ 상어 지느러미는 남다른 맛이나 냄새가 없지만 여러 재료와 함께 요리했을 때 남달리 쫄깃한 느낌 때문에 새맛으로 여긴다

《사향고양이의 눈물을 마시다》 (이형주, 책공장더불어, 2016) 168쪽

특별히 따로

: **특별히 따로 할 필요가 없습니다**

→ 특별히 할 까닭이 없습니다

→ 따로 할 까닭이 없습니다

→ 따로 하지 않아도 됩니다

→ 따로 안 해도 됩니다

> ○ **특별(特別)** : 보통과 구별되게 다름
> ○ **따로** : 2. 예사의 것과 다르게 특별히

ㅌ

한자말 '특별'이 좋다면 "특별히 할"처럼 적을 노릇이고, 굳이 한자말을 안 써도 넉넉하다고 느낀다면 "따로 할"처럼 적을 노릇입니다. 그런데 '남다르다(남과 다르다)'고 가리킬 만한 자리에 쓰는 한자말 '특별'입니다. 한국말 '따로'는 여느 것과 다르다고 하는 자리에 써요. 한국말사전을 살피면 '따로 = 특별히'로 풀이해요. '따로'나 '특별히' 모두 "여느 것과 다른" 것을 가리킨다고 풀이하기에 두 낱말은 같은 모습을 나타내는 줄 알 수 있습니다.

- **숲에서는 환경 교육을 특별히 따로 할 필요가 없습니다**
- → 숲에서는 환경 교육을 따로 할 까닭이 없습니다
- → 숲에서는 환경 교육을 따로 하지 않아도 됩니다
- → 숲에서는 환경 교육을 따로 안 해도 됩니다
- → 숲에서는 환경을 따로 가르치지 않아도 됩니다
- → 숲에서는 환경 이야기를 따로 안 해도 됩니다
- → 숲에서는 환경이 무엇인가를 따로 말하지 않아도 됩니다

《숲에서 크는 아이들》 (이마이즈미 미네코·안네테 마이자/은미경 옮김, 파란자전거, 2007) 151쪽

특징이 눈에 띄다

: **가장 눈에 띄는 특징이다**
- → 가장 눈에 띈다
- → 가장 돋보인다
- → 가장 잘 보인다

> ○ **특징(特徵)** : 다른 것에 비하여 특별히 눈에 뜨이는 점
> ○ **돋보이다** : 1. '도두보이다'의 준말 2. 무리 중에서 훌륭하거나 뛰어나 도드라져 보이다

한자말 '특징'은 "특별히 눈에 뜨이는 점"을 뜻하니, "눈에 띄는 특징"이라고 하면 겹말입니다. "눈에 띄는 점"이나 "눈에 띄는 대목"으로 손질할 노릇입니다. 한자말 '특징'을 꼭 쓰고 싶다면 "은하수는 밤하늘다운 특징이다"나 "은하수는 밤하늘에서 특징이 된다"로 적을 수 있을 테지요. 손쉽게 "은하수는 밤하늘에서 잘 보인다"나 "은하수는 밤하늘에서 잘 볼 수 있다"로 적어도 되어요.

- **은하수는 밤하늘에서 가장 눈에 띄는 특징이다**

→   은하수는 밤하늘에서 가장 눈에 띤다

→   은하수는 밤하늘에서 가장 돋보인다

《우주 100, 1》 (자일스 스패로/강태길 옮김, 청아출판사, 2016) 40쪽

튼튼 건강

:   **건강하고 튼튼해서**

→   튼튼해서

→   매우 튼튼해서

> ◦ **튼튼하다** : 1. 무르거나 느슨하지 아니하고 몹시 야무지고 굳세다 2. 사람의 몸이나 뼈, 이 따위가 단단하고 굳세거나, 병에 잘 걸리지 아니하는 힘을 가지고 있다
> ◦ **건강하다(健康−)** : 정신적으로나 육체적으로 아무 탈이 없고 튼튼하다

한자말 '건강하다'는 '튼튼하다'를 뜻합니다. "건강하고 튼튼해서"는 겹말입니다. '튼튼해서'라고만 적으면 되고, 힘주어 말하려 한다면 "매우 튼튼해서"나 "몹시 튼튼해서"라 하면 돼요. 사회에서는 '건강보험'처럼 한자말 '건강'을 앞세워서 써요. 곰곰이 따져 본다면 공공기관 이름도 얼마든지 '튼튼보험'이라고 쓸 수 있어요. 한국말을 정작 한국에서 제대로 못 쓰는 모습을 앞으로는 고칠 수 있어야지 싶습니다.

•   **피부가 새까맣게 그을린 것 외에는 건강하고 튼튼해서 부족한 것이 없었다**

→   살갗이 새까맣게 그을린 것 말고는 튼튼해서 모자란 것이 없었다

→   새까맣게 그을린 살갗 말고는 매우 튼튼해서 모자란 것이 없었다

《하이디》 (요한나 슈피리/한미희 옮김, 비룡소, 2003) 74쪽

틈과 간격

:   **간격, 그 틈**

→   틈, 그 틈

→   틈, 그 틈새

> ◦ **간격(間隔)** : 1. 공간적으로 벌어진 사이 4. 사물 사이의 관계에 생긴 틈
> ◦ **틈** : 1. 벌어져 사이가 난 자리 4. 사람들 사이에 생기는 거리

E

한자말 '간격'은 '사이'나 '틈'을 가리킵니다. '틈'이라는 낱말을 찾아보면 '사이'라는 낱말로 풀이해요. 이래서는 말뜻을 제대로 헤아리기 어렵습니다. '사이'나 '틈'이라는 낱말이 있고 '틈새'라는 낱말이 있으니 구태여 '간격'이라는 한자말까지 겹쳐서 써야 하지는 않는다고 느낍니다.

- **그러한 간격, 그 틈이야말로**
→ 그러한 틈, 그 틈이야말로
→ 그러한 틈, 그 틈새야말로

《아름다운 소풍》 (김명철, 눈빛, 2002) 13쪽

파란 창공

: **파란 창공이 사라졌다**

→ 파란 하늘이 사라졌다

→ 눈부시게 파란 하늘이 사라졌다

→ 파랗고 맑은 하늘이 사라졌다

→ 파랗디파란 하늘이 사라졌다

> ○ **창공(蒼空)** : = 창천(蒼天)
> ○ **창천(蒼天)** : 맑고 푸른 하늘

'창천'과 같은 말이라고 하는 '창공'입니다. '창천'은 "맑고 푸른 하늘"을 가리킨다고 합니다. 하늘빛은 풀빛(푸른빛)이 아닌 파란빛이므로, 한국말사전 풀이는 올바르지 않습니다. 다만 '푸르다'라는 낱말은 "빛깔이 맑은 모습"을 가리킬 때에도 쓰니, 이렇게 생각해 보면 꼭 틀렸다고는 할 수 없어요. 그나저나 한국말사전 뜻풀이를 찬찬히 보면 "맑고 푸른 하늘"처럼 적으니 이는 참으로 얄궂지요. "맑고 파란 하늘"로 고쳐야지요. "파란 하늘"을 가리키는 '창공·창천'이니 "파란 창공"은 겹말이에요. 이 대목에서 하나를 더 생각해서 '파란하늘'을 새롭게 한 낱말로 쓰면 어떠할까 싶습니다.

• **탁 트인 서부의 파란 창공이 사라졌다**

→ 탁 트인 서부 파란 하늘이 사라졌다

→ 서부에서 보던 탁 트인 파란 하늘이 사라졌다

《싸구려 모텔에서 미국을 만나다》 (마이클 예이츠/추선영 옮김, 이후, 2008) 114쪽

파문 지는 꽃물결

: **파문 지는 꽃물결**

→ 흔들리는 꽃물결

→ 어룽지는 꽃물결

→ 꽃무늬 새기는 물결

→ 꽃물결 새기는 자리

> ○ **파문(波紋)** : 1. 수면에 이는 물결 2. 물결 모양의 무늬
> ● **물결** : 1. 물이 움직여 그 표면이 올라갔다 내려왔다 하는 운동 2. 파도처럼 움직이는 어떤 모양이나 현상을 비유적으로 이르는 말

한자말 '파문'은 '물결'을 뜻해요. "파문 지는 꽃물결"이라 하면 "물결 지는 꽃물결"이라 한 셈이니 겹말이에요. 한자말하고 한국말을 섞으면 이처럼 겹말을 쓰면서도 미처 겹말인지 못 느낄 수 있어요. 수수하게 "흔들리는 꽃물결"이나 "일렁이는 꽃물결"이나 "어룽지는 꽃물결"이나 "가만가만 꽃물결"로 손볼 수 있어요. 앞쪽에 '꽃무늬'를 넣고 뒤쪽은 '물결'이라고 해 볼 수 있어요. '꽃물결'을 앞으로 당겨서 "꽃물결 새기는 자리"나 "꽃물결 지는 자리"처럼 쓸 수도 있어요.

- **파문 지는 꽃물결 / 구름이 흩어지고 / 햇살이 반짝입니다**
→ 흔들리는 꽃물결 / 구름이 흩어지고 / 햇살이 반짝입니다
→ 꽃무늬 새기는 물결 / 구름이 흩어지고 / 햇살이 반짝입니다

《그옥》(이정자, 문학의전당, 2016) 75쪽

파워와 힘

: **파워는 강력하다. 힘을 가지고 있다**
→ 힘이 세다. 힘이 있다

> ○ **파워(power)** : 남을 복종시키거나 지배할 수 있는 공인된 권리와 힘. '권력(權力)', '힘'으로 순화

앞에서는 영어로 '파워'를 쓰고, 뒤에서는 한국말로 '힘'을 씁니다. 두 말은 다르지 않습니다. 하나는 영어일 뿐이고, 하나는 한국말일 뿐입니다. 두 군데 모두 한국말 '힘'으로 쓰면 됩니다. 그리고 힘은 "힘이 '있다'" 꼴로만 써요. "힘을 '가지고 있다'" 꼴은 번역 말씨입니다.

- **박주미 의원이 지닌 파워는 강력하다. 그는 사람들을 집중시키는 힘을 가지고 있다**
→ 박주미 의원은 힘이 세다. 그는 사람들을 끌어모으는 힘이 있다
→ 박주미 의원은 힘이 대단하다. 그는 사람들을 하나로 모으는 힘이 있다

《아름다운 왕따들》(권은정, 이매진, 2006) 34쪽

ㅍ

판매하고 팔고

: **구입해 판매하는 데 중점을 두되, 파는 사람과 사는 사람 사이에서**

→ 사들여 파는 데 힘을 쏟되, 파는 사람과 사는 사람 사이에서

> ◦ **판매(販賣)** : 상품 따위를 팖
> ◦ **구입(購入)** : 물건 따위를 사들임. '사들이기', '사들임'으로 순화

첫머리에서는 '구입 · 판매'라 적지만, 곧바로 '파는 · 사는'이라 적습니다. 겹말을 쓴 줄 미처 느끼지 못한 채 이렇게 썼구나 싶습니다. 그러고 보면 '사고팔다'라는 한국말이 있으나 '매매(賣買)'라는 한자말도 덩달아 쓰입니다. '팔다'와 '사다 · 사들이다'라는 한국말이 있는데 '판매하다'와 '구입하다' 같은 한자말도 덩달아 쓰여요. 한자말을 쓰고 싶다면 쓸 노릇입니다만, 굳이 두 갈래 말을 잇달아서 써야 할는지 아리송합니다.

• **구입해 판매하는 데 중점을 두었다. 단지 파는 사람과 사는 사람 사이에서 거래를 중개해**

→ 사들여 파는 데 힘을 쏟았다. 다만 파는 사람과 사는 사람 사이에서 다리를 놓아

《고서점의 문화사》 (이중연, 혜안, 2007) 72쪽

판이하게 다르다

: **판이하게 다르고**

→ 아주 다르고

> ◦ **판이하다(判異-)** : 비교 대상의 성질이나 모양, 상태 따위가 아주 다르다

한자말 '판이하다'는 "아주 다르다"를 뜻한다고 하니까, "판이하게 다르고"처럼 말한다면 "아주 다르게 다르고"처럼 말하는 셈입니다. 한국말사전을 살펴보면 "예전과 판이하게 달라진 고향"이나 "생김새가 판이하게 다르다" 같은 보기글이 나와요. 한국말사전 보기글도 겹말로 잘못 올렸습니다. 한자말 '판이'를 쓰고 싶다면

'판이하고' 꼴로만 적어야 하고, 굳이 이 한자말을 쓸 일이 없다고 여기면 '다르고' 나 "아주 다르고"나 "사뭇 다르고"나 "몹시 다르고"처럼 쓰면 됩니다.

- **독일어는 한국어와 판이하게 다르고**
→ 독일말은 한국말과 아주 다르고
→ 독일말은 한국말과 사뭇 다르고

《그림 형제의 길》(손관승, 바다출판사, 2015) 207쪽

- **사진은 회화·영화와는 태생적으로 다르다. 프레임 안이든 바깥이든, 사진의 유전자는 판이하다**
→ 사진은 그림·영화와는 밑뿌리부터 다르다. 사진틀 안이든 바깥이든, 사진을 낳은 씨앗은 사뭇 다르다
→ 사진은 그림·영화와는 처음부터 다르다. 사진틀 안이든 바깥이든, 사진을 이룬 씨앗은 참 다르다
→ 사진은 그림·영화와는 바탕부터 다르다. 사진틀 안이든 바깥이든, 사진이 되는 씨앗은 퍽 다르다

《사진의 비밀》(윤현수, 눈빛, 2010) 46쪽

팔 때의 매매가

: **팔 때의 매매가를 생각해서**
→ 팔 때 값을 생각해서
→ 파는 값을 생각해서
→ 나중에 팔 값을 생각해서

> ◦ **매매가** : x
> ◦ **매매(賣買)** : 물건을 팔고 사는 일

'매매'는 "팔고 사는" 일을 가리키니 "팔 때의 매매가"라 하면 "팔 때 팔고 사는 값"인 셈이라 겹말입니다. '매매가'라는 한자말을 쓰고 싶다면 "매매가를 생각해서"라고만 쓸 노릇입니다. "팔 때"라는 한국말을 알맞게 쓰고 싶다면 "팔 때 값을 생각해서"나 "파는 값을 생각해서"로 손질해 줍니다. "나중에 팔 값"이나 "나중에 파는 값"으로 손질해도 돼요.

- 가격이 좀 비싸더라도 팔 때의 매매가를 생각해서 입지를 우선적으로 고려하고
→ 값이 좀 비싸더라도 팔 때 값을 생각해서 터를 가장 먼저 헤아리고
→ 값이 좀 비싸더라도 나중에 팔 값을 생각해서 자리를 먼저 살피고
→ 값이 좀 비싸더라도 나중에 팔 값을 생각해서 자리를 먼저 따지고

《남편이 일본인입니다만》 (케이, 모요사, 2016) 221쪽

퍼지고 확산

: **전염병이 빨리 퍼진 것이 신종플루 확산의 근본적인 원인임을**
→ 전염병이 빨리 퍼져서 신종플루가 퍼진 줄
→ 전염병이 빨리 퍼지면서 새 독감이 퍼진 줄
→ 전염병이 빨리 퍼진 탓에 새 독감이 퍼진 줄

> ◦ **퍼지다** : 5. 어떤 물질이나 현상 따위가 넓은 범위에 미치다
> ◦ **확산(擴散)** : 1. 흩어져 널리 퍼짐 2. [물리] = 퍼짐. '퍼짐'으로 순화

한자말 '확산'은 '퍼짐'을 뜻한다고 해요. 한국말사전을 살피면 물리학에서 쓰는 '확산'만 '퍼짐'으로 고쳐쓰라고 풀이하는데, 여느 자리에서도 '퍼짐·퍼지다'로 고쳐쓰면 됩니다. 보기글은 '퍼지다'하고 '확산'을 잇달아 쓰면서 겹말이에요. 앞뒤 모두 '퍼지다'를 쓸 수 있고, 앞쪽은 "전염병이 돌다"로 손볼 수 있어요. 앞쪽을 "빠르게 번진 전염병"으로 손보아도 어울려요.

- **밀집사육을 당하는 동물들 사이에서 전염병이 빨리 퍼진 것이 신종플루 확산의 근본적인 원인임을 생각할 때**
→ 밀집사육이 되는 짐승들 사이에서 전염병이 빠르게 돌아서 신종플루가 이렇게 퍼진 줄 생각할 때
→ 좁은 곳에 가둬 기르는 짐승들 사이에서 전염병이 빨리 번진 탓에 새 독감이 퍼진 줄 생각할 때

《사향고양이의 눈물을 마시다》 (이형주, 책공장더불어, 2016) 116쪽

편달, 종아리 때리기

: **종아리를 때리는 편달의 고독한 노력보다는**

→ 종아리를 때리듯 외롭고 힘들게 채찍질하기보다는

→ 종아리를 때리며 외롭게 애쓰기보다는

→ 종아리를 때리며 외롭게 이끌려 하기보다는

> ○ **편달(鞭撻)** : 1. 채찍으로 때림
> 2. 종아리나 볼기를 침 3. 경계하고
> 격려함. '채찍질'로 순화
> ○ **채찍질** : 1. 채찍으로 치는 일 2. 몹시
> 재촉하면서 다그치거나 일깨워 힘차게
> 북돋아 주는 일을 비유적으로 이르는 말

흔히 "지도 편달"처럼 쓰는 '편달'이라는 한자말은 "채찍으로 때림", 곧 '채찍질'을 뜻한다고 합니다. "종아리를 때리는 편달"이라고 하면 겹말이에요. "종아리를 때리는"이라고만 하든지 '편달하는'이라고 해야 알맞습니다. 한국말사전을 살피면 '편달'은 '채찍질'로 고쳐쓰라고 하지요. 쉽게 부드럽게, 이러면서 알맞고 사랑스럽게 한국말을 헤아리면 좋겠습니다.

• **종아리를 때리는 편달의 고독한 노력보다는 수많은 도자기가 가마 속에서 함께 익어 가는 훈도의 훈훈한 풍토가 삶의 본래 모습이며**

→ 종아리를 때리며 외롭게 애쓰기보다는 수많은 도자기가 가마에서 함께 익어 가듯 따스히 가르칠 때에 참다운 삶이며

→ 종아리를 때리듯 힘들게 북돋우기보다는 수많은 도자기가 가마에서 함께 익어 가듯 따뜻이 가르칠 때에 참다운 삶이며

《냇물아 흘러흘러 어디로 가니》(신영복, 돌베개, 2017) 263쪽

편리하고 쉽게

: **편리하고 쉽게 살아가는 길**

→ 가볍고 쉽게 살아가는 길

→ 쉽게 살아가는 길

→ 쉽게 쉽게 살아가는 길

> ○ **편리하다(便利-)** : 편하고 이로우며 이용하기 쉽다
> ○ **편하다(便-)** : 1. 몸이나 마음이 거북하거나 괴롭지
> 아니하여 좋다 2. 쉽고 편리하다

ㅍ

'편리하다'는 '쉽다'를 가리켜요. "편리하고 쉽게"처럼 쓰면 겹말이에요. '편리하다' 를 풀이하며 '편하다'라는 말마디가 나오는데, 한국말사전은 '편하다'를 "쉽고 편리 하다"로 풀이합니다. 이는 돌림풀이가 되면서 겹말풀이예요. '편리하다 = 편하고 쉽다'이니 '편하다 = 쉽고 편리하다'처럼 풀이하면 '편하다 = 쉽고 쉽다' 꼴이 되겠 지요.

- 오늘의 문명인들은 편리하고 쉽게 살아가는 길과 어렵고 공손하게 살아가는 길의 두 갈래 길 속에서
→ 오늘날 문명인들은 가볍고 쉽게 살아가는 길과 어렵고 얌전하게 살아가는 길, 이렇게 두 갈래 길에서
→ 오늘날 문명인들은 쉽게 쉽게 살아가는 길과 어렵고 고분고분 살아가는 두 갈래 길에서

《젊은 시인의 사랑》(신동엽, 실천문학사, 1988) 160쪽

편백나무 신목

: **편백나무 신목**
→ 신령스러운 편백나무
→ 거룩한 편백나무

> ◦ **신목** : x
> ◦ **神木** : 신령이 나무를 통로로 하여 강림하거나 그곳에 머물러 있다고 믿어지는 나무 (한국민족문화대백과)

한국말사전에 '신목'은 안 나옵니다. 백과사전을 살펴서 '신목(神木)'을 찾아봅니다. 신령이 깃들었다고 여기는 '나무'를 가리키는 '신목'이에요. "편백나무 신목"이라 하면 겹말입니다. '신령'이라는 말마디를 살리려 한다면 "신령스러운 편백나무"라 할 노릇입니다. 즈믄 해를 묵은 대단한 나무라는 뜻을 살리려 한다면 "거룩한 편 백나무"라 하면 되어요. 문득 생각해 보면 '신목'이 한국말사전에 없기는 한데, "거 룩한 나무"를 줄여 '거룩나무'처럼 새말을 써 볼 수 있지 싶어요.

- **천 년 묵은 편백나무 신목으로 만든 현판**
→ 천 년 묵은 신령스러운 편백나무로 짠 글판
→ 즈믄 해 묵은 거룩한 편백나무로 짠 글판

《나비 탐미기》(우밍이/허유영 옮김, 시루, 2016) 8쪽

편안히 안주

: **편안한 현실에 안주하다 보니**

→ 아늑한 삶에 주저앉다 보니

→ 느긋한 삶에 머물다 보니

→ 즐겁고 느긋이 있다 보니

→ 걱정 없이 느긋하다 보니

> ∘ **편안(便安)** : 편하고 걱정 없이 좋음
> ∘ **안주(安住)** : 1. 한곳에 자리를 잡고 편안히 삶 2. 현재의 상황이나 처지에 만족함
> ∘ **편하다(便−)** : 1. 몸이나 마음이 거북하거나 괴롭지 아니하여 좋다 2. 쉽고 편리하다

'안주'한다고 할 적에는 "편안히 사는" 모습을 가리켜요. "편안한 현실에 안주하다 보니"라 하면 겹말이에요. '편안'은 "편하고 걱정 없이 좋음"을 가리키고, '편하다'는 "괴롭지 않아 좋다"를 가리킨다면, 한국말사전 뜻풀이는 겹말풀이입니다. 여러모로 살피면 "편안한 현실에 안주하다 보니"는 "걱정 없는 삶에 눌러앉다 보니"를 나타낸다고 할 테고, "느긋하게 잘 살다 보니"나 "걱정 없이 느긋하다 보니"를 나타낸다고 할 만해요. 보기글에서 '편안'이나 '안주'를 쓰고 싶다면 "편안한 현실에 있다 보니"나 "현실에 안주하다 보니"로 적어야 알맞습니다.

• **여자들 모임이라는 편안한 현실에 안주하다 보니 전장의 룰을 잊고 말았다**

→ 여자들 모임이라는 아늑한 삶에 주저앉다 보니 싸움터 규칙을 잊고 말았다

→ 여자들 모임이라는 느긋한 삶에 머물다 보니 싸움터 규칙을 잊고 말았다

→ 여자들 모임이라는 삶에 즐겁게 머물다 보니 싸움터 규칙을 잊고 말았다

→ 여자들 모임이라는 삶에 느긋이 맴돌다 보니 싸움터 규칙을 잊고 말았다

《도쿄 후회망상 아가씨 2》 (히가시무라 아키코/최윤정 옮김, 학산문화사, 2016) 37쪽

편하고 쉽게

: **쉽고 편하며**

→ 쉽고 쉬우며

→ 쉽디쉬우며

→ 아주 쉬우며

> ∘ **편하다(便−)** : 1. 몸이나 마음이 거북하거나 괴롭지 아니하여 좋다 2. 쉽고 편리하다
> ∘ **편리하다(便利−)** : 편하고 이로우며 이용하기 쉽다

ㅍ

'편하다'는 '쉽다'를 가리켜요. "쉽고 편하게"나 "편하고 쉽게"처럼 쓰면 겹말이에요. 한국말사전을 살피면 '편하다'를 "쉽고 편리하다"로 풀이하고, '편리하다'를 "편하고 쉽다"로 풀이하네요. 알쏭달쏭하면서 뒤죽박죽인 말풀이예요. 이런 한자말도 저런 한자말도 모두 물리치고 '쉽다'를 쓰면 가장 쉬운 노릇입니다.

* **쉽고 편하며 아무 노력도 필요 없는**
→ 쉽디쉬우며 아무 힘을 안 써도 되는
→ 아주 쉬우며 아무 힘조차 안 써도 되는

《너희 정말, 아무 말이나 다 믿는구나!》 (소피 마제/배유선 옮김, 뿌리와이파리, 2016) 41쪽

평범하여 그저 그런

: **그저 그렇고 그런 평범한 얘기를**
→ 그저 그렇고 그런 얘기를
→ 흔한 얘기를
→ 아무것도 아닌 얘기를
→ 어디서나 듣는 얘기를

> ○ **평범하다(平凡-)** : 뛰어나거나 색다른 점이 없이 보통이다
> ○ **보통(普通)** : 1. 특별하지 아니하고 흔히 볼 수 있음
> ○ **그저** : 3. ('그렇다', '그러하다' 따위와 함께 쓰여) 별로 신기할 것 없이 5. 특별한 목적이나 이유 없이
> ○ **그렇다** : 1. 상태, 모양, 성질 따위가 그와 같다 2. 특별한 변화가 없다
> ○ **신기하다(神奇-)** : 믿을 수 없을 정도로 색다르고 놀랍다

'그저'는 '그렇다'라는 낱말하고 어울리면서 "특별하지 않"거나 '보통'인 무엇을 나타낸다고 합니다. 한자말 '평범하다'는 이러한 뜻하고 맞물립니다. "그저 그렇고 그런 평범한 얘기"라고 하면 겹말이에요. 두 말씨 가운데 하나만 골라서 쓸 노릇입니다. 또는 "흔한 얘기"나 "수수한 얘기"나 "아무것도 아닌 얘기"나 "뻔한 얘기"나 "하찮은 얘기"로 손볼 수 있어요.

* **아재는 제가 그저 그렇고 그런 평범한 얘기를 하는 것처럼 구시네요**
→ 아재는 제가 그저 그렇고 그런 얘기를 하는 듯이 구시네요
→ 아재는 제가 흔한 얘기를 하는 듯이 구시네요
→ 아재는 제가 아무것도 아닌 얘기를 하는 듯이 구시네요

《하이디》 (요한나 슈피리/한미희 옮김, 비룡소, 2003) 109쪽

평이하게 쉽게

> **:** **쉽게 읽힐 것을 첫 번째로 하여 평이하게 썼다**
>
> → 첫째는 쉽게 읽히도록 썼다
>
> → 무엇보다 쉽게 읽힐 수 있도록 썼다
>
> → 되도록 누구나 읽도록 쉽게 썼다

> ∘ **평이하다(平易-)** : 까다롭지 않고 쉽다
> ∘ **쉽다** : 하기가 까다롭거나 힘들지 않다

"까다롭지 않고 쉽다"를 뜻한다는 한자말 '평이'이니 "쉽게 읽힐" 수 있도록 '평이하게' 썼다고 한다면 겹말이에요. 한국말사전 말풀이를 살피면 '평이하다'를 "까다롭지 않고 쉽다"로 적으니 이 또한 겹말풀이입니다. '까다롭지 않다 = 쉽다'이니 "까다롭지 않고 쉽다"처럼 쓸 수 없습니다.

> • **쉽게 읽힐 것을 첫 번째로 하여 가능한 한 평이하게 썼다**
>
> → 첫째는 쉽게 읽힐 수 있도록 썼다
>
> → 무엇보다 쉽게 읽힐 수 있도록 썼다
>
> → 되도록 쉽게 써서 잘 읽을 수 있도록 했다
>
> → 쉽게 써서 누구나 읽을 수 있도록 했다

《토목을 디자인하다》 (시노하라 오사무/강영조 옮김, 동녘, 2010) 412쪽

포대 자루

> **:** **포대에 담았다 … 자루에 담은 돼지를**
>
> → 자루에 담았다 … 자루에 담은 돼지를
>
> → 베자루에 담았다 … 자루에 담은 돼지를

> ∘ **포대(布袋) :** = 베자루
> ∘ **베자루 :** 베로 만든 자루 ≒ 포대(布袋)
> ∘ **자루 :** 속에 물건을 담을 수 있도록 헝겊 따위로 길고 크게 만든 주머니

한자말 '포대'는 '베자루'를 가리킨다고 합니다. 보기글은 '포대'하고 '자루'를 섞어서 쓰며 겹말 얼거리가 됩니다. 앞뒤 모두 '자루'라고만 쓰면 됩니다. 때로는 '베자루'라는 낱말을 써 볼 수 있습니다. '포대'라는 한자말은 딱히 안 써도 됩니다. 한국말사전은 '베자루'에 비슷한말이라면서 붙인 '≒ 포대(布袋) 같은 풀이를 털어내어

야지 싶습니다. 이 같은 말틀을 제대로 살피지 못하면서 '포대자루(포대 자루)' 같은 겹말을 쓰는 분이 꽤 많습니다.

- **제각각 몰아서 포대에 담았다. 경기는 그렇게 금방 끝나버렸다. 대부분의 아이들은 자루에 담은 돼지를 가지고**
→ 저마다 몰아서 자루에 담았다. 경기는 그렇게 곧 끝나버렸다. 거의 모든 아이들은 자루에 담은 돼지를 가지고

《홀로 숲으로 가다》 (베른트 하인리히/정은석 옮김, 더숲, 2016) 111쪽

- **거름 포대자루를 열어 보면**
→ 거름 자루를 열어 보면

《호미 한 자루 농법》 (안철환, 들녘, 2016) 58쪽

포복을 해서 기어갔다

: **엎드려 포복을 해서 기어갔다**
→ 엎드려서 갔다
→ 땅바닥을 기어갔다
→ 기어갔다

> - **포복(匍匐)** : 배를 땅에 대고 김
> - **기다** : 가슴과 배를 바닥으로 향하고 손이나 팔다리 따위를 놀려 앞으로 나아가다
> - **엎드리다** : 1. 배를 바닥에 붙이거나 팔다리를 짚고 몸 전체를 길게 뻗다 2. 상반신을 아래로 매우 굽히거나 바닥에 대다

'엎드린다'고 할 적에는 배를 바닥에 붙이거나 팔다리로 바닥을 짚는 모습입니다. '긴다 · 기어간다'고 할 적에는 몸을 바닥에 대면서 손이나 팔다리로 바닥을 짚으며 나아가는 모습이에요. 한자말 '포복'은 엎드리거나 기어가는 모습을 나타내요. "엎드려 포복을 해서 기어갔다"라 하면 잇달아 겹말이 되는 얼거리입니다. "엎드려서 갔다"로 손보거나 "기어갔다"로 손봅니다.

- **사람이 보는 것 같다 싶으면 납작 엎드려 포복을 해서 기어갔다**
→ 사람이 보는 듯하다 싶으면 납작 엎드려서 갔다
→ 사람이 보는 듯하다 싶으면 납작 기어갔다

《노동자의 어머니, 이소선 평전》 (민종덕, 돌베개, 2016) 230쪽

폭넓다

: **폭넓게 파악하여**

→ 넓게 헤아려서

→ 널리 살펴서

→ 드넓게 보아서

> ○ **폭넓다(幅-)** : 1. 어떤 일의 범위나 영역이 크고 넓다 2. 어떤 문제를 고찰하는 것이 다각적이고 다면적이다 3. 사람들을 대할 때 아량을 베푸는 마음이 크다
> ○ **폭(幅)** : = 너비
> ○ **넓다** : 1. 면이나 바닥 따위의 면적이 크다 2. 너비가 크다 3. 마음 쓰는 것이 크고 너그럽다 4. 내용이나 범위 따위가 널리 미치다

'폭(幅)'이라는 한자는 '너비'를 가리킵니다. '너비'란 "얼마나 넓은가"를 가리키는 낱말이기에 '폭 + 넓다'처럼 엮어서 쓰면 겹말입니다. 한국말사전은 '폭넓다'를 올림말로 다루고, 사회에서도 이 낱말을 널리 씁니다. 그러나 '넓다' 한 마디로도 '폭넓다'라는 한국말사전 올림말이 다루려는 뜻을 모두 담아내요. 새로운 낱말을 지어야 했다면 '넓다(너비)'를 나타내는 한자 '폭(幅)'을 붙이기보다는 한국말 '품'을 붙여서 '품넓다' 같은 낱말을 지을 수 있습니다. '마음넓이(마음너비)'나 '생각넓이(생각너비)'나 '넋넓이(넋너비)'나 '사랑넓이(사랑너비)' 같은 낱말도 지어 볼 수 있어요. 이밖에 '넓다'를 비롯해서 '널리'나 '드넓다'나 '너르다'라는 낱말이 있습니다.

• **교육의 의미를 좀더 폭넓게 파악하여**

→ 교육하는 뜻을 좀더 넓게 헤아려서

→ 가르치는 뜻을 좀더 너르게 살펴서

→ 배우고 가르치는 뜻을 좀더 널리 보아

《강상중과 함께 읽는 나쓰메 소세키》 (강상중/김수희 옮김, 에이케이커뮤니케이션즈, 2016) 115쪽

표류하고 길을 잃는

: **길을 잃고 표류했습니다**

→ 길을 잃었습니다

→ 길을 잃고 헤맸습니다

→ 맴돌았습니다

> ○ **표류(漂流)** : 1. 물 위에 떠서 정처 없이 흘러감 2. 정처 없이 돌아다님 3. 어떤 목적이나 방향을 잃고 헤맴

ㅍ

→ 헤매기만 했습니다

길을 잃고 헤맨대서 '표류'라고 합니다. "길을 잃고 표류했습니다"처럼 쓰면 겹말이에요. "길을 잃었습니다"라든지 "길을 잃고 헤맸습니다"로 손질해야 올발라요. 이러한 뜻하고 느낌을 살려서 '맴돌다'나 '겉돌다'나 '떠돌다' 같은 낱말을 써 볼 만해요.

- **선거제도 개혁 논의는 국회에서 길을 잃고 표류했습니다**
→ 선거제도 개혁 논의는 국회에서 길을 잃었습니다
→ 선거제도를 고치자는 말은 국회에서 맴돌기만 했습니다
→ 선거제도를 고치자는 말은 국회에서 겉돌기만 했습니다
→ 선거제도를 고치자는 말은 국회에서 헤매기만 했습니다

《숨통이 트인다》 (황윤과 열 사람, 포도밭, 2015) 94쪽

표면에 있는 표토

: **표면에 있는 흙, 즉 '표토(表土)'를**
→ 겉에 있는 흙, 곧 '겉흙'을
→ 겉에 있는 흙, 곧 '갈이흙'을

> - **표토(表土) :** 1. [고적] 유적(遺跡)에 퇴적한 토층(土層)의 가장 윗부분. '겉흙', '지표', '표층토'로 순화
> - **겉흙 :** 1. 맨 위에 깔린 흙 2. [농업] = 경토(耕土)
> - **경토(耕土) :** 1. [농업] 경작하기에 적당한 땅 ≒ 갈이땅·갈이흙·작토(作土) 2. 토질이 부드러워 갈고 맬 수 있는 땅 표면의 흙 ≒ 갈이땅·갈이흙·겉흙·작토·표토(表土)
> - **갈이흙 :** = 경토

한자말 '표토'는 '겉흙'으로 고쳐쓰라고 합니다. '겉흙'을 찾아보면 '경토'라는 한자말이 보이는데, 이 한자말은 '갈이흙'으로 고쳐쓸 노릇이지요. 이래저래 일본 한자말을 뒤섞어서 '표토·경토'하고 '겉흙·갈이흙'을 뒤섞지 않아도 돼요. 보기글에서는 "표면에 있는 흙, 즉 표토"라고 하면서 겹말 얼거리예요. 처음부터 '표면·표토'를 '겉·겉흙'이라 하면 되어요. "겉에 있는 흙을"처럼 쓰거나 '겉흙을'처럼 단출하게 쓰면 됩니다.

- **자연 농법의 기본은 논밭의 표면에 있는 흙, 즉 '표토(表土)'를 가만히 두는 것입니다**
- → 자연 농법을 하는 바탕은 논밭 겉에 있는 흙, 곧 '겉흙'을 가만히 둡니다
- → 자연 농법에서 바탕은 논밭 겉에 있는 흙, 이른바 '갈이흙'을 가만히 둡니다
- → 자연 농법은 논밭에서 겉흙을 가만히 둡니다
- → 자연 농법을 할 적에는 논밭 겉흙을 가만히 둡니다

《10대와 통하는 농사 이야기》 (곽선미와 다섯 사람, 철수와영희, 2017) 28쪽

표정과 얼굴

: **얼굴은 험상궂은 표정을 짓고 있었지만**

→ 얼굴은 험상궂었지만

→ 우락부락한 얼굴이었지만

→ 우락부락한 낯빛이었지만

> - **표정(表情)** : 마음속에 품은 감정이나 정서 따위의 심리 상태가 겉으로 드러남
> - **얼굴** : 4. 어떤 심리 상태가 나타난 형색(形色)
> - **얼굴빛** : 얼굴에 나타나는 표정이나 빛깔
> - **낯빛** : 얼굴의 빛깔이나 기색
> - **형색(形色)** : 2. 얼굴빛이나 표정
> - **기색(氣色)** : 1. 마음의 작용으로 얼굴에 드러나는 빛

겉으로 드러나는 마음을 한자말로 '표정'이라 합니다. 이러한 뜻으로 '얼굴'이나 '얼굴빛·낯빛' 같은 낱말을 써요. "얼굴은 험상궂은 표정을 짓고 있었지만"처럼 쓰면 겹말입니다. '얼굴'이나 '표정' 가운데 한 낱말만 골라서 써야지요. 한국말사전을 더 살펴보니 '얼굴'을 풀이하며 '형색'이라는 한자말을 쓰고, '낯빛'을 풀이하며 '기색'이라는 한자말을 써요. '형색 = 얼굴빛이나 표정'으로 풀이하고, '기색 = 얼굴에 드러나는 빛'으로 풀이해요. 곧 '형색 = 표정이나 표정/얼굴빛이나 얼굴빛'으로 풀이한 꼴이요, '기색 = 얼굴빛'으로 풀이한 꼴이니, 여러모로 돌림풀이나 겹말풀이가 됩니다.

- **얼굴은 험상궂은 표정을 짓고 있었지만 제페토 할아버지의 눈에는 눈물이 가득 고였다**
- → 우락부락한 낯빛이었지만 제페토 할아버지 눈에는 눈물이 가득 고였다
- → 얼굴은 우락부락했지만 제페토 할아버지 눈에는 눈물이 가득 고였다

《피노키오》 (카를로 콜로디/김홍래 옮김, 시공주니어, 2004) 48쪽

푸른 녹음

: **푸른 녹음이**

→ 푸른 숲이

→ 푸른 물결이

→ 푸른 잎사귀가

→ 푸른 그늘이

> ○ **녹색(綠色)** : 파란색과 노란색의 중간 색
> ○ **초록(草綠)** : 1. = 초록색 2. = 초록빛
> ○ **초록색(草綠色)** : 파랑과 노랑의 중간색
> ○ **푸른색(-色)** : 맑은 가을 하늘이나 깊은 바다, 풀의 빛깔과 같이 맑고 선명한 색

'푸를 록(綠)'과 '그늘 음(陰)'이라는 한자를 더해서 지은 '녹음'입니다. 말 그대로 '푸른 그늘'이에요. "푸른 녹음"처럼 쓰면 겹말이에요. "푸른 그늘"이나 "푸른 숲"이나 "푸른 잎"으로 고쳐씁니다.

- **푸른 녹음이 이 나라의 산이며 언덕이며를 온통 범벅칠하기 시작한 6월에도 여전히 나는 먹고살 궁리만을 앞세우느라**

→ 푸른 그늘이 이 나라 산이며 언덕이며를 온통 범벅하는 6월에도 아직 나는 먹고살 생각만을 앞세우느라

→ 푸른 잎이 이 나라 산이며 언덕이며를 온통 범벅하는 6월에도 예전처럼 나는 먹고살 생각만을 앞세우느라

《한길역사기행 1》 (편집부 엮음, 한길사, 1986) 179쪽

- **너도밤나무와 함께 온 산을 짙푸른 녹음으로 만들었습니다**

→ 너도밤나무와 함께 온 산을 짙푸르게 물들였습니다

→ 너도밤나무와 함께 온 산을 짙푸른 빛으로 바꾸었습니다

《위! 아래!》 (이월곡, 분홍고래, 2016) 11쪽

푸른빛과 녹색으로 물든

: **푸른빛과 녹색으로 물든 황야**

→ 푸른빛으로 물든 벌판

→ 푸르게 물든 거친 벌판

> ○ **녹음(綠陰)** : 푸른 잎이 우거진 나무나 수풀. 또는 그 나무의 그늘

→   푸르디푸르게 물든 허허벌판

'녹색'은 일본 한자말이기에 '초록'으로 고쳐써야 한다고들 하는데, '초록'은 '풀빛'을 가리킵니다. '녹색·초록·초록색' 모두 한국말로 '풀빛'일 뿐입니다. '綠(푸를 록) + 色(빛 색)'이라는 얼거리를 따져도 '녹색'으로 쓸 까닭이 없이 '푸른빛'이나 '풀빛'으로 쓰면 돼요. "푸른빛과 녹색으로 물든"처럼 쓰는 글월은 얄궂게 겹말입니다.

- **푸른빛과 녹색으로 물든 황야를 떠올릴 때**
→   푸른빛으로 물든 벌판을 떠올릴 때
→   푸르게 물든 거친 벌판을 떠올릴 때
→   푸르디푸르게 물든 허허벌판을 떠올릴 때

《다시 야생으로》 (어니스트 톰슨 시튼/장석봉 옮김, 지호, 2004) 290쪽

- **지구의 녹색 산하와 푸른 바다는 생존을 위해 필요한 요소가 아니었으며**
→   지구에서 푸른 강산과 파란 바다는 살아남으려면 있어야 하는 것이 아니었으며
→   지구에서 푸른 숲과 파란 바다는 삶에서 꼭 있어야 하는 것이 아니었으며

《별의 계승자》 (제임스 P.호건/이동진 옮김, 아작, 2016) 258쪽

풀꽃의 압화

:   **풀꽃의 압화**
→   풀꽃누르미
→   누름풀꽃
→   눌러 말린 풀꽃

> ◦ **압화** : x
> ◦ **압화(pressed flower, 押花)** : 조형예술의 일종으로 꽃과 잎을 눌러서 말린 그림을 말한다. 우리말로는 꽃누르미 또는 누름꽃이라고 부르지만 보통 한자로 압화라고 부른다. (두산백과)

한국말사전을 살피면 '압화'라는 낱말이 안 나옵니다. 백과사전을 살피니 비로소 '압화'라는 낱말이 나오는데, 한국말로 '꽃누르미'나 '누름꽃'으로 쓴다고 해요. 꽃을 눌렀기에 '꽃누르미(꽃누름이)'일 테고, 눌러 놓은 꽃이기에 '누름꽃(누른꽃)'일 테지요. 이러한 얼거리를 헤아린다면 "풀꽃의 압화"는 겹말입니다. '압화'에서 '화(花)'가 바로 '꽃'을 가리키기 때문입니다. 풀꽃을 눌렀다고 한다면 '풀꽃누르미'나 '누름풀꽃'처럼 이름을 새롭게 지으면 됩니다. 또는 "눌러 말린 풀꽃"이나 "눌러 놓

은 풀꽃"이라 하면 돼요.

- **아이가 이름 모를 풀꽃의 압화 수줍게 내민다**
- → 아이가 이름 모를 누름풀꽃 수줍게 내민다
- → 아이가 이름 모를 풀꽃누르미 수줍게 내민다
- → 아이가 이름 모를 눌러 말린 풀꽃 수줍게 내민다

《숨》(박성진, 소소문고, 2016) 17쪽

풀은 초록색

: **풀은 초록색이다**
→ 풀은 풀빛이다
→ 풀은 푸르다

> ◦ **초록(草綠)** : 1. = 초록색 2. = 초록빛
> ◦ **초록색(草綠色)** : 파랑과 노랑의 중간색
> ◦ **초록빛(草綠-)** : 파랑과 노랑의 중간 빛

'초록'이라는 한자말이 '초록색'이나 '초록빛'을 뜻한다면, '초록색·초록빛'처럼 쓰는 말마다는 처음부터 겹말인 꼴입니다. 이와 같은 말은 처음부터 잘못 쓰거나 엉뚱하게 쓴다고까지 할 만합니다. 우리는 어떤 말을 어떻게 가려서 써야 할까요? "풀은 초록색이다"가 아니라 "풀은 초록이다"라고 해야 옳겠지요? 그런데 이렇게 해도 어딘가 어설픕니다. 풀은 '풀빛'이기 때문입니다. 하늘은 '하늘빛'이고, 흙은 '흙빛'이에요. 해는 '햇빛'이고, 물은 '물빛'이지요. '풀빛'이라고 하는 가장 알맞고 어울리는 낱말이 어엿하게 있으니, '초록·초록색·초록빛'이라는 어설픈 겹말을 자꾸 쓰지 않아도 됩니다.

- **하늘은 푸르다. 돌은 딱딱하다. 풀은 초록색이다**
- → 하늘은 파랗다. 돌은 딱딱하다. 풀은 풀빛이다
- → 하늘은 파랗다. 돌은 딱딱하다. 풀은 푸르다

《세상을 움직이는 수학 개념 100》(라파엘 로젠/김성훈 옮김, 반니, 2016) 53쪽

- **풀꽃이, 초록색 옷이, 어떤 이의 밝은 웃음이**
- → 풀꽃이, 푸른 옷이, 어떤 이 밝은 웃음이
- → 풀꽃이, 풀빛 옷이, 어떤 이가 짓는 밝은 웃음이

《위로의 정원, 숨》(휘리, 숲속여우비, 2016) 3쪽

- **키 큰 초록 풀 아래 마른풀 속에서는 쥐들이 찍찍거리며 돌아다녔어요**
- → 키 큰 풀 밑에 깔린 마른풀 틈에서는 쥐들이 찍찍거리며 돌아다녔어요
- → 키 큰 풀 밑에 깔린 짚 사이에서는 쥐들이 찍찍거리며 돌아다녔어요

《일곱 번째 새끼 고양이》(마인데르트 드용/햇살과나무꾼 옮김, 비룡소, 2004) 24쪽

풀이하고 해석하고

:   제각각 해석하고 풀이해도

→ 저마다 달리 풀이해도

→ 다 다르게 읽고 풀이해도

> ○ **풀이하다** : 1. 모르거나 어려운 것을 알기 쉽게 밝히어 말하다
> 2. 어떤 문제가 요구하는 결과를 얻어 내다
> ○ **읽다** : 2. 글을 보고 거기에 담긴 뜻을 헤아려 알다 7. 어떤
> 상황이나 사태가 갖는 특징을 이해하다
> ○ **해석하다(解析–)** : 사물을 자세히 풀어서 논리적으로 밝히다
> ○ **해석하다(解釋–)** : 1. 문장이나 사물 따위로 표현된 내용을
> 이해하고 설명하다 2. 사물이나 행위 따위의 내용을 판단하고
> 이해하다

한자말 '해석'은 두 가지가 있습니다. '解析하다'는 '풀이하다'를 가리킵니다. '解釋하다'는 '읽다'를 가리켜요. "해석하고 풀이해도"에서는 어떤 한자말 '해석'일까요? '解析'이라면 겹말이니 '풀이해도'로 손봅니다. '解釋'이라면 이 글월이 헷갈리거나 잘못 읽히지 않도록 "읽고 풀이해도"로 손봅니다.

- **하나의 글을 두고 제각각 해석하고 풀이해도 오답이 없다는 점이 가장 마음에 들었다**
- → 글 하나를 두고 저마다 다르게 풀이해도 틀리지 않기에 가장 마음에 들었다
- → 글 하나를 두고 다 다르게 읽고 풀이해도 틀리지 않기에 가장 마음에 들었다

《우리말 꽃이 피었습니다》(오리여인, 시드페이퍼, 2016) 20쪽

플러스가 가산

:   플러스가 가산된 거야

→ 더하기가 되었어

→ 도움이 되었어

→ 큰힘이 되었어

→ 큰 도움이야

→ 엄청나게 보탬이 되었어

• **플러스(plus)** : 1. 이익이나 도움 따위를 이르는 말

　3. [수학] = 더하기

• **가산(加算)** : 1. 더하여 셈함 2. [수학] = 덧셈

영어 '플러스'나 한자말 '가산'은 '더하기'나 '덧셈'을 가리킵니다. "플러스가 가산된"처럼 쓰면 "더하기가 덧셈이 된"이나 "더하기가 더하기가 된" 꼴이에요. 겹말입니다. 더하고 더한 일이라고 한다면 "크게 도움이 된" 일이라 할 만하고, 이때에는 "큰힘이 된" 일이라든지 "크게 보탬이 된" 일이라 할 수 있어요.

• **영홍한테는 플러스가 가산된 거야**

→ 영홍한테는 도움이 되었어

→ 영홍한테는 보탬이 되었어

《4번 타자 왕종훈 44》 (산바치 카와/정선희 옮김, 서울문화사, 1998) 106쪽

플러스로 금상첨화

: **플러스로 커피 정도만 있다면 금상첨화**

→ 커피만 더 있다면 딱 좋다

→ 커피를 더한다면 참 좋다

• **플러스(plus)** : 1. 이익이나 도움 따위를 이르는 말 2. [물리] = 양극(陽極) 3. [수학] = 더하기

• **금상첨화(錦上添花)** : 비단 위에 꽃을 더한다는 뜻으로, 좋은 일 위에 또 좋은 일이 더하여짐을 비유적으로 이르는 말

'더한다'고 할 적에 영어로 '플러스'를 쓰기도 합니다. 수학에서는 '플러스'를 아예 전문 낱말로 다루기도 한다는데 '더하기' 한 가지만 써도 넉넉하리라 봅니다. 한자말 '금상첨화'는 좋은 일에 좋은 일을 '더할' 적에 써요. "플러스로 커피 정도만 있다면 금상첨화"라 할 적에는 겹말이 됩니다. '플러스'나 '금상첨화'라는 말을 쓰고 싶다면 둘 가운데 하나만 써야 올발라요. 이를테면 "플러스로 커피 정도만 있다면 좋다"나 "커피 정도만 있다면 금상첨화"로 써 볼 수 있어요. 영어와 한자말을 모두 손보고 싶다면 "커피만 더 있다면 좋다"로 쓰면 돼요.

- **여기에 플러스로 커피 정도만 있다면 금상첨화**
- → 여기에 커피만 더 있다면 딱 좋다
- → 여기에 커피가 있다면 더욱 좋다
- → 여기에 커피까지 있다면 그야말로 좋다

《글쓰기 어떻게 시작할까》 (이정하, 스토리닷, 2016) 60쪽

피곤하고 고단한

: **피곤함을 이기지 못하고 … 고단한 얼굴로**
→ 고단함을 이기지 못하고 … 고단한 얼굴로
→ 힘겨움을 이기지 못하고 … 고단한 얼굴로

> - **피곤하다(疲困-)** : 몸이나 마음이 지치어 고달프다
> - **고단하다** : 1. 몸이 지쳐서 느른하다 2. 일이 몹시 피곤할 정도로 힘들다
> - **지치다** : 힘든 일을 하거나 어떤 일에 시달려서 기운이 빠지다
> - **느른하다** : 1. 맥이 풀리거나 고단하여 몹시 기운이 없다
> - **고달프다** : 몸이나 처지가 몹시 고단하다

'피곤하다'는 "지치어 고달프다"를 뜻한다고 하는데, '고달프다 = 몹시 고단하다'이기에, "피곤함 …고단한 얼굴"처럼 잇달아 적으면 겹말 얼거리가 되어요. 앞뒤 모두 '고단하다'라는 낱말을 쓰면 됩니다. 아니면 보기글 앞쪽을 "힘겨움을 이기지 못하고"나 "지친 나머지"나 "힘겨운 나머지"나 "고달픈 탓에"나 "너무 지쳐서"로 적어 볼 만해요. 한국말사전은 '고단하다'를 "피곤할 정도로 힘들다"로 풀이하니 돌림풀이입니다. 게다가 '고단하다'를 "지쳐서 느른하다"로도 풀이하는데, '느른하다'는 '고단하다'로 풀이하는 돌림풀이예요. 뒤죽박죽인 말풀이를 모두 바로잡아야겠습니다.

- **외출에서 돌아오면 피곤함을 이기지 못하고 긴 낮잠을 주무신다. 고단한 얼굴로 잠든 엄마가 어디 편찮으신가 싶어**
- → 나들이에서 돌아오면 고단함을 이기지 못하고 긴 낮잠을 주무신다. 고단한 얼굴로 잠든 엄마가 어디 아프신가 싶어
- → 마실에서 돌아오면 지친 나머지 긴 낮잠을 주무신다. 고단한 얼굴로 잠든 엄마가

ㅍ

어디 안 좋으신가 싶어

《무심한 듯 다정한》 (정서윤, 안나푸르나, 2016) 153쪽

피로한 엄마는 지친 목소리

: **피로한 엄마는 지친 목소리로**
→ 지친 엄마는 지친 목소리로
→ 지친 엄마는 기어가는 목소리로

> ○ **피로(疲勞)** : 과로로 정신이나 몸이 지쳐 힘듦

한자말 '피로'는 "몸이 지쳐 힘듦"을 뜻합니다. '피로한' 엄마가 '지친' 목소리를 낸다고 적은 글월은 겹말입니다. "지친 엄마가 지친 목소리로"처럼 적어야 옳고, 앞뒤에 다른 말을 넣고 싶다면 "힘든 엄마가 지친 목소리로"처럼 적을 수 있어요. 한국말사전을 살피면 '피로'를 "몸이 지쳐 힘듦"으로 풀이하기에 겹말풀이가 되기도 합니다. 보기글은 뒤쪽을 '기어가는'으로 손질하면서 앞뒤를 다르게 적을 수 있어요.

- **하루의 일로 몹시 피로한 엄마는 지친 목소리로 말했다**
→ 하루 일로 몹시 고단한 엄마는 지친 목소리로 말했다
→ 하루 일로 몹시 지친 엄마는 기어가는 목소리로 말했다

《올가는 학교가 싫다》 (준비에브 브리작/김경온 옮김, 비룡소, 1997) 11쪽

- **지치고 피로한 일상의 생활 속에서 나 돌아갈 고향의 푸른 하늘이 있다는 것**
→ 지친 삶에서 나 돌아갈 고향 마을 파란 하늘이 있다는 것
→ 지치고 힘든 삶에서 나 돌아갈 고향 땅 파란 하늘이 있다는 것

《금요일의 노래》 (문병란, 일월서각, 2010) 187쪽

피부색 살색

: **피부색이 달라 … 살색이란 이름을 사용하는 게**

→	살빛이 달라 … 살빛이란 이름을 쓰면
→	살갗빛이 달라 … 살빛이란 이름을 쓰면
→	살갗 빛깔이 달라 … 살빛이란 이름을 쓰면

> ○ **피부색(皮膚色)** : 사람의 살갗의 색
> ○ **살색(-色)** : 살갗의 색깔
> ○ **살빛** : 살갗의 빛깔 ≒ 육색
> ○ **육색(肉色)** : = 살빛

한자말 '피부색'은 '피부 + 색'입니다. 한자말 '피부 = 살갗'이고, '색 = 빛'이에요. '피부색'하고 '살색'이라는 낱말을 잇달아 쓰면 겹말 얼거리입니다. 보기글에서는 인권 테두리에서 '살색'이라는 이름이 잘못이라고 말합니다. 그런데 이러한 생각은 올바르지 않아요. 크레파스나 물감에서 '살빛(살색)'이란 말을 옅은 분홍을 가리키는 자리에 붙인 대목이 잘못일 뿐이니까요. 사람들 살갗을 바라보면서 '살빛(살색)'이라 말하는 일은 잘못이 아니에요. '살빛'은 말 그대로 살(살갗)이 어떤 빛깔인가를 살피는 자리에만 써야 하는데, 이를 엉뚱한 자리에까지 쓰니 잘못이에요. 잘 생각해 봐야지요. 크레파스나 물감 빛깔 이름에 '피부색'이라는 말을 안 쓰지요? 크레파스나 물감 이름에서는 '살빛(살색)'이라는 이름을 바꾸고, 사람을 서로 마주하면서 살(살갗)을 바라볼 적에는 수수하게 '살빛(살갗빛)'이라는 말을 쓰면 될 뿐입니다. 한국말사전에는 '육색'이라는 한자말을 싣는데, 이런 낱말은 쓸 일이 없습니다. 털어야지요.

- 전 세계 사람들은 저마다 피부색이 달라. 우리나라 사람끼리도 말이야. 피부가 검은 사람이 있고, 하얀 사람이 있잖아. 그래서 살색이란 이름을 사용하는 게 잘못되었다고 생각한 사람들이
- → 온누리 사람들은 저마다 살빛이 달라. 우리나라 사람끼리도 말이야. 살갗이 검은 사람이 있고, 하얀 사람이 있잖아. 그래서 살빛이란 이름을 쓰면 잘못이라고 생각한 사람들이

《수다로 푸는 유쾌한 사회》 (배성호, 책과함께어린이, 2016) 134쪽

피상적이라서 외모의 철학을

: **피상적이라서 외모의 철학을 이해하지 못해**
→ 겉만 훑어서 옷을 차려입는 뜻을 알지 못해

→ 겉만 훑느라 몸을 꾸미는 뜻을 헤아리지 못해

→ 겉만 보느라 옷맵시를 가꾸는 뜻을 알지 못해

> ○ **피상적(皮相的)** : 본질적인 현상은 추구하지 아니하고 겉으로 드러나 보이는 현상에만
>   관계하는
> ○ **외모(外貌)** : 겉으로 드러나 보이는 모양

'피상적'은 '겉'이나 '겉모습'만 살피거나 얽히는 이야기를 나타냅니다. '외모'는 '겉'
으로 보이는 모습, 곧 '겉모습'을 가리킵니다. "피상적이라서 외모의 철학을 이해
하지 못해"처럼 말하면 "겉만 보느라 겉의 철학을 이해하지 못해"나 "겉모습만 보
느라 겉모습의 철학을 이해하지 못해" 같은 얼거리가 되니 겹말이에요. 어쩐지 말
이 안 됩니다. 이 같은 글월이 쓰인 자리를 살피니 '외모'는 '옷에 마음을 써서 잘
입는 일'을 가리키는구나 싶어요. 앞쪽에서 '피상적'은 "겉만 보느라"로 손보고, 뒤
쪽에서 '외모'는 "옷을 차려입는"이나 "몸을 꾸미는"이나 "옷을 꾸미는"이나 "몸을
가꾸는"으로 손질해 줍니다.

• "하지만 남자는 옷에 대해 지나치게 신경을 쓰면 안 된다고들 하던데요." "요즘
   사람들은 너무 피상적이라서 외모의 철학을 이해하지 못해."

→ "그런데 남자는 옷에 지나치게 마음을 쓰면 안 된다고들 하던데요." "요즘 사람들은
   너무 겉만 훑느라 옷을 차려입는 철학을 알지 못해."

→ "그런데 사내는 옷에 지나치게 마음을 쓰면 안 된다고들 하던데요." "요즘 사람들은
   너무 겉만 훑으니 옷을 꾸미는 철학을 알지 못해."

→ "그런데 사내는 옷에 지나치게 마음을 쓰면 안 된다고들 하던데요." "요즘 사람들은
   너무 겉치레라서 몸을 가꾸는 뜻을 알지 못해."

《오스카리아나》 (오스카 와일드/박명숙 옮김, 민음사, 2016) 446쪽

필기하고 적고

:   **따로 필기를 해서 … 뽑아서 적고 보관하고**

→ 따로 적어서 … 뽑아서 적고 건사하고

→ 따로 써서 … 뽑아서 적어 두고

→ 따로 옮겨 적어서 ⋯ 뽑아서 적고 간직하고

→ 따로 적바림해서 ⋯ 뽑아서 적어 두고

> ○ **적다** : 1. 어떤 내용을 글로 쓰다 2. 장부나 일기 따위를 작성하다
> ○ **필기(筆記)** : 1. 글씨를 씀 2. 강의, 강연, 연설 따위의 내용을 받아 적음
> ○ **작성하다(作成−)** : 1. 서류, 원고 따위를 만들다
> ○ **만들다** : 2. 책을 저술하거나 편찬하다 4. 글이나 노래를 짓거나 문서 같은 것을 짜다

"글씨를 쓴다"고 할 적에 '필기'라는 한자말을 쓰기도 합니다. 글을 '쓴다(쓰다)'고도 하지만, 글을 '적는다(적다)'고도 해요. 보기글은 "필기를 해서"하고 '적고'라는 말마디를 잇달아 쓰면서 겹말 얼거리입니다. 앞뒤 모두 '적다'라는 낱말을 넣을 수 있고, 앞쪽은 '쓰다'나 '적바림하다'나 "옮겨 적다"나 "옮겨 쓰다"를 넣을 수 있습니다. 또는 "써 두다"나 "적어 두다"나 "써 놓다"나 "적어 놓다"를 넣을 수 있어요.

• 선택하고 싶은 문장과 견해는 뽑아서 따로 필기를 해서 간추려 놓아야 한다.
  그런 식으로 한 권의 책을 읽더라도 자신의 공부에 도움이 되는 것은 뽑아서 적고
  보관하고

→ 고르고 싶은 글과 생각은 따로 옮겨 적어서 간추려 놓아야 한다. 그렇게 책 한 권을
   읽더라도 내 공부에 도움이 되는 글은 뽑아서 적고 건사하고

→ 마음에 담고 싶은 글과 생각은 따로 써서 간추려 놓아야 한다. 그렇게 책 한 권을
   읽더라도 내가 배우도록 도움이 되는 글은 뽑아서 적어 두고

《혼자 알기 아까운 책 읽기의 비밀》(이태우, 연지출판사, 2015) 137쪽

필수품은 없어서는 안 돼

:   **없어서는 안 될 집안 필수품이었다**

→   없어서는 안 될 집안 살림이었다

→   꼭 갖출 집안 살림이었다

> ○ **필수품(必需品)** : 일상생활에 없어서는 안 되는 반드시
>   필요한 물건
> ○ **필수(必需)** : 반드시 있어야 함
> ○ **필요(必要)** : 반드시 요구되는 바가 있음
> ○ **요구(要求)** : 받아야 할 것을 필요에 의하여 달라고 청함
> ○ **반드시** : 틀림없이 꼭
> ○ **꼭** : 어떤 일이 있어도 틀림없이

ㅍ

"없어서는 안 되는 반드시 필요한 물건"을 '필수품'이라 하니, "없어서는 안 될 필수품"처럼 쓰면 겹말이에요. "없어서는 안 될 물건"이나 "없어서는 안 될 살림"으로 손질해 줍니다. 한국말사전은 '필요'를 "반드시 요구되는 바가 있음"으로 풀이하고, '요구(要求)'는 "받아야 할 것을 필요에 의하여 달라고 청함"으로 풀이합니다. 한국말사전 말풀이가 돌림풀이예요. 이밖에 '반드시'와 '꼭'이라는 낱말도 말풀이가 돌림풀이입니다.

- **석유풍로는 가스레인지가 등장할 때까지 없어서는 안 될 집안 필수품이었다**
- → 석유풍로는 가스레인지가 나올 때까지 없어서는 안 될 집안 살림이었다
- → 석유풍로는 가스레인지가 나올 때까지 없어서는 안 되었다

《그늘 속을 걷다》 (김담, 텍스트, 2009) 20쪽

필요한 필수품

:	**꼭 필요한 필수품으로**
→	꼭 있어야 한다고
→	꼭 써야 한다고
→	꼭 써야 할 것으로

> - **필수품(必需品)** : 일상생활에 없어서는 안 되는 반드시 필요한 물건
> - **필수(必需)** : 반드시 있어야 함
> - **필요(必要)** : 반드시 요구되는 바가 있음
> - **꼭** : 1. 어떤 일이 있어도 틀림없이 2. 조금도 어김없이
> - **반드시** : 틀림없이 꼭

'필수'라는 한자말을 "반드시 있어야"로 풀이하지만 '필수품'이라는 한자말은 "반드시 필요한"으로 풀이하지요. 이러면서 말풀이가 얄궂은데, '필요'나 '필수·필수품'은 '반드시'라고 하는 말마디가 똑같이 깃들며 겹말이에요. 더 살펴보면 '꼭'이 앞자락에 붙으면서 새삼스레 겹말입니다. '반드시'하고 '꼭'이 말뜻에서 맞닿아요. 보기글에서는 '꼭' 한 마디를 살리면 '필요'하고 '필수품'은 저절로 떨어집니다.

- **다수가 전기를 꼭 필요한 필수품으로 생각할 때 소수는 '답례금'을 받고 원자력발전소라는 악몽을 받아들여야만 한다**
- → 많은 이가 전기가 꼭 있어야 한다고 생각할 때 누구는 '답례금'을 받고 원자력발전소라는 끔찍함을 받아들여야만 한다

→ 많은 사람이 전기를 꼭 써야 한다고 생각할 때 한쪽은 '답례금'을 받고
　 원자력발전소라는 무서움을 받아들여야만 한다

《나비 탐미기》 (우밍이/허유영 옮김, 시루, 2016) 59쪽

필요해서 있어야 돼

: **기계가 필요해. 땅을 파는 기계가 있어야 돼**

→ 기계가 있어야 해. 땅을 파는 기계가 있어야 돼

→ 기계야. 땅을 파는 기계가 있어야 돼

→ 바로 기계야. 땅을 파는 기계가 있어야 돼

→ 그래 기계야. 땅을 파는 기계가 있어야 돼

> ○ **필요하다(必要-)** : 반드시 요구되는
>   바가 있다
> ○ **요구되다(要求-)** : 받아야 될 것이
>   필요에 의하여 달라고 청해지다

'필요하다'라는 한자말은 "반드시 요구되는 바가 있다"로 풀이하는데, '요구되다'는 "필요에 의하여 달라고 청해지다"로 풀이합니다. 돌림풀이예요. 이러한 뜻풀이로는 두 한자말을 가늠하기 어렵습니다. 다만 두 한자말을 쓰는 자리를 헤아리면 '필요하다 = 있어야 하다'이지 싶고 '요구되다 = 바라다'이지 싶습니다. 보기글을 보면 "필요해. 있어야 돼"처럼 나와요. 같은 말을 되풀이한 셈입니다. 기계가 "있어야 하"기에 '필요'라는 낱말을 썼어요. 이 자리에서는 앞뒤 모두 "있어야 해"로 적을 만합니다. 앞쪽은 "바로 기계야"나 "그래 기계야"처럼 적어 볼 수 있고 '기계야'처럼 단출하게 적어도 됩니다.

• **기계가 필요해. 땅을 파는 기계가 있어야 돼**

→ 기계가 있어야 해. 땅을 파는 기계가 있어야 돼

→ 기계야. 땅을 파는 기계가 있어야 돼

《멋진 여우 씨》 (로알드 달/햇살과나무꾼 옮김, 논장, 2007) 36쪽

ㅍ

689

핑계 변명

: **핑계와 변명이 누적되면서**

→ 핑계가 쌓이면서

→ 핑계가 늘면서

> ○ **핑계** : 1. 내키지 아니하는 사태를 피하거나 사실을
>   감추려고 방패막이가 되는 다른 일을 내세움 2. 잘못한
>   일에 대하여 이리저리 돌려 말하는 구차한 변명
> ○ **변명(辨明)** : 1. 어떤 잘못이나 실수에 대하여 구실을
>   대며 그 까닭을 말함 2. 옳고 그름을 가려 사리를 밝힘
> ○ **구실(口實)** : 핑계를 삼을 만한 재료. '핑계'로 순화

한국말 '핑계'를 찾아보면 '변명'으로 풀이합니다. 한자말 '변명'을 찾아보면 '구실'이라는 다른 한자말을 써서 풀이합니다. '구실'이라는 한자말은 '핑계'로 고쳐써야 한답니다. 한국말사전은 '고쳐쓸 말(순화 대상 용어)'로 말풀이를 한 셈입니다. "핑계와 변명이 누적되면서"처럼 쓰면 겹말이에요. '핑계' 한 마디만 쓰면 넉넉합니다.

• **그런 핑계와 변명이 누적되면서, 그들 행동을 합리화시키는 심리적 믿음이 고착된다**

→ 그런 핑계가 쌓이면서, 그들이 하는 짓을 둘러대려는 믿음이 굳어진다

→ 그런 핑계가 늘면서, 그들이 하는 짓을 둘러대려는 마음이 굳어진다

《비판적 생명 철학》 (최종덕, 당대, 2016) 22쪽

하나둘씩

: **하나둘씩 연로해지시고**

→ 하나둘 늙으시고

→ 하나씩 둘씩 늙으시고

→ 차츰 늙으시고

◦ **하나둘** : = 한둘
◦ **한둘** : 1. 하나나 둘쯤 되는 수 2. '조금'의 뜻을 나타내는 말 3. 어떤 일이나 현상이 적은 수부터 서서히 시작됨을 나타내는 말
◦ **-씩** : '그 수량이나 크기로 나뉘거나 되풀이됨'의 뜻을 더하는 접미사

'하나둘'은 "하나나 둘"을 가리키기도 하고, "적은 수부터 천천히 이루어지는" 모습을 가리키기도 합니다. "하나나 둘"을 가리키는 자리라면 "너희들한테 하나둘씩 나눠 줄게"처럼 쓸 수 있어요. 이때에는 '-씩'을 붙일 만합니다. "적은 수부터 천천히 이루어지는" 모습을 가리키는 자리라면 "이제부터 하나둘 꿈을 펼치려고 해요"나 "오늘부터 하나씩 둘씩 새로 배울 생각이에요"처럼 써야 올발라요. '하나둘·한둘'을 어떻게 가려서 써야 하는지 아리송하다면 '차츰'이나 '시나브로'나 '천천히' 같은 낱말을 보기글에 넣어 보면 됩니다. '차츰·시나브로·천천히' 같은 낱말에는 '-씩'을 붙이지 않아요.

- **고향의 부모님들이 하나둘씩 연로해지시고 돌아가시니**
→ 고향 부모님들이 하나둘 늙으시고 돌아가시니
→ 고향 부모님들이 하나씩 둘씩 나이가 들고 돌아가시니

《호미 한 자루 농법》(안철환, 들녘, 2016) 6쪽

- **예쁜 가게가 하나둘씩 자리하기 시작했다**
→ 예쁜 가게가 하나둘 자리했다
→ 예쁜 가게가 시나브로 자리를 잡았다

《보이지 않는 건축, 움직이는 도시》(승효상, 돌베개, 2016) 185쪽

하나로 결합

: **하나로 결합했다고**

→ 하나로 맺었다고

◦ **결합하다(結合-)** : 둘 이상의 사물이나 사람이 서로 관계를 맺어 하나가 되다

→   하나가 되도록 했다고

'결합하다'는 서로 맺어서 "하나가 되는" 일을 가리켜요. "하나로 결합"한다고 쓰면 겹말이에요. "하나로 맺다"나 "하나가 되다"라고 써야 올발라요. 또는 '뭉치다'나 '모으다' 같은 낱말을 써 볼 만합니다.

- **그는 종교적 힘들이 두 가지 심리 현상을 가져와 하나로 결합했다고 생각했다**
- →   그는 종교 힘들이 두 가지 심리 현상을 끌어들여 하나로 맺었다고 생각했다
- →   그는 종교 힘들이 두 가지 심리 현상을 뭉쳐 놓았다고 생각했다

《무신론자의 시대》 (피터 왓슨/정지인 옮김, 책과함께, 2016) 421쪽

하나로 단결

:   **하나로 단결하지 않고는**

→   하나로 뭉치지 않고는

→   하나로 하지 않고는

→   하나되지 않고는

> ◦ **단결(團結)** : 많은 사람이 마음과 힘을 한데 뭉침

'한데' 뭉칠 적에 '단결'을 한다고 이야기합니다. '한데'는 '하나'를 가리키니, "하나로 단결하지 않고는"이라 하면 겹말입니다. 한자말을 쓰고 싶다면 "단결하지 않고는"이라고 할 노릇이요, 한자말을 안 쓰고 싶다면 "하나로 뭉치지 않고는"이라고 할 노릇이에요. 또는 "하나로 하지 않고는"이나 "하나가 되지 않고는"이나 "하나로 모으지 않고는"으로 손볼 수 있어요. '하나되다' 같은 낱말을 지어서 써 볼 수도 있습니다.

- **이 지방은 냉해를 자주 입어서 가족과 마을사람 들이 하나로 단결하지 않고는 살아갈 수가 없었대요**
- →   이 마을은 냉해를 자주 입어서 집안과 마을사람 들이 하나로 뭉치지 않고는 살아갈 수가 없었대요
- →   이 고장은 냉해를 자주 입어서 집안과 마을사람 들이 하나가 되지 않고는 살아갈

수가 없었대요

《백귀야행 2》 (이마 이치코/강경원 옮김, 시공사, 1999) 63쪽

하나로 합치다

: **하나로 합쳤다**

→ 하나로 했다

→ 하나로 줄였다

→ 뭉뚱그렸다

> • **합치다(合-)** : '합하다'를 강조하여 이르는 말
> • **합하다(合-)** : 여럿이 한데 모이다. 또는 여럿을 한데 모으다

하나로 하기에 '합(合)하다'라는 외마디 한자말을 쓰고, 이를 힘주어 가리킨다면서 '합치다'를 쓴다고 합니다. "하나로 합쳤다"라 하면 겹말이에요. 한자말을 쓰고 싶다면 '합쳤다' 한 마디만 쓰면 되고, 한국말로 하자면 "하나로 했다"나 "하나로 줄였다"나 "하나로 모았다"로 적으면 돼요. 또는 '뭉뚱그렸다'라 해 볼 수 있어요.

• **하지만 녀석들은 뒤의 두 단계를 하나로 합쳤다**

→ 그렇지만 녀석들은 다음 두 단계를 하나로 했다

→ 그러나 녀석들은 두 가지 뒷단계를 뭉뚱그렸다

《홀로 숲으로 가다》 (베른트 하인리히/정은석 옮김, 더숲, 2016) 296쪽

• **한데 합칠 수 있는 단계는 하나로 뭉뚱그리며**

→ 한데 모을 수 있는 단계는 하나로 하며

→ 한데 묶을 수 있는 단계는 뭉뚱그리며

《부엌은 내게 사랑하는 법을 가르쳐 주었다》 (사샤 마틴/이은선 옮김, 북하우스, 2016) 336쪽

하나의 유일한 특징

: **하나의 유일한 특징이**

→ 한 가지 특징이

> • **유일(唯一/惟一)** : 오직 하나밖에 없음

→ 하나뿐인 특징이

→ 하나 있는 특징이

→ 오직 하나뿐인 특징이

"오직 하나"를 가리키는 한자말 '유일'입니다. "하나의 유일한 특징"이라고 하면 겹말이에요. "한 가지 특징"이나 "하나 있는 특징"으로 손질합니다. "오직 하나 있는 특징"이나 "딱 하나뿐인 특징"이나 "꼭 하나인 특징"으로 손질할 수도 있어요.

- **하나의 유일한 특징이 하나의 방언을 결정짓기 위해서 족하는 점에 동의해야 한다**
→ 한 가지 특징이 한 가지 고장말을 이루기에 넉넉한 대목을 받아들여야 한다
→ 하나뿐인 특징이 한 가지 고장말을 이루기에 넉넉한 대목을 받아들여야 한다

《소쉬르의 마지막 강의》 (페르디낭 드 소쉬르/김성도 옮김, 민음사, 2017) 118쪽

하는 일마다 사사건건

: **하는 일마다 사사건건**

→ 하는 일마다

→ 하는 일마다 으레

→ 하는 일마다 늘

→ 하는 일마다 자꾸

> ◦ **사사건건(事事件件)** : 1. 해당되는 모든 일 또는 온갖 사건
> 2. 해당되는 모든 일마다
> ◦ **-마다** : '낱낱이 모두'의 뜻을 나타내는 보조사

'사사건건'이라는 한자말은 "모든 일마다"를 뜻한다고 하니, "하는 일마다 사사건건"이라 하면 겹말이에요. '-마다'라는 토씨는 "낱낱이 모두"를 뜻한다고 하니, 한국말사전은 겹말풀이가 되기도 합니다. "해당되는 '모든' 일마다'"는 "해당되는 '모든' 일'에'"나 "해당되는 일'마다'"로 고쳐 주어야 올발라요. 보기글은 "하는 일마다"라고만 단출하게 손보면 됩니다. 뜻을 힘주어 밝히고 싶다면 '으레'나 '늘'이나 '언제나'나 '노상'이나 '자꾸'나 '어쩐지'나 '괜스레'를 꾸밈말로 넣을 수 있어요.

- **음식과 살림 솜씨를 트집 잡았고, 페트라가 하는 일마다 사사건건 딴죽을 걸었다**
→ 음식과 살림 솜씨를 트집 잡았고, 페트라가 하는 일마다 딴죽을 걸었다

→ 밥과 살림 솜씨를 트집 잡았고, 페트라가 하는 일마다 자꾸 딴죽을 걸었다

《나는 이제 참지 않고 살기로 했다》 (니콜 슈타우딩거/장혜경 옮김, 갈매나무, 2016) 108쪽

하늘 공중

: **바람은 하늘에서 펄럭거리고, 공중에서 무서운 속도로**
→ 바람은 하늘에서 펄럭거리고, 하늘에서 무섭도록 빠르게
→ 바람은 하늘에서 펄럭거리고, 무섭도록 빠르게

> ∘ **하늘** : 지평선이나 수평선 위로 보이는 무한대의 넓은 공간
> ∘ **공중(空中)** : 하늘과 땅 사이의 빈 곳

땅 위쪽으로 보이는 모든 곳이 '하늘'입니다. 이 하늘은 그저 빈 곳으로 여길 수 있는데, 바람이 하늘을 온통 휘감아요. 바람은 하늘을 가르지요. "빈 하늘"뿐 아니라 "구름 하늘"도 가릅니다. 하늘은 텅 비었다고도 여길 수 있으나 바람으로 꽉 찼다고 여길 수 있어요. "빈 곳"으로 여기면서 '공중' 같은 한자말을 짓는구나 싶은데, 이러한 마음이라면 '빈하늘'이라는 낱말을 새롭게 지어서 쓰면 되리라 느껴요. 한국말사전을 살피면 "새는 공중을 마음껏 날아다닌다"나 "연기가 공중에 흩어졌다" 같은 보기글이 실립니다. 이런 보기글은 "새는 하늘을 마음껏 날아다닌다"나 "연기가 하늘에 흩어졌다"로 손볼 만합니다. 또는 "새는 마음껏 날아다닌다"나 "연기가 흩어졌다"로 손볼 수 있어요.

• **바람은 하늘에서 크고 기다란 천조각처럼 펄럭거립니다. 공중에서 무서운 속도로
 서로 엉키고 날카롭게 소리지르며**
→ 바람은 하늘에서 크고 기다란 천조각처럼 펄럭거립니다. 하늘에서 무섭도록 빠르게
 서로 엉키고 날카롭게 소리지르며
→ 바람은 하늘에서 크고 기다란 천조각처럼 펄럭거립니다. 무섭도록 빠르게 서로
 엉키고 날카롭게 소리지르며

《꽃집》 (정상명, 이루, 2009) 84쪽

하늘 상공

: **서울 하늘 상공을 날아가는**

→ 서울 하늘을 날아가는

> ◦ **상공(上空)** : 1. 높은 하늘 2. 어떤 지역의 위에 있는 공중
> ◦ **공중(空中)** : 하늘과 땅 사이의 빈 곳

이 보기글에서는 "서울 하늘 상공"이라 나오는데, 한자말 '상공'은 "높은 하늘"을 뜻합니다. 겹말입니다. "서울 하늘 상공"처럼 적으면 "서울 하늘 하늘"처럼 말한 셈입니다. 한국말사전은 '상공'을 풀이하며 '공중'이라는 한자말을 쓰는데, '공중 (空中)'은 "하늘과 땅 사이의 빈 곳"을 뜻합니다. '공중 = 하늘'이기도 한 셈니다. '하늘'은 어떤 곳을 가리킬까요? '하늘'은 "땅 위쪽"을 가리킵니다. 땅 위쪽이면 모두 하늘입니다. 개미와 사람이 있다고 하면, 사람 키보다 낮은 곳이라 하더라도 개미한테는 하늘입니다. 하늘에는 높은 하늘과 낮은 하늘이 있을 뿐이고, 땅 위쪽은 모두 하늘입니다. '공중 = 하늘'이고, '상공 = 하늘'이며, 한국말사전에 달린 풀이말에서 "위에 있는 공중"처럼 적은 대목도 어설픈 겹말인 셈입니다. '공중'이라는 낱말은 땅 위쪽인 곳을 가리키니, 이 낱말 앞에 "어떤 지역의 위"라고 꾸밈말을 붙일 수 없습니다. 한자말 '상공'을 꼭 쓰고 싶다면 "서울 상공"처럼 적을 노릇입니다. 굳이 한자말을 쓸 생각이 아니라면 "서울 하늘"이라고만 적으면 됩니다.

• **서울 하늘 상공을 날아가는 장면을 상상하게 한다**

→ 서울 하늘을 날아가는 모습을 떠올리게 한다

→ 서울 하늘 높이 날아가는 모습을 그리게 한다

《도시를 걷는 사회학자》 (정수복, 문학동네, 2015) 98쪽

하루 일과

: **하루 일과를 마무리한다**

→ 하루 일을 마무리한다

→ 하루를 마무리한다

> ◦ **하루** : 1. 한 낮과 한 밤이 지나는 동안 2. 아침부터 저녁까지 3. 막연히 지칭할 때 어떤 날
> ◦ **일과(日課)** : 1. 날마다 규칙적으로 하는 일정한 일 2. 하루 동안에 배워야 하는 학과 과정

ㅎ

'하루'는 "한 날"을 가리킵니다. '일과'는 "한 날 하는 일"을 가리켜요. "하루 일과"라 하면 겹말이에요. 한자말을 쓰고 싶다면 '일과'라고만 할 노릇이고, 한자말을 안 쓰려 한다면 "하루 일"로 손보면 돼요. 더 생각한다면 '하루일'이라는 낱말을 새롭게 지을 만해요. '하루일' 같은 낱말을 쓴다면 "하루 일과" 같은 말마디가 겹말인 줄 환히 알아차릴 수 있을 테지요.

- **동네 한 바퀴 도는 것으로 우리의 하루 일과를 마무리한다. 참 무미건조하다**
- → 동네 한 바퀴 돌며 우리 하루 일을 마무리한다. 참 재미없다
- → 마을 한 바퀴를 돌며 우리 하루를 마무리한다. 참 심심하다

《개.똥.승.》 (진엽, 책공장더불어, 2016) 21쪽

하루 일상

:   **아기토끼의 하루 일상**
- → 아기토끼가 보낸 하루
- → 아기토끼가 지낸 하루
- → 아기토끼가 누린 하루
- → 아기토끼 하루

> ○ **하루** : 1. 한 낮과 한 밤이 지나는 동안 2. 아침부터 저녁까지 3. 막연히 지칭할 때 어떤 날
> ○ **날** : 5. 어떠한 시절이나 때
> ○ **일상(日常)** : 날마다 반복되는 생활
> ○ **생활(生活)** : 1. 사람이나 동물이 일정한 환경에서 활동하며 살아감

날마다 되풀이되는 삶을 한자말로 '일상'이라고 하는데, 이 '일상'은 "아침부터 저녁까지" 흐르는 동안, 곧 '하루'이지요. 한국말사전에 나온 말풀이는 '하루'하고 '일상'이 다르지만, '일상'이 가리키는 때는 바로 '하루'하고 맞물려요. "하루 일상"이라고 하면 겹말입니다. '일상'을 덜고 '하루'만 써 보면 잘 알 수 있어요. 하루가 늘 같다면 "똑같은 하루"나 "늘 같은 하루"라고 하면 되어요.

- **폭설로 유치원에도 못 가는 아기토끼의 하루 일상이 담겨 있습니다**
- → 큰눈으로 유치원에도 못 가는 아기토끼 하루가 담겼습니다
- → 눈이 쏟아져 유치원에도 못 가는 아기토끼가 보낸 하루가 담겼습니다

《포근하게 그림책처럼》 (제님씨, 헤르츠나인, 2017) 268쪽

하얀 백발

:　　**하얀 백발의 화관**

→　하얀 머리 꽃관

→　흰머리 꽃족두리

→　희디흰 꽃족두리

◦ **백발(白髮)** : 하얗게 센 머리털

한자말 '백발'은 '흰머리'를 가리킵니다. 한국말 '흰머리'를 한자말로는 '백발'로 적는 셈이지요. 우리는 "하얀 흰머리"라 말하지 않듯이 "하얀 백발"이라 말하지 않아요. 힘주어 말하려 한다면 '희디흰'이나 '희고 흰'이나 '하얗디하얀'이나 '하얗고 하얀'처럼 적어 봅니다.

•　**하얀 백발의 화관 쓰고 길을 막는**

→　하얀 머리 꽃관 쓰고 길을 막는

→　하얗게 센 머리 꽃관 쓰고 길을 막는

→　하얗디하얀 꽃족두리 쓰고 길을 막는

《쓸쓸함을 위하여》(홍윤숙, 문학동네, 2010) 6쪽

하얀 백조

:　　**하얀 백조**

→　하얀 고니

→　고니

◦ **백조(白鳥)** : [동물] = 고니
◦ **고니** : 오릿과의 물새. 몸이 크고 온몸은 순백색이며, 눈 앞쪽에는 노란 피부가 드러나 있고 다리는 검다

'백조'라는 이름으로 쓰는 새 이름은 일본에서 들어왔습니다. 사람들한테 널리 알려진 "백조의 호수"는 일본말 "白鳥の湖"를 고스란히 옮겼어요. 이 일본 번역 말씨는 '고니못'으로 바로잡을 수 있습니다. '백조'라 하면 "하얀 새"를 나타내지요. 하얀 새가 '백조'이니 "하얀 백조"라 하면 겹말입니다. 일본 한자말인 '백조'는 '고니'로 바로잡아야 옳다고 하는데, 고니는 워낙 몸빛이 하얗기에 "하얀 고니"로 손볼

ㅎ

적에는 안 어울릴 수 있습니다. 다만 고니 가운데에는 '검은고니'가 있어요. '고닛과'에 깃드는 '고니(그냥 '고니'라고 일컫는 새)'는 몸빛이 하얀 새를 가리키니, '흰고니·검은고니'처럼 가르는 자리가 아니라면, 이 보기글 같은 자리에서는 "나는 고니가 되어 보고"라고만 적을 때가 가장 알맞다고 봅니다.

- **나는 하얀 백조가 되어 보고**
→ 나는 하얀 고니가 되어 보고
→ 나는 고니가 되어 보고

《파란 고양이》 (허지영, 로그프레스, 2014) 27쪽

- **혼자만의 여행을 떠납니다. 하얀 백조를 만나서 백조가 되어 보기도 하고**
→ 혼자 여행을 떠납니다. 고니를 만나서 고니가 되어 보기도 하고
→ 혼자 길을 떠납니다. 하얀 새를 만나서 하얀 새가 되어 보기도 하고

《포근하게 그림책처럼》 (제님씨, 헤르츠나인, 2017) 344쪽

하얀 백지

:　**하얀 백지를**
→ 하얀 종이를
→ 흰 종이를
→ 빈 종이를

> ◦ **백지(白紙)** : 1. 닥나무 껍질로 만든 흰빛의 우리나라 종이. '흰 종이'로 순화 2. 아무것도 적지 않은 비어 있는 종이. '빈 종이'로 순화

한자말 '백지'는 두 가지를 가리킨다고 해요. 하나는 "흰 종이"요, 다른 하나는 "빈 종이"라고 합니다. 이 두 가지 가운데 하나로 고쳐써야 한다고 하니, "하얀 백지"라고 하면 겹말입니다. 빛깔이 하얀 종이를 가리킨다면 말 그대로 "하얀 종이"라 하면 됩니다. 아직 아무것도 안 쓴 종이라면 "하얀 빈 종이"가 될 텐데, "하얀 종이"라고 할 적에도 아직 아무것도 안 쓴 종이를 나타낸다고 할 만해요. 아직 아무것도 안 썼으니 종이가 하얀 채 있어요. 무언가 쓰면 하얀 종이에 글씨가 적히겠지요. '하얗다'고 할는지 '비었다'고 할는지 또렷하게 살펴서 하나로 손질해야겠습니다.

- **컴퓨터를 켜고 하얀 백지를 마주하고 자판에 손가락을 올려놔야 한다**

→ 컴퓨터를 켜고 하얀 종이를 마주하고 글판에 손가락을 올려놔야 한다

→ 컴퓨터를 켜고 빈 종이를 마주하고 글판에 손가락을 올려놔야 한다

《내 안에 잠든 작가의 재능을 깨워라》 (안성진, 가나북스, 2016) 114쪽

하천 강

: **하천들을 보면서 … 강마다 환경이 다르고**

→ 냇물을 보면서 … 강마다 터가 다르고

→ 물줄기를 보면서 … 내마다 터가 다르고

→ 물줄기를 보면서 … 냇물마다 터가 다르고

> • **하천(河川)** : 강과 시내를 아울러 이르는 말.
> '내'로 순화
> • **강(江)** : 넓고 길게 흐르는 큰 물줄기
> • **내** : 시내보다는 크지만 강보다는 작은 물줄기
> • **시내** : 골짜기나 평지에서 흐르는 자그마한 내

'하천'은 "강과 시내"를 아울러 이르는 말이라 하지만 '내'로 고쳐쓰라고 해요. 보기글에서는 '하천'하고 '강'이 겹말 얼거리로 나와요. 앞뒤 모두 '강'으로 적기만 해도 됩니다. 고쳐쓸 낱말을 굳이 넣어야 하지 않아요. 또는 '내·냇물·물줄기'를 알맞게 써 볼 만해요. 강과 시내를 아우르려 할 적에는 '물줄기'라는 낱말을 쓸 수 있어요.

• **우리나라 하천들을 보면서 이런 생각이 들어. 왜 똑같은 모습이어야 할까? 강마다 환경이 다르고**

→ 우리나라 냇물을 보면서 이런 생각이 들어. 왜 똑같은 모습이어야 할까? 강마다 터가 다르고

→ 우리나라 물줄기를 보면서 이런 생각이 들어. 왜 똑같은 모습이어야 할까? 냇물마다 터가 다르고

《야생 동물은 왜 사라졌을까?》 (이주희, 철수와영희, 2017) 138쪽

학교에 등교

: **학교에 등교해서**

→ 학교에 가서

> • **등교(登校)** : 학생이 학교에 감

ㅎ

학교에 가는 일을 가리켜 '등교'라는 한자말을 쓰기도 합니다. 학교에서 나와 집으로 가는 일을 가리켜 '하교'라는 한자말을 쓰기도 하고요. 아이들은 처음에는 "학교에 가다"와 "집으로 가다"처럼 쓸 테지만, 학교에서는 으레 '등교·하교'와 '등하교'라는 한자말을 씁니다. 아이들은 초등학교에 다닐 무렵부터 어른들이 학교에서 쓰는 한자말에 길듭니다. 이 보기글처럼 두 가지 말을 뒤죽박죽 섞어서 쓰다가 그만 겹말을 쓰기도 해요.

- **화실을 나와 오후에 학교에 등교해서 수업을 마치면, 늦은 밤이 되었다**
→ 화실을 나와 낮에 학교에 가서 수업을 마치면, 늦은 밤이 되었다

《무식하면 용감하다》 (이두호, 행복한만화가게, 2006) 42쪽

- **학교 갈 준비를 마쳤다 / 버스에서 내리면 / 언제나 같은 직선 도로로 / 등교를 한다. / 등교하는 길에는 / 중간 중간 샛길이 나 있다**
→ 학교 갈 준비를 마쳤다 / 버스에서 내리면 / 언제나 같은 곧은 길로 / 학교를 간다. / 학교 가는 길에는 / 이곳저곳 샛길이 있다

《기절했다 깬 것 같다》 (경남여고 아이들, 나라말, 2011) 18쪽

- **몇 달 만에 학교를 고쳐서 학교에 한 번도 가 보지 못했던 아이들이 매일 등교하게 되었지요**
→ 몇 달 만에 학교를 고쳐서 학교에 한 번도 가 보지 못했던 아이들이 날마다 학교를 다녔지요
→ 몇 달 만에 학교를 고쳐서 학교에 한 번도 가 보지 못했던 아이들이 날마다 학교를 다닐 수 있었지요

《내일》 (시릴 디옹·멜라니 로랑/권지현 옮김, 한울림어린이, 2017) 78쪽

학대하고 괴롭히고

: **자식을 학대하거나 부모를 괴롭히는**
→ 아이를 괴롭히거나 어버이를 괴롭히는
→ 아이를 들볶거나 어버이를 괴롭히는
→ 아이를 못살게 굴거나 어버이를 괴롭히는

> ○ **학대(虐待)** : 몹시 괴롭히거나 가혹하게 대우함
> ○ **괴롭히다** : 몸이나 마음이 편하지 않고 고통스럽게 하다
> ○ **고통스럽다(苦痛-)** : 몸이나 마음이 괴롭고 아픈 느낌이 있다

한자말 '학대하다'는 '괴롭히다'를 가리켜요. "학대하거나 괴롭히는" 꼴로 쓰면 겹말이 됩니다. 이 보기글에서는 앞뒤에 다른 낱말을 쓰고 싶었는지 모르는데, 앞뒤에 다른 낱말을 쓰고 싶었다면 앞에서는 '들볶다'나 "못살게 굴다"나 '억누르다'로 손볼 만합니다. 한국말사전에서 '괴롭히다'를 찾아보면 "고통스럽게 하다"로 풀이하는데, '고통스럽다'는 "괴로운 느낌"이 있는 모습을 가리킨다고 풀이해요. 돌림풀이로군요.

- **부모가 자식을 학대하거나, 자식이 부모를 괴롭히는 것은**
→ 어버이가 아이를 괴롭히거나, 아이가 어버이를 괴롭히는 짓은
→ 어버이가 아이를 들볶거나, 아이가 어버이를 괴롭히는 짓은

《흐르지 않는 세월》(김태길, 관동출판사, 1974) 34쪽

학습 가능한 배움

: **학습이 가능하고 배움에 탄력이 붙는다**
→ 배울 수 있고 더 잘 배운다
→ 배울 수 있고 한결 빨리 배운다
→ 배울 뿐 아니라 훨씬 잘 배운다
→ 배울 뿐 아니라 더 빨리 배운다

- **학습(學習)** : 배워서 익힘
- **배우다** : 1. 새로운 지식이나 교양을 얻다 2. 새로운 기술을 익히다 3. 남의 행동, 태도를 본받아 따르다 4. 경험하여 알게 되다
- **익히다** : '익다'의 사동사
- **익다** : 1. 자주 경험하여 조금도 서투르지 않다 2. 여러 번 겪어 설지 않다 3. 눈이 어둡거나 밝은 곳에 적응한 상태에 있다

한자말 '학습'은 "배워서 익힘"을 가리킨다고 하니, "학습이 가능하고 배움에 탄력이 붙는다" 같은 말마디는 겹말입니다. 앞뒤 모두 '배움·배우다'라는 낱말을 쓰면 됩니다. 이 보기글에서는 "배울 수 있고"로 손질하면 될 텐데, "배움에 탄력이 붙는다"라는 말씨는 좀 얄궂습니다. 이 대목도 손질해서 "배울 수 있고 더 잘 배운다"라든지 "배울 뿐 아니라 더욱 빨리 배운다"처럼 써 볼 만합니다.

- **재미가 있어야 자발적인 학습이 가능하고 배움에 탄력이 붙는다**
→ 재미가 있어야 스스로 배울 수 있고 더 빨리 배운다

ㅎ

→ 재미가 있어야 스스로 배울 뿐 아니라 한결 잘 배운다

《그림책으로 읽는 아이들 마음》 (서천석, 창비, 2015) 37쪽

학회와 공부 모임

: **학회, 공부 모임**

→ 학문 모임, 공부 모임

→ 학술 모임, 배움 모임

> ◦ **학회(學會)** : 학문을 깊이 있게 연구하고 더욱 발전하게 하기 위하여 공부하는 사람들이 만든 모임
> ◦ **-회(會)** : 1. '단체'의 뜻을 더하는 접미사 2. '모임'의 뜻을 더하는 접미사
> ◦ **모임** : 어떤 목적 아래 여러 사람이 모이는 일

학문을 하는 모임이기에 한자말로 '학회'라 하는데, 학문을 한다면 "학문 모임"처럼 쓸 만합니다. 학문 모임인 학회에서는 늘 공부를 한다니, 이 학문 모임은 "공부 모임"이기도 할 테지요. 공부란 배우는 일이니 공부 모임은 "배움 모임"이기도 해요. 그런데 한자 '-회(會)'만 한국말사전에 뒷가지로 실릴 뿐, 한국말 '-모임'은 한국말사전에 뒷가지로 아직 못 실립니다. 앞으로는 어른도 어린이도 대학교도 여느 동아리도 '모임'이라 말할 수 있기를 비는 마음입니다.

• **학회에서 만나도 공부 모임에서 만나도**

→ 학문 모임에서 만나도 공부 모임에서 만나도

→ 학술 모임에서 만나도 배움 모임에서 만나도

《토끼가 새라고??》 (고선윤, 안목, 2016) 62쪽

• **함께 일하는 사람들과 '바보회'라는 모임을 만들었어**

→ 함께 일하는 사람들과 '바보회'를 열었어

→ 함께 일하는 사람들과 '바보모임'을 열었어

《수다로 푸는 유쾌한 사회》 (배성호, 책과함께어린이, 2016) 103쪽

한가롭고 느긋한

: **한가롭고 느긋한 저녁**
→ 느긋한 저녁
→ 한갓진 저녁

- **한가롭다(閑暇-)** : 한가한 느낌이 있다
- **한가하다(閑暇-)** : 겨를이 생겨 여유가 있다
- **여유(餘裕)** : 1. 물질적·공간적·시간적으로 넉넉하여 남음이 있는 상태 2. 느긋하고 차분하게 생각하거나 행동하는 마음의 상태
- **느긋하다** : 마음에 흡족하여 여유가 있고 넉넉하다

한자말 '한가롭다'는 '한가한' 모습을 가리키고, '한가하다 = 여유가 있다'를 가리킨다는데, '여유 = 넉넉함 + 느긋함 + 차분함'이라고 합니다. '한가롭다 = 넉넉하다/느긋하다' 얼거리입니다. "한가롭고 느긋한"은 겹말인 꼴이에요. 한국말사전을 더 살피면 '느긋하다'를 "여유가 있고 넉넉하다"로 풀이하는데, '여유 = 넉넉함'이기에 겹말풀이가 되어요. 보기글은 "느긋한 저녁"으로 손보면 되는데, 비슷한 뜻이나 느낌으로 "한갓진 저녁"으로 적어 볼 만합니다.

- **오늘의 사회에서 우리는 한가롭고 느긋한 저녁을 빼앗겼다**
→ 오늘날 사회에서 우리는 느긋한 저녁을 빼앗겼다

《단순한 것이 아름답다》 (장석주, 문학세계사, 2016) 19쪽

한 가지 종류의 일

: **어떤 한 가지 종류의 일을**
→ 어떤 한 가지 일을
→ 어떤 일 한 가지를

- **가지** : 1. 사물을 그 성질이나 특징에 따라 종류별로 낱낱이 헤아리는 말 2. 제기차기에서, 제기를 차기 시작해서 땅에 떨어뜨리기까지의 동안을 세는 단위
- **종류(種類)** : 1. 사물의 부문을 나누는 갈래 2. 갈래의 수를 세는 단위
- **갈래** : 1. 하나에서 둘 이상으로 갈라져 나간 낱낱의 부분이나 계통 2. 갈라진 낱낱을 세는 단위 3. [문학] = 장르

'가지'나 '종류'는 여럿을 셀 적에 쓰는 말이에요. 한국말사전을 살피면 '가지'를 '종

류'로 풀이하는데, "한 가지 종류의 일"처럼 쓰면 겹말입니다. "한 가지 일"이나 "한 종류 일"로 손보아야 올발라요. "여러 종류의 책"은 "여러 가지 책"이나 "여러 갈래 책"으로 손볼 만합니다. "종류가 같다"는 "갈래가 같다"로 손볼 만하고, "서너 종류"는 "서너 가지"나 "서너 갈래"로 손볼 만합니다.

- **그는 어떤 한 가지 종류의 일을 하도록 허락을 받는다**
- → 그는 어떤 한 가지 일을 하도록 허락을 받는다
- → 그는 어떤 일 한 가지를 할 수 있을 뿐이다

《제7의 인간》 (존 버거·장 모르/김현우 옮김, 눈빛, 2004) 62쪽

- **여러 가지 소나무 종류와 잎**
- → 여러 가지 소나무와 잎

《사계절 생태놀이》 (붉나무, 돌베개어린이, 2005) 74쪽

한꺼번에 병행

: **한꺼번에 병행하고 있는걸요**

- → 한꺼번에 하는걸요
- → 한꺼번에 해요

> ○ **병행(竝行) :** 1. 둘 이상의 사물이 나란히 감
> 2. 둘 이상의 일을 한꺼번에 행함

"한꺼번에 하는" 모습을 가리키는 '병행'이니, "한꺼번에 병행한다" 꼴로 쓰면 겹말입니다. 한자말을 꼭 쓰고 싶다면 "병행하는걸요"로 쓰고, 한국말로 쓰려 한다면 "한꺼번에 하는걸요"로 씁니다.

- **한 논에서 한꺼번에 병행하고 있는걸요**
- → 한 논에서 한꺼번에 하는걸요
- → 한 논에서 한꺼번에 해요

《즐거운 불편》 (후쿠오카 켄세이/김경인 옮김, 달팽이, 2004) 157쪽

한도 끝도 없이

: **한도 끝도 없이**
→ 밑도 끝도 없이
→ 끝도 없이
→ 끝없이

> ○ **한(限) :** 1. 시간, 공간, 수량, 정도 따위의 끝을 나타내는 말

'한(限)'이라는 한자는 '끝'을 나타냅니다. "한도 끝도 없이"는 "끝도 끝도 없이"인 꼴이니 겹말입니다. 한국말로는 흔히 "밑도 끝도 없이"라 하지요. "끝도 없이"라고만 해도 되고, '끝없이'라고도 할 수 있습니다. "끝날 줄 모르고"나 "끝을 보이지 않고"로 적어 볼 수도 있어요.

• **세계 제일의 문명국 영국과 아일랜드에서 한도 끝도 없이 벌어지고 있는 신교와 구교의 파괴와 살육전**
→ 세계에 으뜸가는 문명국 영국과 아일랜드에서 밑도 끝도 없이 벌어지는 신교와 구교 사이 파괴와 피바다
→ 온누리에 손꼽히는 문명나라 영국과 아일랜드에서 신교와 구교 사이에 끝도 없이 부수고 죽이는 짓

《스핑크스의 코》(리영희, 까치, 1998) 21쪽

• **이런 일이 한도 끝도 없이 계속되었다**
→ 이런 일이 밑도 끝도 없이 이어졌다
→ 이런 일이 끝도 없이 이어졌다

《노란 집의 모팻 가족》(엘레노어 에스테스/고정아 옮김, 웅진닷컴, 2003) 182쪽

한밤중

: **한밤중**
→ 한밤
→ 깊은 밤

> ○ **한밤중(-中) :** 깊은 밤
> ○ **한밤 :** = 한밤중
> ○ **밤중(-中) :** 밤이 깊은 때

한국말사전에서 '한밤'을 찾아보면 '= 한밤중'으로 풀이하는데, 이 말풀이는 올바르지 않습니다. '한밤 = 깊은 밤'이기 때문입니다. '한밤'에 '—중(中)'을 붙인 '한밤중'은 겹말이에요. "깊은 밤"은 '한밤'이라는 낱말로 가리키는데, 굳이 한자 '—중(中)'을 붙이고 싶다면 '밤중'처럼 써야 올바릅니다. 다만 '한밤'이라는 낱말이 있는 만큼 '한밤중' 같은 겹말은 안 써도 되고, '밤중' 같은 낱말도 딱히 안 쓸 수 있습니다. '한낮'이라는 낱말을 생각해 보면 더 쉽게 알 만해요. 낮 한가운데는 '한낮'일 뿐, '한낮중'이나 '낮중'이 아니지요.

- **그런데 한밤중에 뭣 하러 나왔니**
→ 그런데 한밤에 뭣 하러 나왔니
→ 그런데 깊은 밤에 뭣 하러 나왔니

《황소 아저씨》 (권정생·정승각, 길벗어린이, 2001) 14쪽

- **한밤중이 되자 엘시의 엄마 아빠는**
→ 한밤이 되자 엘시네 엄마 아빠는
→ 깊은 밤이 되자 엘시네 엄마 아빠는

《줄넘기 요정》 (엘리너 파전·샬럿 보크/김서정 옮김, 문학과지성사, 2010) 5쪽

- **왜 유럽에서 하는 축구 경기는 한밤중이나 새벽에 하는 걸까요**
→ 왜 유럽에서 하는 축구 경기는 한밤이나 새벽에 할까요
→ 왜 유럽에서는 축구 경기를 밤이나 새벽에 할까요

《수다로 푸는 유쾌한 사회》 (배성호, 책과함께어린이, 2016) 10쪽

한 사람의 개인

: **한 사람의 개인이**
→ 한 사람이
→ 한 사람이 외롭게
→ 한 사람이 씩씩하게

> ◦ **개인(個人)** : 국가나 사회, 단체 등을 구성하는 낱낱의 사람
> ◦ **낱낱** : 여럿 가운데의 하나하나

'개인'은 "낱낱인 사람"을 가리키고, '낱낱'은 '하나하나'를 가리킵니다. "한 사람의

개인"은 "한 사람의 한 사람"을 가리키니 겹말이지요. 한자말을 쓰고 싶다면 '개인'만 쓰고, 한국말을 쓰려 한다면 "한 사람"을 쓰면 됩니다. 또는 "한 사람이 외롭게"나 "한 사람이 꿋꿋하게"처럼 뒤쪽에 꾸밈말을 붙일 수 있어요.

- **큰 조직력을 배경에 지니지 못한 한 사람의 개인이 무언가를 말하고 실천해 보아도**
- → 큰 조직력을 뒤에 두지 못한 한 사람이 무언가를 말하고 실천해 보아도

《빈곤에 맞서다》 (유아사 마코토/이성재 옮김, 검둥소, 2009) 122쪽

한쪽 면

: **한쪽 면이 전부**
- → 한쪽이 모두
- → 한쪽 자리가 모두
- → 한쪽 벽이 모두

> ○ **한쪽** : 어느 하나의 편이나 방향
> ○ **쪽** : 1. 방향을 가리키는 말 2. 서로 갈라지거나 맞서는 것 하나를 가리키는 말
> ○ **면(面)** : 1. 사물의 겉으로 드러난 쪽의 평평한 바닥 2. 입체의 평면이나 표면 3. 무엇을 향하고 있는 쪽

한자말 '면'은 '쪽'을 가리킵니다. "한쪽 면"이라고 하면 겹말이에요. "한 면"으로 손보거나 '한쪽'으로 손보아야 합니다. 보기글에서는 오두막에서 벽 한 군데를 가리키니 "한쪽 벽"으로 손볼 수 있고, "한쪽 자리"라든지 "벽 한 군데"로 손볼 만합니다.

- **오두막의 한쪽 면이 전부 돌로 둘러싸이게 되었다**
- → 오두막 한쪽이 모두 돌로 둘러싸였다
- → 오두막 한쪽 자리가 모두 돌로 둘러싸였다

《홀로 숲으로 가다》 (베른트 하인리히/정은석 옮김, 더숲, 2016) 57쪽

한 측면

: **한 측면**

ㅎ

709

→ 한 곳

→ 한쪽 모습

→ 한 가지

◦ **측면(側面)** : 1. = 옆면 2. 사물이나 현상의 한 부분. 또는 한쪽 면

한자말 '측면'은 "한 부분"이나 "한쪽 면"을 가리키니, "한 측면"이라 하면 겹말입니다. '측면'이라는 한자말을 살리고 싶다면 '한'을 덜고 '측면'만 쓸 노릇이에요. '측면'이라는 한자말을 손보고 싶다면 "한 곳"이나 "한 군데"나 "한 가지"로 쓰거나, '한쪽'이나 "한 모습"이나 "한쪽 모습"으로 쓰면 돼요.

- **사물이나 현상의 한 측면만 보지 말고 전체를 넓게 볼 줄 알아야 합니다**

→ 사물이나 현상에서 한쪽만 보지 말고 모두를 넓게 볼 줄 알아야 합니다

→ 사물이나 현상에서 한 모습만 보지 말고 모든 모습을 넓게 볼 줄 알아야 합니다

《위! 아래!》 (이월곡, 분홍고래, 2016) 5쪽

한턱내는 거창한 외식

:   **거창하게 외식을 한다 … 멋지게 한턱내는 것이다**

→ 크게 외식을 한다 … 멋지게 한턱낸다

→ 밖에서 크게 잔치를 한다 … 멋지게 한턱낸다

◦ **한턱내다** : 한바탕 남에게 음식을 대접하다
◦ **한바탕** : 크게 벌어진 한판
◦ **거창하다(巨創-)** : 일의 규모나 형태가 매우 크고 넓다

밖에서 먹든 안에서 먹든 '거창'하게 먹을 적에는 '크게' 먹지요. '한턱내다'는 바로 '크게' 먹는 일을 가리켜요. "거창한 외식"하고 '한턱내다'를 나란히 쓸 적에는 겹말 얼거리입니다. 앞뒤 모두 '한턱내다'를 쓸 수 있고, 앞쪽을 "크게 외식을 한다"라든지 "밖에서 크게 잔치를 한다"처럼 써 볼 만해요.

- **수고를 치하하는 의미로 거창하게 외식을 한다. 더 정확히 말하면 내가 멋지게 한턱내는 것이다**

→ 수고를 기리는 뜻으로 크게 외식을 한다. 더 낱낱이 말하면 내가 멋지게 한턱낸다

→ 수고를 기리는 뜻으로 밖에서 크게 잔치를 한다. 더 꼼꼼히 말하면 내가 멋지게 한턱낸다

《남편이 일본인입니다만》 (케이, 모요사, 2016) 62쪽

할당이 주어진

: **할당이 주어진 서평**

→ 쓸 몫이 주어진 서평

→ 주어진 서평

> ○ **할당(割當)** : 몫을 갈라 나눔. 또는 그 몫. '몫 나누기', '배정', '벼름'으로 순화
> ○ **주어지다** : 일, 환경, 조건 따위가 갖추어지거나 제시되다

"할당이 주어진 서평"이라고 하면 "몫을 나눈 주어진 서평"이라는 뜻이 되면서 겹말이에요. "할당이 있는 서평"이나 "주어진 서평"으로 손질해 줍니다. '할당'은 "몫나누기"로 고쳐쓸 한자말이라고 해요. "쓸 몫이 주어진 서평"으로 더 손질해 볼 수 있어요.

• **할당이 주어진 서평이나, 미리 정해진 주제에 따라 글을 써 본 적이 없습니다**

→ 쓸 몫이 주어진 서평이나, 미리 잡은 주제에 따라 글을 써 본 적이 없습니다

→ 주어진 서평이나, 미리 잡은 주제에 따라 글을 써 본 적이 없습니다

《글쓰기를 말하다》 (폴 오스터/심혜경 옮김, 인간사랑, 2014) 57쪽

함께 공감

: **함께 공감할 수도**

→ 공감할 수도

→ 함께 느낄 수도

→ 똑같이 느낄 수도

> ○ **공감(共感)** : 남의 감정, 의견, 주장 따위에 대하여 자기도 그렇다고 느낌

ㅎ

'공(共)'이라는 한자는 '함께'나 '같이'나 '한가지'를 가리킵니다. '공감'이라는 한자말
은 남처럼 나도 그렇게 느끼는 모습을, 곧 "함께 느끼는" 모습을 가리켜요. "함께
공감할"처럼 쓰면 겹말입니다. 이 한자말을 쓰려 한다면 '공감할'이라고만 쓸 노릇
이고, 이 한자말을 털어내려 한다면 "함께 느낄"이나 "같이 느낄"이나 "똑같이 느
낄"로 손질합니다.

- **그들이 웃을 때 함께 웃을 수 없었고, 함께 공감할 수도 없었다**
- → 그들이 웃을 때 함께 웃을 수 없었고, 함께 느낄 수도 없었다
- → 그들이 웃을 때 함께 웃을 수 없었고, 똑같이 느낄 수도 없었다

《토끼가 새라고??》 (고선윤, 안목, 2016) 273쪽

- **같이 공감해 주고 나서는 그 상태로 놔두는 거는 아니니까**
- → 같이 느껴 주고 나서는 그대로 놔두지는 않으니까
- → 같이 아파해 주고 나서는 그대로 놔두지는 않으니까

《언니, 같이 가자!》 (안미선, 삼인, 2016) 230쪽

함께 다니는 동행

: **함께 다니는 남자동행**
- → 함께 다니는 남자
- → 남자 동행
- → 길동무

> ○ **동행(同行)** : 1. 같이 길을 감 2. 같이 길을 가는 사람
> ○ **길동무** : 길을 함께 가는 동무. 또는 같은 길을 가는 사람
> ○ **길벗** : = 길동무

함께 다니기에 '동행'입니다. "함께 다니는 남자동행"이라 하면 겹말입니다. 한자
말 '동행'만 쓰거나 "함께 다니는 남자"나 "함께 다니는 사내"로 손봅니다. '길동무'
나 '길벗'으로 새롭게 써 볼 수 있어요. 길을 함께 가기에 '길동무·길벗'이에요. '길
지기·길님'처럼 더욱 새로운 이름을 써 볼 수 있고요. "길동무인 사내"나 "길벗인
남자"로 써 보아도 됩니다.

- **함께 다니는 남자동행이 말했다**
- → 함께 다니는 남자가 말했다

→ 함께 다니는 사내가 말했다

→ 길동무가 말했다

《당신도 쿠바로 떠났으면 좋겠어요》 (시골여자, 스토리닷, 2016) 187쪽

함께 동봉

: **함께 동봉된**

→ 함께 보낸

→ 함께 부친

→ 함께 띄운

> ○ **동봉(同封)** : 두 가지 이상을 같은 곳에 넣거나 싸서 봉함

'동봉'한다고 할 적에는 "같이 보내"거나 "함께 부친"다는 뜻입니다. "함께 동봉된"이라 하면 겹말이에요. 한자말 '동봉'을 꼭 쓰고 싶다면 '동봉된'만 쓸 노릇이고, 쉽고 또렷하게 쓰고 싶다면 "함께 보낸"이나 "함께 부친"이나 "함께 띄운"이나 "함께 날아온"이나 "함께 찾아온"으로 손볼 만합니다.

• **함께 동봉된 애정 어린 엽서에서**

→ 함께 보낸 사랑 어린 엽서에서

→ 함께 띄운 따스한 엽서에서

《되찾은: 시간》 (박성민, 책읽는고양이, 2016) 128쪽

함께 동시대를 살고

: **나와 함께 동시대를 살고 있는**

→ 나와 함께 이 시대를 사는

→ 나와 같은 시대를 사는

→ 나와 함께 이 땅에 사는

> ○ **함께** : 한꺼번에 같이. 또는 서로 더불어
> ○ **같이** : 1. 둘 이상의 사람이나 사물이 함께
> ○ **동시대(同時代)** : 같은 시대

'동시대'는 "같은 시대"를 가리켜요. "나와 함께 동시대를 살고" 꼴로 쓰면 겹말이에요. 한국말사전을 살피니 '함께'는 '같이'로 풀이하고, '같이'는 '함께'로 풀이하는 돌림풀이입니다. '함께'하고 '같이'는 뜻이 거의 겹치니 이처럼 풀이할 만하기도 할 테지만, 돌림풀이에서는 벗어나면서 두 낱말이 어느 결에서 다른가를 밝혀야지 싶습니다. 이 보기글은 "나와 함께 이 땅에 사는"이나 "나와 같은 시대를 사는"으로 손볼 만한데, "나와 한 시대를 사는"이나 "나와 함께 이곳에 있는"이나 "내 곁에 함께 있는"으로 손볼 수도 있어요.

- 그것은 나와 함께 동시대를 살고 있는 또래 친구들의 죽음이었고
→ 이는 나와 함께 이 시대를 사는 또래 친구들 죽음이었고
→ 이는 나와 같은 시대를 사는 또래 동무들 죽음이었고
→ 이는 나와 함께 이 땅에 사는 또래 동무들 죽음이었고

《우리는 현재다》 (공현·전누리, 빨간소금, 2016) 210쪽

함께 병행

: **함께 병행되어야**
→ 함께 나아가야
→ 함께 해야

> ∘ **병행(竝行)** : 1. 둘 이상의 사물이 나란히 감 2. 둘 이상의 일을 한꺼번에 행함

한자말 '병행'은 함께 가거나 함께 하는 일을 가리켜요. "함께 병행되어야"처럼 쓰면 겹말이에요. 보기글을 살피면 "휴식과 함께 병행되어야"라 나옵니다. 한자말 '휴식'을 그대로 두고 싶다면 "휴식과 함께 이루어져야"로 손볼 만한데, 글월을 부드럽게 가다듬고 싶다면 "함께 쉬어 주어야"나 "쉬어 주기도 해야"로 손볼 수 있습니다.

- **노동은 자발적이고 반드시 휴식과 함께 병행되어야 하는데**
→ 일은 스스로 하고 반드시 함께 쉬어 주어야 하는데
→ 일은 스스로 하고 반드시 쉬어 주기도 해야 하는데

《단순한 것이 아름답다》 (장석주, 문학세계사, 2016) 174쪽

함께 살고 있는 동석자

: **함께 살고 있는 同席者로서**

→   함께 사는 사람으로서

→   함께 있는 사람으로서

→   함께 사는 이웃으로서

→   함께 있는 한식구로서

→   함께 사는 한동무로서

→   함께 있는 한이웃으로서

> ∘ **동석자(同席者)** : 자리를 같이한 사람

"자리를 같이한 사람"을 가리키는 '동석자'입니다. 이는 같은 자리에 있는 사람이요, 함께 한자리에 있는 사람이지요. "함께 살고 있는 동석자"처럼 쓰면 겹말입니다. "함께 사는 사람"이나 "함께 있는 사람"으로 고쳐써야 올바릅니다. 더 생각해본다면, "함께 사는 이웃"으로 손볼 수 있고, '한식구'나 '한동무'나 '한벗'이나 '한이웃' 같은 낱말을 새롭게 써 볼 수 있어요. 또는 '옆사람'이나 '곁사람' 같은 낱말을 써 볼 만합니다.

•   **이 時代를 함께 살고 있는 同席者로서 우리는 박수를 보내지 않을 수 없다**

→   이 시대를 함께 사는 사람으로서 우리는 손뼉을 치지 않을 수 없다

→   오늘날을 함께 사는 이웃으로서 우리는 손뼉을 치지 않을 수 없다

《영혼의 모음》(법정, 동서문화사, 1973) 28쪽

함께 살며 공존

: **함께 살며 공존한다**

→   함께 산다

→   어우러져 산다

→   어울리며 산다

> ∘ **공존(共存)** : 1. 두 가지 이상의 사물이나 현상이 함께 존재함 2. 서로 도와서 함께 존재함

한자말 '공존'은 "함께 있음"을 가리켜요. "함께 살며 공존한다"라 하면 겹말입니다. '공존'을 덜고 "함께 산다"로 적을 노릇입니다. 함께 사는 모습은 '어우러짐'이나 '어울림'이니 "어우러져 산다"나 "어울려 산다"로 손볼 수 있어요. 느낌을 살려서 "즐겁게 함께 산다"라든지 "사이좋게 함께 산다"나 "어깨동무하며 함께 산다"처럼 써 볼 수도 있습니다.

- **바닷속에는 참 많은 것들이 함께 살며 공존한다**
- → 바닷속에는 참 많은 것들이 함께 산다
- → 바닷속에는 참 많은 것들이 어우러져 산다

《우리말 꽃이 피었습니다》 (오리여인, 시드페이퍼, 2016) 211쪽

- **함께하기 위해서는 서로의 차이를 존중하고 다양성을 승인하는 공존(共存)의 터전을 만들어야**
- → 함께하려면 서로 다른 대목을 섬기고 여러 모습을 받아들이는 터전을 마련해야
- → 함께하려면 서로 다른 모습을 섬기고 받아들이는 터전을 마련해야

《냇물아 흘러흘러 어디로 가니》 (신영복, 돌베개, 2017) 377쪽

함께 연대

: **함께 연대해서 목소리를 높여야**
- → 함께 목소리를 높여야
- → 우리가 함께 목소리를 높여야
- → 함께 어깨를 걸고 목소리를 높여야
- → 어깨동무를 하고 목소리를 높여야

> ◦ **연대(連帶)** : 1. 여럿이 함께 무슨 일을 하거나 함께 책임을 짐 2. 한 덩어리로 서로 연결되어 있음

한자말 '연대'는 어떤 일을 '함께' 하는 몸짓을 가리켜요. "함께 연대해서"처럼 쓰면 겹말이에요. 한자말을 꼭 써야겠다면 '함께'를 덜고 '연대해서'라고만 쓸 노릇이요, 이 한자말을 안 써도 되겠다면 '함께'만 단출히 쓰면 돼요. 힘주어 말하고 싶으면 "우리가 함께"나 "우리 함께"나 "우리가 다 함께"처럼 쓸 만해요. 또는 "함께 어깨를 걸고"나 "함께 어깨동무를 하고"나 "우리가 어깨동무를 하고"로 써 볼 수 있어요.

- **다른 방법이 없어요. 함께 연대해서 목소리를 높여야 합니다**
- → 다른 길이 없어요. 함께 목소리를 높여야 합니다
- → 다른 길이 없어요. 우리가 함께 목소리를 높여야 합니다
- → 다른 수가 없어요. 함께 어깨를 걸고 목소리를 높여야 합니다

《한홍구의 청소년 역사 특강》(한홍구, 철수와영희, 2016) 161쪽

함께 참여하는

: **함께 참여하는 농업을 해야 한다**
- → 함께하는 농업을 해야 한다
- → 함께 손을 맞잡는 농업을 해야 한다
- → 함께 땀흘리는 농업을 해야 한다
- → 함께 힘쓰는 농업을 해야 한다

> ◦ **참여(參與)** : 어떤 일에 끼어들어 관계함
> ◦ **관계하다(關係-)** : 어떤 방면이나 영역에 관련을 맺고 있다
> ◦ **관련(關聯)** : 둘 이상의 사람, 사물, 현상 따위가 서로 관계를 맺어 매여 있음

한 사람이 하는 일이라면 '혼자' 하는 일입니다. 두 사람이 넘게 하는 일이라면 '함께' 하는 일입니다. "참여하는 농업"이라 할 때에는 혼자서 하는 농업이 아닌 여럿이 하는 농업이요, 여럿이 하는 농업이란 바로 '함께' 하는 농업이에요. "함께 참여하는 농업"처럼 말을 한다면 겹말이에요. 한국말사전을 보니 '참여'는 '관계함'으로 풀이하고, '관계'는 '관련을 맺음'으로 풀이하는데, '관련'은 다시 '관계를 맺음'으로 풀이해요. 말풀이가 뒤죽박죽입니다.

- **이 일에 지역 공동체가 함께 참여하는 농업을 해야 한다는 것이다**
- → 이 일에 마을 두레가 함께하는 농업을 해야 한다는 뜻이다
- → 이 일에 마을 두레가 함께 힘쓰는 농업을 해야 한다는 얘기이다

《동네에너지가 희망이다》(이유진, 이매진, 2008) 92쪽

함께하는 그룹

: **주변 친구들과 함께하는 그룹 미술놀이**

→ 둘레 동무들과 함께하는 미술놀이

→ 둘레 동무들과 모둠으로 하는 미술놀이

→ 둘레 동무들과 모여서 하는 미술놀이

> ○ **함께하다** : = 같이하다
> ○ **같이하다** : 1. 경험이나 생활 따위를 얼마 동안 더불어 하다 2. 어떤 뜻이나 행동 또는 때 따위를 서로 동일하게 취하다
> ○ **그룹**(group) : 1. 함께 행동하거나 공통점이 있어 한데 묶일 수 있는 사람들의 무리 2. 계열을 이루는 기업체의 무리

영어 '그룹'은 "함께 행동하는" 사람들을 가리킨다고 합니다. 함께 '행동하는' 일이란 함께 '움직인다'거나 함께 어떤 일을 '하는' 모습이에요. 이를 '함께하다'나 '같이하다' 같은 낱말로 나타내지요. "함께하는 그룹 미술놀이"는 겹말입니다. "함께하는 미술놀이"로 손보거나 "모둠으로 하는 미술놀이"로 손보아야 올바릅니다. "같이하는 미술놀이"라든지 "다 함께 모이는 미술놀이"라든지 "동아리로 하는 미술놀이"로 손볼 수도 있어요.

• **그렇게 시작된 미술놀이가 아이가 커 가면서 주변 친구들과 함께하는 그룹 미술놀이로 발전했고요**

→ 그렇게 하던 미술놀이가 아이가 커 가면서 둘레 동무들과 함께하는 미술놀이로 발돋움했고요

→ 그렇게 하던 미술놀이가 아이가 커 가면서 둘레 동무들과 모둠으로 하는 미술놀이로 발돋움했고요

《아티스트맘의 참 쉬운 미술놀이》 (안지영, 길벗, 2016) 6쪽

항간의 소문에 대해 말이

: **항간의 소문에 대해서도 말들이 분분했다**

→ 들리는 말을 놓고도 생각이 뒤죽박죽이었다

→ 오르내리는 말을 놓고도 생각이 갈렸다

'항간'은 "사람들 사이"를 가리키고, '소문'은 "사람들 입에 오르내리며 들리는 말"을 가리키니 "항간의 소문"이라 하면 겹말입니다. '소문'은 "들리는 말"을 가리키니 "소문에 대해 말이 분분했다"라 하면 "들리는 말을 놓고 말이 뒤죽박죽이었다"라는 뜻이니, 이때에도 겹말인 얼거리입니다. 한자말을 쓰려 하더라도 '항간'이나 '소문' 가운데 하나만 골라서 "항간에 들리는 말을 놓고도"나 "소문을 놓고도"로 손질해 줍니다. '소문'을 쓰든 이를 "들리는 말"로 손보든, 뒤쪽에 나오는 "말들이 분분했다"는 "생각이 갈렸다"로 손질해 줍니다.

- **고로쇠 물을 두고 벌어지는 항간의 소문에 대해서도 말들이 분분했다**
→ 고로쇠 물을 두고 벌어지는 온갖 소문을 놓고도 생각이 뒤죽박죽이었다
→ 고로쇠 물을 두고 벌어지는 이런저런 말을 놓고도 생각이 갈렸다

《전라도, 촌스러움의 미학》(황풍년, 행성B잎새, 2016) 127쪽

항상 늘

: **항상 깨끗하게 차려입고 … 늘 조심을 했다**
→ 언제나 깨끗하게 차려입고 … 늘 마음을 썼다
→ 노상 깨끗하게 차려입고 … 늘 알뜰히 살폈다

'항상'은 "언제나 변함없이"를 뜻한다는데, '변함없이'는 "항상 같이"를 뜻한다고 하니 돌림풀이예요. '항상 = 언제나 항상'이라는 말풀이가 되니까요. 한국말사전을 보면 '언제나'를 또 '항상'으로 풀이해요. 돌림풀이입니다. 한자말 '항상'은 '언제나'를 가리킨다고 할 만하고, '늘'은 '언제나'하고 매우 비슷한 낱말이에요. '항상'하고 '늘'이 나란히 나오는 글월은 겹말입니다. '늘'만 쓰든지 '언제나'하고 '늘'을 나란

ㅎ

히 쓰든지 '노상'하고 '늘'을 쓰면 됩니다.

- **아니카는 다림질을 잘한 무명옷을 항상 깨끗하게 차려입고 있었는데, 옷을 더럽히지 않으려고 늘 조심을 했다**
→ 아니카는 다림질을 잘한 무명옷을 언제나 깨끗하게 차려입었는데, 옷을 더럽히지 않으려고 늘 마음을 썼다
→ 아니카는 다림질을 잘한 무명옷을 노상 깨끗하게 차려입었는데, 옷을 더럽히지 않으려고 늘 알뜰히 살폈다

《말괄량이 삐삐》 (아스트리드 린드그렌/김인호 옮김, 종로서적, 1982) 7쪽

해가 지면 일몰을

: **해가 질 때면 황홀한 일몰을**
→ 해가 질 때면 눈부신 모습을
→ 해가 질 때면 아름다운 저녁빛을
→ 저녁이면 눈부신 해넘이를
→ 저녁이면 아름다운 해거름을

> ◦ **일몰(日沒)** : 해가 짐
> ◦ **해넘이** : 해가 막 넘어가는 때
> ◦ **해거름** : 해가 서쪽으로 넘어가는 일
> ◦ **해름** : = 해거름

한자말 '일몰'은 "해가 짐"을 가리킨다고 합니다. "해가 질 때면 황홀한 일몰을 즐긴"다고 한다면 "해가 질 때면 눈부시게 해가 지는 모습을 즐긴"다는 이야기가 되어요. 겹말입니다. 해가 질 때면 "눈부신 모습"이나 "아름다운 저녁빛"을 본다고 손질해 줍니다. 또는 앞쪽을 손질해서 "저녁이면 눈부신 해넘이를 즐긴"다고 할 수 있어요.

- **해가 질 때면 황홀한 일몰을 즐길 수도 있다**
→ 해가 질 때면 눈부신 모습을 즐길 수도 있다
→ 해가 질 때면 아름다운 저녁빛을 즐길 수도 있다

《잉카의 웃음, 잉카의 눈물》 (이기식, 작가, 2005) 68쪽

해결은커녕 풀기 어려운

:	해결은커녕 오히려 더 풀기 어려운

→ 풀기는커녕 오히려 더 풀기 어려운

→ 잘하기는커녕 오히려 더 풀기 어려운

→ 매듭짓기는커녕 오히려 더 풀기 어려운

∘ **해결(解決)** : 제기된 문제를 해명하거나 얽힌 일을 잘 처리함
∘ **해명(解明)** : 까닭이나 내용을 풀어서 밝힘
∘ **풀다** : 3. 마음에 맺혀 있는 것을 해결하여 없애거나 풀고 있는 것을 이루다 4. 모르거나 복잡한 문제 따위를 알아내거나 해결하다

얽힌 일을 잘 다루거나 어떤 일을 밝힐 적에 이를 한자말로 '해결'이라 합니다. '해결' 뜻풀이를 보면 '해명'이 보이는데 '해명 = 풀어서 밝힘'을 나타내지요. "해결은커녕 오히려 더 풀기 어려운"이라 하면 겹말이에요. '해결하다 · 해명하다 = 풀다'인 얼거리입니다. 보기글에서는 앞뒤 모두 '풀다'라는 낱말을 쓰면 되는데, 앞쪽을 좀 다르게 써 보고 싶다면 '잘하다'나 '매듭 · 매듭짓다'나 '마무리 · 마무리짓다' 같은 낱말을 써 볼 만합니다.

• 성실과 근면, 양식 등을 저버리고 일방통행으로 달릴 땐 **해결은커녕 오히려 더 풀기 어려운** 일이 벌어지는 것을

→ 참됨과 부지런, 올바름 들을 저버리고 외곬으로 달릴 땐 풀리기는커녕 오히려 더 풀기 어려운 일이 벌어지는 줄

→ 참됨과 부지런, 올바름 들을 저버리고 외통으로 달릴 땐 매듭짓기는커녕 오히려 더 풀기 어려운 일이 벌어지는 줄

《못 다한 그 시간에》 (박현서, 태창문화사, 1981) 62쪽

해결하기 위한 해결책

:	무허가 판자촌을 해결하기 위한 정부의 해결책이었지

→ 무허가 판잣집을 정부 나름대로 줄이려는 풀이법이었지

→ 무허가 판잣집을 정부 나름대로 줄이려는 수였지

→ 무허가 판잣집을 정부 나름대로 풀어 보려는 수였지

ㅎ

> ○ **해결(解決)** : 제기된 문제를 해명하거나 얽힌 일을 잘 처리함
> ○ **해결책(解決策)** : 어떠한 일이나 문제 따위를 해결하기 위한 방책
> ○ **풀다** : 3. 마음에 맺혀 있는 것을 해결하여 없애거나 품고 있는 것을 이루다 4. 모르거나 복잡한 문제 따위를 알아내거나 해결하다

"해결하기 위한 해결책"이란 무엇일까요. '해결'이라는 한자말을 쓰고 싶다면 "해결하려는 대책"이나 '해결책'으로 손질할 노릇입니다. 이 한자말이 아니어도 넉넉하다면 '풀이법'이나 "풀어 보려는 수"로 손볼 수 있어요. 한국말사전은 '풀다'를 '해결하다'로 풀이하니 얄궂습니다. '해결하다 → 풀다'로 적은 뒤에, '풀다'를 알맞게 다루는 얼거리로 한국말사전을 바로잡아야지 싶어요.

* **엄청난 속도로 늘어나는 무허가 판자촌을 해결하기 위한 정부의 해결책이었지**
→ 엄청나게 늘어나는 무허가 판잣집을 정부 나름대로 줄이려는 풀이법이었지
→ 엄청나게 늘어나는 무허가 판잣집을 정부 나름대로 줄이려는 수였지

《미래로 가는 희망 버스, 행복한 재개발》 (이은영, 분홍고래, 2015) 25쪽

해변가

: **해변가**

→ 바닷가

> ○ **해변가(海邊-)** : = 바닷가
> ○ **해변(海邊)** : = 바닷가
> ○ **바닷가** : 바닷물과 땅이 서로 닿은 곳이나 그 근처 ≒ 해반(海畔)·해변(海邊)·해변가·해빈(海濱)·해안가

한국말사전을 살피니 '해변가'라는 낱말이 나옵니다. '해변'이라는 낱말도 함께 나옵니다. 한국말사전은 두 낱말 모두 '= 바닷가'로만 다룰 뿐, 딱히 더 붙임말이 없습니다. '해변'은 한자말입니다. '바다(海) + 가(邊)'예요. '해변 = 해 + 변 = 바닷가'이기에, 이 한자말을 쓰려 한다면 '해변'으로만 써야 할 뿐입니다. '해변가'처럼 쓰면 '바닷가가' 꼴이 되어요. 냇물 가장자리이니 '냇가'요, 물 가장자리이니 '물가'입니다. 불 옆이기에 '불가'이고, 길 옆이기에 '길가'예요. 바다 가장자리나 바다 가까운 곳이라면 '바닷가'입니다. 한국말사전에서 '바닷가'를 살피면 한자를 붙인 온갖 비슷한말을 싣습니다만, 이 모두 군더더기이지 싶어요.

- **네가 보고 있는 곳은 여기 도술섬 해변가구나**
→ 네가 보는 곳은 여기 도술섬 바닷가구나

《마법천자문 1》(스튜디오 시리얼, 아울북, 2003) 152쪽

- **해변가에 서 있는 인간이**
→ 바닷가에 선 사람이
→ 바닷가에 있는 사람이
→ 바다 가장자리에 선 사람이

《땅과 바다》(칼 슈미트/김남시 옮김, 꾸리에, 2016) 9쪽

해안가

: **해안가**
→ 바닷가

> ○ **해안가(海岸-)** : = 바닷가
> ○ **해안(海岸)** : 바다와 육지가 맞닿은 부분

한국말사전을 살피면 '해안가'를 '= 바닷가'로 풀이하는데, 비슷한 한자말 '해변가'도 '= 바닷가'로 풀이합니다. 한자말 '해안'이나 '해변'은 모두 한국말로 '바닷가'를 가리켜요. '해안'이나 '해변'이라는 낱말에 '-가'를 붙인다면 '바닷가가' 꼴이 되지요. '해안'이나 '해변' 같은 한자말을 쓰고 싶다면 쓸 노릇이지만, 한국말 '바닷가'가 있다는 대목을 똑똑히 알아야지 싶습니다.

- **해안가에 바닷물이 고이는 움푹 파인 곳을**
→ 바닷가에 바닷물이 고이는 움푹 파인 곳을
→ 바다 가장자리에 바닷물이 고이는 움푹 파인 곳을

《어떤 소금을 먹을까?》(김준, 웃는돌고래, 2014) 48쪽

해저 깊이 성스러운 심연

: **북극의 해저 깊이**
→ 북극 바다 깊은 곳

ㅎ

→ 북극 바다 깊이

→ 북극 바다 밑바닥

→ 북극 바다밑

> ○ **해저(海底)** : 바다의 밑바닥
> ○ **깊다** : 겉에서 속까지의 거리가 멀다
> ○ **밑바닥** : 어떤 것의 바닥 또는 아래가 되는 부분
> ○ **바닥** : 물체의 밑부분
> ○ **밑** : 물체의 아래나 아래쪽
> ○ **심연(深淵)** : 1. 깊은 못 2. 좀처럼 빠져나오기 힘든 구렁을 비유적으로 이르는 말 3. 뛰어넘을 수 없는 깊은 간격을 비유적으로 이르는 말

한자말 '해저'는 "바다 밑바닥"을 가리킨다고 합니다. 한국말사전은 '밑바닥'을 '바닥'이 되는 곳으로 풀이하고, '바닥'을 '밑'이 되는 곳으로 풀이해요. '밑바닥 = 밑 + 바닥'이니, 이 풀이를 따르면 '밑바닥 = 밑밑/바닥바닥'인 꼴입니다. 한국말사전 말풀이부터 돌림풀이입니다. 아무튼 '밑바닥'은 물이나 바다에서 아주 깊은 자리입니다. 속으로 가장 멀리 들어간 데를 가리키지요. 보기글처럼 "북극의 해저 깊이"라 하면 겹말이에요. "북극 해저"라고만 쓰든가 "북극 바다 깊이"나 "북극 바다밑"으로 손질해 줍니다. '바다밑'을 새말로 지어서 쓸 수 있습니다. 보기글을 더 보면 바로 이어서 "성스러운 심연"이라 나오는데, 앞에서 '깊은' 곳이라고 이야기하니, "거룩한 곳"으로 손봅니다. 앞쪽을 "북극 바다에"라 적고 뒤쪽을 "거룩히 깊은 곳"으로 손볼 수도 있어요.

- **북극의 해저 깊이 그 '성스러운 심연'은 존재한다**

→ 북극 바다 깊이 그 '거룩한 곳'은 있다

→ 북극 바다밑에 그 '거룩한 곳'은 있다

→ 북극 바다에 그 '거룩히 깊은 곳'은 있다

《동토의 여행자》 (다니구치 지로/김성구 옮김, 샘터, 2008) 241쪽

햇볕을 받으며 양지바른 곳

:   **따뜻한 햇볕을 받으며 양지바른 곳**

→ 따뜻한 햇볕을 받는 곳

→ 볕바른 곳

→ 볕발라 따뜻한 곳

> ○ **양지바르다(陽地-)** : 땅이 볕을 잘 받게 되어 있다
> ○ **양지(陽地)** : 1 볕이 바로 드는 곳 ≒ 볕받이
> ○ **볕받이** : 1. 햇볕이 잘 드는 일 2. = 양지
> ○ **볕바르다** : 햇볕이 바로 비치어 밝고 따뜻하다

→ 따뜻한 볕받이

'양지바른' 곳이라 할 적에는 '볕(햇볕)'이 잘 드는 곳을 가리키니, "햇볕을 받으며 양지바른 곳"이라 하면 겹말이에요. "볕이 잘 들어 따뜻한 곳"이나 "볕이 따뜻한 곳"으로 손보거나 "볕바른 곳"이나 "따뜻한 볕받이"로 손봅니다. "볕발라 따뜻한 곳"이나 "볕받이여서 따뜻한 곳"으로 손볼 수도 있습니다.

- **아벨은 따뜻한 햇볕을 받으며 양지바른 곳에 누워서**
→ 아벨은 따뜻한 햇볕을 받는 곳에 누워서
→ 아벨은 볕바른 곳에 누워서
→ 아벨은 따뜻한 볕받이에 누워서

《아벨의 섬》(윌리엄 스타이그/송영인 옮김, 다산기획, 2001) 131쪽

행복하게 해피엔딩

: **행복하게 살았다는 … 해피엔딩이 될 것만 같았다**
→ 즐겁게 살았다는 … 기쁜 마무리가 될 듯했다
→ 잘 살았다는 … 좋은 마무리가 될 듯했다

> - **행복하다(幸福-)** : 생활에서 충분한 만족과 기쁨을 느끼어 흐뭇하다
> - **해피엔딩** : x
> - **happy ending** : 행복한 결말, 해피 엔딩

영어 "해피 엔딩"은 "행복한 결말"을 가리킨다고 해요. 보기글처럼 "행복하게 살았다"하고 "해피 엔딩"을 섞으면 겹말 얼거리입니다. 영어사전은 "happy ending"을 "해피 엔딩"으로 풀이하기도 합니다. 사람들이 이 영어를 흔히 쓴다지만, 영어사전 말풀이로는 참 뜬금없습니다. "즐거운 마무리"나 "기쁘게 끝맺음"처럼 풀이를 붙일 수 있을 텐데요. 보기글에서는 앞쪽을 "즐겁게 살았다"나 "잘 살았다"나 "오순도순 살았다"나 "알콩달콩 살았다"로 적어 볼 만합니다. 이러면서 뒤쪽은 "기쁜 마무리"나 "좋은 마무리"나 "아름다운 마무리"나 "멋진 마무리"나 "사랑스런 마무리"로 적어 볼 만해요.

ㅎ

- 유아기 육아는 동화책의 왕자와 공주가 죽을 때까지 행복하게 살았다는 이야기처럼 그림책과 함께 해피엔딩이 될 것만 같았다
→ 아이키우기는 동화책 왕자와 공주가 죽을 때까지 즐겁게 살았다는 이야기처럼 그림책과 함께 기쁘게 마무리될 듯했다

《0~7세 판타스틱 그림책 육아》 (박지현, 예담friend, 2016) 11쪽

행진하고 걸어가다

: **시내를 행진하고 있었다 … 광화문을 향해 걸어가면서**
→ 시내를 줄지어 걸어갔다 … 광화문으로 걸어가면서
→ 시내를 힘차게 걸었다 … 광화문으로 가면서
→ 시내를 걸었다 … 광화문으로 가면서

- **행진(行進)** : 1. 줄을 지어 앞으로 나아감
- **걷다** : 2. 어떤 곳을 다리를 번갈아 움직여 위치를 옮기다 3. 어떠한 방향으로 나아가다
- **걸어가다** : 1. 목적지를 향하여 발로 걸어서 나아가다 2. 목적지에 이르기 위해 어떤 길을 지나가다

한자말 '행진'은 "줄지어 앞으로 나아감"을 가리킨다고 해요. '걷다'나 '걸어가다'도 '나아가는' 몸짓을 가리켜요. "행진하고 있었다"하고 "광화문을 향해 걸어가면서"를 잇달아 적으면 겹말 얼거리입니다. '행진'은 그냥 '걸어가는' 일이 아니라고 한다면, "줄지어 걸어갔다"라 하면 되어요. 줄지어 걷는 이들은 "힘차게 걷는다"고도 할 만합니다. "씩씩하게 걷는다"거나 "당차게 걷는다"거나 "어깨동무하며 걷는다"고도 할 수 있어요. 아직 한국말사전에 없는 낱말이지만 '줄지어가다'를 새롭게 써 볼 수 있습니다.

- **청소년들이 서울 시내를 행진하고 있었다. 그들은 종로 탑골공원에서 광화문을 향해 걸어가면서**
→ 청소년들이 서울 시내를 줄지어 걸었다. 그들은 종로 탑골공원에서 광화문으로 걸어가면서
→ 청소년들이 서울 시내를 힘차게 걸었다. 그들은 종로 탑골공원에서 광화문으로

걸어가면서

《우리는 현재다》 (공현·전누리, 빨간소금, 2016) 36쪽

향긋한 향기

: **향긋한 향기**

→ 향긋한 냄새

→ 향긋한 기운

→ 좋은 냄새

> ○ **향긋하다** : 은근히 향기로운 느낌이 있다
> ○ **향기롭다(香氣–)** : 향기가 있다
> ○ **향기(香氣)** : 꽃, 향, 향수 따위에서 나는 좋은 냄새

한국말 '향긋하다'는 '향기로운' 느낌이 있는 모습을 가리킨다는데, '향기'는 "좋은 냄새"라고 해요. 이 보기글처럼 "향긋한 향기"처럼 적으면 겹말이 됩니다. "향긋한 냄새"라 하거나 "좋은 냄새"라 하거나 '향기'라고만 해야 올발라요.

• **꽃에서 풍겨 나오는 향긋한 향기**

→ 꽃에서 풍겨 나오는 향긋한 냄새

→ 꽃에서 풍겨 나오는 향긋한 내음

→ 꽃에서 풍겨 나오는 좋은 냄새

《나무 수업》 (페터 볼레벤/장혜경 옮김, 이마, 2016) 25쪽

• **봄처럼 그 꽃 향기마저도 향긋하다네**

→ 봄처럼 그 꽃 내음마저도 좋았네

→ 봄처럼 그 꽃마저도 향긋하다네

《세상에서 가장 값진 보석》 (김경원, 푸른길, 2016) 88쪽

향기 냄새

: **책이 가진 냄새는 분명 다르다. 책의 향기는**

→ 책에서 나는 냄새는 틀림없이 다르다. 책내음은

→ 책은 냄새가 뚜렷이 다르다. 책내는

→ 책냄새는 틀림없이 다르다. 책냄새는

- **향기(香氣)** : 꽃, 향, 향수 따위에서 나는 좋은 냄새
- **꽃향기(-香氣)** : = 꽃향내
- **꽃향내(-香-)** : 꽃에서 나는 향내
- **향내(香-)** : 1. 향기로운 냄새 2. 향의 냄새
- **냄새** : 1. 코로 맡을 수 있는 온갖 기운 2. 어떤 사물이나 분위기 따위에서 느껴지는 특이한 성질이나 낌새
- **내음** : 코로 맡을 수 있는 나쁘지 않거나 향기로운 기운
- **내** : = 냄새
- **꽃냄새** : x
- **꽃내** : x
- **꽃내음** : x

한자말 '향기'는 '냄새'를 가리켜요. 보기글처럼 '꽃향기·냄새·향기'를 잇달아 쓰면 겹말 얼거리입니다. 세 군데 모두 '냄새'를 쓰면 되고, '내음'이나 '내'를 섞어서 쓸 만합니다. 한국말사전을 살피니 '꽃향기·꽃향내' 같은 낱말은 올림말로 나오는데 '꽃냄새·꽃내음·꽃내'는 올림말이 아닙니다. 알쏭달쏭합니다.

- **험한 곳을 경험했던 책이 가진 냄새는 분명 다르다. 책의 향기는 어디에 어떻게 보관했는지에 따라 차이가 날 수밖에 없다**

→ 거친 곳을 겪은 책에서 나는 냄새는 틀림없이 다르다. 책내음은 어디에 어떻게 두었는지에 따라 다를 수밖에 없다

→ 모진 곳을 겪은 책은 냄새가 뚜렷이 다르다. 책내는 어디에 어떻게 건사했는지에 따라 다를 수밖에 없다

→ 고단한 곳을 겪으면 책냄새가 참말 다르다. 책냄새는 어디에 어떻게 있었는지에 따라 다를 수밖에 없다

《오토바이로, 일본 책방》(조경국, 유유, 2017) 180쪽

향내

: **차 향내나 그 밖의 다른 향내**

→ 차 냄새나 그밖에 다른 냄새

→ 차 내음이나 이밖에 다른 내음

→ 차 내음이나 여러 다른 내음

> ○ **향내(香-)** : 1. 향기로운 냄새 2. 향의 냄새
> ○ **향기롭다(香氣-)** : 향기가 있다
> ○ **향기(香氣)** : 꽃, 향, 향수 따위에서 나는 좋은 냄새
> ○ **향(香)** : 1. 불에 태워서 냄새를 내는 물건 2. 향기를 피우는 노리개의 하나 3. = 향기(香氣)

'향 = 향기'이고, '향기 = 좋은 냄새'라고 합니다. 한국말사전을 살피면 '향내'를 "향기로운 냄새"로 풀이하는데, '향내 = 향 + 내'이기 때문에 '향내 = 좋은 냄새 + 냄새(내)' 꼴이 되어 겹말입니다. 곰곰이 생각해 본다면, '향내' 같은 겹말뿐 아니라 '향기' 같은 한자말을 굳이 쓸 까닭이 없지 싶습니다. 한국말에 '향긋하다'가 있어요. 이 낱말을 알맞게 살려서 '향긋내'나 '향긋내음' 같은 낱말을 새로 지을 수 있습니다. '좋은-'이나 '고운-'을 앞에 붙이며 '좋은내·좋은내음·좋은냄새'라든지 '고운내·고운내음·고운냄새' 같은 낱말을 즐거이 빚을 수 있어요. 냄새가 안 좋다면 '나쁜내·궂은내' 같은 낱말을 지어 볼 만합니다.

• **차 향내나 그 밖의 다른 향내를 밝히면서도 사람 향내는 풍기지 못하는 사람이 많다**

→ 차 냄새나 그밖에 다른 냄새를 밝히면서도 사람 냄새는 풍기지 못하는 사람이 많다

→ 차 내음이나 그밖에 다른 내음을 밝히면서도 사람 내음은 풍기지 못하는 사람이 많다

《시간의 빛》 (강운구, 문학동네, 2004) 84쪽

허공 하늘

: **허공의 땅에 … 하늘 깊숙이**

→ 하늘에 놓인 땅에 … 하늘 깊숙이

→ 텅 빈 하늘에 … 하늘 깊숙이

> ○ **허공(虛空)** : 텅 빈 공중
> ○ **공중(空中)** : 하늘과 땅 사이의 빈 곳
> ○ **하늘** : 1. 지평선이나 수평선 위로 보이는 무한대의 넓은 공간 2. '하느님'을 달리 이르는 말

'허공'은 "텅 빈 공중"을 가리킨다는데 '공중'은 하늘하고 땅 사이에 빈 곳을 가리킨다고 해요. '허공'을 다루는 한국말사전 뜻풀이는 겹말풀이입니다. '하늘' 뜻풀이를 살핀다면 '공중 = 하늘'입니다. 이러면서 '허공 = 공중 = 하늘'인 얼거리가 돼요.

ㅎ

사람들이 말뜻을 찬찬히 짚고, 한국말사전이 낱말을 제대로 다룬다면, '하늘'이라는 한 마디를 알맞게 쓰면서 '허공·공중'을 털어낼 만하리라 봅니다. 하늘이 빈 모습을 따로 나타내고 싶다면 '빈하늘'처럼 새 낱말을 지어 볼 만합니다.

- **허공의 땅에 길을 내고 푸른 잎새들 팔을 뻗어 하늘 깊숙이 손을 묻는다**
→ 하늘에 놓인 땅에 길을 내고 푸른 잎새들 팔을 뻗어 하늘 깊숙이 손을 묻는다

《허공이 키우는 나무》(김완하, 천년의시작, 2007) 27쪽

허심탄회 솔직 털어놓다

: **솔직한 감정과 느낌을 허심탄회하게 털어놓기로 한 것이다**
→ 꾸밈없는 마음과 느낌을 얘기하기로 했다
→ 마음과 느낌을 꾸밈없이 얘기하기로 했다
→ 마음과 느낌을 터놓고 얘기하기로 했다
→ 마음과 느낌을 모두 털어놓기로 했다

> ○ **허심탄회(虛心坦懷)** : 품은 생각을 터놓고 말할 만큼 아무 거리낌이 없고 솔직함
> ○ **터놓다** : 1. 막힌 통로나 닫힌 문 따위를 통하게 하다 2. 금하던 것을 풀어 주다 3. 마음에 숨기는 것이 없이 드러내다
> ○ **솔직하다(率直-)** : 거짓이나 숨김이 없이 바르고 곧다
> ○ **털어놓다** : 1. 속에 든 물건을 모두 내놓다 2. 마음속에 품고 있는 사실을 숨김없이 말하다

'허심탄회'는 "거리낌이 없고 솔직함"을 가리키고, '솔직하다'는 "숨김이 없"이 바르고 곧은 모습을 가리키며, '털어놓다'는 '숨김없이' 말하는 일을 가리켜요. 이 같은 뜻을 헤아려 보면 "솔직한 감정과 느낌을 허심탄회하게 털어놓기로"라 하면 세 낱말이 겹칩니다. 세 낱말 가운데 하나만 골라서 쓸 노릇입니다. 이를테면 "솔직한 감정과 느낌을 말하기로"나 "감정과 느낌을 허심탄회하게 말하기로"나 "감정과 느낌을 털어놓기로"로 고쳐쓸 노릇이에요.

- 서로가 납득할 수 있을 때까지 솔직한 감정과 느낌을 허심탄회하게 털어놓기로 한 것이다

→ 서로가 받아들일 수 있을 때까지 꾸밈없는 마음과 느낌을 얘기하기로 했다

→ 서로가 받아들일 수 있을 때까지 마음과 느낌을 꾸밈없이 얘기하기로 했다

→ 서로가 받아들일 수 있을 때까지 마음과 느낌을 터놓고 얘기하기로 했다

→ 서로가 받아들일 수 있을 때까지 마음과 느낌을 모두 털어놓기로 했다

《남편이 일본인입니다만》 (케이, 모요사, 2016) 18쪽

허위에 차고 거짓투성이

: **허위에 차고 거짓투성이라면**

→ 거짓에 찼다면

→ 거짓투성이라면

→ 거짓으로만 가득하다면

→ 온통 거짓이라면

> ◦ **허위(虛僞)** : 진실이 아닌 것을 진실인 것처럼 꾸민 것
> ◦ **거짓** : 사실과 어긋난 것. 또는 사실이 아닌 것을 사실처럼 꾸민 것
> ◦ **진실(眞實)** : 거짓이 없는 사실
> ◦ **사실(事實)** : 실제로 있었던 일이나 현재에 있는 일
> ◦ **실제(實際)** : 사실의 경우나 형편

'허위'란 '진실'이 아닌 것을 마치 진실인 듯 꾸민 것이라고 해요. '진실'은 "거짓 없는 사실"이라고 해요. '사실'은 '실제' 있던 일이라 하고, '실제'는 '사실'이라 합니다. 한국말사전 뜻풀이를 죽 살피면 '허위 → 진실 아님 → 거짓 없는 사실 → 거짓 없는 (실제) → 거짓 없는 (사실)' 꼴이 됩니다. 돌림풀이예요. 한국말사전은 '거짓'을 "사실과 어긋난"으로 풀이하니 '허위 = 거짓 없는 사실 = (사실과 어긋남) 없는 사실'인 꼴이지요. 뒤죽박죽인 겹말풀이가 되기까지 합니다. 한자말 '허위·진실·사실·실제'를 쓰는 일은 나쁘지 않습니다만, 말뜻을 찬찬히 살피면 '거짓·참' 사이를 오락가락할 뿐입니다. 이 대목을 슬기롭게 살펴서 가늘 수 있어야지 싶습니다. "허위에 차고 거짓투성이라면" 같은 말마디는 겹말이지요.

• **지금까지 불교가 펼쳐 온 사상이 허위에 차고 거짓투성이라면**

→ 이제까지 불교가 펼쳐 온 생각이 거짓투성이라면

→ 여태까지 불교가 펼쳐 온 뜻이 거짓으로 가득 찼다면

《영원한 자유》 (성철, 장경각, 1988) 38쪽

ㅎ

헌신적인 희생

: **헌신적 희생으로 뒷받침되고**

→ 몸을 바쳐서 뒷받침되고

→ 몸을 바쳤기에 뒷받침되고

> ○ **헌신적(獻身的)** : 몸과 마음을 바쳐 있는 힘을 다하는
> ○ **희생(犧牲)** : 다른 사람이나 어떤 목적을 위하여
> 자신의 목숨, 재산, 명예, 이익 따위를 바치거나 버림

한자말 '헌신적 · 헌신'이나 '희생'은 모두 '바치는' 모습을 가리킵니다. "헌신적 희생"이란 어떤 모습을 가리킬까요? "몸을 바치는 몸 바치기"라는 뜻이 되어 겹말인데, 참으로 알쏭달쏭하지요. '바치다' 한 마디만 쓰면 돼요. 더 살펴본다면, '몸 + 바치다 · 바치기' 얼거리로 '몸바치다 · 몸바치기' 같은 낱말을 새로 지을 만합니다. '마음바치다 · 마음바치기'나 '노래바치다 · 노래바치기'나 '글바치다 · 글바치기'나 '꽃바치다 · 꽃바치기' 같은 낱말도 재미나게 써 볼 만해요.

• 자기 목숨이 많은 생명의 헌신적인 희생으로 뒷받침되고 커다란 자연의 힘으로 살려지고 있는 것이나

→ 제 목숨이 많은 목숨이 몸을 바쳐서 뒷받침되고 커다란 자연이라는 힘으로 살려지는 것이나

→ 제 목숨이 많은 목숨이 몸을 바쳤기에 뒷받침되고 커다란 자연 힘으로 살려지는 것이나

《잘 먹겠습니다》 (요시다 도시미찌/홍순명 옮김, 그물코, 2007) 23쪽

헐뜯고 비난

: **서로를 헐뜯고 비난했다**

→ 서로를 헐뜯었다

→ 서로를 헐뜯고 다투었다

→ 서로를 헐뜯고 손가락질했다

→ 서로를 헐뜯고 괴롭혔다

> ○ **헐뜯다** : 남을 해치려고 헐거나 해쳐서 말하다
> ○ **비난(非難)** : 1. 남의 잘못이나 결점을 책잡아서
> 나쁘게 말함 2. [북한어] 터무니없이 사실과 전혀 맞지
> 않게 헐뜯음
> ○ **책잡다(責-)** : 남의 잘못을 들어 나무라다

한자말 '비난하다'는 '헐뜯다'를 가리킵니다. "헐뜯고 비난했다"처럼 겹말로 쓰기보다는 "헐뜯고 다투었다"라든지 "헐뜯고 괴롭혔다"처럼 손질해 줍니다. 단출하게 "서로를 헐뜯었다"라고 적어도 되고요. 한국말사전은 '비난'을 풀이하며 '책잡다'라는 낱말을 넣은 탓에 말풀이가 겹말이 됩니다. "잘못이나 결점을 책잡아서"를 "잘못이나 결점을 들어서"나 "잘못이나 결점을 나무라면서"로 고쳐써야지 싶어요.

- 그 죄책감에서 벗어나고자 서로를 **헐뜯고 비난했다**
→ 그 죄책감에서 벗어나고자 서로를 헐뜯고 괴롭혔다

《어머니는 아이를 사랑하고 미워한다》 (바바라 아몬드/김진·김윤창 옮김, 간장, 2013) 157쪽

헤어지는 작별 인사

: **헤어지는** 날이 되자 **작별** 인사를 하기 위해
→ 헤어지는 날이 되자 마지막 인사를 하려고
→ 헤어지는 날이 되자 서로 인사를 하려고

> ∘ **작별(作別)** : 인사를 나누고 헤어짐.
> 또는 그 인사

인사를 나누고 헤어진다는 뜻을 나타내는 한자말 '작별'이니 "헤어지는 날이 되자 작별 인사를 하기 위해"처럼 쓰면 겹말이에요. 그렇다고 "헤어지는 날이 되자 헤어지는 인사를 하려고"로 손보아도 좀 엉성합니다. 이때에는 "마지막 인사"나 '끝 인사'로 손보아야 매끄럽습니다. "서로 인사를 하려고"나 "서로 아쉬워 인사를 하려고"로 손볼 수도 있어요.

- 세 명의 마법사들과 **헤어지는** 날이 되자 **작별** 인사를 하기 위해
→ 세 마법사와 헤어지는 날이 되자 마지막 인사를 하려고
→ 세 마법사와 헤어지는 날이 되자 서로 인사를 하려고

《미하엘 엔데 동화 전집》 (미하엘 엔데/유혜자 옮김, 에프, 2016) 116쪽

ㅎ

헤엄치고 수영하고

: **돌고래와 함께 헤엄치면 … 돌고래와 처음 수영했을**
→ 돌고래와 함께 헤엄치면 … 돌고래와 처음 헤엄쳤을

> ◦ **헤엄치다** : 사람이나 물고기 따위가 물속에서 나아가기 위하여 팔다리나 지느러미를 움직이다
> ◦ **수영(水泳)** : 스포츠나 놀이로서 물속을 헤엄치는 일

한자말 '수영하다'는 '헤엄치다'를 가리키니, 두 낱말을 섞어서 쓰면 겹말이에요. 한국말사전을 보면 '수영장(水泳場)'이라는 낱말만 싣고 '헤엄터' 같은 낱말은 싣지 못해요. 사람들은 흔히 "수영 선수" 같은 말을 쓰지만, "헤엄 선수"나 '헤엄이' 같은 말은 거의 안 써요. '헤엄놀이' 같은 말을 즐겁게 쓸 만하고, 헤엄치는 곳이 집처럼 건물 안쪽에 있다면 '헤엄집' 같은 말을 재미나게 쓸 수 있습니다.

• **돌고래와 함께 헤엄치면 즐거워지는 것은 왜일까. 돌고래와 처음 수영했을 때**
→ 돌고래와 함께 헤엄치면 왜 즐거워질까. 돌고래와 처음 헤엄쳤을 때

《LOVE&FREE》(다카하시 아유무/차수연 옮김, 동아시아, 2002) 39쪽

현명하고 슬기롭게

: **현명하게 대답할 줄 아는 슬기로운 사람**

> ◦ **현명(賢明)** : 어질고 슬기로워 사리에 밝음

→ 슬기롭게 대꾸할 줄 아는 사람
→ 슬기롭게 말할 줄 아는 생각 깊은 사람

한자말로는 '현명하다'로 나타낸다면, 한국말로는 '슬기롭다'로 나타냅니다. 두 낱말은 똑같은 모습을 가리킵니다. 두 낱말을 섞어서 한 사람을 가리키려 한다면 겹말이 됩니다. 보기글 앞자리에서 '슬기롭다'로 적은 뒤, 뒷자리는 "생각 깊은"이나 '훌륭한' 같은 말마디를 넣어 볼 수 있습니다.

- **심각한 질문에 현명하게 대답할 줄 아는 슬기로운 사람이었다**
→　깊은 질문에 슬기롭게 대답할 줄 아는 사람이었다
→　깊이 있게 묻는 말에 슬기롭게 대꾸할 줄 아는 사람이었다

《과학은 반역이다》 (프리먼 다이슨/김학영 옮김, 반니, 2015) 340쪽

현명하고 지혜로운

：　현명한 종족이 되자고 … 지혜로운 종족이 되자고
→　슬기로운 무리가 되자고 … 똑똑한 무리가 되자고
→　슬기로운 무리가 되자고 … 어진 무리가 되자고

- **현명하다(賢明−)** : 어질고 슬기로워 사리에 밝다
- **지혜롭다(智慧−)** : 사물의 이치를 빨리 깨닫고 사물을 정확하게 처리하는 정신적 능력이 있다
- **슬기** : 사리를 바르게 판단하고 일을 잘 처리해 내는 재능
- **어질다** : 마음이 너그럽고 착하며 슬기롭고 덕행이 높다

한자말 '현명하다'하고 '지혜롭다'는 다른 한자를 쓰지만, 막상 뜻풀이를 살피면 '슬기롭다'는 모습을 가리키는구나 싶습니다. '현명하다 = 어질고 슬기로워'로 풀이하는데 '어질다'는 다시 "슬기롭고 덕행이 높다"로 풀이하니 겹말풀이인 셈입니다. 게다가 "사리에 밝다"고 하는 모습이 '슬기'를 가리키기도 하지요. 보기글에서는 '현명·지혜'라는 한자말을 쓰기보다는 '슬기롭다·어질다' 두 가지 낱말로 손질하거나 '슬기롭다·똑똑하다' 두 가지 낱말로 손질해 봅니다.

- **정글에서 가장 현명한 종족이 되자고, 그 누구도 무시하지 못하고 부러워할 만큼 지혜로운 종족이 되자고 결심했다**
→　정글에서 가장 슬기로운 무리가 되자고, 그 누구도 깔보지 못하고 부러워할 만큼 똑똑한 무리가 되자고 다짐했다
→　숲에서 가장 슬기로운 무리가 되자고, 그 누구도 얕보지 못하고 부러워할 만큼 어진 무리가 되자고 다짐했다

《정글 이야기》 (러드야드 키플링/햇살과나무꾼 옮김, 시공주니어, 2005) 58쪽

ㅎ

735

혈혈단신 홀로

: **혈혈단신 홀로 살았다**

→ 외롭게 홀로 살았다

→ 홀로 살았다

→ 외돌토리로 살았다

→ 외톨박이로 살았다

∘ **혈혈단신(孑孑單身)** : 의지할 곳이 없는 외로운 홀몸
∘ **외롭다** : 홀로 되거나 의지할 곳이 없어 쓸쓸하다
∘ **쓸쓸하다** : 외롭고 적막하다
∘ **홀몸** : 배우자나 형제가 없는 사람
∘ **홀로** : 자기 혼자서만
∘ **혼자** : 다른 사람과 어울리거나 함께 있지 아니하고 동떨어져서

한자말 '혈혈단신'은 "외로운 홀몸"을 뜻한다고 하니, "혈혈단신 홀로 살았다"라 하면 겹말입니다. 가볍게 "홀로 살았다"라 하면 되고, "외롭게 홀로 살았다"라 해도 됩니다. '홀로·혼자·혼잣손·홀몸' 같은 한국말을 알맞게 살펴서 쓸 수 있고, '외톨·외톨이·외톨박이·외돌토리' 같은 한국말을 찬찬히 헤아리며 쓸 수 있습니다.

• **이후로 섬에서 죽 그렇게 혈혈단신 홀로 살았다**

→ 그 뒤로 섬에서 죽 그렇게 홀로 살았다

→ 그 뒤로 섬에서 죽 그렇게 혼자 살았다

→ 그때부터 섬에서 죽 그렇게 외톨이로 살았다

→ 그때부터 섬에서 죽 그렇게 외돌토리로 살았다

《섬》(박미경, 봄날의책, 2016) 193쪽

형식적인 겉모습

: **형식적인 겉모습만을 보는**

→ 치레하는 겉모습만을 보는

→ 꾸며진 겉모습만을 보는

→ 곱게 꾸민 겉모습만을 보는

→ 겉모습만을 보는

∘ **형식적(形式的)** : 사물이 외부로 나타나 보이는 모양을 위주로 하는
∘ **겉모습** : 겉으로 드러나 보이는 모습

"외부(外部)로 나타나 보이는" 모습을 나타내는 '형식적'이니, "형식적인 겉모습"처

럼 쓰면 겹말입니다. '외부'라는 한자말은 '바깥'이나 '겉'을 가리키거든요. 이 보기 글은 "겉모습만을 보는"으로 손보거나 "치레하는 겉모습만을 보는"이나 "꾸며진 겉모습만을 보는"으로 손질해 줍니다.

- **형식적인 겉모습만을 보는 "지혜로운 사람들"은 부끄러움을 당하게 될 거고**
- → 겉모습만을 보는 "슬기로운 사람들"은 부끄러움을 느낄 거고
- → 꾸며진 겉모습만을 보는 "슬기로운 사람들"은 부끄러울 테고

《숨어 있는 예수》 (크리스토프 프리드리히 블룸하르트/원충연 옮김, 달팽이, 2008) 38쪽

형체도 모습도

:   **형체도 없고 모습도 없었는데**

- → 모습도 없었는데
- → 아무 모습도 없었는데
- → 몸도 모습도 없었는데

> ◦ **형체(形體)** : 물건의 생김새나 그 바탕이 되는 몸체
> ◦ **생김새** : 생긴 모양새
> ◦ **모양새(模樣−)** : 겉으로 보이는 모양의 상태
> ◦ **모양(模樣)** : 1. 겉으로 나타나는 생김새나 모습

한자말 '형체'는 '생김새'나 '몸체'를 가리킨다고 합니다. '생김새 = 생긴 모양새'요, '모양새 = 모양의 상태'이고, '모양 = 생김새나 모습'이라고 합니다. 한국말사전 말 풀이가 돌림풀이인데, '형체 = 생김새 = 모양새 = 모양 = 모습/생김새'인 얼거리입니다. 이리하여 "형체도 없고 모습도 없었는데" 꼴은 겹말이 됩니다. "모습도 없었는데"나 "아무 모습도 없었는데"로 손보거나 "몸도 모습도 없었는데"로 손봅니다.

- **나는 태초에 형체도 없고 모습도 없었는데, 어쩌다가 인간으로 태어났을까**
- → 나는 처음에 아무 모습도 없었는데, 어쩌다가 사람으로 태어났을까
- → 나는 처음에 몸도 모습도 없었는데, 어쩌다가 사람으로 태어났을까

《단순한 것이 아름답다》 (장석주, 문학세계사, 2016) 161쪽

ㅎ

호기심 궁금함

:　**호기심 가득한 인간 ⋯ 궁금해할 사람이 분명히**

→　궁금함이 가득한 사람 ⋯ 궁금해할 사람이 꼭

→　궁금함이 가득한 사람 ⋯ 알고픈 사람이 반드시

→　궁금함이 가득한 사람 ⋯ 물어볼 사람이 틀림없이

> ○ **호기심(好奇心)** : 새롭고 신기한 것을 좋아하거나 모르는 것을 알고 싶어 하는 마음
> ○ **궁금하다** : 무엇이 알고 싶어 마음이 몹시 답답하고 안타깝다

모르는 것을 알고 싶다 할 적에 한자말로 '호기심'이 있다고 해요. 이럴 때에 한국 말로는 '궁금하다'고 하지요. '호기심'하고 '궁금하다'를 잇달아 쓰면 겹말 얼거리예 요. 앞뒤 모두 '궁금하다'로 적으면 됩니다. 앞뒤에 다른 낱말을 쓰고 싶다면 한쪽 은 '궁금하다'를 쓰고, 다른 한쪽은 '알고프다'나 "알고 싶다"나 "알려 하다"나 '물어 보다'를 써 볼 수 있어요.

•　**세상에는 호기심 가득한 인간이 참으로 많다. 내가 내 방을 여행한 일수가 왜 하필이면 41일도, 43일도 아닌 42일인가 궁금해할 사람이 분명히 있을 터이다**

→　온누리에는 궁금함 가득한 사람이 참으로 많다. 내가 내 방을 돌아본 나날이 왜 41일도, 43일도 아닌 42일인가 알고픈 사람이 꼭 있을 터이다

《내 방 여행하는 법》 (그자비에 드 메스트르/장석훈 옮김, 유유, 2016) 17쪽

호의적이고 좋은

:　**좋은 평가를 받았는데, 어떤 서평이나 호의적이었다**

→　좋은 평가를 받았는데, 어떤 서평이나 좋게 생각해 주었다

→　좋은 소리를 들었는데, 어떤 글이나 반갑게 보아 주었다

→　좋은 이야기를 들었는데, 어떤 글이나 좋게 써 주었다

> ○ **호의적(好意的)** : 좋게 생각해 주는

"좋게 생각해 준다"고 해서 '호의적'이니, "좋은 평가를 받아 서평이 호의적이었다" 고 쓴다면 겹말입니다. 앞이나 뒤 모두 '좋다'라는 낱말을 넣으면 됩니다. 한자말 '호의'는 '好(좋음) + 意(뜻·마음)'이니 구태여 이 한자말을 쓰지 않고 '좋다' 같은 낱

말을 쉽게 쓰면 됩니다. 때로는 '반기다'를 써 볼 수 있습니다.

- **아주 좋은 평가를 받았는데, 어떤 서평이나 굉장히 호의적이었다**
→ 아주 좋은 평가를 받았는데, 어떤 서평이나 몹시 좋았다
→ 아주 좋은 평가를 받았는데, 어떤 서평이나 대단히 반겨 주었다

《번역과 번역가들》 (쓰지 유미/송태욱 옮김, 열린책들, 2005) 216쪽

호혜적인 상호의존

: **호혜적인 상호의존이 가능하도록**
→ 서로 도울 수 있도록
→ 서로 돕고 살 수 있도록
→ 서로 아끼고 도울 수 있도록

○ **호혜적(互惠的)** : 서로 특별한 혜택을 주고받는
○ **상호(相互)** : 상대가 되는 이쪽과 저쪽 모두
○ **의존(依存)** : 다른 것에 의지하여 존재함

'서로' 혜택을 주고받는다는 뜻을 나타내는 '호혜적'이고, '서로'를 가리키는 '상호'입니다. "호혜적인 상호의존이 가능하도록"이라 하면 겹말이에요. 두 한자말이 어떤 뜻인지 찬찬히 짚지 않았기에 이처럼 썼구나 싶어요. 부드러우면서 쉽게 풀어내어 "서로 도울 수 있도록"처럼 쓰면 겹말에서 벗어날 수 있어요. "서로 돕고 아낄"이나 "서로 돕고 기댈"이나 "서로 돕고 어우러질"로 적어 보아도 됩니다.

- **호혜적인 상호의존이 가능하도록 기본소득이라는 마중물이 절실히 필요합니다**
→ 서로 도울 수 있도록 기본소득이라는 마중물이 반드시 있어야 합니다
→ 서로 돕고 살 수 있도록 기본소득이라는 마중물이 참말 있어야 합니다
→ 서로 아끼고 도울 수 있도록 기본소득이라는 마중물이 꼭 있어야 합니다

《숨통이 트인다》 (황윤과 열 사람, 포도밭, 2015) 103쪽

혹자는 누군가의 장난이라고

:　**혹자는 누군가의 장난이라고**

→　아무개는 누군가 친 장난이라고

→　누구는 누가 친 장난이라고

→　어떤 이는 누군가 친 장난이라고

→　또는 누군가 장난을 쳤다고

> ○ **혹자(或者)** : 1. 어떤 사람 2. = 혹시
> ○ **누구** : 1. 잘 모르는 사람을 가리키는 인칭 대명사
> 2. 특정한 사람이 아닌 막연한 사람을 가리키는 인칭
> 대명사 3. 가리키는 대상을 굳이 밝혀서 말하지 않을
> 때 쓰는 인칭 대명사

"어떤 사람"을 가리키는 한자말 '혹자'인데, "어떤 사람"은 바로 '누구'를 가리키기
도 합니다. 그래서 "혹자는 누군가의 장난이라고"처럼 쓰면 "누군가는 누군가의
장난이라고" 꼴이 될 수 있습니다. 이처럼 말을 해 볼 수도 있을 테지요. "누구는
누가 친 장난이라고"처럼 쓸 수도 있고요. 그러나 뜻이 같은 낱말을 잇달아 쓰기
보다는 '또는'이나 '아니면' 같은 이음씨를 쓰는 쪽이 한결 매끄러우리라 봅니다.

•　**혹자는 외계인이 남긴 흔적이라 하고, 혹자는 누군가의 장난이라고 한다**

→　어떤 사람은 외계인이 남긴 자취라 하고, 아니면 누군가 장난을 쳤다고 한다

→　누구는 외계인이 남긴 자국이라 하고, 또는 어떤 사람이 친 장난이라고 한다

《너희 정말, 아무 말이나 다 믿는구나!》 (소피 마제/배유선 옮김, 뿌리와이파리, 2016) 93쪽

혼자 독립적으로

:　**혼자 독립적으로 살아야**

→　혼자 살아야

→　혼자 씩씩하게 살아야

→　혼자 다부지게 살아야

→　혼자 해내며 살아야

> ○ **혼자** : 다른 사람과 어울리거나 함께 있지 아니하고 동떨어져
> ○ **독립적(獨立的)** : 남에게 의존하거나 예속되지 아니한

남한테 기대지 않는다고 하기에 '독립적'이라고 하는데, 이처럼 남한테 기대지 않
을 적에는 '혼자' 살림을 짓거나 일하기 마련입니다. "혼자 독립적으로 살아야"라

고 하면 겹말이에요. 두 낱말 가운데 하나만 골라서 써야 올바릅니다. 이를테면 "독립해서 살아야"나 "혼자 살아야"로 적어야지요. 혼자 살아가야 하기는 하되 꿋꿋하거나 씩씩하거나 야무지거나 당차야 한다면, 이 뜻을 고스란히 담아서 "혼자 꿋꿋하게"나 "혼자 씩씩하게"로 적어 줍니다.

- **앞으로 혼자 독립적으로 살아야 하기 때문에 자립할 수 있는 조건을 만들어 주려고**
- → 앞으로 혼자 살아야 하기 때문에 스스로 설 수 있는 터전을 마련해 주려고
- → 앞으로 씩씩하게 살아야 하기 때문에 홀로설 수 있는 바탕을 닦아 주려고
- → 앞으로 혼자 당차게 살아야 하기 때문에 스스로 할 수 있는 터를 일구어 주려고

《언니, 같이 가재》 (안미선, 삼인, 2016) 159쪽

혼자 독방으로

: **나 혼자 독방으로 쓰려고**

> ◦ **독방(獨房)** : 혼자서 쓰는 방

- → 나 혼자 방을 쓰려고
- → 나 혼자 쓰려고
- → 나 혼자 지낼 방으로 쓰려고
- → 나 혼자 이 방에서 지내려고

혼자서 쓰는 방이 '독방'이니 "나 혼자 독방으로 쓰려고"처럼 적으면 겹말이에요. "내가 독방으로 쓰려고"로 손보거나 "나 혼자 쓰려고"나 "나 혼자 방을 쓰려고"처럼 손질해 주어야 합니다.

- **느이 할머니 등쌀이 지겨워 나 혼자 독방으로 쓰려고 그런다**
- → 느이 할머니 등쌀이 지겨워 나 혼자 쓰려고 그런다
- → 느이 할머니 등쌀이 지겨워 나 혼자 방을 쓰려고 그런다

《낙타굼》 (박기범, 낮은산, 2008) 36쪽

혼자 독식

<table>
<tr><td>:</td><td>**혼자 독식하게 되는**</td></tr>
<tr><td>→</td><td>혼자 차지하는</td></tr>
<tr><td>→</td><td>혼자 거머쥐는</td></tr>
<tr><td>→</td><td>혼자 다 가지는</td></tr>
</table>

> ○ **독식(獨食)** : 1. 혼자서 먹음 2. 성과나 이익 따위를 혼자서 다 차지함을 비유적으로 이르는 말

혼자서 먹거나 차지한다고 할 적에 한자말 '독식'을 쓰곤 해요. "혼자 독식하게 되는"이라 하면 겹말입니다. 한자말을 꼭 쓸는지, 아니면 쉽게 쓸는지 잘 가누어서 손질해야 알맞습니다. '독식하는'으로 손질할 수 있고, "혼자 차지하는"이나 "혼자 다 가지는"이나 "혼자 모두 챙기는"이나 "혼자 거머쥐는"으로 손질할 만해요.

<table>
<tr><td>•</td><td>**빨리 대책을 세우지 않으면《엠퍼러》혼자 독식하게 되는**</td></tr>
<tr><td>→</td><td>빨리 대책을 세우지 않으면《엠퍼러》혼자 차지하는</td></tr>
<tr><td>→</td><td>빨리 수를 찾지 않으면《엠퍼러》혼자 다 가지는</td></tr>
</table>

《중쇄를 찍자! 2》(마츠다 나오코/주원일 옮김, 애니북스, 2015) 11쪽

혼자 독야청청

<table>
<tr><td>:</td><td>**저 혼자 독야청청하는 생물은 없다**</td></tr>
<tr><td>→</td><td>저 혼자 곧은 생물은 없다</td></tr>
<tr><td>→</td><td>저 혼자 맑은 목숨은 없다</td></tr>
</table>

> ○ **혼자** : 다른 사람과 어울리거나 함께 있지 아니하고 동떨어져
> ○ **홀로** : 자기 혼자서만
> ○ **독야청청(獨也靑靑)** : 남들이 모두 절개를 꺾는 상황 속에서도 홀로 절개를 굳세게 지키고 있음을 비유적으로 이르는 말

'홀로' 굳세게 있는 모습을 가리켜 한자말로 '독야청청'이라 한답니다. "혼자 독야청청"처럼 쓰면 겹말이에요. 한자말을 꼭 쓰고 싶다면 '독야청청'만 쓸 노릇이요, 쉽게 손보고 싶다면 "저 혼자 곧은"이나 "저 혼자 맑은"이나 "저 혼자 굳센"이나 "저 혼자 해맑은"이나 "저 혼자 꿋꿋한"이나 "저 혼자 깨끗한"으로 적어 봅니다.

한국말사전은 '홀로'를 "자기 혼자서만"으로 풀이하는 돌림풀이예요. 얄궂네요.

- **무생물을 떠나 저 혼자 독야청청하는 생물은 없다**
→ 무생물을 떠나 저 혼자 곧은 생물은 없다
→ 무생물을 떠나 저 혼자 맑은 생물은 없다

《걸레옷을 입은 구름》 (이은봉, 실천문학사, 2013) 70쪽

혼자 독점

: **혼자서 독점할**

→ 혼자서 차지할

→ 혼자서 모두 차지할

> ◦ **독점(獨占)** : = 독차지
> ◦ **독차지(獨-)** : 혼자서 모두 차지함

혼자서 차지한다고 해서 '독(獨)'이라는 한자를 붙여 '독차지'라고 하니, "혼자서 독점할"처럼 쓰면 겹말이에요. '독점'은 '독차지'로 손볼 낱말이에요. 더 헤아려 보면, '독차지'는 '홀로차지'나 '혼자차지(혼잣차지)'로 손볼 만하리라 생각합니다.

- **혼자서 독점할 수 없다는 뜻입니다**
→ 혼자서 차지할 수 없다는 뜻입니다
→ 혼자서 모두 차지할 수 없다는 뜻입니다

《나는 어떤 삶을 살아야 할까?》 (홍세화와 여섯 사람, 철수와영희, 2016) 100쪽

혼자 독차지

: **혼자 독차지하는**

→ 혼자 차지하는

→ 혼자 모두 차지하는

> ◦ **독차지(獨-)** : 혼자서 모두 차지함

혼자 차지하기에 '독차지'라고 하니, "혼자 독차지" 꼴로 쓰면 겹말이에요. '독차지' 라고만 쓰거나 "혼자 차지"로 써야 올바릅니다. 조금 더 생각한다면 '혼자차지(혼 잣차지)'나 '홀로차지' 같은 낱말을 새로 지어 볼 만해요. 이 보기글에서는 "나 혼자 차지하는"이나 "나만 홀로 차지하는"이나 "나만 따로 차지하는"이나 "나만 모조리 차지하는"으로 적어 보아도 어울립니다.

- **혼자 독차지하는 엄마 아빠의 사랑에다가 재산도 엄청나게 많았으니까요**
→ 혼자 차지하는 엄마 아빠 사랑에다가 재산도 엄청나게 많았으니까요

《초록색 엄지소년 티쭈》 (모리스 드리용/배성옥 옮김, 민음사, 1991) 18쪽

- **혼자서 음식을 독차지한 당당한 모습**
→ 혼자서 음식을 다 차지한 당찬 모습
→ 혼자서 밥을 몽땅 차지한 씩씩한 모습

《와카코와 술 1》 (신큐 치에/문기업 옮김, 에이케이커뮤니케이션즈, 2016) 13쪽

화제로 이야기, 화제로 대화

: **학교 일을 화제로 이야기를 나눈 뒤**
→ 학교 일로 이야기를 나눈 뒤
→ 학교 일을 이야깃거리로 삼은 뒤

- **화제(話題)** : 1. 이야기의 제목 ≒ 토픽 2. = 이야깃거리
- **토픽(topic)** : 1. = 화제 2. = 이야깃거리
- **이야깃거리** : 이야기할 만한 재료나 소재 ≒ 토픽·화제(話題)
- **대화(對話)** : 마주 대하여 이야기를 주고받음. 또는 그 이야기

이야기에 붙이는 이름이나 '이야깃거리'를 한자말로는 '화제'라 한답니다. 한국말 사전은 '토픽'이라는 영어를 비슷한말로 올리는데, '= 화제·이야깃거리'로 풀이해 요. 한자말 '화제'도 '= 이야깃거리'로 풀이합니다. '화제·토픽'은 '이야깃거리'로 고쳐쓰면 될 노릇이지 싶어요. "화제로 이야기를 나눈"이라 하면 겹말입니다. "이 야깃거리로 이야기를 나눈" 꼴이 되거든요. '화제'라는 한자말을 털어내 줍니다. "화제를 만들어 대화하지 않으면"도 겹말이에요. 한자말 '대화'는 '이야기'를 가리 켜요. 이때에도 "이야깃거리를 만들어 이야기하지 않으면" 꼴이니 겹말이지요.

- 우리들 학교 일을 화제로 이야기를 나눈 뒤
→ 우리들 학교 일로 이야기를 나눈 뒤
→ 우리들 학교 일을 이야깃감으로 삼은 뒤

《키노쿠니 어린이 마을》 (호리 신이치로/김은산 옮김, 민들레, 2001) 23쪽

- 좀 특별한 화제를 만들어 대화하지 않으면 안 된다고 생각하는 모양이지만
→ 좀 남다른 애깃거리를 주고받지 않으면 안 된다고 생각하는 듯하지만
→ 좀 다른 이야깃거리를 나누지 않으면 안 된다고 생각하는구나 싶지만

《사람으로부터 편안해지는 법》 (소노 아야코/오경순 옮김, 리수, 2005) 278쪽

확고한 지지를 확보

: **확고한 지지를 확보하는 정당**
→ 단단히 지지를 받는 정당
→ 힘있게 지지를 받는 정당
→ 든든히 사랑해 주는 정당
→ 아낌없이 사랑받는 정당
→ 믿음직한 정당

> ○ **확고(確固) :** 태도나 상황 따위가 튼튼하고 굳음
> ○ **확보(確保) :** 확실히 보증하거나 가지고 있음.
> '갖춤'으로 순화
> ○ **확실(確實) :** 틀림없이 그러함

'굳다'나 '단단하다'를 가리키는 한자 '확(確)'을 쓰는 '확고'와 '확보'를 나란히 적는 "확고한 지지를 확보하는"은 겹말입니다. "확고한 지지를 받는"이나 "지지를 확보하는"처럼 한 가지만 써야 올발라요. '확고·확보' 같은 한자말로 나타내려는 뜻을 더 헤아린다면 "단단히 지지를 받는"이나 "힘있게 지지를 받는"으로 손볼 만하고, "든든히 사랑해 주는"이나 "아낌없이 사랑받는"으로 손볼 수 있습니다.

- 비정규직과 청소년, 여성으로부터 확고한 지지를 확보하는 정당이 되어야 하고
→ 비정규직과 청소년, 여성한테서 단단히 지지를 받는 정당이 되어야 하고
→ 비정규직과 푸름이, 여성한테서 아낌없이 사랑받는 정당이 되어야 하고
→ 비정규직과 푸름이, 여성이 든든히 사랑해 주는 정당이 되어야 하고
→ 비정규직과 푸름이, 여성이 사랑하는 믿음직한 정당이 되어야 하고

《당당한 아름다움》 (심상정, 레디앙, 2008) 165쪽

ㅎ

확실히 사실이다

: **확실히 득 되는 게 사실이다**

→ 틀림없이 도움이 된다

→ 틀림없이 좋다

→ 참말로 낫다

> ○ **확실하다(確實-)** : 틀림없이 그러하다
> ○ **사실(事實)** : 1. 실제로 있었던 일이나 현재에 있는 일
> ○ **실제(實際)** : 사실의 경우나 형편
> ○ **틀림없다** : 조금도 어긋나는 일이 없다
> ○ **참** : 1. 사실이나 이치에 조금도 어긋남이 없는 것

한자말 '사실'은 "실제로 있었던 일"이라고 풀이하는데, '실제'는 "사실의 경우"라고 풀이합니다. '사실·실제'라는 한자말을 한국말사전에서 찾아보는 사람은 얼마나 있을까요? 이런 돌림풀이인 줄 알아채는 사람은 몇이나 될까요? "확실히 득 되는 게 사실이다"라는 보기글은 왜 겹말 얼거리일까요? 얼핏 보면 겹말 같지 않을 테지만, '확실히'를 빼고 "득 되는 게 사실이다"라 해 보거나 '사실이다'를 빼고 "확실히 득이 된다"라 해 보면 잘 알 수 있습니다. '확실히'하고 '사실이다'는 같은 뜻을 나타내요. 이쯤에서 '확실히' 뜻에 나오는 '틀림없다'를 한국말사전에서 찾아보면 "조금도 어긋나는 일이 없다"로 풀이하지요. 이는 '참'을 풀이할 적하고 맞물립니다. '틀림없다 = 조금도 어긋나지 않다 = 참(참되다)'이라는 얼거리예요. 곧 '확실히 = 틀림없이 = 참으로/참말로'이면서 '사실 = 참'이요 '실제 = 참'인 셈입니다.

• **그렇지 않은 경우보다 확실히 득 되는 게 사실이다**

→ 그렇지 않은 때보다 틀림없이 도움이 된다

→ 그렇지 않은 때보다 참말로 낫다

→ 그렇지 않은 때보다 참말로 좋다

《글쓰기 어떻게 시작할까》 (이정하, 스토리닷, 2016) 30쪽

황혼 녘

: **황혼 녘 배 안에서**

→ 황혼에 배에서

→ 저물녘 배에서

'녘'은 어떠한 모습이 나타나는 때나 무렵을 가리킵니다. '황혼'은 해가 져서 어스름해질 '때'를 가리키지요. "황혼 녘"처럼 쓰면 겹말입니다. '저물녘'이라는 한국말이 있으니 '저물녘'으로 쓰거나, 한자말로는 '황혼'이라고만 써야 올바릅니다. 한국말사전에서 '황혼'을 찾아보면 보기글로 "황혼 녘"을 싣습니다. 한국말사전도 겹말을 손질하지 못한 채 그대로 실어요. 한국말사전을 더 살피면 '무렵'이라는 낱말을 '즈음'으로 풀이하고, '즈음'은 다시 '무렵'이라는 낱말로 풀이해요. 돌림풀이입니다. 더욱이 '시기'라는 한자말은 '때'로 고쳐쓰라고 나오면서도 '무렵'을 풀이할 적에 '시기'라는 한자말을 써요. 여러모로 안타깝습니다.

- **버스에서, 황혼 녘 배 안에서, 축제날 밤의 가장 짙은 고독 속에서**
→ 버스에서, 저물 무렵 배에서, 잔칫날 밤 가장 짙게 외로우면서
→ 버스에서, 저물녘 배에서, 가장 짙게 외로운 잔칫날 밤에

《모두의 노래》 (파블로 네루다/고혜선 옮김, 문학과지성사, 2016) 51쪽

- **상당히 긴 잠을 자다가 황혼 녘에 깼다**
→ 무척 오래 자다가 저물녘에 깼다
→ 무척 오래 자다가 해질녘에 깼다

《아랍, 그곳에도 사람들이 살고 있다》 (팀 매킨토시 스미스/신해경 옮김, 봄날의책, 2016) 100쪽

회색빛

: **회색빛의 털이**

→ 회색 털이

→ 잿빛 털이

'회색빛'처럼 적으면 겹말입니다. '흑색빛'이나 '백색빛'이나 '청색빛'이나 '적색빛'처럼 적어도 겹말입니다. 겹말일 뿐 아니라 말이 안 됩니다. 한자말로 '회색·흑색·백색·청색·적색'으로 적든지, 한국말로 '잿빛·까망·하양·파랑·빨강'으로 적어야 합니다. 이 보기글에서는 '회색빛'처럼 겹말로 쓰면서 '-의'까지 붙여 "회색빛의 털"처럼 일본 말씨를 쓰고 맙니다. 그나저나 한국말사전은 '회색빛'이라는 겹말을 버젓이 실으니 매우 얄궂습니다.

- **회색빛의 털이 북슬북슬한 캥거루는 여전히 오만했어**
→ 잿빛 털이 북슬북슬한 캥거루는 아직도 건방졌어

《아빠가 읽어 주는 신기한 이야기》 (러디어드 키플링/박성준·문정환·김봉준·김재은 옮김, 레디셋고, 2014) 84쪽

- **회색빛 판이 끽끽 소리를 내며**
→ 잿빛 판이 끽끽 소리를 내며

《별의 계승자》 (제임스 P.호건/이동진 옮김, 아작, 2016) 180쪽

- **회색빛의 낡은 헛간**
→ 잿빛인 낡은 헛간
→ 잿빛이며 낡은 헛간

《홀로 숲으로 가다》 (베른트 하인리히/정은석 옮김, 더숲, 2016) 38쪽

회색빛 잿더미

: **회색빛 잿더미들은**
→ 잿빛 더미들은
→ 잿더미들은

> ◦ **회색(灰色)** : 재 빛깔과 같이 흰빛을 띤 검정
> ◦ **회색빛(灰色-)** : 재의 빛깔과 같이 흰빛을 띤 검은빛
> ◦ **잿빛** : = 회색빛

한자말 '회색'은 "재 빛깔"을 가리켜요. "회색빛 잿더미"라고 하면 얼핏 보기에는 아무렇지 않은 말씨인 듯하지만 '회색'은 '잿빛'을 뜻하니 "잿빛빛 잿더미"라고 말한 셈입니다. 겹말에 겹말이에요. "잿빛 더미"로 손질하든지 '잿더미'로 손질해 줍니다. 한국말사전은 '잿빛'을 풀이하지 않고 '회색빛'을 보라고 다루어요. '회색빛'은 겹말인데 말이지요. 한국말사전은 '회색빛'은 털어내야 올바르고, '회색 → 잿빛'으로 다루어야 알맞습니다.

- 철제 스탠드 재떨이가 아직도 기억 속에 선연하다. 그 안에 수북이 쌓인 회색빛 잿더미들은
→ 쇠붙이 재떨이대가 아직도 머릿속에 또렷하다. 거기에 수북이 쌓인 잿더미들은
→ 쇠붙이 재떨이대가 아직도 생생히 떠오른다. 거기에 수북이 쌓인 잿빛 더미들은

《당신에게 말을 건다, 속초 동아서점 이야기》 (김영건, 알마, 2017) 133쪽

회화 그림

: **회화에 … 그림은**
→ 그림에 … 그림은

- **회화(繪畫) :** [미술] 여러 가지 선이나 색채로 평면 상에 형상을 그려 내는 조형 미술
- **그림 :** 1. 선이나 색채를 써서 사물의 형상이나 이미지를 평면 위에 나타낸 것 2. 매우 아름다운 광경이나 경치를 비유적으로 이르는 말

미술을 다루는 자리에서는 '회화'를 전문 낱말로 삼습니다. 보기글에서는 '회화'하고 '그림'을 같은 자리에서 써요. 미술평론이나 예술에서는 '회화'를 다르게 쓰기도 하지만, 때때로 '회화 = 그림'으로 쓰기도 해요. 곰곰이 헤아린다면 '그림·그리다'를 굳이 "종이에 붓질"로만 얽매지 말고 "꿈을 그려서 나타내는 일"을 모두 나타내도록 쓸 수 있어요. 꿈을 그린다고 할 적에는 꿈을 '짓는다'는 얘기이니, '그림'이라는 낱말로도 '회화·미술'을 가리킬 수 있어요. '회화'라는 한자말을 뜯으면, '회(繪) = 그림'이요 '화(畫) = 그림'이에요. '회화 = 그림 + 그림'인 얼거리예요. 이 보기글에서는 앞뒤 모두 '그림'으로 적으면 됩니다.

- 화가는 뒤에 무언가를 남긴다는 점에서 회화에 무게를 실어 줄 수 있다. 그러나 화가는 죽어도 그림은 남아 그를 영원히 기리도록 만들어 준다
→ 화가는 뒤에 무언가를 남긴다는 대목에서 그림에 무게를 실어 줄 수 있다. 그러나 화가는 죽어도 그림은 남아 그를 길이 기리도록 해 준다

《내 방 여행하는 법》 (그자비에 드 메스트르/장석훈 옮김, 유유, 2016) 98쪽

ㅎ

횡단보도 가로질러

: **횡단보도 가로질러 뛰는데**
→ 건널목 가로질러 뛰는데
→ 건널목 허둥지둥 뛰는데

> ○ **횡단보도(橫斷步道)** : 사람이 가로로 건너다닐 수 있도록 안전표지나 도로 표지를 설치하여 차도 위에 마련한 길
> ○ **횡단(橫斷)** : 1. 도로나 강 따위를 가로지름
> ○ **가로지르다** : 1. 양쪽 사이에 기다란 막대나 줄 따위를 가로로 놓거나 꽂다 2. 어떤 곳을 가로 등의 방향으로 질러서 지나다
> ○ **건널목** : 1. 철로와 도로가 교차하는 곳 2. 강, 길, 내 따위에서 건너다니게 된 일정한 곳

'횡단보도'는 "횡단하는 보도"를 가리켜요. '횡단'은 '가로지르는' 몸짓을 가리키고요. "횡단보도 가로질러 뛰는데"라 하면 "가로지르는 길을 가로질러 뛰는데"라 말하는 셈입니다. 아주 틀렸다고 할 수는 없을 터이나, 어쩐지 어설프거나 엉성한 말씨입니다. '가로질러'를 살리고 싶다면 "길을 가로질러 뛰는데"나 "찻길을 가로질러 뛰는데"로 적을 노릇이고, '횡단보도'를 살리고 싶으면 "횡단보도 마구 뛰는데"나 "횡단보도 옆으로 뛰는데"처럼 쓸 노릇이에요. 한국말로 '건널목'이 있으니 "건널목 가로질러 뛰는데"로 쓸 수 있어요. 버스를 놓치지 않으려고 건널목을 바삐 건너려 한다면 '허둥지둥'이나 '헐레벌떡' 같은 꾸밈말을 넣어 볼 만합니다.

- **횡단보도 가로질러 뛰는데 한걸음 모자라 버스를 놓쳤다**
→ 건널목 가로질러 뛰는데 한걸음 모자라 버스를 놓쳤다
→ 건널목 헐레벌떡 뛰는데 한걸음 모자라 버스를 놓쳤다

《본전 생각》 (김성렬, 문학의전당, 2015) 43쪽

횡단보도 건널목

: **기차 건널목, 횡단보도는**
→ 기차 건널목은
→ 기찻길을 건너는 데는

> ○ **건널목** : 1. 철로와 도로가 교차하는 곳 2. 강, 길, 내 따위에서 건너다니게 된 일정한 곳
> ○ **횡단보도(橫斷步道)** : 사람이 가로로 건너다닐 수 있도록 안전표지나 도로 표지를 설치하여 차도 위에 마련한 길

건너는 곳이기에 '건널목'입니다. '횡단보도'는 '건널목'을 한자로 옮긴 낱말입니다. "기차 건널목, 횡단보도는"처럼 쓰면 겹말이에요. 이 대목에서 조금 더 생각해 본다면, 교통법이라든지 행정에서는 '건널목'이라는 한국말을 쓰기보다는 '횡단보도'라는 한자말을 으레 씁니다. 같은 자리를 가리키는 낱말이지만, 막상 법이나 행정은 둘을 다르게 여긴다고 할까요. 한국말로는 법이나 행정이 안 된다고 여기는 잘못된 생각 때문에 겹말이 불거지기도 합니다.

- **무엇보담두 기차 건널목, 횡단보도는 혼자서는 무서워서 그냥 멈춰서버려유**

→ 무엇보담두 기차 건널목은 혼자서는 무서워서 그냥 멈춰서버려유

《신들의 마을》 (이시무레 미치코/서은혜 옮김, 녹색평론사, 2015) 232쪽

훌륭한 사람 위인

: **훌륭한 사람 ⋯ 위인이라고**

→ 훌륭한 사람 ⋯ 훌륭한 사람이라고

→ 훌륭한 사람 ⋯ 훌륭하다고

○ **훌륭하다** : 썩 좋아서 나무랄 곳이 없다
○ **뛰어나다** : 남보다 월등히 훌륭하거나 앞서 있다
○ **위인(偉人)** : 뛰어나고 훌륭한 사람

"훌륭한 사람"이라면 '훌륭이' 같은 낱말을 새롭게 써 볼 수 있을까요? 예쁜 사람을 '예쁜이'라고 흔히 말하듯이 '훌륭이' 같은 말을 즐겁게 쓸 만하다고 느낍니다. 한자말 '위인'은 바로 '훌륭이(훌륭한 사람)'를 가리킵니다. 보기글처럼 "훌륭한 사람"하고 '위인'을 잇달아 쓰면 겹말 얼거리예요. 앞뒤 모두 "훌륭한 사람"이라고 적으면 되고, 뒤쪽은 '훌륭하다'라고 손질해도 됩니다. 한국말사전은 '위인 = 뛰어나고 훌륭한 사람'으로 풀이하는데, '뛰어나다'를 '훌륭하다'로 적는 돌림풀이입니다. 퍽 얄궂습니다.

- **우리들의 어머니 아버지처럼 자기가 맡은 일을 열심히 해 나가는 사람들도 훌륭한 사람들이고, 용기를 내서 다른 사람을 구하거나 도와주는 사람들도 위인이라고 할 수 있어**

→ 우리 어머니 아버지처럼 스스로 맡은 일을 힘껏 해 나가는 분도 훌륭한 사람이고, 기운을 내서 다른 사람을 살리거나 도와주는 사람도 훌륭하다고 할 수 있어

ㅎ

→ 우리 어머니 아버지처럼 저마다 맡은 일을 힘껏 해 나가는 분도 훌륭하고, 기운을
내서 다른 사람을 살리거나 도와주는 사람도 훌륭하다고 할 수 있어

《수다로 푸는 유쾌한 사회》 (배성호, 책과함께어린이, 2016) 43쪽

흔한 일상

: **흔한 일상이다**
→ 흔한 일이다
→ 흔하다
→ 대수롭지 않다
→ 여느 삶이다

> ° **흔하다** : 보통보다 더 자주 있거나 일어나서 쉽게 접할 수 있다
> ° **일상(日常)** : 날마다 반복되는 생활

날마다 되풀이하는 삶을 한자말로 '일상'으로 적곤 합니다. 이는 "여느 삶"이라 할
만해요. 바뀌지 않고 수수하게 흐르는 삶이기에 "여느 삶"입니다. 바뀌지 않으니,
그러니까 늘 되풀이하는 모습이니, 으레 일어나고 흔히 일어나는 모습이에요. "흔
한 일상이다"라고 하면 겹말입니다. '일상이다'라고만 하거나 "흔한 일이다"나 '흔
하다'라고만 해야 알맞습니다. "대수롭지 않다"나 "대단하지 않다"나 "늘 있다"나
"늘 있는 일이다"나 "으레 그렇다"처럼 적어 볼 수도 있어요.

• **마감 직전에 늦게까지 일하는 모습은 편집자에겐 흔한 일상이다**
→ 마감 코앞에 늦게까지 일하는 모습은 편집자한텐 흔한 일이다
→ 마감을 앞두고 늦게까지 일하는 모습은 편집자한텐 흔하다

《중쇄미정》 (가와사키 쇼헤이/김연한 옮김, 그리조아, 2016) 23쪽

흙탕물

: **흙탕물**
→ 흙물

> ◦ **흙탕물(-湯-)** : 흙이 풀리어 몹시 흐려진 물
> ◦ **흙탕(-湯)** : = 흙탕물
> ◦ **흙물** : 1. 흙으로 흐려진 물 2. 진흙을 풀어 물들인 누런빛
> ◦ **탕(湯)** : 1. '국'의 높임말

'흙탕'은 '흙탕물'하고 같은 낱말이라고 합니다. '흙탕물'에서 '탕(湯)'은 "끓인 물"을 가리켜요. 한자 뜻을 새기면 '흙탕·흙탕물'은 퍽 안 어울립니다. 비가 오면서 흔히 생기는 "흙이 섞인 물"이나 "흙으로 흐려진 물"은 '끓인' 물이 아니니까요. 한국말 사전에서 '탕'을 찾아보면 '국'을 높여서 쓰는 낱말로 풀이합니다. 이는 지난날 조선 무렵에 한자를 섬기던 자취입니다. 우리가 먹는 '국'이 낮춤말이 될 까닭이 없어요. 끓여서 먹는 물은 '국'이에요. 이를 한자로 '탕'으로도 적을 수 있고요. 흙이 섞이거나 흙으로 흐려진 물이라면 '흙물'입니다. 사이에 끼어든 '탕'은 군더더기예요. '흙탕·흙탕물'은 '흙물'로 고쳐써야 알맞습니다.

- **나의 소중한 요정인형은 마당의 흙탕물 속에 거꾸로 처박혔읍니다**
→   내 소중한 요정인형은 마당 흙물에 거꾸로 처박혔습니다
→   내 살뜰한 요정인형은 마당 흙웅덩이에 거꾸로 처박혔습니다

《고집장이 꼬마 여동생》 (도로시 에드워즈/최경림 옮김, 동서문화사, 1982) 66쪽

- **뿌연 흙탕물이 흘러내려 왔다**
→   뿌연 흙물이 흘러 내려왔다
→   뿌연 진흙물이 흘러 내려왔다

《이 곳만은 지키자, 그 후 12년》 (김경애, 수류산방, 2008) 191쪽

- **흙에 짚이나 풀을 깔아 고추에 흙탕물이 튀는 것을 막고**
→   흙에 짚이나 풀을 깔아 고추에 흙물이 튀지 않게 막고
→   흙에 짚이나 풀을 깔아 고추에 진흙물이 안 튀게 막고

《10대와 통하는 농사 이야기》 (곽선미와 다섯 사람, 철수와영희, 2017) 173쪽

흠모하고 섬기는

:   **흠모하고 섬기는 스승**

→ 섬기는 스승

→ 그리고 섬기는 스승

> ○ **흠모(欽慕)** : 기쁜 마음으로 공경하며 사모함
> ○ **공경(恭敬)** : 공손히 받들어 모심
> ○ **사모(思慕)** : 1. 애틋하게 생각하고 그리워함 2. 우러러 받들고 마음속 깊이 따름
> ○ **섬기다** : 신(神)이나 윗사람을 잘 모시어 받들다
> ○ **받들다** : 1. 공경하여 모시다. 또는 소중히 대하다 2. 가르침이나 명령, 의도 따위를 소중히 여기고 마음속으로 따르다 3. 물건의 밑을 받쳐 올려 들다
> ○ **모시다** : 1. 웃어른이나 존경하는 이를 가까이에서 받들다 2. '데리다'의 높임말. 3. 제사 따위를 지내다 4. 웃어른이나 신주 따위를 어떤 곳에 자리 잡게 하다

'흠모'는 '공경'과 '사모'를 가리킨다고 합니다. '공경 = 받들어 모심'이라 하고, '사모 = 그리워함 / 받들고 따름'이라 합니다. '흠모 = 받들어 모심 + 그리워함 / 받들고 따름'인 얼거리입니다. "흠모하고 섬기는"처럼 쓰면 겹말이 되어요. 한국말사전을 더 살피면 '받들다 = 모시다'로 풀이하고, '모시다 = 받들다'로 풀이하며, '섬기다 = 모시어 받들다'로 풀이해요. 뒤죽박죽인 돌림풀이입니다. "흠모하고 섬기는"은 틀림없이 겹말이어서 손질해야 할 텐데, '섬기다·모시다·받들다'를 다루는 한국말사전 뜻풀이도 올바로 손질해야겠습니다.

- **내가 마음으로 흠모하고 섬기는 참 스승들이다**
→ 내가 마음으로 섬기는 참스승들이다
→ 내가 마음으로 그리고 섬기는 참스승들이다

《단순한 것이 아름답다》(장석주, 문학세계사, 2016) 199쪽

흥미 *끄는* 매력적

: **흥미를 끌 만한 가장 매력적인 그림**
→ 눈을 끌 만한 가장 멋진 그림
→ 눈길을 확 끌 만한 멋진 그림
→ 마음을 담뿍 사로잡을 만한 그림

> ○ **흥미(興味)** : 1. 흥을 느끼는 재미 2. [심리] 어떤 대상에 마음이 끌린다는 감정을 수반하는 관심
> ○ **매력적(魅力的)** : 사람의 마음을 사로잡아 끄는 힘이 있는
> ○ **사로잡다** : 2. 생각이나 마음을 온통 한곳으로 쏠리게 하다

"흥미를 끈다"고 할 적에는 "마음을 끈다"는 소리입니다. '매력적'이라고 할 적에는 "마음을 사로잡아 끈다"는 소리입니다. "흥미를 끌 만한 가장 매력적인 그림"이라고 하면 겹말이에요. '흥미'나 '매력적' 가운데 하나만 골라서 "흥미를 끌 만한 그림"이나 "가장 매력이 있는 그림"으로 손볼 노릇입니다. 아이 눈높이에서 더 쉽게 풀어내고 싶다면 "눈을 끌 만한 가장 멋진 그림"이나 "마음을 확 사로잡을 만한 그림"처럼 손볼 수 있어요. "눈이 끌리는 아주 멋진 그림"이나 "마음이 사로잡히는 뛰어난 그림"으로 손볼 수 있을 테고요.

- **아이의 흥미를 끌 만한 가장 매력적인 그림이 그려져 있다**
→   아이 눈을 끌 만한 가장 멋진 그림이 그려졌다
→   아이 눈길을 확 끌 만한 멋진 그림이 그려졌다
→   아이 마음을 담뿍 사로잡을 만한 그림이 그려졌다

《0~7세 판타스틱 그림책 육아》 (박지현, 예담friend, 2016) 46쪽

흥미진진한 재미

:   **흥미진진한 재미를 발견하며**

→   재미를 찾으며

→   멋진 재미를 찾으며

→   훌륭한 재미를 찾으며

> ◦ **흥미진진(興味津津)** : 넘쳐흐를 정도로 흥미가 매우 많다
> ◦ **흥미(興味)** : 흥을 느끼는 재미
> ◦ **흥(興)** : 재미나 즐거움을 일어나게 하는 감정

'흥미진진'은 "흥미가 매우 많다"를 가리킨다는데, '흥미'는 "흥을 느끼는 재미"를 가리킨다고 해요. '흥'은 '재미'나 즐거움을 일어나게 하는 느낌이라고 하니 돌림풀이입니다. "흥미진진한 재미"처럼 쓰면 겹말 가운데에서도 뒤죽박죽 겹말이 돼요. '흥'은 '신'으로 손질하고, '흥미'는 '재미'로 손질해야지 싶습니다.

- **이전 저자들의 저작들에서 흥미진진한 재미를 발견하며 늘 기뻐하는**
→   예전 사람들이 쓴 책에서 재미를 찾으며 늘 기뻐하는
→   옛사람들이 쓴 책에서 멋진 재미를 찾으며 늘 기뻐하는

《내추럴 히스토리》 (존 앤더슨/최파일 옮김, 삼천리, 2016) 31쪽

ㅎ

흥분하고 달뜬

: **흥분이 채 가시지 않은 달뜬 말투로**
→ 달뜬 말씨로
→ 북받침이 채 가시지 않은 말씨로
→ 북받친 말씨로

> • **흥분(興奮)** : 어떤 자극을 받아 감정이 북받쳐 일어남
> • **북받치다** : 감정이나 힘 따위가 속에서 세차게 치밀어 오르다
> • **달뜨다** : 1. 마음이 가라앉지 아니하고 조금 흥분되다
>   2. 열기가 올라서 진정하지 못하다

어떤 느낌이 북받치거나 일어난다고 할 적에 '흥분'이라는 한자말을 써요. '달뜨다'나 '들뜨다'도 이러한 모습을 나타내요. 한국말사전은 '달뜨다'를 '흥분되다'로 풀이하기도 합니다. 보기글처럼 "흥분이 채 가시지 않은 달뜬 말투"처럼 쓰면 겹말이에요. '흥분'이나 '달뜬' 가운데 하나만 골라서 "흥분이 채 가시지 않은 말씨"나 "달뜬 말씨"로 적어야 올발라요. 아니면 "북받친 말씨"로 적을 만하고, "북받침이 채 가시지 않은 말씨"로 적어 보아도 돼요.

• **나는 흥분이 채 가시지 않은 달뜬 말투로 머리 위를 스쳐 날아가던**
  마젤란장수제비나비의 자태를 묘사했다
→ 나는 북받친 말씨로 머리 위를 스쳐 날아가던 마젤란장수제비나비 모습을 말했다
→ 나는 달뜬 말씨로 머리 위를 스쳐 날아가던 마젤란장수제비나비 몸짓을 그렸다

《나비 탐미기》 (우밍이/허유영 옮김, 시루, 2016) 47쪽

흥이 나고 신이 나겠지만

: **흥이 나고 신이 나겠지만**
→ 재미가 나고 신이 나겠지만
→ 재미나고 신나겠지만
→ 신이 나겠지만

> • **흥(興)** : 재미나 즐거움을 일어나게 하는 감정
> • **신** : 어떤 일에 흥미나 열성이 생겨 매우 좋아진 기분
> • **재미** : 1. 아기자기하게 즐거운 기분이나 느낌
> • **흥미(興味)** : 흥을 느끼는 재미

한국말 '신'을 한자말 '흥'으로 나타내곤 합니다. "흥이 나고 신이 나겠지만"으로 적

으면 겹말입니다. "재미가 나고 신이 나겠지만"으로 손보거나, "신이 나겠지만"으로 손보아 줍니다. 또는 "아주 신나겠지만"이나 "몹시 신나겠지만"으로 손볼 수 있어요.

- **저희들은 저희들 사진이니까 흥이 나고 신이 나겠지만**
→ 저희들은 저희들 사진이니까 신이 나겠지만
→ 저희들은 저희들 사진이니까 재미가 나고 신이 나겠지만

《사진, 시간의 아름다운 풍경》 (한정식, 열화당, 1999) 90쪽

희미하고 어슴푸레한

: **희미하고 어슴푸레한 빛**
→ 어슴푸레한 빛
→ 흐린 빛
→ 어렴풋한 빛

> ◦ **희미하다(稀微-)** : 분명하지 못하고 어렴풋하다
> ◦ **어렴풋하다** : 1. 기억이나 생각 따위가 뚜렷하지 아니하고 흐릿하다 2. 물체가 뚜렷하게 보이지 아니하고 흐릿하다 3. 소리가 뚜렷하게 들리지 아니하고 희미하다 4. 잠이 깊이 들지 아니하고 의식이 있는 듯 만 듯 하다 5. 빛이 환하지 아니하고 희미하다
> ◦ **어슴푸레하다** : 1. 빛이 약하거나 멀어서 어둑하고 희미하다 2. 뚜렷하게 보이거나 들리지 아니하고 희미하고 흐릿하다 3. 기억이나 의식이 분명하지 못하고 희미하다
> ◦ **흐릿하다** : 조금 흐린 듯하다
> ◦ **흐리다** : 5. 분명하지 아니하고 어렴풋하다

한자말 '희미하다'는 '어렴풋하다'를 가리킨다고 해요. '어렴풋하다'를 찾아보면 '흐릿하다'나 '희미하다'로 풀이해요. 보기글은 "희미하고 어슴푸레한 빛"이라 나오는데, '어슴푸레하다'를 찾아보면 '흐릿하다'나 '희미하다'로 풀이해요. 더욱이 '흐리다·흐릿하다'를 찾아보면 '어렴풋하다'로 풀이하니, 아주 뒤죽박죽으로 돌림풀이예요. 이 말 저 말 함부로 섞지 말고, '어슴푸레하다' 한 가지를 쓰든 '흐릿하다'나 '어렴풋하다'나 '흐리다' 가운데 하나만 골라서 써야겠습니다.

- **나뭇등걸 위에 희미하고 어슴푸레한 빛을 내는 조그만 동물이 보였다**
→ 나뭇등걸에 서서 어슴푸레 빛을 내는 조그만 동물이 보였다

→ 나뭇등걸에 앉아 흐릿하게 빛을 내는 조그만 짐승이 보였다

《피노키오》 (카를로 콜로디/김홍래 옮김, 시공주니어, 2004) 79쪽

힘과 권능

: **힘과 권능**

→ 힘

→ 큰힘

→ 커다란 힘

→ 대단한 힘

- **힘** : 1. 사람이나 동물이 몸에 갖추고 있으면서 스스로 움직이거나 다른 물건을 움직이게 하는 근육 작용 3. 어떤 일을 할 수 있는 능력이나 역량 4. 개인이나 단체를 통제하고 강제적으로 따르게 할 수 있는 세력이나 권력 6. 사물의 이치 따위를 알거나 깨달을 수 있는 능력 8. 감정이나 충동 따위를 다스리고 통제할 수 있는 능력
- **권능(權能)** : 1. 권세와 능력을 아울러 이르는 말
- **권세(權勢)** : 권력과 세력을 아울러 이르는 말
- **능력(能力)** : 1. 일을 감당해 낼 수 있는 힘
- **권력(權力)** : 남을 복종시키거나 지배할 수 있는 공인된 권리와 힘
- **세력(勢力)** : 1. 권력이나 기세의 힘

'권능'은 '권세'하고 '능력'을 아우른다고 합니다. '권세 = 권력 + 세력'이라 하고, '권력'은 '힘'이라 하며, '권세'는 '권력'이나 '힘'이라고 해요. 찬찬히 살피면 돌림풀이와 겹말풀이가 어우러집니다. 무엇보다도 '권능·권세·능력·권력·세력'은 모두 '힘'을 가리켜요. 한국말사전에서 '힘'을 살피면 '능력·세력·권력' 같은 한자말로 풀이합니다. 여러모로 뒤죽박죽인데, "힘과 권능"이라 하면 겹말이에요. 이 얼거리를 가만히 헤아려 봅니다. 구태여 '권능·권세·능력·권력·세력' 같은 한자말을 쓰지 말고 '힘' 한 마디를 쓰면 되겠다고. 느낌을 한껏 살리고 싶다면 '큰힘·나라힘·무리힘(떼힘)·군대힘·돈힘·손힘·몸힘' 같은 낱말을 알맞게 쓸 수 있고, '솜씨·재주'로 손볼 만한 자리도 있어요.

- **과거를 소환할 수 있고 미래를 살 수 있는 힘과 권능이 주어지기를 바라는 게 아닌가**
→ 지난날을 끌어올 수 있고 앞날을 살 수 있는 힘이 주어지기를 바라지 않는가
→ 어제를 끌어오고 모레를 살 수 있는 큰힘이 주어지기를 바라지 않는가

《내 방 여행하는 법》 (그자비에 드 메스트르/장석훈 옮김, 유유, 2016) 42쪽

힘과 실력

: **실력을 기르고 힘을 모아야 한다는**

→ 힘을 기르고 모아야 한다는

→ 힘을 길러야 한다는

→ 힘을 모아야 한다는

○ **힘** : 3. 어떤 일을 할 수 있는 능력이나 역량

　6. 사물의 이치 따위를 알거나 깨달을 수 있는 능력

○ **실력(實力)** : 1. 실제로 갖추고 있는 힘이나 능력

○ **능력(能力)** : 1. 일을 감당해 낼 수 있는 힘

○ **역량(力量)** : 어떤 일을 해낼 수 있는 힘

'실력'이라는 한자말이 '힘'이나 '능력'을 뜻하고, '능력'이라는 한자말은 '힘'을 뜻하는 줄 아는 분은 얼마나 될까요. '실력 = 힘이나 능력'이라면 '실력 = 힘이나 힘'이라는 소리예요. 겹말풀이입니다. "실력을 기르고 힘을 모아야"라고 하면 겹말이지요. 한국말사전을 살피니 '실력 = 힘/능력'으로 풀이하면서 '힘 = 능력/역량'으로 풀이하네요. '역량 = 힘'인 말풀이인 터라, 이러거나 저러거나 모두 '힘' 한 마디면 넉넉한 셈입니다.

• **학생들은 독립을 위해 더욱 실력을 기르고 힘을 모아야 한다는 데 생각이 미쳤다**

→ 학생들은 독립을 이루려면 더욱 힘을 기르고 모아야 한다는 데 생각이 미쳤다

→ 학생들은 독립을 하려면 더욱 힘을 기르고 모아야 한다고 생각했다

《우리는 현재다》(공현·전누리, 빨간소금, 2016) 22쪽

힘든 고역

: **힘든 고역**

→ 힘든 일

→ 힘들고 괴로운 일

○ **고역(苦役)** : 몹시 힘들고 고되어 견디기 어려운 일

"힘든 일"을 한자말로 '고역'으로 적기도 합니다. "힘든 고역"이라 하면 "힘든 힘든 일" 꼴이 되겠지요. 한자말을 쓰고 싶다면 '고역'이라고만 할 노릇입니다. 또는 "힘든 일"이라고만 하면 되고, "힘들고 괴로운 일"이나 "힘들고 고단한 일"처럼 손볼

수 있습니다. "몹시 힘든 일"이나 "대단히 힘든 일"로 적을 수도 있어요.

- 누군가에게 힘든 고역을 떠맡기기 위해 인간이 인간을 착취하는 제도가
  만들어졌다는 것이다
→ 누군가한테 힘든 일을 떠맡기려고 사람이 사람을 쥐어짜는 제도가 생겼다고 한다

《과학을 읽다》 (정인경, 여문책, 2016) 258쪽

힘을 모아 협력

:   **힘을 모아 협력할 때**

→ 힘을 모을 때

→ 서로 도울 때

→ 협력할 때

> ○ **협력(協力)** : 힘을 합하여 서로 도움
> ○ **합하다(合−)** : 여럿이 한데 모이다. 또는 여럿을 한데 모으다

한자말 '협력'은 "힘을 합하여 서로 도움"을 뜻한다고 합니다. "힘을 모아 협력할"처럼 쓰면 "힘을 모아 힘을 모아 서로 도움" 꼴이 돼요. "힘을 모을"이라고만 하든지 "서로 도울"이라고만 해야 올바릅니다. 한자말을 쓰고 싶으면 '협력할'로만 적습니다.

- 힘을 모아 협력할 때 더 큰 성과를 가져오는 경우도 많고
→ 힘을 모을 때 더 큰 보람을 얻는 때도 잦고
→ 서로 도울 때 더 큰 열매를 맺는 때도 잦고
→ 협력할 때 더 큰 열매를 맺는 때도 잦고

《사회가치 사전》 (구민정과 네 사람, 고래이야기, 2016) 25쪽

힘이 강력

:   **억압하는 힘은 아무리 강력해도**

→ 억누르는 힘은 아무리 세도

→ 억누르는 이가 아무리 세도

→ 아무리 드세게 억눌러도

> · **강력하다(強力-)** : 1. 힘이나 영향이 강하다
> · **강하다(強-)** : 1. 물리적인 힘이 세다

'강력하다'라는 한자말은 '강(強)하다 + 힘(力)'인 얼거리예요. "힘이 강하다"로 풀이할 테지요. '강하다 = 힘세다'예요. '강력하다'라는 한자말은 이 낱말 스스로 겹말인 셈이라 할 텐데, "힘은 아무리 강력해도"처럼 쓰면 더더욱 겹말이에요. 보기글은 "억누르는 힘이 세도"나 "억누르는 힘이 드세도"나 "억누르는 힘이 거세도"로 손봅니다. 또는 "억누르는 이가 세도"나 "억누르는 사람이 드세도"로 손볼 수 있어요. 말짜임을 손질해서 "아무리 드세게 억눌러도"나 "아무리 거세게 억눌러도"나 "아무리 마구 억눌러도"로 적어 볼 수 있습니다. 한 가지를 더 생각해 보면, '힘세다 · 힘차다'하고 '세다 · 거세다 · 드세다'라는 낱말이 있고 '힘있다' 같은 낱말을 쓸 수 있으니, '강력하다 · 강하다'는 굳이 안 쓸 수 있습니다.

- **인간의 존엄성을 억압하는 힘은 아무리 강력해도, 긴 역사적 안목으로 보면, 언젠가는 사라지거나 약화합니다**
→ 사람됨을 억누르는 힘은 아무리 드세도, 긴 역사라는 눈으로 보면, 언젠가는 사라지거나 줄어듭니다
→ 사람다움을 아무리 드세게 억눌러도, 긴 역사 테두리에서 보면, 언젠가는 사라지거나 잦아듭니다

《위! 아래!》(이월곡, 분홍고래, 2016) 59쪽

힘주어 강조

: **힘주어 강조했던 것이다**

→ 힘주어 말했던 것이다

→ 힘주어 밝혔던 것이다

→ 힘주어 거듭 말했던 것이다

→ 힘주어 말했다

> · **힘주다** : 1. 힘을 한곳으로 몰다 2. 말에 강조하는 뜻을 갖게 하다
> · **강조(強調)** : 어떤 부분을 특별히 강하게 주장하거나 두드러지게 함

ㅎ

그냥 말하거나 밝혀서는 잘 듣지 못한다고 여겨서 "힘주어 말합"니다. 한자말 '강조'는 "힘주어 말하는" 일을 가리켜요. "힘주어 강조했던"처럼 쓰면 겹말이에요. 둘 가운데 하나만 써야 올바릅니다. "강조했던 것이다"처럼 쓰든지 "힘주어 말했던 것이다"처럼 써야지요. 또는 "거듭 강조했던 것이다"나 "거듭 힘주어 말했던 것이다"처럼 써 볼 만합니다.

- **조금 전 연설에서 나는 힘주어 강조했던 것이다**
→ 조금 앞서 연설에서 나는 힘주어 밝혔던 것이다
→ 조금 앞서 연설에서 나는 힘주어 말했던 것이다
→ 조금 앞서 연설에서 나는 힘주어 거듭 말했던 것이다

《당당한 아름다움》(심상정, 레디앙, 2008) 115쪽

힘차고 당당한

:   **힘차고 당당한 모습으로**
→ 힘찬 모습으로
→ 힘차게
→ 힘차고 떳떳한 모습으로
→ 힘차고 떳떳하게

> ◦ **힘차다** : 힘이 있고 씩씩하다
> ◦ **당당하다(堂堂-)** : 1. 남 앞에 내세울 만큼 모습이나 태도가 떳떳하다
> ◦ **떳떳하다** : 굽힐 것이 없이 당당하다
> ◦ **씩씩하다** : 굳세고 위엄스럽다

힘이 있기에 '힘차다'라 하고, 굽힐 것이 없기에 '당당하다'라 하는데, 굽힐 것이 없는 까닭은 나 스스로 "힘이 있기" 때문입니다. '씩씩한' 몸짓이기에 굽힐 것이 없어서 '힘찬' 모습이 되어요. "힘차고 당당한"이라 하면 엇비슷한 말을 나란히 적은 셈이니 겹말 얼거리일 수 있고, 또는 힘주어 말하는 셈이라고 여길 수 있습니다. '당당하다'라는 한자말은 '떳떳하다'를 뜻한다 하는데, 한국말사전은 '떳떳하다 = 당당하다'로 풀이합니다. 돌림풀이인 셈이지만 가만히 살피면 '떳떳하다'로 손질해서 쓰면 되는구나 하고 깨달을 만합니다. "힘차고 떳떳한"으로 손보면 된다고 할까요. "힘차고 당찬"으로 적을 수 있고, "힘차고 야무진"이나 "힘차고 다부진"으로 적어 볼 수 있습니다.

- **더 힘차고 당당한 모습으로 일상으로 돌아갔으면 좋겠다**
→ 더 힘차고 떳떳한 모습으로 여느 자리에 돌아가면 좋겠다
→ 더 힘차고 당차게 여느 삶으로 돌아가면 좋겠다

《나는 이제 참지 않고 살기로 했다》 (니콜 슈타우딩거/장혜경 옮김, 갈매나무, 2016) 240쪽

ㅎ

'글쓰기'를 다루는 책이 무척 많이 나옵니다. 이제 글쓰기는 그야말로 누구나 할 수 있고 즐길 만하기에, 글쓰기 책이 숱하게 나오는구나 싶어요. 그런데 글쓰기 책들은 글솜씨를 가꾸는 데에서는 길동무가 될 만하지만, 글이란 무엇이고 글로 담는 말이란 무엇인가 하는 대목에서는 아직 서툴지 싶어요. 글을 쓰자면 먼저 말을 해야 하고, 말을 하자면 먼저 생각을 해야 해요. 생각을 하려면 먼저 마음속으로 꿈을 지어야 하고요. 마음속으로 꿈을 지으려면 스스로 어떤 삶을 짓는 하루가 되고 싶은가를 그려야 해요. 이 얼거리를 찬찬히 살핀다면, 글쓰기를 할 적에 글솜씨나 글재주를 가다듬는 데에만 매달린다면 정작 글쓰기도 한결 나아지지 못할 수 있다는 대목을 읽을 만해요.

《새로 쓰는 겹말 꾸러미 사전》이라는 책(사전)을 엮으면서, 글쓰기를 사랑하는 이웃님한테, 또 여느 어린이하고 푸름이한테, 그리고 수수한 어른 누구한테나 '생각을 담아서 나누는 그릇이나 씨앗' 구실을 하는 '말'을 '글'로 옮길 적에 어떻게 마음을 기울이면 한결 아름다우면서 즐겁고 사랑스러울 만할까 하는 대목을 짚으려 했습니다. "참말로 우리가 이렇게나 겹말을 많이 썼구나!" 하고 놀라시기보다는 "아, 이러한 때에는 이렇게 쓰면 더 재미있겠네!" 하고 생각해 주시기를 빌어요. 이렇게 써야만 한다는 '겹말 손질'이 아니라 '이렇게 갇힌' 모습을 찬찬히 되새기면서 '새롭게 열리는' 글살림하고 말살림으로 나아가 보자는 뜻을 헤아려 주시기를 빕니다. 저는 이 사전을 쓰면서 한국말을 새삼스럽고 새롭게 배우면서 싱그러운 숨결로 살아나는 슬기를 수수하게 살피며 싱긋싱긋 노래했습니다. 이 사전을 읽어 주시는 이웃님들 마음자리에도 싱그러운 노래가 흐르기를 빌어요. 고맙습니다.